恩斯特·布洛赫选集

主体—客体
对黑格尔的阐释

[德]恩斯特·布洛赫（Ernst Bloch） 著
舒远招 庄振华 译

Subjekt – Objekt. Erläuterungen zu Hegel

中国社会科学出版社

图字：01-2011-7946号

图书在版编目(CIP)数据

主体—客体：对黑格尔的阐释 /（德）恩斯特·布洛赫著；舒远招，庄振华译. —北京：中国社会科学出版社，2024.1
ISBN 978-7-5203-7301-2

Ⅰ.①主… Ⅱ.①恩…②舒…③庄… Ⅲ.①黑格尔（Hegel, Georg Wilhelm Friedrich 1770-1831）—哲学思想—研究 Ⅳ.①B516.35

中国版本图书馆CIP数据核字（2020）第180250号

ⓒSuhrkamp Verlag Frankfurt am Main 1962
All rights reserved by and controlled through Suhrkamp Verlag Berlin

出 版 人	赵剑英
责任编辑	田　文
特约编辑	徐沐熙
责任校对	季　静
责任印制	王　超

出　　版	中国社会科学出版社
社　　址	北京鼓楼西大街甲158号
邮　　编	100720
网　　址	http://www.csspw.cn
发 行 部	010-84083685
门 市 部	010-84029450
经　　销	新华书店及其他书店

印　　刷	北京明恒达印务有限公司
装　　订	廊坊市广阳区广增装订厂
版　　次	2024年1月第1版
印　　次	2024年1月第1次印刷

开　　本	710×1000 1/16
印　　张	34.5
插　　页	2
字　　数	516千字
定　　价	168.00元

凡购买中国社会科学出版社图书，如有质量问题请与本社营销中心联系调换
电话：010-84083683
版权所有　侵权必究

目　　录

1951 年初版前言 ……………………………………… (1)
1962 年再版后记 ……………………………………… (1)

入口 ………………………………………………………… (1)
  1. 设问 ……………………………………………… (1)
  2. 自身思维 ………………………………………… (1)
     提示 …………………………………………… (2)
  3. 黑格尔的语言 …………………………………… (2)
     提示 …………………………………………… (7)
  4. 不熟悉的生造表达 ……………………………… (7)
     谁抽象地思维？ ……………………………… (17)
  5. 黑格尔的核心思想 ……………………………… (19)
     提示 …………………………………………… (31)
  6. 著作的诞生与教导 ……………………………… (33)
     提示 …………………………………………… (47)

哲学 ……………………………………………………… (48)
  7.《精神现象学》………………………………… (48)
     层级 …………………………………………… (68)
  8. 黑格尔与经验主义 ……………………………… (99)
     知晓、认识？ ………………………………… (108)
  9. 辩证的方法 ……………………………………… (111)

脉搏与三段论 ……………………………………… (141)
10. 逻辑学 ……………………………………………… (145)
   一个世界网络，绝无西班牙长靴 ……………… (164)
11. 向实在之物过渡；《哲学科学百科全书纲要》 …… (170)
   提示 ……………………………………………… (193)
12. 从逻辑理念向自然哲学的过渡 …………………… (195)
   不满足的海神普罗透斯 ………………………… (209)
13. 黑格尔的历史哲学 ………………………………… (220)
   进步 ……………………………………………… (232)
14. 法哲学 ……………………………………………… (238)
   公意 ……………………………………………… (254)
15. 艺术哲学 …………………………………………… (268)
   界限内的无限性 ………………………………… (289)
16. 宗教哲学 …………………………………………… (307)
   上帝何以成人 …………………………………… (334)
17. 哲学史和黑格尔体系的终结 ……………………… (344)
   哲学的钟表 ……………………………………… (361)

扬弃 ……………………………………………………… (373)
18. 黑格尔的死亡与生命 ……………………………… (373)
   克尔凯郭尔与共相 ……………………………… (390)
   提示 ……………………………………………… (393)
   谢林与泛逻辑之物 ……………………………… (393)
   提示 ……………………………………………… (397)
   费尔巴哈与黑格尔上帝（Hegelgott）………… (398)
   提示 ……………………………………………… (405)
19. 马克思与唯心主义辩证法 ………………………… (406)
   提示 ……………………………………………… (415)
20. 黑格尔、实践、新唯物主义 ……………………… (418)
21. 应当、存在、可以达到的内容 …………………… (444)

22. 人，体系中的潘神，开放性 …………………………（456）
23. 黑格尔与回忆；回忆之反向魔力 …………………（477）
24. 被中介的自身—同一性之归结为深度 ……………（495）
25. 辩证法与希望 ………………………………………（516）

人名索引 ……………………………………………………（526）

译后记 ………………………………………………………（535）

1951 年初版前言

眼下这部著作想要引人入胜。但不是通过它将材料稀释而使之变得容易理解的方式。如此处理，也许对读者并无裨益。

主动学习的兴趣是必要的前提。这种对于辛劳的兴趣，要比任何东西都更加不可或缺；谁想要航海，就必须懂得海员结①。在题材方面，需要对近代哲学思想有一个基本的了解。但是，却并无必要将形形色色的反动歪曲——如此之多的哲学史教材就是带着这类歪曲来传承这些思想的——兼收并蓄。此外，在流水不腐之处，在人们想到进步的地方，就会消除公式化的、毫无独创因而极其外行的论述。

目前的这部著作并不要求成为一部关于黑格尔的书，而毋宁是一本走向他、追随他和贯通他的书。本书所瞄准的，是由黑格尔及其后继者们所刻画的对我们历史性的何来（Woher）、何往（Wohin）和何为（Wozu）的阐明。这类认识始终是对倾向性的关联、生成着的总体的一种认识。所以，它既不在逐条的警句（Aperçu）②中，也不在无视阈的模式中呈现出来；相反，它的形式是并始终是一种把丰富的内容组织起来的、体系化的形式。这一点恰好可以在黑格尔那里经验到：这个博大精深的东西、这种世界观（Weltansicht）的必然性也呈现在哪怕最微小的细节之中。没有对总体（Totum）③的意识，就既没有具体的理论，也没有具体的实践，而且这个总体，作为我们的自

---

① Die Schifferknoten，亦称水手结、渔翁结、紧密结，海员常用的一种绳索打结方法。——译者
② 法语，警句、妙语之雅称。字面意思是概观、洞见。——译者
③ 拉丁语，总体或整体之意。——译者

由及其诸对象的总体,并不是凝固的,而是处于过程之中。这样一来,该总体当然不会随着迄今生成的世界而告终;这个在辩证的过程中悬而未决的事情(Sache)始终保持开放。

[12] 伟大的著作不会终结,这成就了伟大著作之伟大。虽然有人相信黑格尔的著作终极圆满了,但这是意识形态的幻象。世界继续前行,在辛劳和希望中继续前行,而一同偕行的也有黑格尔之光。由于每一个伟大的思想都处于其时代的巅峰,它也就穿越了临近的时代,甚至有可能穿越人类的整个时代关切(Zeitanliegen)。它在其根本性的问题中包含了一种继续相关物,一种未完结之物,在对这些问题的尝试性解答中包含了一种未清偿之物。这种未清偿之物是文化遗产的哲学基底(Substrat);文化遗产的新基底越是鲜活地产生出来,这种未清偿之物就越是文化遗产的基底。这类遗产属于哲学的事件(Geschehen),而不仅仅属于哲学的历史。而且人们在回顾黑格尔,即马克思的一位老师时还可以说:很少有一种过去(Vergangenheit)像黑格尔的那样,还带着丰富的问题从未来向我们走来。这位哲学家的虚假问题(Scheinprobleme),他的所谓世界精神的诸意识形态和唯心主义方面,通过马克思而消失了;但真正的问题,即事情本身的马克思主义方面,却更加清晰地保留下来。谁要是在研究历史的—唯物主义的辩证法时忽略了黑格尔,他也就没有指望完全把握历史的—辩证的唯物主义。

黑格尔是一位导师,他教导的是与僵死的存在相对立的活生生的运动。他的主题是达到了认识的自身(Selbst①),是与客体辩证地渗透在一起的主体,是与主体辩证地渗透在一起的客体,是构成现实之物的真东西(das Wahre)。而且,这个真东西并不是静止不变的或确凿无疑的事实,就像黑格尔本人很少如此一样。这个真东西作为现实之物毋宁是一个过程的结果;而该过程必须得到澄清并且被掌握。在这方面,无论是就辩证法还是就他的表达范围而言,黑格尔都是迄今

---

① 黑格尔哲学中大写的"Selbst"(自身)不是指个人主观意识,而是指精神或实体,我们采取在译文后附上原文的方式;而译文中不附上原文的"自身"则对应小写的 selbst。请读者注意分辨。——译者

为止最重要的见证人之一。据说黑格尔学派（Hegelei）① 已经远去，而该学派总归只具有一种模仿者的属性，但正如恩格斯②——他开辟并且捍卫着方向——所说："我们德国社会主义者对此感到骄傲：我们不仅继承了圣西门、傅里叶和欧文，而且继承了康德、费希特③和黑格尔。"④ 谁想要追寻真理，就必须进入这种哲学，尽管真理是：那活生生的、包含着新东西的唯物主义，并不曾，也不会止步于这种哲学。黑格尔曾拒绝未来，但未来不会拒绝黑格尔。

麻省剑桥，1947年12月
莱比锡，1949年7月

---

① 叔本华生造的一个词，他原本用这个词表示黑格尔本人及其模仿者，带有强烈的讽刺意义。布洛赫这里当指黑格尔后学。——译者

② 弗里德里希·恩格斯（Friedrich Engels, 1820—1895），德国思想家、哲学家、革命家、教育家、军事理论家，全世界无产阶级和劳动人民的伟大导师，马克思主义创始人之一。他是卡尔·马克思的挚友，为马克思从事学术研究提供大量经济支持，马克思逝世后，曾将马克思遗留下的大量手稿、遗著整理出版，并众望所归地成为国际工人运动的领袖。——译者

③ 约翰·戈特利布·费希特（Johann Gottlieb Fichte, 1762—1814），德国作家、哲学家、爱国主义者，德国古典哲学的主要代表人之一，创立从自我推出一切知识的形式和内容的主观唯心主义哲学体系，即"知识学"。——译者

④ 恩格斯这番话是在《社会主义从空想到科学的发展》1882年德文第一版序言的末尾所写。参见《马克思恩格斯选集》第3卷，人民出版社2012年版，第747页。——译者

1962 年再版后记

[13]　本书再版时未作修改。但其篇幅大约增加了一章（第 23 章）。任何时代都绕不开黑格尔，尤其是当时代或则迷失，或则僵化之际。这两种情形，都可以在时代之深度（Tiefe）——这个深度甚至不必总是被称为"理念"，而是亦可称为真实趋势之降临——中得到匡正，即便不然，也至少可以得到判决。目前，黑格尔在东方①不再深受追捧，尽管他在法哲学中曾说：议会的任务仅仅是向人民表明其统治是正当的。后来，他在论述柏拉图②的乌托邦之际，又探讨了那些仅仅通过"暴力"，而非通过与时代的"理念"相一致而得以维持的政府，并且有些让人吃惊地继续指出："但政府必须知道与理念一致的时代是终会到来的。不过，如果政府在无知于真理的情况下使自己依赖于一时的安排，如果政府为非本质的有效之物辩护而反对本质之物——而且何为本质之物这是包含于理念之中的，那么，政府本身就被急迫的精神所推翻，而且政府的瓦解也导致了人民（Volk）本身的瓦解；由此形成新的政府，——或者政府和非本质之物占了上风。"（《著作集》，XIV③，第 277 页）在西方④则不同，黑格尔在多元论，尤其是

---

① 这里的"东方"指苏联与东欧的社会主义阵营，亦可特指东德。——译者

② 柏拉图（Plato，希腊文作 Πλάτων，约公元前 428 或 427 年—约前 348 或 347 年），古希腊哲学家，最著名的西方哲学家之一，西方形而上学的关键性奠基者，是苏格拉底的学生、亚里士多德的老师，代表作有《理想国》《蒂迈欧》《法律》《政治家》等对话录。——译者

③ 据下文提示，布洛赫采用的是 1832—1845 年由"逝者之友协会编辑的完备版著作集"（Georg Wilhelm Friedrich Hegel: *Werke*. Vollständige Ausgabe durch einen Verein von Freunden des Verewigten, Verlag von Duncker und Humblot, Berlin 1832 ff.）。XIV 即该《著作集》第 14 卷，《哲学史讲演录》第二卷。以下凡引用这个版本，都不再一一注明外文书名和出版信息，而一律简称"《著作集》"。——译者

④ 指西方资本主义阵营，亦可特指西德。——译者

在实证主义或不可知论的意义上更加不受人待见,他并且说:"如果对一个民族而言,例如其国家法权的科学变得无用,如果对该民族而言,它的意向、伦理习俗和德性也变得无用,那么,这是值得重视的,如果一个民族失去了其形而上学,如果忙碌于其纯粹本质的精神在该民族中不再具有现实的定在,这至少是值得重视的。"(《著作集》,III①,第3页)这意味着,在这里,有一个支点就像受到推荐似的受到关注,尽管黑格尔的这个支点总是更多地出自某种维持(Anhalten),亦即存在于被生成之物那里,而且尽管黑格尔式的支点的信念还带有一大堆他律的(heteronomen)迷信:但市民的②理性曾以这种方式具有的对于最终关联的观照,对于一个经常只是在赚钱,以及与之相关的事务中才不像鬼火般闪烁,并且眼前缺乏一个目标的柯罗诺斯③而言,毕竟是好的,或者即使不好,也是有益的。这里还可以肯定,就这些关联的完成时态(Fertigsein)而言,完全要看对"绝对地"生成了的哲学的要求了:对每一种掌控着人们的、封闭的、自以为圆满的世界图景,都有一种原则上的不信任;而且,针对整全性的封闭体系④的不信任已变得何等真实!但千万不可忽视的是,恰好又是黑格尔的方法——有别于完成时态之魔力——与那种虚假的完结状态(Erledigkeit)相决裂,他的方法炸开了封闭的体系。因为在所有遮天蔽日之处,辩证法总会再度穿云破雾而来,间断性地显出矛盾的锋芒与援助。如今,黑格尔也以这种方式冲破了锁链,即使在他不用足立地⑤之处,尤其是在后者从属于初始状态(status nascendi)⑥

[14]

---

① 黑格尔《著作集》第3卷,即《逻辑学》之"存在论"卷。——译者

② bürgerlich,我国学界通常译为"资产阶级的",颇多意识形态色彩,但布洛赫在本书中是在黑格尔原意上使用该词的(如黑格尔《法哲学原理》中就有专门的"市民社会"一部分),故这里译为"市民的"。——译者

③ Chronos,古希腊神话中的原始神,三大主流教派之一的俄尔甫斯教崇拜的最高神,本质无法言说,降临显化为第一因,也是创造了混沌和秩序的根源(时间之神),与其妻必然定数女神阿南刻(Ananke)一样,是超越一切的存在。在这里,布洛赫很可能借用古希腊神话中这个原始神或时间之神之名,来表示他所处的这个时代,即人们的眼睛总是紧盯着世俗生活的资本主义时代。——译者

④ 原文为Blei,字面含义是铅或铅块,很可能实指封闭僵化的体系。——译者

⑤ 马克思曾批评黑格尔"头足倒置",与此处布洛赫说黑格尔不用头立地相对应。——译者

⑥ 拉丁文,意为"初始状态"或"萌芽状态"。——译者

的地方，他也公开地向前推进。其中，对人性而言，多方面人性的一个共同之点，还有那种为了在过渡和流动中维持定在而处处反对僵化凝固的义务，就一并得到了刻画。而且就真理本身而言，特别是在其东方，黑格尔对此所作的教导要比以往更加动人："如果我们把知识称为概念，而把本质或真实的东西称为存在者或对象，则审查就在于，去看看概念是否符合于对象。但如果我们把本质或对象的自在称为概念……则审查就在于，去看看对象是否符合于它的概念。"（《著作集》，II[①]，第66及下一页）于是，这就把思想与其对象或多或少相符合的适合性，同对象与其真实所是的或多或少成功的抑或失败的适合性结合起来了。这是一种富有教益的结合，也是衡量每一种现实化的一个尺度；在此，未来也绝不会拒绝一种黑格尔式的尺度。这首先是因为，它作为这样的尺度本身还很缺乏，——忠实于尚不存在的真实之物。

图宾根，1962年7月

[①] 黑格尔《著作集》第2卷，即《精神现象学》卷。——译者

入　口

1. 设问

即使从虚无中也会生出某物。但是，必须同时有某物被置于虚无之中。这样看来，没有人可以给出他事先并不拥有的东西。至少要有获得某物的心愿，否则，那得来之物就不会作为礼物而被感受到。它必须是被追问的，哪怕只是在一种模糊的情感中。事先未被追问的任何东西，都不能作为答案生效。所以，总有如此多的明亮之物被忽视，就像它不在那儿似的。[17]

2. 自身思维

谁如果把自己仅仅托付给表象之流，他就走不了多远。他不久就会陷入一堆陈词滥调，这些论调不仅苍白无力，而且僵硬固化。连猫都会侥幸地摆脱困境，但没有学会思维、走不出表象之转瞬即逝之网的人，却陷入了永恒的过往。他重复别人重复过的东西，喋喋不休地说着废话。

相反，思维则与明确无误的表象进程不同，从一开始就是自身思维（Selbstdenken）。这种思维，就像在背后驱动它的那个人一样是运动的。它为了知道我们身处何处而学习，然后，它为了调整我们的行动而搜集知识。不论是准备好的事实，还是已经僵死的共性，抑或充满尸毒的老生常谈，训练有素的自身思维都不会把任何东西当作固定的和完成了的来加以接受。相反，它在流动中看待自己和自己的所有物，它感觉自己就像那不断前移的界线旁的一个工兵。学习必须主动地涉及它的材料，因为所有知识都一定会认为这是值得称道的：它生活在变易（Werden）之中，穿透坚硬的外壳。凡是在学习时态度消极和一味点头首肯的东西，都将很快昏昏欲睡。但是，凡是由于与事情（Sache）打交道而处于事情之中，并行走在事情的未曾走出的道路上的东西，都将会变得成熟，最终能够区分朋友和敌人，知道正当的东西显示于何处。在襻带牵引下慢行固然舒适，但富有能量的概念是勇敢的，它属于青年和男子汉。

[18]

提示

"这里必须学会的首要之事，就是直立①。"（黑格尔：1832—1845年全集版，《著作集》，VII²②，第94页）

凡事都不能人云亦云："如果拘泥于单纯的接受，那么学习效果就不会比将句子写到水面上好多少。"③（《著作集》，XVI④，第154页）

3. 黑格尔的语言

现在，轻柔或熟悉之物已了然无痕了。黑格尔是难的，对此毋庸置疑，他是伟大思想家中最令人不适者之一。他的许多句子摆在那里，像盛满浓烈而火热的饮料的容器，而这些容器却没有把手，或少有把手。也经常有违背正常语法的情形，不单是语言纯粹论者偶尔弄不明白。但声称德国哲学家除叔本华（Schopenhauer）⑤和尼采（Nie-

---

① 在黑格尔原著中，"直立"二字使用的是动名词形式 das Aufrechtstehen，而布洛赫可能依据他当时的正字法改写成 aufrecht stehen，两者略有出入。——译者
② VII²，指《著作集》第7卷，即《哲学科学百科全书纲要》第二部分：《精神哲学》。——译者
③ 引自黑格尔于1810年9月14日在纽伦堡中学发表的一篇演讲。——译者
④ 《著作集》第16卷，本卷为《杂集》第二卷。——译者
⑤ 亚瑟·叔本华（Arthur Schopenhauer, 1788—1860），德国著名哲学家，首先公开反对理性主义并开创非理性主义先河，唯意志论的创始人和主要代表之一，认为"生存意志"是世界的主宰。——译者

tzsche)① 外都写得糟糕,这种流行的责难放在康德（Kant）② 身上就已经是胡扯,放在黑格尔身上就更是如此了。这种责难引起的关注之多令人难以置信；它是摆脱伟大思想家的一种手段。也常有极为粗暴生硬和结结巴巴的表达出现,在黑格尔这里,间或与全然荒诞的法文的,尤其是西班牙文的字面意思相混合（"我从霍托③先生即将面世的博士论文中看出"＝ ex dissertatione proxime apparitura④）：然而更加荒唐的是,由此而容许在伟大思想家这里还玩弄语言学上的花招。⑤ [19] 康德的语言具有迷人的精确性；读者只要不是在哲学而是在诗艺中知觉到它,就会发现其价值,如在克莱斯特（Kleist）⑥ 那里,他的散文就是借助于康德的语言而塑造出来的。在读者洞悉其独门术语的地方,黑格尔的语言到处显示出来自路德（Luther）⑦ 德语的音乐性,并配备最突出的直观性。这种直观性,就像是来自乌云满天的一道闪电——当闪电倏忽间照亮、精确表达和总括全貌之际——所给出的。黑格尔的语言之所以打破常规语法,只是因为它要说出前所未闻之事,而迄今为止的语法不会为之提供把手。黑格尔的一个学生,法学家西茨（Sietze）⑧ 的下述说法很好地表达了这一点,尽管他带着心理

---

① 弗里德里希·威廉·尼采（Friedlich Wilhelm Nietzsche, 1844—1900）,德国著名哲学家,语言学家,诗人,在哲学方面继承并发挥了叔本华的唯意志论,把"权力意志"视为世界的主宰。——译者
② 伊曼努尔·康德（Immanuel Kant, 1724—1804）,德国著名哲学家,德国古典哲学的创始人,其学说深深影响西方近现代哲学。——译者
③ 海因里希·古斯塔夫·霍托（Heinrich Gustav Hotho, 1802—1873）,德国哲学家与艺术史家,黑格尔《美学》1835 年版的编者,一般被视作老年黑格尔主义者。当代黑格尔美学研究家 Annemarie Gethmann-Siefert（1998 年历史检正版《艺术哲学讲演录》的编者）认为霍托的编辑对黑格尔的原意多有扭曲。——译者
④ 括号中的整个内容是布洛赫对黑格尔原文的引用,拉丁文是对等号前德文内容的复述,意为"从即将面世的博士论文中"。我们之所以将等号前的德文译成中文,而保持拉丁文原文,是因为布洛赫在下文中批评了一些人自作聪明地篡改黑格尔原文的写法。——译者
⑤ 布洛赫暗示有读者将那句拉丁文改写成 eu dissertatione proxime apparitura,意思就变成了"即将面世的博士论文很优秀"。——译者
⑥ 海因里希·冯·克莱斯特（Heinrich von Kleist, 1777—1811）,德国著名文学家,尤其擅长逻辑严谨、委婉、细密的长句和套句。——译者
⑦ 马丁·路德（Martin Luther, 1483—1546）,16 世纪欧洲宗教改革的倡导者,基督教新教路德宗的创始人。——译者
⑧ 卡尔·弗里德里希·费迪南德·西茨（Karl F. F. Sietze）,黑格尔的学生。——译者

学家的口吻和完全夸张的方式（罗森克朗茨：《黑格尔的生平》，1844年，第361页）："在我看来，黑格尔语言中的那种明显的难懂之处只能由此得到解释：他在一定程度上以名词的方式思考①，对他而言，在考察某个对象时，诸名称仿佛像诸形态一样显现，它们一同步入诸行动之中，他并且不得不接着将其行动首次翻译成词语。并非好像在他那里以某种方式丢失了规则，而是因为他首次翻译其思想的内容，以至于任何语言对他而言都显得是陌生的。"这方面的真相是：在词语的句法不按照哲学上唯一给定规则的，即辩证—逻辑的句法而显示出的地方，它就被打破了。但这并未取消黑格尔式思想的特有的语言生命，而且因为黑格尔绝不是从这种缄默中拥有一种自我翻译（ein Sich-Übersetzen）的意识的，要取消就更不可能了。相反，黑格尔表示："词语将其最庄严和最真实的定在赋予思想……正如真实的思想就是事情（Sache）②，词语在被真实的思想家使用时也是事情。"（《哲学科学百科全书纲要》，§462，附释）这是黑格尔语言中的血液和市场，是来自南德意志遗产的文萃，而且多节的林木开花了，常像哥特式的魔法花园，也常像世界形象，在唯一一个弯曲的细部。

[20] 所有这一切，都是黑格尔书籍的读者必须理解的。当黑格尔挖掘和澄清的时候，他总是绞尽脑汁，他——与关于他的流行意见截然相反——早就在惬意地思考了。好的读者——就并不平滑的美而言——将会在黑格尔的德语中感到居家般自在，如同在一座古老的城市里，那里有弯曲的小巷，也有清晰的中心。在这种语言中有许多施瓦本的东西，也有对民间表达的诸多暗示，而且黑格尔在反复思索中也想到了这一层，比如他就想到了某人会"如鱼得水般舒适"。或者出现的是阴森无声的语言形象，它们来自梦境、禁闭室，几乎就是蜡像；如在精神现象学中这段摩尔人的（maurisch）措辞就是如此："这表明：

---

① 黑格尔经常造出"das Ansich""das Anderssein"这类名称与形态合一的名词。——译者

② die Sache（事情）、die Sache selbst（事情本身），是黑格尔特别强调的东西，相当于das Wahre（真实的东西或真实之物）、das Absolute（绝对者，常被译为"绝对"）等。也往往指康德曾宣称的不能认识的"自在之物"。——译者

如果我们自己不走进幕后,则在那个据说是遮蔽内在本质的帷幕后就什么都看不见,同样很明显的是,因为在那幕后有某种能被看见的东西,因而也就被看见了。"(《著作集》,II,第130页)或者是语言的一种自相冲突的、令人迷惑的、富有魔力的双重意义①,以感恩的和辩证的方式被铸造出来。比如,关于个体——个体就像接受一颗成熟的果实一样接受自己的生命并通向单纯的欲求之心——就是这样写的:"它②体验到,在它所做的事情中,亦即在它自我接受了生命这个事情中,具有这种双重意义;它接受的是生命,但由此抓住的毋宁是死亡。"(《著作集》,II,第274页)与之接近的是那个窃窃私语的、厚重而拥挤的语言区,它发端于《颂诗》(Pindar)③,来自埃斯库罗斯(Äschylos)④的合唱乐,来自由黑格尔的青年友人荷尔德林(Hölderlin)⑤再度和重新创造的仿雅典式的哥特风。哈曼(Hamman)⑥的具有怪异启蒙风格的著作也早已加入合唱。在这里,这一切都涌向一位伟大的思想家,涌向一种如此广阔的语言储备(Sprachanlage);在此储备中,一切时代的这种饱经沧桑的、探幽入微的精神都想拥有自己的话题。所以,我们不能对这样一位思想家的强大抱有这样的期待,期待他像洛克(Locke)⑦那样令人舒适地描绘自己。或者给出一

---

① Doppelsinn,亦可译为"双关意义"。——译者

② es,指代 das Individuum,指个体。——译者

③ Pindar,诗人品达(或译品达罗斯,希腊语:Πίνδαρος / Píndaros;约公元前522年或者518—442年或者438年)有"抒情诗人之魁"之称。他生于古城忒拜附近的库诺斯凯法勒的贵族家庭,受过良好的教育,会吹笛和弹竖琴,精通诗歌格律,曾遍游希腊各大城市。品达在青年时代就显露出卓越的才华,代表作之一《皮托竞技胜利者颂》的第十首是在他二十岁时写成的。品达的诗传世较多,共四十五首三千四百二十八行,主要是赞美奥林匹亚等竞技胜利者的颂歌。——译者

④ 埃斯库罗斯(Äschylos,希腊语:Αἰσχύλος,公元前525—456)。他是古希腊悲剧诗人,与索福克勒斯和欧里庇得斯一起,被称为是古希腊最伟大的悲剧作家,有"悲剧之父""有强烈倾向的诗人"的美誉。代表作有《被缚的普罗米修斯》《阿伽门农》《善好者》(或称《复仇女神》)等。

⑤ 约翰·克里斯蒂安·弗里德里希·荷尔德林(Johann Christian Friedrich Hölderlin,1770—1843),德国著名诗人,古典浪漫派诗歌的先驱。——译者

⑥ 约翰·格奥尔·哈曼(Johann Georg Hamann,1730—1788),是最早对启蒙运动提出系统批判和深刻质疑的思想家之一,在德国思想史乃至西方思想史上都占有重要地位。——译者

⑦ 约翰·洛克(John Locke,1632—1704),英国著名哲学家,经验论的代表人物,也是社会契约论的代表人物,英美自由主义的奠基人。——译者

个更大的例子：像叔本华一样在各种抱怨中如此光彩，在各种苦涩中如此文雅。而且，当读者几经努力而搞不清所有的句子时，他可以这样想：还存在不透明的宝石呢。可谓是：本身被精确表达的晦暗之物，完全有别于被晦暗表达的清晰之物；前者如同格列珂（Greco）①或雷雨之光，后者则是拙劣之作。前者是对待说和可说之物的适当的精确表达，是完全中肯的珍品，就像在黑格尔这里常见的那样；而后者则是半瓶醋的，或是夸夸其谈的。这种区别在诗中是众所周知的：歌德（Gothe）②的《冬游哈尔茨山》或《漫游者的风暴之歌》首先在题材中有其晦涩性，而且仅当语言最为准确地再现这个光芒暗涌的题材时，才有了语言的晦涩性。在此，语言本身就像在《荒野小玫瑰》中一样清新：小伙儿看不见挺立的小玫瑰③，除非它作为生命之象征和中心点处于风暴中，并在浓重的晨雾后。在黑格尔这里，在某些晦暗的段落中，诸如此类的东西也必须谨记在心并予以承认，尤其是，如果一位思想家——出于精确性——而云遮雾罩地说话，那么，他比一位诗人还有更为客观的理由。在这方面，黑格尔像歌德一样从不沉陷在客观上尚属晦暗的表达中；而这恰好是因为他对歌德采取了正确的模仿态度。④黑格尔是极富教益之人，他在所要探究之物中只求以切中肯綮的概念澄清它，而绝不心猿意马。尽管如此，与启蒙如此接近并受其约束的这种"认识的勇气"（Mut der Erkenntnis）却绝不落入启蒙的俗套⑤；否则他就不会援引这种语言，而这种语言也不

[21]

---

① 埃尔·格列珂（el Greco，本名 Doménikos Theotokópoulos，希腊文 Δομήνικος Θεοτοκόπουλος，1541—1614），文艺复兴时期西班牙著名画家、雕塑家和建筑家，在同时代不为人理解，却被后世视为表现主义与立体主义的先驱，也被里尔克、卡赞扎斯基等诗人、作家称赏。——译者

② 约翰·沃尔夫冈·冯·歌德（Johann Wolfgang von Gothe，1749—1832），德国著名思想家、剧作家、诗人、画家、自然科学家、博物学家，德国和欧洲最重要的作家之一。——译者

③ 布洛赫在此利用了歌德原诗第一句（Sah ein Knab' ein Röslein stehn），只不过是反过来说的。——译者

④ 意指黑格尔和歌德从不像那些半吊子学究一样在事情本来能说清楚的地方说得云山雾罩，自误误人，他们的语言之所以晦涩，不是因为故弄玄虚，而是因为事情本身的复杂性。——译者

⑤ 原文为 Hausrock，本义为"居家便服"，布洛赫加了引号，有反讽之意。——译者

会在哈曼那里被塑造成型了。黑格尔的语言对他和他的事情（Sache）而言，几乎处处都是必要的，对于打算体验迄今存在的最遥远旅程的读者而言，也是这样的。

提示

"有时会出现这样的表达，人们在碰到其中容纳的某个概念时不知道应该做何感想。那种表达的意义，是对某种已被熟知的、流行的表象①的一种探求；对意识而言，随着其表象方式被抽掉，它在其上一向站立不稳、不安的基础也被抽掉了……因此最容易理解的是，会发现有一些作家、布道家和演说家，他们向自己的读者或听众朗诵一些东西，而这些东西早已为读者或听众所熟知，在他们看来这些东西稀松平常，而且不言而喻。"（《著作集》，VI②，第7页）

且再次领教一下晦涩的表达吧："世界历史仅仅表明，精神是如何逐渐达到意识，达到真理的意愿的：它在意识中半睡半醒；它找到了一些要点，它最终达到了完全的意识。"（《著作集》，IX③，第51页）

4. 不熟悉的生造表达

（1）终其一生，黑格尔都怀着单纯的善意在糟糕地言说。就他自己的要达到可理解性的意图而言，这样说是有道理的；因为该意图完全没有如黑格尔——作为教师——所愿意的那样付诸实施。尽管他一向对健全的人类知性（gesunden Menschenverstand）④ 相当厌恶，但仍然给了它这种权利，即要求至少不要人为地给它制造任何困难。这是一种理所当然的权利；尽管还从未有哪个正派思想家人为地、因而蓄意地使某种东西变得困难。从属于此的，不只是单纯的不正派，而且

---

① Vorstellung，亦可译为"观念"。——译者
② 《著作集》第6卷，即《哲学科学百科全书纲要》第一部分。——译者
③ 《著作集》第9卷，本卷为《历史哲学讲演录》。——译者
④ 现在，康德哲学中的Verstand大多翻译为"知性"，不过，人们在翻译近代其他哲学家的著作时，大多把这个词翻译为"理智"，有时也译为"理解"。——译者

是这样一种不正派,它知道自己为何是以及何为是一种不正派。也就是说,这种不正派必定与既愿意花里胡哨,又想对这种浅薄遮遮掩掩难脱干系。在早年致福斯(J. H. Voß)① 的一封信中,黑格尔曾称之为"给陈词滥调披上高深言辞之外衣"的风气。

(2)在写给这位开明人士的同一封信中,黑格尔也否决了"象牙塔"。他对这位荷马(Homer)② 著作的译者写道:"路德使《圣经》讲德语,而您使荷马讲德语了,这是能够赠予德意志民族的最伟大的礼物……如果您想要忘记这两个榜样,那么,我倒想说说我的追求:我想要试试使哲学讲德语。"(1805 年发自耶拿)在哲学领域,虽然这件事已经由人民之友托马修斯(Volksfreunde Thomasius)③,而且首先由克里斯蒂安·沃尔夫(Christian Wolff)④(Verhältnis[关系/局势]、Vorstellung[观念/表象]、Bewußtsein[意识]、Stetigkeit[稳定性/常性]这些词都来自沃尔夫)从事过。但在他们那里,这些术语只是加盖了图章,是从其他人已经透彻思考过的一些来自拉丁文和法文的术语中翻译过来的,每每沦为平庸。相反,黑格尔意识到在康德给哲学造成震撼之后,他真正首创了他所讲授的哲学科学(philosophischen Wissenschaften)。那时,沃尔夫的语言事业变得困难了。人们确实可以说,长期以来,黑格尔德语的生造表达⑤ 起着异乎寻常的作用。Ansichsein(自在存在)、Außersichsein(自外存在)、Anundfürsichsein(自在自为存在)皆属此类,它们都是奠基性的。在这些流传下来的术

[23]

---

① 福斯(J. H. Voß, 1751—1826),德国诗人、古典学家,荷马史诗的著名翻译家,曾将《伊利亚特》和《奥德赛》翻译成优美的散文。——译者

② 荷马(Oμηρος/Homer,约公元前 9 世纪—前 8 世纪),古希腊盲诗人,代表作为《伊利亚特》和《奥德赛》。——译者

③ 即 Christian Thomasius(1655—1728),德国法学家与哲学家,德国启蒙运动的开拓者,他以德语讲学,开风气之先。——译者

④ 克里斯蒂安·沃尔夫(Christian Wolff, 1679—1754),德国哲学家、法学家、数学家,博学多才,一般被视作莱布尼茨思想继承者,对德语哲学术语颇有创造之功,比如 Bewusstsein、Bedeutung、Aufmerksamkeit、an sich 以及布洛赫提到的另外几个术语都是他造的。——译者

⑤ 原文为 Kunstausdrücke,在此意指黑格尔人为地生造了许多语言表达形式,首先是字词,但也包括短语、句子。——译者

语中，绝大部分不仅是未经翻译的，而且在非常多的情况下还偏离了其通常的含义。在黑格尔去世后的一段时间里，有一幅字谜画曾在布雷斯劳那位半心半意的黑格尔主义者布拉尼斯（Braniß）①的听众中间受到喜爱，要是人们有意欣赏一下这幅字谜画，那么下面的问题就包含了它：何谓对无限者的被动因果性的附近存在和周围存在（An- und Umseins）的部分否定？②——谜底是：在上帝的母亲的衬衣上的一个窟窿③。但对于没有谜语的斯芬克斯④——这在黑格尔主义者中已为数甚多——而言，这幅字谜画不再有效了。因为关于上帝之母的衬衣，黑格尔从未说过什么，而且他即使说过，也只是轻巧的和不生硬的。但是，如果对黑格尔可能付出的努力——他自己在独一无二的生造句（Kunstsatz）中把这种努力花在尽可能紧凑的表述上——忽略不计，这的确也是错误的。这一点，尤其是体现在《哲学科学百科全书纲要》中，在例如关于声音的那些简洁的定义中："物体在密度及其凝聚力原则中具有的这种规定性的特殊简单性（Einfachheit），这种最初的内在形式，经过其沉陷于物质的相互外在的存在，在物质的这种相互外在存在的否定中变成自由的……这种形式如此这般地存在于震动（这种震动既通过物质各部分的瞬时否定、又通过对这种否定的否定而存在，两者彼此相关，其中一个由另一个⑤所唤起）之中，并且如此这般地——作为特定重量和凝聚力的持存与否定的一种振荡——作为物质的东西的观念性存在于物质的东西那里，因而是自为地实存

---

① 克里斯蒂安·尤利乌斯·布拉尼斯（Christian Julius Braniß，1792—1878），德国哲学家，布列斯劳大学教授，曾受到施莱尔马赫与黑格尔的影响，提出了他自己的一个体系，该体系具有思辨—神秘主义进化论的色彩和伦理—人类中心主义色彩。——译者
② 布洛赫这里故意顺水推舟，模仿那些讽刺黑格尔的人的手法做文字游戏，意在表明这种文字游戏并非黑格尔本有的，而是那些并未真正理解他的讽刺者对他的庸俗脸谱化。——译者
③ 这个"谜底"和前面问题中的各个术语一一对应：上帝—无限者，母亲—被动因果性，衬衣—附近存在和周围存在，窟窿—部分否定。——译者
④ Sphinx，斯芬克斯，古希腊神话中带翼的狮身女怪，凡是猜不出她谜语的过路行人都要被杀死。——译者
⑤ "另一个"，是依据原文 andere 而翻译的，布洛赫此处写的是 die，与原文略有出入。——译者

着的简单的形式,并且作为机械的包含灵魂的状态(diese mechanische Seelenhaftigkeit)展现出来。"(《哲学科学百科全书纲要》,§300)① 这个长句虽然堪称巨无霸之样本,哪怕在黑格尔这里也极少出现,但它并不会因此而缄默。觉得它难以置信是容易的,甚至远比诸如对歌德的如下诗句大摇其头来得容易:"一艘船刚要停泊于此处的运河上。"此外,这个句子出自黑格尔的自然哲学,亦即一门其概念形式本身与机械自然科学的概念形式在全部预设上皆不相同的学科。因此,对这个巨无霸不应该加以掩饰,而使哲学讲德语的艺术在此例中无疑并不成功。尽管如此,这个句子——一个复杂的表达式或与最严密地包装起来的法学定义相类似的东西——从根本上说是清晰的;它只需要在语言上加以分析,并且在对它的上下文的认识中得到解释。这个句子仅仅为此而被构造出来,即"为了使用于其讲座",诸如此类的句子在《哲学科学百科全书纲要》中被黑格尔构造出来。问题指向这位讲师②的鲜活语言(viva vox)③,它赋予这类抽象以生机,首先使得由缩略词构成的诸庞然大物失去魔力,并将之置于其国王般的形态中。如果这鲜活的语气寂然缄默,则它依然在黑格尔浸透过,并且热情地留下的上百万个其他句子中余音缭绕。在这类句子中,不仅陈词滥调不能耍其机智,而且针对它们的诠释也不能好像这里有什么密码暗语似的。但尤其需要指出的,是一贯坚持的关联。因为如果这位演讲者的演讲有幸成功,那么,在全部话语中的那种不可撕裂的统一性,便是这位哲学家的成功之道。在这里,阿里阿德涅之线④为达目标果断地绷紧起来;上下文便是如此展开的,恰好在概念的灌木丛里也是如此,并且澄清问题。

一个正派人士会抓牢他从一开始就已追寻的事情,在这方面,黑格尔是最正派者之一。这一点非但没有阻止,反而促使黑格尔有时把

---

① 这段关于声音的论述可见于《自然哲学》第300节的开头部分。——译者
② 指黑格尔。——译者
③ 拉丁文,意为"鲜活语言"或"鲜活语气"。——译者
④ Der Ariadnefaden,一般译作"阿里阿德涅线团",出自众所熟知的古希腊神话,喻指脱困之法。但这里表示的实际上是由那个线团中解出的线,而不是指线团本身,因此这里依字面直译。——译者

庸常思维指认的颠倒视为一种荣耀;诚然,辩证的哲学彻底颠倒了所有习常的概念。因此,他于1812年写信给一个荷兰人说:"在外行们看来,那些话就其内容而言必定总归显现为颠倒了的世界(die verkehrte Welt),显得与他们所熟悉的所有概念,而且与他们通常依照所谓人类健全知性认为有效的东西相矛盾。"仅仅出于这种辩证的"他在"(Andersein)①,由于"简单性",前面引用的黑格尔有关声音的定义才表现为一套密码。在这件事情上,即使在黑格尔式的术语——这个也许是最令人不快的——例子上,也有极少量的、不同寻常的预示着真实形态的迹象。"震动""沉陷于物质的相互外在的存在"、作为"机械的包含灵魂的状态"的声音,皆属此类;直观的深度(尽管以质的、因而在物理学上极不寻常的方式)进入一种形象,其意义显得近乎荒谬。这一点,可以破解黑格尔曾经在唯一之处运用过的最不同寻常的生造表达及其组合。事后(post festum)②看来,这类东西可以充当试金石,用来检验哲学意识从黑格尔这里获得的洞见;当然,这已经是一个完全专业化的关切了,而且对于了解活生生的黑格尔并不是必要的。但无论如何,像引自声学部分的这类句子,必须与现实的描述雷雨之光的句子及其**客观的难以言表**区别开来。此时,黑格尔——有根据地——就经常在其思想中与埃及的斯芬克斯相遇。对于斯芬克斯之类的东西,黑格尔总是不以为然,他曾就那类东西说:"思想的晦暗性与表达的明晰性相并行,所有这些都迸发至一种深刻而难于理解的智慧语言。"③(《著作集》,II,第526页)

[25]

(3)尤为重要的是了解到,这里的诸概念是流动的。在通常的观点看来,一切都是固定的,除非它在一列火车上运动,且从这列火车上看出运动来。然而,仅当这棵树保持为树,并且只不过现在是一所房子,现在是一块岩石,现在是空气取代该树的位置时,通常的观点

---

① 这是黑格尔的一个常用概念,布洛赫借此表示黑格尔的辩证文风在日常思维看来极为怪异。——译者
② 拉丁文。——译者
③ 中译文对贺麟先生的译文有所借鉴,下文中引用《精神现象学》的文字的翻译也时有借鉴贺麟先生译文之处,不再一一说明。——译者

才觉得自己本身是在运行着。插图课本说，阴影是黑色的，但它在白雪中是蓝色的；并且谁相信一道深渊始终是敞开的，谁就会落入被白雪覆盖的这道深渊。在黑格尔这里，就像在行程的风景中一样，各种事物都在不停地自我改变，尽管在改变中本身总是合乎规律的。这并不是任意的，以至于像在律师那里一样颠倒黑白；也不是私人的，据此某物对一个人而言是猫头鹰，而对另一个人而言则可能是他的夜莺。倘若黑的变成了白的，这绝不是在晕眩的旋转艺术中进行的，因为这种晕眩甚至在注射毒品时也总会出现，如果它仅仅混淆事物而没有使其变换，并且就像调换手中的纸牌一样的话。事情本身毋宁在其展开中自我旋转，并且不是相对于不同的观察者而言，而是就不同的时间而言，一个猫头鹰必定时而是这个猫头鹰，时而是一个夜莺，并且反之亦然。由理性变成胡扯，由善行变成苦恼：如今——因为可以痛苦地体验到——这总归让夜莺的一种突变变得更好理解了。但是，猫头鹰当然也已经在夜莺之中了，反之亦然；不然，从一个到另一个的突变运动就不会出现了。这意味着：黑格尔的读者必须使自己熟悉所有事物中的公开的、客观的、为黑格尔的概念语言所不断反映着的矛盾。他必须学会对一个固定概念保持警惕的戒心，由此一来，该概念就不会变成不再适应现实的模板。因此，训练有素的读者在阅读一份有关"自由企业"的市民报纸时，想到的就不是五十年前如此称呼和如此所是的东西，而是想到了在垄断经济中由此生成的那种东西，以及在陈旧的概念公司下欺骗小商人的那种东西。律师的诸多诡计被人们误称为辩证的，其实是其反面：亦即稳定的东西。

[26]

与业已存在于夜莺之中的猫头鹰相联系的，还有一种黑格尔的读者必须使自己熟悉的、更加使人惊讶的东西。这涉及看似对立之物的结合，乃至两者之间的等同。这一点，在机智的文献中早就以所谓的悖论著称，而且每个人都从中获得教益。属于此类的，是那些在自身中就已经冲突的名称，譬如：训练有素的多产性（geschulte Fruchtbarkeit），或者：柔和的迂腐（weiche Pedanterie）；杨森（Joh. V. Jensen）①便

---

① 约翰内斯·威廉·杨森（Johannes Vilhelm Jensen，1873—1950），丹麦作家，1944年诺贝尔文学奖获得者。——译者

是这方面的大师。作为真正的名言，王尔德（Oscar Wilde）①、萧伯纳（Bernard Shaw）② 提供了许多把不可结合之物结合起来的说法：只是这里的不可结合之物经常就是一个东西，亦即不是什么矛盾，而仅仅是一种对立，或者简直是完全不同类的东西；据此，事情只是在闪烁罢了。在文学中运用富含突变之悖论的大师——对黑格尔的读者而言是一种始料未及的小型预备训练——乃是切斯特顿（Chesterton）③，有史以来最聪明的绅士之一。对我们的目的而言，切斯特顿的思维方式也可以独立于切斯特顿—才智的意图而得到理解，遗憾的是他的这种才智使他去做了教士之事。不过，真正的、对于理解非固定之物富有教益的悖论是这个句子："他的伟大的洞察力使他超越了处于健康的怀疑之乌云中的对象。"或者这一句："撰写社论的那些人始终落后于他们的时代，因为他们总是匆匆忙忙。他们被迫求助于他们对事物的陈旧看法；一切匆忙中发生的事情是一定会过时的。"或者这一句："就像伏尔泰（Voltaire）④ 这位最冷静和最强硬的斗士一样，作为人性之友（Freund der Humanität）的萧伯纳凭借其富有穿透力的讽刺挖苦，就像蠕虫一样地缠绕着为某种男人式的残忍作出辩护的可怜的辩护者。"或者这一句："我们把十二世纪称为禁欲的时代，而我们的时代充满了对快乐的欲求。但在禁欲的时代，对生命之爱曾是如此明显和惊人，以至于这种爱必须受到限制。而在一个享乐主义的时代，快乐总是深深地沉沦，以致于它必须得到鼓舞。必须设立一个诸如斋戒日之类的节日，并且推动人们带着长矛赴宴，这是稀奇古怪的。"（切斯特顿：《萧伯纳》，第 101、236、75、239 页及其后面各页）从切

[27]

---

① 奥斯卡·王尔德（Oscar Wilde, 1854—1900），出生于爱尔兰的都柏林，英国唯美主义艺术运动的倡导者，著名作家、诗人、戏曲家。——译者
② 萧伯纳（George Bernard Shaw, 1856—1950），直译为乔治·伯纳·萧，爱尔兰剧作家，1925 年获诺贝尔文学奖，是英国现代杰出的现实主义戏剧作家，世界著名的擅长幽默与讽刺的语言大师。——译者
③ 吉尔伯特·基思·切斯特顿（Gilbert Keith Chesterton, 1874—1936），英国作家、戏剧家、新闻记者、演说家、神学家、传记作家和文学艺术批评家，常被人称为"悖论王子"。——译者
④ 伏尔泰（法文：Voltaire，本名弗朗索瓦－马利·阿鲁埃，François-Marie Arouet, 1694—1778），法国启蒙思想家、文学家、哲学家。——译者

斯特顿的书中，可以抽引出上百个这类从反面出发的（e contrario①，而且经常是从包含于事情本身之中的反面出发的）论证；它们的方法无论如何都是对立物之同一，并且由此是某个既定的、自鸣得意的模式。这类论证来自于经院哲学的那种令人吃惊的敏锐性，但这类等同化的典范——丝毫不是为了效用而完全是为了真理——则是在黑格尔这里；在这里，悖论（与人类健全知性的孤立化做法相反）乃是客体本身的声音。这方面的例子是（它们全都还有待解释）："凡是内在地存在的东西，也是外在地存在着的，反之亦然。凡是仅仅是一个内在物的东西，也因此是一个外在物，并且，凡是仅仅是一个外在物的东西，也仅仅首先是一个内在物。"（《哲学科学百科全书纲要》，§139，§140）或者："外在的必然性真正说来是偶然的必然性。一片瓦从屋顶掉下来，并且砸死一个人，掉下来，击中，这都是可能发生也可能不发生的，是偶然的。在这种外在的必然性里，只有结果是必然的，而那些情形则是偶然的。"（《著作集》，XII②，第15页）或者："空间在时间中和时间在空间中的消逝和自我再生，导致时间本身在空间中作为位置而被设定，但这种同时的空间性，也同样直接地

[28] 在时间中被设定，这就是运动。一块瓦石并不是自为地砸死一个人的，而是由于达到了某种速度才导致了这个结果，这就是说，这个人是由于空间和时间而被砸死的。"（《哲学科学百科全书纲要》，§261）这样，内在与外在，至少作为空洞的东西，就是同一个东西；偶然与必然，至少作为外在的东西，是同一个东西；而空间和时间，至少在运动的地方，是同一个东西和同一的。不过，黑格尔最大的悖论之所在，是在从根本上还没有位置和运动发生，而这些东西才开始的地方：在开端之处。在此开端之处可以找到基本规定："存在与虚无是同一个东西……但是，除了存在与虚无的统一，同样正确的还有：它们是绝对不同的。仅仅因为区别在此尚未得到规定，因为恰好存在与虚无还是直接的东西，因而该区别就像在存在和虚无那里一

---

① 拉丁文，意为"从反面出发"。——译者
② 《著作集》第12卷，即《宗教哲学讲演录》第二卷。——译者

样，是不可言说的东西。"(《哲学科学百科全书纲要》，§88）这就是黑格尔的一些"术语"，它们尽管说的是德语，但使人觉得异常陌生，要么像是疯言疯语，要么像是胡言乱语。存在与虚无并不是同一个东西，这一点，在人们打开自己的钱包，并且发现要么有钱要么无钱的时候，至少在表面上是完全可说的。但是，由于黑格尔本人能够这样做，此外有意义的是，他除了自己的钱包外还打开了世界上更多的事物，因而对于这个钱包论证而言，切斯特顿的矛盾命题的确是有效的："他的伟大的洞察力使他超越了处于健康的怀疑之乌云中的对象。"这种健康的怀疑恰好在这一点上自行消解了：存在与虚无恰好是同一个东西，正如它们不是同一个东西一样，简言之，人以及对象的整个辩证的自我认识方面的起点，就存在于此了——从不可言说的东西到可以言说的东西。从尚未发展的东西——借助于交织出现的诸矛盾的推动——而进展到果实。

（4）"抽象—具体的"这些概念要求读者作出一种更简单的调整。然而，为了理解黑格尔的思想运动，这种调整也是重要的。这恰好也是为了理解实在论的意义，这种意义——尽管有逻辑的—太过逻辑的征兆——在此起着作用。在通常的语言使用中，"抽象的"（abstrakt）指称这样一个对象，它从可见之物中抽引出来并漂浮于其上。[29]这样，水果就是一个抽象概念，区别于苹果、梨、葡萄，一般的三角形，一般的人性亦复如此。倘若抽象之物如此这样地与类名（Gattungsnamen）重叠，与一个更高的东西、包容之物重叠，那么，这个更高的东西也就可以包含价值因素而作为更高的东西来理解了。譬如，当人性或德性也作为抽象名词（Abstrakta）从具体的底层提升出来时，情况就是这样：这种观念物也就成了一种理想物。相反，具体的东西在流行的语言使用中总是处于较低的位置，或者作为可见之物、个别的可把握之物，或者本身依其价值作为并非得到如此提升之物，甚至于崇高之物。现在，黑格尔正好颠倒了这种价值秩序：抽象物部分地是空洞而普遍的观念，部分地是这样的东西，它作为概念的形式方面（das Formelle des Begriffs），是概念的单纯的"尚未展开的内容"。相反，具体物则是那展开为特殊的和个别的诸规定的东西，是由个别性所中介的普遍物。因此，抽象物乃是未规定之物，或者单纯执着于自身的自在（因此，尽管其逻辑学在自身中充满了种种规定，黑格尔依然称自己的整个逻辑学为抽象的、"本居于抽象物的"、单纯自在地存在着的精神的逻辑学）。具体物当然不是单纯的、任意的、感性的、无概念的个别性，但或许是渗透了理性的个别性，是在其辩证的财富中搭建起来的个别性。与此相比，抽象物则仅仅像是活生生的身体的阴影，或者像是彩色绘画的剪影。在这件事上，需要进一步重视，而且遗憾地构成黑格尔式的唯心论，构成作为在先的东西之概念的东西是：仅仅由单纯的表象构成的抽象物（因而这是对黑格尔而言完全非本真的、心理学上的抽象物）在时间上跟随在个别物之后。相反，**逻辑上的**抽象物对于个别—具体物而言是在先的东西：作为尚未展开的自在。因而抽象物到处都被预设了，就仿佛作为事情的逻辑的开端（logische Ansatz）而存在一样，但又必须到处都从这个开端出发继续前进。推进至黑格尔可能是与凯勒（Gottfried Keller）[①]一道称作"世界之金色丰饶"的那种状态。这就取代了从具体到抽象的进展，就像这些术语通常所具有的、部分是心理学部分是语法学的秩[30] 序。于是，抽象的，恰好是直接的东西，它在通常的语言使用中被当作饱满的、丰富的东西，也被真心实意地当作有待到来的东西。而在黑格尔这里，它反而是最贫乏的东西，是尚未展开的自在；而且直接的东西，在它成为间接的东西时，才成为具体的。这就是说，在它经过中介而展开自身，而且从根本上作为它之所是而显现出来的时候，它才成为具体的；这恰好是因为：具体的中介是那种"自行运动着的自身等同"，在其中，普遍（das Allgemeine）[②]如此这般地向特殊展开自身，就像特殊让普遍具体地显现出来一样。两者一起，才有了化成肉身的这个一般物（Universale），黑格尔称之为总体性；这个总体性是表示所获具体性的最饱满的符号，是"普遍和特殊的统一"。于是，该总体作为被把握了的无所不包者，便最接近于诸现象之充盈，

[①] 戈特弗里德·凯勒（Gottfried Keller，1819—1890），瑞士杰出的作家，现实主义诗人，民主主义政治家，在哲学上受费尔巴哈的影响。——译者

[②] 或译"共相"。——译者

甚至就是这充盈本身；真正的范围是那完全与自身相中介的个别内容。

谁抽象地思维？①

"思维？抽象地？——各自保命吧（Sauve qui peut）②！我已经听到一个被敌人收买的叛徒如此大叫……这个问题仅仅在询问，谁是抽象的思维者。谁抽象地思维？没有教养③的人，而非有教养者。为了证明我的命题，我只需要举一些每个人都会承认的、包含着我命题的例子。且看一个被带到刑场的谋杀犯吧。对于普通民众而言，他不外乎是一个谋杀犯。女士们也许会作出这样的评判：他是一个健壮、俊美、有趣的男人。每个平民都会觉得这个评判骇人听闻；什么？一个谋杀犯是俊美的？一个识人者便探究这个罪犯的教养过程，在他的成长史、他的教育中寻找父母之间糟糕的家庭关系，在这个人更轻微的犯罪之处寻找某种惊人的、激怒他去挑战市民秩序的不公，寻找把他从市民秩序中驱逐出去的第一次反作用，而且对他而言，现在唯有通过犯罪才有可能保存自身。这就是抽象思维：在谋杀犯身上只看到这一抽象，即他是一个杀人犯，并且通过这一简单的性质而消灭他身上一切人性的本质。

"'老婆婆，您的④鸡蛋坏了！'女采购员对女摊贩说。'什么？'这位女摊贩反驳道⑤，'我的鸡蛋坏了？您敢当面这样说我的鸡蛋？您父亲不是在马路边被虱子给吃了吗？您母亲不是跟着法国人跑了吗？您祖母不是死在养老院了吗？——您买了整件衬衣，就是为了跟您的 [31]

---

① 黑格尔曾于1807年写过一篇题为《谁抽象地思维》的短文，布洛赫在此加以引用。——译者
② 法文。——译者
③ 黑格尔这里所说的"教养"不是指普通的书本知识，而是哲学上的修养，即概念思维、辩证思维。——译者
④ 此处原文为 ihre，与当今正字法稍异，现代德语中为 Ihre。——译者
⑤ 布洛赫未将"这位女摊贩反驳道"隔离在前后的引号之外，属于笔误。黑格尔原文中并没有给引文加引号，布洛赫可能为了读者阅读的方便，加上了引号，但并不齐全。——译者

廉价围巾搭配；谁都知道您是从哪儿搞来这条围巾，搞来您的那些便帽的；要是没有这些军官，眼下有些人哪能这样装扮，您怕是只能亲自缝补袜子上的破洞去了'。——简言之，女摊贩将女采购员说得一无是处，她是在抽象地思考，依据围巾、便帽、衬衣，以及手指和其他部分，也依据其父亲和家属，将女采购员完全只归于那桩罪过之下：她居然发现那些鸡蛋坏了！女采购员身上的一切都被彻底地染上了坏鸡蛋的颜色，因为与此相反，女摊贩谈到的那些军官在女采购员那里看到的可能是完全不同的东西——如果对女摊贩的说法多加质疑，而情况有所不同的话。

"为了从女仆转到男佣上来，那么，没有一个地方的男佣，会比给一个地位低下、收入微薄的男人服务更加糟糕了。这个普通人的想法又一次更加抽象，他在男佣面前装出傲慢的样子，仅仅像对待一个男佣那样对待他；他在男佣身上死抱着某种评价不放……在军队里也出现了同样的差别；在奥地利的军队里，士兵可能遭到殴打，他因而是一个无赖。普通士兵在军官看来不过是一个可以殴打的主体抽象物，必定有一个拥有制服与缨带的主人与这个抽象物打交道，而且这个抽象物之所以存在，为的是把自己交给魔鬼。"（《著作集》，XVII①，第400页及其后几页）

歌德说："空口套话②与狂妄自大总会引祸上身。"对黑格尔而言，它们更是包藏现成祸害的东西了，而且又是以抽象性的形式——这回是以抽象的理智性（Verständigkeit）的形式："人们称为健全的人类知性的东西，本身往往是一种极不健全的知性。这种健全的人类知性包含着它的时代的诸准则。这样，比如说，在哥白尼（Kopernikus）③之前要某人宣称地球绕太阳旋转，或者在发现美洲之前宣称那儿还有一块大陆，他就冒天下之大不韪，违背一切健全的人类知性了。在印度，在中国，共和国是违背一切健全的人类知性的。这些准则是某个时代的思维方式，该时代的所有偏见都包含在这种思维方式

---

① 指《杂集》（*Vermischte Schriften*）第2分卷。——译者
② 原文（Allgemeine Worte）直译为"普遍的言辞"。——译者
③ 尼古拉·哥白尼（波兰文：Nikolaj Kopernik, 1473—1543），文艺复兴时期波兰著名天文学家、数学家、教会法博士、神父。——译者

中了：思维的种种规定支配着健全的人类知性，而它却对此毫无反思。"（《著作集》，XIV①，第36页）

5. 黑格尔的核心思想

（1）虚弱而内涵贫乏的思维很少能言简意赅。它要耗费许多口舌，因而近乎谎言。它必定反复徘徊于事情的周围，因为它并未触及，也许也不想触及它硬着头皮不得不说的事情。废话越长，意义就越稀薄，有意义的压缩就越困难。与此相反，一种伟大的思想在必要时不妨简洁，甚至要特别**擅长**简洁。一个没有目标、虚掷岁月而又来回飘忽的思想家一生中最糟糕的日子，可能就是这样的时候：他不得不用半页的篇幅说出他想要的，甚至是他已完成的东西。此时要剔除修饰，此时要表明：可以简要表达的精髓是什么。在不入流的思想家那里，甚至在一个诸如赫尔巴特（Herbart）②这类具有中等之才的思想家那里，思维所围绕的东西也不能用半页的篇幅简要地说出来。而与此同时，"认识你自己"这仅有的一个命题就已经使黑格尔思想的一个重要片段清晰可辨了。

（2）这位大师在细节处表现自己的个性，这一点当然须要慎重地加以理解。起初显露出的，仅仅是一点示意（Fingerzeig）；在读者细细品味了之后，这种示意才变得**意味深长**。而那种例如将诗化语言带进某个轻便概念中的恶劣做法，也令人望而生畏。这类东西不宜模仿；因为很久以来被教书匠们当作核心思想在此抽引出来的东西，是滑稽可笑的或贫乏可怜的。这样，就像很少可以用"人们射击水果"③这

---

① 《著作集》第14卷，即《哲学史讲演录》第二卷。——译者

② 约翰·弗里德里希·赫尔巴特（Johann Friedrich Herbart，1776—1841），德国哲学家和教育家。——译者

③ 席勒名剧《威廉·退尔》中的情节。相传在13世纪，统治瑞士的奥地利总督于闹市竖一长竿，竿顶置一帽，勒令行人向其鞠躬。一日，农民射手退尔经其处，抗命不从，被捕。总督让退尔幼子头顶放一苹果，令退尔以箭射之，射中方可免罪。退尔射中。但他又出示一箭，曰如不幸射中幼子，即以此箭反射总督。总督怒，食前言，再捕退尔。押解途中，登舟经一湖面，风浪大作，将士畏惧，退尔伺机一箭射杀总督，后逃脱虎口。民众拥之，共同反抗奥地利统治，终获自由。——译者

一命题来概括威廉·退尔（Wilhelm Tell）①一样，妒忌大概也不能完全刻画奥赛罗②，或者忠于丈夫也不能完全刻画费黛里奥③，乃至某种一般性的笼统思想也代表不了一部伟大的哲学著作。谁要是相信康德伦理学可以使人想到一句胡椒蜂蜜饼式的诗（Lebkuchenvers），就像"己所不欲勿施于人"这种类型，则这位短句爱好者就会被阻止去进行更深入的研究了。长卷毛狗的核心在任何地方看起来都不一样，但"当心恶犬"（Cave canem）④的说法对此核心却是适用的，而且尤其适用于这个核心。因此，一种伟大的思想，有时甚至一部伟大的艺术作品——倘若它包含思想的话——所能达到的简洁，在任何情况下都不是琐屑的或平庸的。倘若它显得琐屑平庸，那么，它甚至不适合于示意，更确切地说，它不适合于整个方向。

　　需要补充的另外一点是：富有成果的简洁可以同单纯狭隘的简洁很好地区别开来。这涉及借助于简短的表达式是否指向宏大与辽阔。倘若一种关于自然的思想简单明了，那么，它有时就有可能伪装，就好像它同样处于中心位置一样，也就是说，成为简明的宇宙。但是，一旦这个思想呈现于光天化日之下，而且其光芒不再闪耀，这种错觉立马就消逝了。它对此力有不逮，当它无法包含对于世界观、对于世界透视（Weltdurchdringen）的提示时，它在宏大与辽阔之中就变得苍白无力了。譬如，贝克莱（Berkeley）⑤的信条"存在就是被感知"（Esse est percipi）⑥便具有这种虚假的简洁性。这听起来当然足够简单明了，但它不过是一句狭隘的老生常谈，并不是打开世界的口号；因为人们由此而被囚禁于主观的意识之中，就像被囚禁于监狱中一

---

　　① 威廉·退尔（Wilhelm Tell，也称 Guillaume Tell）是瑞士民间传说中的英雄，13世纪的史书中有所记载，席勒的剧本《威廉·退尔》（1804）和罗西尼的同名歌剧使他闻名世界。——译者
　　② 奥赛罗（Othello）是莎士比亚悲剧中的人物。1887年，威尔第创作了四幕剧《奥赛罗》，其脚本由作曲家兼诗人包依托依据莎士比亚的悲剧裁剪而成。——译者
　　③ 费黛里奥是贝多芬歌剧《费黛里奥》（改编自他人剧本）中的人物。——译者
　　④ 拉丁文。——译者
　　⑤ 乔治·贝克莱（George Berkeley，1683—1753），英国著名哲学家，近代经验主义的重要代表之一，开创了主观唯心主义。——译者
　　⑥ 贝克莱的名言"存在就是被感知"的拉丁文写法。——译者

样。只有一种核心思想才能达到真正的全神贯注（Konzentriertheit），而这种核心思想之所以成为核心思想，乃是由于从它之中产生了辽阔，并且产生了世界概念。据此，它不是由一堆虚假问题形成的老鼠窝，而是充满了真正的和不断增多的解答尝试（Lösunysversuche）的苗圃。简言之，捕捉细微之处的现实能力，是与那种精神的强度同一的，这种精神强度之所以是可以全神贯注的，乃因为它是可以扩张的，因为它在狭窄之地也如此满载，如此充盈。换言之：伟大思想的标准之所以就是它的成为长颈球状玻璃瓶（Phiole）①的能力，恰恰是、并仅仅是因为对这个思想而言——借用黑格尔的一句可用于此的话来说——从这个精神王国的高脚杯中泛起它的无限性的泡沫。满足智者（Sapienti sat）②，满足智者的东西——就像它虽然满足不了伟大的哲学、但伟大的哲学却对此感到满意一样——也许将自身蕴含在唯一的一个命题中。满足智者，这当然也再三重复地意味着：可以言说的核心思想作为示意——这种示意是核心思想首先给出的——避免不了研究之路。不存在通往哲学的皇家大道（via regia）③，也不存在舒适的捷径，就像那位托勒密王在研究几何学时为自己所希望的那样④；寻求满足的这样一种方式，作为附加物和种种困难之省略，就像手淫一样没有多少光彩。正如存在一部人类心灵的战争史，而且是一部并非戴着睡帽轻松经历的战争史一样，思想为了成为经验，也要求具有勇气。把简单性称为真理之标志的同一个斯宾诺莎（Spinoza）⑤，出于同样的理由补充道：一切崇高之物就像是罕见的一样是困难的。

哲学本身是在问题得以提出的思维水平上开始和衡量自身的，并且是随着由此水平而生发的种种意蕴（Implikationen）而开始的。因此，哲学这门古老的惊奇的科学（Wissenschaft des Staunens），在其

[34]

---

① 这是直译，意为"容纳或负载一切的能力"。——译者
② 拉丁文。——译者
③ 拉丁文。——译者
④ 据传欧几里得为托勒密王教授几何学，后者希望找到一条捷径，欧几里得答曰：几何学无捷径可寻。——译者
⑤ 巴鲁赫·德·斯宾诺莎（Baruch de Spinoza, 1632—1677），荷兰裔犹太籍哲学家，近代西方哲学公认的三大理性主义者之一，与笛卡儿和莱布尼茨齐名。——译者

展开中本身不外乎是一门关于种种意蕴的科学。然而刚好，惊奇肯定只是强大—简单的根本思想，它在其贯彻中设定了这个水平，并将这些意蕴作为打开世界的东西加以追踪、握紧。因而在每一种伟大的哲学中，按照发生的示意和在被追踪的示意那里，都有一种巨大的可理解性：它仅仅对懒惰保持封闭，或者也可以说，就像所有卓越的东西一样，它仅仅对狂妄的怨恨保持封闭。认识你自己，如果人们渴望繁难，这在黑格尔这里便是事情的神经（Nerv der Sache）；尽管这个命题来自苏格拉底（Sokrates）①，甚至可能更加古老，然而首先是黑格尔把该命题以统一的方式贯彻在宇宙的、仿佛伦理—宇宙的水平上。而且在黑格尔这里，对太一（Einen）的探求——这是此处问题的关键——是合法的，尽管，并且因为他相反地竭力反对把真理当作"线条分明的硬币"来加以考察，"这个硬币可以一劳永逸地被给予，也可以如此这般地被抹去"，而不是作为过程、作为结果来考察。而且，尽管黑格尔已经在《精神现象学》的序言中——虽说是在很不一样的上下文中——以极大的讽刺拒斥了那种具有一种形式主义的、"一学就会的窍门"的智慧。"掌握这种单调的形式主义所用的乐器，并不比掌握画家的调色板更困难些，在这种调色板上只有两种颜色，譬如红色和绿色，要画某个历史片段就用红色，要画某个风景就用绿色去给画面着色。"（《著作集》，II，第40页）此处的关键问题——颜色，并不是红色或绿色，而是**被概念地把握的自我认识、被概念地把握的主体—客体化、在历史方面被彻底追溯的主体—客体关系的**底色（Grundfarbe），这个底色以辩证的方式充满了黑格尔的整个著作，并一再重复地以最高的多样性和最高的统一性来进行渗透。于是，这就将富有成果的简洁与狭隘的简洁区别开来了，就像它将这个"简单性是真理的标志"（simplex sigillum veri）② 与图式区别开来了一样。

（3）在这种独特的颜色可以辨识之前，罕有能持久延续者。如果这种颜色潜藏于某种思维中，那么，它通常在较早的青春期就已经凸

---

① 苏格拉底（希腊语：Σωκράτη，公元前469—399），古希腊著名思想家、哲学家、教育家。——译者
② 拉丁文，意为"简单性是真理的标志"。——译者

显出来了。所以众所周知：几乎对每一类创造性的人物，而且尤为确定的是对哲学人物而言，在青年时期就出现了一幅他应该施行和必须坚守的图景。为了象征这个图景，一个动人的、尽管并不真实的故事甚至提到了姑母的嘶嘶作响的煮水壶，据说还是小男孩的詹姆斯·瓦特（James Watt）① 在煮水壶那里瞥见，甚至直观到了蒸汽力。有许多这样的例子，而且得到了更好的证实，这些例子把一部后来著作的连贯发挥在初始状态（statu nascendi）② 中就已经呈现出来了。而且，在那些首先把自己的表达连贯当作义务，甚至给世界带来了某种原理——该原理不再摒弃这个世界——的思想家们那里，事实上也一再重复尼采曾经表达过的东西，尽管尼采更多的是凭借心理学而不是事实性来表达的："女友飘然而至，一个便成了双。而且查拉图斯特拉与我擦肩而过。"③ 黑格尔青春期的著作就绝对已经包含了一种核心思想，它像旭日破晓，周行不止；甚至其高中时代的日记偶尔也可以呈现出这种思想。当恰好是青年黑格尔的这些自然素材显示出模范生、老成持重、市侩习气乃至早慧之寡欢这些引人注目和起阻碍作用的特征时，上述一点就更加令人印象深刻了；那有如神助的天赋也更加有力地侵入这些特征之中了。那时，15 岁的黑格尔记下了这样的话：[36]"每一种善都有其恶的方面"，因而记下了他的辩证法的基本原理；21岁时，他在伯尔尼的阿尔卑斯山区曾写过充满挑战冰川和死亡山脉（Totengebirge）④ 之情绪的旅行日记，该日记很典型地刻画了只有在急泄的飞泉旁边才能找到一种与精神、与他的情绪的流动相近的东西：由于人们看不到一种威力，一种巨大的力量，因而始终远离关于自然之强制、强迫的思想，而且那活生生的东西，总是自行溶解的东西，爆裂飞溅的东西，并不结成一群的东西，永恒地自行砥砺前行的

---

① 詹姆斯·瓦特（James Watt，1736—1819），英国著名发明家，推动第一次工业革命的重要人物。——译者

② 此处的拉丁文 statu nascendi 与本书 1962 年版后记中的写法 status nascendi 略有出入。——译者

③ 出自尼采《快乐的科学》"附录"。可参见黄明嘉翻译的《快乐的科学》，华东师范大学出版社 2007 年版，第 412 页。——译者

④ 彼处一个山脉的名称。——译者

东西和能动的东西，毋宁带来了一幅自由游戏的画面。后来，黑格尔在《精神现象学》中教导说："但是，要使固定的思想变得流动，要远远难于使感性的定在变得流动"（《著作集》，II，第27页）；而且流动的东西在自我生成（Selberwerden）的过程中把一切还是外在的东西都汇入人和对象之中。"唯有这才是律法，其他一切都是解释"，拉比·希列（Rabbi Hillel）① 在把《利未记》（19：18）的这句名言告诉一位希腊人后对他说："回家去吧，且对之加以深思。"这样，黑格尔也一再自觉地使其基本理念——他的所有思想深度和广度都蕴含于其中——清晰可辨。本质的东西，一再渗透于黑格尔哲学中的东西：**辩证的主体—客体—中介**，在此是不会有误的。

因此，增加更多的例子来说明问题是多余的。如前所述，每个特定的思想家都可以在最强的压缩中刻画出他的世界图景。在康德那里是这样三个问题：我能知道什么？我应该做什么？我可以希望什么？仅仅这三个问题，就已经凭借知道（Wissen）、行动（Tun）、希望（Hoffen）之前的能够（Kann）、应该（Soll）、可以（Darf）浓缩了三大批判的主题。费希特说：自我设定非我，而且由此达到对它自身的意识；知识学的内容由此被设定起来。谢林（Schelling）② 把下面这句话当作自己整个同一性学说（Identitätslehre）的口号：自然是可见的精神，而精神是不可见的自然。叔本华在其主要著作的标题中就已经表明了他的基本思想之概貌：作为意志和表象的世界，这是一幅浓缩而成的图景，而且事实上，正如这位哲学家在序言中所表明的那样，个别的观点仅仅在此基础上才得以发挥，不管这种基本思想是在认识论的意义上，还是在自然哲学的意义上，在美学的或道德—宗教

[37]

---

① 拉比·希列（约公元前110—公元10年），亦称大希列（Hillel the Elder），犹太教四大拉比之一，以"金律"闻名，他曾说："你所厌恶者，不要施于你的伙伴。这就是整个托拉经，其余的全是阐释，回去好好学吧。"（这里与布洛赫的说法稍异，参见英文维基百科。下文中的人名脚注也多有参照维基百科的地方，不再一一注明。）——译者

② 弗里德里希·威廉·约瑟夫·谢林（Friedrich Wilhelm Joseph von Schelling，1775—1854），德国古典哲学家之一，黑格尔的同学，但成名早于黑格尔，早期提出"同一哲学"，把"直观"而不是"概念"当作"绝对"的本质，由此区别于黑格尔。晚期谢林侧重于研究宗教哲学。——译者

的意义上表现出来。或者，如果真正的哲学——在诉诸其始点和要点时——教导说：本质就是这样一种东西，它尚未存在，它在所有现象的并非显现着的"现在"和"这里"当中如此酝酿，如同还在自行遮蔽似的，这又是另一种说法了。或者完全简练地说（运用逻辑的判断公式）：S 还不是 P；这意味着：主词（质料性的定在—本质［Daseins-Wesen］）尚未获得它的相应的内容—谓词（Inhalts-Prädikat），还是完全未说出、未客体化、未显明的。甚至，从对这个合理之物（des Rechten）的密度和结实的硬度的意识中，还产生了所有现实哲学家的这种——就像一再夸张的——初始志向：从根本上说只要撰写唯一一本书；斯宾诺莎最接近此类志向。但事实上，一种诸如黑格尔式的层次如此之广的著作，也是一部唯一的、具体而完全成熟的书。的确，黑格尔似乎轻而易举地、犹如神助般地有了这样一本书，具体而言，是由于这一（对他而言）内在的原理：Omnia ubique①，万物是普遍的。他的辩证的主体—客体关系具有丰富的组合，而这个原理贯彻于其中的每一个之中。该原理来自库萨的尼古拉（Nikolaus Cusanus）②和莱布尼茨（Leibniz）③，但这个在他们那里表达出来的、在每个部分中总能重复地映照全体的镜像之物（Spiegelwesen），最终还是维护了黑格尔自己的那种在辩证的多样性之中的统一性。由此出发，这同一个"认识你自己"才存在于精神现象学的越来越高的层次或螺旋形之中。由此出发，才有了黑格尔所促进的那种能力：人们在唯一的、任意挑选出的辩证的形态组合中都能千百次地看见所有的组合，如果这种眼光准确地看出那一再自我分化、一再停止下来、一再重新分化开来的定在（Dasein）④ 的话。比如说，如果人们一度理解了植物中"花蕾—

---

① 拉丁文，布洛赫在此用德语 Alles ist überall 对译，字面意思是"万物是普遍的"或"万物遍在"。——译者

② 库萨的尼古拉（Nicholas Cusanus，1401—1464），中世纪晚期和文艺复兴初期德国神秘主义哲学家，曾任罗马天主教会的高级教士，著有《论有学识的无知》《论猜想》《关于能在的三人谈》等。——译者

③ 戈特弗里德·威廉·莱布尼茨（Gottfried Wilhelm Leibniz，1646—1716），德国哲学家、数学家，历史上罕见的通才，被誉为 17 世纪的亚里士多德。——译者

④ 亦译"具体存在"，与海德格尔意义上的 Dasein（常被翻译为"此在"）不同。——译者

花开—果实"这一辩证的更替意味着什么,那么,也就会理解在"概念—展开了的判断—推理"这个更替中,并且同样地在"家庭—市民的(原子论的)社会—国家"这种更替中,这种同样的、并且确实完全不同的行程意味着什么。在黑格尔这里,这条充满活结的道路的意义始终在于:穿行于这条道路的这个东西——黑格尔称之为精神——在自我认识,变成自为的,自己与自己结合起来。这因而始终是其教谕的老加图式的结语(Ceterum censeo)①,是其核心思想中的简洁。单纯的感性确定性通过真实的转折点,最终成了被中介的知识,单纯的这时(Jetzt)和这里(Da)最终成了扩展开的、以丰富的形态展现出来的世界。在这位彻底的唯心论思想家这里,把握(Begreifen)和事变(Geschehen),这两者恰好是一个东西:(精神的)这种"运动","这种将其知识的形式推向前进的运动,就是精神将之作为现实的历史加以呈现的劳作"。而且,这种运动是如此地乐见于世界—历史(welt-geschichtsfreudig)之中,以至于这个在其中自行运动的东西②,唯有当它——在精神的现象史中——愈益准确、愈益真实地将其面纱当作活生生的服饰加以挥霍时,它才摆脱自己的面纱。

[38]

(4)因此,再也没有什么话语能够比"认识你自己"更为热切和引人入胜了。而且黑格尔以非同凡响的、亦即并非空洞的、辐射面极宽的方式所思考和教导的,也无非是这句话。"认识你自己"这句话中的"自己"(Selbst),绝不是个别的自我(Ich),但它是有人性的;对我们而言绝对外在的东西和外在地保持的东西,在黑格尔这里并未得到很好的处理。因此,同样不受待见的是自我身上的外在的东西和偶然的东西,那种或多或少是空洞地显现着的、据说并不与本身存在(Selbersein)相混淆的如此存在(Sosein)③。对黑格尔来说,在

---

① Ceterum censeo,拉丁文,字面意思为"此外,我建议"。相传罗马共和国时期著名政治家在每一次演讲的末尾都会说一句"此外,我提议消灭迦太基"(ceterum censeo Carthaginem esse delendam),无论演讲的内容是否与此有关。这里比喻黑格尔思想中不变的核心。——译者

② das sich darin Bewegende,在该运动中运动的东西,运动的主体,其实就是指精神(Geist)。——译者

③ 指感性的偶然存在。——译者

认识方面，这样一种存在就像一位思想家的鼻子的特殊形状一样无关紧要。"从我的书中推断我的形象"，黑格尔曾以这种方式对一位同桌女士——她惊叹他长得像一个男高音并因自己和这样一位有趣的人物同桌而激动不已——说，"从我的书中推断我的形象是错误的"。而且这个自我，这个被如此愤怒地加以拒绝和排斥的自我，绝不是活生生的人本身，就像后来克尔凯郭尔（Kierkegaard）① 从纯粹的内心状态出发考察黑格尔时所说的那样。支持这一点的，是黑格尔硕士论文中太多太多的清泉奔涌②，还有在其记忆中的太多的纠结、激情和自我封闭。显然，黑格尔学识的广度能够达到的东西，乃是自为存在（Fürsichsein）摆脱了偏颇的孤独——在世界之中。因此，黑格尔想要抛弃直接的主体，由此一来，这个直接主体就作为分配给整个人类的东西，通过中介而自我表达和客观化。在此情况下，客观思想家身上的外在杂多肯定消失了，长着偶然的鼻子这种方式也就完全不同了；每个人直接为之心急火燎的东西，构成现实性的以及决断（Entscheidung）的世界的东西，还有那种不可能很好地从恰好如此繁盛的人的存在中派生出来的东西，都消失不见了。然而，正如在黑格尔的语言那里，在其逻各斯（Logos）的这种持续不断的情绪和灵魂之音那里就已经变得可见和可听一样：黑格尔深深地沉浸在内心的那些自我分化和回旋之中，没有了这些东西，则无论是辩证的不安宁，还是其主要关切，即认识你自己，就统统不会被发现了。只有由此出发并且通向这种真理，为黑格尔所强调的那种非割裂性（Nicht-Partikularität）、非肤浅的模仿（Nicht-Manier）才能最终得到理解；对他来说，非割裂性和非肤浅的模仿似乎是所有卓越之物，尤其是所有切中肯綮之物的标记。凡是对艺术已然是正当的东西，在黑格尔看来对哲学便是理所当然的："这样，虽然艺术的原创性耗尽了一切偶然的特殊性，但是，这种原创性之所以耗尽特殊性，只是因为艺术家完全遵循他的仅仅被事情所充满的天才热忱的远征和奋进，而且不为任意性和空虚的喜好所动，而是能

[39]

---

① 索伦·克尔凯郭尔（Soren Kierkegaard, 1813—1855），丹麦宗教哲学家、心理学家、诗人，现代存在主义哲学的创始人。——译者

② Brunnenstube，原意为泉水上的房子，或者储存与分流泉水的建筑物。——译者

够在依照真理而实现出来的事情中表达他的真实自身。没有肤浅的模仿,自古以来都是唯一伟大的艺术手法,而且仅仅在此意义上,荷马、索福克勒斯(Sophokles)①、拉斐尔(Raffael)②、莎士比亚(Shakespeare)③才称得上是原创的。"(《著作集》,$X^1$④,第384页)

  而且,内容丰富的思想不仅必须从熟悉的自我动态地生成,也必须从外部的熟悉之物动态地生成,只要它不再作为这熟悉之物而存在,只要它不是彻底地得到思考,而且能够在"理性"面前证明自身的话。凭借这个要求,黑格尔保持着对18世纪、启蒙世纪的忠诚,哪怕他通常拒绝这个世纪的"个人主义"及其非历史性的推理(Raisonnement)。"单纯知性的抽象推理"是他所要拒绝的,而"理性"则是他当作关涉事情的和具体的东西来加以欣赏的。在他看来,理性是一种具体的东西,这是因为它并不处于世界的进程之外,因为它毋宁在流传下来的现实事物(Überliefert-Wirklichen)中重新发现自己并向自己致意。因此,黑格尔在这一点上成了一位复辟思想家(Denker der Restauration),也就是说,这位思想家宣扬古老的历史权力胜过1793年的雅各宾派,也胜过启蒙运动的恰好不乐意接纳传统的本质。[40]但是,他由于这种历史感而同样成为相对现实主义的思想家,并且放弃了启蒙运动的这种遗产:凸显到"理性"之位的"知性"⑤,完全不利于一种单纯接受的"有机生长状态"。在这方面,黑格尔同他那个时代的浪漫主义的反动者们区别开来,那些人想要的,是其中伴有骑士城堡的月光而非概念,而黑格尔则审查流传下来的东西,并在必要时才善待这个东西。因此,黑格尔称颂苏格拉底,说他通过他的无所顾忌的问题而使因袭而来的意见陷入混乱。哲学一般不可能在没有挣脱传统及其束缚的时候开始,不可能在没有这种政治上的日出

---

  ① 索福克勒斯(约公元前496—前406),古希腊雅典三大悲剧作家之一。——译者
  ② 拉斐尔·桑西(Raffaello Santi,全名:Raffaello Sanzio da Urbino,常称为"拉斐尔",Raphael,1483—1520),意大利著名画家。——译者
  ③ 威廉·莎士比亚(William Shakespeare,1564—1616),英国文学史上最杰出的戏剧家,也是欧洲文艺复兴时期最重要、最伟大的作家。——译者
  ④ X^1,指《著作集》第10卷第1分卷,即《美学讲演录》第一卷。——译者
  ⑤ 黑格尔常常反其道而行之,揭示出启蒙所谓的理性只是一种知性思维。——译者

（Sonnenaufgang）的时候开始："在历史中，哲学只能出现在形成了自由宪法的地方和范围内。精神必须从其自然的意愿，从其沉陷于材料中的那种存在分离开来。这些东西是东方国家的一般本质；哲学肇始于希腊世界。"（《著作集》，XII①，第113页）尽管如此，黑格尔的思维肯定不属于启蒙运动的抽象"推理"，不过它始终念念不忘启蒙运动对某种生成了的—陈腐的东西（Geworden-Abgestandenen）的批判。而且，如果说黑格尔的发生学—历史学的方法程序与复辟连在一起，那么，他毕竟没有沾染这种复辟对光明的恐惧——退回到一般而言不再可以思维的东西，退回到无法追忆的太古岁月。黑格尔不是浪漫主义者，他还带着内心的全部风暴色彩，乃至于通过这些色彩屹立于理性之中，屹立于负载深重的理性之中。即使在他把理性及其世界称为逻各斯的地方——完全按照《约翰福音》②的开篇，这个逻各斯也始终在自身中还具有可证明的理性（Ratio）。只要合乎理性的逻各斯证明持存之物为真，则它虽然为了头脑本身与之相和解而迎合——作为手段——这种反动（Reaktion），但在理性同样宣称黑暗未曾把握住它，并且宣称世界历史是世界法庭的时候，此刻，复辟就恰好会在概念上陷入对一种启蒙的动摇之中——而且这正好是在"事情的持续存在的纯粹性"的基地上，这个基地在黑格尔反对任性和习惯之际得到了维护。

（5）在黑格尔这里，自我在事物的"他在"中放弃了自身，由此一来，这些事物也就停止成为"他在"了。这方面的首要的、心理上的手段，乃是完全投入于事物之中的专注（Aufmerksamkeit）。专注之为专注并非易事："它毋宁要求某种努力，因为人如果想要把握一个对象，就必须撇开在他头脑中千回百转的所有事物，撇开他在其他方面的兴趣，乃至他自己的人格，并且让事情在自己身上起支配作用。因而专注就包含了对特有的自以为是的做法的否定，并包含了对于事情的全神贯注；这是两个为达至精神之卓越所必要的环节。"

[41]

---

① 《著作集》第12卷，即《宗教哲学讲演录》第二卷。——译者
② "太初有道，道与神同在，道就是神。"（《约翰福音》1∶1）那里的"道"即逻各斯（Logos）。——译者

(《哲学科学百科全书纲要》，§448附释）在黑格尔这里，这类思想不仅仅是实事求是的，而且在一种总是接近歌德的意义上，同样是乐世的、享受着世界并虔诚于世的。一个决心朝向外部世界的人，要是人们愿意的话还可以说：在这里，在内心的一切威力中，那种普遍的—客观主义的特征是显而易见的；马勒伯朗士（Malebranche）① 说过，"专注，是灵魂自然的祈祷"。正如黑格尔把握到的，在专注中自我沉浸在事情中，然而事情也同样沉浸在自我中，它被自我吞并了；所以，黑格尔从早年起就为了表达这种关系而使用了那个概念，是的，使用了**吞食**（Verzehren）这种直观。"这里一切都是为了吞食"，青年黑格尔在耶拿的一次宴会上这样宣告，话里带着在场听众能很好理解的一种双关含义，"我们要对它的命运致敬"。吃和喝以再明显不过的方式，克服了自然内部的那种所谓的不可把握性，亦即不可知论的所有幽灵难题（Spukprobleme）。针对那种据说不可克服的主体与客体之间的距离，黑格尔以一种粗俗的言辞提到了动物的胃口，说动物会毫不犹豫地奔向客体，并将它吃掉。自在之物（Ding an sich）立马就作为它之所是，作为为我们之物（Ding für uns）而被它们把握住了；它被动物的牙齿把握住了。而且，如果说还剩下一些与概念之齿相抗衡的骨头，那么，也被为理性而骄傲的黑格尔当作毫无价值的东西抛弃，而不是被当作难以参透的神秘之物加以崇敬。在黑格尔这里，求知的渴望，对认识的饥渴始终是使人们分享世界、促使人们掌握世界的所有客体财富的手段。这样一来，正如《精神现象学》的那个庄严的结尾所说，"自身（Selbst）参透并消化它的实体的整个财富"。一直上升到对依然还是最高的对立的扬弃，这是古西里西亚神秘主义者安杰勒斯（Angelus Silesius）② 完全在黑格尔的意义上表达的一种扬弃："朋友，已经足够了。倘若你更想阅读，／那就自己走向和变成那部著作和那个本质吧。"吞食，就如此这般地充当了在自我与事物之间，尔后在内在与外在之间进行调停的媒介，通过这一媒介，

---

① 马勒伯朗士（Nicole Malebranche，1638—1715），法兰西科学院院士，法国天主教奥拉多利修会的神甫，著名神学家和哲学家，17世纪笛卡儿学派的代表人物之一。——译者

② 西里西亚的安杰勒斯（1624—1677），又名约翰·舍弗勒（Johann Scheffler），德国天主教神父和物理学家，神秘主义者和宗教诗人。——译者

两者都失去了它们的抽象性。内在与外在，这两者都不过是"本质之假象"，如果它们互为中介，则现实的东西就出现了，因为现实的东西是"内在与外在的统一"。于是，在黑格尔这里，精神的活动作为生产的活动，同时是一种掌握了被生产的内容的活动，正如被生产的内容掌握了主体一样。这个认识着的调和的目的在于，"也驳倒这个假象，就好像对象是一个外在于精神的对象似的"（《哲学科学百科全书纲要》，§447附释）。直至一切都为自我认识的自为存在做好准备，直至这位来自极乐世界的女儿（Tochter aus Elysium）① 登上意识的阶梯，登上与意识相中介的世界的阶梯。在这里，在对幸运与——理论上勾画出的——调和的简洁描述中，自我和事情合一了。在黑格尔这里，这便是作为自我生成的自我认识；正如乐观主义的，还有为基督教教义做辩护的思想家们所相信的那样，一切事物必定有助于这种自我认识达到最佳状态。于是，这种自我认识按照事情宽广的开端乃至进展，就不是个体—心理学的认识，说到底不是心理学的认识，但它也许表现为对这样一种意识的一种认识，该意识在我们所有人当中，甚至在整个向我们敞开的世界当中，被规定为劳动着的（arbeitend）意识。这样，它就像黑格尔的第一部作品即《精神现象学》② 的标题中所说的那样，是生成着的精神的显现史；因为自身（Selbst）在此被当作自我理解的精神。这在下文中便意味着（头足倒置）③：**这个自身（Selbst），是对自己的生产最终加以理解，并使之摆脱自我异化的劳动着的人。**

提示

关于黑格尔**并未谈及的我**（Ich）④，据说在他的哲学中是虚假的：[43]

---

① 极乐世界的女儿，出自贝多芬《欢乐颂》中的语句。——译者
② 布洛赫把《精神现象学》当作黑格尔的第一部著作并不确切，但该书的确可以看作黑格尔在其思想成熟期的第一部系统性著作。——译者
③ 原文直译为"以足正立"，布洛赫暗指马克思对黑格尔的那个著名批评（"头足倒置"）。——译者
④ 此处黑格尔的原文是ich，指个体之小我，与客体相对立，它和费希特意义上可扩充到世界之上的那个"自我"有所不同，但布洛赫把此处的ich写成了Ich。读者需要区分"小我"（ich）和"大我"（Ich）的不同含义。——译者

"我一度曾将重点放在我的经验性的、有限的意识上，并使自己与无限性相对立；另一次我将自己从我这里排除出去，诅咒自己，过于看重无限的意识……它们并不是生硬对峙的两个海格力斯之柱①。我存在，它在我自己中、为了我自己而成为这种冲突和这种一体化（Einigung）；我把我自己规定为无限的，从而与有限之我相对立，并且把我自己规定为针对自我的无限的意识，把我的思维、意识规定为无限的。我是感情、直观，是这种统一性和这种冲突的表象，也是冲突着的东西的结合，是这种结合的努力和内心的劳作，即同样是为了我自己成为首领的这种对抗的劳作……我是斗争，因为斗争恰好是这种并非对差异双方漠然置之，而是将双方约束在一起的冲突。我并不是被囊括于斗争之中的其中一方，我是斗争的双方，我就是斗争本身。"（XI②［1840 年版］，第 39 页）

按照世界斗争［整体中的有限，不适合状态中的完善者（Vollendeten）③——这种不适合状态同样把该完善者作为与自身关系紧张的东西包含在内］的这种前所未闻的自我宣示，下面这个引领整个过程的目的便表现出来了（和解之终曲）：

"举凡天上地下发生的、永恒发生的一切，上帝的生命和凡尘中完成的一切，所追求的唯有精神对自身的认识，精神使自己本身成为对象，发现自己，变成为自身而存在，与它自身结合为一。"（XIII④，第 64 页）

这一终曲之作为努力与先行步骤的关系，就像黑格尔与哈曼异口同声所说的那样，便是"将握紧的拳头摊开成一只手"。同时，这种摊开也呈现了一种最终返回的收缩状态；黑格尔对这只摊开的手的称呼是：在人与人之间叫作爱，在知识中叫作得到概念式把握的历史，在整个自为生成中叫作自由。

---

① 源自西方古代典故，这里喻指直布罗陀海峡两岸的海岬。——译者
② 《著作集》第 11 卷，即《宗教哲学》第一部分。——译者
③ 更符合字面意思的译法是"成全者"。——译者
④ 《哲学史讲演录》第一卷。——译者

6. 著作的诞生与教导

（1）黑格尔缓慢地，而且经常痛苦地向前推进。这位大师绝非从天而降。对被中介的自身（Selbst）——这个自身是他从一开始就想要的——的追寻，有着崎岖的道路。他孤独的、从1793年至1796年的伯尔尼时期的那些著作证明了这一点；他的表面上有所改善的、从1797年至1800年在法兰克福所写的著作更是如此。他的精神在黎明前辗转反侧于何等纷乱的材料，他又在何等广泛而细心领会的材料上劳累不堪！黑格尔寻求的是真指环，他并未迷失于指环周围的那些链条和饰圈。这个年轻的主体彻底反叛周围社交界的种种腐化堕落的，或者可怜而差劲的状况，并且确实在寻找一个客观存在的，因而并不仅仅存在于内心中的支点。在这种情况下，对黑格尔来说最有典型意义的，就是选择那些不含水分的、至少阳气十足的和首先是富有内容的材料了。他并非清心寡欲，但他自我纠正，并且把高翔的思想置于他称之为"人的低级需求"——他也是由此开始的——的东西之旁。这样，当青年黑格尔在撰写《耶稣传》、在针对"实定的"（positive）基督教而呼唤一种非异化的基督教时，他同时也极为务实地从事伯尔尼地方税务状况的研究。他就斯图尔特（Stewart）①的一本论国民经济的书写过一篇评论，他研究过在由君主制的国家形式②向共和制的国家形式过渡时期的战争事务的变迁。对于这位伯尔尼的家庭教师而言，自由与启蒙还全然清新地是其所爱："我相信"，他从伯尔尼致信谢林说，"这个时代最好的标志不外乎是：人类以如此值得敬重的形象被呈现于自己面前。这是一个证明：笼罩在大地上的那些压迫者和诸神头上的光环消失了。哲学家们证明了这种尊严，人民将学会感受

[44]

---

① 指詹姆斯·斯图尔特爵士（Sir James Denham-Steuart, 1712—1780），英国经济学家，晚期重商主义的拥护者，代表作为《政治经济学原理研究》（1767），该书于1769年被译成德文出版。亚当·斯密和其他一些英国经济学家对此人并不太重视，但他在德国却被广为接受，比如黑格尔、马克思和德国历史学派对他都很有研究。——译者

② Staatsform，一般译作国体或政体，这里采取直译。——译者

这种尊严,并且不是要求,而是自己重新认可和获得自己的被贬为尘埃的权利。"黑格尔第一部打印的著作,也完全要溯源于伯尔尼时期的愤怒,尽管它是在法兰克福于 1798 年才出版的。这部著作包含了对卡尔(Cart)① 律师的"密信"的翻译和阐释,而这些信件是为伯尔尼的"属国"沃州(Waadtland)反对"伯尔尼的尊贵的主人"所作的申辩。伯尔尼的压迫者与德国的压迫者没有什么不同,只是:革命战争已经将前者推翻了。所以,青年黑格尔满带嘲讽并以教训的口吻向自己的德国寡头们呼吁:"学习一下正义吧,你们这些待警告之徒,但聋子们将难以掌控自己的命运。"那么,这些寡头们,这种人类的自由、希腊式的自由的对立面,如果他们不是在规章、在异化了的义务诫命中有其支点,他们的支点在哪里呢?如果不是在源于"实定性"(Positivität)——这种实定性作为**教会**产生于基督教——的所有衍生物中有其支点的话,他们的支点又在哪里呢?这样,《耶稣传》《基督教的实定性》这两部著作就都属于伯尔尼。在这两部著作中,青年黑格尔就像当时谢林所说的那样,一直表明自己是:"莱辛(Lessing)② 的知己"。《耶稣传》(1795)的写作紧扣《圣经》文本,有力而生动,它把耶稣表现为纯粹的人,而不是施行奇迹者,甚至不是神。耶稣宣讲爱的宗教,而不是带着诫命、规章、合法则性、教会的实定宗教。后者是人的归零和绝对异化的机关;它并不是毫无根据地形成于罗马,形成于法律的人格和建制之帝国的。它是一面镜子,照见了自由的希腊人以及和他们同类的诸神的没落。最后,正如青年黑格尔以卢梭(Rousseau)③ 式的口吻所说的那样,正是"诸等级的不平等",才形成了诸如私有财产和特殊的教士等级这类双重的、然而相互关联的祸害。耶稣教导的不是这些东西,而是作为平等之爱和

[45]

---

① 让-雅克·卡尔(Jean-Jacques Cart),生平不详。——译者
② 戈特霍尔德·埃夫莱姆·莱辛(Gotthold Ephraim Lessing,1729—1781),是德国启蒙运动时期最重要的作家和文艺理论家之一,他的剧作和理论著作对后世德语文学的发展产生了极其重要的影响。——译者
③ 让-雅克·卢梭(Jean-Jacques Rousseau,1712—1778),法国 18 世纪伟大的启蒙思想家、哲学家、教育家、文学家,18 世纪法国大革命的思想先驱,杰出的民主政论家和浪漫主义文学流派的开创者,启蒙运动最卓越的代表人物之一。——译者

作为爱之条件的平等（也包括了与神的敬奉者的平等）："爱，只有针对同类、针对镜子、针对我们的本质之回声才能发生。"（《青年神学著作》[诺尔版]①，第 377 页）当然，耶稣本人走出了美的、自然的、活生生的统一；这样，他的爱的布道要么宣讲得过于个体化，要么宣讲得过于抽象了。如果共同的本质保持不变，那么劝告个别人是毫无裨益的，是的，在后来的法兰克福手稿《基督教的精神及其命运》（1799）中，黑格尔谈到了"关于一种普遍的人类之爱的宏伟理念的不自然和枯燥乏味"（诺尔②，第 323 页）。在对经过中介的、非彼岸的、但也非内在的自身（Selbst）的追寻中，黑格尔有时甚至将公共的苏格拉底看得比转向内在的耶稣更高，甚至高于耶稣的孤零零的死亡。进一步看，在更多地转向希腊王国的情况下，《基督教的实定性》（1796）颂扬了生命的统一性和完整性，在这部著作中，人漫游到了更早的时代，他的自由时代。由此，便自动地出现了对同时代周遭的困境、对普遍腐朽的"实定性"的压力的审视。确实，对"僵死的客体性"，进而对"缺乏精神的科学、机械的风俗"的全部憎恨，都源于市民主体把自己扩张于世界，在中介了的世界中发现自己这个受到阻碍的意志；腐烂的封建主义不再是这样的世界。正如黑格尔在耶拿阐述的那样，自希腊城邦以来最为强烈的是，"来自于人的生命的那种统一的威力消失了，诸对立面都丧失了它们的活生生的关联与交互作用，并且赢得了独立性"③。于是，对这位开始起步的辩证法家而言，问题的关键就不在于对立面，而在于那些冻结了的对立面，首先是这样的对立面：其中，一种僵死的实定之物和如此客观的东西与主体相对立。如前所述，在他最后这部康德式的文稿中，甚至义务诫命对青年黑格尔而言也源于"实定性"这个僵死的对立面。所以："在实定宗教的概念中已经容纳了这样的特征，也就是它把伦理

[46]

---

① 具体见 H. Nohl（Hrsg.），*Hegels theologische Jugendschriften*，nach den Handschriften der Kgl. Bibliothek in Berlin，Verlag von J. C. B. Mohr（Paul Siebeck），Tübingen 1907。——译者
② 同上书，下同，不另说明。——译者
③ 黑格尔这句话出自《费希特与谢林哲学体系的差别》一文，可参见宋祖良、程志民译本，杨一之校，商务印书馆 1994 年版，第 10 页。——译者

法则（Sittengesetz）作为某种给定之物向人们树立起来。"（诺尔，第212页）这样，黑格尔转而反对感性与伦理性（Sittlichkeit）之间的康德式的对立，反对由作为某种内在的彼岸之物的伦理之物而来的、敌视生命的公设（Postulat）。这位年轻的、与现成的世界还处于紧张关系中的黑格尔，依然没有摒弃应当（Sollen，被公设了的存在）的尊严；但是，他把一种"活生生的应当"与僵死的应当准确地区别开来了，这个僵死的应当是关于一个割裂开来的、仅仅与我们相对立的理想之物的应当。统一性应该给出"生命"，而不应该冒充为大杂烩，甚或不应该像今日自私的黑格尔伪造者所宣称的那样，被冒充为某种如痴如醉的、绝对不可理喻的东西。而生命意味着流动的形塑者，结合着的自行分化者，分化了的谐调者（Zusammenklingende）。对黑格尔来说，这是一种希腊式的明亮的、并未撕裂的奔涌澎湃的此岸，来自于我们的那些与我们统一在一起的事务（Angelegenheiten）。

[47]

但这条通往自为存在的道路始终云遮雾绕，它很快部分地变得几乎难以通行了。伯尔尼之后的法兰克福时期是黑格尔的狂飙突进，一场发生于浮士德的书桌旁的狂飙突进。此外，这场狂飙突进也是由外部因素，亦即由那些客观类型的、最为冲突的思想动机掀起的。这种东西进入内心的关隘，同时增加了主体自身中的那种突然出现的主客体之间的黑暗。在1810年的一封信中，黑格尔后来还暗示过这个痛苦时期及其地段（《黑格尔往来书信集》I[①]，1887年版，第264页）："我从自己的经验出发切身识别这种内心的声音，或者毋宁说，这种理性的声音，尽管这种声音一度带着关切及其惩罚沉没于杂乱无章的现象之流中，而且……我内心确信这个目标，即使还没有达到清晰性和对整体的详细规定……一般而言，每个人在生命中或许都有一个这样的转折点，一个浓缩了他的本质的子夜时分，只要他穿越子夜时分之困境，就会巩固、确证对他自己的确信，达到对习惯的日常生活的确信，而且——如果他已不能从日常生活中求得满足的话——是对一

[①] 《黑格尔往来书信集》共两卷，被收入前述黑格尔《著作集》第19卷第一、第二部分。——译者

种内在的、更高贵的生存的确信。"当然，黑格尔的内在生存总是处在有幸—不幸的、对于环绕和承载着他的社会共同物的爱之中。只是围绕着他的这个社会总体，这个行将就木的古老帝国①的古老直辖市的总体，比伯尔尼的社会总体还更少适合于凭借决斗而促成自己与他和解。这样，法兰克福时期的黑格尔尤为激烈地从个体出发，也许伴随着群狼的嗥叫，但也凭借这两个范畴：爱和生命，它们几乎像享有治外法权似地结合在一起。黑格尔躲开人群而逃往自然，"为的是在自然的庇护下使自己免受他们的影响，并阻止与他们同流合污"。他逃至神秘主义中，不只是逃至埃克哈特（Eckart）②和陶勒（Tauler）③的真正的神秘主义，而且还逃至人们有权可以称之为晦涩的那样一种神秘主义：卡巴拉主义（kabbalistische）的神秘主义④，也就是那种比较简单的神秘主义。1800年，他撰写了一部著作：《论神圣的三角形》；但这个三一体（Dreiheit）不是辩证的三一体，其思辨毋宁是在诺斯替主义的意义上（gnostisch）⑤，由巴德尔（Baader）⑥两年前那篇题为《论毕达哥拉斯的正方形》的文章促成的。在此期间，上帝普遍地总是作为一切分裂的出路而处于终点：据说在神圣的联合中，主体与客体之间的矛盾，尤其是还有客体本身的不协调，就统统消散了。一般而言，一个趋向客体的、本身完全撕裂了的意志是法兰克福时期的一个标志。这样，黑格尔当时重新推出和加工了伯尔尼时期的

[48]

---

① 1806年神圣罗马帝国解体。——译者
② 德国神秘主义神学家、哲学家埃克哈特大师（Meister Johannes Eckart，约1260—1327），本名约翰内斯·埃克哈特（Johannes Eckart），但无论是生前还是死后，也无论是他自称还是别人称呼他，都以埃克哈特（也有译为爱克哈特或艾克哈特的）大师（Meitster）闻名于世。他是宗教改革的发起者、新教创始人马丁·路德心中的指路明灯。路德在其主持编印的《德意志神学》中，对其神学思想信加赞扬。——译者
③ 约翰内斯·陶勒（Johannes Tauler，1300—1361），德国神学家和神秘主义者。——译者
④ 犹太教神秘主义中的一派。——译者
⑤ 亦译"灵知派"。——译者
⑥ 弗朗茨·冯·巴德尔（Benedict Franz Xaver von Baader，1765—1841），1808年后人称 Ritter von Baader，也简称 Franz von Baader，德国天主教神秘主义哲学家、医生、采矿工程师。他对波墨有很精深的解释，对谢林的自然哲学影响很大。——译者

实定性著作：现在，"实定之物"不再仅仅被理解为与主体僵硬对立的东西。这就形成了令人痛苦的、因而同一切"妥协"极为不同的尝试，它将"实定之物"带进主客体关系之中。这也带来了如下的重要成果：在法兰克福时期关于"实定性"的文稿中，第一次显示了后来黑格尔的"异化"（Entfremdung）概念的萌芽。向实定性发起冲击的另外一个标志，是法兰克福时期的这部著作：《基督教的精神及其命运》（可能写于1799年）。耶稣是和解者，但他又的确不是和解者，因为生命侧畔的死尸、死亡的客体世界还始终在他那儿持存，甚至最后这个世界还将他埋葬在自己底下了；耶稣，一个最终毕竟是"悲剧性的形象"，"凭借超越命运的崇高性"承受了"最不幸的命运"。然而在现实的、统一的生命中，黑格尔对当时感到绝望的联合教会教导说：根本就不存在什么命运。仅当个体和罪人从统一中走出时，他们才会在部分生命中为自己创造出一个敌人，如此这般地将自己与这个作为命运的敌人相对立。"人在命运中认识他自己的生命，而且，他对生命的祈求并不是对一位主人的祈求，而是一种向自己本身的返回和靠近……因为敌对的东西也作为生命而被感受到，其中就存在着同命运和解的可能性。"（诺尔，第282页）这样，哪怕是最艰难的命运，也令人惊讶地通过对整体——该命运由此整体拽出——的单纯的直观，而重新成为一种友好的命运："这个整体能够在自身中重建友谊，……对它自身的直观变成了另外一种直观，而且命运达到了和解。"（诺尔，第283页）无论如何，这一收获对黑格尔而言当然别有意义：对他而言，这里首次成功地在无所不包的"生命的统一"中达到了诸概念相互之间的层次分化，达到了诸对立的消融，达到了迄今为止一直被认为是凝固的、甚或绝对敌对的内容的一种转化。"生命的统一"，正如它既不可以将感性与伦理性，也不可以将人与命运彼此对立起来一样，对青年黑格尔而言就成了辩证思维的训练。由此，黑格尔为他现在接下来的、在耶拿逐步成熟的著作选择了独具辩证意味的高超技能；要阐明耶拿时期的这种高超技能，这并不需要"第二部黑格尔的青年史"①。黑格尔很久之后还把生命称为"生机之脉搏",而正是生命范畴给出了那种具有决定性意义的推动者(Bewegte),并仅仅如此才给出了在诸种主体—客体关联中,在被寻求的自身(Selbst)的诸中介中的"借酒放纵者"(Bacchantische)②。由此一来,现在才在耶拿体系的三份笔记(1802,1803,1804/1805年)中有了"关系"(Verhältnisses)③ 概念的创造性的内容。由此一来,在黑格尔为获得大学教职所撰写的论文《论行星的轨道》(1801)中,才谈到开普勒(Kepler)④ 针对牛顿(Newton)⑤ 所作的"质的"阐发,而这在此意味着:开普勒的来自于太阳系的特别的"生命关联"的阐发。这部论著态度生硬,而且是宣言式的,但由于其拯救现象——面对一种过于普遍的规律——的决心而显得重要。这是面对牛顿的万有引力而出现的情况;黑格尔看出在这个普遍的质量规律中,并没有包括太阳和诸行星的那种业已"特殊化的物质"。诚然,量的—机械力学的思维一般地只是一种"抽象的思维"。这与开普勒的思维不同,后者将太阳和诸行星的统一描绘为特殊化的运

---

① 《黑格尔的青年史》为狄尔泰的著作,是黑格尔的学生罗森克朗茨的《黑格尔生平》之后最著名的黑格尔传记著作之一,内容上只写到法兰克福时期为止。现收入狄尔泰《全集》第4卷: Wilhelm Dilthey, *Die Jungendgeschichte Hegels und anderer Abhandlungen zur Geschichte des Deutschen Idealismus*, B. G. Teubner Verlagsgesellschaft m. b. H., Stuttgart 1990, S. 1—197。——译者

② Bacchant,指酒神巴克斯的信徒,或酒徒、醉汉,bacchantisch,指酗酒的、放肆的或放荡不羁的,Bachhantische 一词由 bacchantisch 变化而来。——译者

③ 这是黑格尔耶拿时期的一个关键概念,比如布洛赫列举的第三份手稿就包括逻辑学、形而上学和自然哲学三部分,而逻辑学中篇幅最大的便是"关系"章。——译者

④ 约翰内斯·开普勒(Johannes Kepler,1571—1630),德国杰出的天文学家、物理学家、数学家。他发现了行星运动的三大定律,即轨道定律、面积定律和周期定律。分别意味着:所有行星分别在大小不同的椭圆轨道上运行;在同样的时间里行星向径在轨道平面上所扫过的面积相等;行星公转周期的平方与它同太阳距离的立方成正比。这三大定律的提出使他赢得了"天空立法者"的美名。——译者

⑤ 艾萨克·牛顿(Isaac Newton,1643—1727),英国著名物理学家,在力学上阐明了动量和角动量守恒原理,提出了牛顿运动定律。他在1687年的《自然定律》一文中描述了万有引力和三大运动定律。他通过论证开普勒行星运动定律与他的引力理论之间的一致性,说明了地面物体与天体的运动都遵循相同的运动规律,为太阳中心说提供了有力的理论支持。——译者

动。点、线、椭圆，但也包括空间和时间，以及运动和物质，都不是孤立的、凝固的量，而是一个辩证统一体的诸环节。"从一个点如何变出一条线，从这条线如何变成面，这只能借助于运动概念才能得到理解，这是由于人们事先就将时间和空间设定为同一的了（antea tempore et spatio identice ponendis）①。"（《著作集》，XVI，第24页）而且在开普勒的行星定律中，椭圆也不是带有两个焦点的一条"抽象的"曲线，而是一个辩证的量；它是由循环运行的物体的两个"实在的"止点②塑造而成的。万有引力本身不是消灭了所有特殊的普遍，它在太阳系中毋宁是特殊的、使物体同时离心扩散和向心聚集的整体。因此，在此到处都可以辨认出"生命的统一"，在这种统一中，青年黑格尔将诸对立作为流动的来加以认识，即使是特殊与普遍、普遍与特殊也要使之相互渗透。这是在自身（Selbst）的范围内发生的，这个自身想要在真正的，而且肯定不是僵死的现实中自我受孕——作为同类中的相同者，像在爱中一样。

（2）在其早期著作中，黑格尔还没有使用后期使用的那些词语。或者，诸如关系（Verhältnis）、联结（Verbindung）、以太（Äther）等名称，即使后来依然保留，也不再具有同样的重要性了。只是从《精神现象学》开始，主要著作中的术语才开始出现；此后，这套术语大致保持不变。即使《精神现象学》还完全是探索性的，但在它之中所包含的开拓因素，已本质上将自身（Selbst）作为事情本身所包含的开拓因素表现出来了。对黑格尔而言，那种粗野而有力地贯通《精神现象学》的因素虽然还有待扩展，有待准确地进行空间分割，但已经不再需要作根本性的修正了。除非现在在体系中艺术和宗教以不同于《精神现象学》的方式被完全踩碎，否则，这种辩证的上升就是明确的。所以，对黑格尔主义者来说，伯尔尼和法兰克福的早期著作所具有的传记意义，要大于其哲学意义。与之相反，当黑格尔久已

---

① 拉丁文，含义见正文所述。——译者
② Umkehrpunkten，或译死点、反转点。——译者

消失之际，一条通往他的入口倒是首先来自于这些著作。遗憾的是，这是一条出于误解乃至出于市民理性之初步损失的入口；因为由狄尔泰（Dilthey）① 及其学派所开启的所谓生命哲学，感到自己为黑格尔的一些早期著作经常使用"生命"一词所吸引。尽管它有一种糟糕到令人吃惊的阅读技法，把黑格尔当时的生命范畴理解为混乱的情感，而不是——如正确理解的那样——理解为对辩证的流动性的初次表达。现在，由于新浪漫派的这种可怕的误解，真实的黑格尔的理性好像被废黜了；对新浪漫派来说，黑格尔凝神观望，就像一位柏格森（Bergson）② —里尔克（Rilke）③ 式的未授圣职的僧侣在倾诉衷肠一样。无论如何，黑格尔的《耶稣传》在1905年被发现了，接下来的是所谓《青年神学著作》（诺尔，1907年）、《耶拿逻辑学、形而上学与自然哲学》（拉松，1923年）、《耶拿实在哲学》（霍夫麦斯特，1931年）以及《黑格尔发展史文献》（霍夫麦斯特，1936年）。当然，过高地估价青年黑格尔，这是一如既往地没有缘由的，尽管从马克思主义角度来看不是这样的。甚至于后来，尽管政治和宗教方面的果敢性有所减弱，黑格尔的工作几乎也不会在任何关键点上落后于青年著作；"四月、五月和七月"④ 对成熟的著作也并未远去。最近，卢卡奇（Lukács）⑤ 对这位哲学家的青年时期的发展给出了一份杰出的、面向社会—文献史的导读（《青年黑格尔》，1948年）；之所以说是杰出的，也是因为通过此书，狄尔泰的那个多愁善感—生机论的黑

[51]

---

① 威廉·狄尔泰（Wilhelm Dilthey，1833—1911），德国生命哲学家、历史学家、心理学家、社会学家。——译者

② 亨利·柏格森（Henri Bergson，1859—1941），法国著名生命哲学家，1928年曾获诺贝尔文学奖。——译者

③ 赖内·马利亚·里尔克（Rainer Maria Rilke，1875—1926），是奥匈帝国布拉格在20世纪鼎鼎有名的德语诗人之一。——译者

④ 比喻青年时代。布洛赫这里引用的是荷尔德林发疯后在图宾根塔楼所作的残篇诗句。原诗无标题，有这样的句子："四月、五月和七月都已远去，/我一无所是，了无生趣。"——译者

⑤ 格奥尔格·卢卡奇（Georg Lukács，1885—1971），匈牙利著名的哲学家和文学批评家，当代影响最大、争议最多的马克思主义评论家和哲学家之一，西方马克思主义的创始人。——译者

格尔传奇，黑林（Haering）①、克洛纳（Kroner）② 和其他人的法西斯主义—非理性主义的黑格尔传奇都被否定了。然而在这里，在努力说明马克思的这位先驱者的过程中，不仅黑格尔的直接的先驱作用被夸大了，而且不那么直接的先驱作用也常常被缩小，乃至于被忽略了。由此一来，在黑格尔那里始终还富有教益的东西就被窄化了，在黑格尔著作中的种种意蕴，如同在肯定绝不会枯竭乃至终结的马克思主义中的种种意蕴一样，就轻易地被堵塞了。在黑格尔的狂飙突进中，乃至于在其思想成熟时期的那些并非直接导向现存的、发展至今的马克思主义的东西，这种较少直线式的，甚至还处于唯心主义中的东西，在描述之际无疑需要一个独特的批判空间和验证空间。含混的、朦胧的、神秘主义的、形而上学的，以及诸如此类时而被卢卡奇用来贬低黑格尔的狂飙突进，时而又用来为之辩解的形容词：这都是整体（en bloc）③ 标记，可以用来指称完全不同的东西，而且它们恰好是为了完全不同的目的而被应用到黑格尔身上的。对一位实证主义者而言，黑格尔以及卢卡奇同命运概念的所有争论，就已经可以被视为神秘的（在该词最肤浅的意义上）；与之相反，一位马克思主义者的水平越高，就越是可以在"神秘主义"所指称的不同的问题情境（在这里是含混性，在那里是埃克哈特）之间作出更适当的区别。因此，至少并不是在黑格尔那里的所有东西，所有与马克思主义尚未处于一种直接的—功能化的关系之中的东西，从一开始就可以正当地被忽略不计。而且如此一来，就把问题交给了资产阶级的哲学史家们，他们借此从并未得到清晰探讨的黑格尔局部思想（Hegelpartien）出发，进一步建立起反马克思主义。他们借助于实际上已经腐朽了的神秘主义，

[52]

---

① 特奥多尔·洛伦茨·黑林（Theodor Lorenz Haering, 1884—1964），图宾根大学哲学教授，黑格尔专家，著有《黑格尔》《黑格尔国家与法权学说》等。——译者

② 里夏德·克洛纳（Richard Kroner, 1884—1974），德国哲学家、神学家、黑格尔专家，与新康德主义的西南学派关系紧密，是李凯尔特的学生，后转向新黑格尔主义，成为德国新黑格尔主义的最大代表。主要著作为两卷本的《从康德到黑格尔》（1921—1924）。他受生命哲学家狄尔泰的《青年黑格尔》的影响，对从康德到黑格尔的哲学发展作了非理性主义的解释，把黑格尔解读为一个非理性主义者。——译者

③ 法文，意为"全部地""整个地"。——译者

亦即今日资产阶级的神秘主义，借助于实际上可疑的形而上学，亦即那样一种形而上学，它可以利用那些空缺的提问（Problemstellungen），利用那些转交给对手的问题高度（Problemhöhen）。卢卡奇对青年黑格尔所作的向来杰出的分析，恰恰由于其沉静和缜密而使自己注意到这样一个黑格尔，他通过这个用得太泛的神秘主义术语还不能得到圆满的刻画。这个黑格尔也不能作纯粹专题性的研究：黑格尔的神秘主义时代向他敞开了一条进路，它通向许多问题，通向他后来哲学的术语学的诸规定，而且不仅仅是术语学的诸规定。下面这个句子就出自他的《耶稣传》：爱是"一种综合，其中律法失去了它的普遍性，而且主体也同样失去了它的特殊性，两者都失去了它们的对立"。神秘主义的外壳，然哉，而且唯心主义就是僧侣主义，然哉，但正是这种"爱"使关于特殊和普遍之统一的意识达到成熟，正是这种"生命"使人洞见世界之奔腾，世界之"流动"。这样，从黑格尔哲学的形成史，进而从黑格尔哲学的丰富意蕴出发，就可以并非完全温柔地消除种种宗教争论本身（per se）①。尽管这位后来的大师在内涵的意义上并非是从天而降的，而且至少是从教会而来的。

　　黑格尔并未将这些早期著作算作自己的作品，就像它们还仅仅是黎明一样。但是，即使由他出版的那些书籍，也不能使我们完全认识到这种哲学的白昼和财富。他出版的作品有：《精神现象学》（1807）、《逻辑学》（1812、1816）、《哲学科学百科全书纲要》（1817）、《法哲学原理》（1821）。《哲学科学百科全书纲要》给出了整体的构造和全景，然而历史、艺术和宗教几乎没有得到特别详细的阐述。也可以说：黑格尔在《哲学科学百科全书纲要》中几乎绝妙地表达了他的思想精粹。该体系的所有其他书籍，包括那些最重要的，都不是黑格尔亲手编辑出版的。在这位哲学家去世后，他的学生根据讲座稿本和听众的笔记编排了它们；其中编得最好的一套是《美学讲演录》。黑格尔还曾希望能够出版一部心理学纲要，"因为也许没有一门哲学的科学像这门关于精神的学说——人们习惯于称之为心理学

---

① 拉丁文，意为"本身"。——译者注

——那样处于如此被忽视和如此糟糕的境地了"(《法哲学原理》，§4附释，收于《著作集》，VIII①，第37页）；但这部著作却未见问世。正如1817年他从海德堡致信尼特哈默尔（Niethammer）②时就已说过的那样，当他感到有必要使他讲授的那些科学首先变得货真价实的时候，他把自己的全部努力都投入这些讲座中了。这样，黑格尔堪称史上所见的最忙碌的哲学教授了，而且这是出于最自豪的理由；导致他再也没有时间留给印刷出版了。因而形成了一种事后（post festum）③工作室，弟子们在其中帮助去世的大师。如果说，这位哲学家——他面对尚未打印好的手稿几乎不可能忽视——在有生之年也找不到这类帮助，那么，弟子们毕竟在后来把黑格尔言说过的作品抢救了过来。虽然下面这一责难适合于一些编者，尤其是米西勒（Michelet）④（《哲学史讲演录》的编者）：他们想要通过迎合公众口味的修饰而得到一本更容易阅读的书，他们甚至将早期的和晚期的、真实的、成问题的和伪造的草稿硬塞在一起。就此而言，拉松（Lasson）⑤主编的那个考订的，也是为了增补一些新发现的草案的版本是有一些功绩的；它至少在必要时可供参考。但尽管如此，由"逝者之友"编辑的这个版本⑥并不需要重建；没有必要将1832年至1845年编成的这个旧的、经典的全集版（这里到处都在引用这个版本）废掉。这个版本应该在语文学方面加以纯化和增补；然而即使在这里，在保持质疑的情况下（in dubio）⑦，同时代的编者，即黑格尔直接的朋友和弟子，也可能总是比后来的拉松牧师及其后继者们更有权威，这位拉松

---

① 《著作集》第8卷，此卷收录了《法哲学原理》。——译者
② 弗里德里希·伊曼努尔·尼特哈默尔（Friedrich Immanuel Niethammer，1766—1848），德国哲学家、神学家，在图宾根期间便与黑格尔、荷尔德林和谢林相熟，黑格尔常与他通信。——译者
③ 拉丁文。
④ 卡尔·路德维希·米希勒（Karl Ludwig Michelet，1801—1893），德国哲学家，黑格尔的学生，一般被归入"老年黑格尔派"。——译者
⑤ 格奥尔格·拉松（Georg Lasson，1862—1932），德国新教神学家和哲学家，第一套黑格尔批判版著作集的编者。——译者
⑥ 布洛赫手头所用的版本，详见前面（本书1962年版序言）的脚注。——译者
⑦ 拉丁文，含义见正文。——译者注

牧师竟然在精神和上帝问题上都擅自修改，这简直太过分了。这是对存在于那些流传下来的底稿中的黑格尔的演讲的一种不可替代的认识，而且首先还有：正如这些底稿是存在的一样，它们对费尔巴哈（Feuerbach）① 和马克思（Marx）② 也产生了作用。虽然其中也有许多重复（此外，在随后推出的新版本中有更多的重复）；但黑格尔可以拿伏尔泰的话为己所用，而且他比伏尔泰有更好的权利这样说：在人们对问题的关键有所理解之前，他将会一直不断地重复。此外，一部由弟子们——第9—15卷③——编排出来的全集，也同样包含了黑格尔曾经说过而未曾写出的他的思想来源的踪迹，连同由此重复出现的有些部分的不协调（这再一次尤其体现在《哲学史讲演录》中）的踪迹。尽管这部全集诞生于多个后人之手，但是，它依然使得"这样一种产生的方式"（die Eine Weise des Hervorgehens）清晰可辨。这种方式伴随着多轮讲演，尤其是历史哲学讲演的导论中的那种有教养的自由；伴随着在艰难的青年时代之后、在体系的循环中赢得的教导之严格。自亚里士多德（Aristoteles）④ 以来，还没有出现过范围如此辽阔、装备如此丰富的精神关联。由此出发，这部作品就并未把自己仅仅表现为诸如古老帝国城市这类东西，它还想要按照排场、为了科学的女王而将自己当作富丽堂皇的宫殿建立起来，并且按照文化价值将自己建立为一所完全印刷出来的哲学的大学。而且，这所大学还同样

---

① 路德维希·安德列斯·费尔巴哈（Ludwig Andreas Feuerbach，1804—1872），德国著名哲学家，在反对黑格尔思辨哲学的过程中提出了"感性哲学"，包括"人本学"和"自然学"，同时反对黑格尔的"抽象思维"而诉诸感性直观和感觉，他也是著名的宗教批判思想，对马克思的思想有重大影响。——译者

② 卡尔·马克思，全名卡尔·海因里希·马克思（Karl Heinrich Marx，1818—1883），马克思主义的创始人之一，第一国际的组织者和领导，国际共产主义运动的先驱和领导者。在批判费尔巴哈的过程中提出了实践的唯物主义，并创立了历史唯物主义。——译者

③ 第9至15卷，囊括了黑格尔晚期的各种讲演录，包括《历史哲学讲演录》《美学讲演录》《宗教哲学讲演录》《哲学史讲演录》。——译者

④ 亚里士多德（一般写作：Aristotle，约公元前384—前322），古希腊著名哲学家、科学家和教育家。他是柏拉图的学生，亚历山大的老师。马克思曾称他是古希腊哲学家中最博学的人物，恩格斯称他是"古代的黑格尔"。作为一位百科全书式的科学家，他几乎对每个学科都做出了贡献，其写作涉及伦理学、形而上学、心理学、经济学、神学、政治学、修辞学、自然科学、教育学、诗歌、风俗，以及雅典法律。——译者

应该像世界本身中的**宇宙构成**（Kosmosbildung）一样，将意识走向它的那个漫长的**旅程**包括进来。这样，黑格尔的作品——尽管在其中有一种完全错误地主张了的**封闭性**——便持续地作为生成的作品，作为不可阻挡的进步倾向而生效。这种封闭性意味着：黑格尔的这个圆满完成了的体系，带着不可变易的理念，**反映了他的思维的那样一个社会基础，该基础通过对法国大革命的保守的反动而得到刻画**。然而，这个体系中的辩证的方法和进步倾向——这种进步倾向是与辩证的方法相联系的（这在《精神现象学》中尤为明显，也见于《历史哲学讲演录》）——**不断重复地反映出黑格尔思维的另外一个基础，该基础是通过一个依然上升的阶级与复辟和僵化的矛盾而得到刻画的**。而且这是决定性的一点：在黑格尔哲学的帝国城市和世界帝国中的这种宏伟的进步倾向，就是黑格尔创造性地保留下来的真理。从黑格尔的这个被孤立地，乃至绝对地理解了的反动方面出发去"杀掉"他，这就像斯大林（Stalin）① 所强调的那样，是无政府主义的、非马克思主义的行为。无政府主义者"知道，黑格尔曾是一位保守的思想家，所以他们逮着机会就拼命辱骂黑格尔是'复辟'的拥护者，并极力'证明'，'黑格尔就是复辟哲学家，他颂扬绝对的官僚主义立宪制，他的历史哲学的整个理念都服从于复辟时代的哲学路线，并服务于这种路线'，如此等等……无政府主义者们希望以这种方式驳斥辩证的方法。我们要声明的是，他们在这条路上除了证明他们自己的无知之外，什么也没有证明"（斯大林，《著作集》［Werke］I，第264页及下一页）。而且接下来，在修正主义者那里，但同样还在通常正派的、低估德国古典文化遗产的人士中，"杀掉"黑格尔总是与哲学水平的降低相对应的，所幸这是一种重复不断的自杀式的降低。于是在黑格尔这里，辩证的方法，连同被该方法渗透的关于世界的趋势概念

[55]

---

① 约瑟夫·维萨里奥诺维奇·斯大林（俄语：Иосиф Виссарионович Сталин；英语：Joseph Vissarionovich Stalin, 1878—1953），曾协助列宁领导十月革命，列宁逝世后担任苏联人民委员会（后改称苏联部长会议）主席。苏联政治家，苏联共产党中央委员会总书记、苏联部长会议主席（苏联总理）、苏联大元帅，是苏联执政时间最长（1924—1953）的最高领导人，对20世纪苏联和世界影响深远。——译者

(Tendenzbegriff)就继续起着作用。黑格尔的教导所留下的遗产，为生成敞开了空间，对自我异化作了批判，并要求人性的自我复归——在现实世界的整个广度和深度之中。

提示

"在我的发端于人的低级需求的科学的教养中，我必定朝着科学被推向前进，而且青年时代的那种理想，也必定转向反思的形式，同时转化为一个体系。"（1800年11月2日致谢林的信）

"谁要是带着洞见和爱心长时间倾听黑格尔的独特报告，他就会承认，除了思想的威力和丰富，主要是那种明显的透过并照亮整体的热情，以及那种瞬间再生产的在场性构成了报告的优点，由于这些优点，种种最清晰的区分和最完整的重复中介（Wiedervermittlungen），种种最壮丽的直观，那沉潜于自身及其真理的精神的最丰富的个体形态和最宽阔的概貌，便都产生出来了，而且具体表现为最精辟的、在其平凡中却总有新意的、在其古怪中却总是令人起敬的和古色古香的词语。但是，最奇妙的还是那些令人震撼而又激动人心的天才的闪电（Blitze des Genius），这些闪电——最出乎意料的——是黑格尔的最广博的自身（Selbst）[1]向之集中的，而且现在，他那出自最真挚心情的最深最好的东西，带着无法描述的效应向那些完全有能力把握他的人，既富有直观又思想清晰地表达出来了。"（霍托为他编辑的《美学讲演录》撰写的前言，《著作集》，X¹，第XII页及以下各页）

[56]

"确立这样一种产生的方式，将诸形态的推导、诸规定的被思维和被认识的必然性生产出来，这就是哲学本身的任务和使命。"（《著作集》XIII，第42页）

---

[1] 不是指黑格尔本人，而是指作为主体（"自身"）的精神。——译者

哲　学

7.《精神现象学》

[59]　　（1）使黑格尔最初显身扬名的这部作品，也成了他最晦涩和最深奥的作品。尽管按照当初的规划，这部作品尤为简单，亦即作为一部教育引导之作，应当引领读者走到哲学的门口。如今在他看来，这一点当然做得不太成功，思想面向的丰富性阻碍了这一目的。然而，这部书即便完全不是写给初学者的，也是写给另外那部分堪称"精神上的青年"（geistige Jugend）的起步者的。因为它本身充满了空前丰富的青年之语，充满了丰盈与炽热，完全是诗性的，也完全是科学性的。它以独一无二的方式，如晨曦初降般酝酿着万千头绪。这样的一部作品，在哲学著作中是无与伦比的，线索繁复却又集中统一，狂热奔放而又秩序严谨。没有哪个地方能更准确地看出，是什么样的伟大思想在升腾而出，也没有哪个地方能说它的进程已经完备无缺了。

（2）《精神现象学》希望成为"对显现着的知识（erscheinenden Wissens）的描绘"，因而它最初就是以教育引导的思路规划的。个体应当从他自然的观点①，被引导到科学的观点，被引导到知其自身的那种精神那里去。这部书，走在生成着的知识（Wissen）本身的路上，这知识从直接的感性印象出发，越来越广泛，经过越来越多的中介，攀升到认识（Erkenntnis）②。对于读者而言，这个过程也应当成

---

① Standpunkt，或译"立场"。——译者
② 指精神的自我认识，同时也是人对精神的认识。——译者

为他**自己的**哲学教育，正如这种攀升也表现了精神在**世界**上、在世界之开展中进行的自我教育一样。在这里，黑格尔的规划与歌德的《浮士德》的规划之间的相似性已昭昭在目；在歌德那里，浮士德身披魔衣穿过各个领域，而且一边穿过这些领域，一边学习和体验，越来越详尽地享有世界与他自己；在黑格尔这里，是"概念的七里靴（Siebenmeilenstiefel）"带着主体穿过世界，并教导客体和主体相互渗透。尽管如此，最深奥的著作最初却表现为预备性的入门著作：世界精神的显现之路乃是人类意识的教育之路。或者正如黑格尔在《精神现象学》"序言"中说明的："科学从它那方面要求自我意识，必须将自身提升到这种以太中去，以便能与这种以太一道、在这种以太中生活，以便能生活下去。反之，个体要求这样的权利，即科学给他提供一部至少能到达这个点的梯子，在他本身中指出这个点。"但这部梯子将由事情的萌芽形成，它从某个"这里"和"现在"的单纯的感性确定性，发展到越来越丰富的各种世界形态。这条教育之路因为表现为意识之路，就显得是心理的，然而这个方面却完全不能代表全部。这条路同样是历史的，甚至自然性的（naturhaft），所有这些全都交织在一起，没有任何材料充当"典范"，一切都要共襄盛举，参与到精神将自身展示于其中的那些形态所构成的那个"长廊"中去。[60]

（3）《精神现象学》的原理从始至终都是思维与存在、自我与非我（Nicht-Ich）之间的中介。而且是那样一种自我、思维与非我、存在之间的中介，即那中介的双方在近代（Neuzeit）都向着它发展了。在《精神现象学》（出版于1807年）中，有着社会的和意识形态的来源的三种动机（Motive）联合起来了。首先是从法国革命中发展出来**革命性自我**的动机，那自我使自身成了万物的尺度。然后是认识内容的那种独立自主的**数学式生产**的动机；它从伽利略、霍布斯、笛卡儿一路发展到康德，形成了那种严格的、在方法上纯粹的科学性的自负。最后，正在起步阶段的**历史学派**的动机也在起作用，这方面的动机与前两种是对立的。这个学派源自浪漫派，而与数学—建构性的启蒙完全没有关系，它拒绝那种启蒙式的推理。正如人们已经看到的，它尊崇的是接纳者（Hinnehmende），而不是推理者（Räsonierende），喜爱的是自然生长之物，而不是人为制造之物，是传统形成的东西，而不是人贸然越俎代庖建立起来的东西。尽管这个学派在执行反动的使命（起初无意，后来就有意而为了），它的意义却在于唤醒了人们的历史感，那种历史感自埃及的晚期时代以来很可能就从这个世界上消失了。由此产生了与启蒙的知性信念（Verstandesglauben），即与那种将过去视作废墟的思潮截然对立的现象。虽说 18 世纪也并不完全缺乏历史感；伏尔泰的那些专著表明了这一点，吉本①关于罗马兴衰的巨著证明了这一点。但启蒙即便有其历史感，也带着一种精致的破坏欲（这种破坏欲即便在伟大的吉本那里也绝不能说消失净尽了），带着对消亡感到愉快的某种深深的草率习气。与此完全对立的是，浪漫派对历史虔诚备至，重重地落到了过往的事情上；他们特地赋予历史—具体的中介过程（Vermittlung）以意义，黑格尔的早期著作在这方面已经表现得很优异了。

然而那**能动的自我**，以市民的方式设定自身、解放自身的自我，无可置疑地充当了《**精神现象学**》的**第一个**动机。这自我以怀疑的态度对待既有之物，完全以批判的态度对待封建社会现存的残余。在笛卡儿的激进怀疑中，在那句著名的"我思故我在"（Cogito ergo sum）②中，这个自我就已经在活动了，怀疑的主体将自身标榜为唯一能起奠基作用的确定之物。在康德看来，作为一般意识的自我为自然颁布了它的规律，也为人颁布了一种道德规律，后者无非就是理性通过自身赋予意志的那种规律。自我在费希特那里达到了最尖锐的形态，在他那里自我才设定了一切外物或非我，以便在作为对立面的外物或非我那里达到对它自身的意识。如今黑格尔在《精神现象学》中到处都保留了主体这个出发点：它既是个体意识，也是人类的历史因素，同时也是世界精神。它在种种对象那里如其本然地开展了它自身，使它们成为它的，同样也在它们那里外化和校正它自身，正如它在它们中表

---

① 爱德华·吉本（Edward Gibbon, 1737—1794），启蒙时代英国历史学家，以《罗马帝国衰亡史》一书闻名。——译者

② 拉丁文，更准确的译法是"我思，那么我在"，这里为使文句通顺上口，遵从通常译法。——译者

现它自身和越来越强地展示它自身一样。这就使得主体最后不再像对待一个异己物一样对待对象。

黑格尔《精神现象学》的**第二个动机**涉及作为**生产性因素**的能动的自我，涉及**制作的人**（*homo faber*）①。这人是开创时期的资本主义之人，更准确地说是资本主义—理性之人。科学的目标符合于对商品流通的尝试性计算：认识内容的纯粹数学式生产——在黑格尔这里当然不再作为数学式的生产了。在 17 和 18 世纪，计算就意味着对既有状态（Gegebenheit）进行建构。后者作为物理学的建构，它与数学上那种自主性的一般知性之间是不存在任何对立的；自然之书（Buch der Natur）似乎真的是用数字写成的，因为一切机械力学的过程都遵从这书上的公式。而且这便使得下面这种做法成为可能，即从一些最简单的、在数学上可确定的要素出发，将具有合理的必然性的那种机械力学经验的诸对象建构起来。伽利略就是照这种建构的模式拟定他的"合成法"的，笛卡儿的解析几何学、莱布尼茨对运动的微分计算也都如法炮制。数学的认识乃是它的内容的不间断的生产，这就使得一切通过感官材料传达给我们的既有状态都消解为合理的必然性了。似乎只有如此，才能从单纯的知觉判断（Wahrnehmungsurteil）中形成一种经验判断（Erfahrungsurteil）；似乎经验本身作为科学的经验，现实本身作为方法意义上纯粹的现实，都是可以在数学意义上被生产出来的，而且唯有如此才能现成存在。这种类型的理性主义首先在关于运动的数学理论中大获全胜；这里似乎完全呈现出一个可按知性的方式理解的，可由数学的知性生产的，也可以如此这般计算、预见和支配的世界。霍布斯带着他所特有的酸涩口吻和不容妥协的果断语气声明：人只能认识那些他可以在数学上生产和建构出来的对象；由此一切哲学都成了物体运动之学。而康德则说，一切科学只有当其含有数学时才是科学；不可以在机械力学的和量的意义上、在牛顿科学的意义上被理解的东西，就不能以科学的方式被把握。然而如今理所当然的是：**内容本身**，即各种现象中个别的、质的、具体的东西，却不能

---

① 拉丁文。——译者

以数学的方式生产出来，当数学—抽象的理性主义真正发生危机时，这内容就显示出来了。这样，资本主义的、抽象—计算的经济的那种大力持续推进的人为性（Künstlichkeit）便首先在纯粹的理性（Ratio）中，亦即恰好在抽象—量的理性上表现出来了。在1750年前后，数学理性的那种独断的自负破产了，休谟的怀疑想要将知觉从所有这类理性的穿凿附会中解放出来，而当他赞美数学时，那恰好仅仅因为数学不外乎涉及诸表象内容的可能的关系，也因为它绝不谈论自己与一个实在对象的关联。康德给数学—理性的生产划出了最分明的界限，而这种限制之所以最分明，乃是由于在他这里，数学自然科学的种种范畴并不像在休谟那里一样仅仅以怀疑论的方式被消解了，或被引回到单纯的心理学上了。相反，在有科学的经验产生的任何地方，它们都应当是必然有效的，但这种经验本身必然是一种单纯形式方面的经验。质料方面的内容则是它无法支配的残余物，这内容在**物自体**问题中是清晰可辨的。不特如此，在已极少为人所知的**自然的分疏**（*Spezifikation der Natur*）①的问题②——这个问题促成了向黑格尔的过渡——中也分明可以看出来。分疏这个术语见于康德的《判断力批判》，而且表示一个完全确定的边界，对于那种只知遵循普遍规律的自然知识而言，它甚至意味着一场灾难。因为从那类规律中既无法推导出**特殊的自然规律**，也**根本**无法推导出**个别的、多种多样的内容**，而数学理性的、古典机械力学的理性是将这内容纳入自己管辖之下的。这样，自18世纪中期以来，以数学的方式进行的抽象生产未能掌控，也无法掌控的这个强大的残余物就到处显示出来。而黑格尔这一代人最为关注的正是这个残余物：规律之类的东西所无法辖制的，正是在一种市民革命的定在（Daseins）和它的世界身上展现出的某种青年期的充盈状态与五光十色。在德国，像这样出来反抗那从最进步的市民阶层本身中产生的模式（Schema）的，正是那种特殊的，也没有远见的市民革命思想。在法国，作为生活形式，也作为依照普遍规

[63]

---

① 直译为"对自然的详细说明"。——译者
② 康德在他的《判断力批判》中认为，自然事物的分类符合一种目的论的整体结构，这种目的论整体结构虽然不能被经验地证实，却是反思判断力必须悬设的一种理念。——译者

则和规律对生活所作的把握，理性主义从意识形态方面为市民革命作了很好的准备；而在经济上落后的德国却不是这样。政治上的理性主义便是官僚制度；但在德国，这官僚制度却完全是在古老的强制世界（Zwangswelt）、封建世界的基础上生长起来的，甚至强化了那个世界。这样，所有制定法规的东西，至少包括莱辛笔下由外来法规决定下来的东西，似乎在狂飙突进运动中与旧世界显得格外难舍难分。在德国，这个旧世界就是独裁的警察国家或官僚僵化的专制统治；因而随着专制统治被抛弃，它那表面上的盟友，即法律和法规一类的东西，也就自认为被抛弃了。这样一来，一位被认为特别无视规则的莎士比亚便出而声张自己，与法国戏剧的那种理性的秩序形成对立；这样一来，宏伟的"自然的分疏"——而且它还超出自然之外——便恰恰会让那种进行数学式生产的知性落空。

[64]

如今，黑格尔在《精神现象学》中加以推动的，同样是一种生产，但再也不是普遍数学（Universalmathematik）①意义上的那种生产了。他面临的问题是，从理性出发，不是要赢获那些漂浮于大批偶然事物之上的抽象规律，而是要赢获各种具体内容之间某种内在的整体关联。与此相配合的工具变成了历史，或者变成了对具体行程与生成过程本身的叙述，那么世界的各种分疏便有序地涌现出来了。而且是带着与数学生产声称它的种种建构物和推论所具备的那种必然性同样强烈的必然性涌现出来的。在这种情况下，各种事物之间的秩序与联结，就再也不是外在的了，毋宁说，它们在黑格尔看来乃是从内容的生成、从事情本身的内在生命力中生长出来的一种秩序与联结。因而生产就变成了**历史性的发生**（hostorische Genesis），或那种形成中的历史、自行开展的历史理性（Geschichts-Vernunft）本身的构造。在这一点上，黑格尔完全没有什么先驱可供效法；除非人们想到了维科（Giambattista Vico）②——巴洛克时期那位久已被遗忘的意大利历史哲

---

① 近代早期由笛卡儿、莱布尼茨等人倡导的一种理念，认为世间万物都可以通过一种精确无误的数学表达出来。——译者

② 詹巴蒂斯塔·维科（Giambattista Vico，1668—1744），意大利历史哲学家和法哲学家，著有《新科学》，他的学问长期不为中欧知识界所知，但客观上仍具有重要地位。——译者

学家，然而黑格尔并不知道他。维科分享了霍布斯以及他所憎恶的笛卡儿的一个信念，即只有人所创造（生产）的东西才是可认识的；然而他将这信念从数学式自然引开，投向了历史领域。人没有创造自然，却创造了历史世界，而这个世界因此便是唯一适合于认识的，亦即在内容上实实在在地可以认识的："因为历史世界确定无疑是由人类制造的，因而我们就可以在我们自己的人类精神的种种形态中发现它的那些原理。"（维科：《新科学》，德语版 1924 年，第 125 页）这样看来，第一次预感到在《精神现象学》中大获全胜的那种历史—方法的形成过程，这个荣誉必须归于维科。当然，作为认识工具的数学在黑格尔这里退却得越多，他的历史—理性也便开展得越多；类比于数学—自然科学家伽利略从最简单的一些要素推导出详细算法，人们可以说，黑格尔这里是从精神运动的一些微分要素（Differentialien）出发的。在《精神现象学》中，这个最简单的要素便是我在看和听时直接遇到的东西，或者说感性确定性的那个主体直接遇到的东西，在这个层面上，在客观方面与此相应的便是它的对象的"这时"和"这里"，或对象的单纯的、还不确定的"这一个"。而对象进一步的规定或者它在内容方面的开展则以辩证的方式在推进着，这就意味着，凭着那些总在翻新的矛盾，以及这些矛盾中蕴含的化解之道和新生矛盾在推进着。我们到后文中再描述这种辩证方法，这里仅表明一点：即便黑格尔的辩证法——他的辩证法尤甚——也是运动理论。然而这种理论所研究的运动恰恰不再是像在伽利略和牛顿那里一样的任何机械力学运动，而是一种质的—创造性的运动，一种现实历史的运动。在这种运动中，新的东西以必然被中介了的（notwendig-vermittelte）方式产生出来。即使微分学也含有一个辩证的胚芽：它认为种种特定情形下的直与曲其实是相通的（在解析几何学中，直线被当作具有无穷小的曲率的初级曲线）；它认为在无穷小中，相同只是不同的一种特殊情况，静止只是无穷小的运动。但在这里，变动的持久不变性（Stetigkeit der Veränderungen）成了到处都存在的预设前提；只有在这个预设前提——它不可能有任何历史的起源——下，微分方程才能（以时间为独立变元）结合初始条件，对现象的进程作出某种预告。然而这里研究的并不是那总在发生的跳跃性变化，那么为了以数学的方式将这些变化表达清楚，就必须抛弃微分方程（Differentialgleichungen）而采用差异不等式（Differenzungleichungen），从后者出发才能算出未知之物在未来对于特定的、离散的时刻有多少价值；——很特别的是，这种修正只在一些开端形态中得到发展，也很可能就此停留在开端形态了。这里构成了计算的界限的，乃是**历史本身的分疏**（*Spezifikation der Geschichte selber*）；这是历史的时间，与那种数学上涣散的、了无新意（Novum）的时间是截然不同的，通过计算是无法通达历史的时间的，尽管计算中也含有许多辩证的环节。但历史的生成（historisches Werden）却不再将黑格尔在《精神现象学》中首次运用的那种辩证法拒之门外。而这种方法所要表现的唯有历史性发生本身，而且是跳跃式的变动，从来不是持久不变的。伽利略—牛顿根本不了解历史；自维科以来，黑格尔才首次将历史当作唯一的认识对象，而且使自己接受历史的教导。如今，代替方程式的乃是不等式（数学物理学只了解唯一的一种形态，那就是全面的死寂：熵的或冻死［Kältetods］的那种不等式）；种种不可逆转的不等式或历史生命的种种生长过程，都由《精神现象学》首次在逻辑上思考过了。

在这一点上，黑格尔置身于他那个寻求源头活水而不是现成处方的时代。上述**第三个**动机就是这样在《精神现象学》中显露出来的，那是**浪漫—历史学派**（*der romantisch-historischen Schule*）的动机，是对以历史的方式生长和生成之物进行思索的动机。这种思索有着彻底革命性的源头，亦即扎根于它的开端，扎根于18世纪末左右德国的市民狂飙突进之中了。正如已经说明过的，最初这种思索乃是作为对抽象的规则之物、对行政当局肆意干涉人们生活时武断而任意制定的东西、对官僚制度与专制主义的结盟的反击而出现的。作为替代，早期浪漫派寻求的是人民的根基（Volksboden），是以有机的方式对生活起支配作用的那些整体关联，简言之，是一种完全特殊的"自然"，它并非数学—规律式的知性眼中的自然，而是一种几乎无意识的、至少非人为的生命与活动所见的那种自然。因此在莎夫茨伯里（Shaftesbury)① 的世界灵魂（Weltseele）的意义上富有创造力的东西，在对斯宾诺莎的一种活力论式的误解的意义上支配一切的东西，不是启蒙和数学理性主义所理解的那种自然，而是卢梭所见的那种田园风光般的自然。浪漫派的历史感下降到这种创生的自然（natura naturans）②中，在这里，生产无意识地涌流：于是本源（Ursprung）在任何地方都不掌握在人的手中。当然，即便在一种形而上学的历史叙事中也并不总是缺乏——如在谢林那里一样——彻底的白日意识和最高的力量意识，那种意识相信自身在万物的发生源头那里都在场，而且把自己设想为与世界生成的洪流同行的。既然生产就是这样给自己加冕③的，并认为自己有能力构造各种质（Qualitäten），由此出发，它便宣称自己能"构造"光、植物或悲剧了。所有这一切，代替了先前的种种数学—量的操作，代替了空间中单纯机械的物体运动的构造。那么这就是下面这种意义上的历史学派了，它不仅仅满足于成为神圣—晦暗的清泉奔涌之处非理性的喃喃低语，毋宁还要成为知识，甚至要成为最具体的知识：生长的激情变得合乎逻辑了。历史学派在整体上当然是反动的，但它是一种后退，这种后退重又包含着向新的进展、向被意识理解的历史的助跑。

因而《精神现象学》中的生产也是与这种更为清澈明亮的生长活动相关联的，前者是一种新的，亦即五彩斑斓的合理性生长。这样一来，知识的发生，便应当与包含于知识中的事情或自行展开其内容的世界精神的发生是同一个。即便在旧的理性主义中，方法与其对象也是同一的，或者说认识的对象最终就是认识本身。但之所以如此，恰好是因为它唯一的对象，即数学的自然（die mathematische Natur），被维持在最高的、量的纯粹状态中，并不考虑一切的个别性、质、断裂和跳跃。伽利略并不认为自然理所当然就是以数学自然科学的那些

---

① 沙夫茨伯里（Anthony Ashley-Cooper, 3. Earl of Shaftesbury, 1671—1713），英国启蒙运动早期政治家、道德哲学家、作家和博爱主义者。——译者

② 拉丁文。——译者

③ sich … qualifizierte，直译为"使自身有……某种质"，与后文中的"质"有字面上的关联，读者须留意。——译者

数字被写成的，这在他看来反而近乎奇迹，因此他才为这种若合符节的现象而欢呼。在黑格尔这里则相反，如果说方法和对象是同一的，[68]那么这对于他而言绝非幸运的偶然，而是具体的必然，而且他并不为此而欢呼，反而追踪宇宙—逻辑的确定性（顺便提一下，最后一点参见哲学史）。确定性之所以形成，乃是因为在黑格尔看来方法和具体对象在实质上是同一个东西，亦即那种自行开展着的精神，还因为双方有着同一个进展工具：合乎辩证法的历史。这是主体由它各阶段的客体修正的历史，是客体由它的主体修正的历史，攀上越来越高的层级，到达越来越高的历史形态与世界形态，直到最后主体彻底体验到它的一切外化与客体化，直到它自身再从这些外化本身中外化，并成为在概念中被把握的历史或绝对知识。这样，在黑格尔看来，正如他在《精神现象学》"序言"中已经强调过的，一切问题的关键在于，"将真的东西不仅仅理解成实体，同样也理解成主体"；但反过来说，主体同样无非是通过千百次外化（Entäußerungen）与内化（Verinnerlichungen）而将自身倒空了的实体，这个实体是通过这种世界现象（Welterscheinung）而建立起它的王国的。因此，在这里，心理学的发展，逻辑的、宇宙的、世界历史的、神学的（在上帝或世界精神逐步被其自身意识到那样一部历史的意义上）等方面的发展，就必然相互交织在一起。尽管如此，历史却是严整的媒介，是使得世界内容作为思想内容不断生产出来的有力工具。这是注入世界的现实发展之中的一个发生过程，正如这种现实的发展总又展示出，因而也具体描述出主客体关联（Subjekt-Objekt-Beziehung）的辩证进程。所以，代替各种抽象范畴而出现的乃是极为具体的，甚至情感充沛的一些形式内容（Forminhalte）：黑格尔的历史性生产（historische Erzeugung）在任何地方都不曾局限在康德称之为纯粹理论理性的东西中。毋宁说由于这种生产关注的是内容，因而在它看来，数学中的形式之物就是外在的，与之相反，那居于核心地位的饱满的实践内容，即实践理性，对于这种生产而言就越发重要了。这样一来，在各种范畴那里，代替那副骨架而产生的是越来越饱满的具体之物：主人与奴隶，作为有机整 [69]体的自然，个体性的反抗，女性与男性，有用性的世界，优美灵魂，神像，悲剧，基督徒的团契，如此等等，数不胜数。因而在数学的理性主义中根本无法解决的那个难题，即**质的—具体的内容**的问题，便在黑格尔的历史—过程性的理性主义中发挥了作用，并且得到了解决。这一点正是通过概念循着实际发生的历史的线索而进行的那种辩证的自我开展，通过先天的认识进展与物质对象之被忆念的生成过程的那种同一化而达到的。意识的诸形态即是世界的诸形态，反之亦然；双方之间的统一即逻各斯（Logos），这逻各斯在自身之内包含矛盾或否定的一切痛苦，而现实就产生于这种痛苦。在黑格尔这里，概念的自我开展就是世界精神的自我开展；它是对震荡不宁的真理的一种震荡不宁的认识。同时历史辩证法的线索也就是使世界精神得以穿越它那不定型的开端或自在（Ansich）的黑夜并走向白昼的光明的阿里阿德涅之线。这条线从第一个直接—同一的（unmittelbar-identischen）主体—客体出发，穿过它的种种分裂形态和外化形态，最后抵达被中介的—同一的（vermittelt-identischen）主体—客体。在这一点上，主体与客体的同一性的重新获得在黑格尔这里仅仅被当作种种外化形态（一般的诸对象）向主体的彻底回撤（Zurücknahme），而这与他直到最后都保持了唯心论性质的，甚至越来越失去了世界的辩证法是相应的。这样，外化与同样愈演愈烈的回撤便一直是这部发生—内容的（genetisch-inhaltlichen）现象史①——作为走向自为存在的那种精神的一部现象史——的核心主题。

（4）在这种情况下，人类历史即便显得有些零散，还是得到了三次探讨。卢卡奇很正确地使人们注意到了这一点，而先前的所有黑格尔研究家们很可能都忽略了这一点。而且首先要注意的是：历史的三次出场符合哲学之层级序列（Stufenfolge）的三元基本组合（Grundgruppierungen）；正如马克思评论《精神现象学》时所说的那样，人们可以说那就是"主观的""客观的"和"绝对的"这三个基本组合。马克思早就注意到《精神现象学》的这些主要部分、主要布

---

① Erscheinungsgeschichte，亦译"显现史"。——译者

局了,在市民气的黑格尔语文学家们(如哈德利希[Hadlich]①、拉松、海林之流)最终又偶然发现这一点之前就注意到了。第一个——"主观的"——基本组合是以直接的意识开篇的,包含了意识、自我意识、理性(第一至第五章)。第二个——"客观的"——基本组合包含了精神(第六章),第三个——"绝对的"——基本组合包含了宗教与绝对知识(第七、第八章)。这样,第一至第五章讨论的是这样一部历史,它看起来就像仅仅被拉到我们这边的,仅仅归于我们这边的;直至主体在"理性"中将历史当作它自身的东西。第六章穿越了这样一部历史,主体大规模地被引至它之上和它之中,使得"精神"在它之中作为现实之物自行运动着,现实地发生着。第七和第八章通过那贯彻到底的、变成回顾性的认识,最终表现了对历史的一种彻底占有。照此看来,历史中的"外化"本身又能被外化,这就是说,撤回到"回忆"②中,撤回到"绝对知识"中了。于是,这就是各种个别的"意识经验"形成的那个层级序列在其中一次次被划分、被结合并达到攀升的三个主要组件、基本组合。

(5)更详细一点说,《精神现象学》的进展过程表现如下。第一步展开的是单纯的**感性**确定性,即直接的确定性。它的对象是作为这时(Jetzt)和这里(Hier)的这一个(Dieses);但这个"这时"并不留驻,这个"这里"也一样,夜晚的这时,变成了白天的这时,一棵树的这里——只要主体转个身——立马就变成了一所房子的这里。接下来的层次是**知觉**,它不再将对象理解成易逝的"这个",而是理解成带有各种属性的物。然而即使它也无法留驻,即使它也自相矛盾;物与自身相同一,但又由完全不同的属性组成。这个矛盾又将物消解掉,并把知觉引入歧途,这样的矛盾便是错觉(Täuschung)③。

新的教化层级便是**知性**,它是一种差不多在进行概念性把握的意

---

① 海因里希·哈德利希(Heinrich Hadlich),生平不详。——译者
② 布洛赫这里在"Erinnerung"(回忆)中加了一个连字符,写成 Er-innerung,暗示它字面上的"内化"义。——译者
③ 指人在知觉时现实地陷入其中的错觉,而不是说上述矛盾是一个无须重视并会自我消解的错觉。——译者

识了。在它看来，它的对象乃是"反思过的"、反映到其自身内的、被二重化为形式和内容的对象；那对象中带着内在与外在、力与表现、本质与现象的区分。而在事情中又出现了一根尖刺或一种矛盾；[71] 因为内在或本质变成了对象的超感性彼岸，而且据说同时又是感性的，或者说是现象。或者也可以说，现象仅限于感性事物的范围内，而超感性世界则是由宁静的规律构成的一个王国，这里的矛盾是：规律表达的是不稳定现象的稳定图像。简言之，进行哲学思考的主体的每一个意识层级，在其发端之际便已经卷入它的种种反题中去了，而且被后者驱迫，进至新的教化层级。在知性层级之后，意识达到的是**自我意识**，这里产生了对我们而言的精神概念。在这里，他者（Das Andere）或外人已经扬弃了作为单纯的外人的他自身，或者正如《精神现象学》说明这场突变时说的那样："意识到了作为精神概念的自我意识这里，走到了它的转折点上，在那里它从感性的现世之五彩缤纷的假象里并且从超感性的彼岸世界之空洞的黑夜里走出来，进入当前的精神的光天化日。"由此开始，《精神现象学》就越来越具体，越来越富有色彩，它将实践"序言"针对真正的方法所说的那一点：真正的方法必定表明内容本身是运动不已的，是自行塑造其形态的。这一点在对独立的与非独立的自我意识的描述中立即显明了：出现了主人与奴隶的环节，产生了一种极为可观的效果，即自我意识的进展要归功于从事劳动的奴隶的意识，而不是通过只顾享受的主人的意识而发生的。然而在这个层级上的人类活动，尚未从概念上把握其自身（从历史的角度看，指的是古代晚期斯多亚派、怀疑论以及早期基督教那里的人类活动）。在这里，在那自行开展的自我意识及其对象的内部，甚至产生了最极端的分裂。它在被黑格尔称为"苦恼意识"的那种已臻成熟的基督教特质中达到了顶峰。这种意识瓦解成两个极端，一是与作为某种现世的困苦状态的它自身的关联，二是与不变者（das Unwandelbare）的关联。通过放弃财产、婚姻，通过自我消灭，自我意识力图在这个层级上根除它的可变性，并使自身与永恒者（dem Ewigen）相和解。这样，精神——它从来都既是漫游者（Wanderer）又是土地——就在它的漫游中得到了基督教中世纪曾统治过的

土地，或者一般意义上的畏惧的地域，那种畏惧有利于上帝，却压抑 [72]
了人类。

但在目前达到的意识层级上，在**理性**中，即便自我意识也被废除
了，或者被弄成附属的环节了。因为理性乃是变得普遍的、变得宏阔
的自我意识，或者说是对下面这一点的发现：人的此岸和他的世界乃
是一个装饰（Schmuck）或一个秩序（Kosmos）①，而不是一种必须在
彼岸被扬弃的苦恼。对于理性思维而言，现存的世界成了"它②自己
的真理和临在（Gegenwart）；剩下要做的事情，确然只是进入其中去
体验自身"。因而在这个仿佛属于近代的层级上，**观察的**理性似乎与
自然、心理学（个体性的世界）和面相学关联起来了。在物理的、有
机的和心理的自然中，理性便作为一种外部的定在（Dasein）出来与
其对立，在这个过程中，理性被充实了丰满的意义——最后是在面相
学上被充实。当然这里又是以某种反题来充实的，这反题又进一步得
到推展，虽然于事无补（甚至在特别强烈的意义上）。在黑格尔看来，
自然生命貌似符合必然的理性，它包含的那种理性却是极其偶然的；
在自然界，普遍之物的活动，或系统化的类属（systematisierten Gattungen）的活动，就到处都是断裂的、有缺陷的和停滞荒废了的。因
而在这一点上，黑格尔同样不是从一种在内容方面总在运动的概念出
发来理解"自然的分疏"的，而是对其进行讽刺，这里涉及的绝非
"诸种形态的那种有自身根基的体系"。或者正如黑格尔在另一处——
《哲学科学百科全书纲要》第 250 节——就自然的单纯自外存在
（Außersichsein）所说明的："自然的无力之处在于仅仅抽象地维持种
种概念规定，而停止显明那带有外在可规定性（Bestimmbarkeit）的特
殊因素。"这就意味着：在自然中，诸种概念规定并未处处都得到具
体的深挖，自然并非处处都忠实于这些概念规定；这样一来，理性所
主张的那种世界的秩序或逻各斯当然就呈现出一条最显著的裂缝了。
而黑格尔与 17 和 18 世纪的普遍物理学（Universalphysik）之间特别的

---

① 源自希腊语，指宇宙秩序。——译者
② 指理性思维。——译者

[73] 对立态势,也就凸显出来了:在后者那里,自然完全是物质化了的逻各斯,与之相反,人类历史就像是胡乱拼凑起来的一堆偶然之物;而在黑格尔这里,自然是没有能力推行概念并以此巩固概念的,而人类历史似乎完全符合它的精神建构。因此,理性并不终止于观察的理性以及身体—心理方面的理性形态,它还在历史中、在道德的生成过程中作为合乎理性的自我意识而存在。这是自我意识所达到的一个比被观察的自然更合适的地带。如今个体性有了成为一切实在的这种确信,但却不得不以尚不充分的方式拿伦理的—世界性的(sittlich-welthaft)普遍之物来充实自身。当然黑格尔还是将这种个体性当作一种相当偶然的东西,仿佛将它当作某种仅仅来回扭曲自身的自然元素。在这里,这样一位以历史的方式并在种种整体的尺度上思考的思想家,他对下面这些现象的反感是毫无疑义的:到处征服的雄心壮志和道德主义的骄矜自负,以及德性与世界进程之间的冲突。代之而起的是,世界进程要担负起战胜抽象德性的责任,而主张这种德性的个体性则要担负起"通过牺牲个体性而将善导向现实"的责任。在这个问题上显得极具客观主义特质的黑格尔,便是如此这般教导我们的,这当中混合着极难清楚区分出来的对自由主义的反动(antiliberaler Reaktion),以及社会的实在论(sozialem Realismus)。穿透所有这些矛盾及其消解之后,就达到了理性的终点,亦即达到了那种承载着偶然性的理性的终点。它的终点其实就是赢获**下一个基本组合及其开端**:赢获那以客观的方式被中介了的理性,或者说赢获了**精神**。

由此,自身(das Selbst),作为那彻底与生活中介过的东西,最后便一锤定音地出现了。它开始于**伦理**,精神在伦理中走过了三个步骤。他认为首先出现的是简单质朴的伦常(Sitte),尤其是遵照未成文法权(ungeschriebenem Recht)生活的那种古老共同体(Gemeinschaft)。在这里,女性特质与男性特质乃是黑格尔借索福克勒斯的《安提戈涅》一剧描绘出来的两种不同的法权—伦理本质。然而,这里同样呈现了一般意义上的古代世界中那种优美的、自然天成的生活状态,然而古代世界终究还是消解为罗马帝国的法权状态了。第二个

[74] 阶段是教化的世界,即异化了的精神的世界或启蒙的世界,它的顶峰

是法国革命。在教化中，这个"被撕裂的意识"出离自然的、伦理的存在，而后又回转了：它的精神在更富于修养后，便成了"对一切概念与实在性的颠倒"，它甚至成了罗伯斯庇尔的或者说恐怖的行径，成了无限度的自由、无度地否定一切的那种自由的一次爆发，一次"消亡的复仇"。黑格尔已经以"精神的动物王国"表示资本主义社会了，就是那个变得相互欺骗的相对性的社会，那个自私自利的社会，然而同样可以在斯密（Adam Smith）[①] 的意义上说，是由自私自利驱动的有用性的社会。但异化了的精神被推到它的对立的顶点上之后就骤然改变了，这就成全了第三个阶段：现实的普遍的意志、道德的信念及其世界。在这个世界上，重又具备否定性的乃是单纯的内在性，它对应于理性层级上的个体德性，并在精神的层级上将它再生产出来了。它显现为伪饰，但也显现为无行动的良心，只要后者"不再将它的世界和它的根据展示于外，而让一切都在它内部孤芳自赏"，结果就成了所谓的优美灵魂。最后这个术语及其形态源自歌德的《威廉·麦斯特》；[②] 在那里，优美灵魂是高贵而善良的，而在极具实践品格的黑格尔这里，则反过来显得虚伪而丑恶。它是伦理界的法利赛人式修女，是专注于内心中的手艺活的那种道德形态，因而在外部就表现为单纯的伪饰；市民的教养在它较高的那些社会层面上产生了许多这样的类型。另一方面，随着"道德的这种对其自身感到确信的精神"的世界一道，在"被撕裂的意识"之后出现的这第三个阶段希望达到的是重演古代的那种质朴状态。一个新的雅典浮现在人们眼前，这个雅典又惯于在内心涌起真挚情感。无论如何，精神出离空洞自负的道德，回到了自身（Selbst）的那种对世界保持开放的统一性，

[①] 亚当·斯密（Adam Smith，1723—1790），苏格兰道德哲学家、启蒙主义者，古典国民经济学的奠基者，著有著名的《国富论》《道德情操论》等。——译者

[②] "优美灵魂"是自柏拉图、普罗提诺以来欧洲文化界关于集真、善、美于一身的一种人格构想，到中世纪史诗中演变为"因善而美，因美而善"的人的形象，在近代则以浪漫派人士为代表，但也不完全局限在浪漫派。中世纪末期以来比较明显地提出这一构想的有神秘主义、虔敬派、莎夫茨伯里、席勒、理查德森（Samuel Richardson，著有《帕梅拉或善有善报》）、卢梭（《新爱洛漪丝》）、格奥尔格（Johann Georg）、雅可比、歌德（《威廉·麦斯特的学习年代》）、维兰德（Christoph Martin Wieland）。——译者

或者说回到了作为工匠的精神。由此那意识到了对象的自身（Selbst）便脱离伦理及其教化，进入虔敬笃信的状态。**最后一个基本组合**出现了：这是回到了主体—客体的那种被中介过的直接性的基本组合，了结了作为一种据说绝对陌异之物的一般对象。

[75] 　　由此精神便达到了它的倒数第二个层级，即**宗教**层级（它涵括了艺术作品）。起初是自然宗教，然后是东方宗教，后者出离于第一个野蛮的或呆滞的形态，进入黑格尔称为艺术宗教的希腊宗教。后来它凭借上帝的人化（Menschwerdung），变成了天启宗教或基督教：现在主体开始彻底变成实体，同时又没有在实体中消失，实体开始变成主体，同时又不将它压灭。而精神的最后一个层级终于出现了：在宗教之上的**绝对知识**的层级。如今意识将一切非我（Nicht-Ich）据为己有，与所有客体性都达成了和解，并将它们作为一些环节，吸纳到它自身的财富之中。最后的层级、自为存在的层级达到了，自身（Selbst）从一切异化和外化中外化出来，同时将它们作为它那经过概念性把握的历史，保存在它自身中了。这个结尾是神秘主义的，对意识而言，它的各种一般对象是被扬弃了，因为对黑格尔而言，一般对象性遗憾地只不过是异化而已。现在，在经历了由种种历史的—辩证的中介所构成的长长的、长长的旅程之后，主体——至少在黑格尔的描述中——实际上变成了实体，或者说变成了基本储备（Grundbestands）的彻底的自为存在。在感性确定性与绝对知识这两端之间紧绷着的，则是整个辩证的演变序列，被称为"意识的经验"。

　　（6）比起黑格尔其余的所有著作来，我们必须在《精神现象学》这里逗留更长的时间。因为他的方法在这部书中表现得最具活力，也最灵敏，同时也最具弹性，而且见不到丝毫图式痕迹。凡是想要拥有这部作品的财富的读者，就必须熟悉他者（des Anderen）的那种寓意性的广度，以及自身（des Selben）的那种以象征的方式充实了的深度。尽管《精神现象学》看似如此怪异，独行其道，它却有一部极为相投的姊妹作品，在那部作品中，它的运动和行进目标可能一再被显明。现在我们明显可以看出，那部作品就是**歌德的《浮士德》**，这部诗作在很多方面都源于和《精神现象学》相同的精神处境。二者都表现了市民阶层的那个世界历史使命的发端之处的市民意识：生产力的解放。二者都表明，人是他的世界的策动者，正如他也是在大步穿行于世界的过程中成为世界的一个人。浮士德是那个不安宁的、不满足的主体，他想将整个人类所得的东西全部体验一遭。在逼仄的小木屋中，他的表现甚至跨出了造物的整个范围之外；为了抵达无限者，浮士德在有限者中进行具体的体验，往一切方向奔突。他的目标是满足他那强大的、在其本身之内却极为不确定的不宁；冲着这个目标，他就身着梅菲斯特（Mephisto）①的魔衣开始走向世界了。更准确地说，目标就在他与梅菲斯特打的那场赌中；在否定的意义上，那便是不要希望躺在任何安乐椅上，在肯定的意义上，则是在任何时刻都不要出于实实在在的满足说这样的话：你真美呀，请停留一下。对那样一个时刻的企望与黑格尔对自为存在的企望完全是相近的，尽管浮士德赌局的内容不大逗留于纯粹精神中，而更多是与世上之人相关的。然而即便在黑格尔这里，精神的自为存在也不仅仅呈现为知识，也呈现为最高程度地渗入定在着的直接性（daseiende Unmittelbarkeit），呈现为"与其自身的那种经过理解的、直接的同一"，直至一切所谓的无客体性（Objektlosigkeit）那里也是如此。浮士德跌跌撞撞地从欲望走向享乐，而在享乐中他又饱受新欲望的折磨，这样他总是只能走在中途，享用相对的、非本己的满足，从欧北和酒寮（Auerbachs Keller）②直至预感到最高时刻的到来，都是如此。因而这里主体对于每次在某个层级上达到的满足的不满意，正如《精神现象学》中的主体—客体对于它每次获得的中介形式的辩证关系一样。由于主体的不满（即主体的矛盾），也由于处境中自行磨灭着的欠缺（即客体的矛盾），它便又出离一切相对的化解之法——因此它们绝不会成为什么安乐椅。谐音包含了不和谐音，又导向新的谐音，后者同样总是会分化的，如此久远，直至"有欠缺的东西"变成了过往的"事件"，直至——正如

[76]

---

① 梅菲斯特，歌德《浮士德》一剧中引诱浮士德堕落并与其签下生死契约的魔鬼。——译者
② 从郭沫若译法。——译者

黑格尔所说——"精神消除了时间,并把握了它的纯粹概念"。《精神现象学》"导论"便是这样阐明浮士德的规划的,正如它阐明《精神现象学》的规划一样;在行程的那个动机中,在以辩证的方式自行推高的那种主客体相互渗透的过程中,两者融合为一了。黑格尔①说,《精神现象学》乃是"灵魂的道路,灵魂穿过它自己的一系列形态,就像穿过它自己的本性给它预先规定下来的一连串的过站,从而纯化了自己,变成为精神,因为灵魂完备地体验过它自身之后,就认识到它自在地所是的东西"(《著作集》II,第63页)。这样,《精神现象学》就是教益和失望这两个方面的一种混合,而在那围绕世界而自行充实的主体中,这二者便融合起来了;正如在《浮士德》这部体验戏剧(Erfahrungsdrama),或者在《威廉·麦斯特》这部教育小说(Erziehungsroman)②中一样。然而《精神现象学》尤其包含了对现存之物或尚存之物的批判;这样,在前文提到的对"苦恼意识"的描绘中,便可以看出对罗马教会的批判,在对"精神的动物王国或欺骗"③的描绘中,便可看出对隐藏在精神空话背后的个人利益的批判。有了这类批判,《精神现象学》与历史学派一致偏爱的那种与世界和睦相处的状态便远不像表面看起来那么令人讨厌了。它还使得黑格尔与歌德、斯宾诺莎一同感受到的命运之爱(Amor fati)④不是那么无条件地驯服于世界了;因为对命运的这种爱绝非对外在之物的爱,而只可能是对内在的必然性、对以运动进程的方式开展的那种必然性的爱。《精神现象学》也表现得极像是在沉思默想,它的主体极像是只有精神而已,然而在这个主体后面却是那鲜活的、实实在在的人,他的意志、他那实实在在地在改造着对象的劳动,都是清晰可辨的。而且这样便强烈地宣告了那实实在在的辩证法的到来,它此前总是听任

---

① 原文中此处误将 Hegel(黑格尔)写成了 Hebel。——译者
② 实际上是两部小说:《威廉·麦斯特的学习年代》和《威廉·麦斯特的漫游年代》。——译者
③ 布洛赫这里对黑格尔原书中的小标题的复述不严谨,应为"精神的动物王国和欺骗"。——译者
④ 从拉丁原文看不出是我们对命运的爱还是命运对我们的爱,但从下文来看,这里指对命运的爱。——译者

那老旧的理性废话连篇，自己着手培育一种新鲜的理性。

黑格尔不仅仅在《精神现象学》中描绘过生成着的知识的显现史，他还在其他地方两度描绘过它。黑格尔于1808年至1811年在纽伦堡中学的高年级讲授过的《哲学初步》（*Philosophischen Propädeutik*）课程中，而后在1817年的《哲学科学百科全书纲要》（1827年再版，1830年三版）中粗略地勾勒过它。后者的描述将《精神现象学》塞进主观精神学说的中间部分里了，使之介于人类学和心理学之间。这里虽然复述了那部主要著作①的一些普遍的辩证门类，即如其本然的意识、自我意识、理性，然而从意识的每一个层级出发将巨大的世界交织进去、对整个世界进行展望的那种做法却消失了。这些门类如今置身于整个《哲学科学百科全书纲要》中，置身于黑格尔的体系本身中，而《精神现象学》则是这个体系的诞生地。然而《精神现象学》又远不止于此；黑格尔后来的著作并未使得《精神现象学》成为一个清晨，仿佛它如今过渡到了中午似的；毋宁说这个清晨包含了太多并未在中午变得清楚响亮的东西。后来黑格尔将《精神现象学》称作见证他的种种发现之旅（Entdeckungsreisen）的一部书：这就比诞生地广泛多了，因为在这里，那个宏大的旅程乃是以世界精神进行的某种成人洗礼。最好的而且需要贯彻始终的做法，乃是将《精神现象学》与《浮士德》的规划参照着读；无论涉及意识的不宁，还是涉及对世界的彻底体验，抑或最后涉及自为存在这一目标时，都可照此行事。而与那条彻底体验之路本身相关，也与这一系列外化与中介过程相关的是，正如《浮士德》的结尾所表明的，贯穿《精神现象学》全部的变化—创举的这条路乃是劳动之路。这就意味着，人通过劳动而生产和形成：在主体那里正如在诸种对象那里一样发生辩证的交互作用，创造出种种外化形态，而后又将那些外化形态扬弃掉。在这个意义上，《精神现象学》完全不仅仅是生成着的知识的显现史；它同样是对人的显现史的描述（《变形记》，宣言），那是一种方才把握其自身的、制造其历史的人。依照马克思的说法，黑格尔在这里"发现了

[78]

---

① 指《精神现象学》。——译者

历史运动的抽象的、逻辑的、思辨的表达,这部历史还不是作为一个已现成存在的主体的人的现实历史,它毋宁仅仅是人的生产活动和形成史"。当然,我们自身的充实的时刻,人对某种自为存在和某个与我们相应的世界的统治(regnum hominis)①,这些在《精神现象学》中——在终结之处彻底的精神性或在外化的彻底外化中——也都完全是题中应有之义。这成了该书的基准点;没有这个基准点,它就成了黑格尔最憎恶的东西,即无尽的过程,简言之,成了无结局的前史(Vorgeschichte ohne Resultat)。

层级

"熟知的东西之所以还不是真正知道了的东西,正因为它是熟知的。"(《著作集》,II,第 25 页)

即便虚假的东西,在中途也能变成真实的东西:"真实的东西与虚假的东西属于特定的思想,这两种思想各有自己的本质,固定不变,各据一方,各自孤立,互不沟通。与此相反,我们必须主张真理不是一枚铸成了的硬币,可以现成地拿过来就用。"(《著作集》,II,第 30 页)

意识的各种形态都按照层级的顺序从内在的自在出发,进展到在其自身(Ansichselbst)或外化了的自为(geäußerten Fürsich):"《精神现象学》要描述的,就是一般科学或知识的这个生成过程。……作为向真知识迫近的自然意识的道路,或作为灵魂的道路;这灵魂穿过它自己的本性给它预先规定下来的一连串的过站,即穿过它的一系列形态,从而纯化了自己,变成为精神;因为灵魂充分地体验了它自己以后,就认识到它自己自在地所是的东西。"(《著作集》,II,第 22、63 页)

为什么这条道路需要目标,就像那目标需要投身于道路的那种意志一样:"正如发展进程的序列一样,目标也是知识②所必需的;目标

---

① 拉丁文。——译者

② 由于布洛赫使用的黑格尔文本是花体字的,他误将此处的"知识"(Wissen)写作"意志"(Willen)了。从引文前面关于"投身于道路的那种意志"的说法来看,布洛赫的引用并非抄写时无心的笔误,而很可能是真的将花体字的 Wissen 认作 Willen 了(在花体字中两个词的写法的确极其相似)。——译者

就是不需要再超出它自身的那个地方，就是它找到了它自己的那个地方和概念符合于对象、对象符合于概念的那个地方。趋向这个目标的发展过程，因而也就是不可阻挡的，不以先前的任何过站为满足。"（《著作集》，II，第65[①]页）

然而另一方面，恰好对主张显现史的—辩证的方法（erscheinungsgeschichtlich-dialektischen Methode）的那位黑格尔而言，这种方法也不是一种在工作完成之后可以弃之不顾的工具，而目标也不可与通达它的那条道路相分离："因为事情并不穷尽于它的目的，而穷尽于它的实现，现实的整体也不是结果，而是结果连同其生成过程；目的自为地就是僵死的共相，正如趋势是一种还缺少它的现实性的单纯冲动一样；而赤裸裸的结果则是将趋势弃之不顾的那具死尸。"（《著作集》，II，第5页）

从总体上看，经验在整体上而言无非是意识在其中持久地依照其对象修正自身、对象持久地在其中依照意识修正自身的那个辩证的中介过程："意识对它自身——既对它的知识又对它的对象——所实行的这种辩证的运动，就新的真实对象由此在意识面前产生出来这一点而言，真的就是那所谓的经验。"（《著作集》，II，第70页）

如此一来，整体开展自身的过程就是一个既有所教又有所学的旅程。《精神现象学》便是行进着的体验（fahrende Er-fahrung）[②]，它从内容上，并以对象性的方式，产生了关于其自身的意识。但对象也随着意识的改变、随着它那里发生的这种活动而改变：

"因为意识一方面是关于对象的意识，另一方面又是关于它自身的意识；是关于对它而言真的东西的意识，又是关于它对这种真的东西的知识的意识。既然两者都是为意识的，所以意识本身就是它们两者的比较；它关于这个对象的知识是否符合于这个对象，乃是对这同一个意识而言的。……如果在这个比较中双方不相符合，那么意识似乎就必须改变它的知识，以便使之符合于对象；但在知识的改变过程

[①] 原文误写作63了，这里照《著作集》校正。——译者
[②] 布洛赫在这里强调经验（Erfahrung）与行进（fahren）之间的词源关联，中译文无法直接从字面上体现这一点。下同。——译者

中，对象自身事实上也与之相应地发生变化。"（《著作集》，II，第69页）

更贴切地说，这是由劳动（黑格尔的说法是"主体的活动"）造成的一种改变，但整体而言却是那同一个主体—客体的、客体—主体的进程：经验的意识，意识的经验。意识赢获了自身，也在与它的内容的那种关联中展露自身。正如已经考察过的，这就产生了通过显现着的真的东西不断查验非真的东西、查验那陷于错觉之中的主体的做法：自行开展着的真的东西便抛开了对它而言不那么真的东西，那自行开展着的真的东西，就是这样查验隐匿于它之中的非真的东西的。然而同样的事情也在客体那里发生了，这完全与主客关系问题交织在一起。一切对象都带有某种非真的东西，客体身上的这种非真的东西与它们的有限性相伴相生，这就是说，与它不匹配于有关它们的充分的知识—意识（"概念"）的状况相伴相生。站在每一种中介形式的立场上看，一堆矛盾就显露出来了，这个立场就必须被抛弃，基于这一立场而显现出来的内容便自行消解了，主体—客体的一个新的层级便显现出来了，那时又有了一堆新的矛盾，如此这般直至绝对知识，到了那里，事情与其本身之间的不等同性便被扬弃了。由此：

"在意识里发生于自我与作为自我的对象的实体之间的不等同性，就是它们之间的区别，是一般的否定之物。我们可以把否定之物视作双方的缺陷，但它却是双方的灵魂或推动者；正因此，有些古人把虚空理解成推动者，他们诚然已经知道推动者是否定的东西，但还没有将这否定的东西理解为自身（Selbst）。——①如果这个否定之物首先只表现为自我的不等同性，那么它**同样也是实体与它自身的不等同性**。② 看起来似乎是在实体以外进行的，似乎是一种指向实体的活动，事实上就是实体自己的行为，而实体也表明自己本质上就是主体。当实体已完全表明这一点后，精神也就使它的定在与它的本质同一了；它既是它自己又是它自己的对象，而表明知识与真理之间直接对峙与

---

① 布洛赫的引文将这个破折号遗漏了。——译者
② 布洛赫引用黑格尔文字的时候，一般都忽略了原文中的重点号，这里出现的重点号是布洛赫根据自己的需要加上的。但他并未向读者说明这一点。下同。——译者

分离的那种抽象因素于是就被克服了。"(《著作集》，II，第 29 页)

如此这般进行中介活动，据说根本不必将我们自己的任何东西添加进去。因为"概念和对象、尺度和被衡量的东西都已现成存在于意识之内，我们额外附加上某种东西就纯属多余了"(《著作集》，II，第 69 页)。但在《精神现象学》中还是有某种他异性因素的，那便是**从概念上把握**对意识的种种变化的**理解**和对变化的这种理解本身：[82] "像这样地来考察事情，乃是我们额外附加上去的做法，通过这种考察，意识的经验系列就提升为**科学的**进程，只是这种考察并不是为我们正在考察的那种意识而存在的。"(《著作集》，II，第 71 页)这是黑格尔最值得注意的一次承认（Zugeständnis）；知识本身（与单纯的、不合乎事情的意谓［Meinen］不同）是在改变着对象的。这样，知识不管作为描绘，还是最终作为**经过概念性把握的**历史，都归属于那个显现的进程。

进而言之：知识本身就是活动，即对种种中介工作进行结算的活动，而且作为这种"主观的活动"，它本身恰好描绘了改造的工作。在《哲学科学百科全书纲要》中，黑格尔比在《精神现象学》中更清楚地表达了那个令人惊诧的观点，即思想本身就是生产力（Produktivkraft）。当然，他的这种认识并没有得到人们的广泛遵循和透彻的思考；它决定性地扰乱了沉思。原文说的是："要体验什么是事物中真的东西，就不要轻易忽略单纯的注意力，我们**主观的活动**理应参与此事，它改造了直接的现成之物。表面看来，这一点似乎颠倒错谬，似乎也与认识的宗旨背道而驰了。然而人们仍然可以说：实质的东西只有当那直接之物被思索改造过之后才是可得的，这已经是一切时代一种信念。"(《哲学科学百科全书纲要》，§ 22 附释，见《著作集》，VI，第 42 页）——照此看来，"主观的活动"在客体本身那里证明自己同样是客观的，它完全是在中介中发生的。因为中介恰恰由于是认识着的—被认识的思维和存在，由于是那样的主体—客体，便不会让什么东西与它对峙起来。它是在理论上对这种直接性、对这个尚属二元化的立场和状态的极为严格的克服。而且黑格尔始终提醒我们注意的那种对象与意识一同改变的现象，恰恰就是在中介过程中达到顶点的，这种中介在理论上被意识到，因而也在理论上攀升到了最高处。本身无意识的那些对象（自然客体），并非通过理论中的劳动，而是通过实践的劳动才经受这种"改造"的，但如果人的自我认识是具体的，它就会在同一个行为中很实际地塑造它的客体。举个例子：劳动者认识到自己是商品，这就扬弃了他的商品特征，并赢获另一种真实的特征。再举一个例子：一种意识形态认识到它自身，这便是对它单纯的、直接的假象的扬弃，也是将它自身安放在假象所反映出来的那个间接的、真实的过程之中了。在这里客体的结构本身到处都是通过对那中介的认识而得到改变的。黑格尔在《精神现象学》的主体—客体中介（Subjekt-Objekt-Vermittlungen）中，给了这种理论—实践的洞见第一个支点。当然总的来说，《精神现象学》并不仅仅表现为主体和客体之间的中介，而且表现为主体与实体逐步形成为一体的那个过程。这个生成过程甚至在这部书中就达到了它的终点，人们考虑到书外的世界（即尚未如此这般被中介过的那些客体）之无限繁复，往往将这一点夸大到骇人的程度。然而这部书已经描述了如何达成目标的那条道路；而这种描绘（从意识到事情之中、从事情到意识之中的过渡）则表明自身即是生产力。

[83]

这是一个攀升的旅程，它在各层级间进展。正如已经指明的，黑格尔区分了意识在其中超出自身而将自身对象化的三个基本组合。它们是意识、自我意识、理性，然后是精神，再接着就是宗教、绝对知识。人们会想到浮士德，想到他在尝试到达可让他"停留一下"①的境地的过程中游历那些阶段时的各种意识处境。这里在进一步阐明的时候，需要补充另一个哲学史上的回忆。中世纪的神秘主义者圣维克托的胡戈（Hugo von St. Viktor）②是从理性的角度出发对认识机能进行排序的第一人。依据胡戈的看法，"思维"（Cogitatio）、"沉思"（Meditatio）、"冥想"（Contemplatio）是理智活动的三个层级；这是三只眼睛，其中第一只是肉眼，能认识身体，第二只是理性之眼，能

---

① 指前文中提到的浮士德的赞叹。——译者注
② 圣维克托的胡戈（1097—1141），中世纪基督教神秘主义神学家。——译者

认识人的内心，第三只是神秘主义之眼，能认识精神世界。三个世纪后，库萨的尼古拉依照**在**各层级上发生的认识的辩证的理解力（Fassungskraft）而对它们进行划分。"感性"（Sensus），第一个层级，只提供一些含混的形象；"知性"（Ratio）依照矛盾律区分对立的各方； [84] "理智"（Intellectus）能看出对立的各方是可以相互共处的；"冥观"（Visio）能看到它们在无限的统一性（作为对立面之相合［coincidentia oppositorum］的上帝）中融合为一体了。的确，作为黑格尔的一个先辈，库萨教导过，各层级依序相互过渡，每一个相邻的更高层级都是相邻的更低层级的精确化（praecisio）。黑格尔是否钻研过库萨，这一点尚未确定；他的哲学史没有探讨过库萨，但也没有提过埃克哈特，尽管他早年就了解后者，这一点是可以证明的。无论如何，层级构造本身有一部历史，追溯它那不太理性化的源头，可以直抵秘仪崇拜（Mysterienkulte），直抵"献祭仪式"和每一个"魔域"（magischen Sphäre）的不同级别，这魔域逐一向每个级别开启自身，并与它们各自的眼力级别相适应。在古代晚期的神秘崇拜中，甚至在瑜伽练习中，意识的每一种情境都有特殊的知觉世界（Merkwelten）与之相应，双方都在攀升。黑格尔的各层级和各阶段都与这些魔力面向保持了距离，尽管没有完全与神秘主义分开；经过世俗化之后与神秘主义最终的那种联合相通的，是意识及其对象领域成其自为的过程（Fürsichwerden）。然而在前文指明的三个基本组合内部，这个成其自为的过程向上升进，在各个层级上达到其自身。在黑格尔这里，可以指出14个这样的层级；它们是意识穿过历史与世界到达自我认识的旅程中的14个被记下的站点。

在这里的提示部分，不可避免地要跳出上文对各层级的概览，再次用黑格尔的文句作为证明，把问题详述一下——但这有助于我们把握那困难的事情。如果说重复（repetitio）为学习之母（mater studiorum），下面这个黑格尔的道理就尤为如此："凡是以更高级的精神为实体的个体，都穿过了过往，而他穿过这段过往，就像一个人要学习一种更高的科学，而穿过那些他早已学过以便随时能回忆其内容的准备知识。个人也都必须依照内容而走过普遍精神的那些构造层级，但

[85] 那些层级是作为精神已褪掉的一些形态，作为一条已经开辟和铺平了的道路上的各层级而被个人走过的。……① 这种意义上的构造，如果就个体方面来看，那么它就在于赢获这种现成的财产，消化它的无机自然而据为己有。但如果从普遍精神方面来看，既然普遍精神就是实体，那么这个发展过程就不是别的，只是实体赋予自身以自我意识，实体使自身生成并在自身内反思自身。"(《著作集》，II，第 22 页及其后一页)

第一个层级是单纯的这时（Jetzt）和这里（Hier），这一个（Dieses）和个别物（Einzelnen）。**第二个**层级是知觉层级，它发现物作为诸多属性的一个统一体，它有很多假象，它的内容也是充满矛盾的。**第三个**层级是知性层级，各种事物向它显现，它只承认规律为各种现象的内容，为各种力的游戏的秩序。现象将自身双重化了，它同时既是力又是表现，而持存着的规律同样又穿透它们，穿透那总是新异的因素。这规律不断将感性的变幻规定为同样非感性的："于是那超感性的世界就是一个静止的规律王国，当然是在被知觉的那个世界的彼岸，因为被知觉的世界只是通过经常的变化来表现规律，然而规律王国却同样现存于被知觉的世界之中，是它的直接的、静止的摹写。"(《著作集》，II，第 114 页)

进展着的意识在它的主观方面不再沉默，而且尤其是在对象方面也不再像起初的意识那样行事了，它毋宁瞄准了它自身，成了**自我意识**。作为自我意识，它头一次在本身之中与它的对象重合了；在这里，在这**第四个**层级上，真理就是对它自身的确定性。这个自我意识既在其自身中显现，同时也在他者身上显现，而且高度活跃，这是最本质的、充实于此前整个历史之中的辩证关系格局，其中之一便是主奴关系：

"主人通过奴隶间接地与物关联起来②……反之，通过这种中介，

---

① 布洛赫漏写了省略号。——译者

② 布洛赫对黑格尔原文第一句的引用不太严格。黑格尔的原文是："Eben so bezieht sich der Herr mittelbar durch den Knecht auf das Ding"，布洛赫写成了 "Derr Herr bezieht sich mittelbar durch den Knecht auf das Ding"，并置于引号中，暗示那是黑格尔的原话。当然这只是一个小的瑕疵，不影响黑格尔原意的呈现。紧接着的这一句也应加上一个省略号，但布洛赫忽略了。——译者

主人对物的间接关系就成了对于物的纯粹否定，或者说成了享受；那欲望未能获得的东西，他现在得到了，并把它加以享用，于享受中得到了满足。光是欲望并不能获得这些，因为物亦有其独立性；但是主人把奴隶放在他与物之间，这样一来，他就只把他自己与物的非独立性相结合，而尽情予以享受；但是他把独立性的一面留给奴隶，让奴隶对物进行加工改造。……照这样看来，独立的意识的真理乃是奴隶的意识。奴隶意识诚然最初显得落于自身之外，并不是自我意识的真理。但是正如主人表明他正是他所愿意成为的状态的反面一样，奴隶在他完成任务的过程中也变成他直接的状态的反面；他成为被迫自行返回自身之中的意识，并将自身转化成真正的独立性。"(《著作集》，II，第146页及其后一页)——当然，在黑格尔看来，奴隶提升自身而达到的那种对其自身的意识，首先是一种规矩意识（Bewußtsein der Zucht）。然而正如奴隶在亲力亲为地塑造物的同时也塑造了他自身一样，那无须劳动便有收入的主人却只知享受，最多还能享受一下权力；这样，通过劳动，通过这个塑形过程，**意识**觉察到了**自己的力量**和**自身的活力**，起码它首先成了自由的思维："因此正是在劳动里（虽说在劳动里似乎仅仅体现异己者的意向），奴隶通过自己重新发现自己的这个过程，才意识到他自己的意向。"(《著作集》，II，第149页)

[86]

自我意识在主奴关系中总是保持为一种双重的自我意识，问题涉及的只是它自身。主人和奴隶这一双重结构甚至在黑格尔所谓的"苦恼意识"这种形态中完全变成了二元性的。这是彼岸与此世的不兼容，正如已经指明的，黑格尔就是在这种不兼容中看待基督教中世纪，看到禁欲者主观的傲慢和神圣坟墓（非属人的超越性）客观的空虚性的。这样，自我意识从它的对象那里开始寻求的统一性，也就是最错乱的统一性；它只有在**理性**中才变得更具体。在第四个层级——即被置于自我意识内部的那种对其自身的确定性——之后，如今要达到**第五个层级**了：**观察的**理性的层级，在这个层级上理性将"它的本质性特征"同样作为"事物的本质规定性"表现出来。随之而来的是**第六个层级**，在这个层级上，单纯将理性与既有的各种事物等同起

[87]

来的做法又被抛弃了（黑格尔在拉瓦特尔①的面相学和加尔②的头盖骨相学中看到了这种等同做法的归谬推理［reductio ad absurdum］："精神的存在是一块骨头"）。这**第六个层级**被黑格尔视作**理性的自我意识通过其自身而实现**，这就使得有自我意识的理性同样试图在世界中实现其自身。通过享受世界、改善世界和与世界斗争；强调非个体性的事情本身的黑格尔对所有这三种做法都没有好感，但所有这些做法最终还是将那已经现实存在的理性、将伦理的王国向前铺展开了。在这一点上，非个体性的事情本身就像是终结了法国革命又开启了资产阶级进程的那个雾月③，因而也开启了世界进程，后者如今被提上议事日程了。黑格尔以纯粹的世界改善者与斗争者的形象所描绘的实际上是启蒙的雅各宾派、以抽象方式行事的政变分子和护民官（Tribunen），那些人虽然努力以道德的方式面对世界进程，实际上却不过是以私人道德和无反思的方式与世界进程构成对立。"为追求人类福利的那种心情的跳动，因而转化为疯狂自负的激情，转化为维护它自己不受摧毁的那种意识的愤怒，而之所以发生这种转化，乃因为意识自身就是这种颠倒，而现在却不承认自身就是这种颠倒，反而竭力把它视为并说成一个另外的东西。于是意识就把普遍的秩序说成是对心的规律和它的幸运的一种颠倒，说这种颠倒是由狂热的传教士们、荒淫无度的暴君们以及企图通过屈辱和压迫补偿他们自己所受到的屈辱的那些臣仆们为了使被欺压的人类陷于无名的苦难而发明出来的。"（《著作集》，II，第281页）但另一方面，那种"普遍秩序"和反击它的"激情的自负"同样是不真的。双方在其为特殊性事物这一点上是一致的："直接普遍的个体性既然是被颠倒了的和进行颠倒的东西，

---

① 约翰·卡斯帕尔·拉瓦特尔（Johann Caspar Lavater, 1741—1801），瑞士改革派教会牧师、哲学家和作家，著有《面相学片断集——论如何促进对人的认识和爱》（两卷本）。——译者

② 弗朗茨·约瑟夫·加尔（Franz Joseph Gall, 1758—1828），德国医生和解剖学家，认为人的心理特质可由头颅形状确定。著有《关于人的疾病与健康状态中的自然与人为的哲学—医学研究》。——译者

③ 雾月（Thermidor），法国共和历的第11个月，相当于公历7月19日至8月17日。——译者

那么这种普遍的秩序……其自身就是被颠倒了的东西，正如激情的自负所宣布的那样。"（《著作集》，II，第282页及其后一页）据此，黑格尔也批判了**占统治地位的**利益集团，后者冒充具有普遍性的国家（Staats-Allgemeinheit），却不过是自上而下地发动了一场极为恐怖的一切人反对一切人的战争（bellum omnium contra omnes）①："公共的秩序所显示②出来的，就是那样一场普遍混战，在那场混战里每个人夺取其所能夺取的，对别人的个别性施以公平待遇以图巩固他自己的个别性，而他自己的个别性同样因为其他人的行为而归于消失。这个秩序就是**世界进程**，它看起来好像是一个持存的进程，实则仅是一种臆想的普遍性，而它的内容则毋宁是个别性的建立与消溶的无本质的游戏而已。"（《著作集》，II，第283页及其后一页）在这里，只有当臆想的普遍性变成一种真正的和实质性的普遍性时，才能找到化解之法。依照黑格尔的看法，在社会历史上到处都是那样的一些地方，在那里展现出来的不是特殊性的精神，即个别性（德性亦属此类），而是真正的普遍东西，而且这真正普遍的东西才使得间接的协同运动和进展成为可能。"于是德性③去和世界进程作斗争时，它遇到的地方尽是善本身的实存，后者……不可分解地交织在世界进程的一切现象里。"（《著作集》，II，第289页）在一种非特殊性的德性那里，黑格尔想到的是古代的德性，同样也想到了古代城邦——这与特殊的普遍性无关；这里似乎就涉及**第六个**层面，即"理性的自我意识通过其自身而实现"，这个层面是照其积极的一面最好地被扬弃了。

接下来的是理性的最后一个层级，即**第七个**层级：在自身中得到了满足的个体的层级。在这个层级上，个人从对世界的享受过渡到对其自身及其目的的快适感，也在自身那里将与世界的对立平复下来了。然而对这种状态的描述却完全没有平复下来，反而很尖锐；被雅各宾派解放了的资产阶级社会说中了。由此便有了这个层级的那个特

---

① 拉丁文。——译者
② 布洛赫误将黑格尔原文中的"scheint"（显示）抄写成"heißt"（意味着、叫作）了。——译者
③ 此处布洛赫误将原文中 Tugend（德性）前的定冠词 die 漏掉了。——译者

别的标题：**精神的动物王国和欺骗，或事情本身**。几乎就在那些听起来很美好，实际上却包裹着利益的意识形态被识破的时候，有一点就很清楚了：那貌似从外面驱动了有利害关系的那些个体的事情本身，其实从来都只是他们自己的事情。由此就产生了欺骗，首先是在所谓的诚实（ehrlichen）意识中相互欺骗："于是在个体性与个体性之间就出现了一种相互欺骗的游戏，每个个体性都自欺也欺人，都欺骗别人也受人欺骗。"（《著作集》，II，第311页）然而此后，与此紧密交织在一起的是，那同样以欺骗的方式将个体利益掩藏在事情本身的门面之后的种种意识形态也呈现出来了："如果有人自称他只与纯粹的事情有所关涉，那他就既是自欺，又是欺人；一个意识，当它展出了一件事情时，它毋宁会体验到，其他意识都像一群苍蝇趋于新挤出来的牛奶那样，急忙凑拢过来想插手参与这件事情；而这些其他的意识也会在它那里体验到，它所展出的不是作为对象的事情，而是它自己的事情。"（《著作集》，II，第312页）尽管如此，个体的行为与活动，还是在某种纷乱的统一体中和那普遍的事情本身相伴相生了。双方似乎成了同一种社会现实的，即恰恰成了资本主义现实的两个辩证的环节，两个特别复杂地交织在一起而又令人惊讶地相互支持的环节。双方正如斯密——黑格尔这里明显是在追随他——描述的那样：个人追求盈利的活动与公众的利益、"所有人的事情"这双方交错起来了。只是这统一性根本不是什么真正的统一性，普遍性一方的法权无法表明自身优先于道德的理性法权（康德、费希特）。这样一来，对精神的动物王国的否定性反击就把问题引向了立法的理性，后者出自一些响亮的命令，而那些命令也同样是一些禁令；这种理性本身化为审核规律的理性。因为理性既赢获了它与世界的和解，又将它动摇了，而后又将它设立为一项任务，这样，理性便为接下来的一个在道德方面很具体的①经验领域，即**精神**的领域打下了基础。——因而**第二个主要部分**，各形态的**第二个基本组合**，就从这个领域开始了："这些形态与以前所经历的形态不同，因为它们都是些实在的精神、

---

① 布洛赫误将 konkrete（具体的）写成 kronkrete 了。——译者

真正的现实，并且它们并不仅仅是意识的种种形态，而且是一个世界的种种形态。"（《著作集》，II，第330页）

精神从意识中的①**第八个**层级开始，从朴素的伦理开始。属于这种伦理的首先是男性与女性之间的关系以及家庭关系。民族与家庭、古代城邦的共同体、希腊世界的全部美好而直接的伦理得到颂扬。然而这里同样出现了在此起瓦解作用的人格（Person），出现了过错与命运这些晦暗的力量，它们在人格性的法权状态中自行瓦解又明朗起来。法权状态乃是罗马的状态，最后是拿破仑②的状态，在那里，形式化的人格发展成皇帝，成了世界之主。黑格尔在未成文的、自然的伦理中看出了许多母权制的特征，正如在人格性的法权状态中看出了一些父权制的特征一样。这里描绘出的母权制因素，乃是那尚以血缘为纽带的古老共同体的形象："整体是所有部分的一种稳定的平衡，而每一个部分都是一个自得自如的精神，这精神不向其自己的彼岸寻找满足，而在其本身即有满足，因为它自己就存在于这种与整体保持的平衡之中。"（《著作集》，II，第344页）

第九个层级极为明显是一个否定—辩证的层级：自身异化了的精神的层级或教化的层级。它在本质上是自由飘荡的教化，亦即一种不会感到依赖于出身、财产或社会地位的教化。这是"破裂的意识"，不可与更早的层级上的"苦恼意识"相混淆；因为它不像后者那样沉闷含混而又虔敬急切，而是有教养的—破裂的和轻浮草率的。在这里，黑格尔还将启蒙作为例子插了进来；这样一来，这个层级也就与理性中雅各宾派的同样消极的举动相应和了。他指责了作为单纯精神—教养现象的启蒙，认为它生性平庸，根本没有触及民族宗教（Volksreligion）的深层根基，更不用说对它展开攻击了。这里甚至出现了一个非常值得重视的句子，它说的是在语文学上颇有启蒙之功的《圣经》批判的宗教界限问题："它在这里就对宗教信仰向壁虚构了，比如，瞎说宗教信仰的确定性是建筑在一些个别的历史见证上的，而它们作

[90]

---

① 原文如此。——译者
② 拿破仑·波拿巴（Napoléon Bonaparte，1769—1821），法国将军，法国革命中的独裁官和皇帝。——译者

[91] 为历史的见证，能给人们提供的关于它们的内容的确定性，当然还达不到报纸上的报道给人们提供的关于任何一个事件的确定性那样的程度；——又比如，瞎说宗教信仰的确定性还依靠这些见证偶然的保存流传……最后还依靠对这些死文字的含义的正确理解。但事实上，信仰并不想把自己的确定性寄托在这样一些见证和偶然性上；信仰，在其自身的确定性中，乃是对它的绝对对象的纯朴关系，乃是关于绝对对象的一种纯粹的知识，这种知识不容许词句、文献和抄写者等因素掺混到它对绝对本质的意识中，也不让自己由这样一些事物来中介。"（《著作集》，II，第418页及其后一页）既然黑格尔如此反对启蒙，那么他在这个问题上当然也是反路德的；因为他完全没有抛下《圣经》的语句不管，他在文字的理解上就像一位再洗礼派那样是从精神本位的立场出发的。而且黑格尔同样是从这里出发，从常常"毫无痛苦地褪去干枯的皮囊"的那条精神之蛇（Schlange des Geistes）出发，在教化的层级上正面评价启蒙的。在他看来，它那点相对而言的法权便是有用性，即一切事物（包括上帝和世界）与人的福利之间的关联；它那点相对而言的真理在于，它在历史中立起了一个批判性的精神的法庭。经济上的种种进步的力量就这样完全超越于封建社会的那种早已被耗尽了的高贵性之上，从而被竖立起来了："财富本身已经具有了自为存在的环节。"（《著作集》，II，第388页）① 而且辩证法也以到此为止最为强劲的形态在破裂的意识中出现了：作为批判，作为绝对颠倒的意识。但这种辩证法同样是无穷无尽、没有止境的，没有停顿，没有综合（Synthese）——像那纯粹而抽象的启蒙思想恰恰在获得巩固的时候重又陷入停顿那样："思维就是物性，或者说，物性就是思维。"（《著作集》，II，第437页）虽然如此，剩下的却只是"纯粹思维与同样无谓词的绝对者（prädikatlose Absolute）在这里，纯粹物质在那里"②。这是启蒙在理论上的真空地带，而启蒙的实践是通

---

① 黑格尔原书第388页上没有这句话，布洛赫疑有笔误。但黑格尔确实有此思想。——译者

② 这句引文可能出自上引437页那句话所在段落的第一句，引用不确切，只取了大意。——译者

过断头台建立起来的，是作为"绝对的自由或恐怖"而存在的。然而在黑格尔看来，从绝对的自由中耸立起来的乃是启蒙的本己的道德：绝对主体性的那种虽说自由却并不正直纯粹的形态。从封建的特权的毁灭中耸立起来的乃是道德的世界观："这就产生了道德精神这个新形态。"(《著作集》，II，第451页) [92]

精神内部的这个形态如今立于**第十个**层级上了。这样达到的乃是一种自我确定性，即**道德良心**的自我确定性，它的姿态极其崇高，然而由于它其实并不那么纯粹，这里就有了十足的困境和尖锐的矛盾。在这里，黑格尔既针对康德那种普遍的、无现实的义务论，也针对那种源自浪漫派的、道德上的人格性文化（Persönlichkeitskultur）。在他看来，后者的核心发展到那种显得道德感十足的顾影自怜的地步，便是所谓的优美灵魂了；黑格尔对优美灵魂的反感几乎针对具体个人了，尽管歌德对这种形态颇为称赏。他笔下的优美灵魂产生于良心，成了良心在审美方面达到的极致，或者说成了——在今日资产阶级新贵的沙龙里犹然——广义上的、道德或宗教上的手艺活（Kunstgewerbe）。因而黑格尔的嘲讽口吻在这里已无可复加："良心就是这样一种道德上的天赋，这种天赋知道它内心里说出它的直接知识的那种声音，就是上帝的声音……这种道德天赋同样又是自己本身中的上帝崇拜；因为它的行动就是它对自己的这种神圣性的直观。……在它的各环节的这种透明的纯洁性中，它就变成一种不幸的所谓优美灵魂，在自身中逐渐熄灭，如同一缕无定型的烟雾，扩散于空气之中，消失得无影无踪。"(《著作集》，II，第493、496页) 黑格尔对那种单纯只以评判者自居、单靠善良意志与空洞原理过活的道德的反感之情越走越远，竟至于将历史上那些行动果决的伟人与那些单纯只以评判者自居、因而具有法利赛人习气的义务论道德原理，或者说与那种手艺活般的自我成全的做法区隔开来。由此便有了在此十分切题的那个著名的句子："侍仆眼中无英雄；但这并不是因为侍仆所服侍的那个人不是一个英雄，而是因为服侍英雄的那个人只是侍仆……同样，在评判者看来，没有任何行动是它不能从中找出个体性的个别方面与行动的普遍性方面相对立，不能在其中以道德的侍仆的角度来看待行动者的。"（《著作集》，II，第502页）在对道德化的连祷（Litanei）的这种否弃中，在对以自身为目的的狂热做法，乃至一种明显的恶的这种评价中，黑格尔后来的那个说法已经在起作用了：无激情则不成其为伟大。这里对虔诚驯顺的思维方式的香润牛奶异常敏感，而宁愿以历史的方式在其中注入——而不是偏爱——龙的毒汁任其发酵的，乃是辩证的环节，是起推动作用的非一致性的环节。义务与现实之间的二元对立最终消解了；因为即便那进行评判的道德也在根本上包含了伪善，也绝不比那在根本上包含了恶的伟大行动好到哪儿去；伦理精神的两个环节都必定指责对方不道德。不道德是道德的层级所固有的，它标志着这个层级的不完备性和非绝对性。绝对者（Absolutes）在此仅仅作为赦罪（Absolution）、作为宽恕与和解而出现。黑格尔在整个道德自我意识中看出了一种基本矛盾，即完备的道德乃是它自身的一种普遍之物或它自身的一个彼岸。当个体想要以他个别的伦理行为实现那普遍之物和彼岸的时候，这一做法恰恰因此便促成了对道德的消解；而且先前当他遥远地渴慕道德，渴望变为善人时，就必然已经在一种高尚的意义上"颠倒错乱"了。然而另一方面，一切问题的关键都在于达成一种"有意识的和定在的（daseiende）平衡"，在于在这个普遍—彼岸之物和个体—个别之物之间达成某种"和解"。只有到了这时，道德才被消解："和解这个词就是这样一种**定在着的**精神，这种精神在它的对方中，以及在作为绝对存在于其自身中的**个别性**的那种关于其自身的纯粹知识中，直观地认识到关于作为**普遍**本质①的其自身的那种纯粹知识，②——一种相互承认，也就是绝对精神。"（《著作集》，II，第506页）

现在看来意味深长的是，黑格尔在此留下了一个空位（Leerstelle），一个仿佛为了等待什么而空出的位置。在对其本身感到确定的精神中，或者说在道德中，这个位置仿佛要留给市民的自由所能成

---

① 此处布洛赫误将 Wesens（本质）抄成 Wissen（知识）了。——译者
② 布洛赫漏掉了这个逗号。——译者

为的一切。雅典城邦再也建立不起来了，雅各宾派的自由在恐怖中终结了。但城邦思想却没有终结，即便黑格尔所钦佩的拿破仑，热月政变时的那位士兵，在黑格尔看来也只不过是市民自由的引介者（Bringer），而不是它的实施者（Vollzieher）。前文中我们说过，一个新的雅典浮现出来，它对内心世界也很得心应手。在耶拿时期的残篇中，黑格尔谈论过一种新宗教产生的时代，并这样规定它的条件："也就是说如果会有一个自由的民族，而理性会使它自身的实在性作为一种伦理精神重生出来，那伦理精神敢于在自己的基础上，从自己的庄严崇高感出发，自行获得它纯粹的形态。"（罗森克朗茨：《黑格尔生平》，1844年，第141页）属于此类的还有写于1807年（即写作《精神现象学》的年月）的一封信上的语句，涉及政治—道德方面的设想。黑格尔写信给大学生策尔曼（Zellmann），他最老的学生之一，谈法国革命；在赞扬了这场革命向其他势力展示出的巨大力量后，他接着写道："它正如万钧压顶般施于这些固步自封、昏昏沉沉的人之上，他们终究被迫放弃他们那种对现实不闻不问的习性，大步跨入现实之中，而且他们因为在外部世界中保存了自己内心的独立性，或许还会超越他们的老师。"（《著作集》，XVII，第628页）[①] 因而这里盼望的是一个新的德国市民社会的到来，它无所畏惧，或许还带有一些旧市民的正派特征，又经过了革命风气的洗礼。莱茵同盟的意识形态在此发生了影响，直到1814年为止黑格尔都还以相当非普鲁士的方式守护着那个意识形态。在眼下这个空位上，《精神现象学》也希望见到一个超越了腐朽贵族，但同样也超越了资产阶级的精神动物王国的世界；当然在这个世界上，"世界精神"还缺乏全部的社会基础。

[94]

我们说过，这个特意留出的空位似乎在等待什么，因而这一现象引人注目。"道德"部分之前的那一节[②]已经为尚未出现的践行准备好了地盘："正如现实世界的王国过渡到信仰和洞见的王国一样，绝对自由也从它那摧毁着其自身的现实，过渡到有自我意识的精神的另

[①] 指《杂集》第2分卷，第10部分，书信补遗。——译者
[②] 指第六章（"精神"章）第二节："自身异化了的精神；教化"。——译者

一片国土，在那里，绝对自由带着这种非现实性充当了真的东西；而精神既然靠这种思想过活，既然知道这种封闭于自我意识中的存在是完满又完备的本质，它就因为这种思想而元气恢复，活力重振。"（《著作集》，II，第451页）"另一片国土"应该就是德国，德国出现于在黑格尔那里极为罕见的某种应当存在（Gesolltseins）的形式之下，那"应当存在"是一个公设，至少是一个理想，虽说它仿佛直接可以道成肉身了。卢卡奇恰当地称之为"黑格尔的拿破仑式德国乌托邦"（《青年黑格尔》，1948年，第640页）；他也是以此解释"道德"这一节常被人们注意到的那种未实施性（Unausgeführtheit）的。而且，这一节从来都是一个空洞无物的乌托邦；因为黑格尔在这里从未超出历史上形成的和眼下如此这般存在着的现实，因而这个理想根本不具有任何在抽象意义上，更不用说在具体意义上进行描画的预言色彩。理想作为市民社会的那种和解与完结形式的不合理性（Unding）① 的体现者，当然也无法具有任何色彩；而乌托邦的那种非—不合理性（Nicht-Unding），即社会主义的道德，② 则完全不在黑格尔的视野之中。因此在"道德"这一节中就充斥着批判与否定之语，即这样的论断：完满且完备的市民城邦的内容乃是对康德、费希特和雅可比（Jacobi）③ 所说的道德中所反映的种种矛盾的辩证的克服。超出这个阶段之外，《精神现象学》中的道德阶段就要进展到"绝对精神"了；据说后者才会成为道德上的种种矛盾的现实的主人。后来在1818年的柏林大学开讲辞④中，黑格尔再次说到了德国乌托邦；但这次它不再源自法国革命，而是源自它的反面，即所谓的解放战争⑤。而闪耀着德国诗与哲学的光芒的"绝对精神"，如今则完全成了尚待

---

① 直译为"无物"或"非物"。——译者
② 这里涉及布洛赫对有关乌托邦的正面功能的思想，读者可与他的《乌托邦精神》《希望原理》互参。——译者
③ 弗里德里希·海因里希·雅可比（Friedrich Heinrich Jacobi, 1743—1819），德国哲学家、法学家、商人和作家，康德后学，著有《关于斯宾诺莎学说的书信》《休谟论信仰——或唯心论与实在论》《论神圣事物及其启示》等。——译者
④ Antrittsvorlesung，教授就职后首次讲课。——译者
⑤ 指德国人争取从拿破仑的统治解放出来的战争，实际上有夸大的成分。——译者

充实的东西——这在"道德"一节中曾经是一种期待,而后又成了失望与放弃。然而即便是这种仅仅在艺术的意义上对其自身感到确信的精神,在德国也算是发生了:"世界精神过去因全力忙于应付现实而分身于外,那时它受此羁绊,未能转身内向,回到自身,在它原有的家乡自得自如。如今现实的这股洪流既已被制服,德意志民族一般而言挽救了它的民族性和一切活的生命的基础,那就是时候在国家内部,除了治理现实世界之外,还使思想的自由王国独立地振拔繁荣起来。"(《著作集》,VI,第 XXXV 页及其后一页)黑格尔还在《自然哲学》中对德国的事情——至少作为有理性的中心——言之凿凿:"欧洲构成了大地的意识,构成了它的理性部分,形成了河流、深谷和丛山之间的均衡,——它的中心就是德国。"(《著作集》,VII², 第 442 页)然而在《精神现象学》中,那对其自身感到确信的精神就已经有唯心论的职责在身了,即与市民世界(Citoyenwelt)的非现成之物(Nichtvorhandenen)相和解,这就是说,将它劫走。在道德层级和它的空位上,天国开启了,它通过宗教过渡到了纯粹知识,在黑格尔笔下,一切都在这天国中成其为善了:"医治精神的创伤,不留丝毫疤痕;行动成就的事态并不是什么永不消逝的东西,精神已经把它收回到其自身中去了。"(《著作集》,II,第 505 页)

[96]

经过这般和解后,倒数第二个层级便出现了,自身(Selbst)如今便立于这个层级之上。它不断自行展开和修正自身,经过种种痛苦经验的历练,它作为意识、自我意识、理性、精神,经历过大量的状态与对象。这些对象与状态不断相互转化,不断进行越来越深入的、辩证的相互渗透。但现在出现的是**第三个主要部分,第三个基本组合**,这是终结形态的基本组合:"此前出现过的那些形态,现在安排自身的次序就不同于它们原来出现时的顺序了……在原来的顺序中,那些单就其自身而言没有任何持存的环节便把它当作它们的实体。而现在这个实体表现出来了;它就是对其自身感到确信的精神的**深层核心**"(《著作集》,II,第 514 页及其后一页)。照黑格尔看来,这便是**宗教**,它是精神最后的一种外化形态,因而也是它最后的中介形态。它作为尚占据优势地位的外化形态,只是意识到了某种绝对精神的存在，或者说是某种绝对精神的尚占据优势地位的对象方面。它目前还不是绝对知识，在绝对知识中主体和客体完全相合了，实体也同样完全知道自身是主体；宗教则以相对比较陌异的姿态，在达到那种知识之前运行着。它还是在一些分离的形态中看待绝对者，而不是在充分中介过了的概念中看待绝对者。

这里登场的**第十一个**层级最初只是原始的、含混不清的、尚且封闭于自身之内的升腾状态。在这种状态中出现的是自然之神，是光明的某种倾注，是某种动物性的精神，以及埃及的那种建造庙宇的工匠形态。那些无意识的形态被和有意识的谜语形态混合起来，比如在斯芬克斯"这个双关的、自身如谜一般的生物"中便是如此。

[97]

这类东西在面临明晰的、属人的优美形态时便消逝了；从石头中走出的精神，在这**第十二个**层级上便成了艺术家，希腊的宗教是艺术，希腊的艺术是宗教，而且是人道性的宗教。"这些各自自由存在着的因素之杂乱的存在和混乱的斗争，众巨神之非伦理性的王国，就被制服并被放逐到那自身明晰的现实之边缘，被放逐到位于精神之中的和自身安宁下来的世界之昏暗的边境地带去了。"（《著作集》，II，第531页及其后一页）如今升腾而起的，乃是合乎尺度的诸神具有人的形态、具有民族形态的那个过程；神之荣耀，实为一个极具艺术气质的和高贵的民族的荣耀，而且是一种当下的荣耀，而不是任何敷衍塞责、推到未来的荣耀。"在这种方式下，这个民族从他们的献礼中获得了那值得感恩的神的报答，并且获得神对他们的好感的证明，在这个过程中，这个民族便通过劳动而与神相结合，不在于盼望和推迟到渺茫未来的现实性，而在于为神争光和对神献礼的过程中直接享受他们自己的财富和装饰"（《著作集》，II，第540页）；——希腊诸神就是如此这般当下临在，亦即与人同形同性的。

但**第十三个**层级，苦恼的层级，表明所有这一切都被抛弃了，而自身（Selbst）因此方得其所。诸神已成过去，上帝本身已死，然而他却是在自愿的献祭中死去的：因为这已成天启的宗教承载了这死亡，并通过这死亡而延续下去。这里就显示出与希腊宗教或艺术宗教的最本质区别："缪斯的作品缺乏力量，即当初由于诸神与人类的毁灭而产生出对自身的确定性来的那种精神的力量。"(《著作集》，II，第564页）但耶稣殉难的各各他（Golgatha）地方，同时也是"有了自我意识的精神的诞生地"，一种绝对精神的诞生地，在绝对精神中"苦恼意识的那种渗透一切的痛苦与渴望"既重现了，又被扬弃了。既然耶稣死去，那么上帝本人也就死了，上帝观念中那种与自身（Selbst）还分离着的对象性因素便死了，并进入团契之中："那为自身（Selbst）所掌握的中保（Mittler）之死，就是他的对象性或他的特殊的自为存在的扬弃；这种特殊的自为存在变成了普遍的自我意识。……因此，这种知识乃是精神化①（Begeisterung），通过精神化，实体变成了主体，实体的抽象性和无生命性死去了，因而它就变成现实的、简单的和普遍的自我意识了。"(《著作集》，II，第590页）这样，伦理的普遍之物最终进入我的灵魂（animam meam）②，圣言进入特殊个人的肉身中，也进入他的这种自觉的投入活动中。于是推动现象学意识（phänomenologischen Bewußtseins）的整个活动的那个规划，便开始在黑格尔如此这般描绘出来的基督论层级上趋于完成了：实体就要成为主体了。

[98]

只是实体作为单纯笃信的形态，还不具有这个概念，它只是在表象着这个概念。无论怎样，与某个远方、与天主的过去或未来之间的和解总是被保证，而没有得到实现，与彼岸之间的对立还存在着。"天启宗教的精神还没有克服它的意识本身，或者这样说也是一样，它的现实的自我意识还不是它的意识的对象；一般讲来，天启宗教的精神本身以及在它里面互相区别着的诸环节，都归属于表象的范围并具有对象性的形式。"(《著作集》，II，第594页）因此只有到了显现着的精神的最后一个层级，即**第十四个层级**上，它才立于它那彻底实现了的自身的门槛之上；这就是**绝对知识**的层级。立于这个层级上的，乃是一种关联形态（Beziehungsgestalt）、一种显现形态（Erscheinungsgestalt），舍此之外无他。这形态之所以显现，乃是因为它就像

---

① 这是照字面进行的直译，符合此处的语境。通常译作"鼓舞"。——译者
② 拉丁文。——译者

高高的祭坛一样，耸立于一切现象之上：在一切中介终结处，直接性又出现了。① 在这里，此前的整个彻底辩证化了的（durchdialektisierte）主客关联，便终结于它的唯心论目标了：**客体的扬弃**。"对于意识的对象的这种克服，不应当片面地加以理解，以为对象表明自己是回到自身（Selbst）之中的东西，而应当更确定地理解为对象本身表明了自己对于自身②来说是消逝着的东西，还应当理解为，正是自我意识的外化建立了事物性……另一方面，这里同时还有另一个环节，即自我意识又同样扬弃了这种外化和对象性，并把这种外化和对象性收回到它自身之中，因而在它的他在（Anderssein）本身中，就是在它自己那里。——③这就是意识的运动，而意识在这个运动里就是它的各环节的全体。"（《著作集》，II，第594页及其后一页）"但是，这个本身即是精神的实体，就是精神变成它自在地是的那个东西的过程；而且只有作为自己反映到自己之内的这个生成过程，精神自身才真正是精神。这自在地就是运动，这运动是认识活动，——就是由自在转变为自为，由实体转变为主体，由意识的对象转变为自我意识的对象，这就是说，转变为同样被扬弃了的对象，或者转变为概念。"（《著作集》，II，第605页）从直接的主客同一性（Subjekt-Objekt-Identität）出发，穿过历史上的种种主客关联辩证法一路行来的实体，如今成了完全以自身中介过的（mit sich vermittelte）主客同一性。然而由于在唯心论的意义上得胜了的自为存在，这种中介恰恰是以某种彻底相合（Zasammenfall）的方式，甚至是以客体嵌入主体之中的方式进行的。由此看来，最终在实体中就根本不会留下任何客体了：——巅峰似乎已经达到了，唯心论攀升到了顶点，黑格尔的计划生效了，也臻于完成了，在他看来实体已成了主体。

这里已经很清楚的是，所有这一切都是在观察者的头脑中出现的，因此也才被视作完结了的。在这头脑之外，或许苦恼复苦恼，在

---

① 这里"中介"（Vermittlungen）与"直接性"（Unmittelbarkeit，亦译"非中介性"）在德语中有明显的字面关联，中译文反映不出来。——译者
② 指前文中的自身（Selbst）。——译者
③ 布洛赫漏掉了这个破折号。——译者

一步步转进：那对其自身感到确信的精神则不再运行了。在这头脑之外，或许一个新世界正在行进中：绝对知识则仅以回忆的姿态将一切置于自己身后，置于自己之中。绝对知识要做的，无非只是在回忆中重述意识的学习年代（Lehrjahre）①，重述主体的浮士德式历程；"秘奥的启示"（Offenbarung der Tiefe）已臻完美。意识的辩证法看起来已经走完了，那活跃的意识内容，以及世界内容（Weltinhalts）的自我塑造，似乎也已终止。由此才有了这部作品的环形结局，那个如地图图例般的发生过程；由此，才出现了开篇部分的"这时"和"这里"在结尾部分又成为奔涌而起且当下临在的世界充盈状态的现象。但意识的扰攘不宁和酝酿不息，却使得目标有路可达，也使得那已经浓缩为地图图例的精神显现史不但不会归于沉寂，反而沸腾喧闹，泛起泡沫。因此《精神现象学》是以一种虽然极有历史感，却又心醉神迷的笔法结尾的（《著作集》，II，第611页）："目标、绝对知识，或知道自己为精神的精神，必须通过对各种精神加以回忆的道路，即回忆它们自身是怎样的和怎样完成它们的王国的组织的。从它们的自由的、在偶然性形式下显现的定在方面来看，对它们加以保存就是历史；从它们被概念式理解了的组织方面来看，就是显现着的知识的科学；两方面汇合在一起，被概念式理解了的历史，就构成绝对精神的回忆和墓地，也构成了它的王座的现实性、真理和确定性，没有这个王座，精神就会是没有生命的、孤寂的东西；唯有——

[100]

　　　　从这个精神王国的圣餐杯里
　　　　它的无限性给它翻涌起泡沫。"

这堪称哲学文献中最有名的结尾之一了，气势如虹又敢于担当，既像一场大戏的庄严结局，又可称为科学严密的定理。从内容上看，

---

① 这里可能有影射歌德的《威廉·麦斯特的学习年代》之意。——译者

这个引自席勒（Schiller）而又被黑格尔轻微改写过的句子①（出自席勒的《哲学书信集》[*Philosophische Briefen*]），是作为某个泛历史性的收获感恩节（Erntefest）上的祷告起作用的：葡萄酒已压榨好，各种世界形态则是装酒的圣餐杯，这圣餐杯将酒中的精神敬献给绝对者。向精神攀升的那个唯心论层级结构在泛起泡沫的香槟酒的欢腾景象中显现出来，没有了任何尘世的遗累（Erdenrest）。②《精神现象学》就是这样以向理念献礼的方式结尾的，而理念本身又是奉献给它的尘世饮品的精华。

但泛起的泡沫是精神化的，太过精神化了，这样一来它同样把它的材料翻涌腾空了。在唯心论的道路上繁荣兴旺的考察方式，并不仅仅是以有关它的自我意识的单纯知识将历史终结了。毋宁说与此相关的还有唯心论的另一重困境：唯心论的兴致在于出离存在，唯独只投入意识中去，而不是相反。因而历史在精神中的自我扬弃，由于前文指出过的**对客体的扬弃**而愈演愈烈。这样，黑格尔的《精神现象学》在它最后的这些层级上就越来越使对象性蒸发了，使之进入越来越强的无世界状态（Weltlosigkeit）；而这与黑格尔在其他地方极为强烈地展示出来的那种客观—实在感（den objektiv-realen Sinn）是完全相悖的。恰恰是以抽象的精神为尊、将世界当作其产物的唯心论，却又将它当作非具体的终极之物，后者具备自在而自为的主体，甚至具备关于作为实体的知识的那种单纯知识（des bloßen Wissens vom Wissen als Substanz）的主体。所有外化形态都以越来越强的精神性方式，被弄得退缩了，都以折返运动的方式成为具备自我意识的精神。黑格尔的客观—实在感似乎已被忘却，可是我们要注意，正是这种感觉后来才使他说出这样的话："非客观性就是空无内容。"（《著作集》，XII，第156页）徒劳无功的是：自我意识与对象之间那种经过去对象化的（entgegenständlichte）统一，在这里彻底成为绝对知识，此外无他。它并不是，比如说，这种绝对概念的内容，而完全是它自身，是向自

---

① 指上引文字中最后那两行诗句。——译者
② 布洛赫的最后一个分句可能是戏仿并改写《浮士德》第二部结尾部分的 "Uns bleibt ein Erdenrest"。——译者

身内的回归，回归到某种"我思故我思"（Cogito ergo cogito）①："因此，精神在这知识中结束了它塑造形态的运动，……已获得了它的定在的纯粹要素，即概念。"（《著作集》，II，第609页）正是《精神现象学》的这个空无材料的出口，在精神的烟雾中，甚至可以说在这种烟雾的自恋中，使得这部书的主客关联主题——为了把握自身而进行自我认识，因而可算得是核心之处的客观化——消解掉了。正如马克思就此所说："对异化了的对象性本质的重新占有因而便成了自我意识内部的自我吞食；掌握了自己的本质的人只是掌握了对象性本质的自我意识，对象向自身（Selbst）中的返回因而就是重新占有对象"（《经济学哲学手稿》，《马克思恩格斯文集》第一部分第3卷②，第158页）。因而在黑格尔此处的论述中，对异化——黑格尔极为正确地刻画出来的资本主义社会原现象（Urphänomens）——的扬弃，对人、劳动和客体的这个商品化过程的扬弃，纯粹只发生于哲学知识中，发生于他那最高的以太（Äther）中，而不是发生于某种实践中。而且这种扬弃，恰恰并不仅仅局限于资本主义社会里将人极大地异化的那些对象性形式，而是涉及一般意义上的客体。这样一来，外化与客体性、异化与客体仿佛就成了绝对同义的两对词，任何世界都成了绝对的异化。仿佛唯一可能的自为存在之所只有主体，而不是主体与**适当的**客体一道，亦即在一个与那达到其自身的人变得同质的世界中。代替这个意义上的主体，无客体的自为存在甚至还要求，**自然领域**在黑格尔的种种最终结算中一般而言是要彻底消失的。精神对于外化之绝对外化（schlechthinnigen Entäußerung der Entäußerung）的兴致，恰恰使得整个自然，这个客体性占压倒性优势的领域，仅仅充当了被

[102]

---

① 这是布洛赫仿照笛卡儿著名的"Cogito ergo sum"而写的命题。以往国内对于后者的翻译略有瑕疵，因为"ergo"并不表示强的意义上的因果关系，而只相当于德语中的"also"或英语中的"therefore""then"，"我思"是对"我在"的显示，而不是"我在"的实在原因，更不是它的生成原因。因而这句话更严格的译法应该是"我思，那么我在"。我们将这里的"Cogito ergo cogito"翻译成"我思故我思"，只是为了尊重国内读者的阅读习惯。——译者

② Mega I3，指1932年由苏联出版的《马克思恩格斯全集》历史考证版第一部分第3卷。——译者

那不断发生着的历史离弃的舞台。这种兴致偏爱那越来越内心化（Er-innerung）①的唯灵论（Spiritualismus），绝没有不断进入平常人家，它在那被回忆的历史的终结之处完全失灵了，仿佛是在给智慧加冕似的。因此黑格尔的思想也从未体验过以往时代人们通过星象传说刻画出来的、整个大自然神秘地笼罩着人类命运的那个世界中的苦楚与诱惑。黑格尔同样很少触及星象传说及其对象中的那种本身还与自然纠缠在一起的灾难，那种灾难在各种启示录中被认为是新天新地出现的标志。在这一点上，他远离了他同时代的巴德尔，后者是一种被神化而又被人化了的自然的第一个反思者，虽说那种反思极具神话学特色。甚至于在以非神话学的方式大规模地将自然界的种种问题推移到哲学终结之处，使得自然不仅充当此前历史的舞台背景，而且蕴藏和预示着某种一般而言在此前尚未出现过的、由人的力量中介过的现实的**世界—历史**（*Welt*-Geschichte）与**世界—实体**（*Welt*-Substanz），终于凸显出来了：黑格尔由于终究要否定客体性，便无法在实质上触及这个问题。内心化，而不是任何别的东西，最终使得空间和环境彻底消失了，它阻碍了作为真正的亦即非异化的自由**世界领域**（Weltsphäre der Freiheit）的那个"王国"的问题。这是由于黑格尔出离进展的过程，将人—世界（Mensch-Welt）嵌回到、外化到主体中去，这在此便意味着：他消除了主体本身的功能，最终将其外化了，他将它物化了，最终使其成为了物神（Fetisch）。甚至于在涉及那看似如此这般进入了自身之中的、有关知识的知识（Wissen des Wissens），涉及绝对知识时，黑格尔也作出了错误的判断，正如他本身在其中也被异化了一样，正如——照马克思看来——这种"哲学的精神无非是世界的那种在其自身的自我异化中思考着的亦即抽象地把握自身的、异化了的精神"。那些拙劣的模仿者无所创造，他们只能暴露出大师[103]的弱点：确切地说，在走向沉思这一极端的那派黑格尔后学即鲍威尔（Bruno Bauer）看来，从《精神现象学》的这个结局所能产生的，也不过是所谓的自我意识哲学罢了。它是作为那种全无客体的主体化的

---

① 布洛赫这里将 Erinnerung（回忆）加上连字符，强调内心化。——译者

结论产生的：在自身内不停地打转，傲慢自负又满腔子精神气味，在各个伟大精神的头脑中将世界上一切实在的矛盾都化解掉，而现实世界中却根本察觉不到这方面的丝毫气息。在这方面，对物质质量和客体的轻视，曾经并且始终触手可及。这就是实体转化为主体的烟雾后，那自为存在的意识的虚无状态，没有了对象。

但是因此，另外的那个方面，某个自为存在的对象的那个与人完全无关的方面，当然也是不可逾越的。**人类**，他们的意愿，以及他们的存在的那个可能达到的深度，是不可或缺的。若是没有了这个自身（Selbst），人本身也就没有了。《精神现象学》的伟大关切是且始终是**实在的自我认识，即对人通过他的劳动、通过历史生产他自身的那个过程的认识**。只有这，才是黑格尔这里重要的、因而不可忽略的主体：不是作为烟雾，而是作为行为；不是作为精神，而是作为核心。既然人通过对象性的劳动生产其自身，为此主体当然必须在历史—辩证的主客关联内部占据某种优势地位。否则，对于客体性中的外化、异化来说，就恰好没有了尺度，也就谈不上能依此尺度量度和毁弃种种不相称的客体状态——它们与它们当中蕴含的种种客观矛盾（den objektiven Widersprüchen）结为一体——的主体因素中的能动性矛盾（den aktiven Widerspruch）了。这样，主体的优势地位就不仅仅是唯心论的现象了，毋宁说，在这种现象中凸显的是一种反复毁坏客体性的冲击性因素的优先性。因此，这位没有用脚立地的黑格尔就已经说过："真正的自我运动，一般的冲动，"因而各种矛盾的源头，无非在于"某种事物在其自身中，与此同时还将它自身的缺陷、它自身中的否定性因素纳入同一种考虑之中"。因此在目前的局面下，主体性的优先性绝不仅仅是一种精神性事物的优先性，而是某种本能、某种强度（Intensität）、某种人类**意志因素**占据了优先地位。而这样一来，一如他自己在自得其乐和将事物都精神化（Spiritualisierung）时所做的那样，他就否定了某种对象性本身具有自动性，否定了客观因素的某种本就在发生着的自我运转的自动性。主体因素的自得其乐，导致了单纯倡导行为的无政府主义式的宣扬，导致了纯粹行动的冒险，且那纯粹行动对客体的种种趋势毫无准备。但某种客体因素、自为存在

[104]

的某种自动运行所具备的自动性，即纯粹行动的这个对立面，则会导致失败主义。那种看法以松散信念（des laxen Glaubens）的形式表达就是：资本主义是它自己的掘墓人；以现实的、即便常常是世俗化的教会信仰的形式表达就是：客体的趋势自身就蕴含着天意，而且人只需要充当看客。纯粹的行动理论和纯粹的自动运行理论这两方都是错误的，但后者由于具备机械论特征，将主体排斥在外，因而在庸俗唯物主义的面目下，更具误导性了。因此，主体因素最终的确需要被凸显出来；也就是恰好作为一种在极强的意义上与客体的发展一道不断增长、极具决断力的主体因素。由此看来，《精神现象学》的结尾也敦促我们留意人的劳动的这种优先地位，虽然笼罩着喧闹的精神与厚厚的迷雾。

但在作为意志的自身（Selbst）中，不容忽视而继续起作用的因素乃是那种**深度**（Tiefe）①的因素，它在此最终是自行开启着的。这种深度在大千世界般的广度中并未丢失，但如果人的存在、这种激发性的—被激发起来的告白（confessio）②没有在此充当某种尺度的话，那么这种深度也是无法在其中被发现的。这一点是必须记住的；人们恰恰凭着主体—客体的这种重量分配，立于哲学的一个最关键的点上。虽说内在与外在是一对相对而言的概念，它们如果失去对方就都没有任何意义；然而它们却被分离开了，而且使得一方在没有另一方的情况下只能说出片面的意思来。依此说来，当思维单纯内向挖掘时就会枯萎，当思维单纯外向整理时就会浅薄。最终同样是为了矫正那种特别缺乏哲学反思的、特别零散破碎的客观主义，在黑格尔这里的主客分裂（Die Spaltung Subjekt-Objekt），最终是与作为终极方程的"实体＝主体"一同发布的。那么这里所指的主体优势地位（Subjekt-Prävalenz），是指那在意志因素之外还要求得到实在论意义上的承认的深层因素所占据的优势地位，它肯定与那已然败下阵来的内向存在或自闭状态，乃至与当今那种还在烟熏火燎般流行的内在之光（inne-

---

① 贺麟等先生的《精神现象学》译本中将该词译作"秘奥"，可作为参考。——译者
② 拉丁文。——译者

ren Licht），根本没有任何共同之处。它与那已然败坏的、在实存的意义上示人的心理主义，与迷惘的内向性的整个体验流，都毫无共同之处。① 它也与畏惧和操心（它们无非是掩饰危机现象所用的一些主观主义面具而已），与那种从老鼠打洞般嘈杂不休以及类似的**某种**现身情态出发为存在奠基的做法，也毫无共同之处。② 后面这虚假的深度本身只是对那密不透风的外向性的一种颓废的反映，亦即对走向没落的市民世界的颓废反映，那个世界将献身和投身于它的那些人驱赶到所谓的存在主义的深井或虚假防空洞里去了。这里紧要的问题毋宁是那样一种主体的合法性问题，它不仅与客体保持平衡，还有可能在脱离不适当的客体而保持自由的那种对抗中，要在力与实体方面达到攀升。这无疑就发出了主体的一种强音，这种强音既贯穿了一系列的主客中介，又越来越屹立不倒了。出于这个理由（一种现实的"理由"），与《精神现象学》的结构极为相似的《浮士德》也有一个"不满足的瞬间"问题，亦即自为存在的瞬间问题；《浮士德》的行文一直到结束都带着这个问题，而且问题都没变样。浮士德走遍世界，仅仅是为了体验那个得到满足的瞬间；在极为客观公正、对世界深感兴趣的歌德那里，情形就是如此。《精神现象学》抛却了世界的一切形态，并将它们扬弃到自为存在中去了；在对客体性有着透彻理解的黑格尔这里，情形就是如此。在其他场合下从不承认什么无对象的主体（Subjekt ohne Gegenstand）、拒斥一切单纯空想的同一位黑格尔这里，就是如此。在曾于《精神现象学》本身的序言中如下这般表述过的同一位黑格尔这里，就是如此："精神的力量只能像它的外在表现的那样强大，它的深度，也只能像它在它自行展开中敢于扩展和敢于丧失其自身时所达到的那样深邃。"（《著作集》，II，第9页）因而黑格尔彻底痛恨空洞的深度，痛恨这种"空无内容的强度"，而他对"优美灵魂"的讽刺挖苦恰恰源于对空洞深度的拒斥。但这并不妨碍，反而恰好促进了他如今只会予以正面评价的，亦即并未完全随着

---

① 心理主义、体验流都是当时流行的话语和学说。——译者注
② 布洛赫这一句中的诸多术语（畏、操心、现身情态）可能是在影射海德格尔的基础存在论。——译者

蒸发与精神化的过程一道消失的那种有关自为存在的神秘主义。在彻底体验过的外化的结尾,因而恰恰又是在《精神现象学》的结尾,这种神秘主义就是其自身也达到了其真正的对象性的人性(Humanum)①。这就使得"这种外化是在它自身内外化自己的,从而,这个外化存在于它自己的广延中,也存在于它的深处、存在于自身(Selbst)中"(《著作集》,II,第611页)。主体深度想要如此而大白于天下,这是德国从埃克哈特直到巴赫(Bach)②留下的一份遗产,超出了那些烟雾之外,也超出了那种单纯的有关知识的知识之外,而这恰恰发生在号称最具体的那个层级上。当然这就是,而且一直都是恶的回撤,离开一切对象性而撤入内心化(Er-innerung)中去,再也没有了一切对象性;精神的出路,而非力点(Kraftpunkten)③与质料的出路,最终尤其是会复仇的。那与此关联在一起的、恶的本性问题的失落,也同样如此。恶的本性问题一直笼罩在我们头顶,在整个人类历史上都不曾消失。黑格尔的世界必须从精神中得来,复又成为精神,然而除此之外,在唯心论的末端恰好的确还有一种别样的因素,它只是以唯心论自我标榜,实际上却并不与唯心论严丝合缝;那因素是不会直接与精神的烟雾、与内心化本身这一主体烟雾一道升腾消散的。在这里,这种东西毋宁恰恰就是主体的优先地位,它作为深处的因素,同样表现出那深处针对它此前既有的一切开展形态而表现出来的骚动不宁。在这里,深度成了强度,仿佛它此前尚未在任何广度和世界的任何形态中找到它的疆域、它合适的定在方式、定在—展示(Daseins-Herausstellung)似的。正如黑格尔的那种最终又走向主体化的唯心论所意指的,主体—深度的这种展示作为合适的定在方式,并不意味着任何一种一般对象性的丧失,而是正如黑格尔在唯心论的外壳下实际上追求的那样,**仅仅是对人作为异己之物担当下来的那种对象性的扬弃**。

---

① 拉丁文。——译者
② 约翰·塞巴斯蒂安·巴赫(Johann Sebastian Bach, 1685—1750),巴洛克时代德国作曲家、教堂合唱队主事、管风琴演奏名家。——译者
③ 莱布尼茨用来形容单子的一个概念。——译者

此外，即使这个深度也还享有一种声誉，这种声誉在此前的那种虽说已经出现、然而并未臻于完满的外向性中依然屹立不倒，还不想失去自己。这深度关心这种声誉坚守的全部东西，而且这一点在对象方面还没有表现出来。从那深处产生出一种骚动不宁的主体，它内在地攀升并超越此前它眼见其生成了的东西，超越客体性中此前包围了它的因素。而这种攀升——一种全非超越性的超越活动（Transcendere ohne alle Transzendenz）——长远来看使这个意义上的主体优先性合法化了，也就是使这主体的强度—深度的那种尚未显露出来的内容的优先性合法化了。因而片面的，且在其片面性中自以为完成了的和将其自身绝对化的那种自为的对象性，仅仅又以走了样的方式来维护这种深度因素。甚至可以说作为如此这般没有运动过程的、也失去了人的作用的客观性，正如作为机械力学的机械唯物主义所呈现的那样。这种唯物主义的外向性尽管无穷无尽，却也十分渺小，以致人的头脑在其中从来就没有位置，而且它的物质运动实为死寂停顿，以致历史与辩证法都必定落于这种运动之外。机械唯物主义合乎真理之处完全是唯物主义，即从世界本身出发解释世界；而它不合乎真理的地方恰恰在于主体因素和能动的、变动的、人化的（humanisierenden）因素在它当中无处着落。因此，即使自为的对象性也不是任何实在论，尽管它本身是以机械的方式呈现出来的；因为若是没有了人，没有了世界上那些尚待以具体方式加以人化的东西，实在论就永远不可能在其自身带有半点现实性。这样一来，主体因素以及在各种客体中依照实在的可能性而符合于主体因素的东西：只有这两者才使得实在论显豁出来；只有在辩证唯物主义而不是机械唯物主义中，主体因素才是如此。由于世界上有这种尚未完全释放出来的自由，因此即使《精神现象学》的结尾，如果撇开那种孤立封闭的主体存在方式来看，甚至可以说撇开唯独只向着知识之知识（Wissen des Wissens）进行绝对化的做法来看，也完全可以说还是有一些实在的意义的。我们的自身（Selbst）的最高瞬间，浮士德漫游的这个目标；自身（Selbst）的自为存在，《精神现象学》的目标，没有了一切单纯的内心化（Er-inne-rung）：表达主体意向内容的这两个公式，就这样一直在起作用，如

[107]

果它们确实是尚未得到解放的、人的绝对的自由内容——既是何所来（woher）的自由也是何所去（wozu）的自由——的公式的话。然而问题又冒出来了：切入到意向活动与生产活动的主体之中的那种自我认识的自身（Selbst），它的主体并没有走向客体的彻底扬弃，而仅仅走向了对那与自身（Selbst）相异化的客体的扬弃。事情走向了即便在实在论的意义上也可以被称为"主客同一"（Identität des Subjekt-Objekts）的本己状态（Eigentlichkeit）。因而也就是这样一种本己状态，在其中，当客体消失且"实体变成了主体"时，主体便同样在与它充分适合的客体世界的满足中扬弃自身，并且由此而首先赢获它的实体。内在之物能外向化，外向之物也能变得像内在之物一般，这一点虽然——在另一种情形下（rebus sic alienatis）①——在理论上是如此乌托邦式的，以至于在乌托邦的可能性界域中它本身还呈现出一种乌托邦式的极限概念。然而这种最终依然可以追求的主—客体平衡（Subjekt-Objekt-Ausgleich），当它突破了实在世界中的既有局面的时候，就绝不能走出实在世界的那个总会带有些许乌托邦色彩的总体（Totum）②。那样的话，人们看到，事情就会掺杂上在机械力学上来看最可疑的因素，所有白天变成黑夜，而且在那些按照可预料的未来来看会发生的潮流中，根本就没有任何值得称道的东西了。正因如此，马克思在一场通盘都很具体的分析中，既没有给这类趋势留下任何余地，也并非绝对没有暗示那样的组织目标（Organisationsziel）。只不过：他完全将那组织目标带出黑格尔的精神王国之外了，后者在黑格尔那里环绕着那所谓自在的主体性的物神。马克思在《经济学哲学手稿》中对《精神现象学》的批判，将未来那种主体与客体相适应的状态称作"人的自然化，自然的人化"。如今在生产活动这一人类存在的根基的主体之处，才真正表现出力量和物质。这也才真正表现了最后一个层级：虽说不是在《精神现象学》中，但很可能在这部书所说出的最实在的东西中，即在劳动于世间改变它的主体—客体的那

---

① 拉丁文。——译者
② 拉丁文。——译者

个过程中。在基督论的说法中，在客体方面有所成就的主体力量曾被称作我们"被揭开的面容"，而在主体方面有所成就的客体力量则被称作"被神化的自然"。前者实际上意味着我们本身的主体—客体，可能要战胜了一切不适当的外化现象方可浮现出来；后者则意味着一个不再外化的对象世界的客体—主体，因而乃是家园。

8. 黑格尔与经验主义

（1）前文曾提及，黑格尔对人类的健全理智颇不以为然。他从不认为这种理智是健全的，反而认为它迟钝、呆滞、臃肿。他也从不认为它是理智，除非——在这个词的最贫乏的意义上——作为僵硬的、图式化的知性①。因此人类的健全理智虽说会不断纠缠到种种矛盾中去，却从不觉察其自身和世界之中有什么矛盾。正如大多数情况下所见的那样，如果小市民阶层具有了这种思维方式，他们就喜欢将一切矛盾予以钝化。它们大多被视作误会，人们认为只要考虑一下说话人的良好愿望，最多再考虑一下各人总是有不同的想法这一点，便可将这些矛盾消除。火与水、资本与劳动据说都能合得来，一切特殊的对立便都被黏合在一起，也都被马马虎虎地掩盖起来了。这里没有跨出外在的假象与立即僵化下来的意见半步。

（2）尤其重要的是，这种马马虎虎的东西得到了只依表面印象看待事物的那种态度的支持。这种态度表现为对思维功能的蔑视，也表现为对所谓事实的崇拜。一切不满足于形式上的正确，而希望在质料意义上也为真的概念，在这里都被斥为毫无意义②。目光短浅的作风倒显得富有良心，甚至戴上了看似极具科学性的假面，只因为它自称为实证主义。实证主义在诸如奥地利、波兰这些国家，新近还在美国，因而在没有自己的哲学传统的那些地方，尤为流行；它早前更为

[109]

---

① 在德文中，Verstand 兼有"理智"和"知性"之义，后者是德国古典哲学中发展出来的含义，常与思辨理性相对而言。——译者
② 布洛赫在"sinnlos"（毫无意义）后面特意附上了对应的英文词"meaningless"。——译者

坚固的发源地乃是英国，也就是休谟身上那个无足轻重的方面。黑格尔的那种以经过概念性把握的整体关联为目标的具体的辩证思维，完全与这种类型的实证主义相对立。马克思的思维同样如此，它当然没有在世界背后设定什么神秘力量的任何嫌疑；列宁（Lenin）① 从客观—唯物主义辩证法（objektiv-materialistischen Dialektik）出发，写了一部针对实证主义——他称之为经验批判主义——的毁灭性著作。而且颇为独特的是，在对"事实"的崇拜那里极为常见的一种现象是，一种同样毫无概念的轻信做法看似与一些毫无约束力的抽象"原理"

[110] 相对立，二者实际上是相伴相生的。② 正因为没有任何文化会停留在那些根本性的、支配性的概念之中，那些生长得最快的普遍概念就可能到处流行，尽管存在着经验主义，而且正因为存在着经验主义。井底之蛙的视角使得人们看不到，这一类"原理"——它们的普遍性显得越高妙，便越是如此——只会将种种特殊利益弄成意识形态。事实崇拜对实质性的普遍概念满腹猜忌，它毫无防备地沦为那无可救药之境的牺牲品；人们在这里还不适应真理。这样，实证主义者无法一步跨到黑格尔，但也无法一步便达到对辩证法家马克思的理解。这里需要的并不是无法挣脱 A = A 以及此类"正确性"的那种形式主义，而是信赖思想的物质力量，是认出实在的整体关联的那种能力。思想及其辩证法乃是人类最高的生产力；实证主义想要引入哲学之中的那点可怜的精确性，倒是可以在黑格尔这里学一学什么是追求现实的精确性（wirklicher Exaktheit），亦即追求具体的、真正实现了的精确性的意志。不可知论相信我们无法认识对我们真正重要的一切事物，它自

---

① 列宁（Ле́нин，1870—1924），原名弗拉基米尔·伊里奇·乌里扬诺夫（Влади́мир Ильи́ч Улья́нов），著名的马克思主义者，无产阶级革命家、政治家、理论家、思想家，俄罗斯苏维埃联邦社会主义共和国（世界上第一个社会主义国家）和苏维埃社会主义共和国联盟的主要缔造者，布尔什维克党的创始人，十月革命的主要领导人。列宁继承了马克思主义，并将之同俄国革命相结合而创立列宁主义，被全球共产主义者崇奉为"国际无产阶级革命的伟大导师和精神领袖"，但同时也是 20 世纪最有影响力和最具争议的人物之一。——译者

② 这一句中的"事实"和"原理"都是英文，布洛赫明显以此暗示英语学界的一些思潮。接下来的文句中的"原理"同样如此。——译者

动采取的那种畏缩态度倒是可以在黑格尔这里（在亚里士多德、阿奎那①、莱布尼茨那里同样如此）体验一下，概念是怎样的一个强人，理性又是怎样的一种世界强力。实证主义不是什么先进的意识，而是在走下坡路的、沮丧的科学意识。当一个社会还保有活力，当一个新颖的、活泼的、人道的社会产生时，它会提出一套别的语汇，而不是实证主义的无知理论（Ignoranztheorie）②。黑格尔在他的柏林大学开讲辞的末尾说道："追求真理的勇气，相信精神的力量，是从事哲学研究的首要条件；人应该尊重自己，应该认为自己配得上至高无上的东西。关于精神的宏伟和力量，无论人们能设想得多么高大，都不够高大。宇宙的隐而不露的本质在自身没有任何能够抵抗勇敢的认识者的力量，它必定会在他面前开放，把它的财富和它的奥妙摆在他面前，让他享用。"③ 反之，实证主义仅仅规定了 A = A，此外无他，它是这样一种技巧，即研究如何才能避免一切辩证的思考，如何才能避免一切合乎哲学方式的研究。它之所以成了这种规定，乃是因为它将数理逻辑，即在协助与检验形式逻辑的那种正确性时所用的一种简便手段，弄成了逻辑学，并将单纯的感性确定性（黑格尔由此起步）弄成了终极智慧。世界本身在这终极之处成了无世界（Unwelt），亦即无穷多样的一堆特殊"情况"。将一切客观关联都还原成多多少少还算符合思维经济原则的某种编造（Sichzurechtlegen）：对知性的这种蔑视，这种溜须拍马般的经验（Empirie），将事物的整体关联消解为不可知论的一团混乱。这样，相关的事物就如此这般地适应了实证主义的那种虚假的精确性：以多元主义的杂乱疯狂为唯一的客体规定性的非世界（Nichtwelt）。

[111]

---

① 托马斯·阿奎那（Thomas von Aquin，意大利文作 Tommaso d'Aquino，1225—1274），天主教经院主义神学家，多明我会士，历史上最具影响力的哲学家与神学家之一，以"天使博士"（Doctor Angelicus）闻名，后被罗马天主教会封为圣徒。他的学说通过新托马斯主义和新经院主义一直影响到当代。——译者

② 即上文描述的那种不可知论。——译者

③ 中译文采用梁志学先生的译法，见黑格尔《逻辑学》（哲学全书·第一部分），梁志学译，人民出版社 2002 年版，第 29 页。后文中如有参照此译本之处，不再一一注明。——译者

（3）其实，在黑格尔那里受教过的辩证思想家也认为，不言而喻的是，必须从事实出发。但这并不是为了停留在作为单纯的感觉内容的事实那里，止步不前。也不是为了进进不已地无穷增加下去，却没有能力发现实际起作用的整体关联。整体关联如今恰恰并不是事实，也不是对事实的描述，而是首先从那种叫作事实**认识**的思维功能中产生出来的。下面这种做法在科学上是毫无希望的：将认识看作单纯的"陈述"，随之而来的就必定是将假象的实质①称作"事实"，或称作"事实"集合物；事情本身的序列毋宁是相反的。② 事实本身无非是在感性事物的表面由种种辩证的整体关联构成的那片大海里冲出的海浪。这片大海潮水奔流，成了科学**认识**的对象，而不是各种事实的那种单纯的直接性；这些事实不过是认识的指引罢了。这里确定的要点是，在黑格尔这里，像"感性"和"知性"这些古老的认识论滞销品（erkenntnistheoretischen Ladenhüter）完全不是在被实物化后相互分离和相互隔绝的。黑格尔的"感性确定性"从一开始(abovo)③就已经是十足的逻辑普遍性了，相反概念倒显得同样是直观—个别的。黑格尔的概念要成为"普遍东西与特殊东西的统一"，恰恰因此，它便与抽象化理论（Abstraktionstheorie）的概念区别开来了。这在黑格尔

[112] 那里首先是**总体性**：一个概念的真正的范围和内容之间不是成反比，而是直接成正比。因此在具体的判断中，概念与直观、普遍东西与个别东西就统一起来了："一切具体之物都是事实的、因而个体的和经验的东西，另一方面，它也自在地包含了普遍性和概念。纯粹经验—个体的东西乃是一种单纯的虚构，它就像一个纯粹的概念一样是不可证实的。"这样，在黑格尔的辩证法中，感性的示意（Fingerzeige）总会涉及一些逻辑上的整体关联，它们本身与那些整体关联结合在一起了。所以科学完全不等于对事实的描述或叙述："哲学绝不应当成为

---

① "假象的实质"对应原文中的"des Pudels Kern"（长毛狗的实质），原文出自《浮士德》第一部第三节中梅菲斯特变幻狗的形象之后以其真身首次出现时浮士德的惊叹之语，意为终于识破了长毛狗的实质，这里依照语境采取意译。——译者

② 原文中带引号的"陈述""事实"皆为英文。——译者

③ 拉丁文。——译者

对发生之事的任何叙述，而是对发生之事中真的东西的认识，而且从真的东西出发，它还应当进一步以概念性方式把握住在那叙述中显得只是单纯发生之事的东西。"（《著作集》，V①，第21页）但种种感官主义，当它们被物化和被偶像化了之后，恰好失去了这种进一步导向真东西的因素，亦即它们是在有关科学的那种糟糕哲学中失去这个引导者的，这种哲学可以称作狭隘经验主义，因而恰恰可以称作实证主义。因为它所谓的事实，也被错误地称作既有状态（Gegebenheiten），实际上纯属抽象物，也完全是人为弄出来的东西。它们看似立定于彼，实际上不过是那没有了辩证法就肯定不会被看见的东西，即过程（Prozesses）的一些被截取和被孤立下来的、被凝固和被物化了的环节。这些所谓的事实不是感官材料，而是从感官材料中抽取出来的一些模糊形象，在此冒充实在之物。在这方面，它们看起来有可能就像感官假象本身一样，只要感官假象代表无思想性，便是如此；但如今，它们通常服务于它们所源出的那种资本主义意识形态。人的本性恒久不变，它便是这样一种所谓的事实，或作为缓冲要素的中间阶层，或作为人民意愿之表达的议会（Parlament）。但正如黑格尔说过的，倘若人们后来看到这些事实不过就是一个或多个那样的环节并对其加以考察的话，那么它们的所谓真理便显得乏味无聊了；因为它们不过是一个过程中的一些正在消逝的现象，而这个过程却在不断运动着。昨天还是事实问题（matter of fact）（那便是经验主义关注的一切），今日却成了现实的经验科学、辩证的—过程性的科学那里早已自行揭示出来的东西；成了一种超出此类问题之外的、正在逐步深入地进行着的运动中的环节或关联形态（Beziehungsgestalt）。 [113]

即便那些尚在流行着的事实，也只不过充当了第一权威（erste Instanzen）而已，此外无他。实证主义者们相信，一切思想都是对感性的既有状态的某种不合法的添加物。尤其是讲述世界上的某种实在矛盾的那个学说，即黑格尔的辩证学说，在他们看来尤其是极为鄙陋

---

① 指《逻辑学》之"主观逻辑"（概念论）。本书中出自该部分的译文，很多地方参考了杨一之先生的译本，以下不一一注明。——译者

的"神人同形同性论",或者新手口中所说的"形而上学"。但除了对既有事态本身的表达之外,难道还有别的任何表达堪称神人同形同性论的吗?难道这表达不是在其本身中就蕴含着如下的补充性内涵吗:在那背景中有某种因素自在存在着,而那里的另一种因素,也同样不取决于投注在它之上的感官感觉?贬斥实在的矛盾的那些经验主义者可曾想到过,他们奉为偶像的既有状态,其实不过活跃在一团幽灵之中罢了?而且难道真正的事实不也是一个单纯的表面现象——后者根本不是什么既有之物,这使得它在那堪称科学而不仅仅是什么附加补充之物的进一步钻研活动中化为一种产物(Produkt)?化为这样一种产物,它出自蔓延广布的种种社会历史的或自然历史的中介形式,而眼前那被突出的感官材料便从这些中介形式而来。作为这张桌子,作为星光的这种红移现象,作为这个股份公司,作为整个一般经验,在眼前突出出来。在这里,那"既有的东西"从来都不会像一个成型的商品那样保持为一种产物而不变,而恰恰会不断返回到它所从来的生产过程中去,它尤其会不断地化入那个过程中去。亚里士多德说,"对人而言的第一步照自然来看却是最后一步",像作为一个过程思想家(Prozeßdenker)的黑格尔那样;因此认识的道路就从单纯被冲刷到海滩上的那些感官材料,走向了那不太可见的,但可以在思想上予以描摹的生产过程,后者才在完全本己的意义上是事情的真理。因而当狭隘的经验主义将既有状态视作"核实真相"(to check the truth)的手段时,它便忽视了一点,即感官材料需要真理的认可本身,甚至可以说,后者尤其是它必不可少的。既有状态本身根本不能证实任何东西,它本身恰恰是值得追问的,恰恰是要进一步发动起来

[114] 去寻求真理的。它作为第一权威,是研究工作绕不过去的对象,但它之所以如此,首先因为它是成问题的;正是这一点以及感性因素对研究材料的示意,才构成了感性因素的科学意义。反之,实证主义者们、经验批判主义者们,在矫正那种生成着的知识在感性确定性上显现的历史时,便将在科学上极成问题的一种确定性,或者说仅为起步时的难题的一种确定性,设定为终极解决方案了。在理性遭到怀疑之前很久的时间里,希腊人的怀疑主义是从根本上开始的,即从对感官

知觉的怀疑开始的。在自然科学中于知觉中，在历史中于各种证物中阐明表面之下的种种因果辩证过程的，并非感官，而是思维功能。罗马史背后的隐秘历史，马克思（恰恰作为实在论者，而不是作为经验论者）说，与地产问题有关：他不是从感性—经验的种种添加或归纳中得到，而是从对这个表面底下的过程的研究中得到的这种认识。也就是说，是从这样一种研究中得到——它借助于具体的思维对事情究根问底，并追究到黑格尔才首次在世界的广度上加以辨明的——那些辩证的中介现象。这样一来，狭隘的经验主义的本来面目便被揭穿了：它是由表面状态生出的幻想，是科学上的次级事物（Inferiorität）。

（4）黑格尔本人有着最开放的眼界，他完全熟知真正的知觉。他关注的是知觉中那种令人熟知的事物的力量（die Kraft des Bekanntmachens），虽然那力量并不能让人认识事物（des Erkennenlassens），① 并不是直接的存在的力量，也并不是间接的存在的力量。黑格尔哲学当然有这样的特色，即它并不认为存在（Sein）以最厚实的方式现成地处于感性和感性确定性中。然而自洛克以来的英国经验论者们却是这样看的，甚至中世纪英国伟大的唯名论哲学家们也是这样看的，虽说是以一种无与伦比的深刻的方式。这些人将现实性完全放在了感性的个别性上，而这种做法又与个人及其意志的优先地位处在整体关联之中；而普遍概念却无非是些"名称"（nomina）②，无非是些"声息"（flatus vocis）③。贝克莱则降低到心理学层次上，继续推动这个学说；他只允许感性的个别观念存在，他否认了普遍观念存在的可能性。一般三角形，作为三条直线围成的图形，只不过是学院虚构物（Schulfiktion），"人"这个名称同样如此；现实中可以设想的、可以作为现实之物被设想的，总是只有个别的三角形、个别的人。休谟（Hume）④ 在

---

① 黑格尔《精神现象学》"序言"中就有所谓"熟知"与"真知"的区别。——译者
② 拉丁文。——译者
③ 拉丁文。——译者
④ 大卫·休谟（David Hume，1711—1776），苏格兰哲学家、经济学家和历史学家，苏格兰启蒙运动的最重要代表之一，在哲学上被归入经验主义和感官主义，著有《人性论》《人类理解研究》《道德原理研究》《宗教的自然史》《英国史》等。他对因果性的怀疑对康德影响巨大。——译者

认识论上推进了对共相的这种去实在化，并补充以原型与摹本的特征：普遍观念乃是感性印象的摹本，摹本是衰弱的，原型则是强健的。因而一个概念超出感性确定性的各要素攀升得越高，在英国感官主义者们看来它就越是幻象或非实在之物。若是离开了个别事物的种种直接的既有状态，存在便会消失：这便是感官主义和经验主义秉持的学说。当然，这类说法也是经济学上的某唯物主义亚种所秉持的学说，只要后者作为世俗唯物主义而出现，便是如此。世俗唯物主义同样将存在仅仅局限于直接可得的东西；而直接可得的东西，在此不过是被孤立起来把握的、从全部人际关系中割裂开来的经济。照此看来，法权、道德、艺术、科学乃至宗教，便完全是非实在的，它们或者只是单纯的反映，或者完全是废话。真正经济—历史的唯物主义，正如马克思和恩格斯为其辩护时说的那样，与经济主义的这种过度紧张的局面毫无共同之处；它完全没有将感性偶像化和孤立开来。然而它却从经验主义者们那里继承了对一种自由漂浮着的精神的否弃，以及对与将感性偶像化的上述做法形成抽象对立的另一极端的恰切怀疑，即对概念神话的怀疑。而实在性并非随着所谓精神的以太一道生长起来的，当然不是；相反它却很可能是随着从迄今为止的阶级社会的"前史"过渡到无阶级的自由王国的过程一道生长起来的。

　　黑格尔原本就处于和英国感官主义者们完全不同的另一个传统之中。他尤其没有站在像贝克莱那样简单化的立场上，后者从来不相信感官之外的世界有什么独立的现实性，而是将一切存在都还原到主观的知觉内容上——"外部对象不是凭其自身持存，而是存在于心灵之中"（the external objects do not subsist by themselves but exist in mind）。与主观唯心论相反，黑格尔建立起他极端客观的唯心论；这样，在《精神现象学》的"序言"中就已经说："精神的力量仅仅像它的外化那样大。"这就是实在的世界精神的外貌，而这里经常被忽略的一点恰恰是最重要的：存在与精神的种种越来越强大的客观化形态并行**成长**。因而黑格尔那里的存在也并非从感性确定性的事实背后取来的什么东西，毋宁正好相反，它是与从感性到知觉、知性、理性的世界的那种进展一同升高的。它是可以比较的，就像一个表示属性的词汇一样，它在其质的每一种力度（更好的说法是：强度）上都是可比较的。在黑格尔这里，它的原级（Positiv）是直接被知觉的"自在"存在，后者仅仅是一种"为我们的"存在；它的比较级（Komparativ）是自外存在（Außersichsein），也是被反思的存在（从而有了假象、现象、本质的区别）；它的最高级是自为存在（Fürsichsein），在这里精神在他者中与其自身达到了同一，或者说在这里对象之被思考同时也意味着对象关于其自身的意识。最后这个存在等级说的是自我意识，因而它只能归于人类的文化形态，而不是人类之外的自然形态。因而在黑格尔这里，存在绝非沉积物，而是泛起泡沫的饮品本身①，而且它绝非在感性材料方面一劳永逸地被给定了的东西。存在，毋宁有**各种不同的**、**高低有别的层面**，它恰恰是一种可分成各等级的价值，这价值与种种解放行动、与精神对价值的赢获本身一道增长。存在的等级与价值规定的这种齐同现象有一部古老的历史，一部在才智上也极为高贵的历史；而固陋的经验主义则只知排挤它。柏拉图（Plato）教导过各种现实性的等级次第，从最高的理念，即善的理念，一直下降到个别物体。中世纪经院哲学知晓这种等级次第，从坎特伯雷的安瑟姆（Anselm）②直到阿奎那③都是如此；由此才有了作为最高存在的上帝概念，才有了本体论的上帝证明，作为最完善者（ens perfectissimum）④与最实在者（ens realissimum）⑤的等同。甚至莱布尼茨都将他的单子的完满性与它们的能动存在的发展等同起来；这样看来，他确实是以经院哲学的方式界定完满性的，但也确实颇见黑格

[117]

---

① 这里暗指《精神现象学》篇末引用的席勒诗句，布洛赫在前文中引用过。——译者
② 坎特伯雷的安瑟姆（Anselm von Canterbury，德文作 Anselmo，拉丁文作 Anselmus Cantuariensis，也依其出生地称作 Anselm von Aosta，或依其修道院称作 Anselm von Bec，约 1033—1109），中世纪神学家、大主教和哲学家，死后被封为圣徒，常被视作经院主义之父，也是早期经院主义的代表人物。安瑟尔谟以其"我信仰，因而我理解"的看法奠定了经院主义在信仰与理性的关系问题上的基本立场，并以其本体论的上帝证明著称于世。其代表作有《专论信仰的理由》（或称《专论》或《信仰理由沉思的一个范例》）《宣讲集》《辩护和充实宣讲集所作的本体论上帝证明》《论真理》《论选择的自由》《论恶的起源》等。——译者
③ 原文为"Thomas"（托马斯），这里按国内学界的习惯，依照地名译作"阿奎那"，下同，不另说明。——译者
④ 拉丁文。——译者
⑤ 拉丁文。——译者

尔之风，将它界定成"肯定的实在的大小"（grandeur de la réalité positive）①。人们可以将存在与价值的这种等同（在一定程度上是"成功"与"价值"② 的等同）称作极端的乐观主义，这种等同的发生在这里违背所有表面现象；实际上极端的悲观主义的方向正好与此相反。它在其种种廉价的形式下，恰恰将理想看作长久得不到实现的东西，它认为世界进程中存在与价值之间成反比关系。它在其伟大形态下，则恰恰教导非存在（Nicht-Sein）、涅槃，认为那才是完满性的"存在等级"；在佛陀那里就是如此，在与黑格尔极端对立的叔本华那里也是如此。经验主义即便在它那种并不狭隘的形态下，无论如何也遗忘了像存在范畴的繁盛的层级化现象这类从传统上遗留下来的问题；在黑格尔这里，那些问题又可以得到温习了。而且毫无疑义的是，它们可以在黑格尔的唯一传人（dem einzigen Erben Hegels）马克思那里得到温习；因为即便是马克思，也极为频繁地利用层级化的存在概念，在描绘市民经济的过程中如此，在描绘它的上层建筑（错误而又真实的意识，错误意识相对而言具有的现实性）的过程中同样如此。总的来说，马克思坚信，历史上的种种发展趋势比起市民经验的"物化了的事实"和这经验的其他一些商品形式来，具有某种更高的现实性。尤其是无阶级社会，人的本性之被解放了的财富，比起在"前史"中只是可能的和只是稍见规模的现象来，表现出了更坚实的现实性。所有这些与经验主义极为对立的、对于存在之形貌的规定，都来自黑格尔学派。也来自那些完全没有掺入概念神话的地方，后者容易被黑格尔的方程式"精神＝世界""理念＝实在"诱导进去。

知晓、认识？

"感性的意识在内容上显得最丰富，在思想上却是最贫乏的。"③

---

① 法文。——译者
② 加引号的两个词原文皆为英文。——译者
③ "感性的意识"在原文中是"它"，布洛赫改写为"感性的意识"也不算违背原意。——译者

（《著作集》，VII², 第257页）

"在科学研究里，重要的是把概念的思维担负起来。"（《著作集》，II，第46页）

针对那些只知道在现实的底端嗅来嗅去的"无知犬类"："从这一方面看，重新把哲学思维视为一种严肃的任务，乃是特别必要的。……占有哲学，似乎恰恰由于缺少知识和缺乏研究，而知识和研究开始的地方，似乎正就是哲学终止的地方。哲学时常被人认为是一种形式的、空无内容的知识，而且人们完全没有认识到，……其他的科学，它们虽然可以照它们所愿望的那样不要哲学而只靠推理来进行研究，但如果没有哲学，它们在其自身是不能有生命、精神、真理的。"（《著作集》，II，第53页及其后一页）

经验论的知性对哲学的理性关上了大门，它是文明化了的野蛮："对天才和伟大自然禀赋的轻视，在这种意见看来，仿佛幻想可以给哲学演讲锦上添花，给人以雄辩的印象似的，仿佛理性是编造报章谎言的那种意义上胡乱虚构，或者当它超出日常现实之外构造一些什么的时候，是在制造一些幻觉、狂热或神智学怪念头似的，……人们并不知道，究竟是上述意见为庸碌平凡欢呼时表现出来的野蛮与天真更多些，还是概念的平庸性更多些。当我们将对伟大自然禀赋的轻视称作野蛮时，我们指的不是那种还没有达到文化阶段的自然野蛮，因为它敬重天才，视若天纵，尊其为照亮它阴沉意识的一道光芒，——它毋宁是文化野蛮，是后天造就的粗鲁，它给自己划定一个绝对的边界，……而当它有意识地表达自身时，它便是知性。"（《著作集》，XVI，第129页及其后一页）

狭隘的经验主义，当其不是出现在自然科学的对象上，而是出现在政治—法律—社会的对象上时（如历史法权学派 [historische Rechtsschule] 等），作为对现成既有的东西的消耗，乃是最盲目的反动："那么因为感性事物在经验主义看来是且永远是现成既有的东西，那么这就是一种非自由性的学说，因为自由恰恰在于，我没有任何绝对他异之物与我对立，而只仰赖于一种内容，那就是我自身。进一步说，只要站在这种立场上，那么无论理性还是非理性，便都只是主观的，这就是说，我们使自己沉溺于如其所是的现成既有之物，而且我们没有任何权利追问后者本身是否和在多大程度上合乎理性。"（《哲学科学百科全书纲要》，§38 附释，见 VI，第 83 页）

然而那种并不将其特殊内容物化和绝对化的经验，乃是有益的和必要的；培根已经指出过这一点："产生于经验的知识和推理，与产生于概念与思辨之物的知识形成对立；而人们是相当尖锐地理解这种对立的，认为产生于概念的知识（Wissen）在产生于经验的认识（Erkenntnis）面前自惭形秽。……但对于理念而言十分必要的是内容的特殊性也得到成全。……了解这种实存，了解世上事物如其所是的样子，了解那以现象的、感性的方式扩展开的感性的宇宙，这是一个方面。……而近代的一大功绩便是促成与产生了这一点。经验不是单纯的观察、听闻、感触，不是个别的知觉活动，它的本质在于类、共相、规律。而它既然产生了这些因素，也便与概念的根基共生了，它为概念预备了经验材料，这样概念才能恰当地容纳之。……而要是各门经验科学没有自为地产生，哲学就不会比古人那里进展多少。……我们不可忽略的是，若是没有了这个进程，哲学是不会存在的；精神在本质上是对某个他者的加工改造。"（《著作集》，XV，① 第 282 页及其后几页）

关于归纳，以及由这个起点出发阐明物质内部辩证的中介与辩证的必然性："种种经验科学引诱人们消除形式，其实只有在形式中，它们的内容的财富才能作为一种单纯直接的和被遇见的东西、作为相互集合在一起的繁多事物、因而一般作为偶然的东西被提供出来；它们还引诱人们将这内容升格为必然性。——这种诱惑将思维从它的普遍性和那仅仅自在地达到的满足那里割裂开来，并驱使它从自身出发作进一步的发展。"（《哲学科学百科全书纲要》，§12，见 VI，第 18 页）

因而感官所传达的东西必须首先经过理性的检验，必须以非感性的方式得到理解。在黑格尔这里，人类理性是有这方面力量的，它不

---

① 指《哲学史讲演录》第 3 卷。——译者

是什么白板（tabula rasa）①，一切都必须先被写在它上面，一切同样也可以被写在它上面。自然，黑格尔那种非经验论的理性的最后结果，依然是以唯心论的方式与一种绝对已经被理智思考过的现实达成和解。这种和解是通过摆脱精神之外的东西而奠立起来的；需要补充的倒是在那活生生的现实之人看来异化了的和外在的东西："在感觉当中就有了整个理性，有了精神的整个材料。……然而精神从感觉发展出来的过程往往要这样被理解，仿佛理智最初完全是空虚的，因而要将一切内容作为完全陌生的和外在的东西接受进来。这个想法是错误的；因为理智仿佛要从外部接受来的东西，实质上不过是理性之物，因而是与精神同一的和内在于精神的。精神活动的目的唯在于通过扬弃那自在地合乎理性的客体的表面上的（！）自外存在（Sich-selber-äußerlich-Seins），也驳斥下面这种假象（！）②，即对象是精神之外的东西。"（《哲学科学百科全书纲要》，§447附释，见 VII²，第311页）尽管如此，富有教益而又重要的一点是，思维的功能抓住了蕴含于感性之中、蕴含于表面之下的东西，而且越来越彻底地将其揭示出来。这就是思维的力量，首先乃是哲学上具体的思维的力量：以思想的方式从知觉中被阐明和揭示出来的东西，才构成了本己的，亦即完整的经验。

9. 辩证的方法

（1）蠢人从来不知道，一切事物都有两面。他像是长了榆木脑袋，带着一些简单、单调的观念行事，它觉得那些观念能让他安心喘息，而实际上那些观念什么都没说。但是倘若他将某个思想思考到底，他将发现思维关系到某种争执，也将发现那思维扩充得来的和在内容上推展出来的种种异见。A 并不总是 A，B 也是必须说的，恰恰只有那种表面上的逻辑连贯性才会将 B 作为对立面。而在如此这般产

---

① 拉丁文。——译者
② 两处感叹号皆为布洛赫所加。——译者

生的张力范围之上,还耸立着作为顶点与统一的 C。在进进不已的辩证发展中,直到 C 又发生分化,各对立面的一种新的统一性产生为止,都是如此。这样,现实的思维就不是沿着直线进展的,像那种毫无扩展、无所变更,因而也无法胜任任何变化的固定思维一样,而是形成了诸多三角形。这些三角形出自对立、统一、新的对立、新的统一……它无须每次都以僵死的图式化方式被抽绎出来;这恰恰与那种具有弹性的思维、与其自由的机动性不能相容。它必定永远不是三角结构,因为对立面可能有很多,而不仅仅是 A 和 B 而已,而且这些对立面也不一定被引向同一个统一之点。但现实的思维却确实不是沿着直线僵硬而一成不变地往前进展的,就像亚洲陶瓷神像那样不停地点头或摇头,或者像疯子的那种极为偏执的、全然非辩证的思想一样。一个不断卷入各种矛盾之中的人,单凭这一点当然还根本不是辩证法家。既然他还没有找到摆脱这些矛盾的出路,那么他毋宁是个饶舌鬼,最终甚至只是混乱的一种完美写照罢了。但是一种思想若想要走出一条干练的、奋力追求化解之法的路来,却没有经历辩证的翻转(在那里没有任何规定是完结了的),这种思想怕是会从另一个方面陷入混乱,亦即陷入僵化境地。它无法以概念的方式把握住任何有生命力的东西,并且在不断变迁的地带——其实也没有任何别的地带——它会僵硬笨拙地不断跌倒。

[122]　(2) 在黑格尔这里,正如在康德,尤其在费希特那里已经发生过的那样,辩证法总体而言有三个层级,它们是:①概念的直接统一;②概念与其自身的对立;③概念通过扬弃这种对立又达到与其自身的统一。换种方式说:①抽象知性的层级,或简单被设定的正题的层级;②否定性理性反思的层级或反题的层级,也被黑格尔以包含危机的术语,称为否定、冲突、冲撞、差异的层级;③肯定性理性和解 (der positiv vernünftigen Vermittlung) 的层级,亦即否定之否定的层级或合题的层级。这三种规定的任何一种都不可以独立于其他规定之外,它们毋宁必须相互渗透,并在其有限性方面一再扬弃自身,一再投入它们原本所在的那个洪流之中。正如我们已经认识到的,正是在概念的这种**流动性**中,在这种彻底历史性的和生成性的状态中,黑格

尔的辩证法才获得它的生命，才能表达并形成生命的内容。因而这三个辩证的规定并没有形成三个分离开来的部分，至少它们不是需要像教科书所说的那样相互区隔开来的三个东西，照黑格尔的说法，它们毋宁必须充当活生生的概念，充当被以概念的方式把握在一（Einem）之中的生命活力。它们是"一切逻辑上实在之物（Logisch-Reellen）的一些环节，亦即一切概念或一切一般意义上的真实之物的一些环节"。若是拘泥于正题的立场，思维就一直是抽象的和教条的，它就"一直坚守固定的规定性以及这种规定性与其他事物的差异性"。若是拘泥于反题的立场，那就产生了怀疑主义，"它只包含作为辩证事物之结果的单纯否定"。黑格尔把一种相对的荣誉给了怀疑主义：古代的怀疑（皮浪［Pyrrhon］①、恩披里可［Sextus Empiricus］）②遵循的"那种程序"，他在《哲学史讲演录》里说，"是极为重要的，因为它在一切被直接接受下来的东西中指明，没有任何固定的东西，没有任何自在自为的东西"。然而若是这种怀疑被坐实了，被绝对化了，黑格尔会说它和教条主义一样是"思维的懒惰"。它抗拒第三种立场，即那种高超的、在科学上十分完备的综合立场，当然综合立场本身又会孕育它自身的矛盾。辩证法向来就是这样动荡不宁地渗透推进，向来就是在描绘那种通过其否定性而内在于概念的运动。正如黑格尔在 ［123］
《精神现象学》序言（《著作集》，II，第36页）中以一种令人震惊的图景说过的那样，辩证法向来是"所有的参加者都为之酩酊大醉的一席豪饮"，在常常翻新的结论中，它向来是真实的和虚假的东西，肯定和否定的东西，向来是矛盾的暗夜和化解矛盾的白昼。由此得到鲜明揭示的是，真理不是一枚早已铸就的硬币，"可以现成地拿过来就用"，真理毋宁是它的这种辩证的发展本身，或者说就是这个过程。对于黑格尔而言，这也是唯一的经验：辩证法既然总是在某个更新的

---

① 皮浪（Pyrrhon von Elis，希腊文作 Πύρρων，约生于公元前362年，卒于公元前270—275年），古希腊哲学家，怀疑主义学派的创立者，人们常将怀疑主义称作"皮浪主义"。——译者

② 塞克斯都·恩披里可（Sextus Empiricus，希腊文作 Σέξτος μπειρικός），公元2世纪的医生与哲学家，皮浪主义的代表性人物。——译者

对象中包含第一个对象的虚无性，因而"是超越它而产生的经验"。或者总括来说："意识对它自身——既对它的知识又对它的对象——所实行的这种辩证的运动，就其替意识产生出新的真实对象这一点而言，恰恰就是人们称之为经验的那种东西。"（《著作集》，II，第70页）因而在黑格尔这里，辩证法绝不会仅仅是或一直是对话中的助产术，甚或某种诡辩性的、完全在本己意义上敌视真理的技巧，即翻转拨弄各种概念的技巧。它毋宁充当了"事情本身的切切实实地持续支配的那个进程"，简言之，充当了经验的那样一种工具，世界的内容（Weltinhalt）通过那种工具才体验了其自身。

一个斗争的世界出现了，那是一个在其本身分化而来的、从不停顿的世界。那是黑格尔辩证法中如早春三月般的气息，现存的东西被犁耕翻转，它来自法国革命，也穿透了法国革命。当青年马克思在一封写给他父亲的信中立即将辩证法理解成某种客观辩证法，理解成事物的新陈代谢时，他是觉察到了这一点的："这里必须详加考究的乃是客体本身的发展，事物本身的理性必定在其自身内以冲突的方式前行，并在其自身内寻得它的统一。"世界之存在，犹如火热燃烧的自然，它在其所有领域中都充满了熙熙攘攘萌发着的矛盾，如春天般喷薄欲出：《精神现象学》的序言教导说，"花朵开放的时候花蕾消逝，人们会说花蕾是被花朵否定了的；同样，当结果的时候花朵又被解释[124]为植物的一种虚假的定在，而果实是作为植物的真理出而代替花朵的。这些形式不但彼此不同，而且互相排斥、互不兼容。"（《著作集》，II，第4页）而在所达到的既有状态（Gewordenheit）本身中，它的矛盾成熟了，对已有事物的否定成熟了，这否定扬弃了既有事物。正如黑格尔已经清楚地认识到的，财富本身就是这样产生贫困的，一般而言此前的每一个社会都是这样产生下一个社会的种种要素的，它们表现出与这个社会的矛盾，并突破了不再具备任何真理与现实性的硬壳。这样，黑格尔在《历史哲学讲演录》的导论的结尾处所说的话，便完全不同于人们对这位所谓的普鲁士国家哲学家的期待："有时精神不是公开显现，而是像法国人说的那样，在地下（sous terre）① 漫游。哈姆雷特在谈到那个一会儿在这里、一会儿在那里呼喊他的幽灵②时说：我感到你真是只好鼹鼠。因为那幽灵经常就像一只鼹鼠一样钻到地下去完成它的工作。但当自由的原则耸立起来时，便会出现一种骚动不宁、往外突进和创造对象的现象，精神便必须在新创造的对象上奋力劳作了。"（《著作集》，IX，第 74 页）因而黑格尔就将辩证法描绘成往下深挖的，这是辩证法的第二个部分，即反题的，甚至批判—虚无化的（kritisch-nihilisierende）部分，但这个部分绝不像被绝对化了的怀疑那样是"思维的懒惰"。毋宁说在第二个部分中出现的完全是懒惰的反面：在并未被孤立起来的全部辩证的整体关联中的那种否定，完全是异常活跃的，它使一切既有状态破产。它是震撼和毁坏，为新事物开辟道路：黑格尔将辩证法描绘成持续不断地进行**种种突破**的一个过程。而每一次形成的统一或合题，又绝非仅仅像到黑格尔为止的辩证法中总是那么和谐地表现出来的那样一种矛盾的统一。黑格尔毋宁以一种有意表现冲击力的表达，把这种统一称为"统一与矛盾的统一"；而由于统一与矛盾的统一本身充满了矛盾，而非和谐的平衡，那个爆炸性的进程便得以拓展。作为骤变与跳跃的序列而拓展，这个序列肯定是有所预备的和经过了中介的序列，然而在黑格尔这里，这个序列与"渐进"这个糟糕的范畴、与宁静的编织和生长根本不沾边。质的变化突然发生，波澜乍起，当某个特定的量达到之后，那种变化便骤然发生。新事物在旧事物中升起，然而当新事物的时刻到来，当时间满足了条件，新事物就从旧事物中腾跃而出；那时，它是以辩证突破的方式或者说以相当峻急的方式跃升出来的。黑格尔常常描绘新事物的这种胜利，其中最漂亮的当数《精神现象学》序言中涉及"我们这个新时期的降生和过渡的时代"的那段话："犹如在母亲长期怀胎之后，第一次呼吸才把过去仅仅是逐渐增长的那种渐变性打断——一个质的飞跃——从而生出一个小孩来那样，成长着的精神也是慢慢地、静悄悄地向着新的形

[125]

---

① 法文。——译者
② "幽灵"在德文中与"精神"是一个词（Geist）。——译者

态发展，一块一块地拆除了它旧有的世界结构；只有通过个别的征兆才预示着旧世界行将倒塌：现存事物里充满了的那种粗率和无聊，以及对某种未知的东西的那种模模糊糊若有所感，都预示着有什么别的东西正在到来。这种逐渐的、并未改变整个面貌的颓毁败坏，突然为日出所中断，升起的太阳就如闪电般一下子建立起了新世界的形象。"（《著作集》，II，第10页）当然这不是说那已经变为谬误、变得不现实的旧事物在新时期就完全被消灭了。黑格尔是一个深通历史的思想家，因而他不会将历史简单推翻了事，而是要将历史当作遗产或活生生的传统的思想家。黑格尔对实质性记忆的支持堪称狂热，而且如此强烈，以致他在其历史之旅的末尾还结束了辩证法的进程。他曾在自己的时代结束了辩证法的翻转：现实中的新事物，以及恰好在当下或在可预见的将来出现的新事物，其实从来都是叙说和概念所不能及的。新事物在黑格尔辩证法的每一个转折点上比比皆是，辩证法以最强的转变能力可以应付这新事物，然而对于作为历史学家的黑格尔来说，新事物总是位于某种**沉静不波**的东西之内，位于既有状态及其种种学说之内。这便是黑格尔的辩证法——尽管它将法国革命容纳进去了——要付出的代价，这个包袱甚至留给了历史学派及其自成一体的考察方式。与此相应，黑格尔的辩证法进程在通过扬弃从一个层级向另一个层级进展时，不仅仅是在消灭的意义上、清除的意义上的"扬弃"。它同样是在保存的意义上、保藏的意义上的"扬弃"；这就构成了忠诚的那一面，构成了黑格尔辩证法的双面神之头（Januskopf）扭头回望的那一面。这一面首先涉及辩证的综合，而且使辩证法超出否定之外，适应于**历史的遗产**。这也属于进程的辩证法：进程不仅仅以它刚刚达到的层级，而且以此前的所有层级为结果。

[126]

（3）学院的形式逻辑教导我们，A不能同时是非A。辩证法并未彻底否弃这个命题，但却修正了它；它教导我们，A不能同时**保持为**非A。完全可以有同时存在的矛盾；这个看似极为冒失的学说不仅比形式逻辑更高，也比它更古老。它在矛盾律①作为人类健全理智的公

---

① 原文为"矛盾律公理"（das Axiom des Satzes vom Widerspruch），这里遵从通常说法简化了一下。——译者

理被表述出来之前，就已经将它扬弃了。思维穿透纷纷出现的对立现象而抵达同一个东西（Einem und Demselben）的进程，在苏格拉底和柏拉图那里就开始了，当然这在本质上是作为工具，即作为某种富有成效的、穿透各种异议构成的矛盾而大步向前的交谈的工具而存在的。在这里还很少见到被探讨的内容本身的辩证法，而且根本没有出现一种关涉内容的生成、关涉本质中的运动的辩证法。"我知我之不知"这个苏格拉底的命题，只要它不僵化下去，毕竟还是真正辩证的命题；它所包含的矛盾驱使它寻求化解之道。而且，柏拉图在总体上把辩证法当作哲学本能的天性：爱欲，即向上追求理念的那种本能，在《会饮》中被设想成财富与贫穷结合所生的儿子，这样一来它就同时具有了富有和一无所有这两种本性。《克拉底鲁》这篇对话录表明，这种矛盾已经在语言中起作用了：正如所有的句子都含有某种不动的因素和某种运动的因素一样，真正的认识也不可忽视这两种因素中的任何一方。在柏拉图看来，辩证法就是从感性意见向思维的转变，因此就是那样一种反思的技艺，它搅乱并消解人的种种有限的观念：这都是在苏格拉底彻底设问和决意寻求定义的那种意义上来说的，但已经达到了方法上自觉的层次。因而在《智者》中，柏拉图就远远超越了单纯字词与含义的澄清工作：在那里他将辩证法称作"真正的普罗米修斯之火，没有了它，对任何对象的一切精巧的探讨就都不可能了"。《智者》这篇对话录——自然是在一处晦涩而富有争议的文句里——要教导的是，在一切概念的存在中同时包含着他者的存在，亦即包含与另一个概念的关联：只有这个他者存在（Anderssein）的环节，因而相对的非存在（Nichtsein）环节，才产生了概念之间的相互关系，而不是使它们一直都被局限于它们与自身的同一之内。在《巴门尼德》这篇对话录中，这种辩证法得到了最明确的阐述，它在这里涉及整体问题，涉及一与多之间的矛盾和尽管如此却依然一直保有的结合。在这里柏拉图甚至对埃利亚派那种不动的"一"也颇有微词，他在其他地方对那种一的态度其实与埃利亚派很类似，尽管那里有辩证法，但他还是赋予那种一以优先的地位。他直言不讳地说，一要是没有了多，就像多没有了一，是不可想象的，双方都预设了对方，这样一来

[127]

就将现象世界作为在特定的多样性（多重性）中分化了的某个"一"而建立起来了。在这篇对话录中，柏拉图为某种完全能令人想起黑格尔的概念辩证法铺平了道路；这里能看出的不仅是一与多之间，还有相似与不相似、动与静、大与小、整体与部分之间相互的辩证过渡。而且尽管如此，柏拉图的那种辩证法只能勉强算作内容的辩证法，它完全不像黑格尔这里一样是对客观现实本身的自觉描绘。柏拉图在其辩证法上有三个来源：对话中苏格拉底式的概念运动；赫拉克利特（Heraklit）① 的变易原理；埃利亚派的不动的存在的原理。而正如已经注意到的那样，埃利亚派的存在概念在柏拉图辩证法中直接保有优先地位。柏拉图只在与感性事物的关联中赞同赫拉克利特，感性事物自然是一种持久的流动和变易。然而他郑重其事地保证说，从流动的事物中，从总在变易的事物中是不可能产生任何科学的，接着由于辩证的科学是感性意见向思维的提升，因而由此也就不可能产生任何辩证法。在各种现象中的现实因素以及可认识因素仅仅是它们所分有的那种不变的理念，而这种理念的辩证法作为纯粹逻辑的—存在意义上的辩证法，则超越于各种现象的流变—内容之外了。只有亚里士多德，才通过内在化了的、在显现的过程中逐步实现自身的形式理念（隐德来希）概念，开始教导现象与本质之间的某种和解。只有在他这里，才有了那样一种具体性，它后来使黑格尔的辩证法变成了一种涉入世界内容之内的辩证法，而不仅仅是一种抽象概念的辩证法。合乎逻辑的是，黑格尔仅仅在他的逻辑学（那里像"某物"与"他物""一与多"这些规定明显来自《巴门尼德》这篇对话录）中才是柏拉图的学生，反之亚里士多德则在他的实在哲学②中凸显出来了。亚里士多德虽然远不像柏拉图那样是形式辩证法家（Formaldialektiker），却将辩证的程序大多还原为对各种不同假设的明确赞同与反对，还原为对各种矛盾立场或已出现的困境（疑难）的权衡。虽然亚里士多德

---

① 赫拉克利特（Heraklit，希腊文作Ἡράκλειτος，约公元前520—约前460），前苏格拉底哲学家，以其关于万物皆流、活火与逻各斯的学说而闻名。——译者
② 指自然哲学与精神哲学。——译者

明确（expressis verbis）①赋予辩证法以微不足道的角色，他却远远更多的是内容辩证法家（Inhaltsdialektiker）。这恰恰是因为他在现象与理念之间，带来了在显现的过程中实现自身的形式理念（那是"被锻造而成的、活泼泼地自行发展出来的形式"，正如歌德对亚里士多德的隐德来希的翻译）这个极具辩证色彩的关系概念。反之，柏拉图的《蒂迈欧》，他的那部最深刻的、恰恰在最后对宇宙发生了兴趣的对话录，却直言不讳地说："只有那不变的一，才能被理性的思索把握，而其他那些生成与消逝着的东西，则是被那无理性的感知所形成的意见把握的。"这样一来，在柏拉图那里，埃利亚派与不动者最终还是战胜了赫拉克利特与变易；他的辩证法是关于各种永恒理念之间的那种自身永恒的关联（共同性［Koinonia］）的辩证法。

但内容的辩证法则只关心运动性的环节。这个环节，如果说在柏拉图那里还绝非占支配地位的东西，那么在赫拉克利特这里，在这位关注"活火"的思想家这里，则完全占据了支配地位。而在赫拉克利特这位还没有得到太多抽象术语训练的思想家看来，争执乃是事物本身之父，而不仅仅是进展着的对话之父。"万物皆流，人不能两次踏进同一条河"；赫拉克利特的一位学生更补充说，人一次都不能踏进同一条河。"与其自身分化了的一，与其自身配合起来就像张开的弓弦发出的和声"：赫拉克利特的这个句子表明世界的内容本身就像结合在一起的矛盾一样。因而黑格尔在其《哲学史讲演录》中说到赫拉克利特时惊呼："这里我们看见了陆地"；这里毫无疑问的是，这片陆地就是火焰，是作为充满矛盾地结合起来的变更之基质的火。当今学院的形式逻辑还是将矛盾律（亦即同一个主语的两个对立谓语之间的不兼容性）设定为公理，认为正确的思维一定要基于这一公理之上，而在赫拉克利特那里，这个所谓的公理在被树立起来之前，就已经被扬弃了。同样，赫拉克利特也凭着"万物皆流"（Panta rhei）②，在怀疑作为学说出现之前，就已经将它扬弃了，更确切地说是使之成为有

[129]

---

① 拉丁文。——译者
② 希腊文"πάντα ῥεῖ"的拉丁文转写。——译者

益的和相对有效的了。在此,极富教益的是第欧根尼·拉尔修(Diogenes Laërtius)①的那条针对赫拉克利特的倒溯性评论,即从一种解释演变成一条报道的评论;那条评论也适用于黑格尔。依照该评论,赫拉克利特在寻求某种统一的理性时,其实一直是个怀疑论者;但当他看见理性其实基于不和与矛盾时,便不再是个怀疑论者了。怀疑本身似乎也将理性之物作为火的变形(Feuermetamorphose)接纳到自身内了;在黑格尔这里,怀疑——同样变成毋庸置疑的——成了事物中的否定性—理性因素(摧毁性因素)。同时赫拉克利特以火这个概念(他对基质的其他那些不那么幸运的规定就像不断被重新揉捏的黏土,就像不断被重新搅动的混合饮料一样),毫无疑问指的是运动中的本质。因为正如黑格尔所说,运动、变化实际上是定在着的矛盾;而矛盾之所以能定在,乃是因为从一种状态向另一种状态变化(比如一天的开始)的每一个瞬间,都在自身中将相互冲突对立的谓词统一起来了。这样一来,赫拉克利特——这涉及最严肃的悖论的力量——就像是一位古代的、来自古代最遥远年代的黑格尔;因此这位哲学家能成为最晦涩的哲学家也不是无来由的。的确,既然**辩证法整个**是与僵化的意见相对立的,它就极少或者从不在世上比比皆是的平凡思想家(Allerweltsdenkern)那里,或者在那些最终不能或不愿透彻思考世上事物的人那里出现。即便后来的怀疑论者,无论希腊的还是英国的,都没有透彻思考过,尽管他们由于感觉到困窘与矛盾而至少已立于辩证法的前滩上了。怀疑主义常常能出色地清除那些固定的意见与成见,但它在此总是只能走向对人类理性的绝望,认为理性明显无法化解已经出现的那些矛盾。因而这种半途而废的做法最终只能走向相对主义,相对主义绝不能像辩证法那样进行任何创造性的**扬弃**,而辩证法,正如已经说过的,恰恰因此而能利用和运用怀疑。在这里相对主义毋宁会成为固守困境的相对主义,以及转而陷入懒散怠惰、糟糕的直接性(感官主义)或完全的非理性的相对主义。与之相反,辩证法

[130]

---

① 第欧根尼·拉尔修(Diogenes Laërtius,希腊文作 Διογένης Λαέρτιος,拉丁化写法为 Diogenes Laertius),古代哲学史家和哲学家言行编录者,约生活于3世纪,编写了一部十卷本的古代哲学史,代表作有《名哲言行录》。——译者

家们则以柏拉图为导师，以赫拉克利特为始祖，他们在而且恰恰在使直线变曲和使曲线变直的情况下，始终都是忠于理性的。在柏拉图那里，尤其在赫拉克利特那里，甚至在后来一切驶过了辩证矛盾和真实世界的艰难航道的思想家那里，都是如此。要是把辩证法的所有这些其余的参与者都引用一遍，那就扯得太远了；他们所有人的共同之处，便是某种赫拉克利特式的深度。这里有新柏拉图主义者普罗克洛斯（Proklos）①，奏响了第一组展开的三段式（Entfaltungs-Triade）中的三和弦：坚守、出现、回返。那里有库萨的尼古拉，他立于如此这般揭幕了的中世纪的出口处，提出他那以数学方式演示的对立面相合（coincidentia oppositorum）②的学说，那学说讲的是对立面会在极小和极大中统一起来。波墨（Jakob Böhme）③在他的鞋匠小屋里，在一座形而上学的泉边小屋里，发现了光与暗、善良与激怒、神性事物与它之中的魔性事物之间辩证的必然性关联，凭着这种关联，光才在它的"对投"（Gegenwurf）中显现出来。黑格尔也接纳了这些要素，得于波墨者最多；这里一个神秘主义者可以教导一个逻辑学家，亦即教导一个真正的逻辑学家。而且仅仅因为普通的学院逻辑学绝非真正的逻辑学，而是各种意见的图式，其公理是绝对禁止矛盾，于是它就与所有这些扩展隔膜起来，形成对立；它就像鸡肉一样，非黑即白，它只能容纳"或此或彼"。这样，正如黑格尔所嘲讽的，它最终禁止人们在同语反复之余再多说一句话，在"卡尤斯（Cajus）是卡尤斯"或

[131]

---

① 普罗克洛斯（Proklos，希腊文作 Πρόκλος，拉丁化写法为 Proclus，412—485），古希腊晚期哲学家和博学者，新柏拉图主义的代表人物，曾主持雅典的新柏拉图学派长达近半个世纪，教学工作繁忙，写有大量著作，包括柏拉图著作的评注。——译者

② 拉丁文。——译者

③ 雅各布·波墨（Jakob Böhme，1575—1624），中世纪德国神秘主义哲学家，被黑格尔誉为"德国第一哲学家"。据他自己说，他在1600年的某一天看到了"电光一闪"，他的"灵魂之窗"豁然洞开，窥见了宇宙的"奥秘"。从此不断有神秘的异象和启示出现，他从金属板上反射的阳光中、从硝石燃烧的火焰中领悟到了神智。波墨的哲学是通过与上帝的交流发展而来的，强调善与恶存在于所有的实在之中，善恶之间的冲突斗争是宇宙的创造力量。他的思想影响了诸如黑格尔、布鲁诺、谢林、叔本华等人。他写了三十多本关于神智学的书籍，记载了他那丰富奇异的玄思冥想和晦涩诡谲的哲学思辨，并将深邃的哲学思辨与神秘的圣经启示奇妙地结合在一起，其著作包括：《曙光》（1612年）、《伟大的神秘主义》（1623年）以及《走向基督之途》（1623年）。——译者

"行星是一颗行星"这类同一判断之外再多说一句话。归根结底，在它看来表达谓词与主词之差别的一切陈述都已经不合法了；因为一切差别都否弃了禁止矛盾的那个定律所维护的抽象同一性。差别本身已经是对立的开端了，正如对立是差异的成全，而抽象同一性则无异于未开展的差别、未开展的对立。赫拉克利特从一开始就为这类认识开辟了战场（它们发源于彼），开辟了世界这个战场；"万物皆流"（Panta rhei）的原则在世界上强劲地起作用，以致今天的保守主义与昨日的保守主义也只有名称是相同的，甚至往往连名称也从不相同。事物的变化乃是唯一的实质性矛盾，它从机械运动的微分（Differential）一直延伸到历史上的阶级分裂，延伸到充斥着一切意识形态的两个或更多的灵魂之间的相互关系。因而作为过程逻辑的辩证法，便在它的概念的整个历史上反映出这种激动人心和创造历史的力量，乃至一般而言根本不存在任何同一性。因为没有任何对象凭其自身就可以算作完成了的，而不在其自身中包含任何他异性——争执是事物之父。

（4）人至少得生活在人际关系中，后者才帮助他达到与自身的同一，也就是说，使他的定在人化了。所以，俄国的民主主义者赫尔岑（Alexander Herzen）① 发现了这样一句妙语：辩证法就是革命代数学（die Algebra der Revolution）。之所以如此，是因为它准确地把握了历史上出现的种种矛盾，且以一种理论工具——它从不僵化地保持为某种理论的东西——来对治它们。但要从事思维的工作，便有必要记住那样一位思想家，若是没有了他，后人便无法如此天赋神力一般地把握住辩证法了。莱布尼茨在他所发明的微分学程序中完全是辩证的，在将静止构想为无穷小的运动，将相等构想成极小的不等时是辩证的；他在其他地方通常并不是辩证法家，因为他有一个原理，即自然不作任何跳跃。但若是没有莱布尼茨，辩证法即便还充满活力，也很难说充满它真正爆发性的概念了：**趋势**（*Tendenz*）。莱布尼茨这里，

---

① 亚历山大·伊万诺维奇·赫尔岑（Alexander Iwanowitsch Herzen，俄文作 Александр Иванович Герцен，1812—1870），俄国哲学家、作家与时事评论家，与许多无政府主义者过从甚密。——译者

最终的统一是一些力点（Kraftpunkte），而它们的活动便是从受束缚的和被动的状态过渡到主动的状态，从昏暗的表象过渡到明亮的表象。这便是单子的"欲望"（appetitio）①，是对于它自己的内容的发展、"展开"（evolutio）②、解开的一种追求（Streben）。这样，单子就是这样一类东西，它追求从昏暗进入明亮，它主要是在开端时期的启蒙的意义上被莱布尼茨界定的，即仿佛被界定为启蒙时代的元素—市民（Element-Bürger）。但"欲望"（appetitio）也与某种现成的阻力相关；在莱布尼茨这里，追求、趋势总体来说是受阻活动的实际存在方式。莱布尼茨用来描述"扰攘不宁"（inquiétude poussante）③的那些概念，也最富有教益地以气体的状态为导向，而气体是绝对扩张性的物体。也就是说，如果在恒温下，一种气体被压缩到它原体积的二分之一、三分之一、四分之一等，那么它的膨胀趋势就会提高到原来的二倍、三倍、四倍等。因而遵循莱布尼茨的同时代人马里奥特（Mariotte）④于1686年表述的那条规律：混合剂的压力与它的体积成反比例。现在莱布尼茨极为果断地将这个规律普遍化了，他将他的单子的趋势直接与物体受阻后的膨胀力关联起来，更有甚者，他还将后者与未来关联起来。为此他选择的例子是有弹性的固体在被挤压或被改变形状时的阻力。虽然这个阻力与气压截然不同，因为被推动的和离散的气体分子并没有紧贴在一起，而且还对相对较广的周围物体施加了压力，但是它一样会**因为受到挤压而增大**，后面这种现象，最初在气体那里才以规律形式被描述出来。这样莱布尼茨就在未来与开放空间之间作了最严肃的类比："正如受挤压的弹性物体会努力向更大的维度扩张，单子未来的情形也是如此。"的确，1702年莱布尼茨有一次在驳斥贝尔（Bayle）⑤的时候，甚至采用了这样一种措辞，它引人注

[133]

---

① 拉丁文。——译者
② 拉丁文。——译者
③ 法文。——译者
④ 埃德姆·马里奥特（Edme Mariotte，约1620—1684），法国物理学家。——译者
⑤ 皮埃尔·贝尔（Pierre Bayle，1647—1706），法国作家与哲学家，启蒙运动的早期代表人物，著有著名的《历史批判词典》（*Dictionnaire historique et critique*）。——译者

目地预先将受阻活动的实际存在方式与某种诞生的趋势结合起来了："人们可以说,在灵魂中就像在别的所有地方一样,当前孕育着未来而前行。"合乎逻辑的是,18世纪的一部社会乌托邦,梅西耶(Mercier)① 的《2440年》,也将莱布尼茨的这个句子作为献词。更加顺理成章的是,马克思在他那句名言中也暗指莱布尼茨:暴力是每一个孕育着新社会的旧社会的助产婆。莱布尼茨整体上而言的确是一个最倾向于和解的思想家,然而他的趋势概念,"扰攘不宁"(inquiétude poussante),恰恰因为类比于被挤压物体的膨胀趋势而具有闻所未闻的革命性。它所表明的还不仅仅是从昏暗表象向明亮表象的单纯过渡,它还预示了后来黑格尔辩证法前所未有地展示出来的真正的扩张潜力。所以,莱布尼茨的趋势概念与物体受挤压时会增大的那种追求之间的整体关联产生了重要的影响,而且迄今尚未得到足够的重视。鉴于这个概念在莱布尼茨这里显示出了黑格尔的辩证法后来可能采用过的那种革命的用法,它便愈发重要了。莱布尼茨的趋势概念将这种颠覆性因素纳入辩证法中,这样它以后就能再次被人发现和运用了。黑格尔说辩证法能冲破并拓展事物,其实莱布尼茨早就已经将它与气体动力理论、膨胀趋势联系起来了,而长久以来,旧的思想藩篱已经表明自己无法胜任这种联系。在这件事情上,已经有未来更伟大的维度了;在黑格尔这里,它至少已经是即将到期的(nächstfällige)逻辑范畴,或者说是以即将到期的姿态产生的历史形态了。

(5)人们尤其喜欢指责辩证法的是,它不合法地将事物人化了。因此再也没有任何人像一个实证主义者那样对它激愤满怀了,在他看来[134]辩证法乃是最糟糕的"附会"。但实证主义者马赫(Ernst Mach)② 甚至一度将原子也称为对既有事物的某种附会。他颇为轻蔑地谈到"原子论的自然神话",说它只不过是接替了泛灵论的位置罢了。他把原

---

① 路易-塞巴斯蒂安·梅西耶(Louis-Sébastien Mercier,1740—1814),法国作家,《2440年》(*L'An 2440*)是其代表作。——译者

② 恩斯特·马赫(Ernst Mach,1838—1916),奥地利物理学家、感官生理学家、哲学家和科学理论家,科学史写作领域的先驱,著有《感觉的分析》等,声速以其名字命名。——译者

子，此外还把离子和电子称作"幻想的畸形儿"(《认识与谬误》，1906年①，第106页及其后一页)。马赫的实证主义宣告所有这一切，包括放射理论，都是"荒诞的现代观念的盛会"。这时发生了倒霉的事情，原子的轨迹可视化了，即在一个云雾室里被拍摄下来了。从那以后，至少原子是有福了，实证主义者不再将它当作早期希腊的一种思想物了。然而这样一来，像实在的矛盾、作为客体特质的矛盾之类的东西，在他看来仍一如既往地是幻想之物，而不属于"科学的哲学"，正如庸众想象的那样。人们本当认为，经济危机、两次大战中帝国主义的冲突以及诸如此类的现象，渐渐地更加足以表明世界中矛盾的现实性。这些事情的辩证法从来不像原子那样需要一个云雾室，才能可视化，而是完全相反。事情甚至显得像莱布尼茨所说的那样，当前孕育着未来而前行；尽管这是一种人化的表达，亦即一种妇科学的表达。即便早先曾被否认的原子，在理论与实践中都表现得很合乎辩证法。因为电子的关键就在于它们的运动，它们并不仅仅呈现波动与粒子同时存在这样一幅矛盾重重的画面，原子的湮灭也会释放受束缚的能量。这样看来，世界的所谓基本粒子如今并未被人很好地掌控，它们从来就不是稳定的，更不用说生命和社会这种巨大的复合体了。辩证法拖拽着不自觉的人走，引领着自觉的人走；在两种情况下，认为辩证法以不合法的方式将事物人化了的那种意见，根本于事无补。世界确实在自行运动，辩证法并非不合法的人化，那由于自身的局限性而否认辩证法的实证主义才是如此。而且，因为同事们相互之间达到了最好的谅解，所以想要成为真正的经验之友（Erfahrungsfreunde）的经验主义者，都应当记住出自那个群体的一员之口的那个出人意料的句子。它出自著名的不可知论者杜布瓦-雷蒙（du Bois-Reymond）②，他因他的那句"我们不知道，我们不会知道"（Ignoramus-Ignorabimus）③ 而深为不可知论所喜。当然，他比他那些同侪更加清

[135]

---

① Ernst Mach, *Erkenntnis und Irrtum. Skizzen zur Psychologie der Forschung*, zweite durchgesehene Auflage, Verlag von Johann Ambrosius Barth, Leipzig 1906. ——译者

② 埃米尔·海因里希·杜布瓦-雷蒙（Emil Heinrich du Bois-Reymond, 1818—1896），德国生理学家和理论医学家，实验电生理学的创始人。——译者

③ 拉丁文。——译者

醒，而且在碰到某种从未被人观察到的组织体的变化时，他还作出如下评论："某种思想与现实之间的距离，从来不可能像现实在时间推移的过程中与它自身拉开的距离那么大。"这个句子表现出的洞见与一个实在的偏离者（Abirrendes）有关，更准确地说，与变动者有关，它显然仅仅是将现实本身在自己的事情中添加给自身的东西添加给现实了。

对黑格尔式辩证法真正够格的诘难，并不是说它将事物人化了，而是说它将事物概念化了。尽管其规定具有流动性，尽管它说到了"所有的参加者都为之酩酊大醉的一席豪饮"，依然如此。因而在黑格尔这里，矛盾的推动太过呆板了，它很多时候是被套用到事物的进程上去的，而不是从后者当中看出来的。呆板之处在于，黑格尔总是将问题分成三部曲①，即使我们看到在他这里有四个或更多环节在实实在在地起作用时也是如此；这种呆板的、图式化的东西就是唯心论的东西。因为唯心论是那样一种整体关联，它纯粹只在其自身中前行，它即便遇到对它的种种否定也能不受干扰，但唯物论却是中断。在黑格尔这里，这种三部曲将图式化的做法坚持到底，宛如一部过程—华尔兹（Prozeß-Walzer）那样乃是先天的；由四个环节构成的辩证法，比如世界历史的构造（东方、希腊、罗马和日耳曼帝国），是个例外。总体来看，概念结构在世界上的扩展，其根源在于黑格尔的泛逻辑主义（Panlogismus），在于真正思维与现实存在之间的彻底等同。这种等同误导黑格尔作出那样一些表述，它们从他的立场来看是完全合理的，实则太过惊人，夸张到了极致。那些表述固执地要采用夸张的说法，或者采用最糟糕的唯心论怪念头：那些点状的恒星"一丝不苟②地坚守光的抽象同一性"，然而太阳、行星、月亮、彗星则"在天空中相互表现出概念的环节"（《著作集》，VII^2，第 134、120 页）。事[136]物在进行判断和推理，行星系统、国家和一切合理而现实之物都是一个三段论。诚然，黑格尔的辩证法还没有完全失去它的一个根源，即

---

① 原文为 Dreitakt（三拍），这里采取意译。——译者
② "一丝不苟"的原文（Pünktlichkeit）可直译为点性、固定性。——译者

苏格拉底—柏拉图对话中的根源，但恰恰因为这个根源它从对话中被驱赶到世界内容中去，所以，一个宇宙就从对话材料中，一个外部世界就从会谈中产生了。照这个方面来看，黑格尔的辩证法便表现为世界精神与其自身的对话，它在精神的自我反驳中进展，在由大前提、小前提和结论构成的三段论中展示自身。这便构成了黑格尔的概念神话：将辩证法用作其越来越丰富的主—客体关联的工具的主体，并不是现实的主体，不是鲜少体现出精神来的历史主体。它不是作为生产力、与自然的生产力形成技术联盟的劳动着的人。相反，黑格尔完全以唯心论的口吻，将历史的承担者和主体称作"民族精神"。这样一来，世界历史照其每一次的主体—承担者来看，便显现为由"诸民族精神"及其序列构成的，显现为逻辑秩序谨严的"诸民族赋格曲"。

黑格尔使得精神在其每个阶段的第二个环节，即在矛盾的环节，呈现为极其尖锐的样子，这一做法在此于事无补。他当然以最有力的方式展示出，对立的层面绝非对话中的单纯反驳，绝非音乐竞赛式的反驳。他看到了种种分化现象及其越来越自行分化的翻新现象中的艰辛努力；在黑格尔看来，世界精神的生命与自我认识也不会是轻轻松松的，它绝非逻各斯的戏耍，甚至像与自身相爱那么简单。"这个理念"，《精神现象学》序言说，"如果其中缺乏否定物的严肃、痛苦、容忍和劳作，它就沦为一种虔诚，甚至于沦为一种无味的举动"。但反题作为尖锐刺人的否定，它的酸涩却从不出自纯逻辑。即便自外存在（Außersichsein），即便此处对前进运动的极为强大的冲击，据说也是由纯概念、由纯粹在自身内分化着的概念演绎出来的。然而始终不明朗的是，如果世界是如此纯粹的逻各斯，它的生命为什么又不是轻轻松松的，是的，为什么精神一般而言必然有一个过程，在每一个层级上都带有种种反题、差异、冲突。一直没有从概念上得到把握的是，如果世界真的仅仅存在于逻各斯及其以太之中，那么为什么绝对者不是一开始就完成了的，就像一套谐音，并不使人念及不和谐音，至少任其自处。在纯粹精神中，似乎从一开始就有了同一性或绝对的自为存在；这个绝对者实际上可能是"从手枪发射出来"的，正如黑格尔在指责神秘主义及其轻易得来的上帝充实感时所说的那样。相

[137]

反，纯粹理念将自身"放任"（entläßt）到"它的映像，即自然"那里去，恰恰是到了那样一种自然那里，在黑格尔这里，它（在"动物的那种令人恐惧的、不幸的定在"中）处处皆与某种地狱之旅相似。而且，理念如果有此能力，便须经受住历史旅途上的全部沉闷乏味："就绝对者而言应当说，它本质上是结果，它只有到最后才是它真正之所是。"但所有这一切，都无法从黑格尔的泛逻辑主义中推导出来，哪怕借助于从它当中生发出来的矛盾也不行；因为在理念的纯粹生命中，是不能生出任何矛盾的。无论是矛盾带来的冲击，还是矛盾分化所产生的多种多样的世界形态，抑或正是某个世界进程的沉闷乏味，这些全都不能从纯粹精神的那种即时便有的整体封闭状态中生发出来。即便当黑格尔——这是维护纯粹精神的原初封闭状态所要付出的代价——将进程解释成"各种圆圈构成的圆圈"时，也是如此。除非辩证的进程没有被认为是实在的进程，而是被描述为一种单纯只在人的观察看来才展开的进程，正如黑格尔固然反对单纯强调变易的逻辑，却也承认："现象是生成与毁灭的活动，但生成毁灭的活动本身却并不生成毁灭，它毋宁是自在存在着的，并构成着现实，也构成着真理的生命运动。"（《著作集》，II，第36页）但如果进程被当成实在的，而"否定物的严肃"真的被当成严肃，那就不难看出，即便在黑格尔这里，也有精神之外的另一个要素构成了辩证法的艰辛酸涩。这正如只有到了辩证法完全作为**实在辩证法**而出现，没有了泛逻辑主义、没有了概念神话的地方才会出现的情形那样。现实的辩证动力乃是需求；唯有需求，作为没有得到满足的东西，作为通过当下向它生成的世界而没有得到满足的东西，才产生了那一再生发和冲撞而出的矛盾。一切不彻底的满足或变得不充分的运动形态、历史社会（Geschichtsgesellschaft），都包含了大量承担进一步的需求以及满足这些需求的更发达能力的因素。需求以及主动的能力，同旧的定在形式相矛盾，因此它们就变为爆炸性的，就蕴含了对于未来的使命，亦即对于接下来的那个相对而言能扬弃该矛盾的层级的使命。这便是辩证法中的突破性趋势的来源，它源于需求、生产力、希望，而不来自精神。而纯粹精神恰恰永远无法使逻辑范畴进入运动与发展，更不要说产生历史及其世界中现实的范畴或定在形式了。辩证法运动的脚步乃是历史上从事劳动的生产者的脚步，而不是精神的脚步，不是黑格尔抽离出历史之外和神话化了的脚步。辩证法绝非从概念自身的生命而来的那种纯洁的诞生，也不是什么永动机（Perpetuum mobile）①。历史中的辩证理性乃是生产进程及其实在的主—客体关联的辩证理性；在历史中存在的，唯有人与人和人与自然之间的一种辩证地自行展开的关联。

　　黑格尔自己最后还是注意到了，概念是无法独力运行起来的。它看到了辩证运动的推动力问题，并且补入了一个因素，这个因素尽管并不包含意志，却也不纯粹是逻辑上的。这就是**总体性**因素。黑格尔的作品中处处都以这个因素在工作，或者说任其自顾自地工作着。总体性在逻辑上是"普遍东西与特殊东西的统一"②，正因如此，在黑格尔这里，它在实在哲学的意义上就是具体的整体性（konkrete Ganzheit），也可以说是全体性（Allheit）、完美地被中介了的自为存在、"绝对者"；这样，它的对立面便是片断、不完善者、有限者。但是，在不完善者想要得到成全，有限者同时是一再冲破其界限的东西的时候，需求却在人们未曾预料的地方转变为概念。在这种情况下便成了在能力及其抽象物——应当（des Sollens）——的形式下超越既定界限的那种意愿。一切有限事物都在消耗自身，而它们的规定便是被消耗："一切有限者都要扬弃其自身。因而辩证的因素构成了推动科学进展的灵魂，而且是使科学的内容中固有的整体关联与必然性得以出现的唯一原理，这样看来，一般而言在它当中就蕴含着真正地而非外在地**提升**于有限者之上的可能。"（《哲学科学百科全书纲要》第81节）这样，恰恰是因为片断与总体性、有限性与绝对者之间的关联，像宗教这种异样的、不可凭概念把握的声音，也就飘荡到人类的急困状态（Bedürftigkeit）中了。对有限事物的辩证的扬弃，等同于提升到有限事物之上，而且，既消耗有限事物又同样规定有限事物必须被消耗

[139]

---

① 拉丁文。——译者
② Einheit des Allgemeinen und des Besonderen，或译"共相与殊相的统一"。——译者

的那种动荡不宁，似乎就是辩证运动的终极动力了。这是一个被认为相当神秘的动力，但无疑是与概念神话无关的，它充满激情、激动、强度；而这种强度即便可以按逻辑的方式得到把握，也根本不属于任何逻辑范畴。现在，有限之物，作为这样一种超出自身的动荡不宁，在逻辑学中就具有了一种特定强度的矛盾，甚至成了根本矛盾："具有其内在界限的某物便被设定为与其自身的矛盾，通过这种矛盾，它便被驱赶到自身之外了，这种事物便是有限事物。"(《著作集》，III，第137页）有机的有限事物，由于与其类的普遍性、最终与整个总体性的这种不匹配，就在其自身中孕育着死亡的种子，但也蕴含着欲望与生命的生产力。这样，黑格尔就在明显涉及饥饿、急困状态时，说到了自发越过界限的现象："一种实存蕴含着概念，并不仅仅是以概念为抽象的自在存在"（就像石头，就像完全无机的自然那样），"而是以概念为自在存在着的总体性，为欲望，为生命、感觉、表象等，这样，它就出于这种总体性而达到界限外的存在，实现对界限的超越。植物超出作为萌芽的界限之外；萌芽会成为开枝散叶的植物，花果繁茂，如此等等。在饥渴一类界限中的感知者，便是超出这界限之外的欲望，而且会完成这种超越。它感到痛苦，而感觉着的自然事物[140]便能优先感觉到痛苦；这是在它自身内的一种否定，而这种否定之所以被规定为它的感觉中的某种界限，恰恰是因为感觉者能感觉到它**自身**，这感觉便是超越到那种规定性之外的**总体性。若是感觉者不能超出那种规定，它便不会感到同一种事物是对它的否定，也就没有任何痛苦了。**"(《著作集》，III，第122页及其后一页）这样，在黑格尔这里，需求就逐步将根本矛盾设定于一个个既有的界限之处；与内部的总体性的不相称，就为那事关产生与消逝的辩证法供给了养料。正是总体（Totum）或全体（Alles）的在场与不在场的同时并存，正是这种仿佛具有乌托邦特征的在场，使得"有限性"与它所处的状态对立起来了。

（6）纯粹精神，我们过去常说，是与其自身的单调等同或与其自身的不动的同一。人们由黑格尔辩证法进程的剧烈与辛劳便可看出，这种意义上的同一性，因而这种意义上的纯粹精神在他这里实际上根本没有扮演什么角色。虽然黑格尔的思想萌芽来自观察，而非来自意志，尽管如此，要说精神能在他的辩证法中保持天使般的纯洁，却是自欺的想法。当这种辩证法变得越来越具体时，它所表明的无外乎实在的斗争、解放斗争，它表明的是一些后来成为束缚与约束的外壳，是一系列的突破，仿佛这些突破构成的过程会穿越一系列监牢（Gefängnissen），仿佛这些突破完全不仅仅是在世界精神的概念神话宫殿内部发生的争论。"知道自身是精神的精神"，虽然《精神现象学》的结尾说过，"必须通过对各个精神形态加以回忆的道路，即回忆它们自身是怎样的和怎样完成它们的王国的组织的"。但是，正如这个组织会构成经过概念性把握的历史一样，它恰恰是"绝对精神的回忆和墓地，它的王座的现实性、真理和确定性，没有这个王座，绝对精神就会是没有生命的、孤寂的东西"，——这个组织仅仅从纯粹逻辑出发，既不可能包含矛盾，也不可能占有这张极端非柏拉图主义的、笼罩着巴洛克式氛围的王座。阿拉（Allah）的那些意志薄弱的仆人仿佛绝不从事什么自我分化，阿拉也极少从那无所变更之境落入运动之中，从同一性的圆圈落入世界大火（Weltfeuers）的洪流中去。

只是在黑格尔这里，辩证法也会在没有争执的状态下出现于某种关联格局中。出现了某种单调的等同，至少出现了相对静止的符合，仿佛世界实际上就是精神似的。正如已经指明的（参见第 37 页）①，一个接一个出现的辩证法三一体，都不仅具有同样的结构，其内容也是单调等同的，尽管都稍有变化。结构的相同，在已经指明的三一体图式论中体现出来，在单调重复的、延伸到它所有更小部分中去的节奏中体现出来：正题、反题、合题，这是单纯形式化的东西。但与此不同且远比这一点重要的，是充实与联结那些三一体的序列的**内容**也有某种不变的因素。从物质方面看，它们中的每一个也都是花苞—花朵—果实，这就是说，每一个都蕴含了某个终曲和某个最终形态，仿佛世界上根本没有任何斗争，当然也就没有斗争的纷乱杂起了。这里似乎并没有以图式化的方式将同一个东西嵌入进去，而是在过程中将

[141]

---

① 指原书页码，读者可参见中译本页边码。——译者

某种东西坚持到底，这产生了巨大的差别。只是从一开始就必须把握住一点：在黑格尔这里，即便辩证法在内容方面的这种相对的单调等同——它出现时极富精神特色——也绝非出自纯粹精神。它不是，或者说不仅仅是概念神话，尽管从那曲线行进的终极形态来看，它又将一切三段式中最富神话色彩的那个召来了：上帝的三位一体。事实上，在黑格尔这里，辩证法内容的那种相对的统一，大体上源自**被贯彻到底的总体性**，因而源自这样一种动机，它作为**过程动机**（Prozeß-Motiv），与古老的神话唯心主义中所说的一与全（Hen kai Pan）① 不是一回事。这样，这种辩证法构建的一切序列，便不过是在同一个典范的基础上，即在作为一个总体（Totum）② 的黑格尔式世界精神的三一结构的基础上的一些样品罢了；各个正题、反题、合题的内容之间都有亲缘关系。它们在各个三一体中虽然小有差异，但各环节或各处地貌之间却呈现出相互"符合"的格局，尽管它们的地位各不相同。这一点，或许可以通过小规模地选取一些辩证环节来阐明，不过选择本身要体现出整体风貌；因为黑格尔体系中的任意一个三一体都

[142] 表现出绝对者的三位一体（而后者又反过来表现出矿物学、植物学、动物学、法权学说、美学等中的各种三位一体）。要是人们将花苞—花朵—果实这个黑格尔三一体连贯地扩展到蠕虫—昆虫—脊椎动物、触觉—嗅觉—眼力、意识—自我意识—理性或法权—罪行—复仇（正义），那么，人们会到处发现各种"符合"（Entsprechung），常常发现某种"调和"（Konkordanz），就像人们称呼个别《圣经》文句彼此意义相近的关联那样。这里的调和要远比《圣经》中的调和更加求同存异（Eadem sed aliter）③；黑格尔辩证法的各环节之间显著的"符合"，尤其与浪漫派自然哲学中那些戏耍般的、完全无关联的类比区别开了。黑格尔的"符应"（Korrespondierungen）所指的，却完全是正题—反题—合题的同一个根本内容，即这样的内容：自在存在、自外存在、自为存在。在黑格尔看来，花苞、触觉、法权只是每一次的

---

① 希腊文的拉丁化写法。——译者
② 拉丁文。——译者
③ 拉丁文。——译者

事情中不确定的自在；花朵、嗅觉、罪行是突破性的自外存在；果实、眼力以及消除不法后重新建立起来的正义的法权，则都是扬弃了的自外存在，或自在和自为存在（An-und Fürsichsein）。同样的现象出现在地理学中：非洲就像触觉一样是自在存在的沉闷之物；亚洲就像芳香迷人或花朵一样是自外存在的富丽堂皇；欧洲则像眼力或果实一样是洲际辩证法（Dialektik der Kontinente）中的自为存在。同样的现象出现在美学中：造型艺术是沉静的正题；音乐是突破形成的差异领域；所有语言都溶解于其中的诗，呈现出整个艺术精神的自为存在，它是艺术中的欧洲。同样的现象出现在宗教中：东方的自然宗教将神作为正题的力量加以崇拜，然而那里却没有人；精神个体性（犹太人、希腊人、罗马人）的宗教将上帝作为赋予人听力的、转向主体的力量加以崇拜；基督教或合题则将上帝作为果实、作为既外化自身（人化）又走出这种外化并永远回到自身之内的理念加以崇拜；这样上帝就成了在其自身且为其自身的三位一体。同样的现象，最后甚至出现在黑格尔的哲学史中，在黑格尔关于他自己的时代的辩证法中，它或多或少明确地达到了顶点：费希特还是理性的抽象的、未展开的正题；如酒神般狂放的谢林及其自然哲学，则是狂野地突破后形成的差异领域；黑格尔本人作为果实和睁开的眼睛，作为来到其自身的、绝对的哲学而在最后作结。在这样求同存异（Eadem sed aliter）时，可能会有一些环节落于序列之外，希腊宗教就是如此，它只是半狄奥尼索斯式的，或者说只是自外存在，就像辩证法的中间环节的情形一样；但整体而言，人们会发现某个辩证法内容的某种漫游传播而又稍有改变的无所不在（Allgegenwart）。黑格尔**体系本身**的整体，给了那些不断自相符合的三一体一个框架：逻辑学或纯粹思想的王国，在进入世界之前，乃是理念的自在存在；自然，在它那必然性与偶然性的单纯交错中，是自外存在，甚至是"理念从其自身下落""未化解的矛盾"；而精神的文化王国则刻画了理念的自由或回到自身的存在，刻画了理念的自为存在。虽说正如已经指明的，人们会发现这些调和现象在个别例证中偶尔受到干扰，而没有达到唯心论的死板迂腐的高度；因为即便在最强的泛逻辑主义中，作为证据的材料也并不符合上

[143]

帝的三位一体，虽然黑格尔极其擅长在相同者的节律中处理具体差异的财富，然而原理却总是相同的。

最后一个问题出现了，那就是要说明单调的因素何以能在这笔财富中兴盛活跃。单调的因素并非出自于内容，至少不是出自于每次现成就有的、可指明的内容，它出自于悬而未决的事情在过程中自觉维持的那种总体（Totum）。这就是说：存在的类比（analogia entis）与虽然辽远、却也能洞彻万物的**内容—总体性**（Inhalts-Totalität）的深邃天穹，形成了对立。因而黑格尔这种在他处极为活跃地东征西讨的辩证法，它的种种自相符应的洞见与步骤，也便出自于此，而且是在最深刻的意义上出自于此。然而黑格尔恰恰接受了一个传统，这个传统源自关于某种到处传播自身的本质的根本哲学意向。这个传统将借助镜子比喻，因而借助一种特别神秘的和具有东方色彩的比喻而起步：阿拉伯哲学家阿尔基缔（Alkendi）① 首先将世界设想成由许多镜屋（Spiegelzimmern）组成的一种结构，这些镜屋能映照出整体与相同者。库萨的尼古拉离黑格尔更近，因为他有"全体在万物中"（Omnia ubique）② 的原理，他还阐述过："整体在所有部分中反映出来"（In omnibus partibus relucet totem）③。这里离黑格尔更近的还有莱布尼茨，因为他将他的单子描绘成宇宙的镜子，因为他在《人类理智新论》（Nouveaus Essais）④ 中表明，总体到处都是同一的："它完全像在此处这般存在，那基底到处都一样"（C'est tout comme ici, le fond est par-tout le même）⑤。当然，在库萨那里，正如在莱布尼茨、黑格尔这里一样，总体性如若将其良知（Gewissen）贯彻到底的话，就是一种完结了的总体性，而不是在乌托邦的意义上才提出来的东西。在黑格尔这里，总体性最终甚至被规定为圣父—圣子—圣灵这一具有神话色彩的固定

[144]

---

① 伊本·伊沙克·阿尔基缔（Ibn Ishaq Alkindi, 800—873），阿拉伯哲学家、科学家、数学家、医生与音乐家。Alkendi 是德语学界对他名字的写法。——译者
② 拉丁文。——译者
③ 拉丁文。——译者
④ 直译为《新论》。——译者
⑤ 法文。——译者

结构体，因而那反映于一切部分之中的整体，便早已蕴含在每一本教理问答手册中了。由此看来，它作为总体性——而非仅仅作为纯粹精神——也就不需要任何进程了，据说它是由上百万个面向的自我反映所表现出来的奢华或虚荣。尽管如此，黑格尔要比所有别的哲学家更卓越和更持久地再三提醒人们注意总体（Totum）在一切部分中的存在。"全体在万物中"① 这一说法表现出来的，是实在地现存的整体关联，而不是那种陈腐的，亦即无节制又无目标的多元主义，在那里理性已经公然破产，而一般而言实践也不再知道，过了下一天之后，在直接的利益之外，还应该追求些什么。"全体在万物中"，这样的全体不是且从来不是处在其整体结构中的现成之物（das Vorhandene），甚或在某个被设定为实在的超级精神（Über-Geist）内部的三位一体。它其实是在每一个时代都起决定作用的社会方式，说到底，是在过程—内容中将自然与历史统一起来的东西。在被设定为目标的终结之处，是那唯一必然之物，或者用一个旧式的说法，是至善，才使得扰动不宁的需求与追求最终平息下来，而如果它已经现成就有了，它本身也就不用再去追求了。这种类型的总体性：这种并非现成就有的全体的总体性，这种并非现成已有的整体的总体性，乃是**将辩证运动过程结合为一体的目标**，正如需求是运动过程的**动力和动机**一样。只是某种故意地、有意地追求这种终结状态的要素——然而毕竟还有这么多——已被嵌入到所有运动过程与运动形态中去了。然而这种要素在横贯历史的过程中，产生了种种亲缘关系（Verwandtschaften），尤其是那种具有反题性质的亲缘关系，它甚至在黑格尔的种种辩证的"符合"中，使得精神自身拥有了刮起阵阵吊诡旋风的基础。它所维护的东西，并非迂腐死板地反复出现的现象（这些现象源自绵延不绝的泛逻辑主义），却很可能是在全部细微变化中，甚至在他的世界精神诸形态构成的风暴中，起着结合作用的相对的统一性。

（7）黑格尔的辩证法绝不会令人舒适自在，这一点很清楚。然而它是可以被人学会的，时间紧迫，得从单调乏味的肯定、肯定、否

[145]

---

① 原文为拉丁文，不另附，下同。——译者

定、否定①中走出来了。时间紧迫，得修正对于固定事实和有关事实的所谓恒久不变的规律的抽象信赖了。正如关于流变的学说一样，那里蕴含的关于汇合的学说，因而还有辩证法的总体性，都不会令人舒适自在；因此，它不仅富有教益，还有催促警醒之效。因为：首先，它留意到政治生活在其所有行动中都盘根错节、曲曲折折。在历史的，尤其是解放史的每个单独的环节中，都包含了一切，包含了尚待解放的东西的整体结构。倘若整体的问题，尤其是全体（das Alles）的问题不在人们的考虑之列，而那些小型目标或部分目标被绝对化，而且只有这些目标被开动起来，那么，理论上的短视就会造成实践上的失败，即使在个别孤立的目标能被达成的情况下，也是如此。在道路和最终目标之间不存在任何断裂；道路的总体毋宁就在道路的每一个环节之中，只要它一般说来是一整条道路，而不是一条死胡同。重大的环节往往置身于某个小的家族中；那不仅仅是因为这样的家族通常只能很小，家族之所以小而弱，是因为它未能见到发生的事情和有待开动的事物构成的总体有多大。其次，对总体性中的辩证的中介的意识，脱离了僵化凝固的状态，而狭隘的知性是惯于将它见到的种种对立维持在这种状态的。知性看到的是完全孤立的一些选项：不是感官的幸福，就是灵魂的安息；不是肥皂盒，就是象牙塔；不是只知道到现实的底端嗅个不停的卑下的经验主义，就是超凡脱俗的堂吉诃德式（à la Don Quijote）②的唯心论。正如切斯特顿有一次嘲讽过的，似乎人的大脑必定总是分裂的：一片脑叶重复进行一些恒定不变的演算，另外一片则幻想一些不可能实现的梦。那种将自身视作实在政治（Realpolitik）的乐观主义，却像乌托邦激进主义一样将自身挡在那正在发生的现实之外了；一个躲在现实之下，另一个延伸到它之外，因此二者都是不真的，二者都是些孤立的和夸张的部分。总体（Totum）的辩证法化解了所有这些抽象的二元论，它打开了广博的视野，从这个视野来看，僵硬的两分做法便消失了，那种做法实质上是头脑简单。黑

---

① 肯定（Ja）、否定（Nein）按字面直译分别为"是""否"，这里采取意译。——译者
② 法文。——译者

格尔就此明确教导说:"那些在精神与质料、灵魂与身体、信仰与知性、自由与必然等形式下通常极为显著的对立,在教化进展的过程中过渡为理性与感性、理智与自然、绝对主体性与绝对客体性之间的对立形式。扬弃这些已然固化的对立,乃是理性唯一的兴趣。这兴趣并未显得好像是与一般的对抗相对立的;因为生命的一个要素就是它必然发生分化,生命永远会自行构成对立:而在最活跃生动的状态下,总体性只有通过出离最分裂破碎的状态而进行重建,才是可能的。理性毋宁与知性的分化构成的绝对僵化现象形成对立,尤其在绝对对抗者本身源自理性的情况下更是如此。"(《费希特与谢林哲学体系的差异》①,I②,第173页)因而辩证法绝非知性的任何小手段,知性会耍那种表面的机灵,将所有概念都混淆一气,将白的说成黑的,黑的说成白的,如此等等。正如黑格尔的本意所想的那样,它作为客体的辩证法,作为内容的辩证法,它唯一的兴趣毋宁是描述和实践那生成着的真理。世界实际上运行于种种对立之中,此外正如赫拉克利特所说,在这些对立中,世界的流变性使得人不能两次踏进同一条河。而说到智者式的机灵或欺骗,那种欺骗并不在于客体的辩证法,而恰恰在于对客体辩证法的否定。它在于佯装出某种过早到来或完全虚伪的和谐,在于"人民共同体"(Volksgemeinschaft),或者也可以说在于那种更富盎格鲁—萨克逊特色的信念,即在中点上就有了真理。它产生于懒惰的妥协,在那样妥协之际,人物性格沉沦了,各对立面的运动之力钝化了;简言之,它产生于耶稣众所周知地要鄙弃的那种不温不火的态度。[147]

在这方面,辩证法还展示出另一个不会令人舒适自在的特征。事实表明,黑格尔并没有让否定性因素单独运行起来,至少可以说,他没有让否定性因素无远弗届地整个地运行起来。也就是说,他完全是在正题与合题的张力地带,完全是在中点上接纳否定,因而也是这样接纳那古老的毁灭性虚无的。这样一来,那一直在进行否定的精神,

---

① 布洛赫抄写书名时漏掉了"哲学"一词。——译者
② 指前述19世纪逝者之友版全集中的第1卷:《哲学论文集》(*Philosophische Abhandlungen*)。——译者

若是没有或多或少促进好上加好（des Guten und Besseren）的进展、实现，实际上是根本迈不开步的。然而在黑格尔这里已经有了种种特定的差别，我想说的是，他也注意到了那种无用的否定性因素。在人类历史中，他恰恰也注意到了那类绝对毁灭性的虚无化现象（Nihilisierungen），它们看来并不在辩证法中扮演什么角色。黑格尔说，伯罗奔尼撒战争、三十年战争①便是此类，其他那些毫无成果的毁灭性现象和弱化现象则更甚。黑格尔在其美学的某个值得留意的文句中甚至根本反对这类否定性因素。这就是说，反对作为完全冷酷的、在内容上毫无益处的那种矛盾的梅菲斯特②本身。那处文句是这样说的："一般来说，单纯的否定性因素本身是平淡无聊的，因而它或是让我们一无所获，或是令我们反感，它倒是可以被当作某个行动的动机或者单纯被当作手段，以便促成另一种事物的反动。残酷、不幸、暴力的冰冷和强力的生硬，若是其本身被某种内容丰富的伟大性格和目标提升并承担起来，在人们的观念中倒是可以接受和容忍的；但恶本身、嫉妒、卑鄙和下流都是招人反感的，因而自为地看魔鬼其实是一个坏的、在美学上全无用处的形象。因为它就其自身来看不过是谎言罢了，因而乃是最具平淡散文气的一种人格。同样，虽然满腹恨意的[148]复仇女神以及后来的许多类似的比喻或许很有力量，却不具备正面的独立性和立足点。"（《著作集》，X¹，第284页及其后一页）当然，"在对某个行动的理想描述中"，这些令人惊讶的斥责之语本质上是与艺术中的否定性因素、与美中的丑恶因素相关的。然而，在总体性思想家那里不言而喻的是，这里所用的种种规定，"暴力的冰冷"（听起来与波墨的否定辩证法［Negations-Dialektik］相似），"强力的生硬"，还是远远超迈于审美领域之外了。在这里，一种单纯自为的否定性因素不仅充当了艺术上的孤立因素，也成了本身孤立之物，成了死胡同或深渊。毫无疑问，关于单纯自为的梅菲斯特，人们可以这样说：梅菲斯特若是没有了那将他当作刺激与工具的浮士德，在这里是

---

① 神圣罗马帝国内部于1618—1648年发生的一场大规模的宗教战争，以《威斯特伐利亚和约》的签订告终。——译者
② 《浮士德》中引诱浮士德出卖灵魂并作恶的著名恶魔。——译者

不会被算作辩证法的一部分的。举个更晚近的例子，这就像法西斯主义表现出来的种种撒旦崇拜一样，在历史上是且永远是无价值的。从活跃的矛盾和革命性要素的角度来看，有振拔之效者是不可能从这类杀伐之气虽重、却同样僵死的虚无主义起步的。它们不包含任何可以利用的杠杆；这与旧式资本主义中其他一些客观矛盾有所不同，尽管法西斯主义也是作为危机的客观矛盾的一部分。的确，正如马克思所教导的，即便**内容丰富的**危机中的、资本主义的这种恶魔般"被重建起来的整体性"中的毁灭性因素，也必须经无产阶级之手，因而针对单纯的毁灭性因素而采取对抗措施，才能被积极利用起来。这样一来，无产阶级才不会与资产阶级在同一种野蛮中沉沦。关于进一步还会令人不适的因素，亦即辩证法中呼吁人们起而劳作的因素，这里就讲这么多。革命的代数学必须得到合乎其本意的考察与探讨，而负数就像黑夜一样，乃是人类之友，而非什么无关因素。若是完全被弃之不顾，历史上出现的一切矛盾在形单影只的情况下是绝不会有什么前进动力的，至于单纯的差别或对立，就更不用说了。即便在单纯只希望旁观的黑格尔那里，也像在积极行动的马克思这里才首次表明的情形那样，在一切矛盾中，根本没有什么自为的、无条件存在的辩证因素。即便矛盾直接是完全否定性的，也是如此；的确，那时即便有点辩证的因素，如像法西斯主义那般已经显示出动物化的痛苦，那也是最少的。矛盾必须经过概念性的把握，而且必须能被有效利用；而仅当矛盾处在向越来越远的地方伸展、越来越广泛地交织在一起的历史—物质的关联之中时，它才能被有效利用。然而即便这些关联，在关键情形下，尤其在当今这种紧要关头，也恰恰只有当主观的矛盾利用了客观的矛盾，主动以它作为自身的中介后，才可以被广泛地摸索遵循。只有在那时，对僵化现象的那种同样具有客观色彩的对抗，以及客观实在世界中这种全力抵制纯粹毁灭性因素的趋势，才能完全被激活。革命的代数学恰恰根本不了解全部的负数中的任何自我斗争的、自为的矛盾；即便在这里，它也不了解这种自主论（Automatismus）。它反而了解那些绝对否定性领域的某种残余物，在那些领域里寸草不生，甚至很难看见或根本不可能看见什么"矛盾的养料"，以及向可

[149]

能的生长发生骤变的迹象。当然，反过来看，并不阻碍力量的舒展，甚至也不阻碍否定性之盛会的（一种纯粹泛逻辑的—唯心论的辩证法有此嫌疑），却唯有适当地**对否定性因素进行毁灭**，唯有对自身作过反思并再作进一步反思的因素，后者才是上述毁灭的关键所在。那么下面这话就说得通了："某种事物唯当包含矛盾于自身之中，而且唯当它就是在自身内把握与维持那矛盾的这种力量时，才有生命力"（《著作集》，IV①，第67页）；下面这句话与此类似，也说得通，这句话涉及**否定之否定**："被化解的矛盾便是……作为肯定的与否定的因素之统一的本质"（《著作集》，IV，第60页）。因此，黑格尔尽管考虑到了三十年战争，憎恶冷酷的恶魔之拳，却可能而且必定更喜欢一切宁静的同一性中蕴含的矛盾。他试着区分这两者，并接着说："的确，如果说到等级顺序，并将这两种规定分别对待，那就要将矛盾看得更深刻、更根本了。"（《著作集》，IV，第66页）而在马克思这里，历史唯物主义的辩证法恰恰直接与这更为根本的因素相贯通。

[150] 它并没有直接贯通到各种矛盾的单纯统一，贯通到黑格尔之前的辩证法家②提出的那种对立面的相合（coincidentia oppositorum），贯通到和谐在每一次占据的这种优势地位。在唯物辩证法看来，人类历史毋宁首先是不和谐音的历史，而不是在任何地方已然取得优先地位的谐音的历史。但如果要从单纯的前史过渡到现实的历史，那就必须在历史事件的不和谐音之上，再补充革命的对抗措施对不和谐音本身的扰乱。并非简单的否定，而毋宁是否定之否定才构成了辩证法，照恩格斯的那个著名的命题所说，它使得否定成为它真正是的东西：成为历史—生产性的东西，成为某种从"否定的那个转身内向的幽暗之点"中升腾而出的东西。而在阶级斗争史上，主观矛盾的因素与客观世界突然发生的那些矛盾结合起来，才构成完整的物质辩证法。这种在主体方面进行否定的强力，便以革命性的方式越出单纯的灾难之外了（单纯的灾难倒很可能只意味着简单的否定）：作为对客观矛盾的那种

---

① 指《逻辑学》之"本质论"卷。——译者
② 指库萨。——译者

生产性、爆炸性特征的促进。

脉搏与三段论

"孩子们拿着玩具能做的最好的事情，不过就是将它打碎。"（《哲学科学百科全书纲要》，§396附释，见《著作集》，VII², 第95页）

在辩证法上，知性与理性的区别是极为重要的；区别如下：

"在康德之前，没人为我们将知性与理性区分开来。但人们若是不希望沉陷到那种将纯粹思维的各种不同形式粗笨地混淆起来的流俗意识之中，就必须将知性与理性之间的区别确定下来。这样一来，对于后者而言对象便是自在而自为地被规定了的东西，是内容与形式的同一、普遍者与特殊者的同一；反之，对于前者而言，对象就分裂为形式方面和内容方面，分裂为普遍者和特殊者，分裂为某种空洞的自在和外在地加于这自在之上的规定性。这样一来，在知性的思维中，内容对于它的形式便是漠不相关的，而在理性的或进行概念性把握的认识活动中，它就从其自身中产生出它的形式。"（《哲学科学百科全书纲要》，§467，见《著作集》，VII²，第355页及其后一页）

换句话说："作为知性的思维止步于固定的规定性以及某事物与其他事物的区别之上；这样一种局狭的抽象东西，在它看来是自为地持存和存在着的。"（《哲学科学百科全书纲要》，§80，见《著作集》，VI，第147页）与此相反，那非图式化的、非机械性的理性思维，具体内容的思维，倒是真的："思辨的东西或实定—理性的东西把握住了各种规定在其对立中的统一，把握住了肯定的东西，把握住了它们的消解与过渡所蕴含的东西。"（《哲学科学百科全书纲要》，§82，见VI，第157页）

思维的威力，是通过它内部的否定性因素，通过那已变得不真了的、老旧的实定性的垮台，通过在理性与现实中发掘出新的因素而得到的："当人们继续深入思考，就会发现生命中层级最高的种种境况因此而出丑了。思维使实定的东西失去了力量，国家宪法成了思想的牺牲品，宗教被思想抨击，以往绝对能充当上帝的启示的种种固化的宗教观念被冲蚀了，而古老的信仰则被推翻，转而仰赖于各人不同的脾性。因此哲学家们因为推翻宗教与国家——这两者本质上是关联在一起的——而被放逐和被杀死。思维就是这样在现实中通行起来，并发挥最惊人的效力的。"（《哲学科学百科全书纲要》，§19附释3，见Ⅵ，第33页）——"上帝的生命和上帝的认识，因而很可以说是一种自己爱自己的游戏；这个理念如果内中缺乏否定的严肃、痛苦、容忍和劳作，它就沦为一种虔诚，甚至于沦为一种无味的举动。"（《著作集》，Ⅱ，第15页）

哈曼（J. G. Hamann）①，狂飙突进运动的光源，单纯知性启蒙的敌人，曾写过这样的话："欲达至大（Optimus Maximus）②之境，我们需要的乃是脉搏，而非三段论。"黑格尔倒是希望从概念上将二者把握为一，希望二者在精神的辩证生命力中相合，按照三段论的方式，这生命力在正题、反题（矛盾）、合题中依然有脉搏。在这里，黑格尔逻辑学中的矛盾，与单纯的差别以及单纯的对立是不同的，这就使得**差异**只是在外在比较的时候才出现，**对立**也在否定之物—肯定之物这个对子中穷尽了自身，而且在这个对子中与自身形成对峙，只有**矛盾**才能表现这些对立之间起推动作用而又被推动的那种统一性。（《著作集》，Ⅳ，第39—73页）有时事情显得好像是，黑格尔将一切差异，尤其是一切对立，都提高到客观矛盾的地位了；他是在某种纯粹**唯心论**的辩证法的意义上这样做的，亦即在既被施加于世界之上，又被认为在世界中连贯地进展、最终还如环形一般保持其自身不动的辩证法的意义上这样做的。然而这也与脉搏有关联，与"**生命力的唯心论**"（Idealismus der Lebendigkeit）——正如黑格尔称呼辩证法的那样——有关联。因此："思维的理性可以说磨尖了各种差异事物

[152]

---

① 约翰·格奥尔格·哈曼（Johann Georg Hamann, 1730—1788），德国哲学家、作家，狂飙突进运动的开路者，歌德称之为那个时代最敏锐的头脑之一，他极力批判启蒙的知性思维，认为统一性和理性是分裂性的知性达不到的，并强调语言、历史对于理性和思维能力的重要性。——译者

② 拉丁文。——译者

之间那种已然钝化的区别，磨尖了观念中的单纯多样性，使之成为本质性区别，成为对立。这样一来，多样性的事物在被推到矛盾的顶点之后，才会活跃而有生命力地发生相互关系，才会将自我运动与生命力中的那种内在的脉动保持于矛盾之中。"（《著作集》，IV，第71页）——正如黑格尔所希望的，正是**世界**之中的理性，而不是或不仅仅是人之中的理性，像这样把差异和对立抬高到矛盾的顶点，使之成为客体本身固有的一种因素了。一切都在精神的辩证运动中沦陷了，一切都被保持在它的普遍形态与各别形态（Gesonderten）中。也被保持在他在形态（Anderssein）中："在进一步的规定的每一个层级上，它都提出了它先前的整个内容，而通过它的辩证进展却不仅没有失去任何东西，也没有将任何东西抛在身后，反而承载了已经赢获的一切，并在自身内充实和强化了自身。"（《著作集》，V，第349页）——这是一场风暴般的世界回忆，是那持久发生的、以三段论方式螺旋运动的建筑艺术的一幅心电图。

在这方面，黑格尔从库萨以来首次接受了关于虚无之功能的思想。在库萨那里，虚无呈现为他异性（alteritas）①，一切事物中的统一性都含有这种他异性；他甚至这样阐述道："事物的产生，乃是因为上帝进入虚无之中开展自身。"（《论有学识的无知》第Ⅱ部分，第3节）多样性、无规则性、死亡这些因素，全都属于原初黑夜的家族，属于无中所生（ex nihilo）②，正如奥古斯丁（Augustin）③所说，属于世界之所以被制成的那个来源。这种作为他异性的虚无在黑格尔这里重现了，但这一次乃是作为矛盾的领域，或者作为处在中途的差异领域：存在本身产生出作为它的负面规定性的虚无，精神是在差异中，而且恰恰是在差异中才自为地劳作的。在这个意义上，虚无并非仅仅悬于正题与合题之间，而且在辩证法的每一个中间环节上总是呈

[153]

---

① 拉丁文。——译者
② 拉丁文。——译者
③ 希波的奥古斯丁（Augustinus von Hippo，亦写作 Augustinus von Thagaste 或 Aurelius Augustinus，354—430），晚期古代的基督教拉丁教父，古代与早期中世纪之间最重要的一位哲学家，著有《上帝之城》《忏悔录》《论三位一体》等大量著作。——译者

现出细微的差别；**由辩证法的各个中间环节构成的序列便是黑格尔的虚无史**。变成了反题的虚无，在黑格尔的泛逻辑主义架构中占据了**力量要素**（Kraftfaktors）的位置，而且要替代它。这便是"否定物的那种无比巨大的势力"①，即驱动并维持辩证法之开展者的势力：否定物在这里便是具有生产力的死亡。因此："精神的生命并不是害怕死亡而幸免于蹂躏的生命，而是敢于承当死亡并在死亡中得以自存的生命。精神只当它在绝对的支离破碎中能保全其自身时才赢得它的真理。②……精神之所以是这种势力，乃是因为它敢于面对面地正视否定物并停留在那里。精神在否定物那里停留，这就是魔力，这种魔力就把它（否定物）③转化为存在。"（《著作集》，II，第 26 页）——这样，虚无的死亡之火被接纳了，当然，它几乎完全处在种种正面的规定之间，即处在正题与合题之间。否定之物并非——比如说——一开始就作为**虚无**（处在那里的毋宁总是正题），或者在终点作为**虚无**浮现出来（处在那里的毋宁总是合题）。它总在中间地带劳作，在中间，作为过往、多和冲突关头，作为光明中的黑暗，这样一来光明就不会退化为（不动的逻辑之物的那种）"软弱无力的美"了。虚无就这样成了一个在世界上引诱着人们，又有所创造的客观的梅菲斯特（objektiver Mephisto）。针对"各种有限规定性的固化"，它成了一种非确定性动因（Unsicherheits-Agens）。它成了一切现有的实定之物之必然毁灭的认识根据以及实在根据（Erkenntnis-wie Realgrund）④，成了理性事物反复非理性化的认识根据以及实在根据。在黑格尔这里，虚无便以这种方式完全被装入存在的运动中去了：绝不是什么一团糟（Tohuwabohu）⑤，而是像黑格尔宣称的那样，是一种自主的生机动力。

过渡到虚无的存在是消逝，过渡到存在的虚无是产生；在黑格尔

---

① 这是《精神现象学》"序言"中的话。——译者
② 这个句号被布洛赫误引为逗号。——译者
③ 括号及其内容为布洛赫所加。——译者
④ 认识根据和实在根据是康德在《实践理性批判》中吸纳中世纪资源后提出的一对重要概念。——译者
⑤ 源自希伯来文，表示一种无可救药的混乱状态。——译者

看来，双方——包括消逝——构成了变易，那燃烧自己又复活、再燃烧自己的凤凰："谁若是要求带有某种矛盾（作为与同一性对立者）的任何东西都不得存在，他同时也是在要求，任何有生命力的东西都不得存在。因为生命的力量，更进一步，精神的势力，恰恰在于在自身中设定、经受而又克服矛盾。各环节在观念意义上的统一与在实在意义上的相互外在，这两者的矛盾的这种设定与化解，便构成了生命的持久进程，而生命便仅仅作为**进程**而存在。"（《著作集》，X^1，第155页及其后一页）

在黑格尔这里，辩证的事物可以多么动人心弦、激情澎湃，这一点从《法哲学原理》的如下这段闻所未闻、发乎体验而又思想深邃的话中可得显明，这段话涉及爱的辩证法："爱的第一个环节是，我绝不想仅仅成为为我自己而存在的独立人格，而当我成为这样的人格时，我便感到自己有缺陷、不完满。第二个环节是，我在另一个环节中赢获了我自身，我在那个人格中有效，这一点同样在我自身中得以实现。由此看来，爱是最大的矛盾，知性无法解决这种矛盾，因为再没有任何东西比自我意识的这种单点性（Punktualität）更坚固的了，这种单点性被否定，而我却还能将它作为肯定性事物居而有之。爱既是矛盾的产生，也是矛盾的化解；作为矛盾的化解，它便是伦理上的和睦。"①（《著作集》，VIII，§158附释，第222页）

10. 逻辑学

（1）在这里，思维想要成为一切值得存在的东西。② 第一步是自在（Ansich），它位于基底之处，照黑格尔看来它就是概念。在他看来它完全是鲜活的，甚至是在一切事物那里赤裸裸的存在。黑格尔的逻辑学意在描绘纯粹而非物质的、赤裸裸的思想。这种思想自在地持存着，亦即被预设为前提了，它虽说也存在于感性知觉中，却尚未开

[155]

---

① 布洛赫漏掉了这个引号。——译者
② 本章标题（Wissenschaft der Logik）直译为"逻辑的科学"，现按国内通行做法简译为"逻辑学"。——译者

展。因此黑格尔首先要求，为了学会思维，"年轻人要忽略耳目感觉"。只有当他们获得文法、数学方面的教育，能够活动于概念的地基之上时，方可再次放眼于感官，方可不仅仅感知感官所传达的东西，也理解它，因而也才能真正体验它。感性的东西呈现的是个别之物，是个别之物在时空上相互外在的状态，它"仿佛在内容上是最丰富的，然而在思想上却是最贫乏的"。依据黑格尔的看法，思想必须在物质那里才能以概念把握的方式被展示出来，由此，现实的内容才得以产生，才能超出一大堆虽然必不可少，然而其本身却沉默无言的经验性知晓（Kenntnisse）。在人们具有认识（Erkenntis）之后，知晓才是卓越的；只有认识才能使人洞察那凭着感官无论如何也见不到的整体关联。黑格尔，最富于体验的和最具体的思想家之一，在知晓方面也是极其丰富的。然而他将知晓预设为前提，一路前行，直到获得把握概念本身的所谓进程的能力为止。只有那开展其自身的概念才尖锐而必要，只有它才使得种种陈述可被证明（erweisbar），而非仅仅可被查实（belegbar）。

（2）在思维绝不似这般稀少地起作用的地方，它也像这样在其自身内编织着。而且它完全不能说是彻底声名狼藉的，尽管它同样地有一股巫婆厨房的气味。在进行数学运算的时候，人们往往都有一种印象，仿佛铅笔自动在演算。似乎有某种奇特的"自行思考"① 要修改和整合那些方程式，有一套内在的游戏规则，就像一场神秘的象棋赛，它从某种纯思想性的公理基础出发，往前向一些纯思想性的建设性结果推进。另外还有一种形式上的精确性，也几乎以同样自主性的方式在运转，即首先由罗马法的法权学派（der romanistischen Rechtsschule）开展出来的那种纯粹法学思维的精确性。这样一来，民法的一些关系概念，比如契约、义务，都要在纯粹的概念法学（Begriffsjurisprudenz）中，基于或通过它们的定义来规定。数学和法律两方面的例子，都有助于人们暂时了解一点，即非感性的、先验的思维可能显得很成问题，然而这种思维也是在获得承认的行业中才出现的，而不仅

---

① 原文为 Es denkt，直译为"它在思考"，指事情本身在思考。——译者

仅是在精神的吐丝结网中出现的。对于微分方程纯粹形式上的正确性是无须修正补充的，倘若它们在物理上"可运用"，因而可被用于感性直观过程的话；它们不会认为自己因此便得到了证实。不管结成契约的各方是否现成存在，契约的内在定义都不受影响，这定义的确是连同被推出的结论一道起作用的，这些推论发生的空间看起来越宽敞，它便越不容争辩。在这里，要证明法律甚至数学上的那种先天的生产有其直观的来源，证明它依赖于通常极为卑下的社会关系，往往并非易事。只有在少数数学家看来，数学思维才是无论如何都要追溯到后天感性经验的。既然人们不知道如何丈量一个真正的圆的周长，便可以规定 x 这个数，以它代表那周长；既然阿基米德（Archimedes）知道依照抛物线的轨迹测量被裁切下来的小圆盘，他就应当可以找到给抛物线求积分的办法；然而在数学方法上这还是很陌生的，正如诉诸直观的任何努力一样。分析揭示了直观跟不上的那些连续性事件：那些无法找到切线或者说正好可以充满某个正方形的连续曲线，诸如此类的东西。简言之，一切要求人们对它的认识不容争辩的东西，实际上只有在某种看起来很纯粹的思想内部才能满足这个要求。因而黑格尔的逻辑学，作为所追求的"对赤裸裸的真理的描绘"，并不像 19 世纪所认为和所指控的那样，茕茕孑立于它的先天论（Apriorismus）之中。以**逻辑必然性**的方式前进的雄心壮志，从来都只能通过某种先天的乱伦（eines apriorischen Inzests），而不是通过归纳来实现。从观察到的情形出发所进行的一切归纳，甚至一切实在论的辩证法（realistische Dialektik），总是只能给出或多或少更大一些的概率，绝不能给出什么"出自事情的冰冷进展的必然性的"证明，亦即那种摆脱了怀疑与假设的不容争辩的证明。

[157]

（3）于是，即使黑格尔先天的研究方式也必定可以从证明的意志（Beweiswillen）出发来理解。从最近的根源来看，它源自启蒙的共同体，而非源自独自结网的那种孤立状态。只有到了后世的拙劣模仿者那里，先天之物才与蜘蛛的这种形象有相似之处，无论那些模仿者是新康德主义者还是现象学家。整个近代欧陆哲学都产生于对此前所接受的教会消息（kirchlichen Mitteilungen）的怀疑，都想得到不容争辩的认识。这就是说：被知性看作必然的，可被知性核实的，以及在最公开和最严格的意义上可以被证明的认识。正如已经看到的，照精神实质来说，这种严格性的典范乃是数学；始于笛卡儿的近代理性主义，是以数学的，而非思辨的方式诞生的。而黑格尔的逻辑学献身于纯粹思想，仿佛纯粹思想在引导某种自身就有生命的东西前行；因此，这种逻辑学只是推进了始于笛卡儿的那个先天的传统。笛卡儿曾从"我怀疑，我思考，那么我存在"（Dubito, cogito, ergo sum）① 这个原理出发，演绎出全部无可置疑的，亦即必然可以洞见的真理。在笛卡儿那里，这个原理并不像，比如说，在奥古斯丁那里一样，讲出了某种内在体验，照其意图来看，它毋宁只想说出某种首要的、奠基性的、合理的真理。因而这里的"那么"（Ergo）并不是经验的，而是数学的，或者说在最严格意义上是逻辑的：朝着某种必然性理念进行的某种必然性推论。意识在自身内就可进行这种推论，意识将它当作天赋观念，当作完全清楚而确定的观念；其余的那些同样清楚而明白的确定观念（只有这些观念才如此）则以新的"那么"的形式，从这种推论中推论出来。对这种先天的理性主义的反击，出自英国这个古典的国家，它崇尚概率性，而非不可争辩性，崇尚感性的后果（Folge），而非理性的推论（Folgerung）。洛克（Locke）与笛卡儿和天赋观念作斗争；在他看来，知性是一块白板（tabula rasa），上面什么都没写。这块白板只被外部感觉书写；在此，知性使某些总括性的"机能"② 起作用了，比如区分、比较、连接。但由此在普遍范畴方面产生的那种成果，它的根源与价值都不在其自身，通过语言符号的作用，它仅仅与感觉材料有关："理智中没有任何东西不是已在感觉中的"（Nihil est in intellectu, quod non fuerit in sensu）③。然而，那时最伟大的思想家针对这种纯粹的感官主义所作的有力修正也并未缺席：莱布尼茨对洛克的命题作了一个毁灭性的补充："理智本身除外"

---

① 拉丁文。——译者
② 原文为英文。——译者
③ 拉丁文。——译者

(nisi intellectus ipse)①。莱布尼茨将灵魂的特质确定为某种自身活动着的单子，无意识地具有了范畴功能，在那里，灵魂开展其固有的合规律性。再往前走一步，康德庞大的先天论出现了；理智的本质是先验的综合，是通过"知性的主干概念"，亦即通过它的那些自身活动着的关联形式或范畴，将杂多统一化。认识发端于感官感觉，但它并不源于这些感觉；毋宁说，逻辑的那种富有创造性的先天之物才产生了（科学的）经验。"知性为自然指定了它的规律"：因而（数学—自然科学）认识的对象说到底是认识本身。凭着这种彻底的认识论的唯心论（erkenntnistheoretischem Idealismus），费希特的知识学②（它在其他许多方面是黑格尔《精神现象学》的先驱）继续推动了由一种"对象的形而上学"向一种"知识的形而上学"的转变：认识是从感性直观出发往上攀登，达到理性的自我认识的一个过程。而下面这个著名的，也可以说是声名狼藉的命题所体现的傲慢之意，则源自谢林："就自然进行哲学运思，便意味着创造自然"；这个命题，已经远远超出理性在康德那里的自发性，而且由于自然的存在本身据说无非就是生产和建构，便从理性的生命出发建构起了自然的整个存在。因此，为了把握黑格尔的这个"那么"的背景（他正是以不容争辩的气势将辩证法作为这样的"那么"开展出来的），就必须回忆所有这些先天论，将它们都当作某种无条件的证明意志与建构意志（Beweis-und Konstruktionswillens）的表现。这也是为了从概念上把握黑格尔提出的〔159〕这一要求：我们不妨任由理性从其自身中产生它自己的行程，产生它的全部范畴，而我们要是从感性出发，便必定只能将个别的因素嵌入经验中去。仿佛那是在逻辑上早已料到了的东西，仿佛逻辑学事先（ante rem）③早已为其准备好了容身之所。而这种建构也曾将辩证法从对话的那种很单纯且很随意的灵动性中引导出来（辩证法在柏拉图那里便是以如此灵动的姿态出现的），将其带入那种特有的、当然也

---

① 拉丁文。——译者
② 费希特的"知识学"包含了前后出版的一系列版本，其中最著名的是发表于1794—1795年的《全部知识学的基础》，为后世的大部分研究学者所宗。——译者
③ 拉丁文。——译者

具有特别浓厚的唯心论色彩的严格性之中;在黑格尔这里,这种严格性以充满矛盾张力的方式,几乎全副武装,如江河般运行起来。在《精神现象学》中,这种严格性以典型的方式首先被大略地勾勒出来,但在《逻辑学》中则达到了顶点,它沿着矛盾的主导线索,一个接一个地将范畴性—概念(某物、他物、一、多、根据、条件、物、交互作用等)连贯起来。尽管黑格尔这位历史学家在数学中极少看出哲学的工具,但是,他从"生产"中的共同因素出发,特别相信可以纯粹从理性的深处出发,开展出他那套作为完整无缺的"存在论"的逻辑学。现在,几何学在正式作图之外,还懂得所谓的辅助线作图,后者在完成任务后可以被擦掉。那么,在黑格尔这里,先天的生产也就既被重视,又被否定了:它虽然促成了抽象之物的某种虚假生命(Scheinleben),它本身是无可救药的、完全枯竭了的、难以忍受的唯心主义;但既然它将一切既有的事物都描绘成"任务",认为这任务的事实性必须被化解为必然性,那么,它便也以特有的方式推动了那种将各对立面动态地相对化的做法,那种做法叫作唯心主义辩证法,而且在后来不仅仅是一种唯心主义辩证法的东西了。

(4)正如我们曾经可以看到的那样,黑格尔无法忍受任何分离的东西,无法忍受与其他概念没有关系的概念。因而,包括类概念,更好的说法是:普遍的陈述形式或范畴,也不像抽屉那样僵硬地并列。它们也不是人为地用绳线绑起来的,不是像一个骨架上的根根骨头那样是外在地用纱线连起来的。因为要是那样的话,事情的活生生的本质就被忽略了,正如在一副骨架中心脏、血液、运动神经都被忽略了一样。范畴不是任何高阶的事实或对象,仿佛在那里不用设想产生和进展的过程。相反,黑格尔还想将范畴理解为某种整体关联起来的辩证运动的诸形态,而它们之间的次序则由其意味,由它们在这个发展过程中越来越大的重要性来规定。因此,在黑格尔的范畴体系中,后来产生的范畴便越来越高、越来越丰富地规定与被规定。概念的第一缕尚不确定的微光交织投射而成的白昼,在黑格尔这里当然是逻辑学的白昼,或精神本身的单纯自在的白昼,尚未大放光明。黑格尔也将他的逻辑学,这个概念的王国,称作"阴影的王国",它尤其是那样

[160]

一片国土，比之语法和数学尤甚：在那里，从事研究的主体已经闭目塞听。情况并非是，这些阴影就像那在人死之后到来的希腊冥府中的阴影那般与世隔绝；那样的话，逻辑学就成了一种后天的东西，成了事后才从感性的定在中抽象出来的某种东西。那将使范畴成为事后的共相（Universalia post rem）①，正如唯名论的、因而经验主义的经院哲学家所说的那样，成为后来作为个别事情而出现的共相概念。但用唯物主义的观点和洞见来说，黑格尔使它们以及一切这类的东西都头足倒置了。尤其重要的是，他在《逻辑学》中使谓语成了主语，使事后抽离出来的东西成了原始古朴的东西。作为先天论者（Apriorist）的黑格尔所教导的范畴，乃是逻辑对于世界的优先性，因而乃是事先的共相（Universalia ante rem）②，乃是**某个开端的冥府，而非某个终结的冥府**。在这里，各种范畴组织而成的结构是逻辑的网络，是诸世界形态的图景被织于其上的那块绣花底布；因此，范畴的辩证法要先于世界形态的辩证法。它在世界的财富中重复着自身，充实着自身（比如黑格尔在他的宗教史和哲学史中探讨问题时就广泛地对应于《逻辑学》中概念的"历史"）。但概念在黑格尔这里已经完成于其自身了，正如概念所是和所描述的事先的（ante rem）③世界计划，乃是从纯粹的思想规定出发进行描述的一样。《逻辑学》给出了事先的（ante rem）、因而处在一切古怪材料装饰之外的真理；正因此它给出了"赤裸裸的真理"。这样一来，黑格尔就将《逻辑学》的冥府提升为最高的天穹，而且所借助的是那样一种表述方式，它很可能属于唯心论中尝试过的最自负也最果敢的表述方式。他在《逻辑学》"导论"中是如此这般界定的："因此逻辑学要理解成纯粹理性的体系，理解成纯粹思想的王国。这个王国是自在自为地赤裸裸的真理。因而人们可以说，这种内容描述的是上帝在他的永恒本质之中，在自然以及他的有限精神的创造之先的情形。"（《著作集》，III，第35页及其后一页）值得注意的是这个句子与歌德对巴赫音乐的评论极为相似：

[161]

---

① 拉丁文。——译者
② 拉丁文。——译者
③ 拉丁文。——译者

它让人们听到了在创造世界之先上帝怀抱中的情形。在歌德那里，正如在黑格尔这里一样，能听出坤元的王国（das Reich der Mütter）[①]。这就是说，能听出先于世界就有的那种或者活跃，或者不活跃的上帝或原初理念的思想，在普罗提诺那种先于事物的范畴学说的意义上。在基督教世界中与此相关的，还有晚期圣经[②]中谈论"上帝智慧"的那些材料（《所罗门箴言》[③] 8：22），即谈论在上帝创造事物之先，恰恰在他的道路的起始之处便应拥有的那种智慧的材料。这样，基督教与新柏拉图主义的逻各斯[④]便在黑格尔的《逻辑学》中和谐起来了；太初有言（Wort），而非太初有为（Tat）[⑤]。而谈论这种言的学说便绝对是预先存在的存在论了。一切柏拉图主义者都推动了从抽象的后天之物，向某种抽象的在先之物的巨大转向，而如此看来，逻辑学家黑格尔便是范畴学说方面的最后一位新柏拉图主义者了。尽管有这些先驱在前，他的《逻辑学》还是显示出了先天之物曾经历过的最巨大，也最异乎寻常的神学化：**人在纯粹理性概念的辩证法中思考的是上帝在创世之先流动着的那种思想。**

这样一来，黑格尔的哲学就达到了某种高度，这种高度必定能牢牢抓住研习它的学生。学习神圣的逻各斯（Logica divina）[⑥]并不比学习《精神现象学》更难，然而却需要更大的耐性。那要求人们长久保持一种兴致，即在纯粹的以太中呼吸，甚至正如已要求过的，在那里深呼吸。而最引人注目的现象恰恰是，以太的反面也出现在我们面前：没有任何思想之物像这里一样大规模地从天上降到尘世，曾像黑格尔《逻辑学》中的思想之物这般能降到凡尘。像马克思和恩格斯这

[①] 直译为"诸母的王国"，这里布洛赫借用了《浮士德》第二部第一节中的说法，我们采用郭沫若的译法。——译者

[②] 指《旧约》中成形较晚的部分。——译者

[③] 即中文和合本《圣经》中的《箴言》，一般认为所罗门并非该箴言的唯一作者。该处原文为："在耶和华造化的起头，在太初创造万物之先，就有了我。"——译者

[④] 中文和合本《约翰福音》将"Logos"（逻各斯）译作"道"，今人颇有主张应按Logos的字面意思译作"言"者。——译者

[⑤] "太初有为"是浮士德对《约翰福音》首句的路德译法"太初有言"不满意而做的改译，《浮士德》中的原文为："Im Anfang war die Tat!"——译者

[⑥] 或译"上帝之言"。——译者

些极具非神学倾向的人，都接手了这部《逻辑学》中的一些主要概念，并使之重新头足正立（比如：突变、条件与实存、中介、反思、假象—现象—本质、偶然—必然）。因此，列宁说研习这部《逻辑学》是每一个彻底的马克思主义者的义务，正如他自己虽然秉持卓越的实在论，却依然专心致志于所谓的"上帝在创世之先的思想"，而且他在研习的时候，如此这般强调的是辩证唯物主义方面的收获。不光黑格尔《逻辑学》中的那些辩证的根本特征，而且他的那些范畴，都在马克思和恩格斯那里、后来又在列宁和斯大林那里成了一个相当可观的思想成分。当然，不是作为先天的天国家族，而是作为尘世物质的家族。在马克思和恩格斯那里，范畴是定在的一些形式（Daseinsformen），在范畴中，每一个社会都描绘了它的人与人以及人与自然的关系。当然，由此得以显明的是，与黑格尔《逻辑学》那种一劳永逸的做法不同，历史上出现的每个社会都有它自身的支配性范畴体系，不管这个体系是否被有意识地阐明了。由此更得以显明的是，名为"**关系**"（Relation）而以其他一切范畴为其具体执行的那个原初范畴（Urkategorie），同样是历史性的，也是在不断改变其自身的，正如黑格尔眼中各个关系环节或范畴本身的情形那样。正如每一个社会都显示出另一种伦理或美学的结构一样，它也显示出另一套范畴学说。因而在此前的历史上，并没有任何独立于社会的整体标准之外的关于"真正存在者"的存在论；也不可能有那样的存在论。正是（人与人之间、人与自然之间的）基本关系在每一次都不尽相同的状态中，产生了原始的、古老东方的、古代的、封建的、资本主义的思维中的种种本身差异极大的范畴学说；尽管在那些阶段之间已发生和正发生的那些传承接受往往产生创造性的误解或继承性的推展。因而黑格尔的《逻辑学》在根本上而言也是这样展示出新近出现的市民社会的那个范畴汇编（Kategoriensammlung）的，后者是被神秘化了，当然同样也得到了十分完整齐全和因应潮流的贯彻。这样，它虽说不是从宙斯（Zeus）的头中跳出来的史前时代的①密纳发，也不是什么原初智慧

---

① "史前时代的"原文是 vorweltliche，直译为"先于世界的"。——译者

（Ur-Sophia），依据这种原初智慧的知识，世界直到时间终了都是被构造好了的；但是，它就像交通与消息之神赫尔墨斯一样，穿透并记录了理智的层面（globus intellectualis）①；而这是欧洲世界自15世纪以来就居住于其中的特殊层面。这样，这部《逻辑学》在它的许多部分都提供了一套无与伦比的工具，使得人们可以从概念上把握文艺复兴以来的社会中的种种关联形式，包括由这个社会所打开的那个世界的诸多线索。正如已经说过的，这便意味着，黑格尔《逻辑学》原本——然而正是由于这个"原本"达到的广度和高度，由于它精通时代潮流而采取的立场和获得的概观——自然就表现出另一种性质，表现出它真正哲学的性质：它不仅仅是市民理性的范畴汇编。因为既然正如黑格尔说过的，一种哲学是在思想中所把握的时代，那么，依照这个时代来看，它也就理解了已被"扬弃"于该时代之中的前一个时代，以及该时代所孕育的下一个时代。所以，黑格尔的《逻辑学》就不仅仅是从各个方面对人类在其中记录其思索、阐明其关系的概念史的连续不断的和令人吃惊的观察。而且，未来时代的"逻各斯"——这逻各斯不再与那不停地彻底变革自身的现实世界相分离，因而几乎不能再称作"逻各斯"了——也出自"上帝在创世之先的思想"，据说这在这里便意味着：从运动、能在（Seinkönnens）② 的那些以动态的方式被彻底钻研过的样式出发，人们便能进一步体验到某些过程规定（Prozeßbestimmung）了。这恰恰是因为现实世界还没有被创造完毕，因为《圣经》让它的神休息的那个第七日——仿佛一切善好的东西都已经完满地创造出来了——明显还没有到来。

（5）黑格尔的《逻辑学》分三个部分思考了它的时代的诸思维形式：分别论述存在、本质和概念的三卷。这三个部分相当于辩证法的三个主要环节：直接的自在存在、自外存在（与他者的关联）、自为存在（在他者中与其自身同一者）。这三个部分又被辩证地划分成各次级环节，如此这般直至规定的各种最终的统一性或部门。**论存在**

---

① 拉丁文。——译者
② 这是一个与亚里士多德、库萨和海德格尔思想均有渊源关系的概念，含有动态性，不是静态的存在者。——译者

的这一卷展开了质、量（Quantität）（对质漠不关心的大小规定性）、度①（有着质的定量［Quantum］，亦即质依赖于其上的那种定量）。**论本质的这一卷**反映存在于其自身中，以至于存在像它于进入其自身之中的历史中发生的那般，同样外在于其自身。按照自外存在或分化（Entzweiung）的这个层面，《逻辑学》的这个部分，就作为出自纯粹镜像规定和反思规定（Spiegel-und Reflexionsbestimmungen）的某种东西而自行发展了。它划分出关于本质本身——它在他者那里才映现出来——的学说；然后划分出关于现象的学说，亦即关于被本质充实了的、不再无本质的假象的学说；最后划分出关于现实性的学说，亦即关于本质之完整而充分的显现的学说（这里有实体、因果性、交互作用范畴）。某个事情（Sache）的本质在一体（Einem）之中既是这事情的统一，又是它的区别，不过是这样的：它证明自己同时既是这些区别的统一，也是它们的被中介过的展开。这样，论本质的这一卷便成了黑格尔《逻辑学》中的这样一个部分，它最准确地反映了发展过程中的关系概念。它极尽精微地指出了那样一些环节，借助那些环节，某个事情便从它的根据、它特定的根据、它悉数在列的那些条件，进入到实存与现实之中了。在穿越了自外存在之后，当于其自身内发生过反思——在那里存在合并了自身——之后，**论概念的这一卷**便使得本质成功地进入自为存在。逻辑学中的这种自为存在将自身开展为下列形态：首先是主观的或形式的概念；然后是各种不同对象的概念，或者客观性；最后是以理念充实概念。在形式的概念中，黑格尔将此前学院逻辑学中的诸要素（判断表、推论模式）安置下来了。在客观性中，亦即在"多样事物的彻底的自主性以及同样彻底的非自主性"中，成为思想对象的有物理过程、化学过程、合目的性或曰目的论。在理念中，亦即在"客体固有的、绝对回到其自身的概念"中，相继形成的有生命、认识和善的理念。这里也体现出全体在万物中（Omnia ubique）②；其实，在论存在的那一卷的第一个辩证的三一

[165]

---

① 这里布洛赫误将"度"之前的定冠词 das 写成了 daß。——译者
② 拉丁文。——译者

体"存在—虚无—变易"中,就已经大体上(in nuce)① 蕴含了黑格尔的整个逻辑学。同样,目的的绝对理念也只是简单的存在或开端的完备的自我关联;当被抽象出来的种种生产力被激发起来之后,这绝对理念又重建起那已得到充实的开端。

(6)《逻辑学》的开端,黑格尔无疑是以那个看似完全野蛮的命题表达出来的:"存在与虚无为一。"但这种野蛮其实根本不野蛮,它毋宁是那样一种兴致,即尽可能轻柔地开始,从某个略显生硬的拨音序列开始演奏。黑格尔在他的这第一个层级上用"**存在**"(*Sein*)表示的是完全空洞的"是"(*Ist*),后者由于这种空洞性,它在内容上其实就是**虚无**(*Nichts*)。两者为一,然而,正如思维在他的这第一个抽象形态上的修剪活动所表明的,两者同样又不为一。空洞的存在和空洞的虚无是不可分离也不可分割的,然而却有这样一种特色,即"每一方都消失于其对方中"。一方消失于另一方之中这种现象,在黑格尔那里便给了存在与虚无以第三个环节,一个以辩证的方式进行连接的环节:变易(das Werden)。变易是纯粹存在与纯粹虚无的统一,然而由于没有任何统一能保持不变,至少在这里所描述的辩证法原初构架②中是如此,因而变易所维持的那种相对的统一又进一步分化了。作为从存在到虚无的过渡,变易是消逝,作为从虚无到存在的过渡,它就是产生;双方新的统一就是定在(Dasein),这是从消逝与产生中得出的第三方。虽然虚无是彻底的空虚,是思维的古老的十字架③,黑格尔还是尝试在经过如此这般阐明过的开端之处来思考它,因为他是拿同样空洞而纯粹的存在来反照那虚无的。因此,他用来反照虚无的乃是这样一种存在,它并非作为过度明亮和过度充盈而闯入虚无之中,也不是一劳永逸地使黑夜消失了。毋宁说,那句"有了光"④ 在此恰恰是一声最柔和的呼喊,在开端的起步之处,它的微弱难闻与虚无的不可闻、不可见合一了:"纯粹的光明与纯粹的黑暗一样是空虚

---

① 拉丁文。——译者
② 指"存在—虚无—变易"这一结构。——译者
③ Kreuz,此处亦可译作"绞架"。——译者
④ 语出《圣经·创世记》(路德译本)1:3。——译者

的东西。"① 另外，虚无作为存在以及三一体的第二个环节，便在黑格尔的整个辩证法中被保留下来了："必须……说的是，无论在天上还是在地上，哪里都不存在没有将存在与虚无这两者包含于自身之内的东西。"（《著作集》，III，第81页）正如已经说明过的，辩证地看，虚无乃是被嵌入体系之中的否定之物（das Negative）或矛盾（der Widerspruch），乃是刺激性的、颠覆性的因素，偶尔还是梅菲斯特式的因素，它必须补全纯粹精神和纯粹逻辑之物所缺乏的那种动态刺激。

黑格尔《逻辑学》的另一个规定不如关于存在与虚无的规定那么突出，然而却更知名。它涉及**从量到质的突变**，② 它也位于有关存在的这一卷中，就在讨论"度"这个范畴的地方。水在越来越冷却或越来越加热的时候就不再是水③，而是一跃而为冰或蒸汽。另一个例子是，拿破仑观察到（恩格斯在《反杜林论》里引用过此语）："两个马木留克兵绝对能打赢三个法国兵；一百个法国兵与一百个马木留克兵势均力敌；三百个法国兵通常就能战胜三百个马木留克兵；而一千个法国兵则能战胜一千五百个马木留克兵。"因为量的增加改变了法国人骑马的人数，就突然变为一种新的质了：法国骑兵队。黑格尔把突变的地方称作关节点（Knotenpunkt）："按这种方式"构成的是"各种度在一个标示着多少的刻度表上的一条关节线（Knotenlinie）"。这种突变论在后来科学社会主义的理论和实践中有着经典的意义，它构成了"革命代数学"中最重要的因素之一。量的突变的规律决定了一个手工业工场向一个工厂、某个特定的价值总量向资本、某种自由竞争的普通资本主义向某种垄断资本主义的质变。它的量（康采恩、托拉斯）正好使得从前的质成为多余：自由竞争、开放性的市场流通、个体生活与其他"无穷可能性"的活动余地。新的质开始了：垄断资本主义。突变的规律一般也预示了一个过分的时代的整个质的终结；这不仅仅是因为锋刃太利易折损、骄兵必败④或法西斯主义必尝

---

① 语出《精神现象学》"序言"。——译者
② 这也是马克思、恩格斯极为重视的一个主题。——译者
③ 准确地说，布洛赫指的是液态水。——译者
④ 锋刃太利易折损（allzu scharf schartig macht）与骄兵必败（Hochmut vor dem Fall kommt）均为德语谚语。——译者

苦头，而是因为一种老化过时的量必定是与它的矛盾对立面一同生长的。因为黑格尔称作"概念运动的转折点"的那种否定性也在一同生长。因而极富教益的是，黑格尔的《逻辑学》出离抽象思想，导入有活力的思想之中，出离这逻辑学照规划而来的史前思想，导入那具有改变世界之力的思想之中。在这里，"度的比例的关节线"的说法不过是在描述那最为人熟知、仿佛也最显而易见的东西，而不是这部概念之书中最重要的东西。最重要的东西位于本质论（Lehre vom Wesen），这个部分总能适用于新事物；因为这个部分教导人们从现象的表面探入事物的种种辩证发展之中，后者是对那表面的反思。它也教导历史化学（historische Chemie）或发生气象学（Meteorologie der Entstehung），即研究"事物产生而进入实存"的气象学。这种以实存和现实为中介的逻各斯永远都很重要，即便逻辑学将来只能充当一些自我颠覆性的物质定在形式的方法图示，因而逻辑学的对象恰恰不再是逻各斯了，但它却依然很重要。

（7）存在—虚无—变易这些规定，以及质的突变，都还属于存在论（Lehre vom Sein）。就此而言它们还只是前面已指出过的黑格尔《逻辑学》的核心部位的前厅，只是"本质论"的前厅。在逻辑学所说的"存在"中发生的各种辩证事件，在黑格尔这里整个地还只是直接性（Unmittelbarkeit）范围内的事件与关联而已。这里的每一种规定都只是孤立地自顾自，就像一个他者对另一个他者的关系一样；与之相反，在那于自身中**以统一性的方式**中介过了的"本质"中，则发生了自我区分（Selbstdifferenzierung）。因而在本质逻辑中，那种简单的否定也行不通了，只有能与自身发生关联的否定才行得通：这就是反思，更准确地说，就是**本质在现象上的自我中介**。本质与现象之间的区分，本身也是久已为非哲学意识所熟知的、流行的一种区分。当某种欺骗性的感性现象，比如一根扎入水中看似弯折的棍子，被称作假象（Schein）时，这种区分就已经开始了；"真正"说来或"本质上"说来，那根棍子并未弯折。在智者派（Sophisten）、犬儒学派（Kynikern）那里，最后，时移势易（mutatis mutandis）①，在卢梭（Rousseau）那里；本质与其他东西，亦即与社会现象相对立，它很快就成了争执的重点；它作为"自然"，与当权者发布的专横"法令"形成对立。整个革命的自然法权（Naturrecht）都是凭着某种与现象形成对照的、对现象进行批判的本质概念而运作的；现象在这里是指既有的—居于支配地位的（geworden-herrschende）法权，而本质则规定了对另一个社会群体提出的种种要求和盼望（理想）。当然，本质与现象之间的张力也可能完全不是导体，②也就是由于过度的二元论，由于尘世与本质世界之间的撕裂太过剧烈了；在柏拉图那里就是如此。这种张力也可能以相当和谐的方式被弱化，因为双方之间的连接太紧密了；在亚里士多德那里就部分地如此，后来在阿奎那那里也是如此，他认为此世与上帝（"最高本质"）之间依层级制的方式在进行层层中介，而且，即使在黑格尔这里亦然。在斯宾诺莎那里，整个现象世界只要被充分地理解，便完全沉浸在本质直射下来的阳光之中，本质在他那里叫作实体。当然，当本质之光在这些才刚开始以时间的方式逐级陈列的层级中自行显示出来时，它在现象中呈现自身的方式也不一样了。尽管亚里士多德在他的形式理念（Formideen）或隐德来希（Entelechien）的逐步上升的层级构造中已经有了和谐的迹象。因而也只有从本质逻辑的立场看问题才能发现，亚里士多德超越柏拉图取得的进展在于，本己之物或形式理念以逐步显现的方式自行开展。这样一来，亚里士多德这位既广泛而又不失深刻的伟大思想家，这位擅长质的形态学的（qualitativ-morphologischen）百科全书式形而上学家，才首次卓有成效地——即在发生学的意义上卓有成效地——在现象与本质之间制造了关联：具体地**开展**的关系概念，运行于现象与本质之间。而在黑格尔的《逻辑学》中，这种关联概念恰恰作为现象与显示（Manifestation）之间的某种唯一的、发生学的交互辩证法（Wechseldialektik）而获胜了。——因而本质便是必然照射出来、显现出来和自行中介的东西。

---

① 拉丁文，字面直译为"需被改变的东西已被改变了"。——译者
② 指本质与现象之间完全隔绝。——译者

[169]它必须来到它的世界,在黑格尔这里它如童贞感孕一般孕育着那个世界,并未与后者相分离。因而这种黑格尔式的本质绝没有与自在之物(Ding an sich)① 相混淆,既没有与康德的自在之物,也根本没有与叔本华那里的同名术语相混淆。在黑格尔这里,也出现了自在之物,甚至很广泛地出现了,然而它只是直接被感知到的自在存在(Sein an sich),后者只不过是一种为我们的存在(ein Sein für uns)而已;因而与康德那里超越于范畴之外的那种边界概念②的区别大得不能再大了。照黑格尔看来,《逻辑学》中的范畴之所以并未关联于或者只是在未开展的意义上关联于自在之物,那是因为自在之物对于思维而言,还是外在的或完全抽象的东西。黑格尔甚至称之为人为产生的空虚,它被抽离于一切特定的思想之外:"照此看来,人们必定惊讶于如此频繁地反复读到这样的话:人们不知道自在之物是什么;而事实上再也没有比知道自在之物更容易的事情了。"(《哲学科学百科全书纲要》,第45节)与之相反,本质则复杂饱满,并且将空虚一扫而光。在黑格尔的自在之物的脸庞上,根本没有遮盖什么伊西斯(Isis)③的面纱,以至于《逻辑学》——《精神现象学》也早就如此了——在许多不同的地方直接将它作为空洞无趣的典型加以引证:"没有谓词的主词,在现象界中便是无属性的物,便是自在之物,它是一个空洞而不确定的根据(Grund)。"(《著作集》,V,第72页)而本质则依次构成了绝对的、确定的根据和现象的条件(Bedingung),而且首先构成了一种逻辑内容,这内容自身并不足以出离抽象的自在存在,进入明显的自外存在:"本质是现象的真理。"④

这本质在某种意义上使得那些比其他任何地方都更严格、当然也更困难的规定彼此击碎对方,又彼此产生对方。在黑格尔看来,本质逻辑描绘的是**得到辩证理解的历史的工具论**;这里出现的是他的一些

---

① 亦译"物自体",康德的术语。——译者
② 指康德的自在之物概念。——译者
③ 古希腊神话形象,古埃及的主神之一。——译者
④ 原文在冒号与引号之间有一个破折号,并无特殊的转折之意,这里照中文习惯删去。——译者

最重要的、发生意义上的中介概念。这恰恰是因为，依其最终的反思规定来看，本质将自身规定为根据并扬弃了这根据；而根据走向毁灭，则成了产生（Hervorgang）。事情（Die Sache）产生于根据："事情被根据奠基或被设定下来，并不是说根据留在底下；设定（Setzen）毋宁是根据运行出来走向其自身，是根据的彻底消失。"（《著作集》，IV，第117页及其后一页）本质的自我区分发生于现实（Wirklichkeit）的种种现象中，而又促成这些现象，它在现实中就已经扬弃了本质，而不是像黑格尔在接下来的"概念论"中规定的那样，到了概念的自由或概念的主体性中才扬弃本质。在这个意义上，黑格尔当然认为在本质中并没有什么被保留的、尚未开展的残余，在上述那般以完整的根据（齐全的条件）为背景的现象中，最终也并没有可能性的活动余地了。作为现实，现象完全而充分地成为本质的表现；因此，它在一切本质性关系中都表现出理性的、绝对的必然性。这样一来，在黑格尔这里不仅将历史呼唤出来，最后还使得历史成为多余的那种东西，当然也已经在逻辑上预先被确定下来了：对根据的中介是完全的，再也没有任何秘密留下。本质的根据被吸干并被倾注到世界上去了，完全来到了世界上：以此为代价，① 黑格尔便赢获了本质与现象间具体的中介。这种中介乃是出色地完成工作之后的休憩；再也没有任何不沉浸于其中的本质了，已经达到了真正存在者（in Wahrheit Seiende）②，再也没有任何本质性的东西需要操心了。世界精神已经完成了它的工作：黑格尔因完成其所主张的对本质的中介而产生的幸福之情，便从《逻辑学》开始充塞了黑格尔哲学的整个神庙。——据说《逻辑学》在现象中瞥见的是尚未完全被中介的东西，是在黑格尔本身看来并非完全"真实"和"本质"的东西。在他看来，历史上一切个别化的、"一时兴起随性为之"的逸事趣闻皆属此列，而形形色色的畸形怪胎尤其如此，那进行绝对中介的逻各斯将满腔怒火，因而将全部的非—中介（Nicht-Vermittlung）因素都倾注其中的"蠕虫、

[170]

---

① 原文在引号后有一破折号，译文中略去。——译者
② 字面直译为"在真理中存在者"。——译者

昆虫和其他害虫"，尤其如此。历史中出现的种种恶作剧也并未厕身于，比如说，《逻辑学》诸范畴之间的地带，使得那被认为并不真实的"非本质之物"在此仿佛至少能找到逻辑上的安身之所；因为在黑格尔那里，如果可以这么说的话，居于这些中间地带的唯有断裂性的

[171] 突变，唯有从一个范畴到另一个范畴的飞跃。在被黑格尔在完全本己的意义上标为否定（Negation）的"差异领域"中，那些恶作剧亦非必要；因为这否定（"痛苦与矛盾的酸酵头［Sauerteig］"）是辩证法的工具，而不是逻辑学的残渣。由此可见，当黑格尔把现象树立为"非本质"因素时，本质的那种极为古老的价值特征便违背约定，在他这里遍地开花般冒出来了。当他明明白白地称颂人的劳动——亦即生成性的本质逻辑的具体化过程——是"本质化过程"时，很明显地也是如此；在国家学说中也是如此，在艺术领域中黑格尔对这一点尤其直言不讳。据说人们可以对比两个句子，其中一个出自本质逻辑，另一个出自美学；二者都以其自身的方式保持了本质的冲突特征，亦即保持了它的价值特征，它们在这方面都不遑多让。第一个句子与显现的—直接的表面和在逻辑上经过中介的①深处之间的区别有关："因此，要是有人说一切事物都有某种本质，那么这话其实就是说，它们其实并不是它们直接证明自身所是的那样。"（《著作集》，VI，第224页及其后一页）另一个句子，则使得艺术家作为在其特殊领域中的本质的造作者而相对独立自主，不受自然现象的限制："因为艺术把在其他定在形式中被偶然性与外在性玷污了的东西，引回与它真正的概念的这种和谐中去了"（概念是本质的真理），"它将现象中与此②相应的一切抛在一边，首次通过这种净化产生了理想（das Ideal）"。（《著作集》，X^1，第200页）因而即使在黑格尔这里，本质也并非到处都表现出完全脱离根据的迹象，它还有一种特征不容否认，即与根据不分离，有着依然沉没于根据之中而尚未显现的一面。它自古以来就有一种张力，在认识论上、法学上，尤其是在宗教上，"本质"

---

① vermittelter（经过中介的）亦译"间接的"，与前文中"直接的"形成对照。——译者
② 指上文中说的被玷污的东西。——译者

(Essenz)① 都是在与"实存"(Existenz)之间构成这种张力的情况下出现的。从柏拉图到阿奎那,无论"本质"本身在多大程度上又被弄成了存在者,因而无论它——通过被本体化②(Hypostasierung)为某种超世界的—神秘的最实在的存在者(Ens realissimum)③——在其秘密的隐藏状态中多么不可理解,事情都是如此。同样不可遗忘的是:黑格尔的本质逻辑,仅仅是正在演历着的本质中介(Wesensvermittlung)的**工具论**,它是自在存在着的概念的工具(das Werkzeug),而不是世界自外而自为地存在着的具体化(außer sich und für sich seienden Weltkonkretionen)所形成的作品(Werk)。要是黑格尔哲学中的这些具体化现象无论如何也都不过是逻各斯的具体化,那么,黑格尔的那个经常被人干扰和中断的世界形成过程(Weltbildung),便会妨碍人们将他的实在哲学(Realphilosophie)④完全描绘成他的逻辑学的二重化(或实例素材)。作为工具论,本质逻辑从来都是一切根本性思想的训练,即便世界甚至本质本身并非逻各斯,也是如此。倘若它不那么具有精神性——后一种情形毋宁恰恰是他的逻辑—发生的开展过程中的种种艰苦与困难所指望的归宿——那就成了陷于其根据之中、恰恰陷于这种尚未与其自身发生中介作用的如是(Daß)之中的某种尚未充分被规定的强度因素(Intensitäts-Faktor),它处在人们从逻辑—历史的角度进行规定与客观化的种种尝试的现世与彼岸。世界的那种在根本上起推动作用和最终具有内容的本质,那最终而言属于内容方面因素的本质,乃是一种强度,而不是一种逻辑之物;这逻辑之物在他看来只是钥匙,正如理论是实践的要素一样。即便在黑格尔这里,撇开他自己的态度不谈(malgré lui)⑤,全部逻辑学的规定范畴(Bestimmungskategorien)都关联于其上,却又并不与它——作为一种实存着

[172]

---

① 此处写法(Essenz)与前文中(Wesen)有所不同,源自拉丁文。下一处同此。——译者
② 宗教界也译作"位格化"。——译者
③ 拉丁文。——译者
④ "实在哲学"源自黑格尔耶拿时期部分哲学以及后世学者对这部分哲学的概括,具体指的是形而上学中除逻辑学之外的部分,大致对应于后来《哲学科学百科全书纲要》中的自然哲学与精神哲学。——译者
⑤ 法文。——译者

的物质性因素——相重合的东西，正是这种强度。尽管如此，在如此之多的既精细又宏大的光影之中，正如（即便不如此也一样）那既走向毁灭（zugrunde gehenden）、又走到其根据之处的（zu seinem Grund gehenden）的本质的 X 一样，本质逻辑摄取了这 X 所是或所能是的精华。这种精华，或万物之根据，就是物质（Materie）①，正如万物本身在这物质中组织、显示其自身，在这里才能构成其自身一样，万物的形成同样源自这物质。

一个世界网络，绝无西班牙长靴

关于生成着的思维："概念在进程中产生自身，因而也是无法被预先指派的。"（《著作集》，III，第 27 页）

《浮士德》里针对西班牙长靴（老旧僵化的逻辑学）说过：

> 你的精神便可以就范，
> 像统进西班牙的长靴一般，……
> 而且这座思想的工场
> 　　其实和织布的工头一样，
> 一踩便涌出千头万绪，
> 梭子只见在来回飞翔，
> 眼不见的一条经线流去，
> 一打则万线连成一张。
>
> 《浮士德》第一部，"书斋"②

[173]

---

① 亦译"质料"，但布洛赫不是在古代意义上，而是在现代唯物主义的意义上使用这个词，故仍选取"物质"的译法。——译者

② 梅菲斯特语。译文采自郭沫若译本，见歌德《浮士德》第一部，郭沫若译，人民文学出版社 1978 年版，第 90—91 页。歌德在后文中，梅菲斯特紧接着就说到了哲学家："哲学家要走来教你：/第一段如是，第二段如是，/则第三第四段如是；/假使第一第二不如是，/则第三第四永不如是。随处的学生都在赞奖，/但没有一人成为了织匠。/想认识生物，记述生物的人/首先便要驱逐精神，/结果是得到些零碎的片体，/可惜没有精神的连系。"——译者

与此类似，黑格尔针对那种向来带着一股子经院气的、在内容上并未自行运动起来的逻辑学说："它的各种规定牢固不变，这些规定相互之间的关系也仅仅是外在的。因为判断和推理的运用，主要都归结到并建立在量的东西上面，所以一切都依靠某种外在的区别，依靠单纯的比较，成了完全分析的程序和无概念的计算。"[①]（《著作集》，III，第39页）

与之相反，《逻辑学》则是世界网络（Weltnetz），是范畴学说，是关于编织着的—被交织起来的世界计划的学说："假如思想也正是自在的事情本身，纯科学便包含这思想，或者说，假如自在的事情本身也正是纯思想，纯科学也便包含这个自在的事情本身。……阿那克萨哥拉（Anaxagoras）[②]被赞美为第一个说出这样思想的人，即：心灵（Nus），思想，是世界的本原。这样，他就奠定了一个理智的**宇宙**观的基础，这种宇宙观的纯粹形态必然是逻辑学。"[③]（《著作集》，III，第35页及其后一页）

逻辑学的方法是与人同行理性之路的那个活生生的过程："以理性的方式考察某种事物，这不是指将某种理性从外部带入对象中去并由此改造它，而是指对象本身自为地就是合乎理性的……科学的事务唯在于使人意识到事情中的理性的这种独有的工作。"（《著作集》，VIII，第66页）——"为了使逻辑学的枯骨，通过精神，活起来成为内容和含蕴，逻辑学的方法就必须是那唯一能够使它成为纯科学的方法……因为这个方法就是关于内容的内在自身运动的形式的意识。"（《著作集》，III，第40页及其后一页）

---

① 译文大部分采自杨一之先生译本，下同，不另说明。参见黑格尔《逻辑学》上卷，商务印书馆1966年版，第34页。——译者

② 阿那克萨哥拉（Anaxagoras，希腊文作Ἀναξαγόρας，约公元前499—前428），来自小亚细亚的前苏格拉底哲学家，他的作品残篇主要由亚里士多德流传下来，他将哲学带到了雅典，与伯利克里相熟，也教导过悲剧家欧里庇得斯。他在哲学上提出了"种子"与"奴斯"之说，在数学上以为圆求面积而闻名。——译者

③ 布洛赫将黑格尔原文中的重点号悉数略去，加上了他自己的重点号，下面的引文大抵同样如此，不另说明。——译者

[174]　黑格尔《逻辑学》的第一章可以说大体上（in nuce）① 表现了整部书本身："**存在**，这个无规定的直接的东西，实际上就是虚无，比无恰恰不多也不少。……**虚无**与纯存在是同一的规定，或不如说是同一的无规定，因而一般来说，无与纯存在是同一的东西。……这里的真理既不是有，也不是无，而是已走进了——不是走向——无中之有和已走进了——不是走向——有中之无。但是这里的真理，同样也不是两者的无区别，而是两者并不同一，两者绝对有区别，但又同样绝对不会分离、不可分离，并且每一方都直接消失于它的对方之中。所以，它们的真理是一方直接消失于另一方之中的运动，即变易（Werden）。"（《著作集》，III，第 78 页及其后一页）

　　废除"渐变"这个糟糕的和不真的范畴："据说自然界中是没有飞跃的；普通的观念，如果要想理解产生和消逝，就以为只要把它们设想为逐渐地出现或消失，那就是理解它们了。但在上面已经指出过：存在的变化从来都不仅是从一个大小到另一个大小的过渡，而且是从质到量和从量到质的过渡，是变为他物，即渐变过程之中断以及与先前的定在有质②的不同的他物。"——因而依据这个重要的和富有成效的规定，渐变涉及的"只是变化的外部因素，而不是它的质的因素"。由此黑格尔就在逻辑上明确区分了进化与革命，更准确地说是在逻辑上明确区分了费边主义者（"温和地适应"）和马克思主义者。

　　各种条件的成熟（满足）和结果的序列的不可避免，假使复活日（Auferstehungstag）也不可避免的话，正如马克思在《共产党宣言》里逐字逐句地照着下面黑格尔提出的这些前提说过的那样③："假如当前有了一个事情的一切条件，那么，这个事情便进入实存了。事情在它实存（existiert）之前就有了（ist）；而且它诚然首先是作为本质或[175]作为无条件的东西；其次，它具有定在（Dasein），而且是被规定了，而这个定在……一方面是在事情的条件上，另一方面是在事情的根据上被规定的。……这个被根据和条件中介过，并通过中介的扬弃而与

---

① 拉丁文。——译者
② 布洛赫此处的引文误写作"量"了。——译者
③ 下面的引文为黑格尔的文字。——译者

自身同一的直接性，就是实存。"（《著作集》，IV，第116页及其后几页）

在已然具有本质之后，如今实存便是**现象**（Erscheinung）了："现象是被它的否定中介过的实存者，而它的否定构成它的持存。……因此现象首先是作为否定性的自身中介的实存，这使得实存者被它自己的非持存、被一个他者，又被这个他者的非持存中介了它自身。其中包含的首先是双方的单纯映现和消失，即非本质的现象；其次也包含长留不变的东西，或者说规律①……规律因此并不超越于现象之外，而是在现象中直接临在；规律的王国是对实存着的或显现着的世界的宁静摹写。……规律王国是现象的静止的内容；现象是同一内容，但却表现为动荡不宁的变换，并且表现为在他者中的反思。"（《著作集》，IV，第146页及其后几页）——**现实**是本质与现象的统一，它的"绝对"关系（Verhältnisse）是实体性、因果性和交互作用："下雨是潮湿的原因，潮湿是下雨的结果；雨很湿，这是一个分析命题；同一种水，它就是雨，就是潮湿……假如一个物体的运动被看作结果，那么运动的原因便是一种推动力；但推动以前和以后存在的是同一的运动量……关于这种同语反复的观点，……更加主要的事，是还须注意不容许把因果性关系应用到有机身体的关系和精神性生命的关系上去，……因为那对有生命者起作用的东西，被这个有生命者独立地规定、变化并转化了……在历史上，精神的度与个人总是互起作用和**互为规定**的……于是那在有限的因果性中的作用又折回到坏的无限进展里去，并且变成一个自身回归的交互作用，一个无限的**交互作用**。"（《著作集》，IV，第227—239页）

外在的必然性（和偶然相同）、内在的必然性（是肇因和结果的统一）、绝对的必然性（和自由相同），——它们在《宗教哲学讲演录》中是这样被描述的：

"**外在的**必然性实际上是偶然的必然性。……促使事情发生的那

---

① 布洛赫的引文中在"或者说现象"之后加入了"本质性现象"，黑格尔原文中并无此说，此处不照录。——译者

些情状是直接的,而因为从这个立场来看直接的存在只有可能性的价值,因而那些情状就可能存在也可能不存在。……一片瓦从房顶掉下来,砸到一个人,瓦片的落下,它与人碰到一块,这些情状都可能存在也可能不存在。……作为条件的原因与那些结果是不同的,下落的瓦片与被砸到的人是完全不同的内容,这场面与原先被设定的结果是完全不同的。(《著作集》,XII,第15页)

"反之,**内在的**必然性则在于,被预设为原因、肇因、机遇的一切虽说都被分离开来了,那结果却与其属于一体,必然性在它们中产生了某种统一性。在这种必然性中发生的事情是,从预设前提中产生的结果并非某个他者,整个进程只不过是被预设为前提的东西也在结果中出现了,它与其自身相契合,它发现的是其自身。……结果就是各种情状①中包含的东西的汇集,并将那些东西凝结为形态(Gestalt)呈现出来。(《著作集》,XII,第16页及其后一页)

"最后,**绝对的**必然性在其自身是且包含了自由:因为它恰恰就是它与其自身的契合;它绝对自为地存在,不依赖于他者,它自由地起作用,它起作用不过就是与其自身的契合,它的进程不过就是发现其自身的过程,而发现其自身却是自由。"——但这话的意思并不是什么命运之爱(Amor fati)②:"像希腊人那里曾发生,而如今在穆罕默德的信徒们那里还能见到的那种臣服于必然性之下的态度,很可能是包含了自由的,但那只不过是自在存在着的形式性自由;面对必然性,人们是无法保有任何内容、任何意图、任何规定性的,而这里恰恰能看出这种必然性的缺陷。"——毋宁说只有经过概念性把握之后,必然性才揭示出它就是自由:外在的(盲目的)必然性被概念性把握看透,内在的与绝对的必然性则得到概念性把握的肯定,事情的核心——**目的**(Zweck)——也是如此,而人正是以目的中介自身的:"外在必然性的概念与合目的性形成对峙;反之,(内在的、绝对的必然性中的)目的则是持留的、驱动的、活动的、实现自身的东西。"(《著作

---

① 仍指前文中说过的那些充当了原因的情状。——译者
② 拉丁文。——译者

集》，XII，第 19 页及其后几页）

外在的目的根本不是任何目的，它只不过是在事情中被工具中介和制作的东西。在那里，手段，如果有的话，就成了一架犁，它可能比它所服务的最终目的更荣耀。但无论如何，外在的（主观凑起来的）合目的性也是虚假无聊的，反之，那种内在的、在事物中充当了目的因（Zielursache）的合目的性则名副其实，而且将各种原因当作它的手段。在此，机械论和目的论并非总是僵硬的、相互排斥的对立物，而是同一个辩证运动中的一些环节，倘若机械的东西并不将自身孤立起来的话。

"这就造成了机械论的特点，即被连接起来的各方之间有了某种关联，这种关联对于各方是外在的，无关乎它们的本性，而且即便它能给人营造出合为一体的假象，那也总不过是凑集、混合、堆积之类而已。正如有物质上的机械论，在此也出现了精神上的机械论，即那些被拢到精神这个名号之下的东西（各部分）相互之间和与其自身之间总是外在的关系。"（《著作集》，V，第 180 页）"然而目的并非仅仅自外于机械过程，而是保持自身于那过程中，并且成为它的规定。"（《著作集》，V，第 226 页）"目的论极大地招致了愚蠢可笑的骂名，这是因为它给出的目的关联（Zweckbeziehung）显得极为外在，因而也显得非常偶然。"（《著作集》，V，第 212 页）"因而在其手段中活动着的目的就必定不是作为某种外在因素在规定直接遇到的客体，而是客体通过其自身便齐齐走向概念的统一性；或者说目的的那种外在的活动必定通过目的的手段，将自身规定为中介，并扬弃自己。"（《著作集》，V，第 224 页及其后一页）

黑格尔《逻辑学》中的欧米加（Omega）或终点，无非就是丰富充实了的阿尔法（Alpha）①，并回到了这个开端。"因而关于含有目的论的活动，人们可以说在它那里终点就是开端，结果就是根据，作用就是原因，可以说它是既有之物（Gewordenen）的生成"（《著作 [178]

---

① 欧米加和阿尔法分别为希腊字母表中的最后一个和第一个字母，后常被基督教界借用来表示终结和开端。——译者

集》，V，第 228 页)：这一点适用于整个黑格尔逻辑学中的全部范畴功能、规定活动。这部逻辑学到处都在教导飞跃的力量和经过中介的新事物（Novum）① 的力量，然而同样没有在任何地方如此教导；因为飞跃以圆圈为它的运动形式。它将事物从开端的自在存在，引向终点的自在而自为存在，而终点就是开端。最初的东西之所以成为过去，仅仅因为最终的东西又成为最初的东西，后者已然成为完全合乎逻辑的素材了。总的来说，根本不存在任何飞跃、任何意外，不存在逻辑之物向某种完全他异之物，即向追寻者、向一切"开端"之处的强度因素的任何偏折。相反，逻辑学在黑格尔那里从不终止："这样一来，在绝对理念②中逻辑学也就折回到这种简单的统一性中去了，后者就是它的开端；最初在存在中一切规定似乎都被抹去了，或者似乎都通过抽象而被消除了，这存在的纯粹的直接性如今成了通过中介、亦即通过对中介的扬弃而达到与其自身若合符节地相等同的那种理念。"（《著作集》，V，第 352 页及其后一页）就黑格尔逻辑学的整体情况来看，理念的自在存在就是这样结束了世界规划（Weltplan），就是这样在循环运动中描述和回置这规划的。这样一来，以历史的方式开展的人类理性的范畴汇编，便回溯到某个世界——阿尔法的太古时代去了；在这一点上，这范畴汇编就在源自先天（Apriori）③ 的某种彻底的前宇宙（Vor-Kosmos）中占据了一块未受干扰的地盘。

11. 向实在之物过渡；《哲学科学百科全书纲要》

[179]
> 但愿我所能完成的一切，总能自行承接
> 您已经奠立和建造起来的东西。
> 歌德致黑格尔书信，1824 年 5 月

（1）前此谈论的是所谓的自在的纯思维。人们常常错误地限制黑格尔，仿佛他只会在概念内部进行编织似的。仿佛他织出来一张网，

---

① 拉丁文。——译者
② 黑格尔《逻辑学》中的最后一个范畴。——译者
③ 源自拉丁文"a priori"。——译者

却从不知道用它去引诱猎物飞进来，从不知道拿它收获点什么。与此相反，黑格尔对那种自顾自的思维从来都报以嘲讽。他的概念长了眼睛，从一开始就是按百科全书的方式规划的，这不仅是就它那广阔的全景而言，也是就它那源源不断的世界素材而言的。和传说中的那种含糊不定、云山雾罩而令人摸不着头脑的风格不同，在黑格尔所阐明的学说构成的那面实有所指的墙上，唯独只有特定的东西，只有一张被彻底构造好的湿壁画。而且那种超凡脱俗自顾自的存在状态在这里根本就是无效的，以致漫游于黑格尔学说的大厦中的人处处都得保持警惕，留意是谁在那里运行（Qui vive）①，而这运行就需要外部素材，而且被归结于那素材。概念是起引导作用的线条，而且不止于此，但它的四周则无比饱满地充斥着人体验并经历过的素材。

（2）我们以逻辑学达到了通常难以企及的高度。由此，便可开始对广大的世界与全景发表看法了。这个世界和全景从矿石、植物、猿猴延伸到警察，从云母岩延伸到帕特农神庙。从开普勒定律到对英国改革议案和对维特鲁威（Vitruv）②设计的立柱顺序的批评，它上下求索。它囊括了植物的温度和《薄伽梵歌》，磁学和苏格拉底之死，中国的帝国名录（Reichsadreßbuch）和德尔斐神庙，布匿战争和费希特知识学，所有这一切都各得其所。黑格尔厕身于亚里士多德与莱布尼茨这类哲学家之列，是最全面透彻的博学之人，而他的学识也不过时③。他是一个进行哲学运思的博学之人，这就是说，他的学识并不是由他抛出来的，并不是打包封存在一些盛放过时记忆的储藏室里的东西。这学识虽说进了储藏室，正如可以进一步看到的那样，黑格尔也绝非只关心那种尚未成为历史的当下之事的思想家，但即便在他描写的古代事物中，也可以看出与当代事物的相关性：全人类的事物莫不与我自身相关（nil humani a me alienum puto）④，而这自身（Selbst）则将自己扩展为全人类的自身（Selbst）。黑格尔广大的学识在当下流

---

① 拉丁文。——译者
② 维特鲁威，罗马建筑家、工程师和建筑理论家，公元前1世纪人。——译者
③ "不过时"原文为英文。——译者
④ 拉丁文。——译者

行，屹立于经久不息的生产力与辩证渗透燃出的烈焰之上。一种对阿喀琉斯（Achilles）①和菲迪亚斯（Phidias）②，对琐罗亚斯德和《神曲》，对波墨和亚里士多德几乎同样熟悉的才能，再次塑造了它所见的种种事件，依照某个方向对历史上的种种面貌进行排序，在最微小的细节中都浓缩了对世界的整体看法。叔本华，这个黑格尔的对拓人（Antipode），曾经注意到广博的知识对于弱者是个重负，会将他压垮，但对于强者却是一副铠甲，能令他所向披靡：黑格尔披上这副铠甲，就成了某种普遍者，即迄今为止出现过的最终成果。而广博的知识不仅不断被分划，它在无数地方还表现出最惊人的生动性。《逻辑学》的抽象思想家（Abstrakt-Denker）在给《哲学科学百科全书纲要》所写的许多附释中，首先是在已出版的讲演录中，表现出某种具体性，惹得成百上千的逻辑实在论者（logische Realisten）都可能对他心生妒忌。尤其值得注意的是，《美学讲演录》充满了它处理对象时涂抹上去的那种色调。要寻找古尼德兰的某种类似的模仿构词法，就必须读读凯勒，而要看到浪漫派的艺术形式是如何以极富弹性的方式被理解的，就必须读读叔本华。这里到处都是直观在起作用，根本无须擦拭什么眼镜；广博的知识当下就显示出它的各种对象。《精神现象学》以大密度压缩的方式开始的东西，如今在舒适地穿越了逻辑学架构之后，于体系中进一步繁盛起来。在那广泛地分散开、富有教益地彻底开展的体系中，在黑格尔主义者们称许的"亚里士多德式工作极乐"（Aristotelische Arbeitsseligkeit）③所形成的典范性成果中，进一步繁盛起来。那座学说的大厦极其广泛又特别封闭，以致人们若是在同样的基础上看待它，简直就不知道还能做点什么了。和阿拉丁幻化出来的那座宫殿不同，这里并不欠缺什么唯一的窗户；至少从给出建筑规划

---

① 阿喀琉斯（Achilles，亦写作 Achilleus，希腊文作Ἀχιλλεύς），希腊神话人物，荷马《伊利亚特》中的主要英雄，据说全身除了脚踵之外，无处可伤。——译者

② 菲迪亚斯（生于公元前500—490，卒于公元前430—420），古希腊著名雕塑家。——译者

③ 指黑格尔像亚里士多德一样极其重视对具体材料的分析，并从中感到快乐。——译者

的逻辑学的角度来看是如此。

虽说在其他情形下看，单纯的广度的确还不等于丰富。当然它也不等于深度；在业经掌握的广博知识中，而且恰恰只在业经掌握的这种知识中才能表现出的那种深度，其本身只有一条狭长的入口和出口。有一类人同样不曾被知识的那副铠甲压垮，如果不能说他们是弱者，那他们也算是庸众了；因为他们也曾以适当的方式负起了这个重担。的确，人们也想贬低黑格尔，说他极尽精巧之能事，将他的学说划分成各个学科中的素材了；围绕施莱格尔（Schlegel）① 形成的那个圈子便已经这样指责过他了。他们说，这样的做法不过是二流气质之所为，与此相反，莱布尼茨，甚至谢林，都满足于一些主导性的陈述，因为要给勤奋的蜂群指出它们该从事什么业务，这样做明显就够了。无论对黑格尔的这种贬低看起来有多荒谬，这种做法中表现出来的一点却也不假，即如果一个人博学多能而有所建树，那么即便他不是哲学家，尤其在他不是哲学家的情况下，他也能表现出最大的广博。在这一点上，亚里士多德如同黑格尔一样，他们的形象因为像古代的瓦罗（Varro）②、中世纪的博韦（Vinzenz von Beauvais）③ 这类人非凡的汇编工作而蒙羞。即便在瓦罗那里，文献的存量也是惊人的：农业、历史、文法、古代文化学、法学、文学、哲学，所有这一切都被聚拢起来。他是一个百科全书式的人物，然而他又从来不安于当个哲学家。蒙森（Mommsen）④ 宁可说他"对于一切不富于形象与事实

[181]

---

① 卡尔·威廉·弗里德里希·施莱格尔（Karl Wilhelm Friedrich Schlegel，通常简写为 Friedrich Schlegel，1772—1829），德国浪漫派哲学家、作家、文学与艺术批评家、历史学家和古典语文学家，与其兄弟奥古斯特·威廉·施莱格尔（August Wilhelm Schlegel）同为"耶拿早期浪漫派"最重要的代表。他曾有囊括哲学、散文、诗、天才与批判的一种"进步的万有诗"的宏大构想，以及浪漫派反讽和"新神话学"的构想。——译者
② 马库斯·特伦提乌斯·瓦罗（Marcus Terentius Varro，公元前116—前27），古罗马最著名的博学之士。——译者
③ 文森特·德·博韦（也写作 Vincent de Beauvais 或 Vincentius Bellovacensis，生于1184—1194，卒于1264年左右），法国著名学者、教育学家和多明我会修士。——译者
④ 克里斯蒂安·马蒂亚斯·泰奥多尔·蒙森（Christian Matthias Theodor Mommsen，1817—1903），德国历史学家，19世纪最重要的古代文化研究者之一，他的《罗马史》至今依然是史学界基本读物，他曾因该书获得1902年诺贝尔文学奖。——译者

因素而看似概念甚或体系的东西都完全是迟钝的，他或许是所有无哲学修养的罗马人中最无哲学修养的那一位"。然后在中世纪又出现了另一个不肖子孙的形象，这个时代的那些素有哲学修养的"辑佚学士"无论如何都不会对他心生妒忌的。博韦于13世纪撰写了一部极富词典风格的百科全书，是那时的各种学识的一面几乎登峰造极的"透镜"（Speculum）①。博韦本人就此说过，作为学识的透镜（speculum doctrinale）②，它包含了能反映一切知识之质料与形式的那个镜面；作为自然的透镜（speculum naturale）③，它包含了自然和它的全部性状；作为历史的透镜（speculum historiale）④，它包含了一切时代的秩序；作为道德的透镜（speculum morale）⑤，它包含了一切德性与恶习的特性和表现。但是，它绝不是由此而形成的什么哲学，在这类事物中活跃冲击着的是量这种单纯外在性的因素，这个量却不会突变为质。或者，也正如亚里士多德这位现实的百科全书式学问家，这位既广博又深刻的世界知识搜集者所说：学识广博不足为训。过去只要广博的学识涉及哲学，那么关键的事情并非什么完备无缺，而是一股洪流，它穿透一切，并使得附属性构成物生机勃勃，赋予它们更高的算法。在那类介于资料情报与学说之间的百科全书中尤其如此：在贝尔⑥的《历史批判词典》（*Dictionaire historique et critique*）中，在启蒙时代的黎明中。这词典的素材已经不是简单凑集在一起的，而是精选过并照某个基准点来衡量的；这素材是照怀疑论的观点来批判，并以促进市民道德为目的来排定主次的。在这个例子中，当然处处可见蜂群般的勤奋，然而充斥其中的恰恰不仅仅是勤奋，而是一种意志，这种意志有着它伟大的目标，并且为此且仅仅为此而以复调的方式编排知识的素材。就此举出现代的那些反例，或者仅仅举出它们全体的那

---

① 拉丁文。——译者
② 拉丁文。——译者
③ 拉丁文。——译者
④ 拉丁文。——译者
⑤ 拉丁文。——译者
⑥ 皮埃尔·贝尔（Pierre Bayle, 1647—1706），法国作家与哲学家，启蒙运动的核心人物之一，他最重要的著作是《历史批判词典》（1694年）。——译者

位典范沃尔夫，这种做法并不值得称道；因为他在黑格尔之前不久，"正像黑格尔那样"，又以海纳百川之势将一切个别的科学吞入到哲学之中了。极尽勤奋而又表现出市民最卓越的干练；这就显得黑格尔虽说具有百科全书的特色，仿佛人能够论述万物（以及其他一些补充因素）似的，却唯独没有贯彻一星半点他自己的思想。后期的谢林很明显希望通过拿黑格尔与沃尔夫相比来贬低他；他小心翼翼地防止将这种比较回溯到亚里士多德，虽说严格来讲，他在做这种比较时也不是那么真诚。可见，黑格尔的广博与那些二流学说的广博之间有着天壤之别；他已经提及浮士德的那种耗尽一切的激情，那种激情以永不满足地穿透一切的意志为内容。正如在实在哲学中尤为明显的那样，参与其事的甚至还有某种帝王般的身姿：已臣服的对象就像战利品一样对凯旋的统帅亦步亦趋。这类因素当然并非一切伟大哲学之为伟大哲学的本质要素，但伟大哲学的本质要素，是与那种受到指责的二流的蜂群式勤奋截然不同的。它是一条亚里士多德的、托马斯主义的道路，在这条路之外当然还有另外一些道路；正如柏拉图、莱布尼茨和康德都以极为不同的方式证明的那样。当然，还存在着一条非百科全书式道路，它只从一些精选出来的点出发，表明核心前景：像莱布尼茨那样一位伟大的博学之士要达此目的，必定不会走亚里士多德的路，因而也就可能会静静地消逝，即便他那些巨大的、系统地完全以地形学方式编织起来的熠熠生辉之处，并不是由经过彻底阐明的整体关联材料相互联系起来的，也是如此。但与此不同，造就黑格尔的名望的恰恰是下面这一点，即他极为广泛地承担起这种阐明的工作，同时却又根本不失深度。莱布尼茨是伟大的，黑格尔是伟大的；前者无所遗漏，唯独缺少一个汇编成果，后者之所以抓住了最重要的东西，恰恰是因为这样一个汇编成果的出现，——它既是哲学对现象的征服，也是哲学对现象的拯救①。《精神现象学》还只是以一趟发现之旅的方式在展示百科全书式的内容；拿骑士的术语来说，在那里恰恰充满了开路先锋的因素，充满了边界问题的因素。然而百科全书式的

[183]

---

① 此处可能暗比古希腊哲学的"拯救现象"之说。——译者

内容在实在哲学中全盘显露出来了；在这里，百科全书成了黑格尔用来概括自然哲学与精神哲学的一个术语①，——在全宇宙的范围内。

（3）从根本上说，黑格尔的思维曾承担起一个巨大的世界。而且对他而言，无论在这个世界中有多少追逐猎取，它却绝非一个开放的世界。它毋宁在逻辑上是圆满的，因为"开端的回溯性奠基和它的进取性拓展规定相互融合，而且是同一个活动"（《著作集》，V，第350页）。这样，逻辑学与实在哲学结合起来的整体，便构成了一个既出自回溯性渐进过程而又维持着它、形塑着它的体系。对这个体系的描述，便形成了"哲学科学百科全书纲要"。它是一份压缩性的、每个段落都过于压缩了的描述："作为全书，科学并未在其特殊分化的详细开展方面得到描述，而是仅限于各特殊科学的开端与基本概念。"（《哲学科学百科全书纲要》，§16）然而就在这一节前面的一节里，还可以看到一种远为广泛的规定，甚至可以说是在材料方面完全具有决定性的规定。它恰恰与那环形运动者、与那绝对广泛者相合，这样一来，百科全书如今聚合起来的便不仅仅是每个特殊的开端，它尤其还聚合了全部的回溯性渐进过程本身：广泛的封闭性整全。如此一来，便产生了**对作为真理形式的圆圈的**一种死板的**崇拜**。此外，这种纲要与"百科全书"（En-kyklo-paidia）——"在圆圈中的学说"（In-Kreis-Lehre）②——这个术语在字面上是严格一致的："哲学的每一个部分都是一个哲学的整体（philosophisches Ganzes），一个在其自身之内趋于封闭的圆圈，但这里哲学的理念处在诸要素的某种特殊规定性之下。个别的圆圈之所以达到突破，乃是因为它自在地是总体性，也是它的要素之边界，个别的圆圈又奠定了进一步的界域；整体因此便自行呈现为诸多圆圈构成的一个圆圈。"（《哲学科学百科全书纲要》，§15）正如黑格尔在此所强调的，虽说当圆圈自在地也是那种突破其要素之界限的总体性时，在这种圆圈思维中蕴含着一种强力的扩张，因而也蕴含着辩证法的真正本质；但是，事情的辩证法

---

① 指"哲学科学百科全书"。——译者
② 这是布洛赫从字面上对 Enzyklopädie 进行的直译。——译者

又在黑格尔这里极为强烈地驱驰着，它总是在一个百科全书式的封闭性圆环中驱驰着。从经济上看，动力学与最终的静力学之间的这种交织，乃是基于那时德国资本主义与封建社会停滞状态相交织的情形。由此，黑格尔的这种——在欧洲其他任何地方都不可能的——进展与守旧同在的格局，便反映在意识形态上了，那种复辟性的圆圈也很难说符合现实的洪流与进步。极有特色的一种现象是，那时正是黑格尔的逻辑学，作为抽象的自在（Ansich）在自身内的往复运动，将那出自诸多圆圈的圆圈传送到了实在哲学之上，尽管在这部逻辑学中还根本没有出现空间性（Räumlichkeit）范畴，而那些圆圈只有在这个范畴中才是可能的。尽管如此，在此抽象地往返运动着并构成循环的东西，如今也应当到外面去，到实在世界的大风大浪里去规定与塑造它的航线。费希特曾从他那在质料方面毫不动心的自我辩证法（Ich-Dialektik）出发，说哲学最完满的形式就是圆圈的形式；黑格尔正是在质料方面认真对待了这句话。从圆环悠久而颇有几何学价值的完满性来看，那时参与塑造这一思想的还有希腊的空间观，而且此处涉及的还不是赫拉克利特的，而是埃利亚派——在黑格尔这里这令人吃惊——的空间观。亦即埃利亚派巴门尼德的三维立体圆圈、球体、宇宙—球体；圆圈使自身适应于这个球体。"一与全"（Hen kai Pan）：[185]荷尔德林曾将这个"符号"写在毕业时象征友情的纪念册上，送给黑格尔；但这正是埃利亚派的口号，或者说，正是由那不被推动的、有着球体形象的大全（Alles）所构成的那个天球（Sphaira）。就像从前在柏拉图辩证法那里我们曾见过永恒不变的存在一样，在黑格尔借由圆圈符号构造出来的这种完全不同的辩证法里，在表达环行之宁静的这座雕像里，那种存在最后一次、然而却更强烈地向我们致意了。在这里，理念本身将自身表现为宁静："普遍的理念并不是"，黑格尔甚至在《历史哲学讲演录》中这样说，"陷入对立、争执与危险之中的东西；它将自身保持在背景之中，不受攻击，也不被损害"（《著作集》，IX，第33页）。这种令人惊讶的宁静超越于辩证运动的法庭之外，最后不过表明自身是被魔法召来的，比如从埃利亚派的静力学中取来的；它绝非过程辩证法本身的任何现成的静止规定性。过程的不宁与过早到来的安宁，表现某种狂野的辩证追逐的北国图画与表现某种极乐的脱逃状态的蓝天图画；因而这些构造得极为不同的思维推动力与吸引力在这里就相互冲撞，不遑多让，这种情形在黑格尔这里很常见。天球以火的运行为中心，这是象征静力学完满状态的原始形象，而火又总是一再令天球扰攘和流动起来。在黑格尔这里，埃利亚派并没有像在柏拉图那里一样胜过赫拉克利特，但黑格尔试图以圆圈和拱顶制伏火，他的确再次通盘地仔细推敲了那曾经尝试过的总体。一间巨人之室的拱顶，这便是已然没落的静力学中依然在后世发挥作用的那种原型，与其一道在黑格尔这里以百科全书的方式表现出来的，还有一种完全不同种类的广包性，即辩证法的那种既推动事物又被推动的广包性。但这里必须预先说明的是：那位**进步的**黑格尔所设想的总体（Totum）①，他在变易中觉察其踪迹的那个总体，不再是**万有**（All），**而是全**（Alles）。不再是泛泛意义上的万物（Pan）②，而是那封闭与包围他物的因素，其实，寓身于席勒描绘的塞伊斯雕像③中的那个少年就表现了这个因素：如果不能说我拥有全体，却能说拥有我的那个东西。这个全（Alles）可以充当某个现成之物意义上的、某个完美浓缩于伊西斯女神的面纱之后的东西意义上的整全真理：只要人们还信奉一个尽善尽美的伊西斯女神。换言之，依照黑格尔的看法，只要人们还将真理视作"铸成了的硬币，可以现成地拿过来就用"（《著作集》，II，第 30 页）的话。但只要全体（Alles）被理解成**完成者**（das Erfüllende），而不是像万有那样被理解成**充实者**（das Füllende），那么不言而喻的是，它所归属的那种终极总体性便不是什么永远在自身内回流着的或永远围绕自身转动着的圆圈。在黑格尔这里，在个别圆圈中"突破它的要素之边界，又奠定了进一步的界域"

[186]

---

① 拉丁文。——译者
② 希腊文的拉丁化形式。——译者
③ 塞伊斯蒙面雕像（das verschleierte Bild zu Saïs）是西方古代以来和早期启蒙时代经常被提及的一个经典主题，据说位于古埃及城市塞伊斯（即今天的萨哈杰尔），被视作自然的神性化身，也被认为代表伊西斯女神。席勒在其作品中多次提及这个形象，他曾在 1793 年的《论崇高》中以该雕像的口吻说道："我是一切存在着的、曾存在的和将存在的东西。没有任何有朽之人揭开过我的面纱。"——译者

的因素，那在合题的欧米加中至少以更丰富的规定强化表现了正题的阿尔法的因素：在所谓的圆圈的起点之处还没有出现、在本源之处完全没有完整安放进来的那些内容的加入，就扬弃了作为过程之终结的百科全书（En-kyklo-paidia）①。这样，黑格尔这里的圆形本身就应该被略打折扣（cum grano salis）②，在《逻辑学》中也同样如此，这就是说：以抽象的方式（in abstracto）③，以比《哲学科学百科全书纲要》中各个质料性部分远为安适的方式被阐明。被锁闭于圆圈之中的因素，在该纲要的自然哲学与精神哲学中一直是一种唯心论—体系性的悬设（Postulat），以历史为久已发生过的传说，但黑格尔这里的材料，也并不完全驯服于圆圈之下。作为自然的材料，它桀骜不驯又棘手难缠；作为文化的材料，它更像雷暴而不是彩虹。此外还须注意，即便那些重大的文化领域（习俗、艺术、宗教、科学）被称作或被比作一些"层面"（Sphären），这些层面也绝不总是甚或必然是一些同心圆。相反，在习俗与艺术、艺术与宗教、宗教与哲学之间，过去和现在都经常发生某种极不同调的关系；黑格尔提到过这一点，也很可能亲身体验过宗教与哲学之间的争执。据此，黑格尔也没有用平滑的圆形包围圈，而是用内容方面的某些相似来对付关系方面的这些难题（尤其是宗教与哲学之间的关系）。据说这就意味着：并非圆圈在相互嵌入，而是某个单一的进程内容在各个不同的文化层面，在更多的方面尝试性地或者说以完全不封闭自身而保持开放的方式生发出来。即便作为圆圈或球体的百科全书，即便由众多圆圈构成的那种圆圈，甚或依循黑格尔各个讲座周期构成的那个大圆环来看，也必定是最不合乎规则的。像辩证的过程所表现的那样一种行军（Marsch）消耗了它从一开始就携带的东西，虽说在达到目标的时候实现了开端之点和出发点怀有的种种梦想与自在的意图（An-sich-Intentionen），却并不像一开始丢失的儿子一样，会在反复缠绕的过程中归来。因而《哲学科学百科

[187]

---

① 布洛赫此处加上连字符，是在暗示这个词的字面意思：在圆圈中完结了的学说。参照他在原书第184页（见本书边码）的解析。——译者
② 拉丁文，字面意思为"有一撮盐"，引申为有所怀疑、稍打折扣的意思。——译者
③ 拉丁文。——译者

全书纲要》的真理的形式并不是恢复，而是生产；而每次达到的形态，尽管塑造了起点之处的材料，却一再作为"上升"、作为"新世界的产物"，以极为惊人而又极其暴烈的方式与这种位于基底之处的自在（Ansich）形成对立。反正从火当中——而照黑格尔最钟爱的元素来看，他的进程产生于火——是无法形成任何纯粹球体的；因为产生了过多的爆炸与日珥（Protuberanz）现象。

（4）黑格尔处处都以坚毅而又广远的、彻底开展的、富于启发的方式前行。他绝非随性而为的思想家，肯定也不会随便放下什么想法；他认为没有任何东西应当"像手枪发射一样"冒出来。然而清楚的是：这里明显还缺乏对思维功能的有效范围与边界的批判性研究。那根虽说不是由休谟和康德首先形成，却被他们磨得格外锐利的**认识论的**尖刺，对于黑格尔而言是陌生的。每一个经过休谟乃至康德的考验的读者都会对此感到惊讶，正如体验过已成过往的新康德主义的那种精细分疏的读者也会如此一样。在那里，当人们拿刀切什么或无须切什么之前，永远在磨刀；钟永远只是在敲击，人们却听不到任何清澈的钟声。尽管极为反感那种被康德断然拒绝、后来却被谢林高调赞美的科学中的"天才活力"，黑格尔却完全不喜欢事先（ante rem）① 就对事物进行检验的那种技能（试金石）。由此便有了那句著名的嘲讽："人们在进行认识之前就想得到什么认识，这恰似经院哲学的那个滑头的想法，就是不敢跳到水里去，却要在岸上先学会游泳。"（《哲学科学百科全书纲要》，§10）康德曾声称从独断论的迷梦中被休谟的怀疑唤醒了；黑格尔根本不认为自己入睡了，他直接接纳怀疑，将它当作探测各种矛盾的工具而纳入辩证法之中。康德想从一种事物的形而上学（einer Metaphysik der Dinge）追溯至一种知识的先验逻辑（eine transzendentale Logik des Wissens），使得"对象"不应当是超越于主体之外，而且号称为真的观念必须与之相符的那样一种原型，而是以主体—先天的方式得以产生的一套规则，是种种综合性的知性形式或范畴所构成的一个先验—逻辑的适用领域，而人的种种表

[188]

---

① 拉丁文。——译者

象都必须按照这些知性形式或范畴而得到整理，以便它们在这种整理中作为理论上普遍有效的，亦即作为科学的经验而得到承认。而在黑格尔这里，则见不到这类为经验"奠基"的做法、这类认识论上的激情（这激情在他的先天论的难以摆脱的困境中乃是某种现实的苦楚）的半点影子。很明显，这并不意味着把握者和被把握者之间的关系，甚至用黑格尔这里的头等大事的名号来说，主—客体关系（Subjekt-Objekt-Verhältnis），作为一个难题是缺席的；相反，从精神现象学到逻辑学再到实在哲学的整个辩证法都在表现这个难题，也都在表现克服它的那个过程。但观念与意识对象之间的关系作为纯粹认识论的难题，并没有超出导论（《哲学科学百科全书纲要》中的"绪论"[Vorbegriff]）的范围。康德那里作为严格科学的哲学的核心，到了黑格尔这里最多只被当作入门预备的东西，对于他而言只是某种"偏见"①，如果说不是在迷信的意义上，而是在前科学的意义上而言的话。照黑格尔看来，主体与客体之间那种纯粹认识论的，且保持其认识论性质的对立，不过是由外力规定下来的，而且正因为如此才是前科学的，而科学的对立只存在于知识的发生（Genesis）之中，因而只存在于已着手的和由内而外的认识进程本身之中。但是，这进程却是**体系本身**，而不是体系的入门预备；主体与客体之间的对立在体系中之所以显现为科学的对立，那只能是因为，它在这里是主体—客体性（Subjekt-Objektivität）赋予自身的某种规定性，而且在这里，由于在主体与客体之间起中介作用的精神的存在，同时也就有了某种统一性的存在。因而黑格尔那时的追问或怀疑根本就不是针对认识工具的；[189] 对他来说，这个工具通过某种自我保障（Selbstgarantie）而显得完好无损，只要且一旦它传递了概念的那种在辩证的意义上必然的进程（这进程不同于单纯而迟钝地听任表象摆布的状态）。当概念以纯正的方式持续起支配作用时，对黑格尔而言认识本身就在行动（actu）②中，犹如在烈焰（flagranti）③中一样，证明了自身——你们会在它的

---

① Vorurteil，字面意思是"前判断"。——译者

② 拉丁文。——译者

③ 拉丁文。——译者

成果中认出它来。

因此在这里，没有任何对象在业经思考后还与思考者形成对峙和令思维感到陌生。概念本身扬弃和化解了这种外在化的状况，认识之所以成为可能，是因为它发生了。康德的追问就这样被降格为虚假的追问，被降格为那种只有在完全取消内容的情况下才会形成的追问。正如雅可比后来嘲笑费希特时说过的，先验的行事方式促进的不是"比如说，袜子的编织，而是编织的编织"；而关切世界的丰富内容的黑格尔，他关注的那种生产并不是生产的生产，而应当是某种内容的发生。对于认识问题，除了先验的理解方式之外，当然还有另一种并非康德式的、并非**主体性的**，康德并未完成的理解方式：从**客体方面**而来的理解方式。这种理解方式此前甚少得到探讨，甚至极少作为问题而被尖锐地提出来。尽管如此，与康德的难题不同的是，它在黑格尔这里已经隐含着了，而且被他以自己的方式（suo modo）① 回答过了。那么问题就不在于：为了给普遍有效的判断奠基，思维功能必须是什么样的？而在于：思维的对象必须具有怎样的性状，它才由此而走进人的用于把握对象的诸范畴，由此而保证了完全一致的可知性？两种说法都是唯心论的，但第二种毕竟还是将某种独立于我们之外的（同时也经过了我们中介的）外部世界带进来了。这里运行着的那种关联到存在之上的提问方式，与康德的提问方式是完全不同的。的确，它对于那种在认识论的、先验—唯心论的意义上将意识绝对化的做法而言是无意义的。倘若存在就是对于意识的独立性，那么对于先验唯心论而言就没有任何存在了，也没有任何可以通过客观性而与现实相关的判断；它仅仅反复与意识—客体性（Bewußtseins-Objektivität）

[190] 相关。而且，撇开主体方面的一切混淆不论，客体的某个方面毕竟还是以先验—唯心论的方式现成地存在了（这是该框架下唯一可能的方式），只是并不合法：那些"建构性的"范畴根本不了解；以及它们如何能以不同于"反思性的"范畴的方式，被运用于质料性因素上；以及它们如何能够成为可以被罩在纷繁复杂而又多种多样的现象事物之上

---

① 拉丁文。——译者

的一些范畴顶盖（kategoriale Hüte）。它们也不了解，它们如何能够在并不像一般情况下那样保持为交互作用、因果性、实体性一类范畴的同时，却能够在方法上依照客体方面每一次的情形而发生分化和变化，在数学、物理学、生物学、历史学上都是如此。因而康德也只承认唯一的一种极为单调的范畴顶盖，亦即只承认唯一的一个科学范畴领域：数学性的机械力学。这些康德式的范畴不了解，也无从了解，它如何能呈现出有着不同难度的科学，而在个别科学内部又如何能再呈现出有着不同难度的问题领域——每一次都依照那在思想上尚待穿透的材料。它们就像它们所反映出的所谓知性计虑（Verstandeskalkül）一样，是从质料中抽象而来的；这样一来，这质料也就到处显眼而又讨厌地横插进认识的那个在形式上颇有分寸的主体方面。然而，若是要认可客体方面，剩下可做的事情，用洛采（Lotze）① 的那种几近惊讶无助的、虽说也非常没有哲学味的用语来说，就是将范畴（这些范畴甚至已经涵括一些公理性前提，比如根据律）对于质料性内容的适用性，称作一种"幸运的事实"。因而纯粹内在—先验的意识立场也必须承认客体方面，即便它并没有能力以批判性的方式理解那个方面。倘若对对象与人类用于理解的各种范畴之间的关系的那种追问，被以如此这般非批判的方式抽离出来，则结果就是如此；虽然如此，这种追问还是涉入一切认识行为中了。而且在黑格尔这里，之所以缺少在休谟和康德那里已经磨尖了的那根所谓的认识论尖刺，乃是因为在他这里实在问题（Realproblem）是更强的问题。这个问题一经《精神现象学》表达出来，便使得知识的生成过程不仅仅涉及它自身，还成了客体与主体，以及主体与客体在其中相符一致的地方。不存在那样的生成过程，知性在其中为自然预先规定了种种规律，仿佛自然不过就是白板（tabula rasa）② 而已；生成过程毋宁是从客体方面产生的材料问题（Stoff-Problem），即便是从在黑格尔看来最终与主体同一的那个客体方面产生的，也是如此。然而，只是从那极为漫长而又艰难

[191]

---

① 鲁道夫·赫尔曼·洛采（Rudolf Hermann Lotze，1817—1881），德国医生、哲学家、心理学家，价值哲学创始人。——译者

② 拉丁文。——译者

的道路、从一条充满了实在的矛盾的道路来看，客体方面才是与主体同一的。恰恰因此，知识的生成过程便意味着极为艰难的劳动，便涉及对物质方面的种种困难的极大克服。的确，其"运动之所以如此迟缓，恰恰是因为自身（Selbst）**必须渗透和消化**它的实体的全部财富"（《著作集》，II，第611页）。因而黑格尔并不是仅仅从主体出发的，而是在认识论上更果断地从客体出发了，——走向主体。他是从作为某种适合于认识、向认识迫近的材料的客体出发的，而不像先验唯心论那样是从作为某种被设定于认识主体（Erkenntnissubjekt）内部的任务的客体出发的。

（5）事情未曾发展到那样的地步，即自行思维着的认识活动不再希望两条腿走路。只有近代的，尤其是近代的认识活动，才一股脑地将它的主观进程当作唯一的进程，而且近乎中邪一般贬低所有其他的因素。这才使得认识问题几乎与先验的观念性因素成了同义词，而且几乎只允许人们从这种因素出发（如在科亨①、卡西勒②那里）来理解该问题。然而即使在"我思故我在"的那个时代，也还有另一个方面不曾被人遗忘，虽然它本身是作为不再能被现成地拿来就用的方面，作为一个在认识论上颇成问题的方面，即恰恰是作为客体问题而浮现出来的。关注这个方面的思想家并不多，而且大体来说只有一位思想家——马勒伯朗士——对这个问题感兴趣；很特别的是，他的努力——在客观唯心论内部除了黑格尔的工作外无出其右者——在那些以笛卡儿—康德为指针的近代哲学史叙事里，几乎很少得到应有的赏识。（在这个问题上，舍勒试图发起某种复兴工作，但他的方式完全是反动的、过于客观主义的，带着对整个生产要素的憎恨。）马勒伯朗士本人出身于笛卡儿学派，但他又很亲近源自柏拉图的中世纪"实

---

① 赫尔曼·科亨（Hermann Cohen，1842—1918），德国哲学家，与纳托尔普同为新康德主义马堡学派的代表人物，20世纪犹太哲学最主要的代表之一。——译者

② 恩斯特·卡西勒（Ernst Cassirer，1874—1945），德国哲学家，新康德主义代表人物，1933年离开纳粹德国，流亡英国，后分别流亡瑞典、美国，先后在牛津大学任客座教授，在耶鲁大学和哥伦比亚大学任教授。卡西勒以其文化哲学的主要著作《符号形式的哲学》最为著名，他还撰写了一系列认识论、科学理论、哲学史的著作。——译者

在论", 后者在所有概念之物那里, 还是将理论上的种种事实状态 (Sachlichkeiten) 看得比感性方面的种种特殊性状更重要, 也比——这里更重要的——认识主体的活动更重要。马勒伯朗士 (Malebranche)① 从中世纪 "实在论" 中接纳了许多关于上帝的思想, 但他同样由于 "我思故我在" 的那个古老的对立面, 由于 "上帝存在, 那么尘世与自我便存在" (Deus est, ergo sunt mundus et ego)②, 而能够在后来黑格尔并不完全疏远的那个意义上将认识问题抛到了客体的一面。照此看来, 人的见识便是对无限理性的分有, 在客观的分有之外就只剩下谬误了, 那便与罪相似: "我们看到万物都在上帝中" (nous voyons toutes choses en Dieu)③。正如空间是物体所在的地方, 上帝是精神所在的地方; 那么在这场针对认识论主体性的极为猛烈的反向运动中, 哲学家的视线便通过最远大的、囊括全世界的理念到达各种物体, 也到达世界上的各种主体精神。若是从这个极为偏离主体方面的知识概念出发, 作一点不那么富有神学意味的推论, 那就产生了客体的可认识性难题。这就是说: 正如健全的眼睛在晚上什么也看不见一样, 若是要认识的内容 (客体) 立于暗夜之中, 那么某种以普遍有效的方式标准化了的认识装置 (Erkenntnisapparat) 便什么也不认识。这个 "暗夜" 事实上被康德本人多次反思过, 正如已经说明的, 在 "自然的分疏" 中便是如此。这就是说, 他在发现不可能从普遍规律推导出各种特殊的自然规律时便反思过。在这种并非形式性的, 而是质料性的分疏中, 各知识领域之间的分化也同时被奠定了, 这种分化在先验—唯心论的意义上是完全无法解释的。甚至在康德所主张的所谓自在之物之不可知中, 这个暗夜也产生出来了, 就像在一场永恒的日食中的情形一样。这里虽然只展现出数学—自然科学计虑方式的界限, 在非形式性的、方法上 "不纯粹的" 材料上展现出对它的拒绝, 但与一切先验—唯心论的约定相反, 总是有某种未被阐明的客体方面

[192]

---

① 尼古拉·马勒伯朗士 (Nicolas Malebranche, 1638—1715), 法国哲学家与演讲家, 17 世纪笛卡儿学派代表人物。——译者

② 拉丁文。——译者

③ 法文。——译者

被注意到了。而市民科学的危机越是迫近，所谓客体中不可认识的因素也就越是突出；无论是在世界的某种不可把握也不可囊括的多元主义的意义上说（正如在詹姆斯［William James］那里一样），还是在某种令理智感到陌生、只有"直观"尚可通达的生机论的意义上说（正如在柏格森［Bergson］那里一样），都是如此。这里甚至存在着或存在过某种不知餍足，仿佛还极为自负，甚至富于攻击性的不可知论（它产生于哲学的象牙塔）带来的吊诡现象，亦即世界太糟糕，以致无法被认识，它太贫乏而无意义，以致种种精神交往手段在其中都行不通了。但也有一种像黑格尔哲学（在他之前还有谢林哲学）那样有意地远离单纯的理智立场或计虑立场的哲学；也有一种历史"理性"的哲学，它与抽象"知性"的哲学有别，在认识论上的客体方面独具一格地（sui generis）① 面对它的"暗夜"问题。在谢林那里，伴随着哲学家突然而来的阴郁色彩，在极为严肃真诚的态度下，这个问题作为世界之非逻辑性的"无根据"（与叔本华的"生命意志"不无关联）而出现。在泛逻辑性的黑格尔这里，它再次作为某种康德式的"自然的分疏"出现了，这里是在种种怪胎和不规则现象上显现，也是在"各种精神的"整个"迟缓的运动"上显现的，而《精神现象学》恰恰是以这个运动的概述结尾的。但这样一来，在客观唯心论中认识论上的客体问题恰恰表现为现成的，的确，黑格尔的体系，一切唯心论体系中最具客观主义特色的这一个，证明马勒伯朗士那里的上帝之眼（Gottesauge），在他那里内在于世界的上帝之光，完全配得上那样的荣誉，即可以说包含了**可认识性**的一种标准，即便那种标准是以极具神话色彩的方式被表达出来的，也是如此。马勒伯朗士通过即时的神学"回答"解决了他的问题，以至于这问题孤立开来看很难被发现。反之，黑格尔则已经明显地以隐含的方式（implicite）② 反思过对客体的认识的问题了，而且他公开赋予它那样一种形式，在他那里所有认识问题都具有那种形式：同时作为认识过程而出现的历史过

---

① 拉丁文。——译者
② 法文。——译者

程的形式。"创建罗马民族何等艰难"（Tanta molis erat humanam condere gentem）①：这便是历史客观性中的那条艰难的航道，伴随这条航道的是历史客观性之中或之外极多的"精神"。相反，按照马勒伯朗士的方式，这条航道完全以神话的方式被甜化和柔化了，甚至被描写为通往目标的一场自在而自为地富有教益的漂流，而这样一来，客体问题就又以神学的方式被消除了；这个意思见于下面这个句子："精神原理的发展便是真正的神正论，因为神正论便是洞察到，精神只有在精神的要素中才能释放自身，而且已发生的和每天都在发生的事情不仅来自于上帝，而且本身就是上帝的作品。"（《著作集》，IX，第446页）世界的可认识性（在黑格尔这里它与世界的不断进展着的自我揭示是一回事）因而就预设了，"精神只有在精神的要素中才能释放自身"。而黑格尔由于他的逻辑理念，认为这一预设——解决认识论上的客体问题的条件——现成存在着。逻各斯既是各种精神的处所，正如马勒伯朗士那里的情形一样，也是它们的时代的保人；它是使世界的揭示得以可能的基质。歌德相信："伊西斯展示自身，并没有用面纱遮掩什么，只不过人却有白内障"；黑格尔允许伊西斯戴着它古老形象中的那张面纱，但他同样确定的是，她有兴致在人出现的时候，在与人打交道的过程中一步步抛开那面纱。直至黑格尔的那个节日，那个让人感到再幸福不过的节庆宣言（应该注意，那是在艰难的工作日之后才达到的）："在上帝和世界那里再也没有任何秘密了。"

　　此外：在这里，另一个方面根本不是任何异质的东西，两个方面都要在认识过程中相互扬弃对方。黑格尔以自己的方式（suo modo）②在交互性中看待把握与可把握者的问题，最终也是这样提出与解决这个问题的。在他看来，客体问题在辩证的意义上乃是通过关于某种已经完整地现成存在的（主客体之间的）**中介**学说而得到解决的。而且，在形而上学的意义上，这个问题似乎首先是由于接受他的那整个

---

① 拉丁文。——译者
② 拉丁文。——译者

在主体和客体中起沟通关联作用的**泛逻辑主义**而得到解决的。中介学说既没有使主体与客体保持一段距离,也没有使客体与主体保持一段距离,这个意思在认识论上说就是:没有使对象与意识保持一段距离。依照黑格尔的看法,这种对立完全堵塞了哲学的入口,而哲学则必须首先将自身从这种对立中解放出来:"这样,纯粹的科学就以从意识的对立中解放出来为前提。它包含思想,乃是因为思想同样是自在的事情本身,或者说它包含自在的事情本身,乃是因为这事情本身同样是纯粹的思想。"(《著作集》,III,第35页)在绝对知识这"一切意识的真理"中,客体与主体甚至被彻底中介了,因而也被扬弃了,而主体同样也在客体中被中介和被扬弃了;这样一来,在精神的认识进程——在黑格尔这里这个进程无异于世界进程的实在道路——中发生的事情,便使得"**对象与自身确定性**之间的分裂完全自行消解了"(同上书,第35页)。这样一来,泛逻辑主义却也被卷入进来了,这就是说,黑格尔在真的思想与实在的对象之间,在概念性的思想发展过程与经过概念性把握的世界发展过程之间所作的等量齐观,也被卷入进来了。世界的构成材料与那在人之中进行认识的精神的材料是一样的,那么由于客体与主体之间的这种形而上学的统一性,世界不仅不是任何裂缝,而且可认识的事物对于认识者而言也根本不在任何地方构成哪怕一点点实体性的抵抗。因而正如现在由泛逻辑主义显明的那样,可知性问题之所以得不到阐明,不仅是由于进行认识的主体和有待认识的客体之间持续不断的中介与流动性,而且还由于世界在思想面前实质上毫无抵抗能力。世界在其自身根本没有任何立足点令其可以与那从事认识的精神相对峙,并昂首挺立;除了"得到实现的、被显明的概念"之外,它根本没有任何别的材料。正因此才有了那种最高程度的、认识论上的乐观主义,它关涉**客体方面**,黑格尔的柏林大学教授开讲词便以它结尾,他的《哲学科学百科全书纲要》则以它开篇。那些文句再如何温习与牢记似乎都不够,它投往客体问题上的光加强了:"宇宙的隐而不露的本质"(这本质毕竟还被称作隐而不露的),"在自身没有任何能够抵抗认识勇气的力量,它必定会在

[195]

它面前开放，把它的财富和它的秘奥摆在它眼前，让它享用。"① 这种乐观主义终于明白昭彰，因此，黑格尔便不能或不愿从主体方面，甚或从客体方面察觉到那根认识论的尖刺。如果这种健全卫生的麻木状态源自对历史—具体的理性的某种信赖，那种理性彼时在德国市民阶层中接替了 17 和 18 世纪那种知性的计虑。而且，这种乐观主义反映出——这一点和浮士德的乐观主义、第九交响曲相似——在德国刚刚开始的市民阶层的上升，这与英、法两国的情形恰成对照，它无疑被推迟太久，但最终还是出场了。在某种不仅产生形式，也产生内容本身的生产面前似乎没有任何超越于思维之外的世界残留物能维持得住了。休谟的怀疑针对的是单纯的知性概念，在理性上看它似乎就站不住脚了。正如《哲学科学百科全书纲要》在"思想对客观性的第三种态度"中直接阐明的，全部的怀疑都作为服务性的力量被接纳到理性中去了："辩证的东西被知性为了它自身而以分离的方式据为己有，它在科学概念中尤为明显地构成了怀疑主义；**它**包含了作为辩证东西的结果的单纯的否定。"（《哲学科学百科全书纲要》，§81）从这个意义上看，将抽象—独断的理性主义的那个知性世界（Verstandeswelt）予以摧毁的东西，便降格为理性世界（Vernunftwelt）或某种历史—具体的理性主义的辅助手段了；这就像传说中的魔鬼必定帮助圣马丁建造了小教堂一样。自在之物的问题，源自休谟的这个危机征兆，在刚刚开始起步的德国市民阶层的曙光中变得毫无意义。它将被新的理性发生叙事抹去——至少在人们也开始对德国市民理性感到忧惧之前是如此。而泛逻辑主义也变得如此站不住脚（对它的批判和消解，并不来自政治经济学，也并不来自本身还具有唯心论特征的那种怀疑）：对于宇宙在认识（和改变）的勇气面前毫无抵抗之力的那种信念，若是没有了泛逻辑主义，还是一样站得住脚。

[196]

（6）近代的思维已然了解它自身是生产性的，而不是接受性的。无论如何都必须记住，在这一点上，即使这位极其重视对象的、对世

---

① 译文参考了梁志学先生翻译的"小逻辑"，略有改动。见黑格尔《逻辑学》（哲学全书·第一部分），梁志学译，人民出版社 2002 年版，第 29 页。以下也有参照梁先生译本的地方，比如接下来的"提示"的结尾引用的第 18 节，不再一一说明。——译者

[197] 界采取接纳态度的黑格尔，也是以康德的方式在被思索。但恰恰因为生产在这里不是数学上的，而是一种历史性的生产，它同样也不是什么主体—形式性的生产。"我思故我在"的根源，最后康德的那种先天综合的形式之力（synthetischen Formkraft a priori）的根源固然一直存在，然而在被建构者之外，也还总有对象性的东西一直在当下存在着，它甚至尤为清楚地在当下存在。现在，在这一点上，就使得黑格尔的实在哲学与一种在康德之前早已存在，也在根本上被先验唯心论鄙弃的学说发生了最重要的接触。那便是反映论（Abbildtheorie）的学说，这个学说讲的是，当一种思想在自身中，或者在一种以概念的方式培育起来的理解中，尽可能忠实地摹写了它的对象以及它所刻画的客体时，当一种以科学的方式被彻底规定了的、在其概念方面被磨得极其锋利的观念与它的对象相符合时，这种思想就被称为真的。阿奎那就是这样将真理的标准刻画成"理智与事物的相合"（adaequatio intellectus ad rem）①的，在他那里，被认识者在认识者心目中虽然只照认识者的方式存在，因而成了认识中的主体性因素，然而理智的某种可探知性（Informierbarkeit），亦即对事物的各种本质形式的渐渐接近还是可行的。先验唯心论总是很鄙夷地看待这种和其他任何一种摹本理论；因为对于它而言，根本不存在任何独立于认识之外的对象，认识的价值——这种纯粹内在的、从认识主体本身中产生的价值——可以照那对象来衡量。因此，康德将理智与事物的相合（adaequatio intellectus ad rem）称作一种"可怜的循环论证"（elende Diallele），亦即那样一种循环，在那里企图以只有通过某个命题（这里是一种认识的客观真理）才可以被证明的东西，去证明那个命题。若是在康德主义中，可以在一般意义上谈论符合，那么，这种符合便只能是与必然性观念联结中的内在于思维之中的规则的一种符合，而绝不是与超越于思维之外的那些客体——作为自在之物——的一种符合。反之，黑格尔虽说是从那种生产出发的，却完全是认真对待古老的外部对象性的，这正如对于他的**客观唯心论**而言，怀疑外部世界的实在性完全

---

① 拉丁文。——译者

是不可能的。黑格尔的逻辑学明确无疑地复兴了摹本的问题，与康德针锋相对，赋予这个问题最高的荣誉："当康德谈到'什么是真理'这一古老而著名的问题时，他首先把真理是认识与其对象符合——这一**具有伟大的、甚至最高价值**的定义——当作某种无足轻重的名词解释奉献出来……那就立刻表明了：这样一个不能够建立自身与其对象——自在之物——的符合的理性，不与理性概念相符合的自在之物，不与实在相符合的概念，不与概念相符合的实在，都是不真的观念。"（《著作集》，V，第27页及其后一页）而且，凭着明白宣示过的相同因素的传布，便出离主体领域而进入客体领域："如果说真理在主体意义上是观念与对象的符合，那么真的东西在客体意义上就是**客体、事情与其本身的符合**，真理的实在性与它的概念是相配的。"（《著作集》，VII[1]，① 第22页）黑格尔给古老的反映论带来了这场相对的复兴，因为对他而言主体和客体有着精神的那种支配性的统一性，而精神自行在它们之中起着交叠与中介作用。黑格尔认为，康德指责反映论所犯的循环或颠倒论证的错误，由此就得以避免。内与外、认识与对象、主体与客体的关系，不是早与晚或前与后的关系，如果那样的话，循环推论就成为可能了。它们毋宁是同一个支配性的基质（Substrat）中的一些辩证的主要环节；由此在主体中摹写客体的事情才能够发生，甚至在同一行为中，在与主体中介过的客体中摹写主体的事情也才能够发生。而且黑格尔还指明了一条道路，为的是避免古老的摹本学说的某种根本缺陷：从主体这里或客体那里进行僵硬的对立。康德本人在许多方面是一个静态的二元论者（statischer Dualist），他甚至根本不认为这个缺陷值得关注。黑格尔处处都将这种二元论化解了，在获得了相对修复的摹本学说中也是如此，而且是以更广泛的方式：在作为主体与客体之间进展着的中介学说贯穿了他的整个工作的相合学说（Adäquationslehre）中。因此，和先验唯心论中的情形不同的是，真理之发生的客体方面，在黑格尔的意义上是与主体方面同等内在的；在辩证的进程中双方是长久地结合在一起的。主体—客体

---

① 指《哲学科学百科全书纲要》第二部分，《自然哲学》。——译者

[199] 关系本身，无非是在其最本己的结构方面和在**其材料的结构**上已被把握了的辩证进程。的确，黑格尔将主体与客体相互之间的反映神秘化了，因为他将它们的共同之处，甚至将这个发生过程的担当者称作精神。照此看来，现实中的主体和客体，就被降格为这个神话般的精神的单纯规定性，被降格为某个绝对主词的单纯谓词了。然而恰恰在这一点上，黑格尔表现得比任何别的地方都更具隐秘的唯物主义特质；因为在精神这个名号下，他将主体与客体结合在一起了，仿佛它们出自同样的材料，而且仿佛它们首先都出自某种既具推动性又被摹写的、既被摹写又被推动的材料。按照这种方式，恩格斯——对他来说世界的物质完全不是由精神组成，而很可能是由粒子与波动、人与自然之间的辩证运动过程组成的——便把认识称作某种"对进程的反映"；对适当意义上的进程的摹写，而不是对固定物的摹写。当然，黑格尔本人并不乐意使用"摹写"（Abbildung）这个词，正如已经看到的，他代之以"符合"（Übereinstimmung），后者最终甚至倾向于表示同一性（Identität）。因为摹写恰恰总是假定了两个相互分离的方面，假定了在这种对立中已然僵化的二重性；相反，在黑格尔这里，主体既与客体有别而又不再有别，就像它与客体相同一样。因此，辩证的认识就必然在它的各环节之间，因而也在它的黑格尔式的主要环节——主体与客体——之间来回摆动；只有自身（Selbst）与物质之间的这种来回摆动，才能同时将认识的过程和世界的过程建立起来。因而主体在黑格尔的哲学中正好摹写了客体，正如客体在这种摹写中也摹写了主体本身，摹写在这里便意味着：构造（bildet）对象，并展露自身，使自身能在各种世界形态中越来越丰富地设身处地存在（Da-rinsein）。

因此，真的思维便是关于那向着思想自行逼近的现实事物的思维。事情在某种运动中来到关于它的思想这里，而思想则在同一种运动中来到它的事情这里；双方相互砥砺成熟，又相互修正改善。如果说上文中有人说过，在黑格尔这里缺乏一种真正的认识论，那么现在可以就此补充说，**黑格尔哲学整个都是在推进主—客体关联**（*Subjekt-*
[200] *Objekt-Beziehung*）**问题，因而也是在推进认识论**，这样认识论反而找

不到特地为它精心构造的描述了。可以毫不夸张地说，整个《精神现象学》都可以被称作一个认识论的计划，当然，这也是在其特有的意义上而言的。然而，它还不断地被意识与对象、对象与对该对象的意识同时既关联又区别的状态推动和彻底支配着。理解者和被理解者的共在现象（Miteinander），不仅构成了《精神现象学》中那种永不停歇的魔力，构成了它在叙述上的精神—物质双重光线，也在本质上构成了一种不断发生着的黑格尔式认识论。这种认识论作为显现着的和不断修正自身的知识的历史，甚至指的是在历史—物质方面与**认识批判**（*Erkenntniskritik*）齐头并进的某种东西；按照那个不仅在《哲学科学百科全书纲要》中，而且在《精神现象学》中也颇耐用的命题来说就是：世界历史就是世界法庭。每一种主客关联都在其真理方面一再得到辩证的批判，它俯伏于"辩证运动的法庭"之前。这样看来，实在哲学在其辩证法中完全充满了主客关联这个关键问题，作为一个物质问题。照此看来，认识论就变得多余了，因为它以物质的方式被包含在世界进程中，也在其中得以完成了。此事发生于一种冒充精神，然而在内部又严酷地自相排斥的物质之上。长期的认识过程意味着：不断接受某条道路或放弃某条道路，直至达到所追求的主客相合（Subjekt-Objekt-）①、客主相合（Objekt-Subjekt-Adäquation）。因而这个过程就叫作实在哲学。这首先是指**自然**的进程，然后是指**主观精神**（灵魂）、**客观精神**（国家）、**绝对精神**（艺术、宗教、哲学）的进程。当然，正如那使世界仅仅出自精神的学说中的情形一样，毫不奇怪的是：向物质性的实在领域，即向自然的实在领域的过渡，在黑格尔这里既是最冒险又是最艰难的过渡。同样地，这里的过渡就像后面向精神性的实在领域（这个领域很难落入机械唯物主义之中）的过渡一样，又是最容易的，就像深吸一口气那么简单。

提示

针对那种只知磨刀却并不拿刀去切东西的想法："这样的一种假 [201]

---

① 这是德文中常见的因前后两个结构共用某个成分而产生的缩写现象，它的完整写法是"Subjekt-Objekt-Adäquation"。——译者

定,不禁使人觉得那所谓害怕错误,实即害怕真理。"(《著作集》,II,第61页)

有这样一种饶舌,仿佛人们在永恒的认识论中,或者用更加现代的术语来说,在一种所谓永恒的就其自身的追问(Erfragen)和为此而展开的教育中,可以免除任何回答。针对这种饶舌:"依照现代的嗜好,尤其是依照教育学,不应在哲学的**内容**方面教授人们,没有内容人们也能学会哲学运思;这大约是指:人们应当不断地旅游再旅游,同时却并不了解城市、河流、国土、人情等等。"(《著作集》,XVII,第342页)

针对那种进行哲学运思却毫无实质性的扩展,也不掌握在地形正位的意义上(topographisch)有着特殊规定的整体关联的现象:"一种哲学运思若是没有体系,就根本不能成为科学的东西;这种哲学运思自为地更多表现出的是某种主观的性情,除此之外,照其内容来看它是偶然的。一种内容只有作为整体的一个环节才真正得到辩护,然而放在那个整体之外来看,它就是一种无根据的假设或一种主观的确定性;许多哲学著作作茧自缚,仅仅满足于以这种方式说出一些思索与意见。"(《哲学科学百科全书纲要》,§14,见《著作集》,VI,第22页)

两种出人意料的符合方式,将现实中的一种系统—实在的总体性关联与对它单纯图表式的从属性模仿(编号,事先[ante rem]① 的可概览性)区别开来:

"为了尽可能地被人理解,我眼下给自己规定了一个任务,那就是指出该如何读这本书。通过这本书要传达的乃是独一无二的思想……一种独一无二的思想必须在可能极为广泛的同时保持最完备的统一。然而,倘若它为了方便传达思想而将自身分解成一些部分,这些部分之间的整体关联也必须重归一种有机整体关联的身份,亦即必须成为那样一种整体关联,每个部分在其中都保存着整体,就像它被整体所维持一样,没有任何一个部分是最初的,也没有任何一个部分

---

① 拉丁文。——译者

是最终的，整个思想通过每一个部分而赢获了清晰性，而且如果整体没有先被理解，那么即便最小的部分也无法完全被理解。"（叔本华：《作为意志和表象的世界》第一版序言）

"关于哲学，我们是无法提出一个先行的、普遍的观念的，因为只有科学的**整体**才是理念的表述，它的**划分**也只有从理念的表述出发，才能够作出概念性的把握；这种划分正像由以得出这种划分的理念的表述一样，是某种预想的东西。但理念表明自身是绝对自相同一的思维，而这种思维同时也表现为这样的活动：思维为了成为自为的，便使自己与它自身相对立，并在这个他物里仅仅存在于它自身。……显现理念的这样一种规定，同时也是一种流逝着的环节；因此，一门个别科学既须认识到自己的内容是**定在着的**对象，也须直接从此认识到这内容向其更高的圆圈的**过渡**。科学划分的观念之所以引起误解，其原因在于认为这种划分就是把各个特殊的部分或科学彼此并列在一起，似乎它们像种类那样，仅仅是一些静止不变的、在它们的分化过程中带有实体性的部分。"（《哲学科学百科全书纲要》，§18，见《著作集》，VI，第26页及其后一页）

"不要忘记，法权就像宗教一样是没有它自身的某种历史的。"（马克思：《德意志意识形态》）

12. 从逻辑理念向自然哲学的过渡

（1）在纯粹思维停止的地方，事物现在就该开始了。那么，它们为什么开始，为什么外部的这种喧闹落入精微而孤独的、逻辑上的自在（Ansich）之中，这些问题当然还是晦暗不明的。这种喧闹据说完全来自纯粹思维自身，它是空前的打击，而且黑格尔在这些棘手的文句中，并未把这个问题向读者解释得容易些。现在，应该从静止的逻辑之物中产生出那样一种状态，包括石头下落、肠胃消化、人类自杀。值得注意的是，黑格尔并未觉察到万物的"推动力"这个巨大的问题。这也就是如下问题，即个别的感性的东西，以及物质性的东西，以及最终，粗野原始的、可以说完全被各方拉扯的东西（黑格尔

[203]

恰恰将大部分自然事物当作这样的东西了），如何能有这种精神性的本源。因为即使黑格尔也经常谈到作为自然状态的某种"他在"，然而依然无法解释的是，一个卑贱者如何竟出身于如此高贵的家庭。自然的举止格调明显要比纯粹思维的更粗糙、更生硬。在黑格尔这里，从本能出发要比从思维出发向力和向物质，至少向力、向物质之间强烈的作用与反作用的过渡要轻易得多。实际上黑格尔曾经说过，自在（Ansich）乃至一切开端之处的**本能**都是某种尚有缺陷的、直接因素的本能。他启动了中介性的运动："那么，开端之处的直接的东西在其本身必定是有缺陷的，也必定蕴藏着进一步运行开去的本能。"（《著作集》，V，第334页）但是，这个毕竟还算不上纯粹—逻辑的名称，马上又被淹没在逻辑的进展之中了。这样看来，事情之所以进入外部定在之中，是因为那种先于世界的概念中断了其自身。在它之外根本没有留下任何别的东西，但一切物体如今都作为异物立于彼处。断裂是有目共睹的，力和物质无法以精神的方式被推导出来。

（2）所以，黑格尔还是想做些调和，他便极为任意地运用了一些形象。那些形象必定是任意的，因为在这里，比在任何别的地方都明显的是，逻辑上必然的东西是无法起步的。在事情本身方面也被设定得很随意；它以纯净的方式支配着前行的那个进程停止了，他发现那样的情形直截了当而最坚决地被拒绝了。要使逻辑学突变为它的矛盾，突变为与它的全部自在（Ansich）的矛盾，即恰好使它向自然突变，剩下来可比拟这个过程的，就唯有王侯的喜怒无常的心境了。因此黑格尔在此处为了中途给正在发生的任意心态赋予形式，便直接落入某种宫廷语言了。产生自然的活动看起来颇为独裁，至少像是沙皇敕令一样；君王任性的意志打断了逻辑学官僚按部就班的工作。这里只要有某种最高的"自我决断"，有"理念的绝对自由"，便会突然"放任"（entlassen）① 到自然那里去；黑格尔本人说过：真正说来，

---

① 放任（entlassen）是黑格尔对《逻辑学》向《自然哲学》的转变的描述，他认为这不是一种平滑的过渡（Übergang），而是一种断裂式突破，但又并不违背绝对者本身的意志，是绝对者内部发生的事情，而不是什么外部力量对绝对者的强制。——译者

这根本就不是任何过渡（Übergang）。"概念的规定性或实在性，在纯粹理念中本身提高到概念，这个纯粹理念不如说是绝对的得到自由（Befreiung）……因此，在这种自由（Freiheit）中，并未发生任何过渡……这里毋宁应当这样把握过渡，即理念自由地放任其自身，对自己绝对有把握，并且在自身中宁静。由于这种自由之故，它的规定性的形式也同样是绝对自由的，——是空间和时间的那种绝对为其本身而存在着的外在性。"（《著作集》，V，第353页）在这里，即在逻辑学向自然哲学发生飞跃的地方，"自由"一词让人想起的，可不仅仅是专制主义化了的王侯们的自由，不仅仅是他们超越于法律之上的（supra legem）① 行动。1809年，谢林出版了他最容易被人遗忘的那些著作中的一部：《对人类自由本质的哲学研究》；然而这部著作所探讨的，却并非人类的自由，而是一种据说先于"创世"的自由。这个主题，其实已经成为他更早的一部著作《哲学与宗教》②（1804年）的基础了，在那里可以看到，理念与自然之间有一道活跃暴烈的裂缝。只是那道裂缝被强调，也被保持开放，而不是像后来在黑格尔这里一样，以泛逻辑的方式被盖上，谢林并没有尝试从理念本身中演绎出那道裂缝。相反：在那里，在事物本身的本源中有一种不合逻辑的断裂；在那里，上帝的思想并未放任世界，世界的产生反而是"种种理念从上帝那里发生的"某种"堕落"，种种理念在世界内的实现，乃是一种原罪。"一言以蔽之，从绝对到现实不存在任何稳定的过渡，感性世界的本源不过是与绝对性之间的某种彻底的断裂，可以通过某种跳跃设想那种断裂。"（谢林：《全集》第6卷③，第38页）"有限之物发源于绝对者"，乃是一种"原初的意外"（Urzufall），并且其本身并非源自那种合乎逻辑地引导向前的根据（Grund），而是源自某种不合逻辑的"非根据"（Ungrund），源自对世界进行设定的本原（Prinzip）中的一道"深渊"（Abgrund）。这道深渊完全是本能，但绝

［205］

---

① 拉丁文。——译者
② 此处布洛赫误将书名写作"《宗教与哲学》"了。——译者
③ 具体出版信息如下：Friedrich Wilhelm Joseph von Schelling, *Sämmtliche Werke*, Erste Abteilung, Sechster Band, Stuttgart und Augsburg: J. B. Cotta'scher Verlag, 1860。——译者

不像在黑格尔这里总能见到的一样，还有像前文中已经引述过的那种描述直接开端的本能定义（Trieb-Definition）所说的一样，是什么合乎逻辑的环节；而是那样一种本能，它造成了对世界的**设定**，而且在所有实现它的因素中、在整个合乎自然的现实存在本身中起作用。这道深渊完全是晦暗的，是黑暗本身（per se）①。由此可见，二元论的动机在此还是很纯正的，而黑格尔——在未能完全避免唯意志论特征的情况下——则将这动机吸纳到"自我决断""放任的绝对自由"这些形象中去，也在逻辑上再度将它同质化了。谢林通过将现实中非逻辑的如是（Daß）与合逻辑的什么（Was）或内容（Inhalt）分离开来，仿佛试图来到莱布尼茨在偶然真理与必然真理、事实真理与几何式真理之间，在事实真理（vérités de fait）② 与永恒真理（vérités éternelles）③ 之间规定下来的那种差异的本源之处。在这一点上，最敏锐的经院哲学家司各特（Duns Scotus）④ 的那个学说，即关于意志在上帝那里的优先性，关于原初本质（Urwesen）中邈远而不可设想的那种自由的学说，又在谢林这里重现了。只不过在谢林这里，这种自由完全变成了魔鬼的形象；而它在黑格尔那里，则是而且一直是一个尴尬的问题。因而晚期谢林就直接以实在论的方式，使泛逻辑主义的这道伤口清晰可辨了（虽说谢林对泛逻辑主义的离弃根本不是实在论意义上的，而是具有浓厚的神话学色彩）。他说："'放任'这个说法——理念放任自然——属于那些最古怪、最含糊不清、因而也最犹豫畏缩的说法之列，这种哲学遇到一些难点便躲到那些说法后面去。"（谢林：《全集》第 10 卷⑤，第 153 页）谢林进一步说的话也并非毫无道理："这种尝试"，即"在前面被拒绝了的经验的东西，又在理念的自我转变或自我背叛这个后门被重新引入进来，……能够再一次表

---

① 拉丁文。——译者
② 法文。——译者
③ 法文。——译者
④ 约翰内斯·邓斯·司各特（Johannes Duns Scotus，拉丁文作 Ioannes Duns Scotus，1266—1308），苏格兰经院主义神学家和哲学家。——译者
⑤ 即《近代哲学史》，版本信息同前注（第 10 卷于 1861 年出版）。——译者

明，人们不可能借助纯粹理性的东西来达到现实性"（同上书①，第213页）。教理问答手册说：上帝创造了世界。黑格尔将这话翻译成：绝对理念将自身放任到它的他在中去；教理问答手册至少还是坚实的，它并没有纯化它原初的那些偶像。顺便提一下，黑格尔的耶拿实在哲学即便充斥着种种幻象，也绝没有从某个如此富有神学色彩的地方出发；因为它用同样大大稀释了、然而还是含有物质的本质，即"以太"（Äther），代替了原初精神（Urgeist）。现在，从这种以太出发，物质世界是不可能安然开动而不犯下这种风格断裂的错误的；因为世界精神的自在存在在其自身没有表现出任何自外存在或否定性因素，它在这里意味着："万物的绝对根据和本质，就是以太或绝对质料，绝对有弹性的东西，鄙弃一切形式的东西，正因此它也是绝对柔软的东西及自行给出和表现出一切形式的东西，……以完全透明的方式，明显只关联到其自身，却并不含有否定性统一的那个遁入自身之内的暗夜之点（Nachtpunkt）。"（《耶拿逻辑学、形而上学与自然哲学》，迈纳出版社，第196页及其后一页）这样，绝对根据就既表现出与康德—拉普拉斯创世假说中的原始星云的亲缘关系，也表现出与亚里士多德主义中那种虽然不确定，却可以在所有方向具有确定性的原初质料（materia prima）的亲缘关系。即便像"以太与其自身交谈"这种惊人的幻想，也掩饰不住其来源是原始星云（而不是原始偶像）。无论如何，从这种以太精神（Äthergeist）到世界的过渡，要比从绝对概念的自在存在到世界的过渡更为平稳；为了尊重上帝的精神②（它在这里再也不运行于水面上了）③，黑格尔在《哲学科学全书纲要》中不再谈论以太之类的东西了。如今代替原初质料（materia prima）④而不可或缺的，恰恰是上帝的那种放任其自身的任意（Willkür），是"理念向世界的自我放任、自我决断"。这便是被绝对化了的逻辑学的结果，是下面这种情形的结果：黑格尔并未在"存在＝虚无"这个最初

---

① 具体指《为维克多·库桑先生哲学著作所作序》，收于《全集》第10卷。——译者
② Geist，或译"灵"。——译者
③ 暗指《旧约·创世记》1∶1中的"神的灵运行在水面上"之语。——译者
④ 拉丁文。——译者

的开端那里止步不前,而是发展了上帝的精神,而且在不往下跌落的情况下,是找不到最高理念通向一块落下的瓦片或一条剑鱼的道路的。

(3) 当今的读者全力以赴,以求理解黑格尔那里自然的形象。然而在理解方面很关键也非常值得探究的关键难点,却与这种自然形象带给世界的那种非衍生性的推动力是两回事。这种困难部分地应由读者自己负责,亦即应由读者的那种**量化—机械的**思维习惯负责,而不应由被设定于世界之前的理念所达到的那些至高点负责。自然构成了精神的基础,要从顶点开始构造自然并将房顶作为基础,那当然是不合适的。但是,以机械论—非辩证的方式坚守某个机械的基础,以致人们一般而言既不再愿意看到,也无法把握房子、攀升的楼层、房顶,这同样是不合适的。这种攀升着的建造运动也存在于自然中,说自然没有定性化的变迁和塑造作品便能成立,那是不对的。因而在那些非辩证的唯物主义者那里自然所遭受的机械论的—量化的僵化,便在黑格尔的自然哲学中发现了一个敌人,也发现了一缕阳光。纵使这缕阳光似乎已变得极为怪异,而且似乎付出了滑稽可笑、站不住脚的代价——这不仅仅是指自然哲学中包含着某种先于世界的逻各斯。但是,当黑格尔非常恼怒地谈到自然的他在(Anderssein),说它是"没有化解的矛盾"时,他还是看到这个矛盾——恰恰是这个矛盾——充满活力:"自然是一位酒神,他既不约束又不克制其自身。"它还是"变换并藏匿于千百种形态之中的普罗透斯①",——是一位最不宁静地变换各种面具的王国。另一方面,黑格尔在他的这种自然理念中,尊崇的是那样的一位普罗透斯,他尽管形态万变,却还是向着光运动,向着作为"质料的"第一个"普遍的自身"的光运动。自然从来都不是理念的那种被石化了的他在,"而是石头在呼喊,并将自身扬弃为精神",自然的真理便是它辩证地向着人类发展的历史。后面的这种措辞在当今那些熟悉某种彻底价值中立的物理学,但也熟悉达尔文的读者听起来,已经不像黑格尔的种种神话式规定那么异样了。尤其重要的是:为了不致彻底误解黑格尔的自然哲学(撇除其浪漫派

---

① 希腊神话中经常变化形象的海神。——译者

的夸张成分),大学生要留意的,就不是由伽利略和牛顿直到爱因斯坦所建构起来的那种物理学,而是这里留存下来的一种更宽广的物理学的可能性。当然,毫无疑问的是,恰恰是最近的物理学包含了大量未被意识到的辩证法;而如果像量子论这样明显富有辩证特征的东西都不以辩证的东西而为人所知,那问题的关键便仅仅在于物理学家的阶级限制(Klassenschranke),而不在于事情的性质有多陌生了。虽然如此,黑格尔的自然辩证法中恰恰极为丰富的那些本己的定性化规定(Qualifikationsbestimmungen),按照概念字面含义来说在这个世界上——无论它是基本粒子层面的还是宏观宇宙层面的——都没有任何地盘;在这里,冲破概念直抵直观,直抵某种具体发生的"形象"、某种特殊的痛苦折磨的道路才能打开自身。首先,三百年来建立起来的物理学,不仅被抽离于价值评估之外,也被抽离于颜色、声音之外,简言之,被抽离于一切质之外。颜色是振动,1卡路里的热量等于427千克米的功,仅此而已。神经线路表现出与具有自我归纳能力的导体相符合的态度:照此看来一切质的存在便是量的存在,一切生命都是机械的。在这里,德谟克利特①终于得胜了,他曾是第一个将物理学理解成从质的规定向纯粹量的规定的还原的人:伽利略②完全回溯到德谟克利特。当然,与此相反,亚里士多德(因而尤其还有黑格尔)则澄清了一点,即从量的关系推导出质是不可能的,因为质每一次都是新的,它仅仅将量的关系作为一个必要的基础预设下来,然而质是不会再化为量的关系的。事实上,亚里士多德,正如他之后的阿奎那一样,乃是从质的各层级,甚至从价值的各层级来建构他的自然概念的。机械的、化学的、有机的、精神的事情在这里层层相叠,构成了一种无法在量上弄得连贯平坦的自然层级制。这恰恰曾是物理学的另

[208]

---

① 德谟克利特(Demokrit,希腊文作Δημόκριτος,生于公元前460—459年,卒于约公元前371年),苏格拉底之前的希腊哲学家,原子论者,留基波的学生,影响了新原子论者伊壁鸠鲁。——译者

② 伽利莱奥·伽利略(Galileo Galilei,1564—1642),意大利科学家、哲学家、数学家、工程师、物理学家、天文学家。他发展出了通过实验组合、测量和数学分析研究自然的方法,是近代精确自然科学最重要的奠基者之一,曾被天主教判刑,天主教于1992年方才撤销这一判决。——译者

一种理论上的可能性，它的特征就是将数学计算，至少将到目前为止形成的那种数学计算拒之门外。这另一种可能性与资本主义对于将自然纳入某种经营核算之中的那种兴趣同样是不相容的：正如在商品中只有价格是重要的，在自然中只有量上的可计算性是重要的，而质上的内容则微不足道。但绝非偶然的是，在资本主义方面落后的德国，与前资本主义的思维方式还联系在一起，这个国家在古老的质的自然（Qualitätsnatur）中抓住了一个或许还没有被耗竭的问题。浪漫派的自然哲学虽然以无可救药的糟糕方式开动了幻想，然而它同样也开动和开启了层级的历史（Stufengeschichte），因而开动和开启了发展的历史（Entwicklungsgeschichte）。而且它毕竟在唯我独尊的量化—机械的对象之外，打开了另一个假说性对象（hypothetischen Gegenstand）的领域；它寻求的是质，甚至是自然中的一马平川（Alleben）。这恰似亚里士多德寻求自然中的质，恰似达·芬奇，甚至开普勒，还在寻找它的一马平川一样。但直到17世纪，全宇宙才完全统一地以机械的方式被敉平了，这合乎计算的要求，合乎规律的一般性，乃至它在某种程度上的官僚习气；以比当今思维习惯所料想的远为复杂甚至远为模糊的方式，机械论的世界图景才战胜了那些形式和那些发展层级的世界图景。莱布尼茨在他晚年（1714年致蒙莫罗［Montmort］的信）还透露过，他在莱比锡当大学生时，是如何在内心的激烈冲突中再三深思这样一个问题的，即他是否应当保留关于自然中的"实体形式"的那种学说；"最终机械论获胜，并促使我去研习数学科学"。然而，即便这位为机械的自然解释提供了其最了不起的工具——微分学——的莱布尼茨，最终也还是将他的单子世界组装到一个层级序列，组装到能动性的等级差异中去了；那些差异却也照亚里士多德的方式表现出质的种种差异，表现出机械运动、植物生命力、动物灵魂、人类精神之间的"形式差异"。因而在那时，自然的这种定性化（Qualifizierung）还绝未完全被扯掉；那时，这个发展体系本身还在抵制着普遍的、量化—机械的敉平做法。这样一来，自然在质上的种种定在形式本身还是在那样一个地方找到了一片地盘，在那里，自然的另一个领域，即创造性自然的领域，充满了构型的本能和种种质，已完全被锁闭或被耗竭了。

（4）设想一下当初这种非机械性的东西是如何像初次面世般蜂拥而至或升腾而起的。人们直观地、诗意地看待它，带着新产生的那种对自然的感受力，感受着它根底之处的源泉和呈现于世的色彩。由此便有了歌德对彻底分解的做法、对将杠杆和螺丝当作实验工具的做法、对这些工具似乎从自然中截割下来的那堆尸体般的东西的反感。[210]但由此出发，也有了青年谢林所策动的浪漫派自然哲学，有了在质、价值内容方面，当然也在疯狂幻想方面的泄漫无度。由此出发，有了黑格尔以及——在方法方面并非一成不变——歌德针对牛顿的斗争，针对牛顿这位量化的自然理论的英雄的斗争。由此就有了歌德的颜色学，即这样一种尝试：实在地看待颜色的质、一般的光，而不是无保留地使它消解为以太的波动，因而消解为暗夜；黑格尔以及叔本华都同情歌德的颜色学。对于这个时代而言，机械力学从大全（großen Pan）截割下来的那个暗夜，似乎要比它自身赋予事物灵魂的种种做法荒诞得多。质的自然哲学一旦不单纯从机械论的对象基点出发，不从已然获胜的那种基点出发而得到评价，就不再显得是彻底荒谬的了。而永远值得思考的现象是，一个并不那么具有浪漫派色彩的思想家，即恩格斯，会极其频繁地亲近黑格尔的自然哲学。他的《反杜林论》，尤其是他的《自然辩证法》，即便在自然中，也是认真对待从量到质的辩证突变的；而这就意味着：最不机械的或最超机械的那种质的分析（qualitative Analyse），在自然界中获得了承认。已得到认可的这种从量到质的突变，一般来说与将质完全还原为量的做法是不相容的；而且恩格斯推出了这些结论。在反对狭隘机械论的斗争中，他恰恰选择了自然哲学家黑格尔作为老师。因此就有了这样的话："机械运动并未说尽全部的运动，运动不仅仅是位移，它在那些超机械的领域里也是质的改变。"（《反杜林论》，收于《马克思恩格斯全集》，1935年，第471页）《反杜林论》的序言则宣告："指责旧的自然哲学要比尊重它的历史意义……容易得多。它包含了许多胡说和幻想，但那也并不比同时代英国自然研究者们提出的那些毫无哲学味道的理论更多，再说它也包含了许多意义和见解，自从发展理论传播开以来

[211] 人们就开始认识到……自然哲学家们对于有着辩证意识的自然科学的关系,就像乌托邦思想家们对于现代共产主义的关系一样。"进一步还说:"褪去了神秘主义色彩的辩证法,对于自然科学而言成了一种绝对的必然性,它离开了固定范畴——就像低等的逻辑学数学一样——及其日常用法就已够用的那个领域。"(《自然辩证法》,收于《马克思恩格斯全集》,1935 年,第 602 页)在恩格斯看来业已确定的一点是,由于向着质的突变,自然"就像老黑格尔一样走入歧途了",而且"现在未尝不是更进一步研究事情的时候",因而未尝不是修正那种片面夸大的机械论的时候。要修正的是那样一种机械论,它与德谟克利特、伊壁鸠鲁、卢克莱修这第一批不可忽视的世界阐释者没有交集,却与将某种德谟克利特主义静态化和绝对化的那些人有交集。因此,黑格尔加以辩证化的那种质的自然哲学中的种种问题,并不来自那个世界,至少不来自那个行将崩溃的机械论的世界。自然不是"理念的他在和自外存在",但它也不是相对于人类历史而言的那种业已确定的他在。它并不像业已确定的暗夜,围绕在人类对质的感触、围绕在生命和历史的白日周围,而是受到机械因果性的约束,其中从无新事发生。它并不在于已极为确定的这种与人类历史进程和历史内容之间毫无整体关联的状态,就像一种抽象的机械力学所主张的那样,人与宇宙被完全割裂开来。在自然中存在着辩证的运动,存在着一种理论上的可能性,即一种比那合乎市民计虑的自然关切(Beziehung zur Natur)更具体的自然关切,能重新把握住种种强度与质,尤其还能把握住那些五光十色、表现丰富的强度与质。是的,这些质从未消失,在机械方法的操作之下,它们可怜地被束缚在主体感官之上,最糟糕的时候,它们甚至被驱逐到艺术的表现形式之中。被驱逐到描绘五颜六色、雨前闷热、旭日东升与其他一些在自然科学上无家可归的对象的风景画中,被驱逐到田园音乐中,被驱逐到伟大诗篇对自然的

[212] 那些描述中,一位物理学家必定也承认那些描述是合乎事实的,却不会意识到他自己做了双重簿记①。但是,通过这种双重簿记(质用于

---

① 意即自然科学家对自然有双重看法。——译者

描述自然①，量用于机械力学），不仅我们在生活中体验到的整个现实都成了自然，而且恰好自然的这个古老的、反复迫近的富含源泉、质与意义的领域，就被划到科学的圈外去了，同时又并不想以这个领域自身的方式，以并非在艺术上被逼促的，而是主动认识的方式，公正地对待它。仅有的拯救了质并且凭着质工作的自然科学，便是**地质学**和——作为地形科学的——**地理学**；所以，两者与时人所称的（所谓的），还完全以幻想的方式得到解释的**化学**一道，便在浪漫派的自然哲学中扮演了领头羊的角色。当时，在经验性方面，杰出的人物有地理学家福斯特②，他同样是一位伟大而笔触生动的作家；有全自然—研究者（Allnatur-Forscher）洪堡（Alexander von Humboldt）③，他从字面意义上将宇宙理解成壮丽秩序：他们出场时从不会不谈质的规定，否则他们就会失去他们的对象。甚至歌德的整个世界都表现为对质的现象的拯救；这与牛顿和那被绝对化了的肢解自然（Dissecare naturam）④的分析原理，以及被解剖了的自然尸体，是不同的。照意图来看，即使黑格尔也想以这种方式，借感性的具体因素将量化知性引到理性。他的自然哲学也深信，在颜色、火、雷雨、春天、火山、气候带以及诸如此类的质中，还是能看见不同于机械过程的另一种东西的，而机械过程则与质的显现没有任何共同之处。因而即便最古怪的神话气质，也没能阻止亚里士多德关于质与层级的学说在那时重新被接受。在这里，与帕拉塞尔苏斯（Paracelsus）⑤思想进行某种接触是无伤大雅的，他常常是十分具体的；一切都是为了达到使对自然的把握与自然的质严丝合缝的目的。

---

① 指艺术中对自然的描述。——译者
② 约翰·格奥尔格·福斯特（Johann Georg Adam Forster, 1754—1794），德国自然科学家、人种学者、游记作者和启蒙时代革命者。——译者
③ 弗里德里希·威廉·海因里希·亚历山大·冯·洪堡（Friedrich Wilhelm Heinrich Alexander von Humboldt, 1769—1859），威廉·冯·洪堡的胞弟，德国自然科学家，是作为经验科学的地理学的共同创立者之一，其影响遍及欧洲。——译者
④ 拉丁文。——译者
⑤ 帕拉塞尔苏斯（本名 Philippus Theophrastus Aureolus Bombastus von Hohenheim，约 1493—1541），德国医生、炼金术士、占星学家、神秘主义者和哲学家，自 1529 年开始自名为"帕拉塞尔苏斯"。——译者

在这里，当我们见到深思熟虑的黑格尔也开始挟理性之力以雷霆之势奔驰前行时，必须记住这一点。而这恰恰不是因为质的问题，而是由于类比—幻想法（Analogie-Phantastik），他自己就曾谴责谢林学派有这个毛病。在《精神现象学》的"序言"中，关于像放肆地单纯只进行类比时那般极其安然自得的状态，黑格尔曾这样说道："这种形式主义……认为只要它［把图式的某一个规定］① 当作某一个形态的谓语……表述出来，就算是已经对该形态②的性质和生命作了概念性把握和陈述，——这个谓语可能是主体性或客体性，可能是磁、电等等，也可能是收缩或膨胀、东方或西方以及诸如此类……③——这是一个相互为用的圆圈，通过这个圆圈，人们无法知道事情本身究竟是什么，既不知道互相作用着的这一个，也不知道另一个究竟是什么。"（《著作集》，II，第39页）但是，黑格尔如此指责出身于谢林的自然世界的奥肯（Oken）④、斯蒂芬斯（Steffens）⑤ 和其他一些人，尤其是指责诺瓦利斯⑥所犯的毛病，他自己却并非总是有意避免了的。在早期耶拿实在哲学中，类比的做法固然臻于极盛，然而实际上，后期的《自然哲学讲演录》也使自然的那种自外存在（Außersichsein），成了一种既不约束也不克制自身的状态。它包含了那样一些文句，它们将自然的那种极为真实的变化形态（Metamorphose），比作夜里的梦，或处在前逻辑状态的非洲，它固然是超越了后两者的。当自然作为"没有化解的矛盾"而完全沦为神话时，它的概念就不会公正对待

[213]

---

① 方括号内的文字布洛赫并未引用，但属于黑格尔的原文，而且对于理解此处的意思而言是必不可少的，因此这里补充进来。——译者

② 布洛赫将此处的 Gestalt（形态）误引为"Natur"（自然），前面也少加了省略号。——译者

③ 布洛赫在此处没有加省略号。——译者

④ 洛伦茨·奥肯（Lorenz Oken，本名为 Lorenz Okenfuß，1779—1851），德国自然研究者、自然哲学家、比较解剖学家和生理学家。——译者

⑤ 亨利希·斯蒂芬斯（Henrich Steffens，也写作 Henrik Steffens、Heinrich Steffens，1773—1845），挪威人，后移居德国，哲学家、自然研究者、大学教师与诗人，对谢林极为欣赏。——译者

⑥ 诺瓦利斯（Novalis，本名为 Georg Philipp Friedrich von Hardenberg，1772—1801），德国早期浪漫派哲学家，德国浪漫派的典型代表。——译者

神话乃至诗所刻画的那些意义。于是便有了像这样的一些规定："空气是正在酣睡的火；要使这种火表现出来，只需要改变它的现实存在。"（《哲学科学百科全书纲要》，§282附释）[1] 或者，热烈地信奉那古老而尚未耗竭的，但也没有得到更新的四元素说："非存在的东西在火里被设定为存在的，反之亦然；所以，火是活跃的时间。……火是被设定为无差别性的空气，是被否定的统一和对立，但这种对立同样也被还原为中和性。淹没了火的中和性，即熄灭了的火，就是水。"[2]（同上书，§283附释）或者用上了某种幻想，这更让人想到的是沙罗曼蛇（Salamander）[3] 和火龙的神秘传说，而不是亚里士多德和莱布尼茨："沉到地球晶体里的火是火的融合，是火的自我燃烧，这一晶体在燃烧中变成火山。所以，火山是不可机械地加以理解的，而应该被理解为潜伏在地下的、伴随着地震的雷雨现象；反之，雷雨则是云里出现的火山。"（同上书，§288附释）或者以同样超泛灵论的风格说："月亮是没有水分的晶体，它仿佛试图与我们的海洋结为一体，以解除其僵硬的物体的干涸，因而（！）[4] 引起了涨潮与落潮。海水上升，意在飞往月亮，而月亮也把海水引向自身。拉普拉斯根据实际观察和理论研究，发现月亮引起的涨潮比起太阳引起的涨潮大三倍，最大的涨潮发生于两者会合的时期。因此，从性质方面看，月亮在朔望、上弦和下弦时期的位置在这种联系中具有最重要的决定作用。"（同上书，§279附释）这类生机化的做法（Vitalisierungen）在涉及火的时候，当然就远离了热的机械等价物，而涉及洪水时，就更远离牛顿的万有引力公式，甚至远离爱因斯坦万有引力理论中完全非直观性的"测地线"了。它荒诞地忽略了德谟克利特和机械力学；它恢复了某种泛灵论（月亮的干渴，正在酣睡的火），这泛灵论既不知

[214]

---

[1] 中译文采用梁志学等先生译本，见黑格尔《自然哲学》，梁志学等译，商务印书馆1980年版，第149页。下文中也有采用或参照该译本的地方，不另说明。——译者

[2] 布洛赫引文中把原文中的两句的先后顺序颠倒了，黑格尔原文中这两句也没有紧挨着。因此我们在翻译时照原文将次序还原，并加了省略号。——译者

[3] 西方传说中代表火元素的精灵，形似蜥蜴，亦称"火龙王"。——译者

[4] 布洛赫所加。——译者

道任何数和计算,也不了解任何尺度和目标。在这里,自然实际上是"一位酒神,他既不约束又不克制其自身;在自然中隐藏着概念的统一性"。然而正如已经说过的:寂静无光的暗夜,其中只有机械力学从大全中截割下来的压力和推力,在这个时代及其自然哲学看来要比它自己的种种泛灵论荒诞得多;在它看来,这景象首先就无法与人的诞生和自然的漫长形态链相容。整个机械力学似乎与自然辩证法不相容,在后者那里,各种质将自身设定为是自由的,并打开了眼界,在那里甚至还有一些隐蔽的质存在。而首先要注意的恰恰是,前面列出的那些引文是根本无法隐瞒的,尽管极尽幻想之能事,它们却只是一种根本不奇异或不富于幻想的优点的阴暗面:那优点就是看到自然内容——在与我们为敌、我们认为无所谓或对我们有利的各种事物中——是不能被某种机械模式,被一台暗夜般的机械装置穷尽的。否则,从物质自然中就既不可能发展出有机—精神之物,也根本不可能有物质自然已经为风景体验、艺术、自然神话、对千禧年的盼望与忧[215]虑保留下来的那样一个宏伟的密码世界了。这类性质,单凭像洛克那样扩展到"第二性的质",甚至凭着像斯宾诺莎那样扩展到"不相应的观念"的做法,是无法道尽的;一种物质因素再明显不过地在这里起作用,它甚至还在种种迷信和扭曲性的错误观念中起作用。像下面这个黑格尔的句子,就完全不再是幻想的,而是辩证的,也就是描绘了从量到质的突变:"海洋是一个有生命的进程,它总是要迸发出生命。①……就连海洋的整个表面也部分地是一种无限的显现,部分地是一种不可估量的、无边无际的光海,这种光海由一些纯粹有生命力的点构成,这些点并不进一步形成有机体。如果将水和这些生命力的点分开,其生命力就立即衰亡,这时留下的是一种胶状的黏液,即植物生命的肇端,海洋从上到下都充满这种东西。"②(《哲学科学百科全书纲要》,§341 附释)这就是自然辩证法,那么,它当然也不是任何保持静态的机械力学,就像永远不变的压与推的过程。黑格尔的

---

① 黑格尔此处的原文中查无此句,或是黑格尔在他处的文字,此处仍译出备考。——译者
② 布洛赫将第二个省略号隔开的两部分文句的次序颠倒了,这里依黑格尔原文恢复原来的次序。——译者

自然的那种糟糕的自外存在，便表现在**光**和**生命**这两种带有外在的自外存在的基本形态中。自然辩证法也开始于机械的形态，但它并没有冻结这个开端，没有将它绝对化；辩证法也没有预先设定对自然的任何质的规定，但之所以没有如此，那只是因为它将这些规定设定于它们的进展之中，也没有让那完全只关注驱动的机械力学封锁住自然中质的领域。因而总体来看，黑格尔辩证的—质的自然哲学在进行古怪可笑的阐明的同时，也远远落于机械力学的成就之后，落于此前的数学自然科学了不起的精微性之后了，尽管它在原理方面超越了这种精微性。与自然之间的那种常新的、不仅仅限于德谟克利特和伽利略的关联方式至今依然是开放性的，然而，它距离自然的质的问题确实不那么远了，虽然它依然像以往那样如仇敌般与之对峙着。歌德与自然、与它那成问题的"**主体**"、与它在质方面的客体化的亲和关系：[216] 这种理论上的可能性并不是能由机械论从世界中创造出来的；质的自然哲学毕竟还是打开了去往此处的通路。自然是对人类之前的东西（人类的基础）和人类的背景的宏伟总括，是部分陷于停顿、部分又极具乌托邦特色的种种内容的总和。由此也就有了这里的辩证法，由此便有了作为《伊利亚特》的自然，以及——尽管黑格尔不愿也不能承认这一点——作为历史上的《奥德赛》的发生地伊萨卡岛的可能的**舞台**的那个人化自然。

不满足的海神普罗透斯

"因为我们思考事物，我们就使它们成为某种普遍的东西；但事物却是个别的"。（《著作集》，VII[1]，第13页）

"只有当我们向海神普罗透斯施加强力时，即我们不考虑感性现象时，他才会被迫说出真理。"（《著作集》，VII[1]，第17页）①

事物并不思考，因而它们必须被思考："精神在自然内发现它自己的本质，即自然中的概念，发现它在自然中的复本，这是自然哲学的任务和目的。……这也同样是自然的解放。自然自在地就是理性，

---

① 布洛赫误写作"第171页"了。——译者

但是只有通过精神,理性才会作为理性,经过自然而达到实存。亚当在看到夏娃时曾说:'这是我肉中的肉,这是我骨中的骨。'精神具有亚当曾具有的这种确信,这样自然就是新娘,精神同她配偶。"(《哲学科学百科全书纲要》,§246附释,见《著作集》,VII¹,第22页)

但不管是各种形式的个别细节还是它们的无限多样性,以及"混入自然形象的外部安排中的那种完全非理性意义上的偶然性(畸形、混杂)":所有这一切又都使得自然这种单纯外在的必然性显得很困难。如果说自然是一个新娘,那也是一个任性的新娘;黑格尔在更多 [217] 的时候,将它描述成含有高度智慧理念的问题小孩①;还有,即便在孩子畸形的情况下,常被提及的却是父母极其健康:"仅仅抽象地保持概念的规定,将特殊东西的实现委诸外在的可规定性,这是自然界无能的表现。……自然界那种无能的表现给哲学设定了界限,而最不当的是要求概念能理解这类偶然性,并且像有人说的那样,构造和演绎这类偶然性。"(《著作集》,VII¹,第37页)

只要自然还是海神普罗透斯,它在黑格尔看来就还是不真实的面具。它在本质上只是自外存在,后者在此意味着:精神的那种充盈着偶然因素的外化形态。这样一来,它虽然有历史,那历史却只是外在的,因而就像它没有历史一样;它只有作为外在之物的历史,只有等同于偶然的必然性:"在这种外在性中,概念的规定具有互不相干的持续存在的外观,互相孤立的外观;因此概念作为内在的东西而存在。所以自然在其定在中没有表现出任何自由,而是表现出必然性和偶然性。"(《哲学科学百科全书纲要》,§248,见《著作集》,VII¹,第28页)——尽管如此,黑格尔还是掉转枪头,当概念无法把握个别化现象(康德那里的"自然的分疏")时,他并不抱怨概念的无能。不合逻辑的东西(达不到或不能完全达到可认识性的要求者)反而被黑格尔这位从客体方面出发的真正的认识论专家归因于客体的特征;只有在作为某种支配性的"内在必然性"的历史中,他才认为偶

---

① 布洛赫特意在"Sorgenkind"(问题小孩)后面附上了该词的英文形式"problem-child"。——译者

然性减少了。黑格尔在"批判"① 中（面对自然）就有了一种更富中世纪特征而不是伽利略—牛顿特征的观点；这就是说，他更强调突袭性的"彗星现象"，而不是开普勒的行星规律（尽管他也很赞赏这些规律）。即便亚里士多德的工作，当然也是能容纳"干扰性的附带原因"的，据说他的那个在其他情况下完全受因果性—目的论规定的自然中的偶然的因素，无规律也无目的的因素，就源自这些附带原因。在这里，是否以及在什么地方总是"不能达到"研究客体性的透彻方法，或者实际上"不能达到"客体性的那种封闭的可认识性（合逻辑的整体关联），始终是一个难题。黑格尔将自然中的这种"不能达到"称作"它与其自身的不相称（Unangemessenheit）"。即便当方法更具物质性之后（这从来不是吊诡的），而且恰恰在这种情况下，问题也还是有效的；因为平滑无缝的逻辑整体关联仅仅是唯心论的一种悬设（Postulat）。反之，唯物主义则是对我们的世界存在（Weltsein）的一部完全磕磕绊绊的"前史"的中断和摹写。即便那部前史在其断断续续的过程中，在本质上被中介了，亦即被突出的"本质"辩证法中介过了。

[218]

在自然中向下的消解之路："许多人说，认识活动除了把各个给予的具体对象分解为它们的许多抽象成分，然后再孤立地考察这些成分之外，就不再有任何工作可做。但我们立刻看到，这是把事物弄颠倒了，那种想如实把握事物的认识活动，在此陷入了自相矛盾的境地。例如，化学家取一块肉放在他的蒸馏器上，把它多方加以分解，然后他告诉人说，他发现这块肉是由氮、碳、氢等等组成的。但这些抽象物的物质已经不再是肉了。当经验派心理学家把一个行为分解为许多不同的方面，对它加以考察，并坚持它们的分离状态时，情况也是如此。用分析方法研究的对象在这里似乎可以看作是一棵葱，人们把它的皮一层又一层地剥掉了。"（《哲学科学百科全书纲要》，§227附释，见《著作集》，VI，第399页）

与此相反的另一条路就是那随着进程而**攀升**的，而且非常希望理

---

① 可能指黑格尔与谢林在耶拿合办的《哲学批判杂志》。——译者

解这个进程，本质上参与构造了这个进程的认识之路。在这里，自然中攀升着的相对真理构成的各个层级便显现出来了："证明在哲学里就等于表明，对象如何靠它自身和由它自身，把自己造成它所是的东西。"（《哲学科学百科全书纲要》，§83附释，见《著作集》，VI，第161页）"首先，这种前进是这样规定自身的，即：它从单纯的规定性开始，而后继的总是愈加丰富和愈加具体。……普遍的东西在以后规定的每一个阶段，都提高了它以前的全部内容，它不仅没有因它的辩证的前进而丧失什么，丢下什么，而且还带着一切收获和自己一起，使自身更丰富、更密实。"（《著作集》，V，第349页）"动物自然界是植物自然界的真理，植物自然界是矿物自然界的真理，地球是太阳系的真理。"（《哲学科学百科全书纲要》，§249附释，见《著作集》，VII[1]，第34页）

[219]

时间不是任何直观形式，就像空间也不是一样，而是客观的变易自身。时间在研究运动的哲学家那里优先于空间；即便在运动来临时，也不像《帕西法尔》① 在圣杯城堡前的那一幕说的那样，"时间在这里成了空间"，毋宁说空间总是以辩证的方式过渡到时间了：

"据说一切事物都在时间中产生和消逝；如果人们抽去一切事物，就是说，抽去充实空间和时间的内容，那么剩下的就是空洞的空间和时间，就是说，外在性的这些抽象物被设定和被想象为似乎是独立存在的。但是，一切事物并不是在时间中产生和消逝的，反之，时间本身就是这种变易，即产生和消逝，就是现实存在着的抽象，就是产生一切并摧毁自己的产物的克洛诺斯。"（《哲学科学百科全书纲要》，§258，见《著作集》，VII[1]，第53页及其后一页）

"空间是直接的、定在着的量，在空间中，一切事物仍然持续存在，甚至界限都具有持续存在的方式；这是空间的缺陷。……由于空间仅仅是对其自身的这种内在否定，所以，空间的真理就是其各个环节的自我扬弃；现在时间正是这种持续不断的自我扬弃的存在……时间是否定的否定，或自我相关的否定。……空间本身过渡到时间。"

---

① 瓦格纳最后一部歌剧的名字，也是该剧男主人公的名字。——译者

(《哲学科学百科全书纲要》，§257，见《著作集》，VII¹，第52页及其后一页）

物质"产生"于那在时空中过渡着的和被推动的自外存在：

"空间在时间中和时间在空间中的这种消逝和自我再生……就是运动。然而这种变易本身同样是其矛盾的内在融合，是位置与运动这两者的直接同一的、特定存在的统一，即**物质**。"（《哲学科学百科全书纲要》，§261，见《著作集》，VII¹，第62页）"如果这种关联不是外在的，我们就会得到物质与运动的绝对同一，得到自身运动的物质。"（《哲学科学百科全书纲要》，§253，见《著作集》，VII¹，第44页）

"从观念性到实在性、从抽象物到具体存在的过渡，即这里的从空间与时间到表现为物质的实在性的过渡，对于知性"（而非对于辩证理性），"是不可理解的，所以对于知性总是表现为外在的、现成的东西"（《哲学科学百科全书纲要》，§261，见《著作集》，VII¹，第62页及其后一页）。

因为运动是从时间到空间以及反过来的过渡，而物质则是这种时空关联的同一性，所以没有任何运动是无物质的，没有任何物质是无运动的。但也没有任何物质是无**重力**的，后者是"力求达到那还落于物质之外的中心的趋向"。或者说："可以说（！）[1]，重力是物质在它的自为存在中关于它的己外存在的虚无性、它的无独立性和它的矛盾的自供状。……正因为重力在它自身还不是中心或主体性，所以它还是不确定的、未发展的、闭塞的，……在这个意义上我们也可以说，重力是物质的己内存在（Insichsein）。"（《哲学科学百科全书纲要》，§262，见《著作集》，VII¹，第69页）

但物质首次达到它普遍的自身，首次对它的分离进行了质的规定，这物质由此便从重力突变为**光**，突变为与其自身的这种抽象的同一性："光是无形体的，甚至于是非物质性的物质……物质正是寻求……统一性的，就此而言，物质是有重量的；但光却是一种寻求到

---

[1] 布洛赫所加。——译者

了自身的物质。"(《哲学科学百科全书纲要》，§276 附释，见《著作集》，VII¹，第 139 页及其后一页)

在接下来的那个与该规定相通的句子里，黑格尔在方法上将那些以诗意的和神话的方式刻画或"产生"的含义与那些质的—物质的范畴交织起来的做法，尤为清晰可辨："光包含着自相一致的环节，在光里，分裂现象和有限性业已消失，因此（!）①，光是最初受到崇拜的对象之一；在过去，光曾经被视为这样一种东西，在这种东西里人已经获得了关于绝对的意识。"(《哲学科学百科全书纲要》，§276 附释，见《著作集》，VII¹，第 139 页及其后一页)

[221] 反之，像机械的—普遍的唯物主义所思考的那种物质，是一种在自身中将一切敉平和击碎，并不从质上规定自身，因而也并未发展自身的物质：

"他们把绝对本质规定为物质，规定为空洞的对象性，是由于他们的概念摧毁一切内容和规定，仅仅以那普遍的东西为它的对象。这种概念"（亦即表示单纯分析的—非发生的、单纯机械论的消解的概念）"只知道一棍打个稀巴烂，不知道再从物质、从纯粹思维里、从纯粹实体性里重新发展出来。"(《著作集》，XV②，第 509 页)

"尽管如此，我们必须肯定在唯物主义中超出把两个不同世界假定为同等实体性的和真实的这种二元论，并消除对原先一体的东西的这种撕裂的满怀热忱的努力。"(《哲学科学百科全书纲要》，§389 附释，见《著作集》，VII²，第 54 页)

黑格尔拒绝原子论，因为凭着原子论而能得到概念性把握的只有凑合（Zusammensetzung）（外在的机械的合并），而非结合（Verbindung）："照这种看法，一切有生命的、精神的以及具有诸如此类特征的东西只是凑合起来的；而变化、发生、创造因此也仅仅是一种联合（Vereinigung）。……被联合者总是彼此外在，联合它们的纽带只是外

---

① 布洛赫所加。——译者
② 即《哲学史讲演录》第 3 部分。译文参考了贺麟等先生的中译本，见黑格尔《哲学史讲演录》第四卷，贺麟等译，商务印书馆 1978 年版，第 217 页。以下参考该中译本的地方，不再一一注明。——译者

在的"。虽然如此，但他还是赞扬原子论让人们**从世界自身出发**对**世界的产生**进行概念性把握，而不是从一种异于世界的本质出发。（因而黑格尔自己将先于世界的理念归于某种隶属于世界的、世界内的本质；概念是自然的自在存在，正如自然是概念的自外存在或被有限化了的理念一样。）在这种内在的、不再符合他的世界本原学说的教义问答式基础（Katechismus-Grundlage）的意义上，黑格尔继续他对（留基波—德谟克利特的）原子论的描绘：

"自然科学在这样的思想里所寻得的令人满意的方面也正在于这点，即在原子学说里，存在者……①作为自在自为地存在者存在了。因此原子论一般总是反对认为世界的创造和保持是由于一个外来的本质的看法。自然研究在原子论里首先感觉到可以从世界没有根据这一说法里解放出来。因为如果自然被表象为被另一个东西所创造和保存，则自然就会被表象为不是自在之物，它的概念在它自身之外；这就是说，它有一个外在于它的根据，它自身没有根据……但是在原子论的观念里，我们有了自然之自在存在的观念，这就是说，思想发现它自身在自然之内；而这就是令概念感到愉快的事：恰好对自然进行概念性把握。"（《著作集》，XIII②，第372页及其后一页）

[222]

即便被定性为地球的物质，尤其是这种物质，是彻底进行分划的运动，是一度成为纯粹颠覆的那种彻底的再生："不只有机界的这些残余，而且地球构造学讲的地球结构，……都显示出了强有力的变革……在山脉中存在着一些完整的形成物，甚至存在着一些层系，这些层系形成一些稳定的山岳和山列，这些山岳和山列完全由漂石与岩屑组成，并固结在一起。瑞士境内的钉状岩石是由光滑的卵石所构成的一种岩石，又通过砂岩和石灰岩联结在一起。……最后，原始丛岭……带有可怕的断裂和破坏所造成的恐怖痕迹，为无数逐级彼此覆盖的长谷、交错谷及沟壑所截断，如此等等。……这是一种生命，它在自身内骚动时，在它本身也曾具有时间。"（《哲学科学百科全书纲

---

① 布洛赫在这里省略了一些文字，而没有加省略号。——译者
② 即《哲学史讲演录》第一部分，译文参考了前述贺麟先生中译本第一卷。——译者

要》，§339 附释，见《著作集》，VII¹，第 436 页及其后一页）

光在与重力的对比之下所开始的东西，**生命**在与陆地和海洋的对比之下成全了它：这生命虽说总还是混合着外在必然性的那种偶然（困苦、依赖自然、病痛干扰），却是向主体性的集结，或者说，是自行凝敛起来的物质：

"按主体性来说，有机的东西是个别的东西。主体性将自身发展成客观的有机体，发展成作为一种躯体的形态，这种躯体又区分成彼此不同的一些部分。"（《哲学科学全书纲要》，§343，见《著作集》，VII¹，第 470 页）

"植物对光有一种本质的关系，但它就像有重量的物质一样，不过是寻求它这个自身。"（《哲学科学百科全书纲要》，§344 附释，见[223]《著作集》，VII¹，第 474 页）"在动物中光自己寻找到了自己，因为动物阻碍着自己同他物的关联；动物是一种自为存在的自我……所以，在动物中存在着真正主观的统一，存在着一种单纯的灵魂，即自身无限的形式，这种形式展现在躯体的外表"（《哲学科学百科全书纲要》，§350 附释，见《著作集》，VII¹，第 550 页）。

生命是不可照着与一部机器的类比来思考的；因为它是作为自我运动和局部的自我规定开始的。血液是"主体，好似意志一样，开启一种运动"。而其原因则在于那处在其特有的汁液中的生命自身："血液作为循环往复的、自我追踪的运动，作为这种绝对的内在震荡，是整体的个体性生命，……①——这就是动物的时间。……个体性的巨大内部循环就是这样，循环的中项是血液本身，因为血液就是个体生命本身。血液……②是把一切都统摄为内在统一的应激性活动……血液的搏动是血液的首要规定；血液循环就是生命的所在，在这里，知性的机械解释是无效的。"（《哲学科学百科全书纲要》，§354 附释，见《著作集》，VII¹，第 573、575 页及其后一页）

疾病几乎是以神经病学的方式，被看作与某种已经自主化了的复

---

① 布洛赫漏掉了这个省略号。——译者
② 布洛赫漏掉了这个省略号，且将前一个句号改写成了逗号。——译者

合体的斗争；这方面的获胜便是痊愈，然而针对生命所固有的死亡，药草罔效，也不存在任何个体的不朽："当有机体的某一系统或器官坚持自己的独立，坚持自己的特别活动，而与整体活动相对立时，……有机体就处于疾病状态。"①（《哲学科学百科全书纲要》，§371，见《著作集》，VII¹，第671页）"我们应当像过去考察消化那样来设想痊愈。有机体并不想制胜某种外在的东西，倒不如说，痊愈的实质在于，有机体要摆脱自己同那种在它看来一定低于自己地位的特殊东西的纠缠，而回到自身。"（《哲学科学百科全书纲要》，§373附释，见同上书，第685页）个体的死亡源自它自身②："动物不符合于普遍性，这就是动物原初就有的疾病和与生俱来的死亡的萌芽。……在这种普遍的不符合状态里包含着灵魂和肉体的可分离性，但精神却是永恒的、不朽的……——这种普遍的东西把自身表现为普遍的东西。"（《哲学科学百科全书纲要》，§375附释，见《著作集》，VII¹，第691页及其后一页）

这样看来，一般来说黑格尔这里并没有嗅到死亡的气息，据说它完全是隐喻，充当了从生物学向心理学的某种过渡，在那里，自然界这位海神普罗透斯逊位给精神了："自然界的目标就是自己毁灭自己，并打破自己的直接的东西与感性的东西的外壳，像不死鸟（Phönix）那样焚毁自己，以便作为精神从这种得到更新的外在性中涌现出来。"（《哲学科学百科全书纲要》，§376附释，见《著作集》，VII¹，第695页） [224]

但黑格尔的概念并不满足于海神普罗透斯的形象，即便后者的目标是进入自身之中，甚至从世界出发将自身产生出来，至少被表明是一种消逝的现象，也是如此。海神普罗透斯自身似乎也并不满足；因为自然完全是存在的，然而它又有力地向"精神"高歌猛进。不管是作为经济—技术方面以及艺术方面与外部世界进行材料交换的物质，

---

① 布洛赫对这段引文多有改动，他将"有机体的某一系统或器官"改写成"一个有机的部分"，将"有机体就处于疾病状态"改写成"疾病产生"。另有几处无关大体的细节改动，不一一注明。——译者

② 布洛赫将引号前的这半句本不属于黑格尔原文的话掺入引文中了。——译者

还是作为人类居所的那个巨大的、很难说降格为柴火之类必需品的自然环境，都是如此。但黑格尔当然希望，在心理学以及它迄今为止在文化中所作的种种扩展里，自然的整个本质内容已经发出了响亮的声音；这样一来，最初的自为存在就从单纯自外存在的那种木偶状态中脱胎而出了，而在作为自然的这种自外存在中，过去还一直保留着某种本质性的萌芽力量、萌芽地位：

"自然本身在其自我深化中没有达到这种自为存在，没有达到它自身的意识……附属于自然本身的东西都在精神那里了结了；精神虽然在其自身中具有自然的全部内容；但种种自然规定是以一种完全不同于它们在外部自然里的方式存在于精神身上的。"（《哲学科学百科全书纲要》，§381 附释，见 VII^2，第 24 页）

"精神成为了自然的真理。……这个已生成了的精神因而意味着：自然在其自身扬弃了作为不真实之物的自己……精神是物质的实存着的真理，这真理就是物质本身不具有任何真理。"（《哲学科学百科全书纲要》，§388、389，见《著作集》，VII^2，第 46 页及其后一页）——然而黑格尔试图以客观—合逻辑的方式开展他的整个自然哲学，将其作为从物质的某种定在方式向另一种定在方式进行的辩证的、定性化的过渡。

[225] 正如黑格尔扬弃所有僵化的对立一样，他也想扬弃身体与灵魂之间的那些对立。与他在心理学中通常亦步亦趋的亚里士多德一道，黑格尔也认为灵魂是身体的隐德来希①。尚无意识的那种植物性的或动物性的灵魂尤其如此；在他看来，那种灵魂就是身体在精神方面的单纯整体性。这样一来，它便支配着身体方面的一切功能："空间上相互外在的存在对于灵魂没有任何真理。灵魂是单纯的，比任何点都精细。很久以来人们就在努力寻找灵魂，但这是一个矛盾。正是在成千上万的点里，到处都表现出灵魂，但灵魂毕竟不存在于点之内，因为空间上相互外在的东西对于灵魂恰恰没有任何真理。这个主体性的点必须坚持，其他的点则不过是生命的谓词罢了。"（《哲学科学百科全

---

① Entelechie，亚里士多德术语，"完满实现"之意。——译者

书纲要》，§350附释，见《著作集》，VII¹，第551页）

只有自我（Ich）才是长成了的精神性主体，才是"穿透自然灵魂并消耗它的自然性的那道闪电"。穿透灵魂到达"自由精神"的事情，便是通过自我的意识（Bewußtsein des Ich）、通过自我意识（Selbstbewußtsein）而发生的；精神是灵魂和意识的统一性。它将自身刻画为"理论精神"（直观、表象、思维），刻画为"实践精神"（实践感觉、冲动意志、幸福），最终以综合的方式刻画为"自由精神"。① 这就是说，作为自身有所知的意志，作为思考和了解自身，并在其所知的范围内完成其所知的东西的那种意志。灵魂、自我意识、精神标示了自然在其中扬弃它的外在性的最后三个阶段："在相互外在性扬弃的最高阶段上……被囚禁在自然里的自在存在着的精神开始达到自为存在，并因而开始达到自由。"（《哲学科学百科全书纲要》，§381附释，见《著作集》，VII²，第23页）

"理念在自然的外衣下穿行而过的那些环节，是一系列独立的形态。然而它进一步的进展方式是，在它之中闭锁着的概念爆发出来，将自外存在的表皮吸入自身之内，予以观念化，并且因为那概念使晶体的表面变得透明，它自身便进入现象之中了。内在的概念变为外在的，或者反之：自然在自身内深化了自身，而外在之物则使得自身成了概念的表现方式。这便是自然的真理，便是意识。"（《著作集》，XII，第64页）——简言之，在精神令其显现的那种日子之前，外在的日子完全流逝了。在黑格尔自然哲学的这个终结之处，整个自然（toto coelo）② 的终结与修正、出路与扬弃便发生了，没有与人发生更显著的物质交换。这里随处都可以看出作为唯心论者的黑格尔要离弃自然基础的那种急切心情；甚至作为进进不已地环绕历史的世界之物的那个巨大自然，如今再也得不到哪怕最漫不经心的一瞥了。黑格尔的自然，既是就穿过自然的意义而言的，也是就过去"流逝"了的意义而言的，是人类历史大厦的死寂的底层；每一段历史都是从底层而

[226]

---

① 这句话中的术语的翻译对杨祖陶先生的译法多有借鉴。——译者
② 拉丁文，意为"整个天"。——译者

来的。各种有机体不发展自身了，而且在这个无时间的自然空间中还有日月星辰在边缘不停运转。因为自然在自身中深化了其自身，因为黑格尔所谓的大地精神（Erdgeist）在人类中才苏醒并具有意识，那么现在更高的知识就要开始了——云破日出（post nubila Phoebus）①，在海神普罗透斯之后到来的是历史的启示。

13. 黑格尔的历史哲学

（1）变易（Werden）从一开始就是黑格尔所用的口令。它曾给他打开了一条穿过事物那种显得僵硬的构造的道路，如同这构造本身就是一条推动其自身运转的道路：一条河。现在，这条河在人类历史中，在这场暴风雪中，完全生机勃勃地奔涌向前了。在黑格尔看来，一切现象的秘密都在其历史中解开，尤其是在人类产生的历史中。人们发现，历史就是他们成为自为存在的过程，通过这个过程，精神便脱离了单纯自然的定在的桎梏。然而在黑格尔看来，在1830年，或者那前后，历史就终止了，他对新来临的事物极少有什么好奇心，以致永远不让它诞生了。时间性的精神向其自身运行的那条路，"自由意识的进步"（Fortschritt im Bewußtsein der Freiheit），在黑格尔那个时代的柏林出现了。这样一来，历史的变易就终结了，至少在描述这变易的书卷中是如此。

[227]　（2）这种终结在黑格尔那里总是引人注目的，它的无用性也是显而易见的。一条河无法突然被截断，历史永远不会在那些悲惨时代的某个当下时刻退位。即便那个当下希望构成一道阻挡河流的栅栏，历史也不会退位；更确定无疑的是，那条河冲破了依照黑格尔最本己的辩证法规定而设立的那种界限。生命在未来还会继续，世界的时间（Weltzeit）在1830年左右并未退休，黑格尔是何等聪慧或开明之人，那时他自己也是了解这一点的。但正如他重新表明，也会一再表明的：生命作为**被观察到**的有意识之物，作为以圆圈的方式被设想的东

---

① 拉丁文，Phoebus 是日神福波斯。——译者

西，自然不再继续向前了，这种构想只允许意谓（meinen）进展，不允许思考（denken）进展。因而被观察到的历史，作为**被观察到的**东西，它在每一个当前的自然都有某种终结，当然，那个终结不是正在发生着的终结，而且仅当那瞻顾它的目光出离变易过程之外的时候，才是被观察到的终结。这里便有某种无用性了，它实质上就是一种不相容性：亦即在作为亲近与思考**事情之发生**（*Geschehen*）的思想家的黑格尔和作为**历史**（*Geschichte*）帝国之掌管者的黑格尔之间的不相容性。前者即便在过往之事中也以辩证的方式思考变易，后者则排除了未来的变易，因为未来不像过往之事那样可以回忆和通过观察去了解。作为辩证思想家的黑格尔，不同于作为精于研究的好古者的黑格尔；后者之所以能规定事物，那是因为青铜器上的绿锈胜过和美化了时间，因为获得的东西成了成功的证明。作为辩证思想家的黑格尔并没有将未来排除在外，他在关于河流的构想本身中是包含了未来的，那种构想若是没有了向前方的开放性这个特征，也就无法想象了。但作为精于研究的好古者，在这个没有进步精神的点上也作为浪漫派和那些沉溺于过往的人的同时代人，黑格尔一再将知识设定成围着静止不动的既有状态（Gewordenheit）、围着被归于和隶属于那种同样静止不动观察之下的这种既有状态打转的东西。谢林在同样的意义上开始他的"世界时代"讲座："过去被知晓，当前被认识，未来被预知"；在这一点上，虽然当前被认识到的东西，可能对于黑格尔这个对政治最感兴趣的人是有意义的，对于他达成某种决断的目的是有意义的，但是，对于未来的预知却没有意义。一个餍足的阶级（这个阶级在黑格尔时代的德国当然只可能在隐含的意义上是餍足的）的处境，这种古老的现象（这在我们看来是一场大洪水）就与黑格尔哲学的社会界限，也与这个界限的绝对化相互作用。这虽然在令人疑惑的意义上使人满足于既有状态，在值得三思的意义上使人满足于历史，却中断了辩证法，使得未来失势了，成为秕糠、暗夜和风尘。那个时代特别发给所有学者的那份鼓励单纯从事沉思的委任状，在方法上曾对乌托邦式的延期清偿现象的出现起了决定性作用。可见一切都显示出，当缺乏某种非沉思性的、直到马克思那里才出现的知识概念时，

[228]

当在新事物（作为一种在逻辑上、而非仅仅在"直觉"上可理解的事物）的范畴方面遇到困难时，在黑格尔看来，"意识＝既有状态"这个方程式就可能显得理所当然了。然而在这里，讲究中介的作用的这位辩证法家恰恰重新落回到莱布尼茨——正如前文中讨论辩证法时已经看到的——早已采取过的那个立场之后了；那时他称趋势（Tendenz）是一种被压缩了的未来，这话甚至与后来马克思的一句话形成了准确的共鸣，它宣称，"当前随处都孕育着未来而前行"（致贝尔的信，1702年）。而这不是撇开过去，恰是由于过去才得以可能的，那过去依照连续性规律而同样被包含在当前的发展层级中，正如后者又为未来作了预备一样。但在黑格尔这里，被预感到的东西，甚至仅仅尝试对某种即将来临的可能之物进行透彻深思的规定，总是显得不务正业，或者像是某种空洞的应当（Sollen）的空无内容的抽象物。当他在这种应当中担心人们仅仅依照事物的情势（rebus sic stantibus）①便颠覆现状，失去了与过去的一切关联时，就更是如此了。这样一来，有学识的好古者黑格尔就阻碍了新事物；辩证法家黑格尔也极为出色地描绘过新事物跃入世界之中的情形，然而新事物在他笔下又总是跃入过往事物中去，他仅限于描述**那种在过去一度存在过的**新事物。这样，历史便完全成了一种变易着的既成之物；这是一种矛盾，而这位辩证法家—好古者并未化解这种矛盾。这重又使得黑格尔的历史中出现了某种从时间出发前后顾盼的面庞，出现了一个雅努斯双面神②的头颅，这头颅不仅同时朝向两面，还自行转动，这样一来它的两张脸就相互融合了。

照此看来，人们就很难知晓这面庞到底是走近我们还是远离我们了。没有什么比这第一种真正强调过程的和最后一种静态的哲学中的变易与既有状态之间相互交融的局面更富有教益的了。也就是在这样一种哲学中，它的变易—形象（Werde-Bild）几乎能反映出资本主义对种种生产力的加速释放，而过去—框架（Vergangenheits-Rahmen）

---

① 拉丁文。——译者
② 古罗马神话中的双面神，同时看向前方和后方。雅努斯是纯正的古罗马神祇，没有与之对应的希腊神话形象。——译者

又将静态的前资本主义世界嵌入进来了。照此看来，观察不仅将过去的事物设想成某种被静止摆放着的东西（Stillgelegtes），此外，它还将某种自身静立的东西（Stillliegendes）记录和记述到过去的事物中去了。这种被记录进去的东西，便是直到近代的门槛，甚至直到1789年还存在着的对事物的某种预先规定了的永恒秩序（ordo sempiternus rerum）① 的信仰。就此而言，黑格尔的那种被构造得极漂亮的、关于过去或关于历史的宇宙哲学，便表现出真正的魔力，当现实的时代，当"产生一切并摧毁自己的产物的克洛诺斯（Chronos）②"表现得越疯狂时，就越是如此。这样一来，在作为过去的时间终结之处，它的最高规定甚至就在于成为永恒本身的某种修饰物。那么这个时间就像诸神的生命——亦即世界精神本身的生命———般，成了无处境之物：在这种永恒中，历史其实并没有现实地发生，而整个永恒都有一种特征，那就是它并不涉及它之外的任何东西。因而照这方面来看，历史的时间（historische Zeit）其实成了某种固定收入（Fixum），现实的时间（wirkliche Zeit）在其中并不现实存在，而且历史在那里以永恒的方式发生。结果，与原本说好的相反，几乎与黑格尔自然哲学中那种单纯逻辑性的相续一样，历史即便在它迄今的行程中，也没有表现出任何实在—真正的发生。历史的进程在开始之前就已经解决了，在它头顶的绝对太阳（absoluten Sonne）之下，没有产生也不可能产生任何真正新的东西。从这里出发，从被召引来的—被观察的那堆古董来看，历史不过是"时间中阐明的上帝（绝对者）"；但一个绝对者是不会体验到他所不知道的任何东西的。那么在现实的时间中发生的事情，便沦为事后聪明式的谋定而后动了；后者可以比作由一部早已完成的手稿编成的那种可以一页一页翻动的读物。或者说：发展（Entwicklung）③ 仅仅是教育学上的，大约就像一个教师在黑板上依序缓缓写下和"展开"一个原理。或者在详尽的复辟—唯心论整体语境下说：黑格尔将活火制成木乃伊的吊诡做法，乃是具有柏拉图式"回

[230]

---

① 拉丁文。——译者
② 古希腊神话中的原始神，代表时间，创造了混沌和秩序。——译者
③ 指黑格尔所说的历史发展。——译者

忆"（Anamnesis）性格的精神最终的伟大产物，亦即那样一种学说的最终的伟大产物，它认为一切知识都不过是重新回忆起那些先于世界的、在一切变易之外被看到的理念。这便是黑格尔的那种在其他情况下投身于生机与辩证法的历史思想和发生思想中僵死的东西，甚至就是那种思想中的死亡本身。黑格尔曾说到能使思想旅程急速进展并区别于现实旅程的那种"概念的七里靴"："世界精神需要一百年或一千年才达到的东西，我们很快就达到了，因为我们有着有利的条件：我们所研究的乃是过去了的和在抽象物中的东西。"（《著作集》，XV，第96页）在黑格尔的历史哲学中，从中国、印度、波斯、埃及到希腊世界，到罗马帝国，到中世纪和近代的日耳曼—欧洲城市的路程，历史的太阳从东方到西方的运转过程，便以崇高庄严的急速跑完了，令人想起完全与之类似的恺撒（Cäsar）[①]的强行军和征服。但这里如此鲜明地在运动中被看出的世界精神，恰恰不需要一百个或一千个实际的年头，那不仅是因为恺撒，也是因为柏拉图："时间的长度完全是某种相对的东西，而精神属于永恒，对于精神而言不存在真正的长度。"（《著作集》，IX，第107页）在黑格尔这里，精神的进程从永恒到永恒地发生，是一种浴血奋战、危险重重、辩证而汹涌澎湃的发生。照它每一次的出发点来看，仿佛就像一次战役之前的清晨那般不确定，然而就整体而言，却同样是早已奏响了的、有着神圣秩序的一个宇宙传奇。而在这个传奇中，在观察的飞升状态与永恒性中劳作的，也是这个世界精神的神话式实施者，黑格尔使其成为历史的担当者：那些所谓的**民族精神**。接着这些民族精神，黑格尔也将某种完全

[231] 浪漫主义—神话式的因素提升为历史的主体，提升为一部既在发生又永远没有发生的历史的主体。因此，黑格尔合理地将他的那些相继在历史的白日里出现的民族精神，将东方的、希腊的、罗马的、日耳曼的民族精神，比作一部赋格曲中相继展开的声部。赋格曲当然根本无意于成为任何历史，它的价值恰恰在于消除紧张和急躁。一部赋格曲

[①] 盖乌斯·尤利乌斯·恺撒（Gaius Iulius Caesar，公元前100—前44年），罗马政治家、统帅和作家，对晚期罗马共和国作出巨大贡献，也因此推动了罗马共和国向罗马帝国的转变。——译者

的各声部将那一劳永逸地设定下来的主题依序铺展开；与奏鸣曲和交响曲不同，在赋格曲中没有发生任何新的东西，它的本质不是力度（像在贝多芬的奏鸣曲中那样），而是任运（Gelassenheit）。正因此，黑格尔依照世界历史的封闭和永远锁闭的一面，将它界定为"各民族的赋格曲"。一些新柏拉图主义者——恩披里可（Jamblichos）便是如此，达马斯基奥斯（Damaskios）① 尤甚——同样教导过那样一种时间，它同时作为整体而存在，或者说，它就是那自身保持不变的变迁之基础，他们还将这种不动的时间与从它那里流射而出的流逝时间区别开来（参见策勒《希腊哲学的历史发展》，第3卷第2部分，第908页）②。或许是因为这个缘故，黑格尔就将"一些非常有趣的著作"归于达马斯基奥斯的名下了（《著作集》，XV，第93页）；当然，他暗地里将变易的时间与天国不动之河的时间联系起来了，在那里什么都没有发生，因为它永恒发生。奥古斯丁的一个句子也可以放到这里来，他以柏拉图的方式阐释《圣经》中的"世代之世代"（saecula saeculorum）③ 一语并写下（《上帝之城》第12卷，第19章）："也许，当这些时间被称作'世代之世代'的时候，我们应当把它理解为在上帝不变的智慧中保持不变的时代，它们是那些在时间中流逝的时代的动力因素（efficienta）④?"⑤ 无论如何，黑格尔的历史（Historie）作为绝对者（Absolutum）⑥ 的历史，始终在时间中坚守着这种被人格化了的超时间（Überzeit）。克洛诺斯产生一切并摧毁自己的产物，然而历史

---

① 达马斯基奥斯（Damaskios，希腊文作 Δαμάσκιος，约462—538），古代晚期著名的新柏拉图主义哲学家，在亚历山大里亚完成学业，后赴雅典加入新柏拉图学派，最终成为该学派最后一位领军人物。他是希腊宗教的拥护者，在该学派因与基督教的冲突而解散后，带领一些新柏拉图主义者移居波斯帝国。——译者

② 详细出版信息为：Edward Zeller, *Die Philosophie der Griechen in ihrer geschichtlichen Entwicklung*, Dritter Teil, zweite Abteilung, Leipzig: Fues's Verlag (L. W. Reisland), 1868。该版本讲到两种时间的区分的地方应为第768页。——译者

③ 拉丁文。——译者

④ 拉丁文。——译者

⑤ 译文采用王晓朝先生译本。见奥古斯丁《上帝之城》，王晓朝译，人民出版社2006年版，第523页。——译者

⑥ 拉丁文。——译者

的整点报时，在本质上只能表明在永恒中到了什么钟点，这就是说，在黑格尔看来它宣告了时间的某种整体，据说这整体本身再也没有更多的存在了。每次那些起规定性作用的民族的声音，在历史上前后相续地劳作完毕，然而在本质上，却总不过是用来阐明别的东西的。

[232]　　（3）黑格尔总归没有将他的历史安放到人们等待着它的那个特有的、完全新鲜活泼的场地上。很快代替自然哲学末尾预告过的那种突然爆发的运动而来的，就是某种已完成之物：法权；而从体系的角度看，历史则被加于法权之上。① 在黑格尔这里，它紧挨着国家法权（Staatsrecht），作为已开展了的内部的与外部的"客观精神"之后单纯的结论部分。② 这令人感到意外；因为在自在和自外（außer sich）的意义上，甚至在自在而自为的意义上，在黑格尔这里一切都可以是历史哲学。然而，正如他将精神现象学——它也是一切，它也正是历史——塞进《哲学科学百科全书纲要》的"主观精神"的一个部分中一样，它照样将历史哲学作为终结加到法权的东西之上。当然，那是激情澎湃的：基于"世界历史＝世界法庭"这个可逆的方程之上。现在，历史就是宣读那已对每个国家发出的法庭判决，那些判决在失败或胜利、毁灭或兴起之中被执行。因而历史就是那样一种决定，针对它不存在任何上诉，不管上诉的理由是说缺乏更高的权力机关，还是针对它的绝对正当性："国与国之间的关系是摇摆不定的，也没有裁判官来调整这种关系，唯一的上级裁判官是普遍的、自在而自为地存在着的精神，即世界精神。"③（《法哲学原理》，§339 附释）

有两个动机决定了黑格尔要将他的历史哲学与法哲学极其紧密地结合起来。一个动机仅仅将历史**引**向国家，而并不要求在描述国家时把历史包含进来；这个动机源自康德。因为黑格尔依照政治的主导线

---

① 指《精神哲学》与《法哲学原理》里"世界历史"在体系中的位置。——译者
② "世界历史法权"是"内部国家法权"与"外部国家法权"之后的第三个环节。——译者
③ 译文参考了范扬等译本，根据原文有所改动。黑格尔：《法哲学原理》，范扬、张企泰译，商务印书馆1961年版，第351页。——译者

索、依照国家概念改变了历史，他仿效的是康德，后者在他1784年的《世界公民观点之下的普遍历史理念》中提出了这个规划。康德那部著作中真正的原理是："大体上人们可以将人类的历史视作自然的一种隐秘计划的实施，以便实现一部内在的、对于这个目的而言也在外部臻于完满的国家宪法，视作自然可以在其中彻底展现其蕴藏于人之中的一切素质的唯一状态。"按照这个目标，黑格尔将历史与国家构型（Staatengestaltung）紧挨在一起，以致很难说艺术史、宗教史都已经如其本然地出现于其中了。虽然历史的种种规定也依序贯穿了那些本己的文化领域，这在黑格尔看来是意料中事，也是不可避免的，然而那里却不像政治史中那样充满危险、战斗和命运的因素。时代的波涛完全是由政治激荡起来的，但在黑格尔这里，它不过是按照远离政治的一座文化宫殿的阶梯节节攀升的，美和神圣这些范畴在这座宫殿的上层建筑中展开。因而在黑格尔这里，政治史有着无可争辩的优先性，而且完全是依照从修昔底德到波利比乌斯和李维的那种古代意义而言的。但它不仅有优先权，而且在这里几乎完全与历史合拍；因为当历史作为"自由意识的进步"而流行时，它必须以国家生活为导向，照黑格尔看来，只有在那里自由才可达到客观的规定性。——第二个动机不仅将历史引到国家学说上，也**终结**了历史，这又是个好古的（antiquarische）动机。正如黑格尔所说，历史本身作为这些国家的"上级裁判官"，宣布了对各种国家的最终判决，但这个判决同样也是早就发布了的，并没有空缺。这样一来，历史作为内部国家法权和外部国家法权的辩证综合，就可以结束法哲学了，它填充了那个照布局来看似乎本该由各民族法权或邦联（Staatenbund）占据的那个空间，后者照黑格尔本人看来只不过是软弱无力的应当（Sollen）罢了。因而作为真正的"上级裁判官"的某种未来历史，某个尚未实现的世界法庭，实际上并没有出现；历史的整个古物陈列馆既不知晓，也不可能知晓法权与国家方面的任何理想。这同样不是出于彻底的实在论，而是出于特殊的实在论，更好的说法是：出自既有之物上的法律实证主义；世界历史这个裁判官完全发现的只有已判定的事物（res

[233]

judicata)①，而且本身就是它。最后由此得出，黑格尔虽然列举了四个世界王国，即东方王国、希腊王国、罗马王国、日耳曼王国，四个王国明显与最初但以理（7：17）语言中的数字"四"② 相应，而且实现了整个异教千禧年主义（Ketzerchiliasmus）。但是，但以理和异教徒们眼中立于未来之中的第五王国（英语中说的"千禧年主义者""第五王国主义者"[Quintomonarchisten]）却从来没有像康德那里还出现过的一样，被作为什么狂想提出来。因为从方法上讲，人们以这个王国所意指的东西——撇开它正好具有的普鲁士—君主主义内容不谈——也只立于历史之中，那历史是一个开放的进程—可能性，而不是某种截割出来的封闭状态。黑格尔的官方历史或国家历史中绝没有什么尚在"流行"的东西，然而在非官方的意义上，它处处都是一种辩证进展着的进程。因为它是这样一种进程，它当然也不能作为偏狭状态被局限到法哲学及其种种民族精神中去；与黑格尔的布局相反，它毋宁是运行于整个体系的所谓有限之物（res finita）③ 中间的河流风光。

（4）这便是这种历史思维中的一些伟大特征，学习它的人必须对这些特征有所准备，必须熟悉它们。然而，比它们那个已经死了的时代熟悉得多的，则是继续起作用的生机勃勃的时代，而在这位精研变易的思想家这里，当然并不缺乏这样的因素。黑格尔历史中的另一个根本性概念，要比民族精神远远更富有辩证性，因而也远远更富有成果，虽然它同样源自"世界精神"：**理性的狡计**。黑格尔这个概念指的是，那些伟大的，亦即对历史有塑造之功的个人，虽然每次都似乎在谋求实现他们自己的意图，然而实质上却以远远更为普遍的方式在实施些别的什么。个人的激情是不可避免的，"没有激情，世上便没有任何伟大之事能实现"，黑格尔与狄德罗（Diderot）④ 都这样说过；

---

① 拉丁文。——译者
② 通行的中文和合本《但以理书》7：17 为："这四个大兽就是四王将要在世上兴起"。——译者
③ 拉丁文。——译者
④ 德尼·狄德罗（Denis Diderot，1713—1784），法国百科全书派启蒙哲学家、作家、文艺理论家，女沙皇卡特琳娜二世的艺术代理人。——译者

然而这种激情是带着它的种种特殊目的实施的，只是当时列在历史的议事日程上的东西："个人为世界精神火中取栗。"在那些暴风雨般的事件发生时，历史的理性不仅毫发无伤，还在那些事件中并通过那些事件将自身实现出来。在苏拉（Sulla）①的迷信和恺撒的野心中，在十字军东征的狂热和路德的良心斗争中，在法国革命的恐怖（Terreur）和拿破仑的查理曼大帝美梦（Carolus-Magnus-Traum）中，都是如此。理性的狡计这个概念已经隐含在霍布斯的社会学说中，尤其已经隐含在曼德维尔（Mandeville）②的《蜜蜂的寓言》中了；照那寓言的意思，从种种自私自利甚至堕落的激情般的营营碌碌中却能产生出平衡状态，而不是资本主义社会的诸般福利。黑格尔早就熟知的斯密的经济学，赋予曼德维尔那里近乎讽刺的耦合现象一种透彻考察过的基础：从自私的系统（selfish system）和整体的进步（progress of the whole）中出现了虽说有些局限，但毕竟引人注目的和谐。此外，在黑格尔的版本中，理性的狡计这个概念具有了那样一种形式——它直接产生于法国革命，虽说具有极强的文学色彩。无套裤汉（Sansculotte）③这个主体，实实在在地以颠覆性的态度对待它的客体，由此发出的余音传到了德国，自称为浪漫派的反讽（romantische Ironie）。德国浪漫派（尤其是施莱格尔）的主体根本没有从事过什么颠覆，但它对待客体的态度却是反讽的，它戏耍它。然而客体在复辟时代得以强化，这就是说，国家凭着传统的一切力量，极为反动也极具实在论色彩地与秉持自由主义的个人形成对立，浪漫派的反讽也在同等程度上将自身翻转过来了。而黑格尔给了这种折回一个名字，那就是"理性的狡计"，这样一来，在这种狡计中，不是主体对客体，而是客体对主体采取了反讽态度。黑格尔本人并没有在这种颠倒的关系中使用"反讽"一词，他不喜欢这个词，但在得到他认可的某种意义上，说

[235]

---

① 卢修斯·科尔内留·苏拉·菲利克斯（Lucius Cornelius Sulla Felix，简写为 Sulla、Sylla 或 Silla，公元前138—前78年），罗马共和国晚期著名政治家、统帅和独裁官。——译者

② 贝尔纳德·曼德维尔（Bernard Mandeville，1670—1733），荷兰医生、社会理论家，生活于英国，并以英文写作，著有《蜜蜂的寓言》（*The Fable of the Bees*）。——译者

③ 法文。——译者

过他的朋友、美学家佐尔格（Solger）① 是"理念对它的个别现象的反讽"。与黑格尔时代的个人及其特殊性在与客体方面相悖的情况下得以强化的现象相关，流传久远的古代"命运的反讽"概念对于浪漫派反讽思想的这种转向贡献极大。黑格尔赞同这种颠倒，是因为他那个时代的一种信念，这种信念流传极广，以至于即便在他的对手叔本华那里也可以找到同样的措辞。普遍之物与个体之物的游戏在这里不仅叫作狡计，还叫作故弄玄虚或欺骗；而个人为之火中取栗的世界本质（Weltwesen），也不是选中那些伟大人物创立其帝国的那种理性，[236]而是利用私人的那些风流韵事繁衍某种糟糕的生命意志。假如说狡计复合物（List-Komplex）自始就与资产阶级及其种种异质的经营很相近，那么，法西斯主义者施密特（Carl Schmitt）② 最先不无根据地，亦即与一切反动的欺骗相一致地指出的，就是资本主义的狡计复合物的某个终曲。叔本华的生命意志就是资产阶级的那种在形而上学方面着了魔的定在，黑格尔的世界精神作为在思想中被把握的时代，就是资产阶级的那种在形而上学方面被观念化了的定在：这样一来，在这一点上，完全不可比较的思想家之间的谐音共鸣就可以理解了。然而，越来越显而易见的一点是，黑格尔的理性狡计学说向来就不仅仅局限于资产阶级。它向来都完全不是：马克思在作了必要修正（mutatis mutandis）③ 后接受了它，将它立于物质性基础之上，就像对待辩证法一样。理性的狡计在这里变得具体，成了**生产进程**的那种反复贯彻其自身的强大力量：这生产过程就是关于此前历史的真正的幕后操纵者的唯物辩证法，就是此前未被识破的历史"命运"。人们在那些伟大变革的时代根本不了解或只是逐步了解这狡计，这才是事情的关键；这狡计利用"虚假的意识"，利用浪漫派的激情，大部分情况下

---

① 卡尔·威廉·费迪南德·佐尔格（Karl Wilhelm Ferdinand Solger, 1780—1819），黑格尔同时代著名的语文学家，德国唯心论哲学家。——译者
② 卡尔·施密特（Carl Schmitt, 1888—1985），德国国家法学家、政治哲学家，著有《宪法学说》《政治的浪漫派》《政治神学》《罗马天主教与政治形式》《政治的概念》等。——译者
③ 拉丁文。——译者

是利用那些过高的理念在行事。但生产进程的日程表在这里还是将自身贯彻下来了："旧的法国革命时的英雄卡米尔·德穆兰、丹东、罗伯斯庇尔、圣茹斯特、拿破仑，同旧的法国革命时的党派和人民群众一样，都穿着罗马的服装，讲着罗马的语言来实现当代的任务，即解除桎梏和建立现代资产阶级社会。"①（马克思：《路易·波拿巴的雾月十八日》）在这种辩证法中，在个人及其直接的意识背后，黑格尔历史哲学中生机勃勃的现实性因素如今依然活跃着。

不管就理性的狡计而言，还是尤其就在此最终得以贯彻的自由而言，都是如此。黑格尔关于历史长河的学说的真正主题，不能到"反映在世界历史中的理念的光辉"中去寻找；然而现实历史，包括黑格尔笔下的现实历史，都过于湍急了，根本无法照出什么镜像，它也过于纠缠到利益之中了，根本不足以构成一部纯粹理念的历史。那么据说事情就成了这样，即有那么一种理念贯彻下来了，它同时也是与人最切近的利益，黑格尔恰恰也将其当作他的历史辩证法的主导思想："自由意识的进步"。黑格尔在此属于那样一批人，他的历史哲学思考的是变易，而不是对变易的回忆或变易的单纯的既有状态，他本身是第一位以历史为工具，而非视历史为一条畏途的哲学家（以维科和赫尔德②为先驱）③。于是，他的"自由意识的进步"就提供了一柄历史的把手，可以防止无意识地陷入现成的不自由状态或自我异化状态。这样一来，历史作为辩证法并未止步于1830年前后，它毋宁于黑格尔死后在马克思的辩证法中才变成了实践性的，而且马克思那里不但没有了历史的终结，还真正从历史开始了。对于黑格尔而言，"**进步**"也不是平滑行进，而是被中介了的中断和飞跃。"**意识**的进步"是指人越来越多地参与他的那种由他产生、由他进行概念性把握并为他所

[237]

---

① 译文采用中央编译局译本，见马克思、恩格斯《马克思恩格斯选集》第一卷，中央编译局编译，人民出版社1995年版，第585页。——译者
② 约翰·格特弗里德·赫尔德（Johann Gottfried Herder，1744—1803），德国诗人、翻译家、神学家和历史哲学家、文化哲学家，启蒙时代最有影响力的德语作家与思想家之一，与维兰德（Christoph Martin Wieland）、歌德、席勒合称魏玛古典主义四杰。——译者
③ 原文如此。——译者

特有的历史的生产。"**自由**意识的进步"是实体性的人类意志的进步，那种意志并不原子化，也不个体化为"人对人是狼"（homo homini lupus）①的局面，而是在城邦中，在没有自我异化的情况下共同进展。黑格尔非常早熟地在既有状态中看出了的那种历史性理性—秩序（geschichtliche Vernunft-Kosmos），若是没有某种并不袖手旁观，而是引导着变易之物并改变着世界的知识首先将这样一种秩序产生出来，是不会存在的。历史的精华绝非波涛之上的油滴，绝非对社会—历史矛盾的好古式的解决，而是某种被意识到了的趋势和未来的产物，这种产物最终意味着以有限的方式开始的那种自由②的秩序。

进步

"如果人们要对某种事物产生兴趣，他们就必须在那里找到他们自身，他们的自尊心也必须在那里得到满足。"（《著作集》，IX，第27页）

"因而我们就会说，一般而言若是那些善于以实际行动助力的人们不感兴趣，就没有任何东西能实现。因而我们一般而言就必须说，没有激情，世上没有任何伟大之事能实现。"（《著作集》，IX，第27页及其后一页）

[238] 理性的狡计，或成熟的经济趋势的狡计："我们若是对这些世界历史个人投以一瞥，便会发现他们有幸成了某种目的的业务执行者，而那目的又是普遍精神进展的某个层面。由于理性利用了这些工具，我们便可称之为理性的某种狡计，因为理性任由他们带着激情的全部狂热完成他们自身的目的，它自身却毫发无伤，反而实现了其自身。"（《著作集》，IX，第32页）

随后有一段话，黑格尔这位在其他地方钟爱循环路线的思想家，在那里却令人惊讶地拒斥了圆圈，说圆圈配不上历史；这段话充满了最真诚的历史意识（而不是好古癖的意识）："自然界的变化无限多

---

① 拉丁文，霍布斯语。——译者
② 这里"自由"是名词，而非形容词。——译者

样，它们只是表现出一种总在重复着的循环；在自然界，太阳底下无新事……只有在精神的地基上进行的变化中，才会出现新东西。在精神事物上出现的这些现象，就让我们在人类那里看到了另一种一般规定，……这种规定包含了变化的能力、完善化的本能。这个原则使变化成了合法的事情，像天主教这类宗教，以及那些宣称迟缓进展，至少宣称保持稳定乃是其自卫权的国家，在接受这个原则方面是表现得很糟糕的。"（《著作集》，IX，第51页及其后一页）

针对空虚的进步（Fortschritt），针对"生命"或不确定的"生命力"（Élan vital）① 的单纯增多，针对据说源自其自身，因而空洞无物的进步（Progressieren）："发展（Entwicklung）不是毫无危险和斗争的单纯产生（Hervorgehen）……而进一步说，它也不是一般的自行开展（Entwickelns）的单纯形式之物，而是**某个目的从特定的内容中**产生出来……世界历史现在呈现出以自由意识为内容的那个原则的分层级发展的过程……那么不完善的因素作为在它自身中的它的反面，就是那样一种矛盾，它虽然实存着，却也被扬弃和被消解了，是那样一种本能，是精神生活内部的那样一种冲动，即突破其本身的陌生……皮层，进入意识的光照之下，即来到其自身。"（《著作集》，IX，第53页及其后几页）"世界历史是自由意识的进步，——我们必须认识这种进步的必然性。"（《著作集》，IX，第22页）"在科学知性的这种程序中行之有效的是，本质性东西必须被从所谓的非本质性东西那里分离开来，并被突出出来。但要做到这一点，人们却必须先了解本质性东西，而如果整个世界历史都应被纳入考量之中，这本质性东西，正如先前指明的，就是自由意识，而且在自由意识的各种发展过程中就是这种意识的各种规定性。指向这个范畴，就是指向了真正本质性的东西。"（《著作集》，IX，第64页及其后一页）

黑格尔是从雅典城邦得到他的自由理想的；在这理想中，还保留了法国革命中的公民—侧面（不是后来的资产者—侧面）。同样是在

---

① 柏格森于1907年在其著作《创造进化论》中提出的一个概念。布洛赫将其误写为"Elan vital"了。——译者

文化上，黑格尔这里对希腊的那种**少年狂放式的**美化，正如黑格尔的青年好友荷尔德林在他的《许佩里翁》中所做的那样，要比真正的古典主义希腊崇拜狂（Gräkomanie）更狂热，后者——尤其在19世纪的资产阶级中——乃是立于大理石和威严之上的。黑格尔的希腊总是已逝去的青年人的、公民的、阿波罗式的上午的希腊：

"在希腊人那里，我们马上有了在家之感……这是历史的少年时代，希腊生活是真正的少年功绩，从一个少年开始，由另一个少年结束。阿喀琉斯，诗中的少年，开启了希腊生活，而亚历山大大帝，现实的少年，将它引向结束。"（《著作集》，IX，第232页）"如果允许向往，——那也是向往这样的国度、这样的状态。"（《著作集》，XIII，第173页）

[240] "倘若我们承认，一般而言是要以卓越的东西为出发点的，那么对于较高等的研究而言，首先希腊人的文献，然后罗马人的文献也适于并一直适于充当基础。这些杰作的尽善尽美与华丽庄严必定是精神的浴场、世俗的洗礼，涤荡灵魂，在品味和科学方面赋予它最初的和永生难忘的语调和色彩。为了进行这场典礼，泛泛地从外部了解一下古人是不够的，我们必须深入到他们的饮食起居中去，以便汲取他们的气息、观念、习俗，乃至——如果人们愿意的话——他们的错误和偏见，并在这个世界上有在家之感，——这是历史上有过的最美的世界。如果最初的天国乐园是人类自然（Menschennatur）的乐园，那么这就是第二个乐园，更高的乐园，是人类精神（Menschengeist）的乐园，人类精神在其更美的自然、自由、深度和愉悦中亮相了，犹如新娘走出了闺阁。它最初在东方出现时的那种野性的壮观景象，如今被形式的庄严改写，被柔化成为美；它的庄严不是孩子气的某种戏耍，而是超出了因了解命运的严酷而生发的那种忧郁之感，但并未因为这种忧郁而失去了超越忧郁的自由，失去了法度。我以为我这样的说法并不为过，即谁不曾了解古代人的作品，他虽然活过，却不知道什么是美。"（这段庄严的、散发着荷尔德林光芒的文句出自黑格尔1809年担任文理中学校长时的演讲；《著作集》，XVI，第138页及其后一页）

压迫来自阶级社会本身，它不是被外来的征服者民族引进来的

（就像无政府主义者们还以为的那样）：（城市新贵与平民之间的）"区别与宗教上的一个环节有关；但首先要回答的问题是，这个区别是如何出现的……贫弱人家、后来者与那些最初奠定了国家基业的人，与那些以勇敢以及财富著称的人之间就必定处在藐视和依赖的关系中。因而人们没有必要向一种在近代"（在尼布尔的《罗马史》中）"才受到喜爱的假说去寻求帮助，即城市新贵构成了他们自身的一个群体。"（《著作集》，IX，第296页）

黑格尔的一种奇特但又富有教益的做法是将抽象的狂热与伊斯兰教关联起来，将（无视历史的、惯于将问题一般化的雅各宾派的）抽象的自由与印度人的那种内心生活关联起来： [241]

（伊斯兰教中）"最高的功绩就是为信仰而死，而谁若是在战斗中为此丧生，就确信会进入天国乐园……人类主观的振奋之情从未产生过像伊斯兰教中这般伟大的作品；它在这里以其最纯粹的形态出现，不缺乏任何东西，也不是任何东西可以阻挡的。"（《著作集》，IX，第362、365页）

"印度人认为最高的功绩就是人们固守与自身的简单同一性的知识……一切差别都消失于这种普遍性之中。这种行动的狂热在政治生活中比起在宗教生活中来，其形式显得更具体。比如法国革命的恐怖时期就属于此列……因为狂热需要的是某种抽象的东西，不分青红皂白：当各种区别浮现出来时，它就感到这种局面与它那种不确定的状态是不相宜的，就消除了那些区别。"（《法哲学原理》，§5附释，见《著作集》，VIII，第39页）

基督教与暴行；最初的十字军东征说明了为什么白色恐怖（通常与大屠杀相结合）总是自称为一次十字军东征："一次次的十字军东征很快就直接在西方本身开始，成千上万的犹太人被杀害和掠夺，——而有了这可怕的开头之后，基督徒民众就开始外迁了。那位僧侣，亚眠的隐修士彼得，随着一大群流氓恶棍，作为前驱阔步前行……双手沾满耶路撒冷被杀的居民的鲜血，基督徒在救世主的坟墓前神情肃穆，向他热烈地祷告。——这样基督教世界就占有了最高的善。"（《著作集》，IX，第397页）

黑格尔，所谓的普鲁士王国的国家哲学家，与法国革命的关系："现在看来，法权的思想、概念却是突然生效的，而与此相反，非法（Unrecht）的老朽框架却无法进行任何反抗。因而在法权思想中，宪法如今就被建立起来了，从今以后一切都应当立于这个基础之上了。自从太阳居于苍穹，列星围绕它转动，人们就不曾看到过人能头足倒立，立于思想之上，并依照思想建构起现实世界来。阿那克萨戈拉（Anaxagoras）① 最先说过，奴斯（Nus）② 统治世界；直到如今，人们才达到那样的认识，即思想应当统治精神的现实世界。因此这曾是一场壮丽的日出。一种崇高的感动之情支配着那个时代，一种精神的狂热贯穿了世界，似乎如今上帝与世界才达到了真正的和解。"(《著作集》，IX，第441页)

德国与法国的这种精神；黑格尔早年对一个革命的德国的盼望（1807年）：

"那些人（指法国革命的领导者）③ 以他们伟大的天才、热情、激昂、精神、勇气为人们保持主观认识、洞见、信念的那种伟大人权斗争过……我们德国人是被动的，第一回面对现状时的态度是忍耐；第二回，当现状被推翻后，我们同样是被动的：它是被其他人推翻的。"(《著作集》，XV，第517页)

"法兰西民族通过他们的革命的洗礼，不仅从许多惯例中解放出来，人类精神就像从童鞋中迈步而出一样超脱了它们，因此它们像一些毫无灵气的枷锁一般笼罩着他们和其他民族；个体还摆脱了对死亡的恐惧，也摆脱了习俗生活，那种生活在时代风气改变时毫无招架之力；这给了它们伟大的力量，那种力量是他们向其他民族展示过的。他们起初闭锁沉闷，在那种力量的笼罩之下，他们最终被迫放弃他们对现实的迟惰态度，走入现实之中，而且或许因为内心只有在外部世

---

① 阿那克萨戈拉（Anaxagoras，希腊文作Ἀναξαγόρας，约公元前499—前428年），前苏格拉底自然哲学家，他首次将哲学带到了雅典，以其关于奴斯和种子的学说而闻名。——译者

② 希腊文的拉丁化形式。——译者

③ 这是布洛赫自己加的按语。——译者

界中才能证明自身,他们就超过了他们的老师。"(致大学生策尔曼的书信,1807年,见《著作集》,XVII,第628页)——当然,"德国人在一方面越是奴颜婢膝,在另一方面也就越是毫无约束;目光狭隘和无法无天乃是挥拳击打我们的撒旦天使。"(《著作集》,XV,第328页)

黑格尔对北美洲的预言;远比革命风潮发生时的空间更为广阔;令人目瞪口呆的对自由(Freedom and Liberty)的洞察和批判:

"如今北美的政治所关涉的事情"要发生,只有"当贫富差距变得极大,而且出现那样一种局面的时候,即大量的人不再满足于按惯常的方式满足他们的需求时才行。但美洲还没有临近这种紧张状态,因为它一直使殖民化的出口门户洞开,而且一直有大量的人群涌入密西西比平原。这样一来,民众不满的主要源头就消失了,而如今这种市民状态的延续就得到了保障……倘若日耳曼尼亚的森林犹在,法国革命就不会发生了(!)①。只有当这个国家提供的巨大地盘都被塞满,市民社会也被压制在自身之中时,北美洲才能与欧洲相比较……因此美洲……是要在前景中加以展望和考量的,但迄今为止在这里发生的事情只不过是旧世界的某种回响和异乡生机的某种表现。"(《著作集》,IX,第81页及其后几页)

"谈到自由,人们必须一直留意的是,所谈论的实际上是否并非某些私利。"(《著作集》,IX,第430页)

关于经过中介的行动,但并非新时代的历史化装舞会:"经验和历史的教导是,各民族和政府从不学习历史,并依照那些须由此得出的教训而行动。每一个时代都有极特殊的一些状况,都是极其个体化的一种状态,以致在那种状态中,只能从那种状态出发才能作出决断。在世界上各种事件纷纷扰扰的状态下,一条普遍原理是没用的,对相似局面的回忆也没有用,因为像苍白的回忆一类的东西面对当下的生机与自由,是毫无力量的。"(《著作集》,IX,第9页)这些命题极为中肯地教导我们从马克思主义到列宁主义再到斯大林主义的进

---

① 布洛赫所加。——译者

展序列是必然的，此外还教导我们革命的非公式化的、各地区不同的发展方式也是必然的。

洞穿了历史中的种种障碍的那种目光如炬的知识："只有无知者才是偏狭的，因为他不了解他的局限（Schranke）；相反，谁如果了解这局限，就不会认为那是他的知识的某种局限，而是某种被知晓者（Gewußten），某种属于他的知识的东西……因而了解其局限就意味着了解其不受限。"（《哲学科学全书纲要》，§386，附释，见《著作集》，VII²，第38页）——历史（自由意识的进步）中的局限，首先是阶级局限和与其相应的意识形态。在从一种社会向另一种社会过渡的那些时代，这种局限在社会的那个已然终结并已超出过去状态的部分里，既是可怕的，也是狭隘的。"然而知性如果认为这种有限性是僵死的"，黑格尔在说到局限的时候，真正以历史的方式、进程的方式接着说，"那它就错了。"

14. 法哲学

（1）黑格尔虽然守住1830年左右的历史，认为它正在发生，却不认为它是集大成的历史。他摆出了一些碗盘，历史注入其中，甚至从果汁变成了酒。最初那种当然带些酸涩味道的酒塑造了法权与国家，它们构成了意志的秩序。通过法权及其伦理构造，"本能摆脱其主观的任意"，产生了"意志规定的合理体系"。意志最初显现为一种自在的个体之物，或者显现为还完全无规定的能力（Können）。此后它显现为一个特殊化的东西，有另一个意志在对面敦促它，这样一来，爱好、目的、原则就形成了。此后，它就在那两个环节的统一[245]中，显现为特定的能力或决断。法权—伦理秩序的构造与此相应，这秩序又展现为三个环节。第一个是抽象**法权**，黑格尔将私法（Privatrecht）归于其下，因而将财产（Eigentum）和契约（Vertrag）也归于其下。第二个环节是**道德**（Moralität），亦即对单个人的各种道德要求的整体，或者在他人身上反映出来并受到限制的私人生活；这是道德行动的领域。第三个环节是前两个环节的统一，或**伦理**（Sittlichkeit)，这是在职位、婚姻、邦国中的定在。黑格尔将伦理理解成已具有实体性的那种自由意志，即人类共同体的具体建制（Institute）：家庭、市民社会、国家和合规律的世界历史行程（Gang）。国家不可与市民社会相混淆，亦即不可与单纯保护财产和私人自由的那些机构（Anstalten）相混淆。国家作为实体性的、已然普遍化的意志的现实，超出散漫的市民个体肆意逐利的那种自由放任状态（laissez faire, laissez aller）①。它被定义为"客观精神"；在这里，自我意识不再以否定性的自私自利态度对待他人，而是成为普遍的或合理的自我意识。这样一来，黑格尔就得到了一个内容丰富的定义："国家作为实体性意志的现实——意志在提到其普遍性的特殊自我意识时具备了这种现实——便是自在而自为的合理的东西。"（《著作集》，VIII，第313页）在黑格尔看来，国家的这种合理的东西，形同最高的政治自由。它形同不再放肆、不再孤独的自由，也就是已具有实体性的自由："当市民属于一个良好的（！）②国家时，个体才有了他的权利。"（《著作集》，VIII，第219页）

（2）在这里，事情的发生并不温情脉脉，哪里都有公职在起作用。黑格尔没有忘记国家，他以古典的方式描绘国家，支持如此这般呈现出来的国家。有许多中肯的和不中肯的反对意见，针对这幅被镀了金的国家形象被提出来了。黑格尔的普鲁士国家哲学家的名声，便得自这幅形象；实际上，法哲学是他最反动的著作。尤其德国以外的读者，并没有将黑格尔看作一个希望依照城邦模式塑造普鲁士国家的希腊人，而是仅仅将他看作戴着桂冠的普鲁士军盔。曾竖起那标志着对法国革命的钦慕之情的五月柱（Maibaum）的青年黑格尔，终生都对这场革命敬仰有加，作为身处喧嚣年代的人，他对七月革命惊诧莫名。他认为蓝色轻骑兵是一个必要的阶层，他给了战争那样的荣誉，即通过战争"各民族的伦理健康就得到了维持，不受各种有限规定性的固化过程的影响，正如风的运动使湖水免于腐败"（《著作集》，

---

① 法文。——译者
② 布洛赫所加。——译者

VIII，第418页）①。因而他将那只有自由口号才配得上的东西归于军刀，他为普鲁士的土地贵族和世袭贵族辩护，称平民为"国家的那样一个部分，它不知道它想要什么"。他反对政治上"主体的自以为是"，只要他认为这种心态就像理想的种种要求一样，似乎产生于单纯的"心灵迷糊"，产生于私人—抽象的"那种为人类福利而激动的情怀"。一个少女会如何成长，一个国家会如何成长，那个始终如一的黑格尔对所有这一切毫不感兴趣，他通常懂得如何动摇和跨越一切有限的规定。此外，概念本身，而不仅仅是私人推理，在黑格尔看来总是来得太迟，赶不上改善世界。由此便有了哲学的那个傍晚一般的定义："哲学作为世界的**思想**，要直到现实结束其形成过程并完成其自身之后，才会出现。……当哲学把它的灰色绘成灰色的时候，这一生活形态就变老了。对灰色绘成灰色，不能使生活形态变得年青，而只能认识生活形态；密纳发的猫头鹰要等黄昏到来，才会起飞。"②（《法哲学原理》"序言"，见《著作集》，VIII，第20页及其后一页）这个比喻庄严华丽，从文学方面来看极其伟大，仿佛文学上的伟大事物，莎士比亚才配得上它：然而好古者黑格尔却还待在那后面，观察着这个定义的最具悲观主义色彩的方面。这位事后才行动的密纳发与那位生机勃勃、抓着盾牌的密纳发，与那位警觉的白日女神，可不是一回事。黑格尔自己的哲学的形成过程与迟来的猫头鹰的形象原本就是矛盾的，更不用说它那热衷于过程的内容了。它的种种开端发生于法国革命的风暴中，《精神现象学》就是在耶拿战役隆隆炮声响起的前夜完成的，他的学说本身也经历了生机勃勃的资产阶级发起的那个热月，而且他在卓越的意义上感觉自己与拿破仑这位"马背上的世界

---

① 布洛赫的引文不确切，这里依照黑格尔原文翻译。见 G. W. F. Hegel, *Grundlinien der Philosophie des Rechts, oder Naturrecht und Staatswissenschaft im Grundrisse*, hrsg. v. Dr. Eduard Gans, in ders., *Werke. Vollständige Ausgabe durch einen Verein von Freund des Verewigten*, 8. Band, Verlag von Duncker und Humblot, Berlin 1833, S. 418. 后文中出自《法哲学原理》的引文也依照此本校对，不再一一说明。——译者

② 布洛赫的引文跳跃了，我们在跳跃的地方补充了省略号。译文参照了商务版中译本，见黑格尔《法哲学原理》，范扬、张企泰译，商务印书馆1961年版，第13—14页。——译者

灵魂"① 是同一时代的人。倘若哲学真的要指望黄昏的到来，那么黑格尔哲学在它的时代就根本不可能了，可以说它只有在1850年之后才可能出现。其实，黑格尔在谈论其他一些哲学时，完全不是以这种方式来估算思想的白昼的，智者派和法国革命的情形都是如此；当时对他而言就不是黄昏，而是凛冽的清晨。虽然如此，黑格尔还是自行将哲学家参与政治世界的现象还原为某种事后的，甚至带着大言不惭的谦虚态度的参与。虽然梅林（Franz Mehring）② 曾尝试换一种方式解释密纳发文句："当黑格尔使作为创造性世界精神的绝对精神，总是仅仅在事后才让哲学家意识到，他在根本上说的不过是，绝对精神只是为了做做样子，才在想象中产生了历史。"（《马克思传》，1918年，第102页）但是，这种解释"在根本上看"已经极其不符合黑格尔了，而且在遵循马克思主义方面也做得不好。假使依照马克思，理念在与利益发生冲突的时候虽然总是在出洋相，然而一旦它与作为意识形态的利益相安无事，它就会在历史形成的过程中协同起作用。黑格尔的命题如今依然是反动的，至少合乎他晚年对于宁静生活的强烈需求（他的《逻辑学》的第二版序言以其闷闷不乐的结语透露出了这方面的消息）；这种需求与他惯常的那种好古的特征结合起来了。在同一部《法哲学原理》的序言中，最终还是出现了那个著名的公式，反动的气息在那个公式中似乎已经被盖过了。那公式作为定言判断，以即刻颠倒的形式表达出来："理性的东西是现实的，而现实的东西则是理性的。"如果直接来看这句话，因而在日常口语的意义和理解中来看这句话，它无疑会显得完全是反动的。在其自身而言，正如这个命题中发生的情形一样，一个定言判断的颠倒缓和了它在逻辑上的量；"所有狮子都是食肉动物"这个判断经过有效的颠倒，其内容就只是："一些食肉动物是狮子"。只有当主语和谓语的范围和 [248]

---

① 黑格尔看到拿破仑进入耶拿城的景象后发出的赞叹，布洛赫将黑格尔的说法"Weltseele zu Pferde"（马背上的世界灵魂）误写为"Weltidee zu Pferde"（马背上的世界理念）了。——译者

② 弗朗茨·梅林（Franz Mehring，1846—1919），德国时事评论家与政治家，同时代最重要的马克思主义历史学家之一，以其《马克思传》闻名。——译者

内容完全重合时，颠倒才会成功，不会产生这样的缓和效果；而黑格尔命题中主语与谓语之间**未经缓和的**颠倒，在这里显得完全是反动的。

但现在看来，任何事情都有它的两面，这一点在别的任何人那里都没有在黑格尔本人这里确定无疑。而另外一面——这里是市民法权——现成地表现为合理的，但并不现成地表现为现实的。曾有一位思想自由的黑格尔，他并没有将五月柱彻底放倒，也没有完全遗忘卢梭。正如我们已经看到的，他早期的政治著作还充斥着对人类的爱和对自由的渴望，而且不仅仅是抽象地谈谈而已。1798年，当黑格尔怀着同情和激愤的心情为一个沃州人给伯尔尼尊贵的老爷们写的信撰写完评语时，他所针对的远不止是可怜的瑞士，此次事件的冲击让他铭记在心。下面这段出自《德意志帝国宪制（初稿）》（1798—1799年）的话犹如德国农民战争中的那些条款发出的余音（霍夫迈斯特：《黑格尔思想发展文献》①，1936年，第284页）："关于德国人的自由状态的那种传说，从少数地区可能还拥有那种自由的时代，流传到了我们这里，因为在德国，个人在某种普遍力量面前不屈不挠，倔强地立于世间，博得美名，掌握了自己的命运；他坚守自己的想法和性格，他的力量或者在世界上撞得粉碎，或者挣得自己的日用饮食，——因为个人通过性格而归属于整体，但在他的忙碌和业绩里，在他对他的整个世界作出的反应中，并未感受到任何苦楚，而是无忧无惧坦坦荡荡地自立于世，通过自己的思想为自己划定界限；这种状态堪称健康，这里并没有什么法律，反而是伦常将人群结合成一个民族，是相同的兴趣，而不是一项普遍的指令将那个民族呈现为国家，这便是德国人的自由。"这便是那种尚显羞涩稚嫩的意识形态的核心和立足点，那种意识形态开始将市民从封建压迫下解放出来。而后来的黑格尔——这里谈论这样一位黑格尔就够了——在他的法哲学的一些反常之处，还是表现出了进步的一面，那个方面由相当主观的一些

[249]

---

① Johannes Hoffmeister（Hrsg.），*Dokumente zu Hegels Entwicklung*，Fr. Frommanns Verlag，Stuttgart 1936.——译者

公共法权展示出来，它也因这些法权而明朗：黑格尔曾是普鲁士国家哲学家，这位国家哲学家本身并不像从体操之父雅恩①的时代到英美学界的简单化思路所理解的那般黯淡无光。在黑格尔的时代，普鲁士没有任何进行公共口头辩论的司法，没有任何出版自由，根本没有"法律面前人人平等"之说，人民没有任何参与立法、参与批准税制的机会，——而这一切都是黑格尔所教导的。他曾想过在他的学生、左派黑格尔主义者米希勒②后来加以阐述的那个意义上，在哲学上发展合作社法权（Genossenschaftsrecht）。黑格尔的法哲学除了它的反动之处，除了赞同普鲁士的财产权之外，还讲授了司法和刑事法庭的公开性、犹太人的解放、全部公民的平等权利、基层团体在行政上的独立性、人民代议机构。这一切都是市民发展过程中被塑造出来和得到人们赞同的趋势，而且是在热月的那种意义和扩展意义上而言的，而不是在反动的等级制国家—浪漫派（Ständestaats-Romantik）的胡扯的意义上而言的。而黑格尔倡导的国家形式本身并不是普鲁士专制主义，而是依照英国模式的一种立宪君主制。君主主义者黑格尔对君主的定义，甚至要比同时代英国的王权法学家们的还要明显虚化一些："在一个完善的组织中，问题仅在于形式上的决断的顶峰，而人们要求于一位君主的只是成为那样一个人，他只用说一声'是'，而在 J 字③上御笔一点。"（《著作集》，VIII，第 373 页）④⑤ 上帝恩典的目光看走眼了；实际上，他那个时代真正的国家教士和君主私人教士也全都反对黑格尔的"理性主义"。在黑格尔死后，西里西亚的一个保守主义者甚至谴责他的学说是对普鲁士国家的谋反，——这是渎神指控在政治上的对应物，由新教正统派以一份小说册子《你们将如上帝一

---

① 弗里德里希·路德维希·雅恩（Friedrich Ludwig Jahn，1778—1852），德国教育学家，德国体操运动的创始人，以"体操之父雅恩"闻名。——译者

② 卡尔·路德维希·米希勒（Karl Ludwig Michelet，1801—1893），德国哲学家，黑格尔弟子。——译者

③ J 为德文"是"（Ja）的首字母。——译者

④ 布洛赫注释有误，应为第 372—373 页。——译者

⑤ 译文参照了范扬等中译本（第 302 页），依照德文原文作了大幅修改，后面出自《法哲学原理》的引文皆仿此，不再一一说明。——译者

般》(*Eritis sicut Deus*)① 的形式提出来。黑格尔根本没有教导什么全面的专制,以致他尤其反对那些真正教导了全面专制的人,反对瑞士人哈勒尔②这位为伯尔尼尊贵的老爷们所敬重的公民,也反对他的《国家科学的复辟》。哈勒尔,而不是黑格尔,从强者对弱者的权利出发论证王侯强权的正当性,说人民、地产和国家是王侯的私有财产,王侯可以随意支配。而黑格尔本人则明显反对同时代的这种新封建主义(Neufeudalismus),为《大宪章》和《权利法案》辩护。针对这位强权和独裁任性的崇拜者,就好像预见了某种完全不同的暴政现象和践踏权利的现象,他补充说:"人所能遭到的最严峻的刑罚,莫过于跟思维和合理性这样地远离,对法律这样地不尊敬,以及对于国家的义务和公民的权利以及国家的权利和公民的义务都由法律来规定是多么无限重要和神圣这一点,这样地忽视,竟致拿荒诞的东西来偷换神的语言。"(《著作集》,VIII,第319页)而斯塔尔③这个真正的普鲁士反动派,这位保守党的奠基人,同样因此对理性法学家黑格尔恨之入骨;英国人伯克,这位托利党的名人,这位——正如斯塔尔说过的"最有力和最精纯的反革命作家",要远高于反动派斯塔尔,而且他促使斯塔尔对黑格尔的"理性女神"使尽了浑身解数。这便是所谓的普鲁士国家哲学当时在真正的普鲁士国家教士对比之下的情形;在憎恶黑格尔的纳粹主义阵营里的情形也没什么两样,而且仅从这种情形来看,黑格尔法哲学的另一个方面就发人深省了。然而,黑格尔法哲学首先依然是辩证法这个总是在过渡着的东西的世界构造中的一部分,在这个世界构造中,除了绝对的自为存在之外的任何一个环节都不具有某种全能(Allmacht)。

(3)因而这种国家学说很少含混不清,这同样与黑格尔讲解国家学说的地点和方式息息相关。政府对黑格尔发出而他本人也赞同的委

---

① 拉丁文。——译者

② 卡尔·路德维希·冯·哈勒尔(Karl Ludwig von Haller, 1768—1854),瑞士伯尔尼的国家法学家、政治家、时事评论家和国民经济学家。——译者

③ 弗里德里希·尤利乌斯·斯塔尔(Friedrich Julius Stahl, 1802—1861),德国法哲学家、法学家、普鲁士王室法律顾问与政治家。——译者

任使命是这样的：使骚动不宁的市民青年与现状达成和解。代替对自由主义运动的顽固迫害，代替对思维的严厉禁止的是，思想——甚至那个时代最伟大的思想家的思想——恰恰会将国家呈现为合理的，或者换一种更好的说法：呈现出国家中合理的东西。但在黑格尔当时的特殊处境下，国家在特殊情况下也是斯泰因—哈登贝格改革①之下的那种国家，那些改革将普鲁士从全封建的国家转变成了一个半封建国家。的确，在所谓的解放战争之后，那些改革马上停止了；只有一代代流传下来的古老强权还能再次为上帝所喜。然而，当理性这个启蒙的工具被用于说出某种并非由它产生的东西，甚至被用于与那种东西相和解时，却产生了像"保守思维"这样一种稀奇古怪的双面之物。在此之前，这种结合都是不会出现的：然而代代相传的习俗的本质却在于，它并没有被意识到，至少人们没有探讨过它。其他时候，虽然自然法权（Naturrecht）之说与君主两相对照，甚至上帝也在理性提供的更多的上帝证明中被展示出来，但自然法权和上帝证明这双方对于代代相传的当局和上帝的定在而言却并不值得追求。因此，那时为保守主义服务的那种作出证明的意愿本身，由第三等级的力量逼迫而对传统之物进行探讨的必然趋势，还是很大胆的。历史法权学派同样属于学问渊博的复辟潮流，它避免了这类辩护之词；自1789年起，人们进行这类探讨的想法，在这个学派看来简直就是魔性爆发。他们赞颂无意识的习俗本身；像萨维尼（Savigny）②这样一位历史法权学派的大人物就完全出身于与理性为敌的浪漫派，以至于否定他那个不再凭本能直觉过活的时代有立法的职责。但黑格尔反对这种敌视理性的做法，几乎就像反对哈勒尔时那么尖锐。"否认一个文明民族和它的法学界具有编纂法典的能力，……这是对这个民族和它的法学界的

[251]

---

① 斯泰因—哈登贝格改革（Stein-Hardenbergische Reformen），亦称"普鲁士改革"（Preußische Reformen），是普鲁士因应1806年被拿破仑击败后的割地赔款等颓势而进行的一系列国家与行政方面的改革，它基于启蒙理念进行现代化改革，从长时段来看属于欧洲一体化过程的一环。——译者

② 弗里德里希·卡尔·冯·萨维尼（Friedrich Carl von Savigny，1779—1861），德国法学学者和御前法律顾问，历史法权学派的奠基人。——译者

一种最大的侮辱。"(《著作集》，VIII，第273页)当然，对这种经过加固的理性感到自负的黑格尔为了不致陷入法国革命式的自然法权，还是加了一个限制："因为这里的问题并不是要建立一个其**内容**是**崭新的**法律体系，而是认识在思维中把握现行法律内容的那种特定的普遍性，然后把它适用于特殊事物。"为了达到这个目的，黑格尔又重新祭出了他对抽象知性（abstraktem Verstand）与具体理性（konkreter Vernunft）的区分这件法宝；知性属于革命的年代，但理性同样会成为那种自身坚信不疑而又善于说服人的保守主义本身的工具。而现在看来，在整合"保守思维"时不可避免地会出现的所有那些裂缝，就都在这里出现了。因为不管知性还是理性，放在政治惯例中来看，这两者都是在市民阶层内部，而不是在封建世界中壮大起来的。黑格尔的理性只有作为"精神"来看时，才完全是神学—形而上学的、前市民社会的，甚至最终受到约翰①的逻各斯概念制约。但在历史—政治的意义上，这种精神完全与启蒙的那种"头脑"相投，是在那种头脑中萌芽的。而抽象知性（启蒙）和具体理性越是在逻辑上被黑格尔坚决区别开来，双方之间的界限在政治上就越是飘忽不定；因为只要经验的具体东西不完全符合理性世界的具体内容（而众所周知，黑格尔绝非经验论者），那有内容的理性——而不仅仅是抽象的知性——甚至就可能会沦为反对派的工具，尽管那是一种比较虚幻的工具。从事形式推理的知性作为政治上的知性，过去也不完全是抽象的，不完全是毫无内容的；在这一点上，它从革命的资产阶级的立场出发，肩负了极为明确的社会使命。因而革命的那些内容（依据孟德斯鸠［Montesquieu］② 的规定是权利平等、司法公开、权力分割等）也曾赞同那种愿意为现实辩护的理性。亦即赞同那样一种理性，它即便在最反动的护教学中也没有遗忘斯泰因—哈登贝格改革，而且在1848年后更

---

① 指通常被认为写了《约翰福音》的圣约翰，该福音开篇的"太初有道"中的"道"即为逻各斯。——译者

② 夏尔·德·塞孔达，孟德斯鸠男爵（Charles de Secondat, Baron de Montesquieu, 1689—1755），法国哲学家、作家，启蒙运动国家理论家，现代历史科学的奠基人之一，以《论法的精神》闻名。——译者

彻底地催迫着人们。这便是"保守思维"中的一些冲击点，当其是和就其是一种思维，因而是一种理性主义而言；在对传统事物或历史上生长起来的事物并非无害的情况下，这柄攻城锤也可以变成园艺师。黑格尔左派（die Hegelsche Linke）后来证明了这一点，尽管黑格尔的名字下聚集着所有封建派；与此相反，彻底反动状态的那些辩护士们，则越往后就越急需立于非理性之上。

（4）剩下的还有"一切**合理的东西**都是现实的，一切现实的东西都是合理的"这个命题。现在看来，"保守思维"——但也不仅仅是它——尤其将一缕新的光线投向了这个命题。深思之下就会发现，祖辈们留下的规矩和伦常不再是仅有的现实东西了，更有甚者：能确定的是，只有合理的东西是现实的。因此这个命题的第二部分有多保守，它的前一部分就有多革命，而且前一部分是根本性的。但第二部分中的现实也可以直接在字面的意义上被理解，仿佛一度存在的一切在黑格尔这里都等于是现实的。毋宁说：依照"本质逻辑"①中的详尽探讨，现实在黑格尔这里完全不同于经验主义者们那里用来表示森林、田地和草地等的同一个词语。他在这个规定之外和之下，已经将存在、定在（Dasein）、实存（Existenz）和现实的东西区别开了。现实本身是一种比较晚近的、含有价值意味的称号，它绝非均等地适用于一切实存之物。一切有根据地发生的、在历史上有其理由的存在都实存着，但只有那必然的存在，或者作为本质之完整的和适当的表现的现象，才是现实的。黑格尔后来在下面这话中明明讲清楚了，他这个命题并没有随大流的含义："定在当中一部分是现象，而且**只有一部分是现实**。"（《哲学科学全书纲要》，§6，见《著作集》，VI，第10页）单纯经验性的定在还是与坏的和不该存在的东西混杂在一起的定在，而现实则仅仅表现那与理性同一的实存。因而黑格尔的命题，绝不包含政治寂静主义意义上的那种与某个现成国家的直接被给予的定在的单纯和解的含义。它也不包含某种政治经验主义意义上的和解，那种经验主义即便在这里也是"随遇而安"地检验它的种种认

[253]

---

① 黑格尔《逻辑学》的第二个主要部分。——译者

识的；而且在这一点上，它既不要什么分阶段进行，也不允许将存在分成一些等级。在黑格尔这里，对阶段和等级的拒绝或否认，就等于稀里糊涂就接受了的异化，等于在无主体的事实性面前叩头。即便面对国家，黑格尔也将在像伯克（Burke）① 这样真实的反动派那里出现的政治上的经验主义称作"不自由的学说"；"因为自由恰恰在于，我没有任何绝对的他者来反对我，那个他者独立于我自身所是的内容之外。"（《哲学科学全书纲要》，§38 附释，见《著作集》，VI，第83 页）因而鉴于现实分成了可比较的各层级（参见前文第 115 页② 起），将合理的东西理解成现实的东西这种做法就使得黑格尔的法哲学即便从这方面来看也不是对随便什么时候的现状（Status quo）③ 都进行的辩护。它与一种主观—理想性的应当（Sollen）及其种种要求、与某种抽象的乌托邦做派是极端对立的，"凭着那种做派，反思就白我膨胀，凭借某种彼岸来贬低现实和当下，而彼岸只会在主观知性中占据一席之地"。马克思恰恰不是现状的一个辩护士，他必须将后面这句黑格尔的话化为己有，就其适当地反对争辩、反对无政府主义的雅各宾派、反对抽象的乌托邦做派而言。合理的东西是现实的东西：如今看来，这话意味着，事情的关键在于到现实的东西本身中看出事情的辩证—客观的行程表（Fahrplan），以便将心灵的种种要求与此融合起来。

而且说到底，最重要的恰恰是行程表和整体：黑格尔的国家在世界上并非形单影只。在它之前和之外有"家庭"这一被假定的社会小单元，此外比较突出的首先还有"市民社会"。后者是自 1789 年以来得到贯彻的资产阶级社会，那是斯密所构想的社会，那时的情况是，在这种社会中出于平衡（per saldo）④，由自私自利的个人目的构成了某种利益共同体。照黑格尔看来，国家与此不同，正如人作为理想的

---

① 埃德蒙·伯克（Edmund Burke, 1729—1797），启蒙时代英国作家、国家哲学家和政治家，被视作保守主义的精神之父。——译者
② 见本书页边码。——译者
③ 拉丁文。——译者
④ 意大利文。——译者

公民（Citoyen）① 与市民社会中实在的利己主义之人不同一样。黑格尔的这个区分在马克思那里又变得重要了（《论犹太人问题》），尤其在评判法国革命和人权的时候，更是如此。黑格尔在描述市民社会的时候已经表现出一种趋势，即从经济上，而非仅仅从法学范畴上发展出高于市民社会的国家来。从需求、劳动、劳动分工和交换中，发展出"需求的体系"（System der Bedürfnisse）。阶级社会的对立性结构虽然并不为他所知，但在各民族之间，而不是各民族自身内部已经有了在黑格尔这里规定了世界历史的进程的那些对立。虽然如此，市民社会势不可当的发展、个人利益的自由运行完全被当作现代国家的基础了，而国家也被这方面的关联相对化了。据说下面这一点乃是基于幻想之上的，即可以通过国家的统一性和必然性驯服"营利阶级"的原子化力量。在这种从意识形态上赋予人们资产者与公民、"精神的动物王国"和实体性普遍性（substantieller Allgemeinheit）这双重身份的做法中，黑格尔的国家毕竟只是他的社会世界的一个部分；这个体系基于活跃的"需求的体系"之上。但进一步说，国家当其作为单纯的"客观"精神，头上还不折不扣地顶着"绝对"精神（艺术、宗教、哲学）时，自上而下地看，它在黑格尔这里也还是被相对化了。黑格尔的辩证法进一步往这些领域、往更成熟的自为存在及其整体性的领域推展，将国家降为它们的基础了。因而合理—现实的东西在"客观精神"中恰恰并没有迎接到"现实的上帝"；除此之外，毋宁还有别的建筑艺术、别的庙宇、别的人神交流之所，这些东西都流传下来了，即便国家的这座多面的罗马城早就在那里自食其果了。黑格尔既没有忘记他青年时代对于希腊主体衰落为罗马法律人格的抱怨，也没有忘记后来对罗马被扬弃到基督教团契之中的欢呼，至少在这个问题上是如此。国家本身在黑格尔这里虽然并未朽坏，完全没有，然而它只不过作为黑格尔以"普遍的和实体性的自由"所指的东西的形式而存续下去。这种自由从孤立个人的意志的角度来看乃是强制，然而

[255]

---

① 法文。——译者

颇有启发意义的是，它更接近于卢梭的"公意"（volonté générale）①，而不是独裁国家的概念，黑格尔并没有将后者绝对偶像化。黑格尔的国家最终希望成为伯利克里（Perikles）②的城邦，他是透过一个在多方面得到宽容体谅的、被高度理想化而又并未被绝对化的普鲁士国家看到那个城邦的。

（5）法哲学在黑格尔这里所占有的地位，就像在其他哲学家那里伦理学所占有的地位一样。尽管如此，它并没有特别的动机要以它自身的方式提出关于人的举止的一些问题。黑格尔的概念并没有或者甚少在这片田地上耕耘，它毫无疑问是不太愿意去探讨良心忧惧的问题的，更不要说探讨那些琐碎的问题了。因此有人说，黑格尔那个在其他方面可谓十分齐备和囊括万有的体系，根本没有任何伦理学。就目前所见而论，这话是不对的：在抽象法权（单纯的人法和物权法）之后，这部书的主要部分名为"道德"和"伦理"，在那里，至少"道德"这一卷包含了一些非常重要的规范性对象（善与良心，恶的形式）。尽管如此，还是可以说，恰恰是"道德"这一卷表明，黑格尔对他从早年起便称作"道德的纯净无杂而不近人情的高度"，但同样也对主观—伦理问题的温床，对于良心和意念，并没有什么兴趣。因为在他看来，整个的内心世界都是异样的，甚至可疑的；他所瞩目者乃是行动和伦理成果，正如仆人和英雄的比喻③让人想到的，他尤其不喜欢的是那种意在发现、批判和轨范"心灵褶皱"的道德化评判。他谈到"心理仆人"，他对康德那里单纯以道德方式作出决断的那类行动动机，尤其对个人善意的评价很低。一种恶行永远不能因为善意得到辩护，反之一种客观上而言好的尤其是一种伟大的行为，则可能源自单纯的求名之心和其他一些在道德上很少得到承认的动机。一种

---

① 法文。——译者

② 伯利克里（Perikles，希腊文作Περικλῆς，约公元前490—前429年），雅典国务活动家，推动了阿提卡民主的建立，以及雅典在阿提卡海上同盟中的霸权地位。他被后世视作希腊政治家的典型。——译者

③ 相关思想见《精神现象学》第六章（"精神"）第三节（"对其自身确信的精神；道德"）第三小节（"良心；优美灵魂；恶及其宽恕"）中的分析。中译本见黑格尔《精神现象学》下册，贺麟、王玖兴译，商务印书馆1979年版，第172页。——译者

行动是否道德，这并不像康德以为的那样取决于意念的形式规范，而是取决于所选择和促进的对象的**内容**。这样一来，才会产生一种"德性的活生生的纽带"，亦即产生一种由社会城邦编织而成的，以兼具感性和伦理、兼具主观和客观的方式将所有人结合起来的纽带。一个行为的后果也可能会远超行动的罪责之外，远比这罪责更加糟糕和有害，甚至会进一步生出恶来，在那种情况下都不知如何追究罪责了（俄狄浦斯［Ödipus］）①。简言之，在黑格尔这里表现得尤为活跃的事实感（Sachsinn），并不是由任何本己意义上的道德喉舌培育出来的；"意志在内心对其自身的态度"没有给他提供任何重要的材料。因此，"道德"实质上被"伦理"远远超过了：然而即便在这里，也不存在像在道德客观主义中还可能见到的（在中世纪财产伦理学中就是如此）什么纯粹的道德价值序列。情况毋宁是，就在一幅相当温情、纯净而又卓越的有关家庭和家族的价值图景之后，马上出现在人们头脑中的是需求、财富、地产、法庭、警察、协会，尤其还有国家，因而是一些此前在本质上还并不属于伦理学，甚至不属于某种质料伦理学（materialen Ethik）的对象。就是这样，"伦理"这一卷还描绘了由人的种种客观关系构成的一座建筑，除了个人念头之外，另外一些具有真正的道德内容的、同样困难的问题，几乎都四平八稳地消隐在这座建筑中。黑格尔完全承认这样一些难题或矛盾纠结之处；从国家伦理来看，安提戈涅问题尤为矛盾纠结，很少有别的什么问题像这个问题一般得到黑格尔的关切。但他在本质上将这个问题当作**悲剧**冲突，因而在美学上，或许还包括在法制史上，他将其当作古老法权与新法权的斗争，然而他主要不是在道德上来看这个问题的。这里到处盛行的是依照行动，而非依照意念，依照公共世界中有益的实践，而非依照出自内心意念的那些抽象原理，亦非依照一个基督一般的德性王国中的等级制问题来进行评判。这里关于黑格尔在伦理上的外向性，关于他使人的存在和公共世界的存在交织起来的那种出

[257]

---

① 俄狄浦斯（Ödipus，希腊文作 Οἰδίπους 或 Οιδίποδας），希腊神话人物，忒拜国王拉伊俄斯之子，在不知情的情况下弑父娶母。——译者

色的,甚至在古代都不曾听闻的做法,就说这么多。于是,就出现了人在伦理秩序的某一部分特定的构造中该采取何种态度这类问题。

尽管如此,从一开始就在阻碍这位思想家的某种东西,还是阴魂不散地出现了。他越是关注人,就越是使其他一切事物都隶属于人类事务,他最爱将人充分表达出来,仿佛人就在门前一般。只有谈到广场、市场、公共事物(Res publica)①,黑格尔那并未缺失的、却可谓单纯的伦理学才活泼起来。就此而言,一种特有的重演便显而易见了,而且是出自相似的一些理由:正如黑格尔的逻辑学并没有认识论的尖刺一样,这部"客观精神"著作②也没有那种特意而为的道德尖刺。近代认识论所表现出来的、在黑格尔这里却找不到的那些棘手的关系难题、困难的距离焦虑感,也是他的伦理意志学说不关心或很少关心的。它们的失落,是因为它们被谴责为高雅的伪善,被谴责为残破的道德造作,黑格尔每次碰到类似的道德学说都不免要指责一番。进一步说,在黑格尔这里也没有什么感性的现世和道德的彼岸之间的张力,即《精神现象学》称作"这种苦恼的、自身分裂了的意识",并以中世纪加以演示的那种断裂性。此外,也没有那种虽说与此有别,却同样在自身中二重化了的状态,即《精神现象学》在后续的层级上称之为"破碎的、有教养的意识"并以启蒙、以异化了的教化的语言加以演示的那种状态。所有这些层级都位于法哲学的主体的背后,它们只属于那些按照辩证的方式自行开展的经验,那些经验产生了关于它自身的意识,而不再属于作为法权、善、伦理之起点的自由意志。但这造成的后果就是,除了意志(voluntas)③与善(bonum)④之间的关系问题(与之相应的是理智[intellectus]⑤与真理[verum]⑥

---

① 拉丁文。——译者
② 指《法哲学原理》,因为这部书对应于《哲学科学全书纲要》中的"客观精神"部分。——译者
③ 拉丁文。——译者
④ 拉丁文。——译者
⑤ 拉丁文。——译者
⑥ 拉丁文。——译者

之间的关系问题）之外，人们已经看不到伦理运动或者赖之以存在，或者与之分离以凸显自身的那种感情方面的根据了。这样一来，黑格尔的客观精神学说在完全没有了——尽管是以不同的方式——充斥于其他那些伟大的意志学说，充斥于斯多亚派对于德性的关切、奥古斯丁的震动、康德毫不容情的严厉之中的那种张力的情况下，驳斥了上述伦理运动的观点。黑格尔一直故意对自我分化、自我憎恶、内心决疑、充斥内心的疑虑这些问题一言不发。但一直没有得到澄清的还有固执造成的种种误导、各种义务之间（依然极富辩证意味）的种种冲突，特别是像主动的生活或观察的生活这类矛盾状态以及与其类似的价值权衡的问题；所有这些在黑格尔的正派思想中都不成其为问题。意志与善的**充分相应**（*adaequatio* voluntatis ad bonum）① 问题中的特殊要素，在流传下来的与意志完满性相关的那些问题中是没有的，这是有意而为的。只有一个例外，然而这个例外自然是关键性的：在伟大的伦理学中一向充当自我分化以及与之相应的"应当"的距离的东西，在这里成了**每一种充分相应现象之中**辩证的不宁（die dialektische Unruhe），甚至被看作近乎充分相应的现象。**作为现实东西的理性总是一再扰乱作为所声称的理性的现实东西**，使之脱离宁静状态。这样看来，虽然黑格尔的客观精神学说从作为合理东西的现实东西一面来看，有着纯粹的辩护性成分，但从作为现实东西的合理东西一面来看，又总是重新引发了辩护，引发十足自命不凡的市侩习气。谢林给他的著作《哲学与宗教》所作的"序言"结语中有这样一句："山羊，别碰！它烧着呢。"② 对于黑格尔那种常常具有反动色彩，但却从不消散于无理性之境的法哲学来说，谢林这话要贴切得多。这部法哲学中渗透了一些批判的弹丸，它在"伦理的丰富组织即国家"中也令人想起了公意（Volonté générale）③。正如这部作品的"序言"所说，

[259]

---

① 拉丁文。——译者
② 语出古希腊悲剧作家埃斯库罗斯的萨提尔戏剧《盗火者普罗米修斯》残篇，本意是警告山羊神萨提尔不得擅自触碰圣火，后来被引申为警告凡人不得窥探神圣的秘密。（这里参考了先刚教授为该书中译本所加的注释，见谢林《哲学与宗教》，先刚译，北京大学出版社2017年版，第20页。）——译者
③ 卢梭的概念。——译者

在"国家的合乎理性的建筑结构"中,令人想起了公意,"这种结构通过公共生活的各个领域和它们的权能的明确划分,并依赖全部支柱、拱顶和扶壁所借以保持的严密尺寸,才从各部分的和谐中产生出整体的力量"(《著作集》,VIII,第11页)。在后面不远的地方,黑格尔称呼同一个结构是"当前的十字架"(Kreuz der Gegenwart),纵使那上面还挂着理性的蔷薇。作为对立,作为具有辩证意味的蔷薇,黑格尔的法权国家(Rechtsstaat)或理性法权(Vernunftrecht)从利益的原子状态中生出来,后者在这里被称作当前的十字架;法权在黑格尔这里远远超出刑法之外,它宁愿成为对个体性否定的否定(Negation der individuellen Negation)。与个人主义的自由主义(individualistischen Liberalismus)的这种对立,固然是一种保守主义的态度,然而它也指向未来;一旦黑格尔开始将国家偶像化,这里总是要记住,这位哲学家归于国家的只有客观的地位,而绝没有绝对的地位。艺术、宗教、哲学才有绝对的地位;黑格尔的国家总是被还原和聚焦于客观精神,被还原和聚焦于单调的伦理事情的这个工作日。

公意

这里没有感觉的地盘:"一种恶劣的替代品,那就是……把**自己的胸臆和灵感**变成法权的渊源。"①(《法哲学原理》,§2补充,见《著作集》,VIII,第25页)

但是,单靠传统是不足以表明什么东西是合乎法权的。黑格尔带着对有条件之物和过往之物的敏锐眼光,反对历史的—浪漫主义的法权学派(胡果②,尤其还包括萨维尼):

"被称为古老法权和宪法的东西,是正当还是恶劣,这并不取决于年代的久暂……人们常常重申,百年的不义绝不会产生任何法权——人们本应该再补充说:即便这百年的不义在百年期间都名曰合法。进而言之,百年之久的现实的实定法,若是作为其存在的条

---

① 布洛赫的引文将重点号略去了。——译者
② 胡果(Gustav von Hugo, 1764—1844),德国法学家,是19世纪德国历史法权学派的开路人和共同奠基者。——译者

件的那个基础废除了，它的毁灭也是有道理的。"（《论符腾堡议会代表的案件审理》①，1815—1816，见《著作集》，XVI，第 266 页及其后一页）

"对于各种法律规定在时间上的出现和发展加以考察，这是一种纯历史的研究。这种研究……在各自层面中固然都有其功用和价值，……而且历史的说明和论证，也不得被扩展而成为具有自在自为地有效的那种论证的意义。"（《法哲学原理》，§3，见《著作集》，VIII，第 27 页）

并不坚持任何自然法权的规定，但还是坚持一种理性法权的（vernunftrechtliche）规定："法权的基地一般说来是精神的东西，它的确定的地位和出发点是意志。意志是自由的，所以自由就构成法权的实体和规定性。至于法权的体系是实现了的自由的王国……——可以说，自由是意志的根本规定，正如重力是物体的根本规定一样。"（《法哲学原理》，§4 与补充，见《著作集》，VIII，第 34 页）

关于那包含了自由的**普遍性**（城邦）的意志的进一步发展，是这样的：

"A. 直接的；从而它的概念是抽象的，即人格，而它的定在就是直接的、外在的事物；——这就是抽象的或**形式的法权**的领域。

B. 意志从外部定在出发在自身中反思着，于是被规定为与普遍东西对立的主观个别性。——这一普遍东西，一方面作为内在的东西，就是善，另一方面作为外在的东西，就是现成的世界；而理念的这两个方面只能互为中介；——这就是**道德**的层面。

C. 是这两个抽象环节的统一和真理，——被思考的善的理念在那个在自身中反思过的意志和外部世界中获得了实现；——以至于作为实体的自由不仅作为主观意志而且也作为现实性和必然性而实存；——这就是在其自在自为地普遍的实存中的理念，也就是**伦理**。"（《法哲学原理》，§33，见《著作集》，VIII，第 68 页）

---

① 布洛赫的引用不确切，原书名为《对印行文献中所见符腾堡王国议会代表 1815 和 1816 年会议中的案件审理的评判》（*Beurtheilung der im Druck erschienenen Verhandlungen in der Versammlung der Landstände des Königreichs Württemberg im Jahre* 1815 *und* 1816）。——译者

对 A 的补充

一种自在地非常严厉的设定:"在一种伦理状态缺席的情况下,余下的唯有法权。"(《著作集》,IX,第 327 页)

市民法权的核心是对原本就无主的东西的占取,因而是私有财产:"人有权把他的意志体现在任何物中,因而使该物成为我的东西……这就是人对一切物据为己有的绝对法权。"(《法哲学原理》,§44,见《著作集》,VIII,第 81 页)

抽象法权包含着强制力,这一点黑格尔是通过不法(Unrecht)这条迂回道路展开来说的。依据私有财产,个别意志广泛地相互追求,因此一种抽象—普遍的法权就必定是暴力:这种强制特征在黑格尔这里似乎只是由不法(犯法、违法)强加的。在惩罚——"否定之否定"——中,法权又辩证地重建起来了;现在它才真正成了现实的法权:

"抽象法权是强制法权,因为侵犯它的不法行为就是侵犯我的自由在某种外在事物中的定在的暴力"(《法哲学原理》,§94,见《著作集》,VIII,第 133 页)。

"对作为法权的法权所加的侵害虽然是肯定的外在的实存,但是这种实存在本身中是虚无的。其虚无性的表现(刑罚)① 就在于同样出现于外在的实存中的对上述侵害的消除。这就是法权的现实性,亦即法通过对侵害自己的东西的扬弃而自己与自己和解的必然性。"(《法哲学原理》,§97,见《著作集》,VIII,第 135 页及其后一页)

"这样看来,惩罚就是自由的恢复,而罪犯从来都是自由的或者毋宁说是被保障了自由的,而且惩罚者在行动时也是理性的和自由的……反之,如果惩罚(仅仅)被设想成强制,那么,它就单纯被设定为一种规定性和某种完全有限的东西,在其自身中丝毫不带有任何合理性,而且完全落入关于违背另一个物的某个特定的物的常见概念之下了,或者完全落入关于一件待购买的商品的常见概念之下了,为那件商品付出的代价是另一件事,亦即犯罪。国家作为裁判性的暴

---

① 布洛赫所加。——译者

力,仿佛维持着一个由称作犯罪的种种规定性构成的市场,在这个市场上,那些规定性时刻待售,用来交换另一些规定性,而法典就是价目表。"(《著作集》,I①,第371页)

对 B 的补充

从现在开始激荡内心的法权乃是善,是道德;法律人格过渡为道德主体。这样就不可能产生针对道德的任何外部强制了,但即便道德主义的评判(仆人和英雄,诛心之论)也不得要领:

"意志的**自我规定**同时是概念的环节,而主观性不仅仅是意志定在的方面,并且是意志的特有规定。……所以,道德的观点,从它的形态上看就是主观意志的法权。按照这种法权,意志承认某种东西,并且是某种东西,但仅以那种东西是意志自己的东西,而且意志在其中作为主观的东西而存在为限。"②(《法哲学原理》,§107,见《著作集》,VIII,第149页及其后一页)

"**主体就等于它的一连串行动**。如果这些行动是一连串无价值的产物,那么,他的意志的主观性也同样是无价值的;反之,如果他的一连串行动是具有实体性质的,那么个人的内心意志也是具有实体性质的。"(《法哲学原理》,§124,VIII,第166页)

黑格尔希望借这句话从单纯的道德中剥去那里存在的偶像化现象。在黑格尔这里,纯粹的内心及其计议(决心、意图、良心)即便在刑法上也只有很有限的意义,而且只是在道德必须经受住考验的地方才有意义。黑格尔对"优美灵魂"的反感,我们在《精神现象学》中已经见识过了;而且就在那本书中,在"序言"里已经有这样的话了:"精神的力量只能像它的外在表现那样强大,它的深度也只能像它在它自行展开中敢于扩展和敢于丧失其自身时所达到的那样深邃。"(《著作集》,II,第9页)上文中黑格尔注意到了单纯的伦理激励的缺陷,亦即在内心中绞尽脑汁的尤其是新教徒的那种灵魂中会有的伦

[263]

---

① 指黑格尔于耶拿时期所写的《论自然法权的科学探讨方式》(Ueber die wissenschaftlichen Behandlungsarten des Naturrechts)一文。——译者

② 布洛赫在引文跳跃的地方没有加上省略号,另外,除了第一处重点号之外,后面的多处重点号也都省略了。——译者

理激励的缺陷。——对最终在康德那里达到顶点的那种信念伦理学（Gesinnungsethik）的反感。康德那个著名的命题，即"不可能设想在这个世界上，甚至也完全不能设想在世界之外，除了单纯的某种善良意志之外，还有任何东西不加限制就能被视作善的"：康德为道德形而上学进行的这种奠基绝非黑格尔的奠基，二者完全相反。在黑格尔看来，信念伦理学（带着善良决心乃至口惠无实和伪善所可能有的极大的虚弱感和遁词）相比（公共的）劳作伦理学（Werkethik）乃是次要的。尽管以自我认识为唯一目标，尽管要对主观性进行转化，然而正是因此，主观性应该以表现于外的方式，不是成为内心里的，而是成为且保持为非常稳固的组织体。这样一来，才有了黑格尔那严酷的劳作—客观性，他才会明确宣示要从道德彻底过渡到现实的伦理，过渡到现实性。光有意愿而不行动，这在哪里都是不够的：

"立大志就够了（In magnis voluisse sat est）①，从人们应该立志要做伟大事业这个意义上来说，这话是对的。但是人们还要能成大事，否则这种志向就等于零。**单纯志向的桂冠就等于从不发绿的枯叶。**"② （《法哲学原理》，§124附释，见《著作集》，VIII，第168页）

"在道德的领域中意志尚与自在地存在的东西相关联……因此尚处于道德领域中的应当（Sollen），在伦理中才能达到……即使**善**在主观意志中被设定了，这也并不就是实行。——主观性构成自由这一概念借以实存的基础。在道德的观点上，主观性还是同自由、即主观性的概念有区别的，但是在伦理的观点上，它是这一概念的实存，而且适合于概念本身。"③（《法哲学原理》，§108附释，§152，见《著作集》，VIII，第151、219页）

对 C 的补充

由此就超出道德之外，达到了它公共的形态，即家庭结构、市民社会、国家的形态，黑格尔称之为**伦理**（Sittlichkeit）；道德化于伦理

---

① 拉丁文。——译者
② 重点号为布洛赫所加。——译者
③ 布洛赫隐去了原文中的重点号。——译者

之中，正如伦理在《精神现象学》中化于宗教之中一样。公意（Volonté générale）①——它与众意（volonté de tous）②不同，卢梭已经区别过它们——在这里是正当与善的综合："法权的东西和道德的东西都不能自为地实存，而必须以伦理的东西为其承担者和基础，因为法权欠缺主观性的环节，而道德又仅仅自为地存在，所以两方自为地都不具有任何现实性。"(《法哲学原理》，§141附释，见《著作集》，VIII，第209页)

因此这里已经可以见到这样的意思：婚姻的要素不是激情，教育不是自由放任（Laissez faire）③：

"婚姻的主观出发点在很大程度上可能是缔结这种关系的当事人双方的特殊爱慕……婚姻的客观出发点则是当事人双方自愿同意组成为一个人，同意为那个统一而抛弃自己自然的和个别的人格。在这个意义上，这种统一乃是作茧自缚，其实这正是他们的解放，因为他们在其中获得了自己实体性的自我意识。"(《法哲学原理》，§162，见《著作集》，VIII，第224页)

"教育的一个主要环节是纪律，它的意义就在于破除子女的自我意志，以清除纯粹感性的和自然的东西。……儿童之所以感到有受教育的必要，乃是出于他们对自己现状不满的感觉，也就是出于他们要进入所想望的较高阶段即成年人世界的冲动和出于他们长大成人的欲望。游戏论的教育学认为稚气本身就具有自在的价值，于是就把稚气给予儿童，并把认真的事物和教育本身在儿童面前都表现为稚气的形式，但这种形式就连儿童自己也认为不很高明的。"(《法哲学原理》，§174，§175附释，见《著作集》，VIII，第326页及其后一页)

[265]

"教育家想把人从当前的普通生活中抽出，而在乡村里教育他，但这种实验已经失败，因为企图使人同世界的规律隔离是不可能的。虽然对青年的教育必须在偏静的环境中进行，但是切不要以为精神世界的芬芳气味到底不会吹拂这偏静的地方，也不要以为世界精神的力

---

① 法文。——译者
② 法文。——译者
③ 法文。——译者

量是微弱而不能占据这些偏远地带的。个人只有成为良好国家的公民，才能获得自己的权利。"(《法哲学原理》，§153 附释，见《著作集》，VIII，第 219 页)

但市民社会本身（黑格尔以卓有成效的方式将作为资产阶级社会的市民社会，与作为公民—城邦的他的理想国家分离开）却是（自由竞争的）"原子状态的体系"："在市民社会中，每个人都以自身为目的，其他一切在他看来都是虚无。但是，如果他不同别人发生关系，他就不能达到他的全部目的，因此，其他人便成为特殊的人达到目的的手段。但是特殊目的通过同他人的关系就取得了普遍性的形式，并且在满足他人福利的同时，满足自己。……受到普遍性限制的特殊性是衡量一切特殊性是否促进它的福利的唯一尺度。"(《法哲学原理》，§182 附释，见 VIII，第 247 页)

[266]　"特殊性是主观需要，这种需要通过下面的手段而达到它的客观性，达到它的满足：（甲）通过外在物，在目前阶段这种外在物也同样是别人的需要和意志的所有物及产品；（乙）通过活动和劳动，这是主观性和客观性的中介。这里，需要的目的是满足主观特殊性"（自私的体系，个体的经济），"但普遍性就在这种满足跟别人的需要和自由任性的关系中，肯定了自己"（供需机制等），"因此发生在这一有限性的领域中的合理性的这种表现，就是知性"。——"从这样**乱纷纷的任性**中就产生出普遍规定，而这种表面上分散和混沌的局面是靠自然而然出现的一种必然性来维系的。这里所要发现的这种必然的东西，就是国民经济学的对象。这门科学使思想感到荣幸，因为它替**一大堆的偶然性找出了规律**。"(《法哲学原理》，§189 及其附释，见《著作集》，VIII，第 254 页及其后一页)

财富产生了贫困；"市民社会的这种辩证法，把它推出于自身之外"，——首先导致了国外市场和殖民帝国主义：

"当广大群众的生活降到一定水平——作为社会成员所必需的自然而然得到调整的水平——之下，从而丧失了自食其力的这种正义、正直和自尊的感情时，就会产生贱民，而贱民之产生同时使不平均的财富更容易集中在少数人手中。……没有一个人能对自然界主张权利,但是在社会状态中,**匮乏立即采取了不法的形式**,这种不法是强加于这个或那个阶级的。"(《法哲学原理》,§244 及其附释,见《著作集》,VIII,第 302 页及其后一页)

"如果贫困者生活的维持……通过劳动(通过给予劳动机会)而获得,生产量就会因之而增长。但是祸害又恰恰在于生产**过多**,同时缺乏相应比例的本身从事生产的消费者。……这里就显露出来,尽管财富过剩,市民社会总是不够富足的,这就是说,它所占有而属于它的财产,如果用来防止过分贫困和贱民的产生,总是不够的。"(《法哲学原理》,§245,见《著作集》,VIII,第 303 页)

"**市民社会的这种辩证法,把它**——首先是这个特定的社会——**推出于自身之外,而向外方的其他民族去寻求消费者,从而寻求必需的生活资料**,那些民族或者缺乏它所生产过多的物资,或者在工艺等方面落后于它。"(《法哲学原理》,§246,见《著作集》,VIII,第 304 页)

与市民社会有别,**国家**被黑格尔描绘成"**实体性**意志的现实,它在被提升到**普遍性**的特殊自我意识中具有这种现实性。"(《法哲学原理》,§258)可以说,国家的载体就是来自黑格尔心理学的顶点(见《著作集》,VII^2,第 373 页及其后几页)的那种著名的"自由的精神",但却是一种完全知道自己想要什么的精神,因此,它已从主观精神过渡到客观精神了。而国家的目的并非"个人的利益本身",因此也不是"财产和个人自由的保障和保护"(《法哲学原理》,§258)。国家的规定(在黑格尔那里既是定义 [definitio]① 也是终点 [destinatio]②)反而是"普遍的利益本身"(《法哲学原理》,§270),因此:

[267]

"这个实体性的统一是绝对的不受推动的终极目的,在这个终极目的中自由达到它的最高权力,正如这个终极目的对个别人具有最高权力一样,成为国家成员是个别人的最高义务。——在谈到自由时,

---

① 拉丁文。——译者
② 拉丁文。——译者

不应从个别性、从个别的自我意识出发，而必须只从自我意识的本质出发，因为无论人知道与否，这个本质都是作为独立的力量而使自己成为实在的，在这种独立的力量中，个别的人只是些环节罢了。……国家的根据就是作为意志而实现自己的理性的强力。"（《法哲学原理》，§258及其附释，见《著作集》，VIII，第313、320页）

这里达到了黑格尔式的国家的极点。此外，这位保守的，更准确地说是喜爱具体化的哲学家越来越使公意（Volonté générale）带上了普鲁士国旗的色彩。但正如前面已经注意到的，现实的东西与合理的东西之间的等同明显受到了与之相关联的、看似它的单纯颠倒的那个观点——合理的东西是现实的东西——的阻抑。对于黑格尔而言，不仅存在着"坚持实行概念时自然的无力"，也存在着现存国家与（城邦的）理性相比较时显出其缺陷的那种能力。尽管崇拜国家便是追求"人间天堂"（黑格尔照搬了关于教皇是基督的人间总督之说，也是对这种说法的一种讽刺），甚至就是因为这种崇拜提出的可怕要求，黑格尔才这样说。

[268]

那么首先，黑格尔必定限制他的赞美："国家绝非艺术品；它立足于世界之中，从而立足于任性、偶然事件和错误等的领域中，恶劣的行为可以在许多方面破坏国家的形象。但是最丑恶的人，如罪犯、病人、残废者，毕竟是个活人。尽管有缺陷，肯定的东西，即生命，依然持存着。这个肯定的东西就是这里要谈的。"（《法哲学原理》，§258附释，见《著作集》，VIII，第320页）——而谈到普鲁士国家的那种将要延续到1918年的特殊"现实"，谈到上帝的恩典，黑格尔恰恰并非直截了当地盲目崇拜，而是："如果要掌握君主的理念，那就不能满足于说国王是上帝所任命的，因为上帝创造万物，其中也包括最坏的东西。"（《法哲学原理》，§281附释，见《著作集》，VIII，第375页）

其次，必须一再确认的是，在黑格尔这里，从他与荷尔德林打交道的时代开始，国家的理念都涉及"希腊的国家理念"。这种理念充当了1789年资产阶级解放的和公民的主要意识形态；它在德国反动阶层中，甚至在黑格尔的那个阶层中广为流行。因而亚里斯泰迪斯①和伯利克里的城邦曾是黑格尔的终极典范，在那里，人的身份和市民的身份、私人的生存和公共的生存是融为一体的："那时只有民主的宪法才适合于这种精神和这种国家。我们看到专制主义作为与东方相适应的一种形态，在东方得到了辉煌的发展；希腊的那种民主形式同样具有世界历史性使命。在希腊，主体的自由、精神的自由都是有的，然而这种自由还没有抽象地认识到，主体直截了当地依赖于实体性因素，在这种自由中，主体的意志完全生动活泼地存在着，而主体性成了对实体性因素的证实。反之，在罗马我们看见的是对个人的严峻统治，而在日耳曼帝国，我们看见的就是君主制，在这里个人不仅参与君主的事务，还参与整个君主制组织的事务。"（《著作集》，IX，第260页）——而在君主制国家学说中，希腊家神的踪影出现在家庭中，代表公共领域个体性的女神的踪影则出现在国家中；这可不仅仅是比喻，尤其不仅仅是古典主义的文字游戏："家神是内部的和下级的神；民族精神（雅典娜）是认识自己和希求自己的神性东西——政治德行"（《法哲学原理》，§257附释，见《著作集》，VIII，第312页）。与此相反，普鲁士皇家国家哲学必定高于罗马："罗马世界的精神是抽象物、僵死法律的统治，是美和活泼伦常的毁坏，是对作为直接的、自然的伦理的家庭的遏制，一般而言它就是个体性的牺牲，个体性献身于国家，只有在对抽象法律的服从中，才得到它冷酷的威严和明智的满足。"（《著作集》，X^2，第116页）

马克思在他1843年的著作《论犹太人问题》中，接受了黑格尔描述的市民社会与政治国家分离的现象，将它作为"资产阶级与公民、市民社会成员与他的政治狮皮之间的"那种矛盾的表现（参见《马克思恩格斯全集》第1卷第1版，第585页）。依据这种解释，这就是人二重化为公民和市民，就是普遍的国家利益与狼一般的竞争性私人利益之间的分裂。而依据马克思的看法，所有高贵的梦想都化为

---

① 亚里斯泰迪斯（Aristides），雅典政治家和将军，曾参加马拉松战役，见证萨拉米斯大捷，是提洛同盟的中心人物之一。——译者

公民国家了，这样就可以充当自我解放的市民社会的意识形态了（正如马克思从黑格尔那里引用来的说法，这样的市民社会有它的"需求国家和知性国家"[Not-und Verstandesstaat]，亦即有它那种作为单纯只执行市民经济利益的委员会的国家）。依据马克思的看法，黑格尔也刻画了下面这些现象：市民社会与国家的分离，尤其是浪漫派构想的城邦蓝本，以及争取解放自身的资产阶级在政治的现世与政治的彼岸之间的分裂。马克思说："最终当人作为市民社会的成员时，他成了**本己的**人，成了与公民（Citoyen）相区别的人（Homme）①，因为他是具有感性的、个体的、切己的生存的人，而**政治的**人只是抽象化的、造作的人，作为一个寓意中的道德人格的人。现实的人才被当作那种自私的个人，真正的人才被当作那种抽象的公民。"（同上书，第598页）而如果说在黑格尔那里有一幅将城邦设想成私人生活与政治生活之统一的梦境在起作用，那么，马克思并没有将这种私人生活与政治—理想生活综合起来，并没有将市民生活的这个现世与彼岸综合起来，而是将可能的统一仅仅看作**一种社会的**统一，亦即仅仅看作一种以认识着的—政治的方式将两个环节扬弃掉的统一。在此之前是分离状态，它还受到一般彼岸状态的促进："市民社会在基督教世界才得以成全。只有在基督教的统治之下（这种统治使人与人之间一切民族的、自然的、伦理的、理论的关系都成为无关紧要的外部因素），市民社会才能完全从国家生活中分离出来，将人与人之间一切类的纽带扯断，代之以利己主义和自私自利的需求，将人的世界瓦解成一个原子化的、相互敌对的个人的世界。"（同上书，第604页）谈到黑格尔对市民社会的规定，后面这些就是这里想得起来的规定。因此，马克思在实际上涉及黑格尔关于人的身份与市民身份在古代生活中相统一的理想状态时，得出了这样的结论："只有当现实的个人取消了抽象公民的念头，作为个人在他的经验生活、在他的个人劳动、在他的个人关系中成为类本质，只有当人将他'本己力量'（forces propres）②

---

① 法文。——译者
② 法文。——译者

作为**社会**力量加以认识和组织，因而不再将处在**政治**力量形态下的社会力量与自身分离开时，人的解放才实现了。"（同上书，第599页）

黑格尔又具有资产阶级意识形态的特征，但不是直截了当地与作为"地上临在的上帝"的国家站在一边，而是在政治的（城邦的）意义上："重要的是，理性的规律和特殊自由的规律要相互渗透，我特殊的目的要与普遍的东西相等同，否则国家就等于空中楼阁。个人的自信构成国家的现实性，上述两方面的同一性则构成国家的稳定性。人们常说，国家的目的在谋公民的幸福；这固然是真确的：如果一切对他们说来不妙，他们的主观目的得不到满足，又如果他们看不到国家本身是这种满足的中介，那么国家就会站不住脚。"（《法哲学原理》，§265附释，见《著作集》，VIII，第328页）

黑格尔使国家与教会相接近（宗教改革—城邦）："精神的东西从它天国的实存……降为地上的现世……至于尘世的东西则……建成为……法权与法律的合理性。这样一来，它们的矛盾也就**自在地**消失成为无精髓的形态了。当前蜕去了它的野蛮性和不法任性，而真理则蜕去了它的彼岸和它的偶然权力，于是真正的调和就成为客观的了，这种调和把国家展示为理性的形象和现实。"① （《法哲学原理》，§360，见《著作集》，VIII，第439页及其后一页）

再次涉及现实的东西和合理的东西，然后提到十字架上的玫瑰（参见《著作集》，VIII，第259页）：

"现实的东西是合理的，但人们必须学会辨别真正现实的东西。在普通生活中，一切都是现实的，然而现象世界和现实是有区别的。现实的东西也有外部的定在；任意、偶然都表现了这一点，正如在自然界里树木、房屋、植物凑集到一起。伦理的表面，即人类的行动有糟糕的一面，因为本来可以做得好很多。人们要认识实体，就必须洞穿表面，深入进去，……在表面上是种种激情在纠缠；那不是实体的现实"（《著作集》，XIV，第275页）。——同样的意思反过来说，或者说，从现实中作为现实东西的合理东西开始就是："理性总是实存

---

① 布洛赫对引号的使用不太严谨，译文依据原文作了补正。——译者

[272]着,只是不一定总是在合理的形式下实存。因而评论者可以从理论意识和实践意识的每一种形式出发,并且从实存着的现实所特有的那些形式中,推展出作为这种现实的应当和终极目的的真正现实来"(参见马克思1843年9月致卢格信)。

在黑格尔这里,与合理东西—现实东西发生整体关联的还有一句引人注目的、表面上容易让人想起一个密教教派的话:关于十字架上的玫瑰的那句话。这话出现了两遍,起先是在《法哲学原理》的"序言"中:"在当前的十字架中去认识作为玫瑰的理性,并对当前感到乐观,这种理性的洞察,会使我们跟现实调和"(《著作集》,VIII,第19页)。然后在宗教哲学中,这种巴洛克式的象征也出现了:"使理想具有规定的东西可以现成存在,然而人们还不知道,理念实际上也现成存在着,而人们之所以不知道,那是因为他们是凭着有限的意识来考察理念的。现实的实体性内核固然要穿透这个皮层才能认识到,然而这也需要艰苦的劳动;为了摘取当前的十字架中的玫瑰,人们必须先将十字架本身取来。"(《著作集》,XI,第200页及其后一页)——因而十字架乃是当前的一个标志,这话在这里就意味着:它是那恰好已经现成存在的、还不够充分的,或者也可以说仅仅才在知性的层级上以有限的方式被中介了的现实的一个标志。玫瑰便是理性("Hier ist die Rose, hier tanze"[这里有玫瑰,就在这里跳舞吧]①,黑格尔就是这样改写"Hic Rhodus, hic salta"②[这里就是罗德斯岛,就在这里跳舞吧]的),或者用黑格尔这里意思相同的另一种表达来说就是,玫瑰就是"现实的实体性内核"。但要成功"摘取当前的十字架上的玫瑰",人们也必须"将十字架本身取来"。因此现实性除了不足的、痛苦而有限的含义之外,还有另一种含义,即严肃对待、艰难努力,以及用来辛苦劳作的物质,没有这样的劳作,就不会有任何价格。当然,这恰恰是辩证法的一个主题,进一步说是关于黑格尔辩证法的中项里的否定性因素或差异化因素的主题,因而同

---

① 布洛赫的引文漏掉了两处重点号。——译者
② 拉丁文。——译者

样归于理性的玫瑰，在黑格尔这里仿佛十字架本身就在理性中。而另一方面，如果说——正如黑格尔在宗教哲学的文句中进一步说过的——"理性实际上现成存在着"，只不过表现上显得不是现成的，因为它是被人们"凭着有限的意识来考察"的，那么理性本身就已经是整个现实了，而过程（Prozess）在世界的工地（Bauplatz）上的辛苦劳作就是多余的了。因为在黑格尔哲学中，世界恰恰已经被建构好了，而"发展"只是对于从事理解的意识而言的。那么，在这些要点（玫瑰本身中的十字架，理念的永恒现实性）上，合理的东西和现实的东西当然就重合了。然而十字架和玫瑰之间的张力同样不是从世界中、从黑格尔本人所谓的进程的世界中产生的；尽管有所谓完全现成的、在形而上学意义上展开了的玫瑰。进程及其内容当然是同一个，但黑格尔自己称作"皮层"的、从中也能产生凝固的现成之物的那种"现实"，在黑格尔这里也不同于现实的实体性内核。它们是如此不同，以致进程—实体甚至穿透了皮层，而且在那里体现了进程的理性。由此看来，即便一种自称完美的"客观精神"，也还有一种在它之上更完美的精神：有着"绝对精神"的艺术、宗教和哲学。在黑格尔这里，这个国度里恰恰盛开着远比在国家的十字架上更美丽、更神秘、更清亮的玫瑰；果真如此，那里就没有橡叶勋章和刀枪剑戟了。

正确的民族权力产生于内在的"国家法权"，而非外在的"国家法权"，因此出自**建制**的变迁："每一个国家在时间进展的过程中必须对于它现存的建制作出如许的改变，以便可以愈来愈接近那真正的建制。一个民族的精神自身达到了成年，建制就是对它自在的本性的意识，——是真理的形式、对于自身的知识的形式。如果一个国家的建制所表示的真理已经不符合于它的自在本性，那么它的意识或概念与它的实在就存在着差别，它的民族精神也就是一个分裂了的存在。有两种情况可以发生：这民族或者由于一个内部的强力的爆破，粉碎了那现行有效的法律制度，或者较平静地、较缓慢地改变那现行有效的、但却已不复是真的伦理、已不能表现民族精神的法律制度。或者一个民族缺乏理智和力量来作这种改变，因而停留在较低劣的法律制度上；或者另一个民族达到了较高级的建制，因而就成为一个较卓越

的民族,而前一种民族必定会不再为一个民族,并受制于这较卓越的民族。"(《著作集》,XIV,第276页及其后一页)

15. 艺术哲学

(1)在这里,存在以直观着的方式开始自为地存在。超出劳动之外的生活叫作休闲。缪斯女神们便居于休闲之中,她们是黑格尔如今才开始的精神的自为存在的第一批安慰者。回乡者最初抵达的那道通往"绝对精神"的门上铭刻着"美"的字样。美是直观层面上的理念,是理念通过某种感性媒介(石头、颜色、声音、语词)而在有限现象的形式中的熠熠生辉。

(2)黑格尔远远不像康德那样,甚至远远不像席勒那么形式化、那么虚幻地看待艺术。康德将美感定义为"无利害的愉悦"(interesseloses Wohlgefallen)。说它无利害,那是因为它不与某种现实的对象,而只与某个对象的表象形式相关。因为现实的对象总是与主体的利益相关,在它那里也总会产生这样的问题,即它是否客观地现成存在着,它是否能被客观地认识;照康德看来,所有这一切都与艺术家毫无关系。席勒与康德有着广泛的共识,他将美定义成"现象中的自由",这就是说,美的客体是独立于它在其他种种现象中具有的那些条件而被直观的。它从世界上种种实在的关联中被拔擢出来,在审美的意义上得到理解,仿佛它并没有受到什么条件的限制,因而仿佛是自由的。这种无利害的观察最终引诱人们纯粹从形式上去把握美,甚至将它当成一些令人愉悦的形式之间的某种合规律的游戏,而那些形式对于呈现了什么内容是完全无所谓的。这样一来,艺术最终就成了一种幻想,与活生生地现存的、具有实在的利益关联的主体就没有任[275]何接触了,在实在的世界整体中就没有任何地位了。尤其遭到厌恶的是那在形式上令人愉悦的东西所呈现出来的世上种种趋势:"趋势"在这里一开始就成了艺术之外的事情。值得注意而又意味深长的是,黑格尔通常以无利害的密纳发的一个朋友的身姿出现,在这里却既不认同形式主义的观点,也不认同幻想的观点;在他看来,艺术绝非与认识无关的"仿佛"(Als-Ob)。这位注重直观,而不是仅仅注重直观形式的具体的思想家,在美中所寻求的,完全是特殊视角下世界的内容,甚至是世界的全部内容。"提升"到超出有条件的和受限制的种种关系之上的做法一直是有的,但那实际上是由于水平和真实前景的改变而产生的一种提升,而不是单纯出于戏耍而进行的提升。"纯粹的世界眼光(Weltauge)"这种盛行于德国的整个古典主义时期(从温克尔曼[Winckelmann]① 到叔本华)的思辨的审美官能,在黑格尔这里也起作用了。在他这里,这种眼光并非产生于观察,也并非因为他在观察中不愿意受到悲惨绘画甚或战争音乐,简言之,受到处于特殊的艺术—安息日之外的某种意志或某个世界的"趋势"的干扰。然而在黑格尔这里,世界眼光虽然并没有表现出任何幻想,却——正如人们可能会用亚里士多德的术语说的——表现出"隐德来希"(Entelechien),亦即表现出事情每一次自我实现着的本质。因此,这样的一次深呼吸是通过黑格尔的美学完成的;它因其实事求是的严肃品格,而与幻想的空洞消遣截然不同。这里被探讨、在内部被推展到极致和被凿空的,不是康德式的表象形式,而恰恰是对象本身。依据黑格尔的看法,艺术化解了"自然的无力"(自然只能以不完美的方式构造它的产物):菲迪亚斯②才成全了人的身体。艺术消除了正在发生的人类历史上渐次发生的混乱事件,且并不探讨脱离事件中心的性格:莎士比亚塑造的不是性格,而是可以看出典型特征的人物形象。现在看来,他笔下的那些人在舞台上自由发挥的过程中并非残破断裂的,他们真正开动了他们性格中的那种手法,他们有着降临到他们头上的命运。

这样看来,黑格尔教导的绝非形式美学,而是一种内容美学;只有现在,对材料的那种感觉才又兴起了。形式的艺术科学仅仅进行形 [276]

---

① 约翰·约阿希姆·温克尔曼(Johann Joachim Winckelmann, 1717—1768),德国考古学家、图书管理员、好古者和启蒙艺术作家,科学的考古学和艺术史的奠基者,德语区古典主义的精神奠基者。——译者

② 菲迪亚斯(Phidias, 希腊文Φειδίας,公元前500年到490年—公元前430年到420年之间),古代最著名的雕塑家之一,希腊古典鼎盛期突出的代表人物之一。——译者

式的分析，在它看来，形式所表现的材料是无关紧要的。在它看来，一幅画便穷尽于颜色配比和空间划分，一段乐曲便穷尽于它的各种主题的运动形式和它们的交织物中了。因而艺术恰恰由于内容的不在场，由于对所表现或所表达的内容的无所谓才熠熠生辉。仿佛绘画穷尽于色斑的色调，与它所呈现的对象无关，仿佛音乐就是声音交织物而已，后面没有独具一格的（sui generis）① 情歌、热情、田园曲。反之，内容美学就不仅仅依照艺术作品的形式特征来分析和评判它们（就像斯皮塔②过去对巴赫所做的那样，像韦尔夫林③外在地从形式上分析文艺复兴艺术和巴洛克艺术一样）。它首先反而是依据题材来研究和评判艺术作品的，亦即依据这题材是如何彻底地和详尽地显现的过程来评判艺术作品的。但这话更多是在黑格尔的意义上，而不是在康德的意义上说的，即更多是在"以本质性方式向本质出现的假象"的意义上，而不是在"表现的纯粹关系中无利害的愉悦"的意义上说的。黑格尔的美学固然正如已经说过的，也总是一种终究说来无利害的或纯粹思辨的美学，但它并没有脱离缪斯神。它在艺术所允许的所谓的心满意足的享受中、在后来的市民阶层令人讨厌而十分奸诈地称呼的"艺术享受"中，颂扬意志情感的发泄。然而，黑格尔恰恰认为这里还是有一个对象的；黑格尔绝不将艺术整个当作一桩幻想之事。这里发生的"大体而言并非闪现（Scheinen）"（幻觉、游戏），"而是艺术在其中赋予那在其自身便真真切切的东西以现实性的那种特殊的假象"（X^1，第12页）。理念的闪现让某种事物显现出来，它也是一种理想，因而它对黑格尔而言有着特殊的现实性，亦即直探美的核心了。黑格尔的美学赋予艺术理想一种系统的构造，但"与这些理想的外部实在协调一致"。它所追求的，是对作为完满表达出来的和以特有的方式得到完成的事物、人和行动的艺术理想，进行一种在时间方面有其源头、在社会方面有其指向、在历史哲学方面秩序井然的构造。

---

① 拉丁文。——译者
② 弗里德里希·斯皮塔（Friedrich Spitta, 1852—1924），德国新教神学家。——译者
③ 海因里希·韦尔夫林（Heinrich Wölfflin, 1864—1945），瑞士艺术史家。——译者

（3）感性直观与有限者相关联。因而在黑格尔看来，通过这种直观所看到的理念，其根基只在种种有限状态中。它不再纠缠到像法权、家庭、市民社会、国家这些有限者当中，但它也并不缺乏有限因素。美毋宁只在有限者中显现，具有了形式的感性东西可以被精神之光穿透。与有色彩的反光、透光之间的这种关联，将黑格尔与新柏拉图主义的普罗提诺（Plotin）① 结合起来了，在后者那里，理念的感性闪现这个术语占据了首要的位置。在美学方面，普罗提诺，而不是鄙视感性现象的柏拉图成了黑格尔的老师。这既符合普罗提诺的如下看法："眼睛自身若不成为太阳般的，便永不可能看见太阳"，也符合如下原理："感性美的物体的产生，是由于它分有了从神界而来的理性。"（《九章集》第1卷，第6章）然而，黑格尔在一点上与普罗提诺分道扬镳了，因为他的美学在本质上是停留在尘世的直观之中的，因而这种美学并不含有超越性的恩典。与普罗提诺不同的是，它并非凝神肃穆的，并没有翱翔在宗教的天际；它的对象并非永恒之光，而毋宁是被透视了的、带有唯心论印迹的世界。因而这部美学的三个主要部分都不是从上至下流射出来的，而是以辩证的方式在现象中并通过现象逐步攀升的。在那能审视美（即便美是一种理想）的眼睛看来，攀升者将会直视自身，将会在那里再次解读他的世界，在愈益见多识广的同时又聚精会神地解读他的世界。这样，**第一个主要部分探讨的是自在的艺术美的理念**；**第二个**主要部分探讨**理想**如何以社会—历史塑造的方式**发展成为艺术美的那些特殊形态**；**第三个**主要部分则处处充满具体的例示，涉及**各种个别艺术的体系**。

第一个主要部分虽然谈的是通常意义上的自在之美，但已经触及可以理解的材料了。当然，还不是在特别容易亲近的意义上触及的：那种没有经过人塑造的美，即自然美，被安置在那背后了。作为未经加工的东西，它在黑格尔这里带有极强的消极色彩，它在这里也还居于自外（Außersich）的层面上。这样一来，18世纪的自然狂热（Naturschwärmerei） [278]

---

① 普罗提诺（Plotin，希腊文作 Πλωτῖνος，拉丁文作 Plotinus，又译柏罗丁、普洛丁，205—270），古代哲学家，新柏拉图主义哲学的代表人物，以《九章集》及"流射说"闻名。——译者

就成了过去,即便在这里,黑格尔也表现出自己是文化上的地方主义者(Lokalpatriot)①。在美学上,他常常认为自然美只不过是幼稚可笑的,更多的时候他认为自然美阴森可怕;栖身于城门之前的酒神,让阿波罗的探寻者更加恐惧了。黑格尔就是如此这般地看待那幅度宽广的自然美的,他在自然美内部所见的甚至要比博施②和拉斐尔所见的更多;而且令人惊讶的是,即便丑(das Häßliche)也只是在像罗森克朗茨③那样一位黑格尔主义者那里,而不是在大师本人这里才成为一个美学范畴,一个以不和谐名世的范畴。此外,自然美在黑格尔这里不像在诺瓦利斯那里一样是象征性的,并不是代表了即便在文化中也尚未显明的某种东西的什么密码。在黑格尔看来,唯有建筑才是象征性的,在文化的艺术作品中,每一块水晶、每一株植物、每一位女性的身体都已经完全是透亮的了,要优于它们在自然的位置上的情形。在《自然哲学》中,黑格尔就星辰说了十分轻蔑的话,说它们只是某种"光源,就像人身上的某个光源或一群苍蝇那样丝毫不值得惊讶"(《著作集》,VII¹,第92页)。在《美学讲演录》中,他将在康德那里还是审美的某种尺度和目标的自然美仅仅当作对艺术美的接近,或者当作艺术美的预备阶段;它本身必然是有缺陷的。在这一点上,黑格尔几乎是赞同他的朋友佐尔格的,后者甚至说道:正如自然法权是一种幻想,因而法权也只存在于通过意识而创造的国家之中,是意识创造出来的,这样,根本不存在什么自然美。而在这一点上,黑格尔果断地与谢林分开了,在谢林那里充当美学典范的虽然不是现成的自然,却是一种被美化看待的自然,一种"上帝中的自然"。在黑格尔这里,却绝口不提那样的自然,对它也没有任何概念:艺术属于自为存在,它只是在自然的那种自外存在内部从上往下地对美的种

---

① 布洛赫所谓的"地方主义"并非在通常意义上使用的,它指的是黑格尔重视一部分(文化)而轻视另一部分(自然)的做法。——译者

② 希罗尼穆斯·博施(Hieronymus Bosch,本名 Jheronimus van Aken,1450—1516),文艺复兴时期荷兰画家。——译者

③ 卡尔·罗森克朗茨(Karl Rosenkranz,1805—1879),德国哲学家,黑格尔的学生,著有《丑陋美学》(Ästhetik des Häßlichen)。——译者

种映射投去了一瞥。因此**第二个主要部分**仅仅致力于讨论**艺术美**，涉及美的特殊形式和美的**体系的基本概念**。那就是"象征型""古典型""浪漫型"（在这个三一体中"古典型"当然绝不构成一个反题）。在象征型艺术中，质料（要永远理解成材料，而不是——比如说——理解成题材）超出了形式，以至于理念在这里孕育和搏斗着，仅仅隐约地被人直观到。在古典型艺术中，质料和形式处在均衡状态中；在浪漫型艺术中，形式（总是作为理念的形式内容［Forminhalt］）超出了质料，这就使得理念突破并战胜了质料，就像在哥特式大教堂中那样。哥特式艺术的例子已经表明，黑格尔这里的浪漫型，并不限于他那个时代的同名文学流派，而是在本质上与中世纪的理想教化有关（而且是浪漫型艺术的精神乐趣所见的那种理想教化）。的确，质料在形式中被耗竭，在黑格尔看来一般就意味着精神的最强的自为存在。由此才有了他的这个定义："浪漫型的真正**内容**是绝对的内心状态，与之相应的**形式**是精神的主体性，作为对它的独立性和自由的领会"（《著作集》，X^2，第122页及其后一页）。在经过如此这般塑造的形式下：因而黑格尔允许内心状态充当回到自身的那种精神的**构筑物**，黑格尔在政治—道德的意义上对于作为内心自白的这种状态曾颇有微词，而在艺术作品中（正如此后在基督教团契中）他不再认为它是任何"纯粹内心状态"了。如果人们在各种圣母像或精神充盈的哥特式大教堂那里期待的是主体性，那么，它在这里对应的，则是在美的直观及其具体状态中把握与释放自身的那种处在开端状态的自身（Selbst）。

[279]

第三个主要部分，个别艺术的体系完全进入美所显现的各种形象中。没有任何地方像这些地方一样充分地表现出黑格尔丰富的直观性。曾作为逻辑学家参与过各种概念的那种坚硬而又苍白的阴影生活（Schattenleben）的那同一位哲学家，在他的《美学讲演录》中呈现了最具体的艺术体验，呈现了与这种内容的真诚联姻。在这里说话的不是什么附带地对绘画、雕像、戏剧敏感的思想家；他并非坐在剧院前排座位上或长沙发上，**就**艺术谈谈而已。这里现身的反而就像是一位潜在的画家、雕塑家、戏剧家，**就在艺术内部**现身，在艺术之中直接活灵活现地出现了。艺术语言的言说借助的是概念，但准确地说，那是作为**现象**的艺术，而不是作为概念的艺术。艺术作品是感性显现，对于黑格尔而言，这一点与在艺术作品中显现的那种特殊理念同样重要。这两个环节的任何分离都会使得双方进入某种外在状态："因为艺术作品不会在它的普遍性本身中使它的内容个体化，而是直截了当地使这种普遍性个体化，以感性个别的方式将这种普遍性提供给直观。如果艺术作品并非起源于这个本原，而是以抽象学说为目的将普遍性展示出来，那么形象的和感性的东西就只是外在而多余的装饰，而艺术作品本身则显得是破碎的，似乎艺术作品中的形式与内容不再相互共生了"（《著作集》，X^1，第68页）。**个别艺术的体系**预设了这种感性因素，这个体系在黑格尔这里向着美的自为存在的越来越具有精神性的内容推进。它从空间性作品（建筑、雕塑、绘画）出发，经过时间性作品（音乐），到达总括性的巨作（Opus magnum）①（诗）。在建筑中，质料、重力、石块**胜过**了形式，形式在那里只能略微显露出来；因此，这种艺术彻头彻尾是象征型的（埃及）。在雕塑中，质料与被塑造到它之中的种种理念**达到平衡**，因此它彻头彻尾是古典型的（希腊）。在绘画中，物质开始**发亮**，空间被还原成了平面，比起"色调的魔力幻象"来，质料更多是作为涂抹的色彩出现的。因此，绘画就处在浪漫型的边界上，它将重力化为光，也将色彩所塑造的种种对象化为光中的种种形态。最后，音乐（黑格尔缺乏深切了解的唯一一门艺术，然而事实上它在体系中居于第二位的高处），作为精神形式（Geistform）或作为自相编织的灵魂，使得质料完全**隐没**了。因此，它不仅彻头彻尾是浪漫的，还在它的所有造型中是浪漫的，"它将主体性推向了极致，对内和对外都是如此"。材料相互外在的状态，从石块到绘画的色块，都完全被消除了，随之空间性也被消除了；质料在战栗，"这种摇摆战栗的结果就是音调，即音乐的材料"。音调本身是"以否定的方式被设定的感性因素"，这样，音乐就与空间艺术的那种相对的自在状态相对立，构成了带有差别的某种

---

① 拉丁文。——译者

否定因素，构成了走向言语艺术的辩证的"通达点"。各种艺术中的白昼，作为一切艺术之综合的白昼，一切对象的那些每次都被丢失、追寻和发现于各种曲调中的**消息**，却只能是诗（Poesie）。音调—材料在诗中被**分节表达**于言辞之中："诗艺是在自身内变得自由的、不被束缚于外部感性材料中的那种精神的普遍艺术，那精神只运行于观念和感觉构成的内心空间和内心时间之中。"（《著作集》，X^1，第115页）

（4）这样看来，黑格尔的美学在本质上以诗为旨归，而在温克尔曼那里造型艺术占据优先地位，在叔本华那里音乐占据优先地位。其他一切艺术在这里似乎都张口结舌，有太多的质料压在它们身上了。只有在言辞中，这层皮才裂开，精神的显现才变得具体可见而又合乎理性，"形式—内容"的框架胜过了质料。因此诗是最纯粹的浪漫型艺术；毋宁说只有当它没有从"象征型—古典型—浪漫型"这些"质料—形式"的关联中解放出来时，它才如此。如果说其他各种艺术在其历史的发展序列中已经切开了各种基本概念，那么诗可能更加如此。即便其他各种艺术，也是彻头彻尾——亦即在它们的本质中自在地如此，而不是在其历史道路上如此——被这些基本概念规定了的。正如黑格尔必定承认的，毋宁说还存在着建筑艺术、雕塑、绘画的一些"分支"，它们并不符合这些艺术的那些被指定了的基本概念。那么绝非只有象征型的建筑艺术（金字塔），也绝非只有古典型的雕塑，而是还有埃及的象征型雕塑和中世纪的浪漫型雕塑；绝非只有浪漫型绘画和音乐，而是还有文艺复兴的古典型绘画和音乐。然而黑格尔说过（此外他也并非没有看到这里要使一种艺术的伟大时代与为它们指定的、也比较一厢情愿的基本概念和本质概念相匹配时会陷入的窘境和困难），"这些分支中有一部分只是预备性地尝试过一些从属性的开端，或者表现出人们开始超越某种艺术，在此过程中，这种艺术抓住了某种内容和某种处理材料的方式，然而只有更进一步的某种艺术才能完全表明这种处理方式属于何种类型"（《著作集》，X^3，第230页）。只有与其他各种艺术形式相对照，诗才有了自由；那么它在史诗中是可以入画的，在抒情诗中是具有音乐特质的，而作为史诗与抒

[282]

情诗的同一，它在戏剧中同时往外指向一个更高的领域（宗教）。作为喜剧，戏剧表现出单纯被鼓吹膨胀起来的主体性（特殊性），后者正因此便通过自身和在自身内毁坏了一切；它的效果是哄堂大笑。作为悲剧，戏剧表现出内容丰富的主体性，那种主体性如其必需的那般行动着，带着"必然充满矛盾的激情"。因而它的效果并非像亚里士多德规定的那样是恐惧乃至同情，而是钦慕："有罪责乃是伟大人物的荣耀。"当然，作为"客观精神"的辩护者，黑格尔同时还赋予那些普遍的力量以更高的荣耀，如果它们在与英雄式的悲剧人物相冲突时使他挫败的话。那时发生碰撞的，就不是个人与普遍力量，而是普遍力量与普遍力量，正如索福克勒斯的《安提戈涅》中的情形那样。在安提戈涅身上还活灵活现的那种古老的血缘共同体，就与以国王克瑞翁为代表的晚近的国家力量陷入了冲突。即便预感到母权力量的黑格尔的心情也是矛盾的；或者不如说，他的悲剧理论给了安提戈涅、同样也给了克瑞翁毁灭的权利。与此相反，在近代世界中，比如在歌德的《塔索》①中，"使得塔索与现实、礼貌、体面陷入冲突而不可自拔的那种理想生活法权，首先只是以主观的方式在观众中有其权利"（《著作集》，X^3，第539页）。反之，得到公主和国务大臣安东尼奥支持的那种普遍秩序，则自为地具有实体性力量。因而黑格尔也是以辩证的方式穿透了悲剧这种自来便最具辩证性的艺术产物（只有贝多芬的那种带有两个对立主题——展开部和对第一个主题的复现——的奏鸣曲式，才能在辩证形式方面与这里相比）。当然，在黑格尔这里，悲剧的结尾变得如此宁静：它汇入"与永恒正义的和解"之中。这就是说，美整个地汇入"绝对者在感性事物中的临在与和解"之中。然而在这件事情上，在黑格尔笔下，在悲剧的一切这类文化上的、上帝般的宁静状态的结尾，喜剧又都保留了它那消解性的、深度翻转的辩证权利。在任何时代都还没有出现过悲剧性的和解，除非悲剧性和解出现于对它的假象的那种不同寻常的开朗的化解中，那种化解叫作诙谐。

---

① 全名《托夸多·塔索》（*Torquato Tasso*），歌德中期作品。——译者

（5）当人们尝试思考艺术时，那是代表谁在说话，又是依据什么在说话？在大多数情况下不得不选择以**观众**为出发点，因为观察者本人属于观众。他是"感受性的"；如果他了解他的感受性，那么他就是观众席上的行家、批评家和艺术思想家了。也有一些批评家是半途而废的艺术家，这样的艺术家却是最糟糕的。更加罕见得多的是那样一种情形，即艺术被人们从艺术家的角度、从艺术的**生产**出发来思考。那种设身处地地设想艺术本身，与艺术家们如兄弟般亲密的方式，便属于此列；这种方式，只有在那些自身便富于艺术创造性的人那里才是可能的。黑格尔如今一方面是一位非常勤勉的观众，此时他也站在外面欣赏。当演出来自异乡而又富有魅力时，他最是高兴；他就是这样沉浸在意大利的歌声和罗西尼的咏叹调中的。然而，如果他谈论的是艺术**哲学**，那么他恰恰是在另一种相关的意义上谈论的。这种方式在研究艺术的学者中极为罕见，几乎只有温克尔曼才偶然能让人觉察到它；因此他才说："描绘阿波罗几乎让我付出了一首英雄诗所需的辛劳。"但即便在这里，他也只是勾画了相关的辛劳，而不是在新的、审美的媒介中传达出的英雄诗本身。在近代思想家中，只有谢林和叔本华与黑格尔分享了这种媒介生产方式，而且这种方式是唯一胜任哲学美学（philosophischer Ästhetik）的。很明显，它与所谓的诗人哲学家（Dichterphilosophen）、与两种身份①之间的某种混合天赋根本无关。哲学天赋及其技巧在其本身而言根本不是艺术的事情；敏锐的思维、彻底的整体关联（Zusammenhang）、核心的本质关联（Wesensbezug），这些根本不是艺术的特质与前提，它们都是哲学的原生物。然而黑格尔直接指出，而且在他的美学中最集中地指出，有一种与艺术家的生产共同起着塑造作用的根源存在和活跃着。而且它越是不言而喻地广泛活跃起来，孤立化的劳动分工越会与阶级社会一同衰退。黑格尔从事了并说清了，该如何在概念的媒介中看待鼓舞和吸引了艺术家们的同一种事态。这种共属一体的局面也就是下面这种现象的根据，即黑格尔即便在可能的情况下，在进行详细的形式分析

[284]

---

① 指诗人和哲学家。——译者

时，也尽可能地与形式美学（Formalästhetik）保持了距离。因为后者是那种单纯接受性的专家的自我满足，而与各种主体的始末原委无关，一位上帝才会告诉那些主体，他们作为内容加以承受的是什么东西。黑格尔思考每个艺术时代所处的意识形态时，恰恰是从内容出发的，他甚至已经从这里出发思考意识形态的社会使命了（希腊艺术中的城邦，中世纪艺术中的骑士阶层和宗教团契）。每个时代的神话同样是从内容出发才显现为每个时代艺术的基础（希腊的地下神与奥林匹斯诸神之争，圣母像与基督的救赎历史）；不曾有过任何没有神话基础的艺术，也不会有任何缺乏信仰的艺术。这一切只能在黑格尔——不是唯一地，却是最翔实地——展示过的与艺术家的那种强大友情的基础上来理解。如果从单纯的、被绝对化了的**行家**出发，而不是从**艺术家**出发，从尽可能精确地专注于内容的分节表达的人出发，那永远只能产生形式美学，那恰恰是抽空了题材，也抽空了含有美学意义的相关因素的美学，在那种美学中，一切美都被还原为"杂多之物的那种适意的原初关系"——用赫尔巴特（Herbart）这位黑格尔的普通对手的术语来说。这种平庸性完全在伪装之下运行于世，并没有认识到它的创始人的单调乏味，一直延续到最现代的形式主义中；一直延续到每一种反表现的、因而反内容的美学中，它的座右铭是：抽象的游戏，以知性构造的声线交织物，没有意义。

[285]　　各种艺术可能全都同时出现，但其中有一些成熟得早些，另一些则成熟得晚些。另外，它们的先后序列还依据它们说出其内容的紧迫性而来，据说它们的内容本身归根结蒂是相同的。黑格尔在给他的缪斯们排序时，极其明显是依照某种**级别**而来的，而这级别的排序又是依据内容——象征型的、古典型的、浪漫型的——及其所属的世界而来的。在黑格尔看来，建筑由于厚厚的石墙，在本质上就是象征型的，即便不属于埃及的建筑也是如此，因此，它在他这里必定是所谓萌芽性的艺术。由于言说内容远比物质手段重要，诗必定反过来处在最高的那一端，而其他各种艺术就分布在二者之间。黑格尔就这样发展出了**各种艺术的分类**，而且他将它发展得根本不像一场缪斯圆舞，而是将它变成了严格分化的和等级制的。当然人们可以追问，各种艺

术一般而言是否注定了要相互区别——恰恰还是从内容上相互区别。石头用于建筑，颜料用于绘画，语词用于作诗，但它们的时代依然把以极为不同的方式产生的作品结合起来了。东方的、古代的、中世纪的建筑、雕像、诗之间的相互关系，远比一个埃及金字塔和哥特式大教堂之间、波利格诺托斯①和乔托②的一幅湿壁画之间、索福克勒斯和莎士比亚的戏剧之间的关系更密切。难道建筑、雕塑、绘画、音乐、诗这些一般类型不是在多方面被一些历史的截面打断了吗？除此之外，如果说由于材料和技法方面广泛的共同性，这些类型还是能说得通的，那么，难道它们在黑格尔笔下组成的先后序列不是带有古典主义的局限性吗？黑格尔那个时代常见的现象是，人们再次以博物馆的方式，将从文艺复兴时代以来开始独立的雕像和造型艺术孤立开了。然而，难道建筑所需的时长不是使绘画适应于墙壁，使雕塑适应于壁龛，因此便使绘画和雕塑隶属于而不是支配着建筑吗？的确，有过那样一些时期，建筑完全成为最高的艺术，因为它构成了神在地上的居所，而且它们的法则在于仿制天上的建筑（万神庙，所罗门圣殿，甚至作为典范的天上的耶路撒冷）。这样一来，以建筑的那些伟大时代为转移的艺术序列，仿佛确实提供了一个和黑格尔的艺术序列的风貌不同的高峰。而如果高峰在近代（那里绘画和雕塑已经脱离了建筑艺术），那么现在看来，这个近代便将它自身方面特有的一些困难带入了艺术分类表中。**音乐**对人的作用是极强的，它是美学格局中的一个突出的问题小孩（Problemkind）。音乐不仅仅像建筑那样引起地位之争，它抗拒的是造型艺术和言语艺术之间整个普遍而又流传久远的划分。它是在它单纯的实存方面抗拒那划分的，因为它既不是造型艺术，也不是言语艺术。普菲茨纳（Pfitzner）③曾经注意到，

[286]

---

① 波利格诺托斯（Polygnotos），古希腊最著名的画家之一，活跃于公元前480年至公元前5世纪中期。——译者

② 乔托·迪·邦多纳（Giotto di Bondone, 1267或1276—1337），意大利画家和建筑师，意大利文艺复兴关键性的开路先锋。——译者

③ 汉斯·普菲茨纳（Hans Pfitzner, 1869—1949），德国作曲家、乐队指挥和作家，写过理论和政治著作。——译者

各种音乐形式的历史就是不断为如何安顿突然嵌入的材料感到难堪的历史；就每一种卓越的嵌入都要与它的那种音乐编写形式相关联而言，这材料跟各种音乐形式（卡农曲、赋格、奏鸣曲）相比虽然是胡折腾，但恰恰是音乐为各种艺术的体系制造了这种不断难堪的局面。它完全没有被引入流传下来的体系中；作为多声部艺术，它是一切艺术中最年轻的，难以归入明显的或可理解的类别中。因此，它或者是作为"感情的游戏"，在赫尔德、康德、席勒以来的美学体系家那里根本不被归类；或者是反过来，在浪漫派那里，尤其在叔本华那里，被当作最高的，甚至被当作无与伦比的艺术；这便是在如何对它进行编列上感到的那种难堪在另一个方面表现出来的情形。在一种情况下，人们让音乐在艺术城堡的城门外或城外桥上演奏；在另一种情况下，在叔本华那里，它又成了城堡本身中的核心魔法；因为它给成为其他各种艺术之界限的现象添上了物自体。黑格尔现在还是希望将那不太可疑的东西加以同化，而且是从"质料—形式"关系、从与绘画和诗同源的关系出发的。这样他就使得音乐在材料方面源自绘画，从已经变成了粒子的质料出发，这质料如今还开始摆动，而且"在其产生和定在本身中已经又归于消失了"。辩证地看，它全部是源自造型艺术的，"不仅仅消除了一个空间维度（如在绘画中那般），而且彻底消除了全部空间性"。作为这种否定，音乐在黑格尔看来便位于诗之前，紧邻着抒情诗，而抒情诗的主观基础是由音乐在虚空中呈现出来的："只有完全无客体的内心、抽象的主体性本身才适合于音乐的表达方式。这种抽象的主体性就是我们完全空洞的自我（Ich），就是

[287] 没有进一步内容的自身（Selbst）。因此，音乐的主要任务就在于，不是让对象性本身，而是相反，让形式和方式发生回响，在后者中，最内在的自身（Selbst）在其主体性和观念性灵魂方面而言，运行于自身之内了。"（《著作集》，X^3，第 129 页）人们也听出了这些话中令人不快的成分，后者将音乐放到整体格局中去，那种格局甚至要求它的各个成分安排停当，构成必然的序列；将某种艺术规定为无对象的和空洞的，这很不符合一种致力于研究内容的美学。而由于这种空虚的特征，音乐在黑格尔的艺术体系中也就很容易脱离它的位置；这样一来

整个序列本身的价值也就发生了改变。黑格尔主义者魏斯（Weisse）①，比如说，就没有将音乐放到紧邻顶点的地方，而是放到了酝酿发酵着的开端部位，在那之后才发展出造型艺术，然后才是言语艺术。甚至连这个经过了改变的价值序列，也是依照某种特别忠实于黑格尔辩证三一体的图式构造出来的。黑格尔主义者魏斯就这样教导说，声音世界里的美，还是以无形态的方式在自身内交织而成的，它在自然的种种可塑的形态中以多种多样的方式展开自身，这种多样性在诗中则被思想的具体同一性囊括在内了。因而在他这里，音乐就脱离了诗，并从属于种种造型艺术和它们的"自然"了；与此结合在一起的当然还有对古代天体和谐思想或中世纪以天文学为导向的那种音乐理论的某种无可救药的回忆。这样一来，各种艺术之间的等级关系也就可以按照极为不同的方式从那不断成长的"形式—内容"结构体出发来加以编排，缪斯女神们极为自由灵活地站在她们的阿波罗的周围。虽说音乐美学脱离建筑——正如黑格尔所做的那样——是真实的，这种脱离符合多个世纪以来音乐的现实。而这里隐含的与世俗建筑本身相脱离（如果可以这么说的话），亦即与以天文学为导向的音乐理论相脱离的现象，正如它与直到开普勒为止，甚至直到谢林还延续下来的天体和谐神话相脱离的现象，是值得嘉许的。这种现象符合音乐中完全没有自然出现这一点，在这一点上，音乐与绘画和构型艺术呈现的种种自然美不同。然而，黑格尔使音乐屈从于诗的做法还没有完全讲清楚，而且没有联系器乐讲清楚。屈从，或者换种更好的说法，归类，对于歌曲、清唱剧、歌剧是说得通的，而且即便在这里也是因为，清唱剧和歌剧问题②是允许将人的声音用作工具的（用作可惜经常以可笑的方式进行表演的工具）。那么之所以如此，大概并不是因为音乐在歌剧诗（Opernpoesie）——称作歌剧脚本——中解放了舌头；众所周知，甚至所谓的音乐剧也没有达到这个目标。即便在一

[288]

---

① 克里斯蒂安·赫尔曼·魏斯（Christian Hermann Weisse, 1801—1866），德国新教神学家和后期唯心论哲学家，曾著有《美学体系》（*System der Ästhetik*）。——译者
② 这里"问题"（Problem）一词疑为因笔误而多出的文字，在这里的语境中似无意义。——译者

个天然就完全适合于贝多芬音乐的剧本中，就像《费德里奥》①的剧本表现的那样（这里甚至最紧迫也最深刻地表现出来了），也唯有音乐才设定了剧本中的行动空间、张力、化解和原型；看到和说出了的行动，也只以这音乐中不可名状地被释放出来的行动为取舍。这是音乐中的一个超越性—非闭合性的因素，然而没有任何诗能穷尽它，除非是那样一种有可能从自己本身发展出音乐的诗。这门艺术的开放性同时还以特别紧迫的方式表明，即便对于其他那些艺术中的内容关联而言，也并非末日来临了。而只有联系到这种开放性和非闭合性才能说：黑格尔以等级的方式发展出各门艺术的体系，这是有道理的。当然，像下面这种说法，以及凭着不断的涨涨落落而保留秩序与体系，同样是有道理的：也存在着行军序列（Marschordnung），而且正好是这一个序列。因而各种艺术构成的等级序列是说得通的，即便绘画与雕塑从建筑那里并不能绝对分离，即便音乐并未被锚定于诗中，并未被锚定于那在相当程度上已经可以定义的诗中，或者有了它那得到分节表达的对象—内容，也是如此。黑格尔曾提出一种**自行贯彻的内容美学**；这便是作为哲学对艺术中的爱欲及其事务本身的回应而得到的收获。这种收获，即便当人们极为强烈地意识到下面这一点的时候也是有的，即艺术作品乃是一些透彻的或熠熠生辉的允诺，因而恰好在内容上是没有达到目标的。如果达到了实在的自为存在这个目标，那就是达到了黑格尔美学本身的边际内容（Grenzinhalts）的目标了。

[289]　（6）在黑格尔这里，美要比国家更显著地定型和完成了。它的本质规定都源自劳作，被"编织成了一个花环"。带着收获感，在一个文学上的伟大时代过去之后，在市民高等教养的闲情逸致的生活中。然而在黑格尔的美学中，尽管有幽默的成分，却还是将艺术固定于这个终点（Ende）上的，首先却是"纯粹的世界眼光（Weltauge）"。美学不是像历史哲学和法哲学那样固定在1830年，却是固定在一个圣洁的和解目标（Versöhnungsziel）上了，仿佛这目标已经存在了一样——恰恰存在于美的现实中，而不是在美的幻景中。由于这里具有冥思的特

---

①　贝多芬创作的唯一一部歌剧。——译者

征("存在是恐怖的,凝视是圣洁的"),与黑格尔作对的叔本华教导说,艺术到处都已经达到目标了。过程思想家(Prozeßdenker)黑格尔虽然没有如此绝对化地主张这个观点,然而美在他那里却是尘世上的一座自身具足的万神庙。诗这尊言说着的神像立于中间,是本质直观之大全(eine Allheit wesenhafter Anschauung)。在黑格尔这里,艺术虽然从来都不是被关联于各种对象的纯粹表象形式之上的什么无利害的观察,但最终却成了充实内容(Erfüllungs-Inhalt)。在这里,观察这充实内容的人在观察它的时候根本不再需要任何利益的骚动了。这便是黑格尔在艺术中发现的那座城邦,是贯穿一切时代和地区的神妙雅典。这是一种得到拯救的拯救(Eine gerettete Rettung)。在那里,象征型、古典型、浪漫型从容地以文化的面目出现,征服了野蛮。问题当然还在继续,黑格尔并没有以美告终,神像立于神庙之中,神像本身源自宗教,而非源自诗。然而在黑格尔这里,艺术并非在作为"前假象"(Vor-Schein)①的其自身中继续,比如在席勒的意义上:"我们在这里感受为美的东西,将会作为真理向我们迎面走来。"在黑格尔哲学中,这个"将会"根本从未被忽略过,即便在他将美的东西隶属其下的种种成全理想(Vollendungs-Idealen)中也从未被忽略过。凭借辩证法,虽然人们承认艺术的种种化解之法还是很有前景的,然而却不是在那种意义上,即这前景在美本身的内部和上面推动着观察者。美好前景恰恰过渡到了宗教,它给这急不可耐甚至难以管束的东西带来了特别的和解。诚然,宗教是那样一种东西,人本身在其中恰当地保持了种种普遍的力量,而不仅仅像在悲剧中那样。在黑格尔这里,艺术的宁静就是在自为存在上**心满意足**,宗教中的宁静则是在自为存在上**虔敬礼拜**:"人们可以通过下面这种说法来刻画从艺术到宗教的这种进步,即艺术只是宗教意识的一个方面。也就是说,如果艺术作品以感性的方式将真理、精神描绘为客体,并将绝对者的这种形式作为适当的形式固定下来,那么宗教则带来了对充当绝对对象的这种内心事物的虔敬礼拜"(《著作集》,X^1,第135页)。在黑格尔看

[290]

---

① "前假象"是布洛赫的美学理论的核心概念。——译者

来，这种虔敬礼拜就是比艺术多出来的东西；而宗教由于要摆脱感性的愉快，常常体现为从上至下的一场圣像破坏运动（Bildersturm）。然而，一场从下至上的圣像破坏运动（当讨论涉及艺术画像时，这样说也是为了适当地描述它，为了使它合乎其本质），这样一种肯定了艺术的艺术享受，在单纯的竖琴声中是根本找不到目的的，在单纯的目的中也是根本找不到单纯的竖琴声的。在这一点上，黑格尔的艺术概念虽然从来都不是什么鸦片，却处处愿意成为"真理的展现"，以过于圣洁的方式嵌入假装已经完善了的那个层面中去。

然而在这个层面内部，感性直观是且一直是与丰富的美丽世界相关联的。在这一点上，正如已经看到的，黑格尔要比他的老师普罗提诺，甚至比讨厌艺术与现象的柏拉图更加具有异教—希腊色彩。正如在普罗提诺那里一样，艺术是在感性形象中透彻朗照出来的精神性东西，然而它在黑格尔那里从来都是内在的，它最终并未滑入和射入永恒之光中去。普罗提诺提醒道："当人们瞥见物体之美时，他们必定不是希望投身于它之中，而是希望在意识到它只不过呈现出一些形象、痕迹和阴影的情况下，遁入它作为其假象的那个东西中去"，他还提到了作为典范的奥德修斯，"他被女巫喀尔刻（Kirke）和卡吕普索（Kalypso）引诱，而在逗留的时候并没有感到满足，尽管他的眼睛沉湎于给人带来快乐的景象，也充分享受了感性的美"（《九章集》第1卷，第6章）。黑格尔从未将为审美而睁开的眼睛当作向为神秘体验而闭上的眼睛的过渡，而后者只有闭上才能瞥见美的真正理念，那种理念在圣洁之地上，在摆脱了尘世的超越之光（Überlicht）中徜徉。黑格尔的美处在直观的层面上，它虽然像那处在表象层面上的圣洁（Heiligkeit）①（也像那处在成了概念的精神的层面上完全的真理）②一样是完全的自为存在；然而，这种美更像是在直观湖面上自己的倒影的纳喀索斯（Narzissus）③，而不是怀着逃跑的欲望想念遥远

---

① 指宗教。——译者
② 指哲学。——译者
③ 纳喀索斯（Narzissus），古希腊神话中的美少年，河神刻菲索斯与水泽神利里俄珀的儿子，喜欢望着水中自己的倒影，后引申为自恋者之意。——译者

故国的奥德修斯（Odysseus）①。而美就像黑格尔这里的一切东西一样，最终也骤变为接下来的宗教形态，而它先前还是固定的、相当自恋的、并不飞翔的，甚至不以更小的代价换得神圣之物，是世俗化的。美在黑格尔的学说和嵌入框架（Hineinpassung）中的实质支撑点，是可直观的世界构造（Weltgefüge）本身，是处在这些作为形态的可塑造性边界内部的无限者；艺术是绝对有限性（absolut Endlichkeit），即便当它像在它的所有重要表现形式中那样是透明的，也是如此。黑格尔的内容美学是一种具有尘世内容的美学，即便以理想方式美化（就像太阳把云彩美化或有光环围绕那样）之后也是如此。正如后面看到的，这种内容性的唯一例外是音乐；因为音乐在黑格尔看来没有任何对象，而理念的显现要在对象上才可以具体化。正是因此，音乐的表达在这里所表现的，必定是某种空灵的东西，是某种完全无客体的内心之物，是抽象的主体性；然而在黑格尔看来，主体性并未超出"悦耳的声音"之外，由此他才称赞帕莱斯特里纳（Palestrina）②、杜兰特（Durante）③、洛蒂（Lotti）④、佩尔戈莱西（Pergolesi）⑤、格鲁克（Gluck）⑥、海顿（Haydn）⑦、莫扎特（Mozart）⑧（贝多芬［Beethoven］⑨还没有出现）。因

---

① 奥德修斯（Odysseus），荷马史诗《奥德赛》中的主人公，在特洛伊战争后历尽艰险终于返家的英雄。——译者

② 乔瓦尼·皮耶路易吉·达·帕莱斯特里纳（Giovanni Pierluigi da Palestrina, 1525—1594），意大利作曲家、歌唱家、乐队指挥、教堂音乐大师。——译者

③ 弗朗切斯科·杜兰特（Francesco Durante, 1684—1755），意大利那不勒斯的巴洛克风格作曲家。——译者

④ 安东尼奥·洛蒂（Antonio Lotti, 1667—1740），意大利作曲家。——译者

⑤ 乔瓦尼·巴蒂斯塔·佩尔戈莱西（Giovanni Battista Pergolesi, 亦写作 Pergolese, 1710—1736），意大利作曲家。——译者

⑥ 克里斯托弗·威利巴尔德·格鲁克（Christoph Willibald Gluck, 1714—1787），德国前古典时期作曲家，18世纪前半期最著名的歌剧院作曲家之一。——译者

⑦ 弗朗茨·约瑟夫·海顿（Franz Joseph Haydn, 1732—1809），维也纳古典主义时代奥地利作曲家。——译者

⑧ 沃尔夫冈·阿马多伊斯·莫扎特（Wolfgang Amadeus Mozart, 1756—1791），维也纳古典主义时期奥地利萨尔茨堡音乐家与作曲家，享有世界声誉，其作品往往被当作古典音乐保留曲目。——译者

⑨ 路德维希·凡·贝多芬（Ludwig van Beethoven, 1770—1827），德国作曲家、钢琴家，将维也纳古典主义发展到了顶峰，并为浪漫主义音乐开路。——译者

此，由各种艺术构成的那个同质的或同质化了的序列，若是就那无对象的音乐而言，也被打破了；这片化外之地在这里独一无二地充当了诗的前奏，而不是——比如在奥古斯丁（Augustin）那里——一种"永恒生命的前奏"（praeludium vitae aeternae）①，或者通常所说的某种非连续性的前奏。这样看来，黑格尔关于美的标准在哪里都是一种内在的标准，是与美的事物的那种五彩斑斓的生命余晖（Lebens-Abglanz）相符合的。黑格尔的那种具有拓展世界之功效的艺术概念，完全是在古代的、与歌德相关联的意义上而言的，它没有跨出世界之外；席勒在《论素朴诗与感伤诗》一文中就是在这种意义上刻画艺术上的实在论者的。这样看来，黑格尔的内在性学说（Immanenzlehre）了不起地与希腊人（除开悲剧）、文艺复兴（除开米开朗基罗［Michelangelo］）②、德国古典诗和歌德的国度（Goethereich）（除开他后期的那些具有隐德来希性质的边界思想）发生了共鸣。

（7）在一个令人惊讶的地方，黑格尔对尘世的洞察力突然发生了断裂，也就是说没有变得像个教士一样。虽说在他这里断裂只在基督教艺术中发生，然而在这里已经彻底明快起来了；因为它的名称是**诙谐**（Humor）。通过喜剧的中介，黑格尔将诙谐放到了顶点的位置上，而这在他这里总是意味着最有资格的、真正的位置。他如此这般大加称道的，并不是"主观的诙谐"——既不是让·保罗（Jean Paul）③的那种，也不是黑格尔评价甚高的斯特恩（Sterne）④的那种诙谐。黑格尔尤其不是指浪漫派的反讽，至少不是指施莱格尔赋予浪漫派反讽的那种简直令人眼花缭乱的、冷淡—风趣的形态。黑格尔对两种主

---

① 拉丁文。——译者

② 米开朗基罗（Michelangelo，全名写作 Michelangelo di Lodovico Buonarroti Simoni，1475—1564），意大利画家、雕刻家、建筑工程师和诗人，意大利文艺复兴盛期最重要的艺术家之一。——译者

③ 让·保罗（Jean Paul，本名 Johann Paul Friedrich Richter，1763—1825），德国作家，其作品介于古典主义与浪漫派之间，他因对卢梭的钦慕才改名"让·保罗"。——译者

④ 劳伦斯·斯特恩（Laurence Sterne，1713—1768），英国新古典主义和浪漫主义时期的小说家，其代表作《项狄传》（The Life and Opinions of Tristram）打破了传统小说的叙述模式，写法奇特，书中充满长篇议论和插画，并出现乐谱、星号、省略号等，被认为是"世界文学中最典型的小说"。——译者

体性都不喜欢，既不喜欢"诙谐的反复无常（它利用每一种内容都只是为了在那上面推行它主观的机智）"，也不喜欢"反讽的技巧（对于这种技巧而言，一切都只是无本质性的造物，而摆脱了一切并唯一知晓真相的那位自由的造物主并不受这些造物束缚，因为它既能消灭它们，又能创造它们）"。但这些反动（Reaktionen）源自对诙谐本身的最高敬仰，源自挽救这种灵动性，使之摆脱错谬的附加物的那种意愿。即便单纯"主观的诙谐"（"各种对象最光怪陆离的混杂"，"以巴洛克的方式将客观上距离最远的东西汇集起来"），在黑格尔这里也立即停止为单纯内在的，因而也停止为单纯外在的（当那些对象——就像在斯特内那里一样——中涌出了一个在客观上有解放功效的东西，涌出一缕更深刻的整体关联之光时）。黑格尔笔下的这种诙谐是一种"完全大方的、轻灵的、不显著的前行，在其平凡性中恰恰（！）[1] 给出了具有深度的最高概念，而且由于杂乱无序地冒出来的恰恰是种种个别性，那么内在的整体关联必定处在极深的位置，而且在个别化的事物本身中涌出了精神的光点（Lichtpunkt）"（《著作集》，X^2，第228页）。正是这样，黑格尔不仅承认有一种客观的反讽，而且还是在一种辩证的方法本身中承认这种客观的反讽的，用它代替单纯"主观的反讽"；与施莱格尔形成对立的是，他赞赏佐尔格的这种"客观的反讽"。正如黑格尔在赞赏佐尔格遗著时强调的，这位美学家出于反讽，远离了"大大咧咧的和光彩夺目的偏至状态"，远离了"由空洞无物的雾气与声响构成的彗星世界"和"空洞精神的种种脱离现实的声音的戏耍"；取代这些的是，他将它作为"对理念面前的空虚之物的消除"，直接引入辩证法之中。在前面关于黑格尔的历史哲学的那一章中，在涉及"理性的狡计"（参见第235页）[2] 时，已经提到了佐尔格的"理念针对个别现象的反讽"的客观功能。它在黑格尔的整个辩证法中起作用，每次都从本质出发瓦解当时的现象。而作为诙谐，客观的反讽完全只是在名义上被提及，它实际上确信，在合乎事

[293]

---
① 布洛赫所加。——译者
② 布洛赫指原书页码，见本书边码。——译者

实的瓦解中并没有失去任何重要的东西。诙谐成了如同实体与主体的**自由**的和解,成了如同"一种客观的主体性的自由"(Freiheit einer objektiven Subjektivität)之类的东西。正如马克思有一次改写黑格尔的这种学说时说到的,从诙谐的力量中产生了以喜剧的方式至死承当某种已完结形态的做法,"这样人类就开朗地与他们的过往分离了"。或者正如黑格尔鉴于消解作用而在审美上重申喜剧的同一种使命时说的:"艺术在所有方面显明了它的概念所包含的那些本质性世界观,以及属于这些世界观的内容领域,因而对于具有特定内容的一个特殊的民族、一个特定的时代而言,它总是脱离了这些世界观;而对于重新接受这种特定内容的要求,仅仅随着回到此前才有效的内容的要求的出现而出现,正如在希腊,阿里斯托芬(Aristophanes)[①]——比如说——是针对他当下的时代而出现的,琉善(Lukian)[②]是针对希腊的整个过去而出现的,而在意大利和西班牙,当中世纪行将结束之时,阿里奥斯托(Ariosto)[③]与塞万提斯(Cervantes)[④]才开始反对骑士阶层。"(《著作集》,X^2,第231页及其后一页)象征型艺术消失于讽刺短诗,古典型艺术消失于讽刺文学,浪漫型艺术消失于对待喜剧比对待悲剧更认真的那种爽朗大笑之中。而且,在它们的那些最重要的现象上表现得更深刻:反讽性的诙谐有着双重的和三重的基础,起着克服作用的诙谐在最真实的意义上具有形而上学的特征,亦即是不庄重的和轻巧的。塞万提斯显然在他隐秘的反讽方面,对黑格尔将

---

① 阿里斯托芬(Aristophanes,希腊文作Ἀριστοφάνης,生于公元前450—444年,卒于约公元前380年),希腊喜剧诗人,希腊喜剧最重要的代表之一。——译者

② 琉善(Lucian von Samosata,希腊文作Λουκιανὸς ὁ Σαμοσατεύς,拉丁文作Lucianus Samosatensis,约120—约180或200左右),古代著名的希腊语讽刺作家。琉善虽然常常讽刺哲学家,反对一切哲学体系,在哲学上却深受犬儒主义者的影响;他虽然也取笑怀疑论哲学家,但在气质上却偏向于这种哲学。他的作品繁多,比较有代表性的包括《待售的哲学》《真实故事》《下行之旅或暴君》《公鸡之梦》《普罗米修斯》《论牺牲》等。——译者

③ 卢多维科·阿里奥斯托(Ludovico Ariosto,1474—1533),意大利人文主义者、军官、宫廷侍从和作家,其作品《疯狂的奥兰多》(*Orlando furioso*)是意大利文学史上最重要的文本之一,在整个欧洲被广为接受。——译者

④ 米格尔·德·塞万提斯·萨维德拉(Miguel de Cervantes Saavedra,1547—1616),西班牙文艺复兴时期小说家、剧作家、诗人,以其《堂·吉诃德》闻名。——译者

滑稽提升到悲剧因素之上的做法产生了影响，而后期莎士比亚（Shakespeare）则在他那童话般的浪漫曲方面对黑格尔的这一做法产生了影响。因而产生影响的不仅有《仲夏夜之梦》和《温莎的风流娘儿们》，还有《暴风雨》中的爱丽儿（Ariel）这个最有韵味的轻灵形象，这个幻想中的精灵。这样一来，悲剧因素并没有最后的发言权："在悲剧中，个体由于他们纯而不杂的意愿和性格具有片面性，而毁灭了自身……在喜剧中，当亲手在自身中瓦解一切的个体哄堂大笑时，我们可以直观到他们那种稳固地立于自身之中的主体性的获胜。"（《著作集》，X^2，第533页）通过这段引文，**黑格尔美学真正的瞄准点**就清晰可辨了：从坚硬的，但也美丽的世界脱身而出的人性。这个瞄准点带着彼处的诙谐感，明显超出了通常在某物中的那种丰富的审美内在性。然而正如已经看到的，内在的本质并不是以教士的方式，并不是以断裂的—打碎世界的—彼岸的方式耗尽的；对于这种方式而言，诙谐恰恰太过轻巧了。然而在诙谐中，甚至在诙谐存在的可能性中，的确已经有一道闪光和透亮，可能从完全不同于与世界的和解的那种和解中，或者说也从一个被实体化了的超越性世界（Überwelt）中，照射出来了。诙谐是一种深奥莫测的和完全属人的溶液；在属人的事物中攀升得越高，它就越稀少，然而也越宝贵。而尽管有了尤其是因为有了它那纠缠不休的特殊秘密，这种本质恰恰并不存在于庄严—神圣化了的东西中，并不存在于宗教上有了保障的东西中。黑格尔以他的方式走上了通往现存的最明亮的神秘主义的道路。此外，客观的诙谐向来是智慧的实质，是智慧在其中生长的那种以太。

[294]

界限内的无限性

"人能想象实际上并不存在的东西，仿佛它实际上存在着那般"（《著作集》，X^1，第62页）。

"然而人们很容易就能看出，真正的目的必定不是通过假象而达到的……在这种关联中可能产生那样的表面印象，仿佛美的艺术并不值得进行科学的考察。"（《著作集》，X^1，第62页）

[295]　然而一条画出来的鱼完全不能伪装成可以吃的:"单纯只是画一画他们使用的木头,画一画他们想吃的动物,他们的欲望并没有得到满足……因为他们的本能驱使他们扬弃外部事物的这种独立性和自由,并表明这些东西在那里存在只是为了被毁灭和被消耗……现在看来人与艺术作品并未处于这种欲望关系中。"(《著作集》,X^1,第48页)

画中的鱼、诗中的爱情场景在那里存在,且希望人们忽略它们的感性形态,也不是为了在动物学或道德科学上教导人:"对各种事物的理论观察的旨趣便在于……了解它们的普遍性、发现它们的内在本质并把握它们的概念……与科学不同,艺术的旨趣不在于此。正如艺术作品在直接的规定性中,在颜色、形态、声音等感性个别性中显示为外部客体,或者显示为个别的直观之类,它也同样为艺术的观察而存在。"(《著作集》,X^1,第49页及其后一页)

艺术作品由于既不会在感性方面被消耗,也不会在精神方面被蒸发,但也既不可与它的感性因素,也不可与它的精神因素隔离开来,因此就在假象中将这两个环节统一起来,这假象并非单纯的幻觉,它将感性彻底精神化,也将思想身体化了:

"因此与自然事物的那种直接的定在相比,艺术作品中的感性因素就被提升为单纯假象了,而且艺术作品"(已经不再是物质定在,却还不是纯粹思想)"处在直接的感性和观念思想这两个方面之间"(《著作集》,X^1,第51页)。

"然而谈到一般艺术环节亦即假象及其幻觉是否值得存在,如果说假象可以被当作不应该存在的东西的话,这种质疑还是有其道理

[296]　的。然而假象本身对于本质而言却是本质性的"(可以想一想《逻辑学》中本质具有的这种反思规定)(《著作集》,IV,第7—26页),"真理如果不以假象和表面的方式显现,如果不显现为某一个、显现为其自身以及一般精神,是不能存在的……与感性的直接实存的假象和历史描述中的假象相比,艺术的假象的优点在于,它彻底阐明了它自身,而且还指向了一个通过它才能被人想象的精神之物……比起艺术作品来,自然和日常世界的硬壳使得精神更难于达到理念。"(《著

作集》，X^1，第 12 页及其后几页）

　　这样，质料作为艺术眼光下所见的质料，就准备好向我们和它自身展示它的话语有何价值了。由于美是理念的感性显现或界限内的无限性，它便完全是象征性的。这不仅仅体现在黑格尔特意称作象征型的那种东方与埃及的艺术形式中，在他看来这还体现在古典型艺术形式中，尤其又体现在浪漫型艺术形式中。因为象征这种进一步的意义的因素，并非由于"质料超过形式"，因而形式—理念只能作为被掩盖的东西显示出来。反而对于质料—形式，黑格尔哲学的那两个贯彻始终的伟大环节，即客体—主体（Objekt-Subjekt），也可以被设定下来，使得客体和主体、主体和客体、大全和人类面貌、人和阳光谜一般地相互渗透、相互切磋琢磨。这种渗透恰恰不让事情中的质料超出形式、客体超出主体，而是表明双方都是一个存在的类比（analogia entis）①（亦即一种并不完全显示出来的、仅仅以象征的——然而又是实在意义上象征的——方式显现出来的存在）的一些辩证地交织在一起的环节：从这种渗透来看，一切——真正"重要的"——比喻才见证了诗的伟大。不言而喻，后期荷尔德林便是如此，《西东集》中尤其如此，凯勒（Keller）②——这也恰恰是因为他是个现实主义者，然而却是一个更彻底的现实主义者——丰富而深刻的交替隐喻同样如此。如果说一切逝去的东西都不过是一个比喻，那么，对于歌德就像对于黑格尔而言，在感性直观内部就已经如此了，而不是到宗教表象中才是如此。理念的感性显现是世界的充分流溢，而那种流溢便是某种恰恰向着更多世界流溢着的和自我显现着的流溢。美活跃在世界本身的那种正在到来的、正在通过艺术到来的目光中。

　　"正如就人体的外部可以说，与动物身体的表面不同，人体表面上到处都表现了心脏的搏动，在同样的意义上也可以就艺术主张说，它必须在显现者表面的每一个点上都将显现者转变为眼睛，这眼睛就是灵魂的所在，它也使精神显现出来。或者就像柏拉图在写给阿斯特

[297]

---

① 拉丁文。——译者
② 格特弗里德·凯勒（Gottfried Keller, 1819—1890），瑞士诗人与政治家。——译者

尔（Aster）① 的那首著名的双行诗中呼喊的：

> 当你望向星辰，我的明星，啊，我就是那天空，
> 以千双眼睛俯瞰着你！

那么反过来可以就艺术说，它使得它的每一种形态都成了千眼巨人，这样在显现的每一个点上都能看见内在的灵魂和精神特质。而且它处处使人眼看见的，不仅仅是身体形态、面部表情、手势和姿态，还有行动和事件、谈话和语调，以及它们贯穿显现的所有条件的一系列过程，这样一来，自由的灵魂才看出了它内在的无限性。"（《著作集》，X^1，第 197 页及其后一页）

这段庄严的文句刻画的是某种唯心论的东西，它涉及一种观念的东西，然而，这并不意味着这观念的东西对于黑格尔而言不是任何实在的东西。艺术毋宁看透那单纯直接的表面关联，以便把握本质的运动，而那本质就是实在性（因为它是理想），而且是更强的实在性，亦即合理的实在性：自身（Selbst）。这样一来，艺术家的劳作在这里首先被设想为改造性的，其次才被设想成特别具有生产性的，亦即被设想成天才的劳作。

再次，艺术并没有掩盖理性与现实之间的张力，而是将这张力表现出来了：

[298] "人有一种本能，即在对他而言外在地现成存在的东西中，将他自身表现出来。他是通过改造外部事物达成这一目标的，他在那些事物身上打上他内心的印记，现在，他也就在它们内部发现了他自己的规定……儿童最初的本能就具有这种现实地改变外部事物的性质了；小男孩将石头抛到河水中，就对它在水中划开一圈圈水波感到惊奇，把那当作一件作品，他在这作品中达到了对他自己的东西的直观。这种需求渗透了许多种形态的现象，直到学会在外部事物中生产他自身的那种方式，比如在艺术作品中那般。"（《著作集》，X^1，第 42 页）

---

① 据传为柏拉图的年轻伙伴，生平不详。——译者

"这种活动有着精神性的内容，但它赋予这内容感性的形态，因为它只能通过这种感性的方式才能意识到这内容的存在。……作为自然禀赋，这种才能在小孩子身上就已经显示出来了，而且表现为那样一种骚动，驱使着他以一种既灵动又活跃的方式在某个特定的感性材料中进行塑造，而且将这种表现和传播的方式当作唯一的或主要的，以及最合适的方式。……在雕塑家看来，万物都成了各种形态，而且从很早开始他就抓起黏土，要将它捏出形状来；而一般说来这样的天才们所想象的东西，在内心激动和打动他们的东西，很快就会变成形象、图画、旋律或诗。"（《著作集》，X^1，第55页）……"就是通过这种渗透了整体并赋予整体灵魂的感觉，艺术家才将他的材料及对材料的塑造当作他最特有的自身（Selbst），当作作为主体的他最内在的财富。"（《著作集》，X^1，第364页）……"然而现在如果说艺术家以这种方式使对象完全属于他了，那么，他就必须知道要反过来忘掉他主观的特性及其偶然的特殊性，使得他作为主体，仿佛只是他所抓住的内容的成形和塑造所采取的形式。"（《著作集》，X^1，第371页及其后一页）……"在这种关联中，依照理想概念，我们即便在主观表达的方面，也是那样去确定真正的客观性的，即在鼓舞着艺术家的对象的真正内容中，也没有任何成分留给主体内心，而是全都必须完整地被展现出来，而且必须以那样一种方式被展现出来，按照那种方式，被选中的内容的普遍灵魂与实体，就依着那内容的个体形态在自身中出色地被修饰，并且依据整体表现方式被那灵魂和实体渗透的程度，而相应地被凸显出来。因为至高者和最卓越者并不是——比如说——不可说的东西，这样看来，诗人在自身中具有比作品表现出来的更大的深度"（参见那个严厉的、具有道德色彩的对比，即"单纯意想中的桂冠"可以比作"从未变绿的枯叶"），"他的作品反而是艺术家最杰出的东西，也是他所是的真东西（das Wahre）；然而他却不是那仅仅停留于他内心中的东西"（《著作集》，X^1，第374页）。……"这样一来，虽说艺术的原创性耗尽了一切偶然的特殊性，但它之所以能耗尽它，乃是由于艺术家完全遵循了天才彻底被事情本身充塞鼓舞而游历远征和奋进不已的步子，而且并不为空虚随意的喜好所动，而是能

[299]

在那依照真理而实现出来的事情本身中呈现他真正的自身（Selbst）。没有任何手法，这一点自古以来都是唯一的伟大手法，而且只有在这个意义上，荷马、索福克勒斯、拉斐尔和莎士比亚才能被称作原创性艺术家。"（《著作集》，X¹，第 384 页）

"真正现实的只有自在而自为地存在的东西，只有自然与精神的实体性东西。支配这些普遍性力量的恰恰是艺术凸显出来和让其显现的东西。在日常的外部世界中，本质性（Wesenheit）也许同样能显现出来，然而却是在一种充满了偶然情形的混乱形态下显现的，那种形态经过感性事物的直接性、经过各种状态、事件、人物等等的磨损就凋零了。艺术将这个糟糕而棘手的世界上的假象与幻象从各种现象的真正内容上面撇开，赋予那些现象一种更高的、生来便具有精神特质的现实性。因而艺术现象远非单纯的假象，应该归于艺术现象（它与日常现实形成对立）的是更高的现实和更真实的定在。"（《著作集》，X¹，第 12 页及其后一页）——这样一来，"日常现实"与"现象的真实内容"之间、直接的表面与表面之下本身极具辩证色彩的本质关联之间的那种辩证关联，被黑格尔规定为艺术家眼光、百眼巨人的分内之事。而被当作审美的本质的那种理想并不运行于无根基的假象、抽象的幻觉中，而是相反：黑格尔在美学中重又走进了现实的各种等级中，他在逻辑学中（尤其是在本质逻辑中）标画过那些等级。他将在"理想与生活"之间的一切二元论那里都会体现出来的审美理想状态，连同它丰富的现象，安置在现实的某种以辩证的方式中介过的高峰中。

[300]

值得一提的是，黑格尔完全特意地将自然描绘成了只具有外在必然性，因而只具有偶然性的领域。他针对自然而号召的人类劳作、历史与文化中的地方主义（Lokalpatriotismus），最集中地表现在艺术美对于自然美的无条件的优先性中。黑格尔固定于此的并非各种审美的（而不仅仅是宗教的）体验和范畴之间各种各样的纠缠，那些纠缠在他的自然哲学中，作为一种质的纠缠，就已经存在了。上文中在谈及"光"的时候就提到它们了，正如"重力—光—生命（言词）"这整个自然哲学的序列在"建筑艺术—绘画—诗"这个黑格尔的审美序列中，在材料方面又重现了。此外，黑格尔在涉及颜色学以及晶体时，还谈到了一种"自然的内在织锦术"：因而他在物质内部——甚至在那之下——设定了某种艺术的比喻，他恰恰并未将自然美规定为单纯的原材料。尽管如此，正如前面已经看到的，黑格尔的美学将自然美以及它交付给人们去猜测其缄默的意义的那个部分，远远置于身后了。艺术在这里根本不是作为准备步骤而对自然进行的任何模仿，也并非在本质上投入自然美怀抱之中的，或通过自然美进行的根本劝导。黑格尔教导说，艺术作为人类的作品，与自然美相对立，直截了当地超越了自然美，它通过自然美从未达到过的那种完整无缺的本质关联（Wesensbezug），跨出了自然美之外。谈到自然的合规则性、对称、和谐，毕竟丢勒（Dürer）[①]和意大利文艺复兴都没能轻轻松松地从这里跨出去，更不要提歌德这位在黑格尔这里常见而强大的主要证人。在黑格尔看来，自然从来不是供审美理念的剧本展现的一个舞台，也根本不是这个剧本的一个可能的背景、意义空间，似乎这剧本必须以这个意义空间来对自身进行中介，必须钻研到这个意义空间中去。黑格尔根本没有提到一种十分古老而又彻底具有"宇宙形态"色彩的可疑现象，即将（总是被想象得不同的）"世界构造"奉为建筑（金字塔、万神殿、圣索菲亚大教堂）的经典性样板和原型。这方面的许多因素以纯粹历史的眼光来看都是很可疑的，然而在美学上看还是一个难题；当然，只有当自然并非显现为经过彻底过滤的过往现象——黑格尔这里完全如此——时才是如此。在哥特式教堂上，他虽然看到了众所周知的树林形象，然而对一切更进一步的外部关联的寻求，比如在宇宙信仰类的那些"数量比例"起作用的形式下，都毫无意义或几乎毫无意义，"因为对理性东西还相当模糊的那种预感散见于这些外在性现象"（《著作集》，X^2，第341页）。但就像在现象学的结尾中那样，黑格尔首先希望，即使在那逐渐获得自为存在的体系中，也不再留下任何外部构造。即便在这里，所有这些也毋宁总是单纯的外化现象，除此之外无他，没有任何正好适合于内化（Er-inne-

[301]

[①] 阿尔布雷希特·丢勒（Albrecht Dürer，1471—1528），德国著名的画家、版画家、数学家和艺术理论家。——译者

rung）的东西，可能还会立于面前甚至前方碍手碍脚的。黑格尔的艺术理想既不想模仿自然，也不想在制伏了自然之后，还将它哪怕作为本己的东西留下来，因此：

"必须说的是，在单纯模仿的时候，艺术在与自然的竞争中是无法存续下来的，它会像一条蠕虫一样，只会在一头粗笨的大象后面爬行……因为艺术受限于它的表现手段，只能产生一些片面的幻觉，比如只为**一种**感官产生现实性的假象，而当其只以单纯的模仿为正式目的时，便没有现实的生命力，一般来说只能给出生命的伪装。"（《著作集》，X^1，第56页）

"与此相反，比如说，荷兰人的绘画就懂得如何将大自然中现有的那些易逝的石块改造成被人重新创造出来的样子，那效果要好过上千倍甚至数千倍。丝绒、金属光泽、光线、马匹、仆人、老妪、农夫、烟斗末端冒出的烟、透明玻璃杯里酒水的光泽、穿着肮脏上衣玩着破旧纸牌的小伙子们，这些和各式各样其他的对象，我们在日常生活中几乎不会关心它们，在这些画作里活灵活现了。但在看见这类内容时（就艺术向我们呈现出它们而言）吸引我们的，恰恰是那些对象通过精神而发生的这种闪亮和显现，而精神则将完全物质性的外在因素和感性因素转化成最内在的东西……因此与现成的散文式现实相反，通过精神产生的这个假象就是观念性的奇迹，是一种嘲弄（如果人们愿意这么说的话），也是对自然的外部定在的一种反讽……人作为艺术创作者，是一个完整的世界，这个世界的内容是他从自然中取来，并在表象与直观的广博领域中积累成了一笔财富，如今他是以单纯的方式，无需现实中牵扯极广的各种条件和活动，就可以自由地从自身中产生出来了。"（《著作集》，X^1，第208页及其后一页）

[302]

艺术史本身在深层次涉及的问题，因而进步论思想，甚至直线的、千篇一律的、在形式上不间断的进步论思想，在黑格尔这里偶尔也明显被打断了。偶尔有像带着某种特有的艺术愿望的规定这类东西冒出来，那种愿望就必须为其自身而被评判，而不是依据事后的某种完全异样的因素被评判。虽然对远古艺术甚至亚洲艺术"缺乏品位和精神"的抱怨也是有的，然而那里并没有无知的傲慢。埃及艺术虽然主要还是被视作希腊艺术的预备阶段，但意大利 15 世纪的艺术不再被拿来与文艺复兴相比。

最终，利用所谓的"预备性练习"的机会，那种撇开了作品形态看问题的、依据某种恰恰"够到了的目标点"来校准一切并将一切都同质化的进步论市侩风气（Fortschrittsphilisterium），整个地受到了批判，而那种风气直到 21 世纪初期一直都被审美化了。那种风气将原始的当作蒙昧的；将中国绘画当作缺乏透视法的；将《唐璜》视作相当平庸的音乐剧。富有教益的是，黑格尔，主张真正的发展思想（Entwicklungsgedanken）的这位专制主义者（Absolutist），却不仅在辩证的意义上，也以形象生动的方式，使这种思想复杂化了。 [303]

"情况是这样的，拉斐尔在色调、风景等方面确乎被荷兰的大师们超过了。更早的意大利艺术英雄们那里的情况更是如此，拉斐尔同样在表现的深度、力量和私密性方面是落后于他们的，正如他在绘画技巧、鲜活生动地分组时体现出来的美、刻画等方面胜过了他们。"（《著作集》，X^3，第 28 页及其后一页）

伟大的哥特式绘画（比如格吕内瓦尔德①的）与古典美的区别；前者有更奇特的价值，既更丑又更理想的价值："因而在这里，摆脱了对时间性和过往痕迹的外部直观的那种理想的美消失了，好让表现实存的那种活泼的美代替它以前那些枯萎的现象。浪漫型艺术在它最特有的概念中不再将定在的自由生命力……不再将这生命本身作为它的目标，而是背离了美的这个顶峰；它还将它的内心状态与外部教养的偶然性编织在一起，并赐予不美的事物的那些被标记出来的特征一个完整的游戏空间。"（《著作集》，X^2，第 133 页）

黑格尔论原始的刻画方式，比如黑人雕塑（他那时不可能了解它）的刻画方式，论东亚艺术；这些都出现在一个将艺术和古代这两个概念几乎当作同义词的语境中："在艺术意识和呈现的某些层次上，对自然形象的离弃和扭曲并不是无意之中在技术手法上的缺乏训练和

---

① 马蒂亚斯·格吕内瓦尔德（Matthias Grünewald，亦名 Matthias von Aschaffenburg，16 世纪），著名文艺复兴画家和版画家。——译者

不熟练，而是有意的改变，这种改变从意识中的内容出发，也受到这内容的挑战。"(《著作集》，X¹，第 97 页)

针对一般艺术中从技术发展那里得来的模式化的进步论信仰："当拉斐尔和莎士比亚了解了阿佩利斯①和索福克勒斯的作品后，这些作品似乎并非什么预备性练习，而是一种具有亲缘性的精神力量，那么，理性在它自身更早的一些形态中，也是看不到对它自己有益的什么预备性练习的。而当维吉尔（Vergil）②将荷马当作自己和自己这个更精致的时代的这样一种预备性练习时，他的作品因此也就只能是一种模仿性练习了。"(《著作集》，I，第 172 页)

个别的艺术作品本身及其分组，立柱、神庙、雕像、图像和乐曲、抒情诗和史诗、喜剧、悲剧：它们又全都化为黑格尔眼见理念的显现出现于其中的那种感性、显见性（Sinnfalligkeit）。这样一来，造型艺术就被关联于视觉和光，音乐就被关联于听觉与声音，诗就被关联于感性表象和作为语音的声音。然而从显现着的理念出发来看，各种艺术在被指定的感性基础上被划分为上帝的一个居所（仿佛上帝在凡间的一个居所）的各部分了：造型艺术是带有雕像立柱的神庙，音乐与诗则是神庙中聚集起来的信众。在这些个别的艺术中，各种艺术形式（象征型、古典型、浪漫型艺术）得到了发展和实现，正如在各种艺术形式中，普遍的审美理想得到了发展和实现一样。

然而美的统一总是让人喜悦的，比如在女性们那里就是如此："因而美作为理性因素与感性因素塑造为一的过程而存在，而这种塑造为一的过程作为真正的现实因素被表现出来。大体上说，席勒的这个观点从下面这一点中可以看出来，即当他在女性们的性格中恰恰看到和突出了精神因素与自然因素的那种自动发生的结合时，他特意将她们的赞美当作他的课题。"(《著作集》，X¹，第 62 页)

而美的统一从来都是它那向直观突出的形态中成长着的日出、自

---

① 阿佩利斯（Apelles，生于约公元前 375—370 年，卒于公元前 4 世纪末），古希腊和整个古代最著名的画家之一，亚历山大大帝的同时代人。——译者

② 维吉尔（Vergil，全名为 Publius Vergilius Maro，德文亦写作 Virgil，公元前 70—前 19 年），拉丁诗人和史诗作家，写有著名的《埃涅阿斯纪》。——译者

我跃升的统一："在这个意义上，象征型艺术"（尤其是埃及建筑）"**寻求**的是内在意义和外在形态的那种完美的统一，古典型艺术"（尤其是希腊雕塑），"在实体个体性向感性直观的那种呈现中**发现**了那种统一，而浪漫型艺术"（近代绘画、音乐、诗）"在它突出的精神性中**越过**了那种统一"（《著作集》，X^1，第390页）。

印度水彩画："它的美可以与那样一位女性的柔美相比，她的面颊泛着红晕，仿佛由内而外弥漫着一阵精神的气息，而且她的面部特征，比如嘴的姿势，从来都是柔婉而凝神屏气的。这种特有的美在女性分娩后的第二天会显现出来，……或者当她们在梦游中，沉浸于对不同于她们所在世界的另一个世界的感受中时会显现出来，这种美的表现……是我们在印度人那里瞥见的真正类型。当然能深深吸引我们的，是迷梦的和柔婉感触的王国，好似软体动物般的感触的王国。"（《著作集》，IX，第145页）

[305]

我们希望一切装饰①都像活生生的无机物："它们是一些特别弯曲的植物形象，以及从植物中产生出来并与植物缠绕在一起的动物形状与人物形状，或者正在转向植物形象的一些动物形象……对于在发明后逐渐转变为一切种类最为多样化的边饰（即便在器具和服饰上也如此），转变为木头、石头一类东西的那种建筑装饰，主要的规定和基本的形式是，各种植物、叶片、花朵、动物被带向无机东西了。因此人们常常发现阿拉伯装饰僵硬，不像是有机物……然而对自然的这种厌恶不仅仅是一般艺术的一种权利，它甚至是建筑的一种义务。"（《著作集》，X^2，第301页及其后一页）

哥特式主教座堂的内部和另一日（der andere Tag）："由于高耸而立会显现为主要特征，那么柱子的高度超出基座宽度的程度就超过了眼睛的估算能力：柱子变得尖瘦、细长，而且高耸而上，使得视线无法一次便看尽整个形式，而只能四下漫游，被迫飞升，直到在聚合而成的穹顶的那个往往十分柔和的拱顶那里安静下来，正如人的心情在凝神祷告时，躁动不安地从有限性的地基往上提升，只有在上帝中才

---

① 黑格尔这里讨论的是阿拉伯装饰，黑格尔美学以其代表伊斯兰艺术。——译者

得到安宁……此外，通过玻璃绘画看过去，窗玻璃只是半透明的。这些绘画部分表现的是圣洁的故事，部分根本是彩色的，这样就可以散布朦胧，也让蜡烛的光芒闪耀。因为这里会有不同于外部自然之光的另一日的光芒出现。"（《著作集》，X^2，第339页及其后一页）

但丁（Dante）[①]的《神曲》的**最深刻表述**："这里在万物的终极目的和目标的绝对伟大面前，个人利益与目的的一切个别因素和特殊因素便都消失了，然而生活世界中通常最短暂易逝的因素，在客观上扎根于这因素的最深处，通过最高概念、通过上帝而确定其有无价值，这样的因素完全是以史诗般的方式存在的。因为正如个人都有过他们的忙碌和苦楚，有过他们的意图和这意图的实现，到这里就永远被石化为钢铁般的形象了。在这个意义上说，诗便囊括了整个最客观的生活，囊括了地狱、炼狱、天堂的永恒状态；而在这些牢不可破的基础上活动着现实世界的各色人物，或者毋宁说**已经**自己运行起来了，而且如今凭着他们的行动和存在而凝固于永恒正义中，而且本身也成为永恒的了。正如荷马笔下的英雄们通过缪斯神而在**我们的**记忆中得以持续，这些人物也是由于其自身、由于它们的个体性而产生了他们的状态，而且不是在我们的想象中，而是在**其自身**成为永恒的。通过诗人的记忆而永恒化，这里在客观上充当了上帝自己的评判，他那个时代最果敢的精神，就是在上帝自己的评判的名义下谈论整个当前和过去的恶劣或圣洁。"（《著作集》，X^3，第409页及其后一页）

古代的歌队（Chor）是一种直接在共同体中有过生命力的和未成文的伦理生活所遗留下来的形式。因此，它就合理地在更新潮的、从这个民族基础上被突出出来的、个体主义的悲剧中消失了，只要这里"决断和行动基于有着利益牵扯和性格特征的单纯主体性、基于权势欲、喜好、名望或激情之上，只要它们的权利仅仅扎根于私人的特殊偏好之上"（《著作集》，X^3，第550页）。"当事情只涉及特殊的激情、目的和性格，只有阴谋诡计时"，歌队便没有容身之地。这便是

[①] 但丁·阿利吉耶里（Dante Alighieri，1265—1321），意大利诗人和哲学家，也是欧洲中世纪最著名的诗人之一，以其《神曲》而闻名，并以该诗将意大利语提升为一种文学语言。——译者

黑格尔针对席勒在《墨西拿的新娘》中恢复采用歌队形式的做法所提出的反对意见。与此相反，通过黑格尔对真正的古代歌队形式的界定，便蕴含了歌队的一种经过更新的、当然完全改变了功能的可能性。这歌队针对的不是个体主义的，而是社会主义的行动（这些行动带有它们的各个分岔路口、试探性出路、辩证冲突），表现出某种考验性的"党派意识"，一般而言表现出集体意识（如在剧作家布莱希特［Brecht］①的种种尝试中那样）："在近代，人们对希腊歌队的意义多有论说，这就提出了一个问题，那就是现代悲剧中还是否能够和应当引入歌队……一方面当人们说下面这番话时很可能认可了歌队的作用，即它对整体有着宁静的反思，而行动着的个人却总是被束缚在他们特殊的目标和处境中，而如今通过歌队及其观察也完全能获得他们性格和行动的价值尺度，正如公众在艺术作品中的歌队身上发现了能客观代表他们自己对眼前发生的事情的评判的一种声音。在这样的观点下看，下面这种考虑还是有一部分道理的，即歌队事实上表现为实质上更高的、警告人们防备种种错误冲突的、思考出路何在的意识。撇开这一点不论，它却并非——比如说——像观众那样（！）②以外在的和闲散的方式进行反思的道德之人（这道德之人自己是没有利害牵扯的和单调无聊的，只是为了反思的缘故才被加进来），而是伦理的和英雄的生活本身的现实实体，**与个别英雄相反**，它是作为丰饶土壤的**民族**，而个人从这土壤中生长起来（正如花朵和高耸的树木出自它们自己的那片土地），又**受到它的实存的限制**。如此看来，歌队在本质上属于那样的视点（Standpunkt），在那里还没有确定而有效力的国法与固定的宗教教义，来与复杂的伦理生活形成对立，伦理生活反而只在它直接便活生生的现实中显现，而且只有静止不动的生活的那种均势才对各种成果丰富的冲突保持防守姿态，而个体的行动必定会将对立的能量引向这类冲突……歌队在希腊悲剧中的这种地位要在

[308]

---

① 贝托尔特·布莱希特（Bertolt Brecht, 1898—1956），20世纪德国著名戏剧家、歌剧作家、抒情诗人，他的作品具有世界影响，曾创办"辩证剧场"，作有《四川好人》《高加索灰阑记》等。——译者
② 布洛赫所加。——译者

根本上加以突出。正如剧场本身有它的外部地基、舞台和周围环境，歌队、民众仿佛精神的舞台，人们可以将它与建筑中的神庙相比，后者环绕着神像——神像在歌队这里就成了行动的英雄。与此相反，在我们这里，雕像都在自由的天空之下，没有了这样一个背景；即便现代悲剧，也不需要这个背景，因为现代悲剧中的行动并不基于这样一个实体性根据之上，而是基于主体的意志和性格以及各种事件和事态表面的外部偶然因素。"（《著作集》，X^3，第547页及其后几页）

索福克勒斯的《安提戈涅》由于对戏剧冲突中社会的、而非仅仅个人的甚或性格本质方面的内容的兴趣，使得黑格尔将其评价为"最卓越的艺术作品"。因此，在人们身上和人们之间出现的社会—法律冲突的素材，便被当作悲剧的主要事情来强调了。在这里，古老的法权虽然已成过往，却还没有偿清；新的法权虽已出现，却还没有被实体化为唯一本质性的东西。在索福克勒斯那里，安提戈涅（Antigone）代表血缘的整体关联（亦即母权），克瑞翁（Kreon）① 代表国家理由（Staatsräson）的整体关联（亦即新出现的父权）；然而双方都同时纠缠到与之对立的那个世界中去了："这种（戏剧的）发展的最完备的方式只有在那时才是可能的，即争执的个人依照他们具体的定在，每一个在其自身都作为总体而出现，使得他们在其自身都出现在他们与之斗争的那种东西的暴力之下，因此便损害了他们依照其自身的实存应予敬重的东西。这样一来，安提戈涅就生活在克瑞翁的国家暴力之下；她自己是国王的女儿和海蒙（Haemon）② 的未婚妻，这样她本应当对王侯的命令表示服从。然而克瑞翁身为父亲和丈夫，原本也必须尊重血缘的神圣性，不发出有违这种孝敬的命令。这样一来，双方在其自身都是对方起而加以反对的固有势力，而且他们就在属于他们自己的定在的那个东西本身上被抓住和被折断。安提戈涅还没有享受到新娘舞曲的欢欣，就遭受了死亡，然而克瑞翁也在他的儿子和夫人方

---

① 安提戈涅和克瑞翁均为悲剧《安提戈涅》中的人物，前者为前忒拜国王俄狄浦斯的女儿，后者为忒拜的现任国王。——译者

② 克瑞翁之子，安提戈涅的未婚夫，后为安提戈涅殉情而死，并导致其母（克瑞翁之妻）自杀。——译者

面遭到了惩罚，他们屈服于死亡，一个的死亡是由于安提戈涅，另一个的死亡是由于海蒙的死亡。在我看来，《安提戈涅》在这方面成了古代和现代世界一切庄严事物中最卓越、最令人满意的艺术作品。"（《著作集》，X^3，第 556 页）

由于否认道德化的做法（仆人和英雄），然而首先是由于认识到社会—法律冲突的题材，由于古风时期法律上的权利和革命权利的"客观性"，才有了悲剧中对个体罪责环节的否认（此外，在那里普罗米修斯的"罪责"仅仅在于他比宙斯更优秀）："在所有的这些悲剧冲突中，我们首先要抛开关于罪责和无辜的那种错误的观念。那样一种观念，即人只有在他有选择余地并能自由地决定做什么的情况下，才能有罪责，如果有效的话，那么古代那些生动的人物便都是无辜的；他们之所以从这种性格、这种激情出发而行动，是因为他们恰恰就是这种性格、这种激情；这里没有任何犹豫不决，没有任何选择……驱使他们行动的恰恰是伦理上合理的激情，这激情现在即使在相互之间慷慨激昂、雄辩滔滔时也不是在心中主观的修辞术和狂热的诡辩术中，而是在一种客观性中才使他们大行其道的；索福克勒斯的大师功底便在于掌握了那种客观性的深度、尺度及其可塑的活跃之美。然而与此同时，这种客观性蕴含的充满了冲突的激情，也将他们引向了违法而负有罪责的行为。现在他们并不希望——比如说——在这些行为上求得开脱；相反，他们实际做过的事情倒成全了他们的名声。人们在背后议论这样一位英雄时，只能说他过去的行动是无辜的：有罪责乃是伟大人物的荣誉……他们固定而僵化的性格与他们本质上的激情合而为一了，而且这种不可分的协调一致引起的是赞叹，而不是同情；即便欧里庇得斯（Euripides）① 也才刚刚开始过渡到同情。"（《著作集》，X^3，第 552 页及其后一页）

尽管在黑格尔看来，现代的或纯粹讲究性格的悲剧（含有"自由天空下的雕像"，与歌队脱离了，失去了被封为经典而被加以捍卫的

---

① 欧里庇得斯（Euripides，希腊文作 Εὐριπίδης，生于公元前 480 年，或公元前 485—484 年，卒于公元前 406 年），著名的希腊古典时期戏剧家，古希腊三大悲剧作家之一。——译者

内容）在价值上不可与古代悲剧同日而语。然而它们很可能具有同等的地位，只要——正如在莎士比亚那里至高无上的——个体的孤独一度表现出某种独一无二的感情（麦克白［Macbeth］、奥赛罗［Othello］）或某种独一无二的理念（哈姆雷特［Hamlet］、普洛斯彼罗［Prospero］）①；但那之后这些感情或理念并不"具象化"地显现出来（正如在拉辛［Racine］②那里尤其在席勒偶尔发生的那样），而是完全构成了戏剧人物的实体性格。古代戏剧中事情的整体性，在现代戏剧中就成了修整塑造各种性格的艺术：

"大体上在现代悲剧中，并不是个体目标的实体性因素（个体行动的宗旨），也不是表明自身是他们激情的驱动者的那种东西，反而是他们的心灵和性情的主观性，或者他们的性格的特殊性在推动他们寻求满足。"（《著作集》，X^3，第565页）

"作为描绘人性丰满的那些个体与性格的大师，莎士比亚超迈于其他所有人之前，几乎无人能及。因为即便当任何一种单纯形式性的激情，比如麦克白的权势欲、奥赛罗的嫉妒，要支配他的悲剧英雄们的整个情愫时，这样一种抽象物（Abstraktion）也没有耗尽那蔓延扩大着的个体性，各个个体在这种规定性中反而总还是一个个完整的人……他的种种悲剧性格的表现方式也与此相似；这些性格都是个体的、实在的、直接活生生的、具有最高多样性的，然而（！）③又具有某种崇高性和某种打动人心的表现力，具有瞬间产生出各种形象和比喻的某种热忱和发明天赋，具有某种修辞——不是学院的修辞，而是带有现实感受和性格穿透性的那种修辞，这便使得他在将直接的蓬勃生机与内心的伟大进行这种结合方面，没有任何一位别的近代戏剧诗人能轻易与之比肩。因为歌德虽说在他的青年时代竭力追求某种类似的逼真性和特殊性，却不具有那种内心的力量和激情的高度，而席勒在力量性方面又减弱了，在它的狂飙扩展方面缺少真正的内核。"（《著作

[311]

---

① 麦克白、奥赛罗、哈姆雷特、普洛斯彼罗均为莎士比亚剧中人物。——译者
② 让·巴蒂斯特·拉辛（Jean Baptiste Racine, 1639—1699），法国古典主义最重要的作家之一，法国最著名的悲剧作家之一。——译者
③ 布洛赫所加。——译者

集》，X³，第 568 页及其后一页）

古代的和基督教的"恩典戏剧"（Gnadendrama）；艺术（在自为存在上感到的心满意足）与宗教（对自为存在虔敬礼拜），以及艺术向宗教的过渡：

"就此而论，我们所见的古代最完备的例子当数那永远值得惊叹的《俄狄浦斯在科罗诺斯》。他在不知情时杀了他的父亲，登上了忒拜的王位、他自己母亲的床铺；这些无意识的罪行并未使他不幸，但这位年迈的解谜者却忽略了他自己暗淡的命运，现在保留着那种可怕的意识，即他自己变成了这命运。随着他在自己身上解开了这个谜，他就像亚当一样，在意识到善与恶时，就与好运失之交臂了。这位先知一时把自己弄瞎，一时又把自己从王位上罢黜，又离开忒拜，就像亚当与夏娃被逐出伊甸园一样，又四处乱走，成了一位无助的白发老者。然而一个神将这个心事重重的人（……他在心中消除了所有裂痕，又在自身中将自己净化了）召唤过来；他失明的眼睛又复明了，他的肢体被治愈了，得到了城邦的庇护，城邦热情好客地接纳了他。"

"死时的这种神化表现了在他的个体性和人格本身中显现出来的他和我们的那种和解。人们希望在这里找到某种基督教的声音；对一个被上帝纳入恩典之中的罪人的直观，以及表现了他的有限性的那种命运，在死亡时通过极乐都得到了补偿。然而基督教的和解却是对灵魂的一种神化，灵魂沐浴在永恒救赎的源泉中时提升到了它的现实和行为之上，因为它终结了心灵本身（原因是精神能做到这一点），以它自己尘世的个体性偿还了关于它自己在尘世间的罪责的种种指控，现在还在对自身中永恒而纯精神性的圣洁状态的确信下反对那些指控。与此相反，俄狄浦斯的神化则永远只是古代的意识走出种种伦理势力与侵犯现象的争执而恢复这种伦理内容本身的统一与和谐的一种做法（亦即艺术性的—内在于世界的做法）"（《著作集》，X³，第 557 页）。

[312]

正如我们已经注意到的，无与伦比的是黑格尔双重的眼光投向了**滑稽**（das Komische）与其最高层次——**诙谐**。滑稽一度表现了某种内心空虚又自不量力的主体性的空洞的装腔作势，并且使这种主体性走向毁灭；人们便为这种装腔作势和烟消云散（它们实际上是一回事）发笑。但滑稽不仅仅包含作为单纯取笑（Auslachen）、带些自负和恶意的这种发笑（Lachen），还包含真正的、深刻的爽朗（Heiterkeit）——产生于具有真正的、牢不可破的主体性的那种意识。装腔作势做出来的事情什么都不是，因而在那些滑稽的英雄内心里也什么都没发生。黑格尔是第一位不赋予诙谐某种黏合剂①的地位，而赋予它某种主权者（Souverän）的地位的哲学家；他赋予它形而上学的美与力量：

"一般而言通过自身使其行动陷入矛盾并化解它，在此却同样保持镇定，也对其自身保持确信的那种主体性，便是滑稽的。因此喜剧就以**使悲剧得以结束的东西**为其基础，即那种在自身中绝对和解了的爽朗心情；那种心情当它以自己的手段毁了自己的愿景并断送在自身手上时，由于从其自身中产生出它的目的的反面，因而倒也不失其愉快……在人群中能如鱼得水而又对一切应付自如的，便是奥林匹斯诸神的那种欢笑的极乐，是他们无忧无虑的沉着镇定。"（《著作集》，X^3，第559、561页）

"那时**诙谐**懂得如何动摇和消解一切规定性，它又消除了因内容上的特殊限制而造成的畸形状态，因此也就使艺术走出了其自身。然而艺术在这样走出自身的过程中，也在同等程度上使人回到自身之内，艺术由此便摆脱了某个特定的内容领域和自我认识领域的一切固定限制，并开辟了它新的**人性**（Humanus）② 圣洁之境。"（《著作集》，X^2，第235页）

转而针对观众（ad spectatores）③："比如马蒙泰尔（Marmontel）④谈过一段关于他的《暴君德尼》上演的轶事。剧中关键的时刻是向暴君提出一个问题。克莱龙（Clairon）扮演提这个问题的角色，等到时

---

① 原文为"Heftpflaster"（医用胶布），这里采取意译。——译者
② 拉丁文。——译者
③ 拉丁文。——译者
④ 让-弗朗索瓦·马蒙泰尔（Jean-François Marmontel, 1723—1799），法国作家，百科全书派学者。——译者

刻到了,她正在和达奥尼苏斯(Dionysius)① 交谈,这时她却向前冲着观众走一步,面向观众去提出那个问题,她这一招使作品博得全场喝彩。"(《著作集》,X²,第252页)

观众本身转向地球及其种种产物——而非仅仅在沉睡不起的状态下——围着旋转的那种光(ad quidditatem)②:"西塞罗(Cicero)③ 对苏格拉底的赞扬,即他将哲学从天上拉下来,引入生活中,引入到百姓家中,既非毫无意义,也不能作那样的解释,即哲学如果不是从天上降下来,将它的整个劳作都向此推进的话,便无法对百姓的生活和家居作出贡献。"(Et laus illa, quae a Cicerone Socrati tribuitur, quod philosophiam de coelo detraxerit et in vitam domosque hominum introduxerit, vel parvi habenda vel ita interpretanda erit, ut philosophiam de vita et domibus hominum bene mereri non posse dicamus, nisi a coelo descendat, omnemque operam in eo ponendam esse, ut in coelum evehatur)④(《关于行星轨道的哲学论文》⑤,1801年,收于XVI,第3页)

16. 宗教哲学

(1)为了成为其自身,存在以表象的方式继续前行。超越闲情雅致之外的生活便称之为信仰。它不包含缪斯、美,而只包含罪、忏悔、仰望,这些因素赋予信仰勃勃生机,而完全没有任何可能的消遣。它作为有所信奉的信仰,就是虔敬礼拜;作为被信奉的信仰,就是和解(Versöhnung),然而这两者最初都是断念绝欲的。"必须使直接的心情弃绝欲念,因为这个环节还没有让精神得到自由"(《著作集》,XI,第167页):自然之人乃是信仰被牵连于其上的晦暗基础。

---

① 克莱龙和达奥尼苏斯均为《暴君德尼》中的人物。——译者
② 拉丁文,意为"转向本质"。——译者
③ 西塞罗(Marcus Tullius Cicero,公元前106—前43年),罗马政治家、律师、作家和哲学家,罗马最著名的演讲家。——译者
④ 拉丁文。——译者
⑤ 布洛赫误引为《关于行星轨道的论文》(Dissertatio de orbitis planetarum),漏掉了"哲学"(philosophica)字眼。——译者

[314]浪漫型艺术在黑格尔这里到处都已经在为这样一次跳跃作准备了。为双重意义上的跳跃作准备：为穿过自然材料的跳跃和为进入精神本质的跳跃作准备。然而艺术一直都在理智直观中，而理智直观是有限的，不能把握某种无限者。当这种情况发生时，比如在弥尔顿（Milton）① 的《失乐园》中，更多地还在克洛卜施托克（Klopstock）② 的《弥赛亚》中，黑格尔看出了史诗般的断裂，然而却没有看到任何创造性的跳跃。与此相反，宗教以卓有成效的方式让感性的要素消失了，这有利于意识的某种更高的形态。宗教以情感为生，然而宗教的表象更本质一些，在令人心满意足地专心深入时，这宗教表象便自行攀升，达到宗教知识。直观（比如在偶像崇拜中）、情感（比如在宗教狂热中）是宗教意识不曾或缺的。然而依据黑格尔，宗教意识的本己要素要更富有思想：宗教是绝对理念在表象形式下的临在（Gegenwart）。

（2）照此看来，虔敬礼拜便"源自思维和被思索者"。黑格尔并不惧怕信仰在得到概念性把握的时候消失。这就是说，信仰在其自身中、作为对其自身没有疑问的事情而得到概念性把握；那么一切单纯被假定的或单纯被先行虚构的东西都必须扔掉。正如法哲学和艺术哲学一样，宗教在黑格尔这里也有三个以辩证的方式构筑起来的部分。一个是抽象普遍的部分，一个是被规定为区别性环节的部分，最后——这涉及基督教——是一个获胜的部分。**第一个主要部分**探讨宗教的概念，因为宗教有一种概念；黑格尔的理智激情（die intellektuelle Leidenschaft）在任何地方都不像在这里一般强烈。信仰在本质上不是情感，甚至不是道德情感，像今日的一些自由主义新教徒所描述的那种道德情感，对于他们而言耶稣就是个好人。要具有道德情感，人们根本无须什么信仰，至少正派之人并非总是必然有信仰的。依据黑格尔，信仰尤其不是忘我投入到某种更高的东西——不管那东西叫

---

① 约翰·弥尔顿（John Milton, 1608—1674），英国诗人、政治思想家和克伦威尔治下的国家公务员，以其《失乐园》闻名。——译者
② 弗里德里希·戈特利布·克洛卜施托克（Friedrich Gottlieb Klopstock, 1724—1803），德国诗人，感伤性的重要拥护者，以其《弥赛亚》闻名。——译者

作万有自然（Allnatur）、耶稣小老头（Jesuknäblein）还是上帝——中去的那种情感；就情感的含糊性而言，这些全都一样。黑格尔说，照情感来看，过去埃及人的公牛崇拜（Apisdienst）也是真切的；但对于真正的信仰而言，重要的是"内容要证明自身合法，要使人们认其为真"（《著作集》，XI，第85页），而心情做不到这一点。黑格尔的同时代人施莱尔马赫（Schleiermacher），伟大的传道士，尽管——或者说因为——他在情感上持理性主义，还是将宗教的本质仅仅设定到情感中了，甚至还设定到一种"不折不扣的依赖性"情感，即对那不可想象的世界根据的依赖感中了。针对这两者，即针对情感，更多还针对这里体现出来的奴性（Knechtseligkeit），黑格尔出现了。而且，还带着一种极具风格的侮辱，那种侮辱即便在此处也容易让人想到把黑格尔仅仅当作普鲁士官方哲学家的那些人。针对施莱尔马赫，尤其就像针对宗教中的一切家长制因素那样，他说道："倘若宗教在人中只基于某种情感，那么这情感其实没有任何更进一步的规定，它只不过是这个人的依赖感罢了，这样一来，狗就是最好的基督徒了，因为它有着最强的依赖感，而且首先是靠这种情感为生的。当狗的饥饿感通过一块骨头得到满足时，它甚至有拯救感。然而精神在宗教中毋宁得到了解放，毋宁得到了它的神圣自由之感；只有自由的精神才有宗教，也只有它才能有宗教。"（《著作集》，XVII，第295页及其后一页）在这位年老的、要求人们对事情有清晰的意识和说明的黑格尔这里，这个狗的比喻显得极为辛辣，但人们原本在《精神现象学》中就能发现相同的论证意志（Willen zum Argument）了——代替单纯的情感，最终代替血缘或自然。在那里，情感（作为小市民的心胸）甚至与人类健全理智为伍，也与宗教发生了关联："常识既然以情感为根据，以它内心的神谕为根据，它对持不同意见的人就没有事可办了；它对那种在自己内心里体会不到和感受不到同样真理的人必须声明，它再也没有什么话好说了。换句话说，常识是在践踏人道的根基。因为人道的本性正在于追求和别人意见的一致，而且人道的本性只存在于意识与意识所取得的共同性里。违反人性的东西或动物性，就在于只以情感为限，只能以情感来进行彼此的交往。"（《著作集》，II，第

[315]

55页）因而对黑格尔来说，陈腔滥调和没有自知之明的情感、肤浅的推理和非理性的狗类宗教，这些都有一个共同点：不能通达和胜任事情本身。黑格尔还作了进一步的澄清，这次更尖刻地运用了他的文字游戏："启蒙和蒙昧状态有个相同之处，即它们根本不想**了解**上帝"；启蒙当然至少没有从人当中制造出什么黑狗来。黑格尔所理解的那种信仰，通过断念绝欲、出离自然事物，便将亚当以及人类从他自身的重负中解放出来了，但"它也摆脱了那样一种幻想，即在上帝中有某种陌生的东西与他相对立"。信仰是确定性，但黑格尔在他的宗教哲学中将这确定性界定为"内容与我的直接关联"，这确定性是将一切外在性与自身相调和的那种主观性。黑格尔断言，全部宗教都曾寻求这样一种调和，寻求属神事物与属人事物的统一；在顶峰之处，基督教是在它的中保或神人（Gottmenschen）① 本身中发现了这种调和的。的确，在宗教的观念看来，宗教史成了上帝产生的历史。然而这部历史更多地被从天国引向了人间：宗教被界定为"圣灵通过有限精神的调和而了解其自身"。

在这里，人不了解他不曾去过的上界（Oben）。在那里，他本人并未攀升，而且在这个高度他所想到的其实就是他所以为的上帝。在我们的当前时代，有一种权威的新教神学，它产生于德国，并得到了广泛的传播；它曾得到巴特（Karl Barth）② 的特别强烈的辩护。按照含义来讲，它是距离黑格尔最远的，因为巴特以绝对的神治（theonome）、以绝对否定人类精神的上帝之道反对信仰的一切人化（Humanisierung），反对一切"受造物的言语与思想运动"。（当然，正如马里顿［Maritain］③ 辛辣地评论的，这里本身还不清楚，这个否定者究竟是巴特的话还是上帝之道。）黑格尔既然否定全部虔敬的非理性主义，就是与巴特对立的。因此，黑格尔尽管也会卖弄路德的正统观

---

① 指耶稣基督。——译者
② 卡尔·巴特（Karl Barth, 1886—1968），瑞士福音派—改革宗神学家，被新教教会视作"20 世纪的教父"，著有《教会教义学》。——译者
③ 雅克·马里顿（Jacques Maritain, 1882—1973），法国哲学家，柏格森的学生。——译者

念，但他还是与路德这个彻底独裁的人、这个"理性傻女"① 的敌人对立的。路德为《加拉太书》写的评注充斥着对人类理性的辱骂；在他看来，从奥利金（Origenes）② 到阿奎那的所有基督教哲学家都是"智者"，都是魔鬼上身。相反，黑格尔则称赞经院主义者，他们将概念一直扩展到秘仪（Mysterien）中，希望在**真理**中礼拜他们的上帝。[317]这种真理，也包括黑格尔的真理，只要它依循教理手册（Katechismus）而运行，当然绝不是对充斥于宗教创立者们的世界图景中的那种神话假象的消解。为此，黑格尔就在相当大的程度上利用了理性，以便在他的宗教哲学中将单纯的教会学说加以合法化，这完全就像最早的那位经院主义者爱留根纳（Scotus Erigena）③ 所要求的那样：哲学的职责就是"描绘真正的宗教的规则"（verae religionis regulas exprimere）④，那么理性的职责便是阐明现有的宗教。然而，理性在黑格尔这里还更强大：他借助于他的理性所具有的**人性**（*Humanum*）⑤，毕竟消解了上帝概念中一切超越尘世而正襟危坐的内容。他的宗教哲学并未将它的上帝视作九天之外的精神（从外部冲击世界），也根本没有视作蛮族的那些令人畏惧的神祇。它毋宁宣告上帝是精神中的精神，居于人所能达到的主体性的深处，而非居于某个外部的高处。即便在思维细腻的黑格尔看来极为重要的礼拜，也是这样被人化了："这样一来，精神在这里就能而且必须如其真正自在自为地存在那般、而且依照它的内容，在主体内部显现；此外，这种内容绝非彼岸的内容，那自由的主体性毋宁在这里以它的本质为对象了；而礼拜在这里便是对那构成了绝对精神的内容的了解和认识，这样，上帝的内容的历史在本质上也就成了人类的历史，成了上帝向人和人向上帝的运动"

---

① "理性傻女"（Närrin Vernunft）是路德用来讽刺理性的说法，将理性比喻为傻女。——译者

② 奥利金（Origenes，希腊文作 Ὠριγένης，185—约254），基督教神学家，他在基督教界的地位介于教父与基督教作家之间。——译者

③ 约翰尼斯·司各特·爱留根纳（Johannes Scottus Eriugena，9世纪早期至9世纪晚期），基督教神学家。——译者

④ 拉丁文。——译者

⑤ 拉丁文。——译者

（《著作集》，XI，第167页）。令人惊讶的是，一般而言由于黑格尔的"世界精神"，这种宗教哲学便被人视作泛神论了；而它对上帝的**人化**、对费尔巴哈后来所谓的"宗教的人类学化"的态度实际上认真得多。尽管如此，泛神论却是全世界——不仅仅是普鲁士的——的僧侣阶层对黑格尔哲学开战时所说的责备话。当时教皇的枢机国务秘书立即申明它不是基督教的，英国圣公会的主教们甚至在一些吹毛求疵的书中提出，它是梵天信仰的一种危险的复兴。然而实际上，黑格尔复兴的更多的是基督教神秘主义者埃克哈特，后者"在情感中"寻求上帝，而且将人对上帝的认识与上帝的自我认识交织起来了。因而黑格尔不曾有那种非理性的看法，即一个经过概念性把握的上帝不再是一个上帝，正如一个经过概念性把握的幽灵不再是一个幽灵。诚然，他主张的也不是那种启蒙的看法，即一个经过概念性把握的上帝就像幽灵一样完全消失了。他在主体性中给这样的上帝提供了避难所，在那里，世界精神达到了其自身，正如人在那里达到了世界精神的自为存在。在这个关键点上，正如在黑格尔笔下的所有地方一样，这种主体性的深处是一个达到了其自身的、开放的、并不期待任何奇迹的深处：以教会团契便可以说尽神人的全部内容。

（3）道路愈发开阔，直到在黑格尔这里达到了这个团契。由于在各种不同宗教中都坚持了一种有意而为的统一性，这条道路才行得通。这些宗教恰恰全都应当呈现出将属神事物与属人事物统一起来的那种努力——还带着以辩证方式进展的那个中介过程。这样，**第二个主要部分**，即以历史方式进行规定的那个部分，探讨的就是历史上出现过的直到基督教为止的种种上帝观所构成的那个序列。黑格尔从各种调和方式中读出的那些范畴，以激动人心的方式被表述出来；《精神现象学》中那种酝酿着的半明半暗状态的一些标题，再次呈现出来。它们显示出一种巫术宗教、礼教①（中国宗教）、幻想的宗教（婆罗门教）、自内存在的宗教（佛教）。然后是一种痛苦的宗教（叙利亚的阿多尼斯②崇拜）、谜的宗教（埃及宗教）、崇高的宗教、美的

---

① 原文直译应为"度（Maß）的宗教"，指强调适度、节制的中国礼教。——译者
② 阿多尼斯（Adonis），叙利亚、古希腊等地崇拜的植物神，其形象为一个美男子。——译者

宗教、合目的性的宗教。后三个范畴分别意味着犹太的、希腊的、罗马的宗教；在这些宗教中，人并没有像在东方—埃及宗教中那样作为微不足道的东西消失在神面前。在后面那些宗教中，上帝只被当作自然力（Naturmacht），而在犹太的、希腊的、罗马的宗教中，神开始被设想为主体了：作为犹太人那里的力量和智慧，作为希腊人那里可塑造的美，作为罗马人那里居于支配地位的合目的性。然而所有这些范畴，虽然有一部分听起来很神秘，本身也充满了秘仪色彩（自内存在的宗教、痛苦的宗教、谜的宗教），让人想起的，却不仅仅是《精神现象学》的那种如教堂彩窗般五光十色的德语。它们也在实在哲学（Realphilosophie）的高度上再现了黑格尔逻辑学的一些重要规定；这样就有了度、自内存在、合目的性。黑格尔的世界精神越来越接近它的自为存在，它在宗教中要比在法权中，甚至比在自然中更清晰可见地打上了它那"创世之先的"（vor Erschaffung der Welt）①的种种设计规定的印迹，因而打上了黑格尔逻辑学的那些规定的印迹。宗教史就是重现这些规定的一个合适的地方：然而黑格尔在《逻辑学》中恰恰完全相信可以逗留于圣父与创世者的那个领域之中。逻各斯作为现实的所谓发生之原初根据（genetischer Urgrund），在于宗教上达到自为的过程中令人想起了它的自在。这样，逻辑学中的各种范畴与宗教上的各种范畴就是并行的，至少直到基督教为止都是这样：合目的性对应于罗马宗教，后者是这个关系序列中的最后一个；黑格尔逻辑学中的情形如何，黑格尔信仰史上的情形也如何。因此，与罗马宗教一道，**相对的**宗教真理（一个源自18世纪宽容观念的最不正统的概念）的领域就结束了。在位于基督教之外的这个主要部分所呈现的宗教发展序列上，非常古怪的一种现象是，希腊宗教和罗马宗教要优于犹太宗教。在黑格尔的排序中，宙斯和朱庇特（Jupiter）位于耶和华（Jahwe）之后，这在体系的等级性先后序列中总是意味着：他们是发展得更充分的，超出了后者。据此，黑格尔也没有使基督教源于加利利和耶路

[319]

---

① 这是黑格尔对逻辑学内容的描述，他认为自己的逻辑学讲述的是"创世之先"的情形。——译者

撒冷，而是使其源于希腊和罗马。在这里，有一种从青年黑格尔开始就不曾中断的，也有着神秘主义色彩的对拉比式律法宗教的反感情绪在起作用，尤其还有一种不合乎历史实情的、将这种宗教回溯到古代以色列人而不考虑众先知的倾向在起作用。然而，此外还有希腊的诸神在起作用，他们出现在黑格尔早年与荷尔德林和席勒共有的那种渴慕之情中，那种感情至少是与《旧约》这部更久远也更容易扭曲的经典针锋相对而出现的；在那之后，黑格尔就不再允许自己针对晚近出现的基督教而为异教张本了。然而，在古代的众神终结和衰落之时，就不得不追溯到耶稣诞生于其中的犹太人群体上去了。古代的诸神终止了，那是因为他们还不够人化；随着基督的出现，那些宗教便停止了，照黑格尔看来，它们只不过是一些徒具单纯的精神个体性的宗教：化身为人的上帝开始了。

[320]

晚钟响起，仿佛刚刚打赢了或早就打赢了一场战役。**第三个主要部分**致力于基督教，那得胜的、继承了遗产的宗教：绝对宗教。黑格尔不是将它当作原始基督教来探讨的（正如他果敢的青年时期著作《耶稣传》中的情形一样）。他将救赎当作团契的现实，这现实是通过可见的教会表现出来的，正如可见的教会又是通过信仰学说塑造的，后者在团契教会内部是由一个特有的牧师阶层传授的。诚然，黑格尔从未想过以梵蒂冈体制代表基督教。他认为这体制支撑着"那样一些政府，这些是与那些以本当有法和伦理上的自由的精神之不自由为根据的制度联系在一起的，也就是说，这些是建立在不公正的制度和伦理的败坏和野蛮的基础上的"① （《哲学科学百科全书纲要》，§552）。听起来，这话对那时的反动派简直是直言不讳，也像是先知般地预见了后来的教会法西斯主义（Kleriko-Faschismus）。黑格尔也公开期待他当作具体机构加以尊敬的教会基督教（Kirchenchristentum）能将上帝与人结合起来，而不是将教士与财富结合起来。在这个体系里，宗教越是不与道德和伦理重合（它是通过它自己所属的

---

① 译文参考了杨祖陶先生的译本。见黑格尔《精神哲学——哲学全书·第三部分》，杨祖陶译，人民出版社 2006 年版，第 364 页。下文中如有采用此译本之处，不再一一说明。——译者

"绝对精神"层面与它们分离开的),它便越是不会与伦理发生矛盾:"任何时候,法权生活没有了一切宗教都还是可行的,尽管它失去了一切深度,但基督教若是没有了合乎法权的生活,便成了只会空响的铃铛。"因而黑格尔尤其将基督教颂扬为绝对宗教,因为它把爱作为礼拜,而且不认为存在着人子①不在其中出现的任何高玄之处。在黑格尔这里,这便意味着绝对宗教,那绝对宗教就是达乎其自身的精神的宗教,即使是使徒约翰所谓的逻各斯(Logos)②的宗教。逻各斯在这里同时就是人类灵魂、最高的理性主义、上帝之言——后者虽说是另一个世界,然而却是由人类之爱和人类理性构造的一个世界。

(4) 因此圣子不仅带来自由,还带来光亮。在天主(des Herrn)的名义下被寻求的东西,在基督教的圣子这里被找到了。黑格尔把基督教称作启示宗教(offenbare Religion),后者在那里不同于得启示的(geoffenbarte)宗教。他在第三个主要部分的开篇立即区分了两者,他作这种区分的方式既不会让路德,也不会让加尔文(Calvin)③感到很高兴。因为凭着这种区分,黑格尔针对《圣经》的话语,采取了一种在精神气质上近乎浸礼会的、接近于莱辛的立场。浸礼会教导说,《圣经》是一只死猫,要是人不以上帝的气息使之复苏的话;它是一支无声的笛子,要是没有精神来演奏它的话。莱辛在《论人类的教育》中把启示比作暂时透露结果,而之所以暂时透露,却是为了让孩子们在演算时不那么痛苦;但启示的目标却在于批判性地将启示真理(Offenbarungswahrheit)变为理性真理(Vernunftwahrheit)。黑格尔接受了这种理性主义,他将这种理性赋予国家,这就是说,国家要在现有的具体概念面前为自己辩护。这样一来,宗教中的宗教是什么,即真正的宗教是什么,就很明显了。由此就有了启示者与得启示者的区别:启示者是使得精神明白易懂的东西,反之,得启示者则是被精神从上至下地设定的东西,亦即宗教中的实定因素。因此,得启示者

[321]

---

① 指道成肉身的耶稣基督。——译者
② 在基督教语境下亦译"道"或"言"。——译者
③ 约翰·加尔文(John Calvin,法文作 Jean Chauvin,德文作 Johannes Calvin,1509—1564),宗教改革家,加尔文主义的创立者。——译者

恰恰是非启示者（das Nicht-Offenbare），因为它是作为陌生的东西走向意识的，连同《圣经》创世寓言中的种种猜想、亚当与夏娃，以及在实定宗教中再也不愿保持原样，反而要代替认识而出现的全部神话。黑格尔只让这些神话充当比喻、隐喻或比方，他的做法大约就像阿拉伯经院主义者们那样，他们远比基督教经院主义者们更具有理性主义色彩。他也没有彻底区别异教神话和《圣经》神话、潘多拉魔盒与知识树；在他看来，几乎只有基督的游历"不仅仅是一个比喻意义上的神话，而且是某种彻底历史性的事件"。但黑格尔处处都将被启示出来的东西称作宗教上的非本质因素，因为它确实并非某种固定不变的东西，而是应该通过精神的见证被转化为某种理性的东西。依据黑格尔，这个层面上的理性的东西当然不是单纯的启蒙知性（Verstand der Aufklärung）；后者将宗教描绘成教士们的纯粹谎言，认为摩西的糟糕之处在于不具有伏尔泰的智慧，或者将那智慧秘不示人。依据黑格尔，这个层面上的理性的东西毋宁是**主体性和自由的深处**的理性东西，是具有实体性的自为存在与自旁存在（Beisichsein）的理性东西。这样，黑格尔就将那毕竟不可物化的东西、连**陌生的**对象都感到陌生的东西，联系到《精神现象学》的那个原理上了："一切问题的关键在于，将真的东西不仅仅理解和表述成实体，同样也理解和表述成主体。"（《著作集》，II，第14页）他从启蒙知性回溯到了埃克哈特大师的神秘主义的理性主义（den mystischen Rationalismus），后者让人对上帝的认识与上帝的自我认识交织起来，它首次将上帝的这种自我认识人化了。"不曾拥抱一切天国的天国，那天国现在就在玛利亚的怀中"，埃克哈特大师这样描述基督教。黑格尔了解这个句子，他在他的第一份体系片段中引用了它，在人类中心主义的意义上利用了它。这种利用当然也以客观方式被安排到礼拜中，即便具有主观色彩，也绝非主体主义式的利用；在后面的阐述中会谈到这个问题。黑格尔在基督教中首先看到的是，上帝的人化以及人的力量在他的上帝周围的明显增长，都得到了实现："就上帝在人中了解其自身而言，人对上帝的了解，依照那个本质性的共同体乃是一种共同的知识。"或者："在这整部历史中人们都意识到，人就是直接的、临在的上帝，而且在这部历史中,正如精神对它的理解那样,即便对这个过程的描述,也是对人之所是、精神之所是的描述。"(《著作集》,XII,第253页)因而这里作为"地上临在的上帝"出现的只有人,而没有国家;这种临在消除了彼岸的天国,因为它把那样的天国作为关于超出他自己内心深处的自由精神的消息,而加以褫夺了。宗教上的这种人化现象经历了哪些不灭的动力的推动,这一点由黑格尔早年的一份声明(Pronunciamento)① 以一种最令人惊讶的方式展现出来了,这份声明已经包含了费尔巴哈的全部思想,包含了为人类彻底索回天国的思想,因为那天国原本就是人类制造和布置起来的。这位哲学家于1800年在早年著作《基督教的实定性》中描绘了下面这场天国风暴:"罗马王侯们的专制主义就是这样从大地上驱散了人类精神的,自由的褫夺迫使它将它永恒的、绝对的因素放到神灵那里去避难——寻求和期待天国的极乐。**神灵的客观性**与人的腐朽及奴性步调一致地前行,而神性的客观性真正说来只是这些时代的精神的一种启示、一种显现……在下面这种时候,时代精神就在它的神的客观性中启示出来,即它……被设定于一个新颖的、对我们而言陌生的世界中,那个世界的疆域我们根本得不到分毫,我们也不能通过我们的所作所为在那里定居下来,那时人自身成了一个非我(Nicht-Ich),而他的神灵则是另一个非我。"(《黑格尔青年时期神学著作》,1907年,第227页及其后一页)。此外还有:"除了早先的那些尝试之外,还有一条路子尤其为我们的时代保留着,即至少在理论上将在天国里被挥霍掉的那些财富当作人的财产加以索回——但哪个时代能使这种权利起作用并据为己有呢?"这些句子透露出的普罗米修斯式的兴致是无与伦比的,其基调在黑格尔这里从来没有完全消失过。它后来还在能发挥它的主观能动性的所有地方发出回响,比如在《美学讲演录》中,古代诸神消解的时候就是如此。罪孽被蒸发了,然而人化的做法却始终如一:"艺术中这些优美神祇的衰落是必要的,因为意识在他们那里最终再也无法安息,因此就从他们那里回到了自身之内。"(《著作集》,X^2,

---

① 西班牙文。——译者

第102页）上帝何以成人（Cur Deus homo），基督教所是和所回答的这个问题，就是再度人化（Reanthropologisierung）——在黑格尔这里，该问题仅仅由未来的挑战而转变为基督身上既成的事态。因此，这种哲学中有更多位于最核心部位的虔敬礼拜之**所在**，大肆庆祝上帝在耶稣身上成为人，以致在它们那里，宗教似乎都没有上帝出现了，把焦点放在人子身上了。尽管黑格尔主张过，而且恰恰因为他主张过："即便哲学也只以上帝为对象，这样它在本质上也就是理性神学了，而且在归服于真理时，也一直归服于上帝。"（《著作集》，XI，第131页及其后一页）但是，黑格尔的上帝在能广泛而深刻地展示出来时，乃是人性的（Humanus）①，乃是人性（Humanum）②；基督的王国在其超越性中也就没有包含任何没有化解的、不可理喻的或可以理解的上帝之事。因而费尔巴哈在后来明确地将宗教人化时，在这一点上几乎不需要改写黑格尔。对基督教的任何分析，但凡是从一笔既有的遗产出发，而不仅仅是从一种干巴巴的、抽象的、一无所知的否定出发的，只要没有事先思考过黑格尔的宗教哲学，都不可能形成某种进步，甚至不能形成得到概念性把握的无神论。

（5）一切价值都关联于人事，这一点感觉起来容易，思考起来却比较困难。启蒙并没有主张别的任何东西，然而它却完全忽略了投向彼岸的那部分光。但是，它却使人们对人的尊严的感觉变得敏锐，它鄙视那卑躬屈膝（Bodenkuß）的做法，在王侯面前如此，在天国幽灵面前同样如此。即使早年的黑格尔，也对向彼岸乞求的做法不屑一顾，而对将天国的光芒借到尘世间却兴致勃勃，这些都不仅仅归功于基督的人化，也归功于启蒙。这样，源自黑格尔而又在费尔巴哈那里重现了的东西，早在最美好的18世纪，就已经出现在黑格尔这里了。那个时代里最可爱也最可敬的一个人物尤其可能对黑格尔索回天国财产的做法产生了影响：革命者与自然科学家福斯特。这种影响似乎尤为适当，并非难以置信，因为黑格尔在撰写前面引用的那个关于向天

---

① 拉丁文。——译者
② 拉丁文。——译者

国乞求和关于上帝的客观化（它随着人类的软弱一同成长）的段落的时代，还摘录了出自福斯特的《莱茵河下游风光》（1790 年）的下面这些句子："我们不停地匮乏，又从未独力抵制过。要找到一个值得信赖的人，这样我们就可以向他抱怨我们自己的困顿，可以向他倾诉我们内心中全部的关切，可以通过不断请求和哭泣……得到他的支援和同情：这是我们生命的主要需求，为此我们就依照我们的形象创造了诸神。"古代诸神有所不同，他们依据的是一种更强有力的人类的形象，但那同样是从人类借来的形象。他们与我们中最优秀的一部分人相近，而且并没有为了与我们的弱点形成对比而被客体化："菲迪亚斯的两件杰作——他雕刻的密纳发和朱庇特——在神性方面极尽完美，这或许有他的道理；然而他们或坐或立的样子越是庄严（他们威严的头部在我们看来接近于天际），我们的幻想就越是可怕；崇高事物的理想越是完美，我们的弱点就越是令人惊讶。人类能够自力更生，他们的意识足够洒脱，可以直面巨神族，可以自感与他们有亲缘关系，并由于这种关系的缘故，可以允诺在紧急情况下对他们施以援手。"（参见霍夫迈斯特《黑格尔思想发展文献》，1936 年，第 218 页）从福斯特的这些句子中，黑格尔得出的结论恰恰是：要放弃上帝在软弱的时代变成的那种非我；为了凭着那不再由希腊，而是由基督教神秘主义所保证的亲缘关系，将诸神的荣光作为人类的财产加以索回，要像一位新的菲迪亚斯那样保持住自我。

[325]

  当然，人们必定会想，黑格尔从不承认一个没有对立物的自我。在他这里，根本就没有无对象的主体，只是那对象绝非外在的、没有被主体渗透的。除非是：自我和对立物一道被消融于纯粹的自身（Selbst）之中，后者在宗教中长期都不是如此，只有到了体系的结尾部分，只有到了哲学的哲学（Philosophie der Philosophie）中，才走向了精神的无客体状态。在黑格尔这里，处在表象状态下的理念①虽然就是愈益增长的回忆（Er-innerung）②，然而作为宗教中的理念，它还

---

① 指宗教。——译者
② 或译"内化"。——译者

完全处在与上帝这个"你"的关系（Du-Verhältnis）中，① 还处在特定的主客关系中。这样一来，黑格尔在宗教上强烈的主体化做法就不能以主体主义的方式来理解。的确，这种做法偶尔会转而特别强调宗教的客观方面；这与将信仰化为单纯心境的做法是针锋相对的。这正如后面这种做法作为宗教上狂热的空洞做派，早已与黑格尔相敌对了，如果说它还没有变成沙龙里具有"精神价值"的闲言碎语的话。黑格尔处处都需要充实的内容性，而后者由各种对象带来是最可靠的，在宗教哲学中它就是由那最高对象——上帝——带来的。这样看来，人围绕他的上帝而不断增益，这种现象在这里恰恰符合基督教使人神化（Gottwerdung des Menschen）的做法。虽然比起人的意识重新化入上帝之中来，黑格尔的上帝的内涵远远更为强烈地化入人的意识之中了，但前一种②化解，即客观—神秘主义的化解，却给了人类学的—神秘主义的化解一笔财富；对于这笔财富，无论铁锈和蠹虫，还是种种心理主义，都无法侵蚀。就是这样，黑格尔早年除了强调主体魔力（Subjektmagie），同时已经表明了客体魔力（Objektmagie）的一种意义，亦即表明了上帝灌注到那自行运动的主体之中的染料的一种意义。他和荷尔德林都认为，在普遍遗忘的状态下，客观上无限的东西被这种染料触及、染透和接纳的那个过程，具有自然神秘主义的色彩。在他看来这是基督教的，发生于施洗约翰以无限性进行洗礼的那个浴场里："渴望无限、渴望沉浸在无限里的感情，与渴望沉浸在大海里的感情，在性质上是再相似不过了。投身于水中的人有一个异己的东西在他前面，这个东西立刻就把他整个淹没了，使他全身每一点都感觉到它的力量。他脱离了世界，世界脱离了他。他只不过是有感觉的水，无论他走到哪里，都有水接触到他，他只存在于他感觉到水的地方。在汪洋大海里，没有空隙、没有限制、没有杂多性或者特殊的规定。这种汪洋大海的感觉是最简单的、最不支离破碎的。那投入水中的人也可以重新上岸走到空气中来，使自己与水相分离，就算脱

---

① 布洛赫的这一解释显然受到马丁·布伯《我与你》一书的影响。——译者
② 原文中本为"后一种"（letzte），但由于前半句的译文为适合中文习惯而调整了两种化解的顺序，这里自然就需要改成"前一种"了。——译者

离水了，不过水还在从他身上各处往下滴。当水一离开他，那围绕他的世界又表现出不同的规定性，而他返回到这世界来要强烈地意识到它的杂多性。……沉浸在水中时，只有一个感觉和对世界的忘怀，一种蔑视一切、退出一切的孤寂之感。在这样一种抛弃掉从前种种东西，热烈兴奋地现身到一个崭新的世界的状态中，便出现了耶稣的受洗。"①（《黑格尔青年时期神学著作》，第319页）在这里，孤寂被描绘成汪洋大海里、没有空隙与限制的实体中感到的那种孤寂；然而实体越是作为一个陌生的东西环绕着主体，主体在忙于应对他的②孤立处境时也就越会爆发，他在比他的孤立处境的范围更大的某种深度上经历了宗教上的重生。因此，在黑格尔的宗教辩证法中，主体—客体或客体—主体这两个辩证环节的情形仿佛是，主体在没有对立方面的客体性关联的情况下承担起了宗教过程。前文中已经指出过那样一种礼拜，黑格尔希望在该礼拜中维护基督教的主体性，反对单纯的主体主义。对立方面的客体性与内心的关联在这里也变成了某种交互关联，变成了以相互的方式对主体和客体起规定作用的关联："意识是如何被规定的，在礼拜时主体与意识的关系或者说自我意识也就是如何被规定的；一个环节总是另一个环节的摹本，一个总是指向另一个。两种方式中的一种仅仅坚持客观意识（das objektive Bewußtsein），另一种坚持纯粹的自我意识，这两种方式是单义的（eindeutig），每一个都在自身扬弃了自身。"（《著作集》，XI，1840年版，第41页）此外，在晚年之际，黑格尔对圣父和最高客体意义上的客体的强调越发增多了；他就是按照这种方式举行他关于上帝存在证明的讲座的，那些讲座几乎不再强调实体变为主体，而更加强调自存性（Aseität），即上帝的某种只依赖其自身的存在。在这里，对对立面的强调是最强烈的："然而宗教的情形应当是，成为上帝在这个内容中的呈现，也是我们对这个对象的意识，而不仅仅是渴望的路线走偏了，进入虚空，

[327]

---

① 译文大部分采用贺麟先生译本。参见黑格尔《黑格尔早期著作集》（上卷），贺麟等译，商务印书馆1997年版，第442—443页。——译者
② 这里"他的"（seiner）之前多出一个"ihr"，在上下文中说不通，疑为布洛赫笔误。——译者

不是一种什么都看不见、在对面什么都发现不了的直观活动……如果说在宗教中应当得到理解的实质上只有从我们出发与上帝建立的关系，那就不允许上帝有某种独立的存在了，上帝在宗教中就只是被我们设定、由我们产生的某种东西了。刚刚被人利用和指责过的那个表述，即上帝只存在于宗教中，却也具有伟大而真确的意义，即为人的精神而存在、向人倾诉，这属于具有完善的、自在自为地存在着的独立性[328]的那位上帝的本性。"（《著作集》，XII，第328页）在这里，宇宙论证明被分派给自然宗教；目的论证明被分派给精神个体性的宗教（Religionen der geistigen Individualität）；本体论证明被分派给作为绝对的宗教概念的基督教，但上帝的优先性到处都在起作用。由此，也才有了后来人们将黑格尔关联到巴德尔的那种略显保守的做法，后者是最不认同"人对上帝的知识＝上帝对其自身的知识"这个等式的。而且与巴德尔的接触不仅关乎他——像黑格尔一样——在思辨的意义上探讨宗教的意愿，恰恰还关乎上帝这个出发点：巴德尔教导过，我被上帝思考，那么我在（Cogitor ergo sum）。这是上帝的极端优先性，而且这还给处在同样的孤立状态的孤立主体主义（isolierten Subjektivismus）提供了口号。那么这里毫无疑问对于下面这种做法是有一种疑惧的，即将在上帝的名号下想到的东西完全引入到属人的氛围中去。黑格尔宗教哲学的那些重要的部分迫使人们从这种疑惧（它仿佛一种反费尔巴哈的态度）出发，去了解宗教的自我认识本身。这是很反常的；如果这种反常现象再广泛一些，它就把黑格尔从人子那一面推到由外而内冲击世界的上帝那一面了。在黑格尔对主体主义彻底的反感态度下，尤其在对客体方面（它对整个黑格尔辩证法都是本质性的）的强调下，这虽然根本不算什么反常现象，然而在宗教上对客体大加强调，甚至对上帝天主的强调（Gott-Herr-Betonung），毕竟违背了在人中实现并扩展"上帝的国"的想法。站在右翼的黑格尔学派（Hegelschule）诉诸上帝的这种优先地位，可能不无道理；这种优先地位使上帝的宝座不为普罗米修斯所动，而且使得父亲的神话牢不可破

（hors de concours）①。

（6）然而即便从这里出发来看，黑格尔的上帝概念也没有任何高高在上、正襟危坐的内容出现。上帝的内容向主体方面的化解，最终还是强于它向客体意识的化解（甚至化为一位神话中的方外之神）。首先，主体和客体一道，恰恰在宗教上越来越被**自身的统一**（Einheit des Selbst）盖过了，在黑格尔这里，它们只是后者的一些环节。然而这样一来，宗教，恰恰是宗教，就是从在客体方面而言的坏良心（schlechtem Gewissen）开始的，而坏良心——仿佛一切客体因素都必然是一种异己物——就会导致无对象性的精神化（gegenstandslosen Spiritualisierung）。导致《精神现象学》的结尾**给出了一个规划**的那同一种精神化，导致那同一种精神化，后者还注定要使作为唯心论的客观唯心论以失去空间、失去自然，也没有获胜的我们（Wir）与自身（Selbst）作为**背景**的方式告终。黑格尔对自然的近乎中世纪式的鄙弃态度（这种态度最终在他对自然美的贬低中表现出来），也掩盖了那样一个地方，换种更好的方式说，掩盖了那样一个问题，即自然本身（作为最宽泛意义上的客体）的人化的问题。虽然宗教一开始走上了在纯粹自我中使自我与其对立物相互扬弃的道路，然而在绝对知识和精神中达于顶峰的东西在它这里已经开始了："它②的运动的各环节不再表现为意识的各种特定形态，意识的区别回到了自身（Selbst）之中。"（《著作集》，II，第609页）或者说精神真正说来就是："意识的对象转化为自我意识的对象，亦即转化为同样被扬弃了的对象。"（《著作集》，II，第605页）这个被认识的自我意识的自身（Selbst des gewußten Selbstbewußtseins）——"自我意识"和"客体意识"（objektives Bewußtsein）一样，最终在其中相互扬弃并归于消失——当然是且一直是人性（Humanum）③的自身（Selbst），尽管具有而且因为具有了上帝的那种独善其身和崇高的性格。如果正确理解的话，它是一个没有直接的既有状态（Gegebenheit），亦即没有一切心理主义的人性

[329]

---

① 法文，本意为无须竞争便取得某种地位，这里采取意译。——译者
② 指精神。——译者
③ 拉丁文。——译者

（Humanum）；在黑格尔这里，它是那样的人性（Humanum），它不是通过进入世界的降生，而是仅仅通过宗教上的重生过程而出现在世界上。在黑格尔看来，那种归于自身（Selbst）的宗教真理到这里才算是获胜了，而且宗教的自身（Selbst）在黑格尔这里并非什么超验的、高耸于极端他律性的奥秘中的上帝，而是神人基督（Gottmensch Christus）。他充当了人内部的那道明亮的、为人性（Humanum）奠基的深渊。这样一来，自为存在的那种以唯灵论的方式介入的无空间性（Raumlosigkeit），在宗教哲学中并没有使它面目模糊；与此相反，上帝的那种非中介的—超验的自在当然还是沉没到中世纪中去了。在基督身上，超验的上帝已死，复活者不仅超出了作为受造物的属人事物，还超出了那位自在存在着的圣父："在自在的意义上，通过上帝和死亡的这种调和，属人的事物被甩掉了，另一方面那自在存在者也回到了自身，而且如此才成了精神。"（《著作集》，XII，第253页）

[330]

深渊一直在那里，然而恰恰是作为一道为可能的深度奠基的深渊而存在的。上文中提到过像巴特这样不折不扣的或曾经不折不扣的受造物之敌们（Kreaturfeinden）极端的神治论（Theonomie），他们同意留给主体的一般而言唯有罪恶与过错（主体在他们看来只不过是受造的—有心理的人）。而且在这里，上帝的现实本身是人极尽一切能力进行交流都达不到的。黑格尔是最不认同主体与实体之间的这类断裂的，这既是因为他那贯彻始终的两面调和的辩证法，也是因为他与一切狗类的和奴仆类的非理性主义是死敌。然而黑格尔很可能与一切宗教气质都共有一种情感：对一位隐秘的上帝（Deus absconditus）① 的那种总是模模糊糊的深度情感。而根据黑格尔的意图来看，这种深度，恰恰这种深度，被从超验的客观性中取出（青年时期的黑格尔曾见到它在那里被挥霍和被人格化了），被放回到主体性之中了。被放回到一种**隐秘的人性**（Humanum absconditum）② 的主体性之中，这种主体性在黑格尔这里意味着自身性（Selbstheit），与心理主义和主体

---

① 拉丁文，尼古拉的库萨曾著有同名著作。下文中两处"隐秘的上帝"同为拉丁文。——译者

② 拉丁文，下文中的"隐秘的人性"同为拉丁文。——译者

主义的那种人性的—太人性的东西有别。正如黑格尔指责主体主义时所说的那样，这里不是画一条线进入虚空之中，因为隐秘的人性——**隐秘的上帝的遗产**——并不虚空。毋宁说：圣父的整个国在黑格尔这里被扬弃为圣子和圣灵的国了，连同其秘密也被扬弃了，只是那秘密不再是一种高耸的、他律性的东西。这样一来，隐秘的上帝的理念就不是带着某种永远非人性幻觉、处在最圣洁—高远的异化状态之中的奥秘（Absolutum）①，而恰恰嵌入了人性（Humanum）②的深处——作为良心，作为这个深处的巨大力量。荣耀归于高处的上帝，那却是一位让人类感到称心如意的上帝；依此看来，高处的上帝就有了下行到人类中的倾向，而人类也有了上升的倾向。由于这种倾向同样是对彼岸的上帝位格的某种抵抗，那样位格就成了纯粹的蛇类③、普罗米修斯、傲慢。而由于这上帝位格同时又是由于天国的财富被重新人类学化了之后所带来的某种收获，这种傲慢便是对宗教的最虔诚或最具体的鼓励（Sursum corda）④，因而这在黑格尔的那种宗教—客观性（Religions-Objektivität）中最终意味着：那种客观性——不管有没有道理——要成为盐，使大地不再无聊，而是变得浓烈。那里永远不会有客观主义，那是**异化了的**客观性；神秘主义者黑格尔厌恶偶像神祇。这里有一种基督教讲的"你将如神一般"（Eritis sicut Deus）⑤的深层含义在起作用，即诱使人回答"**上帝何以成人**"（Cur Deus homo）⑥这个问题的深层用意在起作用。

（7）人并不重要，这一主张在《圣经》里表达得相当混乱。或者换一种异曲同工的说法，这一主张的论证方式矛盾重重，以致它恰恰又扰乱了人心，催生了问题。也就是说，既然存在着浮士德式的渴望，那重又显得是人类最优秀部分的东西，在我们看来便会大打折

[331]

---

① 拉丁文。——译者
② 拉丁文。——译者
③ 指引诱亚当夏娃的蛇，比喻引诱人亵渎上帝的恶魔。——译者
④ 拉丁文。——译者
⑤ 拉丁文，出自《旧约·创世记》中蛇引诱亚当的话。——译者
⑥ 拉丁文。——译者

扣。在《圣经》中有某个地方，自古以来就被人认为能从那里看出异教的"光明之友"① 来。那个文句和知识树的说法出现在同一个地方；而且人不应当吃那树上的果子。这个禁令是第一个反动的禁令，是让人民（Volk）保持愚蠢的意志，然而蛇说了下面这些话，诱使人去吃那果子："你们吃的日子眼睛就明亮了，你们便如神能知道善恶。"这个句子还出现在另一个地方，大概出现在众先知、耶稣那里，然后他就再也没有从他的布道风格里走出来。耶稣完全以上帝一般的姿态教导了善恶的知识和存在的生成。在基督教神秘主义者中，那些正统人士也以人的神化（Vergottung des Menschen）为目标。的确，罗马②的教理问答手册说过，人在精神上的种种出神迷醉现象"尽管保有它们自己的实体，然而还是具有了某种奇妙而近乎神圣的形态，这样它们就显得更像神祇，而非人类了（ut dii potius quam homines videantur）③"。区别自然就在于，这里是**众先知、耶稣**等人在讲话，而通过其享用而像上帝那般产生存在（Sein）的，应当是上帝本人；而在伊甸园，是被指为恶魔的蛇在讲话，而具有"你将如神一般"（Eritis sicut Deus）之功效的果子与耶和华的关系仅仅在于，后者禁止吃这果

[332] 子。尽管后来由教士们以极为正统的方式编辑而成的《圣经》从未宣称，那果子是幻觉。那树叫作知识之树，而不是谬误之树，而《圣经》刻画为谎言之父的那条蛇在它允诺的事情上却没有撒谎，因为耶和华后来也说了同样的话："看啊，亚当成了我们这样的人，因为他知道了善恶。"黑格尔尤其重视，而且在最为不同的各种语境下关注了这些话，在旧的故事上，他完全不重视那种绝对否定性的、关于堕落的解释。只有在下面这个意义上，他才认同传统上对那个引人注目的神话的解释，即他将傲慢、堕落、固执，因而将在他看来的道德之恶（精神上的乐观主义者并不探讨世界上实际的恶），归于蛇—恶魔。然而超出这个问题之外，涉及作为人化（Menschwerdung）的自由时，

---

① 这里的"光明之友"（Lichtfreunde）非指近代的同名新教团体，而是指远古崇尚光明的异教。——译者
② 当指罗马教廷。——译者
③ 拉丁文。——译者

黑格尔却站在了蛇的一边，而没有站在《圣经》里的耶和华希望把人保持在其中的盲目状态、舒适无辜的状态这一边。恶魔—蛇可能会亲自说出黑格尔的这个命题："无辜状态、这种伊甸园状态是动物式的。伊甸园是那样一个园子，只有动物愿意逗留其中，而人是不愿意的。"（《著作集》，IX，第333页）关于逐出伊甸园，面颊上带着汗水的故事，黑格尔虽然只是从新教的劳作气质（Arbeitsethos）出发重新加以评价，然而关于对善恶的认识（一位激动却不嫉妒的上帝依据这种认识而将人逐出伊甸园），黑格尔的重新评价很是向着左翼，落于异教徒的那一面，即落于主体—理性—信仰的一面上了："正如已经说过的，棘手的问题是，上帝禁止人类达到这种认识；因为认识恰恰塑造了精神的性格；精神只有通过意识才成为精神，而最高的意识恰恰在于这种认识。"（《著作集》，XII，第64页）具有典型特征的是，黑格尔也绝不允许将描绘堕落的那一章（《创世记》第3章）与《圣经》中描绘伟大重生的那一章（《罗马书》第7章）关联起来；尽管那时有过他评价很高的复兴神学家（Erweckungstheologen）托鲁克（Tholuck）①的提醒（《圭多和尤利乌斯》②，1823年）。因为当保罗（Paulus）③（《罗马书》第7章）使重生脱离那由于伊甸园中的诱惑而产生的有罪肉身时，那蛇恰恰并没有引诱肉身，而是反过来，召唤人们脱离受造物，追求精神。因而那条蛇，也就是说，**以蛇的神话为标志的那种反叛性东西和启蒙性东西**，在黑格尔这里的情形，根本不同于这东西从那居于支配地位的正统教义方面——而不仅仅像在这东西出现于《圣经》中那样——对这种东西横加诋毁的情形。在黑格尔的那些反动的同时代人笔下，蛇的形象本身曾经不无理由地流行（en

[333]

---

① 弗里德里希·奥古斯特·戈特特鲁·托鲁克（Friedrich August Gotttreu Tholuck，1799—1877），德国新教神学家，任教于哈勒大学。——译者
② 托鲁克于1823年发表的一部讨论罪与和解的匿名小说，全名为《圭多和尤利乌斯：关于罪与和解者的学说，或怀疑者的真正典礼》（*Guido und Julius: Die Lehre von der Sünde und vom Versöhner, oder: Die wahre Weihe des Zweiflers*）。——译者
③ 保罗（Paulus，希腊文作 Παῦλος，约3—约67年），基督教使徒，对初期基督教的传播起了重要作用。——译者

vogue)① 过；只不过这个原型恰恰毫无例外地被弄成了深渊中的恶龙形象。法国大革命被说成是这恶龙的发作，圣米迦勒（St. Michael）② 这位统治阶级及其上帝的守护者被说成是恶龙的战胜者。在这一点上，事实证明，黑格尔在人们为什么会想到原罪这样的东西这个问题上的立场是人类学—宗教的立场，甚至是披着神话外衣的一种从根本上支持主体反叛的原型的立场。最后，为了找到一个可以将黑格尔的"恶魔—光明"（Dämonen-Helle）结构反衬得特别清楚的对立面，人们可以对比一下谢林后期宗教哲学中绝对反动的神治状态。这种宗教哲学虽然具有巨大的前逻辑—实存意义上的（prälogisch-existentielle）深度，而且在这种关联下构成了对黑格尔泛逻辑主义（Panlogismen）的一种反击；这种反击并非那么无关紧要的，或者像那些行事呆板却又痴迷黑格尔的学者所做的那么可鄙，但是，在宗教构想本身方面，在以蛇、原罪、上帝之战（Gottesschlacht）为核心的情况下，谢林对黑格尔的"你将如神一般"（Eritis sicut Deus）的反击，正因此便成了王座上的神祇对人的反击。而《圣经》中的古老符号又一次成了自由神秘主义（die Mystik der Freiheit）与反动玄想（Mystizismus der Reaktion）分道扬镳的地方；在后期谢林那里，这一点是非常清楚的。

在这里，就在1848年前夕，蛇像每一次暴动那般凶恶，它所做的不过是将世界搅乱，使它远离了上帝。这样一来，上帝以及他的徒众就必定与尘世开战，天主一次次以愈发得胜的姿态出现，这反映在宗教观念的序列上。蛇、该隐（Kain）、以东人（Rotte Korah）、犹大（Judas）全都属于革命的一边，充当了大恶人。一位古代反叛者，普罗米修斯，在谢林那里虽然如同在黑格尔主义者那里一般得到了赞同，因为这位反叛者在异教的诸神中是一位徒具上帝的自然性"潜能阶次"（Potenzen）的反叛者："普罗米修斯是那样一种思想，人类在将整个诸神世界从其自身中产生出来，回到其自身之后，在那种思想中意识到了其自身和自身的命运，感受到了对诸神的信仰中并不圣洁

---

① 法文。——译者
② 传说中上帝身边的大天使，曾制伏恶龙。——译者

的一面。"(谢林:《全集》第 2 部分第 1 卷,① 第 482 页)然而,一旦这个张力成为《圣经》中的上帝形象,一旦蛇开始反叛,普罗米修斯本原(Prinzip)就直截了当地成了罪本原,成了一开始就受诅咒的本原、撒旦本原。蛇引诱人寻求知识,那知识除了爱上自身的虚无,别无其他内容。撒旦魔鬼是那样一种诱惑,它开始于引诱,终结于惊骇:"在这种关联中他(撒旦)② 就是那古老的蛇,因为正如蛇向人运动的时候不易觉察,以便给人带来致命的伤害,引诱着他的那个本原当其从深处飞升出来,向人展现自身时,就仿佛突袭了他,出乎意料,令他吃惊,仿佛一种轻手轻脚的、令他不易觉察的运动……撒旦就是那古老的蛇,它从不可设想的远古时代以来便引诱着人,并使整个世界混乱——将其带入谬误之中……对于我们这些曾追随过人类的这条宽阔的错误道路的种种蜿蜒曲折的人而言,这个描述根本不需要任何特殊的解释。"③(谢林:《全集》第 2 部分第 4 卷,④ 第 262 页及其后一页)人不可试炼他的自由:"因为就他并不运动、也不吸引什么而言,⑤ 他虽然与上帝相似,但那不是为了成为上帝……这种想成为上帝的想法正是导致覆灭的因由。"(谢林:《全集》第 2 部分第 3 卷,⑥ 第 357 页)这样,世界就成了一种被打碎的统一,一种因为人的自由而损坏、败坏、堕落了的统一。而在谢林那里,这种堕落(Abfall)正是主动的、活跃的、人格性的上帝与之斗争的那种堕落;这斗争一旦发起,就要持续到他重新制伏这堕落的人类和整个堕落的

---

① F. W. J. v. Schelling, *Einleitung in die Philosophie der Mythologie*, in ders.: *Sämmtliche Werke*, zweite Abtheilung, erster Band, J. G. Cotta'scher Verlag, Stuttgart und Augsburg 1856. ——译者

② 布洛赫所加。——译者

③ 布洛赫的引用不确切,省略了两处希腊文和重点号。以下布洛赫引用谢林文句时如有省略重点号之处,不再一一指明。——译者

④ Schelling, *Philosophie der Offenbarung*, in ders.: *Sämmtliche Werke*, zweite Abtheilung, vierter Band, J. G. Cotta'scher Verlag, Stuttgart und Augsburg 1858. ——译者

⑤ 谢林在那个语境里说的是,人不像物体那样不受自身控制地运动或吸引其他东西,而是有着自身的自由。——译者

⑥ Schelling, *Philosophie der Offenbarung*, in ders.: *Sämmtliche Werke*, zweite Abtheilung, dritter Band, J. G. Cotta'scher Verlag, Stuttgart und Augsburg 1858. ——译者

宇宙，并将人类与宇宙纳入自身之内，使自身重新成为一切存在的主（Herrn）为止。从人因原罪堕落直到基督出现为止，上帝都只是凭着他的无意志（Unwillen）、凭着对这场没有硝烟的战争的否定（Nein）而在世界上存在。由此谢林就把最好战的反人类学（Anti-Anthropologie）给了宗教或给了主的这位诚挚的圣米迦勒。而且谢林与黑格尔理性哲学（"你将如神一般"［Eritis sicut Deus］）的对立，正是如此这般被刻画的，即这种理性哲学仅仅将上帝当作目标，因此一切都是在没有上帝的情况下，都是在纯粹逻辑—理性的意义上被考察的，而谢林的神治学说则将上帝当作本原，当作起支配作用的实体。谢林的基督、圣子也没有——比如说——在类同于上帝的独立性中推行对世界的支配（这件事情仅仅适合于圣父），而是仅仅说出了他属于上帝的那种存在，他将世界引回上帝那里去，而且仅仅通过这种决断而达到与上帝的类同。在这种反动的幻境或幻境的反动上面，人们又能重新了解，要如何看出激进的客观主义，如何看出主与圣父的位格，以及黑格尔多么远离这类意识形态。一旦**宗教遗产**的问题可作决断，对蛇的神话的评价在这里也就成了一个固定的标志，可以将异教徒的基督教（Ketzerchristentum）与教会对古老的巴力神宗教①（Baal-Religionen）的延续区别开来。哲学的历书（Kalender）中的普罗米修斯，便相当于革命的异教徒史上的"你将如神一般"（Eritis sicut Deus）。"知道如何衡量"这个反神话的建议，在这里有着其神话原型：**伊甸园里的蛇仿佛理性女神头顶的盔缨。**

一场现实的叛乱是否符合古老的叙述，以及它是否被击退，都还不清楚。这一类的某个观念上的反射，无论如何都在该隐的那个具有奇特的双重意义的故事中延续下去了，也在沙漠迁徙途中那条奇怪地被强调的救赎之蛇身上延续下去了（《民数记》21：9）。耶稣本人在他自己和这条救赎之蛇之间进行的对比（《约翰福音》3：14），完全被各教派关联到他们自己的主体上去了。而且还有一种十分古老的遗

---

① 依据《旧约》的说法，古时信奉巴力神的宗教曾与耶和华争夺信众。布洛赫这里是用反讽技巧表明，被人称为"异教徒"的人继承了真正的基督教，而教会继承的反而是真正的异教。——译者

迹，在神学上凑到了黑格尔对蛇的话语的相关的搭救上来，那就是古代晚期崇拜蛇的异教教派的遗迹。这些教派首先彻底重新评价了《圣经》中蛇的神话，还将伊甸园的引诱与耶稣的引诱等量齐观：基督就是蛇的复归；基督成全了"你将如神一般"（Eritis sicut Deus）这话。人不再被束缚于这个糟糕的世界的创造者之下，他成了在被拯救之后从这个世界被解放出来的人，而蛇就像耶稣那样、耶稣就像蛇那样说过这样的人。这种罕见的平行现象的遗迹经过弱化后，在浸礼会的主体激情中、在那种企图通过自己的在场便将上帝传承下去（这样上帝就不再是陌生人了）的虔敬傲慢之心中进一步延续；这便意味着转而反对一切没有人在其中出现的上界了。而自主性的遗迹经过彻底世俗化之后，便在隐秘而又彻底地与中世纪的异教徒运动关联在一起的那个事件中——在法国大革命中——延续下去了。因而也在那样一种傲慢中延续下去了，它使得黑格尔不知疲倦地刻画那种将世界立于头脑之上——亦即立于思想之上——的力量。这是一条从一切形式的农奴制度（包括它的超验反映）通往解放者、通往自由的天才的道路。青年黑格尔从"打倒暴君"（in Tyrannos）① 这一呼喊中几乎听出了一部新的神圣历法（Heiligenkalender）②，那部历法以雅典暴君的谋杀者哈尔摩迪厄斯（Harmodius）和阿里斯托盖通（Aristogeiton）③、以贝多芬（Beethoven）时常凝望其半身像的布鲁图斯④为导向。由此才有了蛇的这句话："人们教导我们的孩子餐前祈祷、晨祷和晚祷。——再也没有哈尔摩迪厄斯，没有阿里斯托盖通，他们有着永恒的美名，因为他们杀死了暴君，又将平等的权利和法律给了他们的公民们，使得那些公民可以在我们人民的口口传唱中活下去。"（《黑格尔青年时期神学著作》，第359页）这里到处活跃的种种崇敬之情并不是对奴仆

[336]

---

① 拉丁文。——译者
② 亦译"教历"。——译者
③ 二人为共谋杀害僭主兄弟西庇阿（Hippias）与希帕科斯（Hipparchos）的同性恋伙伴。——译者
④ 布鲁图斯（Decimus Iunius Brutus Albinus，公元前81—前43年），罗马政治家和士兵，长年在恺撒手下为官，成为恺撒信任的人，后来参与谋杀恺撒。——译者

圣洁性的赞美，而且它们与黑格尔并非从未听闻的蛇的神话不无关联。在黑格尔看来，信仰就是确定性，然而"确定性完全是主体性"（《著作集》，XI，第79页），"确定性是内容与我的直接关联"（XI，第63页）；因而这种确定性在崇拜某个外部超越之神、崇拜公认的他律性客体的宗教中是得不到的。教导危险行为的蛇，这个原型愈发近了；那蛇不再是密纳发的猫头鹰，它在这方面适合于充当这种宗教哲学的象征。

（8）这里当然要坚持一点：即便黑格尔那自给自足的仰望，也是在其自身中使自己完成的。从前的整个天国，都被扭转到人类的自为存在上来了，并将这种自为存在提升到它自身之中，而与此同时，它又完全被看透了。人这个主体是有深度的，与那些单纯以理智—道德化（verständig-moralisierend）的方式得到理解的受造物不同，然而这深度并不包含任何开放性的、出人意料的东西。就此而言，甚至对黑格尔宗教哲学的那些不太明智的反击，比如最近由巴特发起的反击，也是富有启发的和有益的；这恰恰是因为它们在兜售天堂中的生命时**价格昂贵**。因为它们——虽然是在反动的和彻底神话学的—超越的意义上——在具有宗教特征或宗教意味的那些内容中，使得某种晦暗不明的东西清晰可辨了，那种东西并非不可以进一步回溯到**此前已经出现过的**属人的方式，因而是可以被化解为那种方式的。正如已经看到的，黑格尔并未参与启蒙神学的那种纯粹道德性的人化做法，然而他的基督徒——正如现成的国家、正如人类的艺术精神——还是现身了，也以自身为标准在衡量问题。最终，黑格尔与这种主体性（自为存在）也并无分歧，面对这种主体性，既不存在蕴藏着可能的恐惧的一道深渊，也不存在预示着可能的盼望的星辰。在当前现成的事物那里得到维持的那种实定性呈现为实在论，它虽然带有主体性的当前临在性（Gegenwärtigkeit），或许还带有预期性（Gewärtigkeit），但并不带有同样的盼望。在黑格尔这里，事情必定会如此；尽管有辩证法，过程的封闭性还是不能忍受任何晦暗不明的东西。因此在人对天国的震荡中，也就必然出现一种历史上既有的东西，亦即一部分教会神话学：三位一体学说。然而与此同时，黑格尔辩证法——我们还记得——在这个学说中找到了它的原初模型（Urmodell）；它愈发在以预先规定的方式，在神学的意义上完善了辩证法。那么，圣父、圣子、圣灵的王国就不是作为越来越人化的过程，而是作为上帝的宁静而对象化的"分化"（Einteilung）出现的，而发生分化的乃是那样一位上帝，他违背既定形象，完全又成了外在的、在神话学的意义上正襟危坐的对象，而三位一体的分化便是他的解剖学。在这里，黑格尔的宗教哲学违背它的规划，完全没有消除关于创世的种种故事和种种神话，相反，他吸收了它们。而如果说他将圣父扬弃到圣子中，扬弃到圣灵中，那么他在整体上却同样使神圣的解剖学—三位一体成为静态的了。所有这些位格都不具备自为存在的那种生机勃勃的状态，它们在一种主张非异化（Nicht-Entfremdung）、自我调和（Selbstvermittlung）的宗教哲学中是相当陌生的。然而，在黑格尔这里传播给他的"真理"和"自由"等范畴最大的果敢性格，同时又给予它们支点的，恰恰就是宗教。在他看来，这种传播才使得基督教成为绝对的："这样看来，绝对的宗教就是真理和自由的宗教。**因为真理便是在对象性东西中的举止不同于对待某种陌生东西的态度。自由凭着一种否定的规定表现了真理。**"（《著作集》，XI，第167页）在这里，对真理—自由的这种规定（Wahrheits-Freiheitsbestimmung）不过意味着特殊的神学道理，即上帝所指的东西不断俯身屈就，"那么由此一来，上帝的内容的历史在本质上便是人类的历史，是上帝向人运动和人向上帝运动"。然而除此之外，黑格尔所给出的真理的最高规定还——相当普遍地——意味着在任何客体性，甚至在某种假象—客体性（物化、超越性人格化）那里，没有了任何不会在人的王国中起起落落的东西。众所周知，这一点又被夸大了：黑格尔在接近体系终点的地方越来越将自为存在精神化了。他将针对**异化了的**客体性的斗争——亦即针对客观主义的斗争——提高为一场针对**一般客体性**的斗争，针对不再异化、因而恰恰在实在的意义上产生的那种客体性的斗争。然而只有不再进行这样的夸大，对自身（Selbst）和非异化对象的那种呼唤，才会在宗教、元—宗教（meta-religiös）的意义上变得重要，才会变得卓有成效。他迫切需要扬弃一切关系，在那些关系中，客体事物乃至

[338]

被物化的东西才会膨胀，人才会缩小、被压制、变得可鄙，乃至消失。只有这种自由，连同它处于其中的那种秩序，才能称为黑格尔在唯心论的意义上在基督教中推崇的"宗教概念的实现"。在这里，正如在一个概念的一切实现中一样，从前的概念中的抽象因素就被抛掉了。在这种情况下，他的神话学确定无疑是消失了，而最确定无疑地消失了的则是基督教自两千年来所产生的那种客观性。与每一次居于统治地位的阶级、与上帝的一个位格结成同盟；这个位格忘记了，它在《旧约》中是作为对脱离奴役状态的敦促，在《新约》中则是作为说给受苦受累的人们的福音才出现的。

上帝何以成人①

[339] "宗教感情的崇高的一面在于，它并不沉迷于过去的任何直观和享受，而是渴望永恒的美与极乐"（《著作集》，I，第 7 页）。

同一条洪流既使人回忆，也使人遗忘："各民族将这种宗教意识视作他们真正的尊严，视作生命的礼拜日，……据说它就在当前的虔诚感或者盼望中。在精神的这个地带，忘川涌流，心灵啜饮其水，忘了一切痛苦，将时间里的一切艰辛、黑暗都刻画成一场梦幻，美化成永恒者的光辉"（《著作集》，XI，第 4 页）。

信仰与知识有同样的内容。诚然也有人告诫，即倘若它们的情况如此，那么两种形式中有一种就是多余的了："实际上要提出那样的主张，即哲学与神学在内容、需求、旨趣方面是共同的……哲学在阐释宗教的时候，只是在阐释其自身，而在它阐释其自身的时候，它阐释的倒是宗教。"（《著作集》，XI，第 5 页）

黑格尔在这一点上变得很朴素；与"无神论者"斯宾诺莎的关联："哲学以上帝为对象，而且真正说来，它以上帝为唯一对象。哲学不是任何尘世智慧（Weltweisheit），像人们称呼的那样，仿佛它与信仰对立似的。它不是尘世的任何智慧，而是对非尘世东西的一种认识；它不是对外部团块、经验性定在与生命的任何认识，而是对永恒

---

① 原文为拉丁文。——译者

者、对上帝和对从上帝的本性中流溢出的东西的认识"(——斯宾诺莎那里的"派生而出"[sequi ex])①,"而这种本性必定展示和开展其自身。"(《著作集》,XI,第15页及其后一页)

然而上帝对其自身的知识就是人对上帝的永恒知识,而这种知识完全以非斯宾诺莎的方式在杂多和历史序列中开展其自身(它诚然是那样一个序列,它又"以永恒的方式发生",因而完全不发生):

"宗教是意识,对知识而言它是知识,对精神而言它是精神;人的意识是上帝的概念在其中得以实现的材料;概念是目的,而实现这目的的材料则是人的意识。"

"为了理解种种有限的(历史上的)宗教的真理,人们必须从两个方面考察它们:一方面,上帝是如何被意识到、如何被规定的;而另一方面,主体是如何凭此便了解自身的。这种规定性贯穿了客观的方面和主观的方面,这两个方面在同一种规定性中协同进展。"(这就是说,也存在着一种上帝的历史哲学,在神秘主义的意义上它与主观—历史的上帝观念是等同的。)"人关于上帝的观念符合他关于他自身、关于他的自由的观念。既然他是在上帝中了解自身的,那么他也是在上帝中了解他过去的生活,了解他存在的真理的……上帝最初是某种完全不确定的东西;在发展过程中,关于上帝是什么的意识逐渐形成,也越来越多地失去了**最初的不确定性**。"(《著作集》,XI,第42页及其后一页)

这里又是黑格尔倾听蛇的建议的合适地方。因为正如逻辑学中的"纯存在",宗教上的纯存在(世界和人都源出于它)并非丰盈,而是"最初的不确定性"。黑格尔作为历史哲学家,相当大程度上也是作为法哲学家,在浪漫派—好古的意义上向某个过去致敬,但即使如此也不是在向某种原初过去(Urvergangenheit)、向后来—泻千里和不断恶化的开端在太古时代的某种原始完满状态致敬。情况毋宁是,既然黑格尔表现出了(某种一如既往地具有好古风格的)发展的激情,而不是表现出(从完善者到完善者的)流射(Emanation)②的激情,

---

① 拉丁文。——译者
② 指普罗提诺的流射学说,普罗提诺认为太一不是出于匮乏,而是出于完满才流射,而且它流射而成的精神也很完满。——译者

那么在他看来，开端状态并非公正的天国，也不是公正的伊甸园。出于同样的理由，黑格尔在人中发现了光的承载者（人感觉单纯的"动物公园"沉闷乏味），发现了磷光和诱使人寻求认识和自由的魔鬼：

[341]　　"我们在《圣经》中发现了一种被抽象地称作'原罪'的众所周知的观念，这种观念极为深刻，它不仅仅是一个偶然的故事，而且是以外在的神话方式表达出来的、人类永恒而必然的故事。"

"意识在自身中包含了双重的因素，……在自身中既包含了对恶的反思，同样也包含了本原、拯救之源、自由；这双方都包含于这个故事中。自由的傲慢是那样一个地方，傲慢在那里不应当存在。另一方面，就傲慢包含了拯救傲慢的源泉而言，傲慢应当存在，这个方面表现在上帝的话语中：看啊，亚当成了我们这样的人……因而我们可以说：这是人的自由的永恒故事，即一般而言他会走出这种沉闷状态，进入意识的光亮之中，此外，他看到了善恶的存在"（《著作集》，XI，第 194 页及其后一页）。

"在基督教中有一条原则……即人具有绝对无限的价值。此外，这个原则还表现为，在基督教中包含了那个通过基督这个人启示出来的上帝本性与人的本性相统一的教义：人和上帝，客观理念和主观理念在这里合一了。在另一种形态下，这个原则表现为原罪的古老叙事，**依此看来蛇并没有欺骗人。**"（《著作集》，XIII，第 124 页）

向个别宗教过渡，亦即向越来越精确地以某种意识进行调和的宗教对象过渡："由此我们就开始考察宗教的概念、自在的宗教；当宗教进入意识，它就成了另一个东西……这样看来，人自在地虽然是自由的，却不是非洲人、亚洲人，因为他们都不知道是什么构成了人的概念。现在要考察宗教的规定性；已达到的和能达到的最高的认识是，宗教的规定性（事情的理念）本身存在着。"（《著作集》，XI，第 183 页及其后一页）宗教精神以精灵的方式，作为一种本身沉浸于自然之中的超自然力量而开始。

[342]　　祈雨的尝试便已经是虔诚的了："宗教最初的形式，我们称之为巫术，这种形式在于，精神性事物是超越自然之上的力量。"（《著作集》，XI，第 220 页）"就这里有生命者对有生命者产生了作用，甚至

精神性事物也对形体性事物产生了作用而言,存在着一些无可否认的整体关联。"(《著作集》,XI,第232页)

古印度丰裕的野蛮力量与空虚的自我(后者注目凝视,抽身而出)之间的相互交织:"自由的第一种最初的方式是人的存在或动物的生机。存在在这里具有人类塑造的形式,而且在幻想的王国里,各种对象完全偶然地被设想成人的形态或动物的形态,人在这种塑造中肆意挥霍,来对付这些对象。"(《著作集》,XI,第281页)"巨大的不连贯性有目共睹,极大地贯穿了诸神的独立性,这使得他们都是元一(das Eine),他们的具体形态、自然却又消失了。同时这元一……作为人又具有本质性实存,而人就自行提升到这种抽象程度了。"(《著作集》,XI,第289页)"在这种无思想状态、空虚状态下,人聚合到其自身之内,这种纯粹的自我性、这种纯粹的自旁存在(Beisichsein)便是梵。现在崇拜的最高方式便是,印度人对这种抽象状态完全习以为常了。"(《著作集》,XI,第306页)

即便在埃及宗教中"上帝也还总是自然",不是荒野的或被抽象地腾空了的那种自然,而是增殖着、到处都充满象征符号的、作为谜语而自行挣脱着的那种自然,简言之,是同时作为荒漠和斯芬克斯(Sphinx)的自然精神(Naturgeist)。它艰难地获得了突然出现的意义:"现在看来,由此才有了通过一般具有外部形态的材料获取意义的这场斗争……金字塔是一个自为存在的晶体,死者栖身其中;在向美逼近的艺术作品中幻想的是带着形态的外在性的那种内在灵魂……在这场搏斗本身中,神被直观到了;由此应当达到的乃是精神提升到自然性之外。"(《著作集》,XI,第374页及其后一页)

犹太人脱离奴役状态,人现在将自己本身看作神圣的了。自然神祇退位,"精神个体性的宗教"开始了。黑格尔已经将此前对人形神祇的那种自然信仰(Naturglauben)编列到这个序列中了;这里的过渡是从最坚硬的东西、因而从僵硬的埃及神祇那里而来的。在巫术中就已经被寻求的那种超自然的力量,现在再也不会或再也不会仅仅作为精灵出现了。黑格尔看到,起初的那些人的宗教(Menschreligionen)中的种种自然规定性被驱逐到边缘去了:闪电在耶和华、宙

[343]

斯、朱庇特那里都只是属性而已。关于星辰的神话并没有消失,带有石柱的女神像承载着外部世界构造的一个沉重的片段,斯芬克斯们①就位了:然而它们被摔下去了。黑格尔就是这样利用斯芬克斯和俄狄浦斯的神话的:"曾有那样的报道,说斯芬克斯在忒拜出现了,而且还问:什么东西早晨四条腿走路,中午两条腿走路,晚上三条腿走路?俄狄浦斯回答说那就是人,这个解答令斯芬克斯摔下山崖;因为人是什么,这是埃及人所不了解的。"(《著作集》,IX,第229页)这里包含的解释,即希腊消解并实现了埃及人的形象,从艺术的角度来看是站不住脚的;这是过高评价希腊雕塑的虚立腿、立腿、相对姿势的那种古典主义,它还不懂得埃及在整块石头的完美性方面具有的更高地位。但从宗教的角度来看,在黑格尔的人类中心主义的意义上,埃及的斯芬克斯还是很友好的,而且被认为太轻巧了:"而那个谜便是这般被解开的:谜底就是人,自由的、了解其自身的精神。"(《著作集》,XI,第376页)当然接下来还有问题:这是从哪种宗教来看,从如今展开了的那种精神个体性(上帝与人的相似性)内部的哪种上帝观念来看才是如此?黑格尔赋予希腊宗教——"美的宗教"——这种力量;这种宗教只以犹太宗教("崇高的宗教")和罗马宗教("合目的性的宗教")为两翼。犹太教只具有入门导引性的地位,这一点从形式—体系的角度来看已经非常怪异了,因为这样一来《旧约》就与《新约》完全分离了。基督教作为这几种精神个体[344]性的宗教之后的"绝对宗教",现在是以辩证的方式接续了罗马的诸神,而不是摩西和众先知。帕特农神庙和卡皮托利山(Kapitol)就像横亘在《旧约》和《新约》之间的整块大陆;这正如耶稣并不出身于犹太教后期的弥赛亚主义。这也正如教会歌曲唱到的:这条嫩枝发芽了,物种源自皮拉图斯山(Pilatus)。黑格尔将犹太教完全描绘成向摩西律法和单纯的"对天主的畏惧"的还原了;的确,他对《旧约》的看法被他那个时代专事交易的犹太人搅浑了,也由于那极具拙

---

① 埃及神话中有三位斯芬克斯:人面狮身的 Androsphinx,羊头狮身的 Criosphinx,鹰头狮身的 Hieracosphinx。斯芬克斯的形象和含义在进入希腊神话中之后发生了变化。——译者

劣模仿特征而又死守律法的拉比传统而偏离了经文原意。犹太人与耶和华的关系仅仅被描绘成奴隶般的，而犹太人与《出埃及记》中所期盼的那位**上帝**、与众先知描绘的**未来上帝**的关联，在这里踪迹全无。考虑到黑格尔完全是从先知传统那里，无疑不是从赫西俄德（Hesiod）① 那里或从仙女厄革里亚（Nymphe Egeria）与国王努玛·蓬皮利乌斯（König Numa Pompilius）② 的对谈中获得宗教的种种未来导向，并对创世历史和空无一人的开端状态（而不是人类所完成的目的）孕育的激昂情愫漠不关心，事情就更加怪异了。说基督教只是犹太教的一个弱化版本固然不正确，然而让基督的基督教（Christentum Christi）出自罗马，而非出自先知传统，这就违背事情真相了。然而在异教徒看来，基督教只不过是一种愚痴，在犹太人看来不过是一桩不愉快的事件，亦即在根本上是一个地地道道的悖论。尽管如此，黑格尔没有将与星辰神话对抗的力量赋予先知传统，而是赋予了希腊宗教。这是就"希腊宗教没有停留于恐惧状态，而是将自然的关系改造成了某种自由与明朗的关系"（《著作集》，IX，第298页）而言的。这诚然是对的，尽管切斯特顿说过的那句重要的话在此可以作为补充："在异教徒中知名度颇低的一桩乐事，到基督徒那里就成了大秘密。"然而关于某个新的人国（regnum hominum）③ 的理念（它在众先知那里出现了），才赋予阿波罗故事以及神圣之春（ver sacrum）④ 风俗以根据（Grund），而不是赋予它们背景（Hintergrund）。这样黑格尔也才能仅凭由《圣经》中人与上帝相似的概念催生的反向领悟，而阐明希腊宗教中的人神同形现象，乃至拟人现象，这些现象现在看来当然不再平庸或苍白了："在我们的（希腊的）层次上感性事物在其中表现神性事物的那种形态，便是人的形态。不存在或许是精神事物之感性化的其他身体形态，但那感性化并不是某个经验中的人的形态，那样的形

---

① 赫西俄德（Hesiod，希腊文作Ησίοδος，生活于公元前700年左右），希腊诗人，以《神谱》与《工作与时日》而闻名。——译者
② 传说中罗马的第二位国王，厄革里亚是他的妻子。——译者
③ 拉丁文。——译者
④ 拉丁文，古代意大利人驱逐年轻人以创建新部落的风俗。——译者

态同时从属于定在的偶然性……这种感性材料中的形态是属人的，因为神被人设定了。然而这种被设定的存在不是通过放弃个别的自身（des einzelnen Selbstes）而获得的，因而这种形态是普遍的、本质性的、美的，而且在这个意义上就是精神特征的表现。希腊诸神是拟人的，这就是说，他们一般而言带着有限性规定，甚至是非道德的，那非道德因素或许在更高的神话中有其根源；然而这里主要的缺失并不在于希腊诸神身上有太多拟人的因素，而在于这一方面的因素还太少了；在神那里人的因素还太少了。犹太教的诫命'不可造偶像'与下面这一点有关，即神在本质上是对于人的思想而存在的；神的生命的另一个环节却是他外化于人的形态，这就使得这种形态在那里是作为表现而存在。"（《著作集》，XII，1832年版，第105页及其后一页）——"在这种宗教中，没有任何东西是无法理解的，没有任何东西是不可把握的，在神那里没有任何内容是人所不知道的，是人在自身中找不到的，是人不了解的。遏制住了阿喀琉斯的怒火爆发的帕拉斯（Pallas）①，不过就是遵从了他自己的习惯罢了。雅典娜（Athene）是这个民族的精神，而不是一种外来的精神、守护神（Schutzgeist），反而在民族内部活跃地、当下临在地、现实地活着……主体在这种礼拜中是自由的，这造就了他的开朗。在这种礼拜中，荣耀归于神，然而这种荣耀却成了人自己的，使得人恰恰在其自身表现出，他意识到了自己与神圣事物的肯定性关系和统一，使得这种意识在人内部行得通了；人在那里欢庆他自己的主体性。"（《著作集》，XII，第109页及其后一页）

罗马的宗教并不太为人所颂扬，罗马的信仰带着它的许多奇特的目的之神、功能之神，甚至抽象物之神（朱庇特·皮斯特［Jupiter Pistor］②、朱诺·莫内塔［Juno Moneta］③、和平女神［Göttinnen

---

① 帕拉斯（Pallas，希腊文作Παλλάς），史诗《伊利亚特》中阿喀琉斯的密友。——译者

② 罗马神话中众神之王，是天空、光明和法律之神，罗马十二主神之首，其神庙位于卡皮托利山。——译者

③ 罗马神话中朱庇特之妻，是女性、婚姻和母性之神，亦称"警戒者朱诺"，掌管财富。——译者

Pax]、机运之神［Occasio］、安宁之神［Tranquillitas］等等）——神话学中这些特有的散文般的幻想毋宁是被黑格尔低估了。尽管如此，据说宗教观念同样是从这里，而不是从耶路撒冷一变而为基督教观念的，尽管已经转变为原始基督教观念了。这一点通过朱诺·莫内塔，甚至通过卡皮托利山的朱庇特是不可能的，就此而言，黑格尔一度强调罗马帝国（作为基督教界的基础，作为后来的普世教会的基础），然而后来就不再强调罗马宗教本身，而是直接强调将罗马宗教的抽象合目的性带到优美的生命与意识之上的那场**灾难**。黑格尔在这方面运用了许多关于命运的神话，在那里，政治变成了命运，正如拿破仑定义的那样。然而正如就命运似乎根本不是外在的必然性，而是内在的必然性而言，黑格尔设想每一种命运中都有上帝的磨坊在起作用，尤其是在罗马宗教中：基督的面粉据说就是在那里碾磨而成的。或者至少脱离晚期罗马的虚无主义状态，向一个整一世界（Einheitswelt）①传播开来，并出于这种虚无主义的骤变，播撒到这个世界的沟沟壑壑中：

"我们看到了奥林匹斯山这个众神的天国，看到了由幻想历来所能理解的各种最美的形态构成的这个圈子。由最美的东西构成的这个圈子向我们展示为虽说自由的，然而同时也相当有局限的民族精神；希腊人的生活被局限在这些本身只是有限的光点的星辰上。自由的精神状态唯有通过这种局限性的扬弃才能达到，而命运越出希腊诸神的世界向远方滑翔，在希腊的国家生活中大行其道，便将这些民族带向了毁灭……这种命运化为罗马世界和罗马宗教。在这种宗教中，人们也知道神是合目的性的东西；然而目的在这里实无异于罗马国家而已，这就使得这个国家成了笼罩在其他民族精神头上的抽象权力；在罗马万神殿里，所有民族的神都被搜集起来，也由于他们应当被融合起来，而相互抵消了。罗马的精神实现了消灭优美的生命与意识的这场灾祸。命运作为那种精神，曾消灭了先前的宗教的那种幸福和开朗；这种抽象的权力产生了巨大的不幸和普遍的痛苦，那种痛苦本应

[347]

---

① 指基督教在罗马帝国的统一疆域上传播。——译者

成为真理的宗教（Religion der Wahrheit）的产痛。因此这种局限性和有限性在优美精神的宗教中也被否定了……'是时候了，神派来了他的儿子'，经上是这样说的；当精神中不断发生这种绝望时，那便是时候在时间性和有限性中找到这种满足了。"（《著作集》，XII，第147页及其后一页）

原始基督教作为自在状态的基督教（Ansich-Christentum），其革命的方面与它一道归于消失；对基督布道的批判和限定："上帝的这个王国，这个新宗教，**自在地**就带有针对现成之物的否定性规定，这便是那样一种学说的革命的方面，那种学说将一切现有的事物部分地抛到一旁，部分地予以消除，加以推翻……先前的事物发生了改变，从前的关系、宗教、世界的状态再也不能保持原样了；现在事情的关键在于，要解救那会生出和解意识"（亦即：并非与现成世界的和解）"的人脱离这种处境，追求从现成的现实中抽身而出。这种新的宗教本身还是浓缩的，它并非作为团契现成存在着，而是要在构成了那不得不斗争、搏斗的人的唯一兴趣的这种力量中，维持这种兴趣，因为它还没有（！）[①] 与世界的状态（！）达成一致，还没有与世界意识（Weltbewußtsein）形成整体关联……这些全都是首次出现的学说、规定，在那里只有新宗教构成了人们唯一的兴趣，人们必定认为有失去它的危险。对一切本质性兴趣和伦理纽带的这种放弃、这种冷落在真理集中显现的时候成了一种本质性规定，后来当真理有了坚实的定在时（！），这种做法却失去了它的重要性。这是对上帝国度的预示：人必须立于这个国度（作为爱上帝的国度）中，这样他就能直接将自身抛入真理中"（《著作集》，XII，第242页及其后几页）。——从保罗到陀思妥耶夫斯基（Dostojewski）[②] 的宗教大法官[③]，对登山宝训

[348]

---

① 布洛赫所加，下面几处同此，不另说明。——译者
② 费奥多尔·米哈伊洛维奇·陀思妥耶夫斯基（Fedor Michailowitsch Dostojewski，俄文作 Фёдор Михайлович Достоевский，1821—1881），俄国著名作家，著有《卡拉马佐夫兄弟》《罪与罚》《白痴》等。——译者
③ 《卡拉马佐夫兄弟》中的著名形象，就神的存在与人的生存提出了许多根本性的追问。——译者

（Bergpredigt）的一切修改，都发现自在地正当的东西（Ansich-Richtigen）或基础与被建立于那基础上的、进入实存之中的建筑之间的区别已经就位了。而且，由于这建筑并非正好依照登山宝训的标准乃至依照爱的共产主义（Liebes-Kommunismus）的标准建立起来的，那么在一部福音本身和由地牢与二楼（Bel-Etagen）构成的国家①之间的那种区别，实际上就只是表面的区别。

为什么上帝成为了人？教会对这个问题的回答是，既然他承担起了人类的债务（Schuld）②，他就要将人类从这债务中解救出来。如此一来，某种罗马式的义务法（Obligationenrecht）就进入基督论（Christologie）之中了：作为债务人的人，作为债权人的上帝；债权人并没有——比如说——免除债务，便表示如果他自己清偿了债务，就会感到满意。但除了基于一种被称作"殉道"的代理支付或满足来构思十字架上的悲剧的做法之外，"上帝何以成人"（Cur Deus homo）③ 的问题也被异端思想作了这样的解释，即这样一来超验上帝（圣父）的国度就终止了。12 世纪菲雷奥的约阿希姆（Joachim von Floris）④ 就是这样通过圣子（爱）的到来解释了圣父（恐惧）的国度的倾覆，而通过圣子的国度在人中的完全消散，据说随之而来的便是圣灵的国度或团契的国度。这套学说由莱辛在《论人类的教育》中重新提起；它通过黑格尔从德国神秘主义那里接手的"唯灵论"而更强烈地接近黑格尔并融入他的思想（作为主体的实体）。这样一来，虽然在黑格尔这里也有通过殉道达到代理性满足的现象，由此"人的有限性"据说被扬弃了。然而在黑格尔这里，"'上帝死了'这句艰难的话"却也包含异端的庆幸意味，即死去的是外部的上帝（der äußere Gott），而复活的则是基督徒团契的圣灵：

---

① 指有阶层区分的国家。——译者

② 也指罪责，这里实际上是以债务比喻罪责，但译文无法同时体现出这两层意思来，由于下文讨论债务问题，为了照顾上下文的连贯问题，这里权且译作"债务"。——译者

③ 拉丁文。——译者

④ 菲雷奥的约阿希姆（Joachim von Floris，亦写作 Gioacchino da Fiore，1130—1135 年出生，卒于 1202 年），意大利修道院长，教团创始人，在 12 世纪以历史神学家名世。——译者

[349] "在这个意义上说，在对这死亡的真确理解中，与主体本身的关联便出现了。观察活动在此停止了；主体本身在进程中被引入了；他感受到了他自己的那种被基督承担起来的异化，因为他带有了人性，却又通过他的死亡消除了人性。而团契在此便开始产生了：这方面的内容便被称作圣灵的倾注。"（《著作集》，XII，第 251 页及其后一页）

"在这整部历史中，人们意识到了下面这一点，这一点也是他们所达到的真理：上帝的理念对于它们乃是确定性，人是直接的、在场的上帝，而且在这部历史中，正如精神对历史的理解那样，即便对历史过程的描述，也是对**人之所是**、**精神之所是**的东西的描述。"（《著作集》，XII，第 253 页）

各各不同的、然而到处都具有人类学特征的取自异教信仰和《圣经》信仰的建筑材料；同时是黑格尔神秘主义中献身于理性之中的一个例子（sui generis）①："一位老人说过，人啊，从你的激情中，你取得了你的神祇们的材料；——人们还可以补充说，从思想中，你取得了追求上帝的要素和材料。"（《著作集》，XIII，第 176 页）

17. 哲学史和黑格尔体系的终结

（1）黑格尔曾说过，到处都可以从思维开始。知识开始的地方，无须成为纯粹的、空洞无规定的存在。一般而言，开端只与那决心进行哲学运思的人有关，而与科学本身无关。因为科学是一个圆圈，而且各个圆圈在自身之内处处都是开端，也无处是开端。然而在阐述的时候，黑格尔理所当然要有某个特定的起点，与此相应地也要有某个更确定的终点。它是充盈的终点，或者说是不再不确定的存在（nicht mehr unbestimmten Seins）的那种完全被清空了的内容。主客调和[350]（Subjekt-Objekt-Vermittlung）的长长的序列，重力和光、尘世和国家的长长的序列，一直引向了艺术和宗教，最终全都结束于哲学之中。

---

① 拉丁文，意为"独具一格"。——译者

在信仰证实真东西（des Wahren）时所用的表象形式之后，出现了最高的形式，即概念的形式。现在，在这种最发达的形式中，自为存在就得当前临在（vergegenwärtigen）了，精神王国的最高贵的芳香开始散发出来了。

（2）在黑格尔这里，精神王国通过哲学史、因而在最顶端的部分通过书本风行于世。当精神破晓与结束的时候，在最高的地方，理性完成了任务。哲学家们几乎总是爱将他们的工作（即他们的纯唯心论工作）与至高者的工作等量齐观；这样，他们就穿上了上帝的外衣。黑格尔曾以极为显著和高妙的笔法描述这外衣，这种描述在典型的意义上不仅仅具有精神贵族的气质，还具有内阁部长的气质。黑格尔呼喊道："在这里，当哲学家们以精神的面包屑为食时，他们就离主更近了；他们所读所写的，仿佛就是上帝救命的原文，他们有共同书写这救命的义务。哲学家们是一些秘仪术士，在任何风浪之下都与内心最深处的圣物同在；其他人分享了他们特殊的旨趣：这种统治，这种财富，这个少女。"（《著作集》，XV，第96页）在黑格尔这里，如此这般群星笼罩、带着这种大弥撒般的头衔的思想家远不止是教授和作者；而这个文句如果不是如此庄严隆重，如果不是高度狂热，就会像一切崇高之物一样，投下古怪的阴影：哲学家是世界精神的真正的秘密顾问。强烈的统治欲在这里清晰可见："人们说，这些胡说八道，当我们让哲学家们在我们的内室里争来吵去、这般那般商谈合计时，我们看到的这些抽象物，都不过是一些空洞言词。——不！不！它们其实是世界精神的、因而也是命运的所作所为。"苏拉（Sulla）就是这样与命运结盟的，甚至自信与命运融为一体了，恺撒和拿破仑就更是如此了；那些先知、宗教改革家们也曾如此这般承担起更高使命。在黑格尔这里，也曾发生过一种具有类似深度的迷狂之情，它使他对自己的作品产生了绝对的信念（一切大思想家莫不如此），但这种迷狂之情严格保持在"绝对知识""绝对哲学"的静思领域内。因此那统治欲便得不到实现，因此世界理念（Weltidee）的那位秘密顾问最终就像是这理念的秘书一般，只有共同书写救命的义务。此外，在那种抽象物（它的缩写形式就是对已发生之事的复述）中，并没有发布关于正在发生或将要发生的事情（"何所为"［Wozu］）的什么命令，因此，那个关于世界理念的内室的文句是这样结尾的："世界精神花了成百上千年的时间所为之事（wozu），我们可以更快地做到，因为我们的优势就是将它当作某种**过往**，而且眼见它在抽象物中发生。"这样，世界历史就停泊在古书中了，尤其是停泊在依序构成了哲学史的那些古书中了。倘若那幅救命的形象在多方面令人想起了某个巴洛克宫廷的政府当局，那么将书本绝对化的做法便尤其是来自巴洛克时代的一声回响。就像那时一样，在黑格尔这里，世界最终进入书本形式、进入一部自然之书（Buch der Natur）、进入一部历史之书（Buch der Geschichte）中，这书以哲学人（homo philosophicus）① 为卷首画（Titelbild）。巴洛克的书本崇拜（Buch Idolatric）最终在图书馆看到了浓缩的太空（Weltraum），看到了在各大图书馆中收集起来的具有持久性，也值得延续下去的那部分世界内容（Weltinhalt）：如今这世界内容就立于永恒文字构成的一面墙的背后。当然，黑格尔没有，也绝不会走得如此之远，虽说哲学也有着大穹顶式的构造。他那含有上帝指令的大量文献绝非什么外在的档案，这些文献极其出色，即便在书本积累方面也是如此，在其不可见的内容、在著作的**逻各斯**（*Logos*）② 方面独一无二。然而，由于在黑格尔哲学中，世界（Welt）与世界思想（Weltgedanken）是同一个，因而它在最高的意义上还必须在一个思想的世界中显示出来。

　　与此同时，名称（Namen）在这里就变得重要了，那是使得事情清晰可辨的一些人名。只有事情清晰可辨，精神则是在各位思想家那里透显出来的，而这些思想家则只是精神的别名（Beiname）。"当思想家谈论自身的时候，其实并不是在谈论自身，他们披上了上帝的外衣"，这个命题已经很陈旧了。它向来妨碍社会整体关联之感（das Gefühl des gesellschaftlichen Zusammenhangs），但也将思想限定在某个

---

　　① 拉丁文。——译者
　　② 原文中的"Schrift"除了有"著作"的含义之外，有时也特指《圣经》，而 Logos 则可以相应地指《约翰福音》中所说的"太初有道"之"道"（亦译"言"），因此布洛赫在这里说的也可能是黑格尔文献在体现《圣经》之"道"方面是独一无二的。——译者

被认为最实在的地方了,而不是放任思想到其他地方飞翔,或者自由地飞翔。柏拉图说过,神在计算(Theos arithmetizei)①;亚里士多德宣称,神是思维之思维(Noesis Noeseos)②。黑格尔以一段亚里士多德的引文结束他的《哲学科学百科全书纲要》,那里主要的句子是:"精神通过抓住神的精神③而思考其自身";但引用者超过了亚里士多德,因为神的精神和哲学现在完全可以互换,却又不是同一个。整体上说,那种神话信仰还是在持续起作用,即天才是更高力量的代言人;这种信仰凭着哲学事务与神的事务的等同,既将消息探究到了极致,又可以说将它理性化了。然而在黑格尔这里,这种拟人化的做法毕竟只是辅助性建构,为的是首次使个别哲学家的——亦即柏拉图的、亚里士多德的、康德的等——名号脱离私人的和偶然的境地,亦即让这些名号成为真理(逻各斯)的内容规定。在这里,伟大思想家总是在历史意识中,让那些重要概念本身依次产生出来;既然黑格尔相信世界精神发出了这种敕命,哲学史在他这里就首次达到了哲学体系本身——在这体系的顶点上。当然,由于神圣的唯心论,由于前文已经说过的对社会整体关联的消除,在这部哲学史上同样出现了太多的体系,亦即完全自给自足的体系。正如密纳发出自宙斯的头部,现在看来种种哲学思想也不应当与母亲这类东西有什么整体关联,它就那么产生了。虽然黑格尔教导说,每一种伟大的哲学都是在思想中被把握的它的时代,然而那文本本身却没有跳出时代之外,它来自变得自为存在的思想本身的所谓自给自足状态。这里到处都缺乏已描述过的对于经济史与社会史、对同时代的种种社会条件的依赖性;只有直接印象(Aperçus)④才表明了这一点(这一点在智者派、在法国的启蒙那里达到了最明确的意识)。仿佛思想家们在每个方面都是老鳏夫,仿佛他们只是相互之间进行交流,即交流这一点:在象牙塔里已经依

---

① 希腊文的拉丁化形式。——译者
② 希腊文的拉丁化形式。——译者
③ "des göttlichen Geistes"(神的精神)或译"圣灵"。这个说法在亚里士多德原文中是没有的。——译者
④ 法文。——译者

次回答了天国的某个不可见的学院发布的悬赏问题。人们由此看出，哲学史是黑格尔最少忠于原文地保留原样的东西（原本在近代哲学中有巨大的断裂，甚至在中世纪哲学中也如此），这部分有着比《著作集》中前面的每一卷——《逻辑学》除外——都更多地以唯心论的方式凸显出来的体系结构。然而正因此，在哲学史中，正如在历史中一样，出现了代表性的名字，这是一种完全特有的、极端非偶然性的代理做法，它有时显得比黑格尔的世界精神的秘书身份或者比黑格尔披上的上帝外衣更耐久。黑格尔最终将每一个**重要的哲学家都与一个逻辑范畴联系起来**，这样一来，那个哲学家的名字就代表这个逻辑范畴，他的学说就解释了它。因而在19世纪哲学中曾被人用来指责哲学的话，即它不像数学和自然科学那样是堂堂正正的科学，在黑格尔这里却获得了哲学的荣誉。巴门尼德（Parmenides）① 代表"存在"范畴，赫拉克利特代表"变易"，原子论代表排他性的自为存在，智者代表"映象"范畴，苏格拉底代表"善"范畴，亚里士多德代表"目的"（目的论）范畴，斯宾诺莎代表"实体"范畴，康德代表"主观性"范畴（尽管后两个范畴在二人那里是不那么果断地主张的）。这样一来，即便在知识园地中也有了某种花期了：在各个季节推展的过程中，总有新的品种在开花，而在这些品种的相继序列中、在各种思维形式的交替运动中，此时黑格尔的逻辑学就像冥后普罗塞耳皮娜（Proserpina）一样从阴影王国大白天下了。在这里，黑格尔哲学就呈现为绝对的哲学，此前的所有哲学都被扬弃于这种哲学中，都如此这般既被降格为真理的相对合理的展现，也作为这种展现被挽救了。

（3）各种思想及其拥护者的相继兴起，便是以这种方式被编排出来的。现在，哲学的历史不再显得是由冥思苦想出来的各种念头构成的大杂烩了。现在，哲学最讨厌的敌人不再是它自己的这部历史，不再是由相互矛盾的各种意见构成的这个看似混乱无序的场面了。当

---

① 巴门尼德（Parmenides，希腊文作 Παρμενίδης，生于约公元前520—515年，卒于约公元前460—455年），前苏格拉底哲学家，以其关于存在的学说闻名。——译者

然，各个哲学家的名字所扮演的角色与个别科学①的学者们扮演的不同，它总是能刻画他们自己的特征。因为即便个别科学以传记—历史的方式为他们的学说标号时，这几乎都只是出于记忆法的方便，或者是为了简述的目的——尤其在19世纪更是如此。而这种不带个人特征的科学性，恰恰总要跟各种哲学传记构成的单纯序列一争短长。正好事情越牢固（这里意味着它包含的自然科学越多），它的发现者姓甚名谁对于事情本身而言越是无所谓；人们常常只是出于恭敬而将那名字顺便写在旁边。这样一来，就有了卵巢里的格拉夫②卵泡，就有了恩克③彗星，就有了肾病中的布莱特④症；这样，哈维⑤在科学史上就与血液循环的发现关联在一起，欧几里得（Euklid）⑥就与依据他命名的几何学⑦、哥白尼就与依据他命名的体系⑧关联在一起了。然而个别科学凭着巨大的傲慢，显示出这些名称的外在性，也显示出这些名字与哲学家名字——因而也包括哲学——的不断更替之间的区别：现实的科学是在前人的肩膀上建立起来的，而不是在各种哲学体系的那种致命一击式的新颖性之上建立起来的。当然，这种傲慢只有在下面这一点大白于天下之前才能维持，即它是与单纯拙劣模仿的科学，至少是与单纯教科书式的科学（及其"得到保障的结果"）同根共生的。运动和研究来得越多，看起来在整条线上融贯下来的那种知识也就越是明快地消失了。出现了非欧几何学，它完全不是在欧几里得肩膀上建立起来的；后者毋宁是表示一组有局限的公理的名称。因

[354]

---

① 指哲学之外的各门具体科学。——译者
② 赖尼尔·德·格拉夫（Reinier de Graaf, 1641—1673），荷兰医生与解剖学家，实验生理学的奠基人之一。——译者
③ 约翰·弗朗茨·恩克（Johann Franz Encke, 1791—1865），德国天文学家。——译者
④ 理查德·布莱特（Richard Bright, 1789—1858），英国医生、病理学家，肾病领域的先驱，最早描述肾炎。——译者
⑤ 威廉·哈维（William Harvey, 1578—1657），英国医生和解剖学家，现代生理学的开路先锋，以实验方式证明了血液循环。——译者
⑥ 欧几里得（Euklid, 希腊文作Εὐκλείδης，约生活于公元前3世纪），古代著名几何学家，著有《几何原本》，奠定了欧氏几何学。——译者
⑦ 指欧氏几何学。——译者
⑧ 指哥白尼体系。——译者

而欧氏几何学这个名字本身就成了表示某种特定几何学的范畴；除它之外，依据公理前提的变换（换种更好的说法，即唯物主义的说法，依据对现实事物更丰富的数学摹本式理解［Abbild-Erfassung］），还有其他一些几何学产生了。同样，当牛顿力学在三维直观空间之外失去了它在解释事物方面的价值时，没有别名的科学也就结束了。牛顿成了直观空间内部的力学的某种特例的名称；这种力学在此得到了正确的界定，然而在爱因斯坦（Einstein）[①] 的世界里，它就没有管辖权，也陈旧过时了。的确，目前看来，即便哲学家也比数学家和自然科学家（更别提经济学家了）更严重地被相对化了；哲学史完全在黑格尔的意义上展现出一种更具亲缘性的事情整体关联（Sachzusammenhang）。这种事情整体关联恰恰来自哲学家们与那随之被分节表达出来的范畴的那种不太外在的关联，当然，也来自哲学范畴本身的不太过时的特征。因而与"哲学家们一个接一个地自杀"这个假定相反的是，柏拉图向来比欧几里得活跃得多，莱布尼茨也不像牛顿那样被相对化。实际上，伟大哲学家们的理论是被推动的事情本身的一个部分，而欧几里得则被降格到基础几何学的位置上，也在四维时空结合体（Zeit-Raum-Union）的范围内几乎完全被归于牛顿的世界中。因而这就是黑格尔在"思想的万神殿"（Pantheon des Gedankens）里将苏格拉底、柏拉图、亚里士多德等的哲学与相应的种种事情关联（Sachbezügen）等同起来的做法中相对经久不变的东西。阿奎那关于天使的那种主张，在黑格尔这里经过必要的修正后（mutatis mutandis）[②] 也适用于伟大哲学家：个体在这里变成了范畴。个体的个别性一度代表某种普遍性，所谓的人格魅力在黑格尔这里代表一种必然的思维形式，而哲学史上种种自相矛盾的意见在表面上构成的混乱局面，便让步于内容丰富的矛盾所构成的辩证法了，依据这种辩证法，一个新的体系便是按照反题—合题的方式，发源于从前占支配地位的体系。

---

① 阿尔伯特·爱因斯坦（Albert Einstein, 1879—1955），著名的德国现代物理学家，创立了相对论，著有《统一场论》《非欧几里学和物理学》等。——译者

② 拉丁文。——译者

当然，这种推导是通过从时间重新回溯到先于一切时间而开放的思维玫瑰换来的。然而黑格尔是在哲学的序列中，看到了他作为创世之先的逻辑学而加以开展的那些上帝思想所构成的那个序列的强势复归。凭着宁静的伟力，他追索了这个计划，这个计划几乎比哲学家穿上上帝外衣的做法更古怪，尽管它与那种做法相关。黑格尔逻辑学的**那种形式的**本体论（Die *formale* Ontologie），对所有一般存在物的基本结构的复述，这种抽象的智慧（上帝的智慧），恰恰被当作**哲学史的本体论**了。在宗教哲学中，我们已经遇见在历史上被逐渐意识到的一些来自逻辑学的范畴：度的范畴在中国宗教中、合目的性范畴在罗马宗教中的情形便是如此。宗教在它那单纯观念的介质中没有完全成功的事情，现在仿佛应该在思想这一完全自由的介质中得到成全了。然而这个极端唯心论式的规划只有在开端之处才可以遵行：虽说①巴门尼德、赫拉克利特、原子论者就像存在、变易、排他性自为存在一般相继而起。然而紧接着逻辑—范畴的序列就终止了：阿那克萨戈拉或合目的地行动的理性，涉及的就已经是非常靠后的一个范畴了。在原子论者之后，毕达哥拉斯（Pythagoras）②或量的范畴必定随之而来，等等；简言之，结果仿佛是一张完全损坏了的年表。然而这里也可以辨别出那个完全不古怪的思想：一切有地位的哲学立场都被描述为相对合理的了。它们不仅是其各自时代和社会的最高意识的表达，而且是那每次可以通达的、以不同方式被打开的世界图景的一些尚未说清的解读方式。这正是作为科学的物理学所盼望的东西，即成为统一的事情发展过程，依照黑格尔的看法，哲学史已经达到了这一点；而且，**并不受下面这一点妨碍，反而是由于下面这一点，即哲学是一种有别名的科学**。有地位的哲学家凭着在总体性方面的参与，便是那些主要范畴了；这样一来，黑格尔便希望从它们的这个核心中认出每一种哲学来，希望这样来为它排序。既然——在哲学家足够重要的情况下——一般说来并不存在无条件谬误的东西，只存在片面的东西、

[356]

---

① 与之对应的转折语气的后半部分在下一句。——译者
② 毕达哥拉斯（Pythagoras，希腊文作 Πυθαγόρας，约公元前 570—约前 510 年），前苏格拉底哲学家，以其关于数的学说而闻名。——译者

在其片面性上被过分强调和被绝对化了的东西，那么对于黑格尔而言，每一种立场在适得其所的时候，便得到它那经过概念性把握的荣誉。相对谬误的东西（Das relativ Falsche）证明自身不是孤立的谬误东西，而是辩证的谬误东西，它证明自身是哲学史上否定性的过渡环节；恰恰因此，它便等同于相对真的东西（das relativ Wahre）了。"在每一种谬误的东西里都有某种真的东西——在这个说法中双方（依然还）像油和水一样不相容，只是外在地结合起来。正是为了使意义明确，为了刻画完全的他在这个环节，……谬误的东西就不再作为谬误的东西而成为真理的一个环节了。"（《著作集》，II，第31页）这样一来，对于政治史行得通的一点，对于哲学史也行得通：那里要是没有了任何否定性的东西，不犯点重要的错误，只剩下了那种并不重要的正确性，历史在那里就像白纸了。无论如何，"只有一种哲学在发展；如果说有更多的哲学，那也是被区别开来的许多方面，是一些片面的原理，而各种片面的原理便构成一个整体，那个整体是那些片面原理的基础；我们看见了各方在相互驳斥"（《著作集》，XV，第686页）。否则，便只有折中主义以其自身的贫瘠无收和首鼠两端而津津乐道了。相反，这里是最高的多产性，它如其本然地遇到了各方使节、朋友、兄弟——在自己的哲学的庭院里。即便此前遭到鄙薄的或者谜一般下落不明的东西，在这里又首次被召唤出来，大白于天下。这样一来，柏拉图对智者派的严厉评判就部分被修正了；这样一来，在一个完全不同的领域，普罗提诺也得到了修正，而他直到黑格尔为止（包括一段短暂的佛罗伦萨文艺复兴）都被人列入"新柏拉图主义的狂热"这个栏目下。黑格尔同样精力充沛地重新发现了另一位伟大的新柏拉图主义者普罗克洛斯，他是一位辩证法家——二人惺惺相惜。尽管为此并没有预设下面这一点，即只有世界精神的一柄尊贵的权杖才能赋予这种友情。或者并没有预设下面这一点，即那个太过泛逻辑化—同心化的（panlogisch-konzentrische）的命题行得通："因此最后的哲学包含了先前的各种哲学，将一切层面都囊括在自身内，是全部先前哲学的产物和结果。"（《著作集》，XV，第690页及其后一页）

（4）如果某个对象在概念上被把握了，那么至少我们与它的关系会发生某些改变。依据黑格尔的看法，即使在对象本身那里也会发生某些改变；这个对象作为经过探讨的、经过概念性把握的东西，改变了它自身的异化状态，正如意识改变了它对于对象的异化状态一样。黑格尔虽然并不总是强调哲学家是多产的，哲学家只是在观察问题而已，然而他的观察毕竟有某种进展，有某种在主观—客观方面可以辨识的成就。法哲学不应当成为外来的法权，也不应当从鸟瞰的角度被看待，而是本身又成为一种以理性的方式被思考的法权。同样，哲学美学（philosophische Ästhetik）本身又成为艺术之物，在概念语言中被引向了艺术的本质；不存在**关于**那里的某个对象的任何单纯的言说，就像在所谓的普遍艺术科学中那样。同样，宗教哲学亦复成为宗教的素材①，即便在没有任何文学家的替代产物和任何灵知主义的理智化做法（keine gnostische Intellektualisierung）供所谓的哲学宗教（philosophischen Religion）驱遣时，情况也是如此。正因此，没有任何真正的社会哲学家不具备一个政治家的素质，没有任何真正的美学家不同时是独具一格的（sui generis）② 艺术家，没有任何真正的宗教哲学家能够不是宗教之人（homo religiosus）③ 而成为宗教哲学家的。然而一门个别科学的研究者在这些领域的才干，他对这些领域的材料的掌控，则完全无须这种亲和性就可以爆发出来，而且能最好地爆发出来。与此相反，那些伟大的哲学的主体和方法则带着一整个由种种政治的、艺术的、宗教的乐器构成的乐队，这些乐器在不断产生的思想中被统一起来，达到和谐。然而经过概念性把握的哲学史中的情形又如何呢？那个体系何以闭合？是什么在这里通过概念改变了事情本身，**当黑格尔哲学本身**以其自身为标杆时，又是什么首先在这种哲学上发生了改变？必须立即讲明的是：在黑格尔这里没有任何东西发生改变；当他的哲学的历史哲学（Geschichtsphilosophie der Philosophie）

[358]

---

① 这里"宗教的素材"对应原文中的"die Materie Religion"，原文似乎说不通，"Religion"应为"der Religion"之笔误。——译者
② 拉丁文。——译者
③ 拉丁文。——译者

走到他自己这里时，便凭着对整个刚刚闭合起来的体系、因而凭着某种同语反复（Tautologie），就闭合起来了。在《精神现象学》中，进入自身之中的那种知识①的定在"就是先前的那种定在，不过重又从知识中产生出来了而已"。（《著作集》，II，第611页）尤其在哲学史的结尾，关于黑格尔的主题的那种历经一个过程才得到的理论，它所看到的无非就是那主题本身："在统一中了解对立，又在对立中了解统一。"（《著作集》，XV，第689页）当审美直观的世界、宗教表象的世界被思想加工、阐明，并被校正到它们的完满实现状态（Entelechie）之后，艺术、宗教并没有一仍其旧。但既然哲学这个主题在它的这部经过透彻思考的历史的结尾又原样出现了，那么，在这部历史的过程中它就没有体验过任何东西。而被勾勒出的结果本身，即黑格尔哲学，由于它的光谱色（Spektralfarbe）最终不是由普通的光，而是由它特有的光谱色来照亮的，因而这种哲学就没有得到强化。当然，只有在黑格尔这里，这样一个问题，即通过特有的强化发生改变的问题才可能出现；但也只有在黑格尔这里，一种改变才在原则上被排除了；因为在被种种具体状态（既有状态、所谓已成功的状态）过度塞满了的整个体系中，最后再也不剩下任何地方，留给那对自身进行概念性把握的哲学进行什么自我改变了。最终，除了在刚刚累计起来的既成状态范围内，就不存在任何新颖的东西了，也不存在任何未完成的、简直未曾具体化的应当（Sollen）了。当某种理想国家出现时，正如**在其他地方**都完全"具体"的法哲学②中不可忽视的那样，这种国家在希腊城邦中早已体现出来了；正如在美学中那样，当各种理想完全合法地出现时，它们却已经被各种现成的艺术作品塑造好了，总是已经以完满实现的方式内化于这些作品之中了。而且恰恰正如最后又显明的：在如此长久地划破长空洞彻一切的过程之后，体系作为"各种圆圈构成的圆圈"，把自己往回编织进自身之内了。结果深思熟虑地加以了结的总又正是其自身；谈到哲学，在黑格尔这里保

---

① 指绝对知识。——译者
② 指黑格尔法哲学。——译者

留下来的**纯粹理论的考察方式**中,这种现象当然是不可消除的。在这里,所谓纯粹理论的,是指那样一个地方,在那里只有通过哲学的自我运用或通过彻底的回顾性关联(Rückblicks-Beziehung)所产生的种种诡辩才是可能的;那是下面这种类型的诡辩,即整个题材越轻,整个哲学就越失真。在这种形式下,一切明显都行之不远;黑格尔凭着作为那不可消除的"世界历史最内在的东西"的哲学,进行的那种同语反复,是在严肃认真地对付只有在试图以纯理论的方式解决指定的问题时才可能出现的那种空洞的奇思怪想。某种哲学之哲学(Philosophie der Philosophie)、真理之真理(Wahrheit der Wahrheit)的问题,随着对象的改变,不可能——与灵知主义认识论等量齐观——以虚无主义告终。这个问题固然可能会同样少地——正如这一点在黑格尔这里也在哲学史的结尾处发生的那样——以无对象的精神化(Spiritualisierung)告终,以纯粹的、有意识的知识的自我循环告终。《雅各书》4:17中还在先知们的那种精神氛围之下,意有所指地这样说道:"人若知道行善,却不去行,这就是他的罪了。"资产阶级并非毫无理由地将艺术贬值为欢乐,他们也如此这般地将认识贬值为无结果的理论。因此,走向强化的真理(der intensivierten Wahrheit)的问题的唯一**通道**,位于不同于那保留下来的、未中断的理论的基础的另一个基础上:它处在**具体实践**的基础上。这个基础是黑格尔迈进不了的,无论他有多少支配欲,概念并未立于这个基础上。这种自我理解的哲学,既然没有完全认真地对待它的真诚想法,这就是说,既然没有下定决心去实现这一想法,就不可能突然下决断。黑格尔不可能踏到这个基础上,因为后者所预设的不是一个已经完成的世界,而是一个能发生变化的、非封闭的世界,一个可以规划的世界。保持了纯理论性质的,而且在这一点上表明为有限的那种自我认识,必定总是同语反复,哲学作为其自身的自为存在,并没有发生什么根本变化。黑格尔哲学在其推理中不可能包含哲学的消除,恰恰是因为这种消除在辩证的意义上仿佛就是哲学的实现。而且是因为,这种实现,在纯粹的精神化本身中仿佛找不到任何对象,即便在没有异化的人那里也找不到,尤其在一种没有异化的自然中,就更找不到任何对象了。而且是因为，黑格尔的体系本身作为封闭体物质化了，而不是成为一个行军队列意义上的某种在程序上开放的体系：朝着某种非精神性的目标推进，马克思将此目标称为"通过消除这本质的异化而占有对象性本质"，因而既是通过消除异化了的人类本质，也是通过消除世上的对象性本质来占有这本质。在黑格尔这里，理念的理念、自我认识的自我认识（Selbsterkenntnis der Selbsterkenntnis）总又是对根本不愿保持任何以太状态的东西的某种以太化（Ätherisierung）①，而且它是同一个理念——从现在开始，直到永远。

[361]　此外，没有任何吹毛求疵的需求会促使人们还逗留在这个终点上。因为黑格尔通过最后这个部分和在最后这个部分中对整体的重复，已经无法正式维持了。可以想想集合论中一个与此类似的问题：没有任何集合可以包含那只有通过整体本身才能被定义的项。如果一个概念作为项归属于某个集合，它的特点是它的定义中正好接受了作为整体的那个集合，那么这个概念就是不可允许的了。然而，如果——而且现在看来这一点不仅在形式上，而且在内容上也很关键——一个希望包含整体的部分理解了其自身，而且将自身作为对整体的包含来理解，那么正因此就有某种先前为整体中所无的东西被补充到整体中去了。对于一个包含了其自身的集合，它自身的这个容纳者就再也不能当即通过那些旧的要素或要点之间的种种未被囊括进来的关联来定义它了。相应地，毕竟还有概念、公式被附加到一个经过概念性把握的事情中，而且就先前那个事物的可认识性而言，又在先前那个事物上增加了某种相对的不可认识性。著名的拉普拉斯世界公式（Laplacesche Weltformel）给出了这另一个内容上的、与集合论的种种定义困境相关联的悖论的例子（即使黑格尔的自我认识的自我认识，也是作为囊括一切的世界公式出现的）。拉普拉斯②在与他关于概

---

　　①　"以太"是黑格尔和德国自然哲学家们常用的一个概念，表示近乎非物质性的最高物质。在这里的语境下，"以太化"表示理念化、理论化。——译者
　　②　皮埃尔－西蒙·拉普拉斯（Pierre-Simon Laplace, 1749—1827），法国数学家、物理学家和天文学家，精于概率论和微分方程。——译者

率计算的分析理论相关联的背景下宣称，一个精灵①如果知道一个被指定的极短的时间段里宇宙中所有原子的状态和运动，也就能够依据力学规则，由此推导出世界的整个未来和过去。这里涉及的并非拉普拉斯精灵的某种物理上过时的东西，依照原子力学正好在此所了解到的因果可靠性关系中的那种断裂来看。这里涉及的，也不是一种彻底机械论思维的非现实性，对于那种思维而言，在它的世界中自始就没有任何跳跃、因而没有任何新东西发生。在这个例子中涉及的毋宁是，即便拉普拉斯世界公式完全是可能的，但是就在它被发现的那个瞬间，它就变错了。因为它本身并没有包含于由它所计算的那个世界中；因而它所辖的这个世界不同于我身边的这个世界。引领走出所有这些困难，走出与彻底的体系学（totaler Systematik）不可分的那些困难的教导是有的，而且一直都有：出于一些形式上的理由，哲学的哲学可能不仅产生它先前的那种内容，也已经能以不变的方式，通过全部的内容来定义其自身了。世界**概念**被这个概念的概念的纯粹定在［362］（das pure Dasein des Begriffs dieses Begriffs）（用黑格尔的方式说就是：理念的理念的纯粹定在）改变了；当然，由此是否也能导致**世界本身**的某种改变，这一点明显并不取决于在概念中的逗留，也并不取决于和概念一道被设定下来的这些学院式问题，而是取决于世界概念——如果有的话——才会导致的那些**决断**（Entscheidungen）。毕竟这概念也是为了进行那些决断才被预设下来的；概念的问题（概念的内容问题）恰恰预先就决定了纯概念性构架——它不能无穷复制其自身——在哲学本身的体系终点处的终结。通过劳动而在理论—实践上改变对象，正如在黑格尔的《精神现象学》中正好被预想过的，尤其会通过哲学的实现、通过哲学的实践，而导致最后消除哲学。然而，被沉思的沉思（der kontemplierten Kontemplation）的那种同样尤其具备圆圈形式的自我观察，阻碍了这一点；黑格尔的概念的概念并没有改变它的概念性，也没有改变它的对象。由此，辩证法最后还通过跳跃

---

① 即中文学界常说的"拉普拉斯妖"，我们仍照原文翻译成"拉普拉斯精灵"（对应 Laplace-Geist）。——译者

到某种全新东西中去的那种跳跃运动，而被带向开端之中的某种圆圈运动了，在这里，除了对一开始就自在地现成存在的东西的阐释之外，在整体中根本就没有发生任何新事。因而即便整体的整体（das Ganze des Ganzen）作为终结而发生的时候，恰恰在已发展到终点因而一直同语反复的这种哲学的哲学中，也不会发生任何新事。

（5）这样看来，要保持在那回到其自身的概念之内，圆圈是很好的手段。然而，它也是把在整体上将被陈述出来的世界问题的内容上的"**答案**"**变成圆形**，并且在自己本身中巩固起来的一种手段。即便当哲学家们在他们的哲学的哲学（Philosophie ihrer Philosophie）中，仿佛在他们的哲学的自豪与关键词中一般，从形式上看并未循环时，那在上方和内部假设穿顶的因素也被圆圈拿来利用了。在这个意义上便得出了如下结论：世界的本质，倘若不是作为现象，也是作为概念，至少是作为名称，被弄清楚了；这本质运行在这个概念的可预见或不可预见的圆圈内。这概念及其核心内容在不同的人那里都是不同的：在柏拉图那里叫作理念，在亚里士多德那里叫作隐德来希，在斯宾诺莎那里叫作实体，在莱布尼茨那里叫作单子，在黑格尔这里叫作绝对精神，在叔本华那里叫作生命意志。然而，整体来说就是那样一种封闭性，即情况就是如此这般的，亦即世界的核心（仿佛它不是什么核心，而是彻底的规定性、成型状态）就是如此这般的。自泰勒斯（Thales）① 以来的一切哲学都具有本质的这种被终结者（Beendete）或固定物（Fixum）②，即便康德的自在之物也服从于这个范畴，尽管它通常是不可知的。黑格尔哲学在那固定物中达到了顶点：没有任何保留、没有在未来的时间与尚未到来的东西的母腹中孕育什么的那种"开放者"，给了它非本己的在场和完结因素。世界问题的地地道道的解决与那种根本内容有关，由于那内容是在如此剧烈变动的历史中得到概念性把握的，而且造就了如此之多的前线和创新，它那里就绝没

[363]

---

① 泰勒斯（Thales，希腊文作 Θαλῆς，生于约公元前 624—623 年，卒于公元前 548—544 年），前苏格拉底自然哲学家、几何学家、天文学家，认为万物的本原是水。——译者
② 拉丁文。——译者

有什么固定不变的东西，不管它是否已经自在自为地澄清了和完成了。但是，如果那根本内容能**呈现出一种不仅对于人类理性，而且在自在自为的意义上尚未澄清的东西，因而呈现出在自身的事情中的一个实在问题**，那么，就没有任何现成已有的规定来衡量这事情了。尚处在酝酿状态、运行过程与匿名状态下的东西，是不能通过确定的术语来认识的。在其自身中尚未同化的东西，是不能通过某种哲学的任何封闭的"本原"（Prinzip）来认识的，更遑论同化了。当然，认识的那条必然条理分明、在任何地方都并非不可知的路线，在没有过早封闭的情况下，就只会去追求**同化**事物。然而这恰恰并不意味着封闭性，就像在整个静态形而上学（statischen Metaphysik）中发生的那样。

毋宁说，在那本身还根本没有开启的存在中，人们必定一直意识到了开放的如是（das offene Daß）①。这开放的如是便是万物中生产性的驱动者，它本身却还没有完全从自身内部发展出来、推动出来。这如是和它的生产便是世界上创制性的、强化性的和正在实现着的因素。在社会中它是劳动着的人，但它在整体上，亦即在整个自然中而且作为事情本身呈现出来的是什么，这一点还处在匿名状态的一片期待的迷雾之中，而照亮这片迷雾的使命便交付给我们了。我们的任务并不在于凭着某种现成既定的"本原"甚或"绝对者"（Absolutum），将那附属于世界进程（Weltprozeß）中的事情折断，并错谬地将其固定下来，在它迄今为止的尚未确定的状态（Noch-Nicht-Bestimmtheit）下对它进行概念性把握，还**继续推进**到它那还摆在眼前的、实实在在地可能的成功状态。因而这种强度以及由这种强度推动起来并保持此动态的那种进程，它们的意图究竟有何内容，这不仅对于我们而言，而且在那个进程本身中都还没有大白天下、一清二楚。而这个进程的发起者想要的，从来都只是它自己的同化：为了最终打入驱动性的如是根据（Daßgrund）、动力根据（Bewegungsgrund）的内容中去。因

[364]

---

① Daß（当今正字法中写作 Dass）在德文中是引出从句的连词，表示"有某某事情"，在这里的语境下表示人们意识到有某事情发生了，但对那事情本身究竟如何还不甚了了。这里勉强译作"如是"。——译者

此，对这个行动者真正的同化，当它的任务被正确地提出时，就必须精确规定驱动该进程的存在本身的如是根据。它的难题就是如此**极端的物质趋势—动力**（radikale Tendenz-Impetus der Materie），这种趋势—动力过去在运动着，如今在改变着，将来还要以辩证的方式维持下去，在实实在在的可能性中并不封闭起来。而与肇始（Anstoß）的这种尚未达到的联合，明显地完全不同于圆圈构成的那种联合。黑格尔的圆圈带给自在与肇始的那种开端（Alpha）①的，无非就是经过中介的回归的那种终结（Omega）；他在内容上没有补充任何新东西。然而真正的同化——一种唯有通过历史上的新事物（Nova）②才能获得的东西，一种内容上最新的东西（Novum）③本身——与自在和肇始的那种开端的关系，不是作为回归，而是作为不折不扣的增加、充实而与那种开端发生的关系。这种增加、充实的发生不是基于过去的视野，而是基于未来的视野；不是基于回忆（Anamnesis）④的视野，而是基于预期的视野；不是基于好古式观察的视野，而是基于精通进程的行动的视野。而在这个终点上，同一性就绝不再是什么纯逻辑性的逻辑原理，而是起着总结的作用：在如下意义上而言，它表示物质性定在中的如是或强度（Intensive），即这如是或强度本应通过理论—实践（Theorie-Praxis），一度发现它的趋势所向的目标内容（Zielinhalt）很激进，而一切驱动与实现的如是根据本身终于在那目标中得以展现和实现了。要实现的恰恰不是任何理念，而是物质的核心，是物质的趋势—动力的源泉、本能、酝酿根据（Gebärungsgrund）。这样一来，同一性也便只是自我认识，因为它在物质的意义上就是自我实现，因而也是那实现者的实现（Realisierung des Realisierenden）。甚至最终只有作为这种强音，它才在隐秘唯物主义的意义上（kryptomaterialistisch）从黑格尔的自为存在、从这种既是否定性的（完成状态）又是

---

① Alpha 是希腊字母表首字母的拉丁拼读法，常用来隐喻事物的开端；下文中 Omega 则为希腊字母表末字母的拉丁文拼读法，常用来隐喻事物的终结。——译者
② 拉丁文。——译者
③ 拉丁文。——译者
④ 希腊文的拉丁化写法，源自柏拉图的"回忆说"。——译者

肯定性的自由中发出声来。它是一种强度的自由，而不是被思考者的自由：" 虚无的最高形式，在自为的意义上来看乃是自由，但是，当自由在自身把自己**深化到最强烈的程度**，本身也成为绝对肯定性时，这种自由就是否定性。"① （《哲学科学百科全书纲要》，§87） 然而这只能操持那种理论的实践（Praxis der Theorie），它不仅在概念上把握世界，还深化为这种否定、这种肯定，因而希望通过以它的种种生产力的中介来寻求改变。照此看来，同一性（作为实现了的哲学）的预期中的一具体的实在性定义就是：客体在被解放了的主体那里终结，主体在非异化的客体那里终结。

哲学的钟表

"精神只有当对象周围有某种秘密、某种没有大白天下的东西时，才在那里展开劳作。"（《著作集》，X^2，第231页）

针对肤浅性："对那具有坚实内容的东西最容易的工作是进行判断，比较困难的是对它进行理解。"（《著作集》，II，第5页）

针对那种仅仅单纯被动的，而且希望保持这种状态的博学：

"所谓博学，主要地只是知道一大堆无用的东西，这就是说，除了对那些无用的东西具有一些知识之外，本身没有任何别的内在意义和价值。"（《著作集》，XIII，② 第23页及其后一页）

"思维所创获的成果，就其为思维而言，构成了精神自身的存在，这种哲学的知识因此也并不是博闻强记——一种对于已死去了的、埋葬在地下的、腐朽了的事物的知识。哲学史所研究的是不老的、现在活生生的东西。"（《著作集》，XIII，第53页）

让死人埋葬死人，或者针对历史主义：

"寓于哲学之中的生动精神，为了显示自己，要求由一种相似的

---

① 重点号为布洛赫自己所加。译文参见了梁志学先生译本。——译者
② 即《哲学史讲演录》第1卷。译文参考了贺麟等先生的译本，见黑格尔《哲学史讲演录》第一卷，贺麟等译，商务印书馆1959年版，第17页。以下译文参考该译本之处，不再一一说明。德文见《著作集》第13—15卷，中译本第二、三、四卷分别为1960年版、1959年版、1978年版。——译者

精神来诞生。这精神在出自对认识意见的某种兴趣的历史态度面前，作为一种陌生的现象漫步而过，不公开它的内在的东西。它可以对如下的事漠不关心：它必须为扩大对木乃伊和通常成堆的偶然事物的多余的收集服务。因为面对好奇地收集各种认识的做法，它本身在转手之间已逃掉了。"（《著作集》，I①，第168页）

"这样的哲学史家像是动物，它们听见了音乐中一切的音调，但这些音调的一致性与和谐性，却没有透进它们的头脑。"（《著作集》，XIII，第9页）

遗产意识（das Bewußtsein des Erbes）完全不同于历史主义。这种意识是得到创造性理解的当前方位（Standort），有伟大的传统作为支持。历史主义是遗产的埋葬，真正回归到遗产上便无异于民族的更新。在这里，过去那些没有得到清理和清偿的问题就像来自过去的那些巨大的、友好的帮助一样都是存在的：然而这双方是从未来、而不是从某种既成状态（Gewesenheit）迎面而来的。因此再也不可能有任何黑格尔主义者了，而这恰恰是因为黑格尔仅仅在一种既不再是，也不再可能是他的哲学的哲学中存活着。哲学的钟表——在黑格尔这里等于是世界精神的时刻——不会两次敲响同一个钟点：

"因此，虽然这个精神看起来仿佛只是从自己出发，再次从头开始它的教养，可是它同时也是从一个更高的阶段开始。在实际存在中，这样形成起来的精神王国，构成一个前后相继的系列，在这里一个精神为另一个精神所代替，并且每一个精神都从先前的精神那里接管世界的王国。"（《著作集》，II，第611页）

"这种传统……并不是一尊不动的石像，而是生命洋溢的，有如一道洪流，离开它的源头愈远，它就膨胀得愈大。……所以每一世代对科学和对精神方面的创造所产生的成绩，都是全部过去的世代所积累起来的遗产——一个神圣的庙宇，在这里面，人类的各民族带着感谢的心情，很乐意把曾经增进他们生活的东西，和他们在自然和心灵

---

① 指《哲学论文集》（*Philosophische Abhandlungen*），主要收集发表于《批判哲学杂志》中的一些论文，这里对应的是《费希特与谢林哲学体系的差别》，译文参考宋祖良等中译本，见商务印书馆1994年版，第5—6页。以下参考该译本之处，不再一一注明。——译者

的深处所赢得的东西保存起来。接受这份遗产，同时就是掌握这份遗产。"(《著作集》，XIII，第 13 页及其后一页)

"因此柏拉图、亚里士多德的哲学，和一切哲学，就它们的原理来说，尽管直到现在还存在着，但哲学已不复是在柏拉图和亚里士多德哲学的形式和阶段中了。我们不能够停留在他们那儿，他们已经不能复兴了。因此我们今天不复有柏拉图派、亚里士多德派、斯多亚派、伊壁鸠鲁派。"(《著作集》，XIII，第 60 页)

"哲学的真正的独特物是有趣的个性，在个性中，理性从一个特殊时代的建筑器材中构成一个形态。特殊的思辨理性在这里找到了它的精神之精神，它的肉中肉，理性在精神、肉中直观自己，**既作为同一个东西，又作为另一个活生生的东西**。"① (《著作集》，I，第 171 页及其后一页)

思维的自由作为哲学开端的条件："在历史上，只有当自由的政治制度已经形成了的时候，哲学才会发生。精神必须与它的自然意欲，与它沉陷于外在材料的情况分离开。世界精神开始时所取的形式是在这种分离之先，是在精神与自然合一的阶段，这种合一是直接的，还不是真正的统一。"(《著作集》，XIII，第 113 页)

苏格拉底的不正当与正当之处；哲学的钟表指向了世界精神的一种更高的意识："希腊世界的原则还不能忍受主观反思的原则；因此主观反思的原则是以敌意的、破坏的姿态出现的。因此雅典人民不但有权利而且有义务根据法律向它进行反击；他们把这个原则看作犯罪。这是整个世界史上英雄们的职责；通过这些英雄才涌现出新的世界。这个新的原则是与以往的原则矛盾的，是以破坏的姿态出现的；因此英雄们是以暴力强制的姿态出现，是损坏法律的。作为个人，他们都各自没落了；但是这个原则却贯彻了，虽然是以另一种方式贯彻的，它颠覆了现存的东西。"(《著作集》，XIV，第 120 页)

柏拉图的那些对话录是出于偶然，也是出于内在的（事情的）必然性而累积起来的；它们那不可复制的高超机能便是在中间这条狭长

---

① 重点号为布洛赫所加。——译者

的山脊上的运动:"就对话的引子说来,对话有时也有这种漫谈的方式,采取偶然进行的形式。但往后这些对话就成为事情的发展,谈话中的主观成分就消失了……对话也有这样的缺点,即它的进程好像是出自武断任性似的;到了对话完结时,好像会令人感觉到,对于这个问题也可能有其他结论似的。在柏拉图对话里,即使有这种武断任性的地方,也只是表面的。不过武断任性是被排除了的,因为对话的发展仅只是事情的发展——更优美、更连贯的逻辑进程。"① (《著作集》,XIV,第184页及其后一页)

"为了消解特殊的东西以形成共相,这种辩证法还不是真正的辩证法,还不是辩证法的真形式。这是柏拉图和智者派共同具有的一种辩证法,智者派是很懂得如何去使那特殊的东西解体的。"(《著作集》,XIV,第225页)

亚里士多德——第一位可与黑格尔相匹敌的百科全书式思想家——与思辨的经验:

"亚里士多德深入到了现实宇宙的整个范围和各个方面,并把它们的森罗万象隶属于概念之下;大部分哲学科学的划分和产生,都应当归于他。"(《著作集》,XIV,第298页)

"他考察一个对象的各方面情况,……而其结果刚好变成思辨的研究,——仿佛是……诸环节的一种统摄。……而因为他紧紧地把所有这些规定联结、结合起来,他就形成了概念,他就是最富思辨性的,虽则看起来他好像是遵循经验的方式。……他的经验是**全面的**;就是说,他没有漏掉任何细节,他不是抓住一个规定,然后又抓住另一个规定……像知性的反思所做的那样……经验的东西,在它的综合里面被把握时,就是思辨的概念。"② (《著作集》,XIV,第340页及其后一页)

普罗提诺对主体和客体的扬弃:"怀疑论和独断论以及意识、认识造成了主观性与客观性的对立。普罗提诺取消了这种对立,高飞到最高

---

① 破折号后的内容为原文所无,是布洛赫自己加上的。——译者
② 除最后一处省略号外,其余各处均为应加上而被布洛赫忽略未加的。——译者

的境界，没入亚里士多德的'思维的思维'这个观念之中；他和亚里士多德的类似之处，多于他和柏拉图的类似之处。"（《著作集》，XV，第67页）

骑士比武和经院主义的**辩证化做法**（Dialektisieren）被黑格尔富有教益地放到一起看。尽管如此，即便黑格尔所达到的那种普遍性，也不足以克服从18世纪以来对经院主义的那种误解。对于经院主义的那种精雕细琢——若是没有它，就不可能有康德，也不可能有黑格尔的逻辑学——没有任何谢意：

"正如欧洲普遍出现了骑士格斗、武力自卫和骑士比武的景象，如今也发生了思想上的骑士比武。"（《著作集》，IX，第403页）

"这样，经院哲学便沉陷于有限概念的无穷运动里。须知可能性与现实性、自由与必然、偶性与实体等范畴，按其本性并不是什么固定的东西，而乃是纯粹的运动。……经院主义者是由于他们惯于作无穷的支离繁琐的分辨而得到坏名声的。"（《著作集》，XV，第153页）

"它只是形式、空洞理智，这种理智老是在范畴的无根据结合、理智的种种规定中转来转去。理智王国远在彼岸……而且充满了感性的关系，除了圣父、圣子外，还有天使、圣者、殉道者，但却不是充满了思想。……经院主义完全是理智的紊乱，像在北日耳曼自然景象中多枝的枯树那样。"①（《著作集》，XV，第199页）

然而，就这种批判关联于神学上的经院主义的那些超越的东西（"除了圣父、圣子"）而言，在这种批判中活跃着的不仅仅是对那些东西的无知，还有黑格尔这里的一种无可否认的隐秘唯物主义。而且是那样一种唯物主义，它在经院主义的情况下甚至可能会转而反对自己的概念化身。这样一来，哲学家②不仅像在宗教哲学中那样在某种东西中预先讲出了费尔巴哈的人类学式宗教批判，还在评判经院主义时几乎逐字逐句讲出了费尔巴哈对黑格尔本人的批判。费尔巴哈指责过黑格尔，说他既然将精神的各种范畴——被抽象而成的一些普遍范

---

① 前一处省略号为译者根据原文所加。——译者
② 指黑格尔。——译者

畴——提升为世界和世上发生的事情的承载者,"把谓语弄成了主语",那就颠倒了现实的关系。针对经院主义者,黑格尔的评论令人极度惊讶:

"关于经院主义者,人们可以说"(他在此提到了大阿尔伯特[Albertus Magnus]①、阿奎那这些概念实在论者[Begriffsrealisten]),"他们是没有表象、亦即没有具体内容地在那里作哲学思考;**他们把真实的存在(esse reale)**②**、形式的存在(esse formale)**③**、客观的存在(esse objectivum)**④**、本质(quidditas)**⑤ **弄成了一些主语。**"⑥(《著作集》,XV,第205页)而在松了一口气,过渡到文艺复兴的时候,黑格尔还完全以费尔巴哈的方式说:"时代的精神曾经采取了这个转变;它放弃了那理智世界,现在直接观看它的当前的世界、它的此岸。随着这样的一场骤变,经院哲学便消沉了、消失了,因为它和它的思想是在现实的彼岸。……人应该去寻找的地方就是他自身、他的内心和外界的自然;在观察自然时,精神预感到它普遍地存在于自然之中。"(《著作集》,XV,第210、212页)

对唯心论的其他批判——一旦这唯心论像在贝克莱那里一样要将定在完全蒸发掉,就贝克莱将世界说成是我们的观念(存在=被感知[Esse=percipi])⑦,并使观念产生于它的原型实存的地方、产生于上帝之中而言。反之,黑格尔则从他的辩证唯心论(dialektischen Idealismus)的劳作过程(Arbeitsprozeß)出发评论道,在贝克莱那里只有直接的经验被捧上天和被精神化了。那样的经验永远都是表面看法,直接的东西由此只不过是在理念中以感官主义—神话学的方式被重复了一下而已,它的本质并没有得到辩证—具体的认识:"总之,在这

---

① 大阿尔伯特(Albertus Magnus, 1200—1280),德国神学家和主教,中世纪盛期基督教亚里士多德主义的开路者,后被教皇封圣。——译者
② 拉丁文。——译者
③ 拉丁文。——译者
④ 拉丁文。——译者
⑤ 拉丁文。——译者
⑥ 重点号为布洛赫所加。——译者
⑦ 拉丁文,贝克莱的著名观点。——译者

种唯心论里,对全部经验定在所持的看法仍然同过去完全一样,即把现实看成个别的东西。……在内容上毫无改变,所不同的只是在形式上提出了那个抽象的形式:一切都仅仅是知觉。那个形式对于内容是毫无认识、毫无理解的;换句话说,在这种形式的唯心论里,理性是没有任何独特内容的。"(《著作集》,XV,第492页)

反对康德唯心论的立场——就这种唯心论虽说是先验的,但同样是就形式而言。康德指定先验的东西为科学的生产(der wissenschaftlichen Eerzeugung)之地,因此指定其为先于一切必然的"经验判断"——与个体的和偶然的(在黑格尔这里叫作:直接的)"知觉判断"不同——而发生的东西。黑格尔从那里接过了作为一种逻辑发生(einer logischen Genesis)的生产概念,而且他自己将他的逻辑学称作"纯粹理性的体系"(《著作集》,III,第35页)。然而依据黑格尔,理性在康德那里从来都不过是知性而已,即知性算计的那种形式主义意义上的、撇开一切内容的意义上的知性。相反,理性根本不在具体内容之外,也不对具体内容漠不关心,以致它甚至将那内容作为它的规定本身产生出来和展现开来。因此,理性根本不能弃绝对世界内容的认识,除非它弃绝其自身。而且依据黑格尔,它同样能使道德上的真东西、合乎伦常的东西不遗留在作为世界内容的它之外,居于某个无限遥远的目标之中。而知性当然总是处在内容之外;那内容总是单纯知性的逻辑思维想象不到的和不可认识的,是单纯(形式主义的)知性的伦理学所达不到的。黑格尔指责康德有这种二元论的毛病;主体与客体、客观性与理想在此无法调和。黑格尔的自我认识容纳的世界太广大,康德的先验自我意识容纳的世界太狭小,二者形成了对立:

"在《纯粹理性批判》里,我们看到对诸阶段的描述:自我作为理性、表象,而事物便在外面;两者彼此外在,互相反对。这就是康德最后的观点。"(《著作集》,XV,第587页)

"在认识里面……理性没有达到独立。反之,理性只有作为实践的理性才是自身独立的。作为一个道德的存在,人是自由的,超出于一切自然规律和现象。……这是康德哲学中令人满意的方面,真理至少是放在心灵中了。……这是很高的观点,但是它却不能达到真理。

[372]

绝对的善只是停留在'应当'里，没有客观性，那么它就只得老是停留在那里。"（《著作集》，XV，第 589、596 页）

黑格尔对康德深层次的东西闭上了眼睛。他在本质上还是依据自主意志（des autonomen Willens）以及"优美灵魂"，甚至施莱格尔的"激情的自由精神"（Freigeisterei der Leidenschaft）这些极其非康德的后果来评判他的。进一步说，他眼中的康德其实被自由主义心理学家弗里斯（Fries）① 误置了，进一步还被那时已经显得很重要的怀疑主义不可知论（连赫尔巴特都针对这些人说过，"自在之物不是被指责一下就能被吓跑的"），进一步还被雅可比主张的那种怀疑论—神秘主义化情感极乐（Gefühlseligkeit）扭曲了。然而即便是这种形态，也与康德哲学鲜有共同之处，它与"理智东西"（Intelligiblen）就几乎没有共同之处了，与"公设""无条件者的理念"等明显新颖又艰难的定位工作，与它们的实在性等级则根本毫无共同之处。相反，黑格尔的种种拒绝都击中了那种并不局限于唯心论上的不可知论：

"因此在康德那里结论是：'我们只认识现象'；另一方面在雅可比那里结论是：'我们只认识有限的东西和有条件的东西'。——对于这两个结论人们曾经表示过一种虚幻的喜悦，因为，感谢上帝，懒惰的理性现在可以免除一切反思的要求了，并且以为可以给自由保留充分的权利了，现在理性用不着深入自身，钻进自然和精神的深处，于是它很可以独立自在了。与此相联系，进一步的结论就是主观理性的自主，这种自主由于是抽象的和没有认识什么东西的，因而只是一种主观的确定性，根本没有客观的真理。……雅可比还增加了第三个喜悦，即因为通过知识和说明理由，无限者就只是被有限化了，因而在他看来，认识真理的意愿甚至是一种罪恶。这样一种时代对于真理是没有什么可以安慰的，在这种时代里一切形而上学、一切哲学都完蛋了，——只有那不是哲学的东西才被当作哲学。"（《著作集》，XV，第 609 页）

[373]　黑格尔的哲学自认为是绝对的，而且认为它自身同时处在到它为

---

① 雅各布·弗里德里希·弗里斯（Jacob Friedrich Fries, 1773—1843），德国哲学家、心理学家，著有《心理人类学手册》（*Handbuch der psychischen Anthropologie*）。——译者

止的这一路上经历过的所有观点之中。着眼于它自身，它看到的恰恰是同样的面孔，或者同语反复：

"在外部历史的独特形态里，哲学的形成和发展被表现为这门科学的历史。……哲学的历史一方面表明，各种不同的表现出来的哲学仅仅是处于各个不同发展阶段的同一种哲学，另一方面表明，那些为各个体系奠定过基础的特殊原则仅仅是同一个整体的一些分支。在时间上最后的哲学是所有以前的哲学发展的结果，因而必定包含着所有以前的哲学的各个原则；所以，真正名副其实的哲学必定是最发达、最丰富和最具体的哲学"（《哲学科学百科全书纲要》，§13，见《著作集》，Ⅵ，第21页）。

"纯粹思维已经进展到主观与客观的对立；对立的真正和解在于达到这样一个见解，即见到对立推到极端，就会消解其自身，正像谢林所说的那样，对立的东西是同一的，而**永恒的生命**即是永恒地产生对立并且永恒地调解对立的生命。在统一中认识对立，在对立中认识统一，这就是绝对知识，而科学就是在它的整个发展中通过它自身认识这统一。"①（《著作集》，ⅩⅤ，第689页）

这样一来，关于知识自身的知识，以统一的广泛方式所包含的，不过就是其自身而已。向**实践**之中的过渡，向以批判的方式（否定的方式）进行扬弃的、以综合的方式（肯定的方式）进行建构的实践的那种辩证法之中的过渡——在这里被沉思中所见的整体在沉思中的重复扭曲了。黑格尔曾说过："人们指责哲学，说它都没有能力将炉子后面的一条狗唤出来；这诚然是完全正确的，但这也不是它的任务。"然而或许那就是它的任务，而我们假定那就是它的任务，那么黑格尔恰恰在他的哲学史的结尾，除了纯粹的和纯封闭性的回路②方面的一切代价之外，还能让人想起远比唤狗出来更为主动的事情，即让人想起推挤和挖掘。辩证法的**批判—否定的中项**在这里显得完全不能用语句来充分表达，完全没有穷尽；它在这里也是在鼹鼠的形象下

[374]

---

① 重点号为布洛赫所加。——译者
② "回路"原文为"Geisterzug"，后者指无人而空转的列车，这里比喻空转的回路。——译者

出现的。推挤和挖掘简直就是黑格尔的反题具有的那种批判功能;那种功能是反叛性的。它是批判,是批判的那样一种武器,那武器别的做不了,只能成为武器的批判,因而只能成为实际的武器。消除一切假面的那种东西,针对炉子后面一切早熟的定居生活、针对市侩生活(Philisterium)发起的斗争和呼吁——辩证的反题的这个含义即便在黑格尔的那种沉思的高度上也没有完全沉默。这样看来,在黑格尔的理论中还是潜藏着某种隐秘的实践;否则的话,黑格尔辩证法如何还可能转化成马克思辩证法呢?在黑格尔本人这里,《精神现象学》中如何出现了巨大的鼹鼠一样的东西:在理论—实践上改变对象,因此也通过劳动改变人?在一个于所有形态上都已经发育成熟的世界的概念中,这一切一定都是不合法的,至少是被掩盖在回路性、封闭性的沉思学说底下了。因此,一种哲学(作为公开声明的理论哲学),如果不能通过自我运用而得到任何改变,在这种哲学本身的概念中,就只有隐秘的实践。尽管如此,在黑格尔这里,在理论的外壳下,兴趣和劳作的因素在所有关键性要点上重又奔突向前了,的确,作为"实践的精神",作为"善的理念",它还引起了纯粹心理学、最高理念的躁动。因此一方面有宁静的以太,然而**针对沉思**,在以太事物中最终说来也有不止息的脉动——这些都被黑格尔宣称为"进展",这进展没有继续进行下去:

"当意识在它的对象上发现它的知识不符合于这个对象时,对象自身就保持不下去,换句话说,当尺度所考察的东西在考察中站立不住时,考察所使用的尺度自身也就改变;而考察不仅是对于知识的一种考察,也是对于考察的尺度的一种考察。"(《著作集》,II,第69页及其后一页)

"这个系列"(哲学家的行列)"是真正的精神王国,是存在着的唯一的精神王国;——这一系列并不是纷然杂陈,也不停留在一种……外在罗列的状态,而是正由于在自我认识的过程中使其自身成为一个精神的不同环节,成为同一个当下临在的精神。而这一漫长系列的精神形态,乃是在精神的生命过程中跳动着的个别的脉搏;它们是我们的实体的有机体。我们必须听取它向前推进的呼声——就像那内心中的鼹鼠不断向前冲进——并且使它得到实现；——它们纯粹是必然的进展，这个进展所表达的不是别的东西，只是那在我们全体中生活着的精神自身的本性"（《著作集》，XV，第691页）。

鼹鼠的比喻在历史哲学中已经出现过了（《著作集》，IX，第74页），那里是与哈姆雷特的父亲的幽灵关联起来说的（那幽灵一会儿在这里，一会儿又在那里召唤），但也是与法国人、与自由原则（这原则直到公开化之前，一直都在地下［sous terre］① 漫游）关联起来说的。在这个比喻中也有一种私底下的让步，仿佛纯粹的哲学还不是世界的终结。仿佛精神（哲学从内部突然爆发出来）的本性就系于某种"现实的塑造"之中，那种塑造——正如从强化的东西，乃至颠覆性的东西中可以期待的——不仅仅是精神，或者并不保持为精神。这样一来，黑格尔在与他的听众们告别时（身处三月革命前的时期②，听课者在这里必定想到了某些别的事情）就说道：

"我希望这部哲学史对于你们意味着一个号召，号召你们去把握那自然地存在于我们之中的时代精神，并且把时代精神从它的自然状态，亦即从它的闭塞境况和缺乏生命力的状态带入光天化日之下，并且每个人从自己的地位出发，把它提到意识的光天化日之下。"（《著作集》，XV，第691页）

此外，鼹鼠的比喻在整个《哲学史讲演录》的导论中都在起作用（而且被那个句子阻断了，即那些新的形式"只是知识的不同方式"）：

"通过这种知识，精神建立了知识与对象间的区别；这又包含着一个新的区别，因而就产生了新的哲学。这新的哲学已经是精神的一种较广的性格；它是此后即将实现出来的精神的内在诞生之地。……于是我们将会看出：在希腊还只是**哲学**，而在基督教**世界**里就进入现实了。"（《著作集》，XIII，第70页）——基督教世界是不是希腊哲学的实现，这可能是成问题的，然而无论如何，在黑格尔的这个鲜明的文句上，思想并不像密纳发的猫头鹰一样事后（post festum）③ 才起

[376]

---

① 法文。——译者
② Vormärz，在德语中特指1815—1848年这个时间段。——译者
③ 拉丁文。——译者

飞。作为颠覆性的东西，作为某种正在临近的事物的语言，哲学毋宁不必成为抽象的，而是可以事先出现（ante rem）①，亦即仿佛它像汉尼拔（Hannibal）②一样立于前厅（ante portas）③④了。如果一种伟大的哲学表达了它那个时代的思想，它就同样表达了这个时代所缺乏的东西，以及接下来的时代里要发生的事情。这样它才翻寻出和迎面照亮了那潜藏着的新东西，亦即更好的社会、更真的世界。

---

① 拉丁文。——译者
② 汉尼拔·巴卡斯（Hannibal Barkas，约公元前247—前183），迦太基战略家和统帅，是古代最伟大的统帅之一。——译者
③ 拉丁文。——译者
④ "汉尼拔立于前厅"（Hannibal ante portas）是一个成语，由于汉尼拔是罗马的敌人，这个成语喻指事态急迫。——译者

扬　　弃

18. 黑格尔的死亡与生命

（克尔凯郭尔，谢林，费尔巴哈）

（1）黑格尔生于1770年，死于1831年，从纯粹外在的方面可以说，他死得及时。因为如此一来，他就再也体验不到他死后在德国很快蔓延开来的精神松懈了。德国这个国家，作为西欧最后一个发展起来的国家而迈进资本主义行列，它现在同样想要变成实践的，也就是说，想要赚钱。人们在外国可能会说：德国人是规矩人，他们读书并喝咖啡，而且，他们的大人物还撰写一些供人们在喝咖啡时阅读的书籍。在人们这样说的场合，时间便停止了。这类脑洞大开的逗笑减少了，但强大而辉煌的精神作品也减少了；秋天已至。这个古老的、不可遗忘的德国的一个本质性的部分，已随着黑格尔本人而被埋进了坟墓。

（2）黑格尔死后大约一代人（三十年），黑格尔在市民阶层被遗忘了。导致其学派分裂成左翼和右翼，即革命的和保守的两翼的兴奋，在普遍的冷漠中熄灭了。在德意志市民阶层那里，由左翼经过大卫·施特劳斯（David Fridrich Strauß）[①] 和费尔巴哈而传给青年马克思的这团星火，不久就以可以理解的方式找到了自己的守护者。照耀上升阶级的这颗卓越之星，再也不照耀下降的阶级了。再也没有什么

[379]

[①] 大卫·弗里德里希·施特劳斯（D. F. Strauss, 1808—1874），德国唯心主义哲学家，青年黑格尔派的著名代表人物，图宾根学派的主要代表。他对宗教史的批判有助于动摇基督教信仰的基础，但他用思想因素来解释宗教的起源，这仍然是唯心主义的。——译者

世界精神的敕令，须要原封不动地加以书写了；与此相应的是：这个时代的所谓哲学家，哪怕他们与这一伟大传统还具有谱系学的联系，也已变得如此怯懦。对这类哲学家而言，一位像洛采（Lotze）一样的诚实的模仿者是有典型意义的，这位模仿者，至多就其学说的若干主要之点而言，正如他所说，"相信是确定的"，——这是一种针对黑格尔的命令式的教诲所作的改变。在这种哲学所达到的灰烬中，至多只有"人格的信念"还在微微闪烁，因而根本就没有什么东西在闪烁；当然，这个产品也配不上别的东西。这就是个别的文化科学，而不是黑格尔在其中还继续产生影响的哲学；此外，在这里通常也是缄默的，或者说，是不知感恩的。历史编纂、艺术科学、民族学、宗教科学等，在很大程度上遵循那样一些线索，它们曾将黑格尔的发展思想和客观认识（Sacherkenntnis）加以贯串。离开了黑格尔，一位像兰克（Ranke）① 那样的普遍历史学家，本身是不可思议的，尽管他在黑格尔身上作了一些非哲学的删减。黑格尔同样影响到战争艺术：克劳塞维茨（Clauseweitz）② 将军，经典名篇《论战争》的作者，就是黑格尔的弟子，以至于他辩证地论述了战争所及的两个国家之间的交互作用。

然而，在这个普遍变化的精神秋天里，也很快有了萧萧落叶。辩证的方法，仅仅在与诸如"迷途"抑或"华而不实的冒牌货"等词语的关联中还得到引用。这样，哪怕是在社会民主主义的修正主义者如伯恩斯坦（Bernstein）——对他们而言辩证法是马克思身上的一个污点——那里，也不缺少"剔除"这个词语。就像一百年前的斯宾诺莎一样，黑格尔在总体上尤其遭到了德国资产阶级的粗暴对待，亦即被当成了死狗。而且，一位本身也是大哲学家的人物，叔本华，这位

---

① 利奥波德·冯·兰克（Leopold Von Ranke, 1795—1886），日耳曼族，著名历史学者。被称为19世纪德国和西方最著名的历史学家，用科学态度和科学方法研究历史的兰克学派的创始人，近代客观主义历史学派之父。——译者

② 卡尔·冯·克劳塞维茨（Carl Von Clausewitz, 1780—1831），毕业于柏林军官学校，德国军事理论家和军事历史学家，普鲁士军队少将，一生参加了莱茵战役、奥斯塔德会战、法俄战争和滑铁卢战役四次著名战役，著有《论战争》一书。——译者

甚至连粗暴对待也谈不上而是从根本上对黑格尔置之不理即保持缄默的哲学家，还用充满唾沫和粗野地针对黑格尔的提示词，来痛骂他通常如此深度轻蔑的"精神流氓"。现在，黑格尔成了"胡说八道的涂鸦者"（Unsinnschmierer）、"大臣奴才""头脑败坏者"，而且在费希特（Fichte）、谢林和黑格尔这"三位轻浮而不可靠的人物"（Windbeuteln）① 当中，排在后面的黑格尔还是最令人讨厌的一位。叔本华是黑格尔的一位对手，他用他自己的形而上学来盲目地反对黑格尔的形而上学，一种含有并非不重要的对立原则的形而上学。结果，人们可以听到毫无节制的谩骂，就好像在这儿有一位荷马式的大英雄在辱骂另外一方似的（可惜对方压根儿就对他毫无所知）。即使在叔本华—瓦格纳（Wagner）②—尼采这条较宽泛的路线——这并不恰好就是黑格尔—费尔巴哈—马克思路线的完全有益的"平行线"——上，黑格尔也只能遭到粗暴对待。Wagalaweia③ 和金发野兽④——为了设想最糟糕的东西——合乎情理地与黑格尔的逻辑学不相协调。不过毕竟，那

[381]

---

① Windbeuteln，原意为"奶油夹心饼"。——译者

② 威廉·里夏德·瓦格纳（Wilhelm Richard Wagner），1813 年 5 月 22 日生于萨克森王国莱比锡，德国作曲家，著名的浪漫主义音乐大师。他是德国歌剧史上一位举足轻重的巨匠。前面承接莫扎特的歌剧传统，后面开启了后浪漫主义歌剧作曲潮流，理查·施特劳斯紧随其后。同时，因为他在政治、宗教方面思想的复杂性，成为欧洲音乐史上最具争议的人物。——译者

③ 长篇史诗《尼伯龙根之歌》在历史上的改编作品众多，其中以瓦格纳的歌剧《尼伯龙根的指环》最有名。全剧包括埃达/莱茵的黄金、女武神、齐格弗里德/诸神的黄昏、克里姆希尔德的复仇四个篇章。故事从以女神埃达为题的序幕开始。"Wagalaweia"，是序幕中出现的一个有限的词语，并无具体意义。角色们用不同的音调、不同的情绪不断重复着"Wagalaweia"这个想象中的、具备形式感的词语，以此进行沟通和表达。慢慢地，角色的言语变得更为复杂和完善，词汇和语法变得丰富，最终迈入成熟稳定的语言大门。智慧女神埃达在这种荒野的氛围中是一个超然的存在，而她却在此时选择沉睡，自己将自己埋入尘土。全剧第一篇章《莱茵的黄金》就在这种简单粗犷的表演风格中推开。另外，在第一场的唱词中，也能看到这个词，它是莱茵少女歌唱中对莱茵河水波涛的拟声，是歌剧全剧的第一段唱词。它在话剧开篇段落中的使用回应了歌剧的开篇，形成一种有趣的呼应。——译者

④ blonde Bestie，尼采使用过的一个术语，他曾将德国寄望于一个未来的贵族统治集团，一个"金发野兽"的种族——"超人"。这些"金发野兽"构成一个紧密的团体，在其内部讲究忠诚和友谊；在这个集团之外，对别的国家或别的人则会像凶禽猛兽一样不受任何道德的束缚，滥用自己的权力。——译者

儿还有叔本华的特殊意义，乃至于他的愤怒；他的这种偏狂癖在为一件事情而搏斗。但是，在黑格尔之后的真正的讲坛世界中，通常则没有来自于Thersite①后裔的埃阿斯们（Ajaxe）②，而只有来自于这些后裔的侏儒们。总会出现大量的冒牌哲学家（Auchphilosophen），他们除了充当寓言中的蠢驴之外，就没有任何其他属性；因此，他们顺理成章地踹了这个死狮一脚。今天，这种类型的哲学家尚未完全绝迹，是的，它在实证主义者的名义下自我更新了，这些人尽管从事数理逻辑的研究，但他们连三这个数字都数不过来。如果这是事实，那么，黑格尔的根据十足的命题对他们是适用的："就事实而言越来越糟糕了"，这个命题，把机会给了如此之多的并不了解黑格尔，并因此而评判他的人，使他们有可能展现自己健全的人类知性。但是，即便是侏儒时代的非实证主义者，"冥思苦想的折中主义的跳蚤怪人"，正如弗里德里希·恩格斯（Friedrich Engels）对新康德主义者等所称呼的那样，也以毫无遮掩的严厉性谈论黑格尔。除非是人们自己曾经作出的努力——由此一种重要的意识形态动机走向从属状态（Subalternität）——，即回避来自黑格尔左派的诸多不相宜性。这是以费尔巴哈、马克思、恩格斯的方式（à la）③被揭示出来的诸多不相宜性，它们表明，有多少违人心愿的意义被放进了黑格尔的"胡说"当中。于是，德国的这些模仿哲学家们对黑格尔的仇恨，就具有一种社会的使命；在积极的意义上，该使命通过"回到康德去！"④的口号而得到实现。据说，这也就是通过新康德主义的形式主义，通过"科学"和"理想"的复式簿记，通过在两者之间的那种无中介、无过程的二元论——它在

---

① 荷马所描写的特洛伊战争中的士兵。——译者

② 埃阿斯（Ajax）是索福克勒斯描写特洛伊战争中一出悲剧中的悲剧英雄。希腊神话中时常提到特洛伊战争，整个故事以荷马史诗《伊利亚特》（Iliad）为中心，索福克勒斯（Sophocles）的悲剧《埃阿斯》（Ajax）也描写了这场战争。Ajaxe是Ajax的复数形式。——译者

③ 本句中出现了à la这个法文单词，意为"以……方式"或"……地"。——译者

④ "回到康德去！"是新康德主义的纲领性口号。1865年，奥托·李普曼在其《康德及其模仿者》大部分章节中重复地号召"回到康德去"，得到了德国哲学界热烈响应。他认为康德"哥白尼式革命"的本质是先验性原则的发现，但它尚需从"自在之物"的残余中摆脱出来；康德后继者的失败就在于没能做到这一点，因此应当抛开康德之后的一切哲学，重新从康德的起点上前进。——译者

康德那里变成了抽象的激进主义，在新康德主义者这里则变成了胆怯卑鄙。这种类型的新康德主义使得这样一种技艺成为可能：对世界加以反思，而并不陷于同世界的冲突；与之相反，黑格尔的诸范畴——正如其左派所表明的那样——恰好卷入了这种冲突。普鲁士的腓特烈·威廉四世①曾招呼谢林，以便"摧毁"从黑格尔那儿产生的"不和的种子"；新康德主义则更加无聊地处理这个事务。当它不是把黑格尔当作飞龙，而是当作傻瓜来加以描绘时，人们并不需要一个詹森（Jason）②来加入战斗；对于这些知识庸人来说，审慎的，然而是理想的，这就已经足够了。这样，人们放弃了"辩证法的空洞果实"，这样，结出此类所谓空洞果实的果树，就只能长在辩证唯物主义的园地里了。但无论如何，富有教益的是：英国、法国、意大利绝不像1850年之后的德国那样如此彻底地排挤黑格尔。在这些国家里，找不到真正野蛮的对手，当然，也找不到某个黑格尔左派的辱骂；那个由斯特林（Stirling）③、格林（Green）④、塔加特（Taggart）⑤所揭穿的被驯化了的绝对者（Absolute），始终处在阶梯教室的阴影中。即便是"黑格尔哲学中的活东西和死东西"——这是克罗齐（Benedetto Croce）⑥

[382]

---

① 腓特烈·威廉四世（Frederick William Ⅳ，1795—1861），是普鲁士王国国王（1840—1861），腓特烈·威廉三世之子。1848年在柏林三月革命的压力下，曾被迫召开立宪会议，但随即予以解散，并颁布了保守的《钦定宪法》。1849年拒绝法兰克福国民议会所制定的帝国宪法和授予他的德意志皇帝称号。此后政策越发走向反动，1858年因患精神病，由其弟威廉亲王（1861年即位后称威廉一世）摄政。——译者

② 詹森这个英文名来源于古希腊神话——金羊毛，其中历尽艰辛最终获得金羊毛的王子就是伊阿宋Jason。——译者

③ 斯特林（J. H. Stirling，1820—1909）是英国新黑格尔主义的奠基人，1865年出版代表作《黑格尔的秘密》，一反英国经验论的传统，把黑格尔视为当代的亚里士多德，掀起了复兴黑格尔的思想运动。——译者

④ 托马斯·希尔·格林（Thomas Hill Green，1836—1882），是英国新黑格尔主义的代表人物之一。他在英国新黑格尔主义形成和发展中的作用，在于他对以休谟为代表的经验主义进行了激烈的批判，动摇了它长期在英国哲学中的统治地位，由此引入康德和黑格尔等德国古典哲学，使之在英国站稳脚跟。——译者

⑤ 麦克·塔加特（John McTaggart），也是英国新黑格尔主义的代表人物之一。——译者

⑥ 贝奈戴托·克罗齐（Benedetto Croce，1866—1952），意大利著名文艺批评家、历史学家、哲学家，也被认为是政治家。他在哲学、历史学、历史学方法论、美学领域都有建树，也是一位杰出的自由主义者——尽管他反对自由放任主义和自由贸易。因为深受黑格尔以及其他德国唯心论思想家的影响，所以阐发了一种自称为"精神哲学"的哲学，他更愿意称之为"绝对理想主义"或"绝对历史主义"。——译者

在其 1907 年的一部同名著作中所分辨的,也使得这位"活人"完全落在一种自由主义—历史学的、非—唯物主义的意识方面。克罗齐曾允许自己"带着丰富的惊讶神情",把黑格尔称为一位先行者,但在他的意识中,面对着黑格尔,也发现了一种对于罗马诗人直面其妻之情状的美好回忆:有你在,我无法活,失去你,我也活不成(nec tecum vivere possum, nec sine et)①。即使在美国,也还有对黑格尔的一种回忆,而且在这里,此种回忆就像在英国一样是足够稀薄的,但它毕竟有别于德国的黑格尔水洼(Hegelpfütze)及其死岛。恰好是在最近一段时间以来,一种盎格鲁—萨克逊的针对黑格尔的实证主义,首先变成有争议的,而且又一次——同时出于从属状态和社会使命②——比 1850 年之后在德国的争议还要多。于是现在,美利坚合众国—英国甚至部分地展示了一种特殊的对黑格尔的恐惧,在这两个国度里,尽管全都是"哲学",却如此长久地保持着对于这位"历史精神的哲学家的回忆"。而对克里姆林宫的惊恐,完全赶上了对于黑格尔左派的惊恐;辩证法不再愚蠢地遭到遗忘,而是变成了一种活生生的烦恼。这种在党派性上的"精准的"拒斥,还很经常地以在意识形态上显得同它相反的东西来掩盖,即用"黑格尔是反动哲学家"这样一种陈腐的责难来加以掩盖。但毕竟,黑格尔不再被遗忘了,尽管有开明的实证主义的时髦的无知。而且在苏维埃,这种所谓的反动哲学家还如众所

[383] 周知的那样,被视为新社会的精神奠基者之一。通过重提黑格尔辩证法的"核心"(矛盾之作为所有运动和活力的源泉)和黑格尔的《逻辑学》本身,列宁还专门对这种真正的唯物主义加以革新。众所周知,1914 年透彻研究过这部著作的列宁曾斩钉截铁地说:"不钻研和不理解黑格尔的**整个**逻辑学,就不能完全理解马克思的《资本论》,特别是它的第一章。因此,半个世纪以来,没有一个马克思主义者是

---

① 拉丁文,古罗马诗人马提亚尔(讽刺诗创始人)的语录。大意是:难讨好又随和,你可爱又可恨,有你或没有你我都无法活。布洛赫借此来表达克罗齐面对黑格尔的一种特殊的矛盾心情。——译者

② 前文提到德国的模仿哲学家们对黑格尔哲学的仇恨出于一种社会使命,同时,也提到他们对来自黑格尔左派的种种不相宜性加以回避,由此使得一种重要的意识形态动机走向从属状态。——译者

理解马克思的。"(引自《哲学遗著》，柏林，1949年版，第99页)因此，恰好是由列宁重新构建的正统马克思主义，把对于黑格尔的认识当成了前提条件；这区别于一种庸俗的和非传统的——公式化的马克思主义，这种马克思主义，当它把马克思——毫不犹豫地——孤立开来时，当然也就只是把自己本身同马克思孤立开来。苏维埃并没有推动黑格尔学派，但很可能为了马克思主义而从事黑格尔研究，以便它按照列宁的指示而得到理解。现在，曾被19世纪的资产阶级侮辱和折腾过的辩证法的哲学家，生活在统治阶级的中心了。而且，在其哲学中用于区分活东西和死东西的标准，再也不是由一种如此这般地获得的、关于活东西和死东西的自由的意见组成的，而是由革命的多产性所组成的了。

（3）德国，这个尤其健忘的母国，在1900年之后经历了一场资产阶级的黑格尔复兴运动，一场令人惊奇的复兴运动。当时是这样一个时代，它错误地相信，可以感觉到有新的血液注入了血管。缓慢而玩世不恭的衰落，不断增强地支配19世纪下半叶的这一衰落，表面上是中断了。德国与黑格尔的重新相遇，是在同新浪漫主义和其他新的刺激及亲和性、同来自机械过程的模糊需要的关联中发生的。在经济上，业已发生的向帝国主义的过渡构成了这一关联的基础；于是，新康德主义的地方哲学就变得不充分了。黑格尔学派对世界这一巨大的征服过程，这一系统化的、兴致勃勃的过程开始发声了，其中纠缠着与非自由因素的联系。然而，同样的——至少直至清晰的前法西斯主义时代——在主观上还久久未能达到自觉，正如对一种非机械论的世界观有所感受的五彩魔法师那样，正如在思辨的颤抖之后一种后来被自己本身所纠缠的资产阶级的欲望那样。时代的情调，自我感觉接近于黑格尔在《精神现象学》序言中关于无论何种方式（Irgendwie）和人造宝石所写下的那种欲望："这个精神表现得如此贫乏，以至于它就像沙漠旅行者渴望一口简单的饮水一样，为了振作自己而渴慕对一般神圣事物的点滴感受。从精神之如此易于满足，就可以估量其损失是何等巨大。"（《著作集》，II，第9页）这个命题的优点在于：它变得越来越真实，远比在总归形成了的、绝对并不贫乏的浪漫主义——

[384]

黑格尔在同这种浪漫主义的对比中凸显出他的严谨和对象性——中更加真实。现在，首先到来的是含糊不清的、不承担义务的和没有对象的失落情感，巨大而混合的情感的时代。在这个时代里，神圣的方济各会①的娇嫩花朵没有采下，但是被折断了；在这个时代里，齐美尔（Simmel）②把纯粹合乎情调的、"浸透了宗教的"体验之体验或自在生命之体验抽象出来了；在这个时代里，韦伯（Alfred Weber）③，德国战前最大的混乱之一，在其著作的内容简介上时而谈到了"生命融合"，时而谈到了"最后的文化综合"。诸如此类的方式，预先准备了一种精神的唯美主义，这种唯美主义预示了自己将与资产阶级机械论时代的粗鲁无耻和形而上学的虚弱相对立。因而在印象主义—新浪漫主义—生机主义的基础上，黑格尔也重新使人变得有趣和有效了；尽管是这样的：他根本不属于浪漫主义，而且完全可以肯定，也不属于印象主义或生机主义。如此发生的对黑格尔的宽恕，必定始终是没有成效的，尽管具有一个更多是学院式的—教育方面的优点：它终结了新康德主义者的模仿行径。纯粹从理论上可以说，这个概念④经由新浪漫主义的滋养，在此仅仅通过新康德主义的一贯逼迫，才经过一种新—费希特（Neu-Fichte）⑤而推进到一位新—黑格尔（Neu-Hegel）。这些东西，英国的晚期黑格尔主义者斯特林早就已经预告了，

---

① 方济各会是天主教托钵修会之一，一译法兰西斯派，拉丁文名 Ordo Fratrum Minorum，是拉丁文小兄弟会的意思，因其会士着灰色会服，故又称灰衣修士。1209 年意大利阿西西城富家子弟方济各（FrancisoJavier, 1182—1226）得教皇英诺森三世的批准成立该会。方济各会提倡过清贫生活，衣麻跣足，托钵行乞，会士间互称"小兄弟"。他们效忠教皇，反对异端。——译者

② 格奥尔格·齐美尔（Georg Simmel, 1858—1918），德国社会学家、哲学家。——译者

③ 阿尔弗雷德·韦伯（Alfred Weber, 1868—1958），德国经济学家、社会学家和文化理论家。1909 年出版的《工业区位论》，创立了工业区位理论，深刻影响了现代经济地理学的发展。他是著名社会学家和哲学家马克斯·韦伯（Max Weber, 1864—1920）的弟弟。——译者

④ 从上下文来看，此处的"这个概念"可能是指"精神的唯美主义"。——译者

⑤ 约翰·戈特利布·费希特（Johann Gottlieb Fichte, 1762—1814），德国哲学家，德国古典哲学的主要代表之一。他把自己的哲学体系叫作"知识学"，试图从"自我"或"自我意识"出发推出一切知识的形式和内容，从而建立了一个彻底的主观唯心主义体系。——译者

他在其1865年的著作《黑格尔的秘密》（*The Secret of Hegel*）中就认为（这个秘密也许就是这个"at shortest"）①：黑格尔"阐明了康德未曾阐明的这个具体的普遍"。虽然这实际上是无稽之谈，但对于新康德主义者而言，康德的先验唯心主义自动地导向了费希特和黑格尔的发生学—构造论的唯心主义；"统觉的先验综合"——如果无障碍的话——自动地导向一种生成中的，并未完结的"杂多中的统一"，导向一种历史性的，并非静态的经验理论。

当新—费希特主义者和新—黑格尔主义者发现这一点时，表现出来的就只有右得不能再右的东西了。这类右的东西，甚至即使在智力残缺的学生——这些学生须用Ach和Krach复习课程——那里也是预料不到的。也许还有一种变得空洞的唯心主义被抛弃了，只有抛弃，才成为德国古典唯心主义从前的革命力量，即成为辩证法。这个"伟大的发展体系"依然受到如此强烈的欢庆，但是，这个发展的工具论却如此审慎地被略过，或者被磨平了——几乎就像回到1850年黑格尔受到排挤的时代。存在着辩证方法之碎片的一些抽象的重演，如在来自柯亨（Cohen）②学派纳托尔普（Natorp）③这里，如在来自李凯尔特（Rickert）④学派和更多其他学派的约纳斯·柯亨（Jonas Cohn）⑤这里。其他的新唯心主义甚至没有把这种工具论带到这样远：当它思考黑格尔时，它所意指的是一位神学的傀儡，但肯定不是意指这位辩

---

① at shortest，英文，意为"在最简洁的表述中"。——译者
② 赫尔曼·柯亨（Hermann Cohen，1842—1918），德国哲学家，新康德主义马堡学派的创始人，反对早期新康德主义者朗格从"先验感性论"出发，以生理结构解释康德的认识论，主张从"先验逻辑"出发，以逻辑结构来解释。由于柯亨及其信徒都有这一共同特征，因而被称为新康德主义的先验逻辑学派，他继朗格之后进一步论述了"伦理社会主义"理论。——译者
③ 保罗·纳托尔普（Paul Natorp，1854—1924），德国哲学家、教育家，新康德主义马堡学派的主要代表之一。——译者
④ 海因里希·李凯尔特（Heinrich Rickert，1863—1936），德国哲学家，新康德主义弗赖堡学派的主要代表，他追随文德尔班（Wilhelm Windelband，1848—1915），试图把康德的先验哲学运用于社会历史领域，并进一步发展了文德尔班的基本观点，使之系统化。——译者
⑤ 照布洛赫所说，约纳斯·柯亨应该是受到新康德主义者李凯尔特影响的一个人物，生卒年不详。——译者

证法家，或者仅仅口头上意指这位辩证法家。冒牌货本体论家哈特曼（N. Hartmann）① 用一种舍勒（Scheler）② 的方式使黑格尔变得平庸，路德的追随者们把这位蛇的赞美者解释为宣讲"人的价值为零"和"神的绝对奴役"的教士，克洛纳则把黑格尔称为"所有时代最伟大的非理性主义者"。这些模仿者们通过黑格尔尴尬地把自己导向对他们的理智视域的超越；这样，他们如此夸张地，并且同时如此耸人听闻地描述这位大师，就好像他在19世纪黑格尔敌人（Hegelfeiende）的头脑里所呈现的那样；只是用事实上并不构成大的区别的积极征兆，来取代消极的征兆罢了。黑格尔的这些敌人之一，自由党人海谋（R. Haym）③，在其著作《黑格尔及其时代》中，就已经使这种愚蠢在六十年的时间里流行开来，在他看来，精神现象学不外乎是"一种通过历史而被带进混乱和无序的心理学，以及一种通过心理学而被带进失常的历史"；——人们只要阅读新黑格尔主义者的诠释，就几乎会相信：情况就是这样。但是，在整个市民的这种带着反动使命的黑格尔复兴中，起决定性作用的是：使得从黑格尔到马克思的过渡行不通了。这表明：即使在实证主义者的范围之外，这种资产阶级思想也不喜欢辩证法；它不喜欢苹果中的蠕虫，而且也不指望突变会带来任何好东西。对黑格尔而言，被忽略的时代固然终结了，但取而代之的是，他被人削减了锋芒并受到了歪曲。这位雷霆暴雨的辩证法家被遗忘了，他或者以最放肆的漫画的形式表现为一位失去历史之深渊的蒙昧主义者，或者表现为和谐主义者，漂浮在事物之上的以太（Äther）

[386]

---

① 尼古拉·哈特曼（Nicolai Hartmann, 1882—1950），德国哲学家，批判本体论的创始人。生于拉脱维亚的里加（今属苏联）。早年求学于彼得堡、马堡等地，曾跟随新康德主义者 H. 柯亨和 P. 纳托尔普学习。他反对德国哲学中的先验唯心主义传统，并以实在论的本体论为其哲学出发点，故称他的哲学为"批判本体论"。在他看来，外部世界是不依赖于认识而存在的，认识"不是创造、建立或制作对象"，而是"理解、把握独立于认识者的实在"。——译者

② 马克斯·舍勒（Max Scheler, 1874—1928），德国著名基督教思想家，是现象学仅次于胡塞尔的第二号泰斗，现象学价值伦理学的创立者，知识社会学的先驱，现代哲学人类学的奠基人。——译者

③ 鲁道夫·海谋（Rudolf Haym, 1821—1901），哲学家和出版家，著有《黑格尔及其时代》。——译者

中。资产阶级的黑格尔复兴就这样收场了（a non rinascimento）[①]；它逆真理而行，近乎偏爱从前对黑格尔的遗忘。

（4）一种完全不同于遗忘的东西，就是告别。克尔凯郭尔和这类具有较少回避眼光的人，在黑格尔的时代里就已经让自己同黑格尔告别了。在这里，有一种彻底经验的根据，不是恩格斯称之为"归纳法的蠢驴"[②]的那些人的"实在论"。这种彻底经验的根据存在于**生存本身**（Existieren selbst）之中，存在于绝非概念的状态中，或黑格尔这位泛逻辑主义者所摒弃的地基中。当然，如今人们在那样一些场合也谈到一种生存：在那里，压根儿就不存在任何其他东西，除非是单纯衰落的东西，或者失败了的东西。这样，在第二和第三手的所谓生存哲学中，生存（Existieren）便成了一个时髦的词汇。但是，这种生存哲学首先只是在社会学上才值得一提，而且更好地应当被称为"绝望哲学"。因为它在很大程度上仅仅反映了资产阶级的希望幻灭；——作为另一种"西方的没落"，并且在类似的层次上具有类似的效应。它与一种晚期资产阶级的"心理状态"相适应，这种状态无外乎就是恐惧、虚无、动摇、失落。人作为偶然之偶然，作为一种被抛入世界之中而且随之而突出地仅仅被抛入虚无之中的、不受庇护的、蒙受每一种厄运的存在：这虽然是对资本的所有无心肝的木偶及其现状的合乎时宜的描述，但在每一个透视了这种状况并依此行动的人看来，分明是腐朽的辩护术罢了。在这件事情上，即使绝望在其虚无那里所寻得的微薄的收获，在这个地方也不可能得到利用。因为在这里，不存在超出资产阶级之没落的意蕴，在这里，始终不变的是资产阶级危机现

[387]

---

① rinascimento 意大利文，意为"文艺复兴"，一般认为它发端于 14 世纪的意大利，以后扩展到西欧各国，16 世纪达到鼎盛。1550 年，瓦萨里在其《艺苑名人传》中，正式使用它作为新文化的名称。此词经法文转写为 Renaissance，17 世纪后为欧洲各国通用。19 世纪，西方史学界进一步把它作为 14—16 世纪西欧文化的总称。西方史学界曾认为它是古希腊、罗马帝国文化艺术的复兴。a non rinasceimento，意为"一场非文艺复兴"。——译者

② 在《自然辩证法》中，恩格斯曾把牛顿叫作"归纳法的蠢驴"（Induktionsesel），他批评的是牛顿片面高估归纳法的观点和牛顿对假说的否定态度，牛顿曾有"假说这个东西我是不考虑的"这类名言。——译者

象的单纯面具。海德格尔（Heidegger）① 以及不久前的萨特（Sartre）②，他③的虚无主义的代理人，仅仅反映一种每况愈下的资产阶级的生存，同时反映一种客体的失落状态和一种明天已经不再被经验到的主体学说。于是，来自非生存的（a non existere）④ 的生存主义即使援引克尔凯郭尔，在反对黑格尔时也未曾使地基变得可以辨识。近代以来，黑格尔同真正的生存思想家的清楚的区别，是从克尔凯郭尔和更实在的人（Realeren）⑤ 开始的。

这样，人们就让死者来埋葬他们的死者吧，重要的东西发生于别处。而且，在现在提及的这些黑格尔的批判者这里，还出现了另外的生存，在反对着概念的佞妄。这种生存，或者作为在头脑中不可能找到位置，不可能幽灵般地推导出的东西出现，或者——而且首先在这里才是严肃的情形——也作为在头脑中仅仅拥有其反射，而并未拥有其根据的东西出现。按照后面这一转向，存在决定意识，而不是意识决定存在，精神并不是创造者，而是（尽管也带有相互作用）物质关系的反映。于是，黑格尔的这些批判者一分为二了，尽管他们的起点相同：生存；他们或者展现了一种本身还是抽象的方面，或者展现了一个物质的方面。**克尔凯郭尔**和晚期**谢林**对黑格尔的批判属于本身还是抽象的方面，而**费尔巴哈**的批判，以及首先是**马克思**的辩证的—唯物主义的批判，则属于物质的方面。唯有后一种批判，才是从黑格尔的现实的遗产出发的；通过对"头脑编织物"（Hirnweberei）的全部

---

① 马丁·海德格尔（Martin Heidegger，1889—1976），德国著名哲学家，20世纪生存主义哲学的创始人和主要代表之一。——译者

② 让-保罗·萨特（Jean-Paul Sartre，1905—1980），法国20世纪最重要的哲学家之一，法国无神论生存主义的主要代表人物，西方社会主义最积极的倡导者之一。他也是优秀的文学家、戏剧家、评论家和社会活动家。——译者

③ 这个"他"可能指海德格尔，这里在说萨特是海德格尔的虚无主义的代理人。——译者

④ 拉丁文。——译者

⑤ Realeren，这个词是由real（实在的）这个词变化而来的，realer，是real的比较级形式，该词名词化便有了Realer这个名词，这个名词由于受介词in支配，因而在词尾加了en。从下文来看，这个"更实在的人"指费尔巴哈和马克思。在《德意志意识形态》中，马克思还曾把"现实的人"即从事物质资料生产、受特定物质条件制约的人当作考察历史的前提。——译者

扬弃，马克思将辩证方法运用于真实的东西中。无论黑格尔是多么具体，也无论他的现实感是多么令人吃惊地经常击中要害，然而，他的纯粹的概念根据却到处使被推导出来的抽象物，变成逻辑上创造性的优先者（Prius）①。对此，费尔巴哈和青年马克思展开了批判，他们指责黑格尔说，"他把谓词（逻辑上的诸陈述规定）变成了主词，相反地把主词（载体）变成了谓词"。在这些页面中，黑格尔的辩证的双重形象经常使人可以辨识了：这里有醉醺醺的幽灵旅行，没有停息，也无安宁，而那里有圆圈式循环地隆起来的旧书店，带着作为既成状态（Ge-wesenheit）的本质。但是，这两种规定——正如通过马克思而变得完全可以理解的那样——最终是与黑格尔辩证法的**绝对唯心论**（dem absolute Idealismus）联系在一起的，即与作为创物主、作为辩证法之基底的概念联系在一起的。概念的自我运动，因而运动中的唯心论，造成了穿越事物的辩证的云中旅行；作为概念之本质，因而在运动基底中的唯心论，则使得云中旅行或幽灵旅行，通向对一种自在自为地不可形成、不可消逝、永恒—绝对的理念的单纯教育学的（pädagogisch）阐明。当马克思从同样的唯心主义原则出发，即从一个"在头脑中消融了所有界限——这些界限由此当然始终为着绝对的感性、为着现实的人而存在"——的原则出发时，他拒斥了这两者。黑格尔的幽灵旅行在唯心主义的追逐和轻率中消融了这些界限，永恒—绝对的理念的界面（Sphaira），使这种幽灵旅行又重新绝对化而成为一个静态的循环，在这个循环的既成状态中，形成和消逝本身趋于安静。而对于辩证唯物主义而言，这种静态还远比幽灵旅行更加站不住脚，或者——在全部幽灵形式中——比反映着某种被推动的运动概念之运动更加站不住脚。因为概念的自我运动，毕竟是迄今为止对柏拉图主义或者对本质中的不可改变性的最为尖锐的——尽管本身还是内在于唯心主义的——批判。当它恰好在理念那里扬弃了不可改变的东西，并且把这种向他物转变（Anderswerden）引进到诸理念之中，用包含时间性的东西来代替无时间的东西时，它是对柏拉图主义的批判。概念的自我运动可以被带至大地，可以从诸谓词的这种被推向云

[388]

---

① Prius 是拉丁文副词 prae（在先）的比较级中性的名词化形式。——译者

端的东西，而被矫正为诸谓词之主词（事物）① 的运动。与之相反，这种终极的（letzthinnig）静态——似乎不仅幽灵旅行，而且这个过程归根到底就不是真的——在马克思看来是不可救药的。这种静态恢复了柏拉图主义，此外是斯宾诺莎主义的全部缺点，但并未恢复一种非精神的基底的优点，这种非精神的基底是静态的，但毕竟是物质的斯宾诺莎主义所包含的。马克思从黑格尔手中接受了辩证的过程，但没有承认概念的自我运动；这种自我运动在根据和基础中受到了批判。一种永恒的、自在而自为的存在（在过去时的视野上），是马克思——这正如在未来的实践者那里是不言而喻的一样——无论如何都不会接受的；它甚至没有在根据和基础中受到批判，因为它没有根据和基础②。对马克思来说，这样一种根据或者辩证的基底，并不是双重逻辑化的，亦即回忆着的逻各斯，而是辩证地自行发展的、如此硕果累累和包罗万象的物质。这种辩证的物质之作为基底，也极少被视为不可改变的，以至于它只不过就是中断，甚至于它显示了尚未到来的东西或乌托邦的踪迹。

[389]

（5）这都是反弹，接着是富有成效的、黑格尔从存在出发所经验到的克服。也就是说，不再从——作为被设想的东西——类似于虚无的存在，而是从每个人都为之急得火烧眉毛的存在出发。虽然克尔凯郭尔和晚期谢林——他们本身是唯心主义的、尽管"在生存论上"是黑格尔所想要的批评者——与物质的生存几乎没有丝毫相同之处。克尔凯郭尔在谈到这个方面时，太过经常地从他无限感兴趣的小退休者（Kleinrentner）的孤独的内在性出发。他把这种生存论的东西当作最强烈的主观的东西来加以教导，除了凭借"原地踏步"的辩证法之外，并不凭借任何别的辩证法。而且，当晚期谢林同时担任一种日益

---

① Subjekt，这个词既指"主词"，同时也可以指"主体"。在黑格尔哲学中，诸概念被当成了主体，而费尔巴哈和马克思则将之颠倒过来，把感性的具体事物当作真正的主体。——译者

② in Grund und Boden，意为在根据和基础中。布洛赫说概念的自我运动在根据和基础中受到了马克思的批判，但是马克思对黑格尔所说的理念的终极静态甚至连在根据和基础中的批判都没有作出，因为它根本就没有根据和基础。此处对 in Grund und Boden 采取直译，而不是意译为"彻底的"。——译者

敌视理性的反动派的神话学职务时,他选择转向了非精神的大地残余(Erdenrest)。他把这种生存论的东西,解说为远古的"推动",世界的"昏暗的如是(Quod)",这个"如是"虽然构成了世界中的催促者、能动者、设定者,但作为永恒的无规则之物,也永恒地不能为知性所参透。在这种情况下,经验的深度感官凸显了出来,但并不刚好是一种想要从神话学中发现出来的深度感官,恰恰相反。克尔凯郭尔的受谢林影响的反—逻辑主义,也有一个全然不同于费尔巴哈的反唯心主义的对象,尽管都想要否定黑格尔的"抽象"。克尔凯郭尔与费尔巴哈都否定黑格尔(Nicht-Hegel),这两种否定之间的差别,如同在自身中反复思索着的灵魂与在自身中游戏着的健康的身体状态之间的差别,或者"处于持续危机中的基督的人"与"站在自然基础上的现实的人"的差别一样。而强调人的"生存"之区分为克尔凯郭尔的个人与马克思的"社会关系的总和",这简直是完全多余的。当然,用这些反—泛逻各斯主义者之间的在1840年期间的这些明摆着的差异性,还依然不能完全详细地阐明他们的关系;此外,还存在着克尔凯郭尔—谢林与已经到来的用脚站立的意愿(Auf-denFüßen-stehen-Wollen)的一种同时代的关联。自1840年起,正在开始的"实在政治",对"经验"(Empirie)的赞扬,在任何一种同黑格尔的告别中都使自身变得可以辨识了;两者都是现在即使在中欧也高度成熟、且最终成熟了的这个资本主义的反映。因此,甚至晚期谢林也与经验(Empirie)这个词打情骂俏,而且——正如总是以蒙昧主义者的方式——采用了这个词。因此,克尔凯郭尔针对黑格尔的有中介的精神,而使自己的唯我论凸显为这样一种显而易见性,就好像那儿——正如总是以主观主义的方式——有一个同费尔巴哈的"人类学化"相对应的东西。这一点,并未顾及在克尔凯郭尔—谢林那里的反动使命,以及在费尔巴哈这里的革命的使命。就形式而言,前者①提供了先验恶习的一种不可否认的贡品,献给"古代的"(antäische)德性,也就是献给与存在相接触的意识的意志。在这方面,再也没有比青年恩格斯更

[390]

---
① 这里的"前者"应该指克尔凯郭尔和谢林。——译者

微不足道的见证人了；因为这位谢林柏林讲座的听者，在1842年用笔名发表了论文：《谢林与天启》。其中，这个信仰精神的黑格尔主义者——恩格斯当时还部分是黑格尔主义者——肯定毫无体谅地对待这位年老的黑格尔杀手。他批判谢林的绝对存在者的密教式的（mystagogisch）非逻辑化（Alogisierung），他有权针对这种非逻辑化而提到："离开经验的前提想要证明某个事物的实存，不是黑格尔突然想到的；他仅仅证明了这个实存着的东西的必然性。"青年恩格斯还表达了如下信念："实存当然落入了思想之中，实存对精神而言是内在的"；这一信念同谢林的下述命题构成了论战："存在是并非内在于思维中的东西"。这样，谢林的"形而上学的经验主义"毫无疑问地使青年恩格斯感到反感，但尽管如此，下面一点依然以独特的方式触动了他：黑格尔"现在恰好从两个方面，即从其先行者谢林和最年轻的后继者费尔巴哈两个方面受到敌视"，而且恩格斯刚好在其中察觉到了——作为强调实存、后天性、经验主义——一种联系。是的，青年恩格斯在一个地方总结了谢林自己的描述，这个描述如果不是来源于黑格尔的这位神话学的敌人——谢林——的话，是有可能来源于费尔巴哈的。谢林就此说道："黑格尔的逻辑学的抽象概念恰好不属于哲学的开端，仅当意识将整个自然都接受到自身中时，这些抽象概念才有可能进入，因为它们首先是从自然中得出的抽象。"（《谢林与天启》，MegaI2①，1930年，第203页）青年恩格斯还就这种"描述之颠倒"提出了意见，而且他以此所意指的，乃是该描述建立于其上，或者该描述在谢林这里会导向它的这个密教式的根据；然而这表明：这位很快成为非—唯心主义历史观的共同奠基人的人物②，确实明显地被谢林援引的这个反逻辑的命题所触及。尽管该命题具有更进一步的无可救药的—神话学的关联，尽管黑格尔的理念是当时青年恩格斯还完全束缚于其中的。他几乎完全没有察觉到这种谢林式的反动的反—黑格尔、反—泛逻辑主义，因而没有悖谬地将之用于自己后来从左边展开

[391]

---

① 这是指《马克思恩格斯全集》历史考证版第I部分，第2卷。——译者
② 这里所说的"人物"，应当是指恩格斯，他后来与马克思一起创立了唯物主义历史观，即这里所说的非—唯心主义历史观。——译者

的泛逻辑主义—批判。1840年期间，处于如此纷繁多样的社会使命之中的整个理智，都在忍受黑格尔主义的兴奋若狂的精神本质所带来的痛苦，并且与此生命之树相反，或者在它之旁，种下或多或少的金色之树。同时，恩格斯和马克思作为唯一理解了辩证法的人，作为黑格尔的告别者和斗争者中的唯一实在的人，正好因此而成为对黑格尔作出最恰当批判的人。

1870年，在黑格尔这位大师诞辰一百周年之际，同情黑格尔的老年黑格尔分子卡尔·罗森克朗茨（Karl Rosenkranz）[①] 出版了一部纪念著作：《作为德意志民族哲学家的黑格尔》。这在当时听起来是可笑的，它预设了书末的敬词一般会受到关注。这位值得纪念的人几乎消失不见了，他似乎仅仅在思想家的民族中生活过，为的是有可能遭到取笑。因此，对这位寿星的表白，是十足抑郁地发出来的，并且无论如何都是防御性的。尽管如此，罗森克朗茨相信可以就黑格尔体系作出预言："该体系将会有一个生产性的持续构成（Fortbildung），这也像古代柏拉图和亚里士多德在其注解者中的情况那样。"（第318页）[392] 现在，这种生产性的持续构成出现了，然而完全迥异于这位最后的黑格尔—骑士所曾预料的。黑格尔的真正"注解者"已经不是同样意义上的黑格尔信徒，就像亚里士多德的注解者成为亚里士多德的信徒那样。毋宁说，辩证法在黑格尔本人这里经受住了考验：被形成之物的泛逻辑主义，向对他自己和被形成之物的批判过渡。也就是过渡到最有根基的批判，这种批判对泛逻辑主义及其被形成之物——他曾把这种东西意识形态化——而言，曾经一度繁荣过，而且恰好依据的是这种"持续构成了的"辩证方法。这样，不要遗忘，但也不要烦琐哲学，就变成了黑格尔的未来。不同于柏拉图和亚里士多德，黑格尔在其死后立即发现了敌人，其中有青年同学谢林，但也与柏拉图和亚里士多德不同，除了百年纪念和烦琐哲学，他立即发现了一笔独立自主的遗产，即马克思主义。而马克思主义的范围，肯定不再是"关于世界思想和思想世界的科学"——按照老年黑格尔派的脱粒完毕的唯心

[①] 罗森克朗茨（Karl Rosenkranz），老年黑格尔派的主要代表之一。——译者

主义和资产阶级黑格尔复兴的熬煮过的唯心主义。然而，这个哲学的范围通过到来的改变，并不是变得更小，而是变得更富有成效了。因为决断（Entscheidung）的世界挤进了思想世界，而且辩证的物质也挤进了带有其唯心主义完美性的世界思想。这是一种并非完全如此审美的本质，但却是一种具有现实根据的本质，它是现实的辩证的主体—客体关系的，因而是运动—关系和劳动—关系的一个现实的基底。不过，将理念—迷信（Ideen-Aberglauben）加以搁置，这对于物质性的认识是必要的，反对的是单纯理论的原则。黑格尔本人——当他看着"德国的精神性"时——并不总是誓言捍卫这一原则："我们在头脑中和头脑上具有形形色色的喧嚣；同时，德国的头脑毋宁使其睡帽完全安静地坐下，并且在它内部施行手术的。"（《著作集》，XV，第553页）即使克尔凯郭尔也还是在头脑内部施行手术的，对此服用的是懊悔和悔罪之饮料，尽管运用的是要求经受考验的方式。这顶睡帽，连同这个刻印出来的桂冠——是资产阶级为了纪念这位不再属于他们的人而使用的——的真正的终结，叫作辩证的唯物主义。作为这 [393] 样一种唯物主义，它在其主体—客体上理解自身，并且抓住了处于根底处的物质：饥饿的生存。

克尔凯郭尔与共相①

——在这里，一个内在的东西反对它不会存在于其中的外在的东西。反对它在其中完全不会自我感觉到自己得到理解的被理解之物。在克尔凯郭尔看来，这个内在的东西是直接的人的存在（Menschsein），它甚至不需要是如此属灵的，或始终属灵的。它绝对是生存着的东西，就像他"睡眠，饮食，擤鼻涕"，像他"爱一位妇女，处于安静和激情中"一样。

这是仅仅与人相关的一种东西。这东西特别令我们感兴趣，是的，如果它符合常理的话，还仅仅令我们感兴趣。这样，人的存在不

---

① das Allgemeine，这个词亦可翻译成"一般"，指与个别或特殊物相对的普遍物。——译者

断发展为现实的存在，发展为撕裂了的存在，基督徒的存在，完全主观的存在。但黑格尔受到了批判，因为他自诉完全脱离了活生生的东西，直接的东西，当下的东西。在黑格尔那里，代替对当下之物的焦灼的忧虑，消逝之物作为一种同我们不再相干的东西显现出来。变得平静的客观考察的过程，似乎代替了基督徒生活于其中的恐惧和绝望。华丽而完整地显露出来的、最终完结了的这个历史性教化的进程，似乎代替了道德上的忧虑。即便是黑格尔所说的自为存在（Fürsichsein），也没有特别的含义，而仅仅意味着：它就是外在性，就像在他那里所有其他东西一样。这位外在的或客观的思想家摆脱了每一种震惊状态，他在克尔凯郭尔看来，就相当于"人们今天称之为一位基督教徒"的人。他的教席相当于这样一个布道坛，它从基督受难中作出了一种客观的叙述，并且造成了一个与教士如此类似的受俸神职。克尔凯郭尔不再像黑格尔和所有其他人那样受邀进入基督教，而是想要对基督教发出警告；这始终是一件惹人生气的事。这是戳穿和审查，而不可能被做成聪明的和解之香膏。一旦基督教是减轻痛苦的，而不是令人恐惧的；一旦它是历史地——无危险地登场的，而不是当前地——令人受伤地登场的，那么，它对于克尔凯郭尔来说就是废话。所有的教士都是明希豪森分子（Münchenhausens）①，他们自己并不了解他们所叙述的东西。所以，对现在，准确地说对这些人的劝告是：最直接地保持在自我审查的状态。有助于这种内在性的，既非沙滩，也非大海，甚至也根本不是绘成巨人卡片的世界进程，相反地，它们会引人离开这种内在性。洞见——这是一种内在性——在中间透视人，而认识则意味着，"自己在生存中理解自己"，而且唯一重要的关系，是那

[394]

---

① 明希豪森（Baron Münchhausen，1720—1797）是18世纪德国汉诺威一乡绅，他早年曾在俄罗斯、土耳其参加过战争，退役之后为家乡父老讲述其当兵、狩猎和运动时的一些逸闻趣事。后出版一部故事集《明希豪森男爵的奇遇》，其中一则故事讲到他有一次行游时不幸掉进一个泥潭，四周旁无所依，于是其用力抓住自己的头发把自己从泥潭中拉了出来。这个故事被卡尔·波普的门徒、德国当代批判理性主义法哲学家汉斯·阿尔伯特用来批判启蒙时期的两个传统哲学，即理性主义和经验主义。明希豪森三重困境是指论证中的三种困难：第一，无穷倒退（无穷地递归）；第二，循环论证；第三，武断地终止论证。布洛赫在此把黑格尔等人称为Münchenhausens，意指他们同样陷入了论证困境。——译者

种让自己面对自己本身的关系。人们可能还记得，黑格尔据说曾这样对一位同桌的女士说："在我的书中关于我的那些东西是错误的。"克尔凯郭尔同样坚决地、用最为尖锐的反对态度回应说："在我书中与我无关的所有东西是错误的。"诚然，他以多个笔名撰写东西，因而至少缺少这个自我（Ich）的被断言的统一。但这些不同的名字，只是对于这个自我及其事务（Sache）的不同视点。对克尔凯郭尔来说，这种事务之作为伦理的事务，才是唯一的现实性；它是人所特有的事务，关于所有其他人，他只知道这一事务。唯有主观的东西才是真实的，而这种主观的东西一旦被思考，就不会从他的生存中抽离出来。这个东西就"处在当下，此刻，无限之物与有限之物直接地交会"。简言之，现实之物本身就是飞跃（Sprung），是出现在这个地点上的矛盾，是一个主观的、而非客观的思想家。而且，倘若它是这样的东西，那么，它就会——在最高的、不舒适的自为存在中——改变自己本身，而并不像克尔凯郭尔相信黑格尔可以看到的那样，仅仅改变思想的位置。当然，这个自身（Selbst），这个克尔凯郭尔针对共相和虚构的抽象物而提出的自身，在他这里同样不是什么抽象物。因为它逃进了一个一如既往的、并不惬意的寓所，它自闭起来，并且从种种社会的（sozial）关系中显露出来。一旦它的确停止从属于这些社会关系：则即使内在性，即使私人性，也是一种社会性的（gesellschaftlich）关系。而且，如果在黑格尔那里也涉及这个主体的话，那么，该主体虽然经常过度地从它处于、并感受于其中的活的—直接的东西（aus dem Lebend-Unmittelbaren）中抽离出来，但正如已经看到的那样，并不是如此这般地从这个东西的不安宁，不是从其活的自我分化，不是从激情——离开激情则一切伟大的事业都不会发生——中抽离出来的。即便是黑格尔的主体，也恰好想要通过其客观的诸规定而彻底改变自己本身，而且不只是想要改变它处于其中的外在位置。

[395] 现象学的整个程序，确实恰好存在于这类交互改变之中。只是：所有这些改变都纯粹是精神的，它们本质上都是一个被观察的东西和过去了的东西等诸如此类的改变，这是真实不虚的。

提示

"何谓抽象思维?它是这样一种思维,在它那儿没有了思维者。它撇开了除思想之外的所有其他东西,而且只有思想才处在它自己的媒介中。生存并不是无思想的,但在生存中,思想却处于某个陌生的媒介中。何谓具体思维?就是这样一种思维,在它这儿有一个思维者和一个确定的、被思维到的某物(在某种个别物的含义上),在这里,生存将思想、时间和空间给予生存着的思想家。"(《最后的、非科学性的附言》II,《著作集》,迪特里希编辑,VII,第30页)

"如果人们在丹麦据说要按照一张关于整个欧洲的小地图——在此地图上丹麦不会大于一个钢笔尖——旅行,那是不可能的,与此相似,想要在纯粹思维的引导下生存,是的,这就更加不可能了。"(同上书,VII,第10页)

"在黑格尔那里关于过程和生成(Werden)所说的一切,都是虚构的。因此,这个体系缺少一种伦理学,因此,如果活着的这代人和活着的个体严肃地、亦即为了行动而追问生成,则该体系就会一无所知。所以,无论黑格尔说了多少关于过程的话,他都不是在生成中理解世界历史,而是借助于过去的感官欺骗、在封闭状态——其中所有的生存都被排除了——中理解它。所以,一位黑格尔信徒借助于他的哲学不可能理解自己,因为他只能理解过去了的和完成了的东西,而一个还活着的人,毕竟不是一个死去了的人。"(同上书,VII,第5页)

谢林与泛逻辑之物

——这种用鼻子自己接触自己的内在之物,这种自我审查,总体上是在克尔凯郭尔的地基上生长起来的。而"生存"概念——作为一个脱离了逻辑—客观思维的概念——本身却并非如此;在其中展开的对黑格尔的战争解释(Kriegserklärung),来自于其青年友人,来自于黑格尔的多方面的带头人,来自于伟大的哲学家谢林。某物存在,晚期谢林如此教导说,这种个别的和现实的特定存在(Dasein),不可能从思维和理性中推导出来。理性连同其必然的真理,仅仅把握所是

[396]

(Quid)，什么（Was），本质（Wesen），一个事物的本质性的概念，而绝不把握事物的如是（Quod），它的如此这般（ihr Daß），它的实实在在的生存。在黑格尔《精神现象学》出版后不久的一部著作中，在1809年的《对人类自由本质的研究》中，谢林就已经记下了存在中的一种不合逻辑的因素，记下了在存在之开端中的一个"昏暗的根据"，以至于一般地有某物存在。他追随雅各布·波墨，把这个根据称为"对生存的渴望、饥饿"；这是一个极少得到思考的根据，以至于谢林在这部精深的著作中同样称之为"无根据"；从理念之合理的—必然的进展来看，它是唯一的任意（Willkür），绝对的自由，个别意志的自我解脱。这是靠近自由的恶；谢林从理性出发，不再仅仅将之界定为不可思议之物，而且将之界定为不应当存在的东西（das Nichtseinsollende）；所以，在它那儿的过程，就像一种治疗，像一种克服一样向前推进。争执与无规则状态，怪胎、疾病和死亡，所有激起惊恐的东西，都来自于这种昏暗的根据，哪怕是"扩散于整个自然的忧郁的面纱，所有生命的深层的、不可摧毁的忧伤"。于是，这些无规则的因素，不像在黑格尔那里作为从属的、反题式的中间环节而被纳入"概念的自我运动"。世界并不仅仅涉及纯净的理念，泛逻辑的东西，正如谢林用经院哲学的表达所重复的那样，仅仅涉及"是其所是"（Quid sit）①，什么（Was），本质（Essenz）②，显现着的东西的可以思维的内容，而并不涉及"如其所是"（Quod sit）③，生存，生存本身之远古的如此这般。

在黑格尔死后，谢林公开地反对这位巨无霸式的泛逻辑主义者。他解释说，黑格尔的先天理性的体系，连同其并非不可思维的东西或逻辑上必然的东西的继续发展，仅仅构成这种哲学的首要的或者否定的方面。对逻辑上必然的东西的思维，是认识的否定的、不可缺少的条件（conditio sine qua non）④，但并非活生生的、现实的内容的否定的、不可缺少的条件。首先向这位哲学家敞开的，是"肯定的哲学"

---

① 拉丁文。——译者
② 拉丁文。——译者
③ 拉丁文。——译者
④ 拉丁文。——译者

或者"高级的经验主义",谢林早先也曾主张理性主义,现在,在他自己的理性主义对黑格尔作了详细说明或冗长叙述之后,他许诺提供这样的东西。这种总是极端自以为是的"经验主义",依照、并且反对黑格尔,这当然不是普通的经验主义,即充斥于黑格尔之后的时代,并构成了那个时代极为出色而伟大的处于上升态势的自然科学的那种糟糕哲学的经验主义,而是一种无法预料的和在非真实的意义上古怪的经验主义:**宗教**经验的经验主义。这就是宗教史的经验主义,在谢林看来,在这部宗教史中,只有活生生的—能动的上帝,而不是臆想的—含有理想的泛逻辑主义的上帝,才应当使自己变得可以辨识。因而在这里,"经验主义"变得如此之高,以至于它仅仅还与有关诸神的经验相关,而且这种"肯定的东西",是在相同的——就像人们说到实定的(positv)基督教时——意义上的一种东西,有别于自由的东西。因此,晚期谢林特别针对黑格尔而唤起的这种"生存哲学",归根到底与现实的生存不再有任何相同之处;但是,它毕竟没有遗忘处于"如其所是"(Quod sit)中的意志动机,或者说,没有遗忘生存。它使得一种并非单纯逻辑的东西变得可以辨识了,这种东西也许显示了黑格尔的体系("自然之乏力","历史之不和"),但同样贬低了处于连贯的泛逻辑主义之中的黑格尔体系。谢林肯定将这种并非单纯逻辑的东西冒险地神话化了,是的,他的最后一位受益者,爱德华·冯·哈特曼(Eduard von Hartmann)① 在其《无意识的哲学》中走得如此之远,以至于在公众面前展开和显露了绝对者(Absolute)——这个绝对者以谢林的方式被划分为原始意志和原始理念——的整个临床秘密。在哈特曼的新—谢林学派(Neu-Schellingiade)中,旺盛的原始意志压制着原始理念,由此启动了世界进程,而

---

① 爱德华·冯·哈特曼是在弗洛伊德之前系统研究"无意识"或"潜意识"的心理学家,曾著有《无意识的哲学》(1868)。他将潜意识称为"普遍领域",并且在叔本华提出无意识概念之后进一步指出,无意识具有三个层面:(1)绝对的无意识,"这构成了宇宙的实质,是其他形式的来源";(2)生理无意识,这是人类进化发展的一部分;(3)心理无意识,它支配着我们有意识的精神生活。胜过叔本华的是,哈特曼收集了丰富的证据(在某种程度上属于临床证据)来支撑自己的论点。他还讨论了思想、智慧、语言、宗教、历史同社会生活之间的联系。值得注意的是,这些都是弗洛伊德所要探索的领域。——译者

最终，理念重新将来自于现实性——这种现实性为意志在世界中所拥有——的意志，移植于原始的潜能状态，据此，"世界形成之失态（Fauxpas）"便得到了弥补，绝对者重新返回到它的前世界的涅槃境界。这真是难以置信的幻想，此外，这种幻想还在绝对者中将叔本华的意志和表象，甚至将死敌叔本华（意志）和黑格尔（理念）彼此结合起来；而且真的，谢林对黑格尔所作的使其强健的批判，其作用同样在于：恰好在由谢林针对黑格尔所充分发挥的生存动机这里，它体现出了——正如后文将表明的——一种引人深思的创造性的丰产性。这一点，在爱德华·冯·哈特曼的值得注意的"范畴学说"中变得明显了；因为这种学说恰好从谢林的昏暗的原始根据中，提取了范畴的发展原则，据此，倘若没有一种不合逻辑的东西（一种紧张强烈的东西，一种含有意志的东西）为此而给它以推动的话，便没有什么逻辑的东西可以在范畴中展开自身。这里不是详论这种奇特的、在科学上完全成熟的、由如此之多的幻想构成的晚熟的果实的地方，尽管它似乎把谢林对黑格尔的批判，运用于对黑格尔的补充当中了。然而，完全可以肯定：谢林，以及随同谢林一道还有他的模仿者爱德华·冯·哈特曼，尽管是以最高形而上学的，乃至于神话学的方式，毕竟从他们的立场出发表明，一个如同黑格尔所教导的世界进程，不可能从纯粹理念中使自己继续运动，甚至于不可能使自己运动起来。即使"概念的自我运动"，在谢林看来也不可能恰好像一架永动机（Perpetuum mobile）那样；作为世界本质的概念，倘若没有了刺激和推动着的非概念的、非逻辑的东西，则一步也超越不了干枯的 A = A。它甚至都不能从自身出发，凭借纯粹的童贞感孕而发展出最普遍的逻辑关系形式或抽象的范畴（诸如某物、他物、量、因果性），而这些逻辑关系形式和范畴，黑格尔在其逻辑学中是作为"世界创生之前的神的思想"加以描述的。更别说它有能力从自身释放出社会性的—物质的关系和特定存在形式，因而释放出实在的范畴（诸如需要、契约、希腊王国、巴洛克绘画、印度教等）了。这就是在谢林对黑格尔所作的批判中所包含的：合理的东西不可以同实在的东西相混淆，逻辑的因素不可以同包含主体—紧张激烈的东西相混淆。

提示

"我们说到渴望的本质，而且自为地考察起来，这种本质大致必然地会付诸实施。也就是说，在这个正如我们现在所看到的世界中，在自我启示的永恒行动之后，存在着一切规则、秩序和形式；但是在根基中，却还总是存在无规则的东西，似乎它有可能在某一天重新冒出来，并且在任何地方，它都不会显得秩序和形式好像是本源的东西，而好像是一种最初无规则的东西被带进了秩序。在诸多事物那里，这是无法把握的实在性之基础，是决不会发散开的残余，这种东西，凭借最大的努力也不可能溶解在知性之中，而是永恒地保持在根基中。"（《对人类自由的本质的研究》，《全集》，第7卷第一部分，第359页及其下一页）

"由此，这种经验的东西否决了这样一位后来者：他把逻辑概念置于活生生的东西、现实的东西的地位，他通过最罕见的虚构或假设，而将一种必然的自我运动归于逻辑概念。同时，概念的逻辑运动持续得如此长久，就好像体系在单纯逻辑的东西中推进似的；而当体系必须迈出更困难的、进入现实的一步时，辩证运动的线索就完全中断了；第二个假设变成必要的，亦即就理念而言，人们并不知道什么，为什么？如果它不是为着打破理念之单纯逻辑存在的无聊，而突然想到使自己瓦解而落入理念的诸环节——据说自然借此而形成——的话。新近哲学史中的这段插曲流行开来，这重新表明：凭借纯粹合理的东西去接近现实是不可能的。"（《论维克多·柯桑的一篇文章》，1834年，《全集》，第10卷第一部分，第212页及其下一页）

"在1801年发生了这样一件事：在巴黎，两位著名的德国学者在当时首任领事的一次公共会见中相遇了。未等进一步寒暄，这位强人①就向哲学家提出如下问题：'物质是什么东西'（Qu'est ce que la matière）②？哲学家有点儿被这个问题所震惊，对此，没有人会感到特别奇怪，但是，这个问题如此准确地击中人们有可能称之为哲学之丑闻、亦

---

① 这位强人，应该是指当时首任法国领事。——译者
② 法文。——译者

即哲学之堕落的这个点,对此,也不会在当时深感这位法国意识形态家的言论和臆想的研究令人轻蔑和微不足道的人士这里感到惊奇。"(《神话学的哲学》,1856 年,《全集》,第 1 卷第 2 部分,第 424 页)

"全部范畴功能都是逻辑的规定……但这种逻辑的规定,在这种孤立化中根本不可能自我证实。因为它本身只是一种空洞的形式,而且,也不可能把它在自身中找不到的内容给予自己;它不可能把自己应用于自己本身,而是必须事先找到它能够应用于其上的某种他物,并且只有在这条道路上,它才能展开蕴藏在自身中的诸多可能性。

现在,这种他物必须是本身为逻辑规定所缺乏的东西……它可以在与逻辑规定的比较中否定性地规定自己到如下程度:它一方面必须自在地是非逻辑的,无理性的,另一方面又必须是未决定的,无规定的。为了使这同一个东西变成逻辑规定的动机,它就必须是反逻辑的,违背理性的,而且,为了从这种应用中使一种形而上学的活动得以产生,它就必须按其内容是可以决定的,可以规定的……现在,且让我们看看这种活动是如何作为这样一种双重化的东西,同更重要的范畴发生关系的,于是强度就仅仅归于该活动的一个(非逻辑的)方面,但根本不归于另一个方面,因为这种逻辑的规定本身是无强度的,而且在它唤起某种强烈能量之假象的地方,这个假象要仅仅归功于与它结合在一起的另外一个方面。"(爱德华·冯·哈特曼,《形而上学概论》,1908 年,第 24 页及后面各页)

费尔巴哈与黑格尔上帝 (Hegelgott)

——这个自我吹奏和自我推动的纯粹精神,甚至在自身中也不能保持安宁。在黑格尔死后不久,其学派不论是在政治上还是宗教上,都分裂为一个左翼和一个右翼。对黑格尔的宗教哲学的解释(以及极为不同的可解释性),给出了分裂的根源。右翼,把世界精神在人格上设想为现实的父亲;左翼(D. F. 施特劳斯,布鲁诺·鲍威尔

[Bruno Bauer])① 则拘泥于黑格尔的"神性之物与人性之物的中介",据此,在他们这里,除了自在的神性之物外,就再也没有留下别的更多的东西了。路德维希·费尔巴哈更进一步,他完全推进到了无神论,但也推进到了宗教人本主义(Humanismus)的一种类型,哪怕是费尔巴哈,离开黑格尔也是不可思议的。然而,费尔巴哈同样少地,甚至还更少地离开通向生存者的列车,这辆列车在他这里想要的,是感性的—显而易见的金子,而不是形而上学的空头支票。现在,谢林的"昏暗的根据"根本就不昏暗了,而是存在就是直接的透明之物,而且他根本就没有咒骂,生存反而成了爱、兴趣之血肉,并且成了从属于人工之此岸的欢乐之物。在费尔巴哈这里,所谓生存论的东西,就是身体本身,就是作为真实的、现实的、感性的实体(Wesen)②的人:"我的第一个思想",费尔巴哈如此描述自己的发展过程,"是上帝,我的第二个思想是理性,我的第三个和最后一个思想是人。这个神性的主体是理性,但理性的主体则是人。"借此,费尔巴哈——他曾是黑格尔的富有激情的弟子——最终想要把黑格尔具体化。这种新的——人本学的——哲学对于黑格尔的理性哲学的态度,理应像这种哲学对于神学的态度一样。宗教是由此而形成的:人自己与自己本身相分裂,他双重地设定自己,一会儿作为有限的东西(个体),接着作为无限的东西,作为进入无限的、被升华的东西(上帝),他并且崇拜这个神化了的自身(Selbst)。黑格尔说过,上帝在人当中知道自己本身;费尔巴哈颠倒了这个命题:人在自己的上帝中仅仅知道自己。于是,人在彼岸中给予其外化的那些庄严的、神圣的属性,就必须重新被带回真实的起源:人之心,人之爱,人之对于完满性的追

---

① 布鲁诺·鲍威尔(1809—1882),青年黑格尔派的重要代表人物,他在19世纪30年代也积极参与宗教批判,但他与施特劳斯持不同的观点,认为《福音书》出自其作者的有意虚构,起决定作用的是自我意识,因而只有自我意识才能把人类从宗教异化下解放出来。到了40年代,以鲍威尔兄弟和梅因为首的一群人组成了"柏林自由人"小组,玩弄空洞的批判词句,蔑视群众,指责英法等国的社会主义工人运动;施蒂纳还用至上的"唯一者"来鼓吹无政府主义。——译者

② Wesen这个德文词既有"本质"的含义,也有"独立存在的东西""实体或本体"之意。此处译为"实体",意为人是独立的存在者。——译者

求。事实上，这听起来全然不同于"概念的自我运动"，或者"理性的狡计"，或者"绝对的理念"，即便它是在人当中达到自我意识的。[402]但这是令人惊讶的，并且表明在黑格尔那里，在多大程度上即使不存在克尔凯郭尔或晚期谢林，但也许本身就存在其走得最远的左派的片段：早期黑格尔曾写过一些命题，它们只有通过语言之充满思想的威力，才与费尔巴哈的更深入的人本学化区别开来。对已经到来的更好的时代而言，在黑格尔使之成为任务的地方，这些"宝藏，这些在天空中贱价抛售的宝藏，要求作为人类的财产被加以归还"。就这样，最惊人的、洗劫天国（Himmelspünderung）的命令发出，这是——为了尚未腐化的宗教内容的人本学化——早就摆在费尔巴哈面前的。而且，甚至是较晚的、在人类主体和上帝客体之间振荡的黑格尔，就像在他的宗教哲学中变得明显那样，也至少把上帝的内容在相当程度上——人本学地—神秘地——溶解进人的意识当中了。费尔巴哈过滤了这种神秘的溶解，这种人本学的溶解得到了越来越具体的实施。诸神以启蒙的方式变成无知的巨人幽灵，但首先，他们正好作为分裂了的人类本身中的较好的部分而矗立在那里。最后，他们甚至被解释为人的超验地作出的**愿望内容**（*Wunsch-Inhalte*）；费尔巴哈的诸神，都是现实实体连为一体的心灵愿望。当然，后者在黑格尔那儿甚至未曾得到暗示，至多在伊壁鸠鲁（Epikur）① 那里才偶尔被暗示出来；它一向为费尔巴哈所独有。人们自己产生的一位父亲，就不再是父亲，全都要感谢这个主体（而不是相反）的一位神，就不再是神了：于是，费尔巴哈凭借黑格尔未曾得出的一个结论，也就越发抵达了无神论的方面。当然，这种从愿望出发而生出的宗教诞生理论，在自身中就有深渊，而这些深渊从费尔巴哈的标准化的人出发还不能生出。只要这个人——在当时出场的范围以及在趋近于他的这个愿望之物（*Wunschwesen*）的远景中——在本质上还保持为一个空喊解放的庸人

---

① 伊壁鸠鲁（希腊文：Επἰκουρος，英文：Epicurus，公元前341—前270年），古希腊哲学家、无神论者（被认为是西方第一个无神论哲学家），继承和发挥了德谟克利特的原子论，并在伦理学领域开创"幸福论"派别。——译者

(Emanzipationsphilister)。尽管如此，费尔巴哈按照这最后一个方面和愿望方面，表达了宗教的人本学化，表达了在黑格尔那儿受到训练的、因而在宗教哲学上还有经验的尝试：不仅仅在空喊解放的庸人的意义上理解无神论。因此，不只是在空洞的和完全无聊的否定的意义上理解无神论，这种无神论——在被克服了的、社会的斗争功能方面——是在19和20世纪的西欧小资产阶级中变得趋向于这种否定的。宗教有许多基于良知的罪恶，但是，却罕有这样一种叫作平庸的罪；"正因为荒谬，我才相信"（Credo quia absurdum）① 是反对平庸的。宗教绝不会直面愚蠢而保持下来，相反，却经常直面平庸。在伊壁鸠鲁、卢克莱修（Lukrez）② 乃至布鲁诺（Giordano Bruno）③ 还有狄德罗（Diderot）④ 这里的反宗教的现实斗争，就更加直面平庸而保持下来了；因为这种斗争不仅自为地具有反抗的全部狂热，而且在先行的怀疑和信仰危机的范围内发生，因此还是在同宗教的现存关系中发生的。如果人们像鞑靼女人（Tatarin）一样，一旦相信冰川裂隙都是伪造的便感觉不到恐惧，则仅仅嘲讽宗教是容易的。如果人们像桑乔·潘萨（Sancho Pansa）⑤ 那样，一旦相信内华达山脉⑥的峰顶只是

---

① 拉丁文。一般认为是基督教著名的神学家和哲学家德尔图良（或译特图里安、特土良，Tertullianus）的名言。——译者

② 卢克莱修全名是提图斯·卢克莱修·卡鲁斯（Titus Lucretius Carus，约公元前99—约前55年），罗马共和国末期的诗人和哲学家，以哲理长诗《物性论》（De Rerum Natura）著称。他继承古代原子学说，特别是阐发了伊壁鸠鲁的哲学观点，认为物质是永恒的，"无物能由无中生，无物能归于无"。他由此反对神创论，主张消除宗教偏见。他承认世界的可知性，认为感觉是事物流射出来的影像作用于人的感官的结果，驳斥了怀疑论。他认为幸福在于摆脱对神和死亡的恐惧，得到精神的安宁和心情的恬静。——译者

③ 乔尔丹诺·布鲁诺（Giordano Bruno，1548—1600年2月17日），文艺复兴时期意大利思想家、自然科学家、哲学家和文学家。他鼓舞了16世纪欧洲的自由运动，成为西方思想史上的重要人物之一。他勇敢地捍卫和发展了哥白尼的太阳中心说，并把它传遍欧洲，被世人誉为是反教会、反经院哲学的无畏战士，是捍卫真理的殉葬者。——译者

④ 德尼·狄德罗（Denis Diderot，1713—1784），法国启蒙思想家、唯物主义哲学家、作家、百科全书派代表人物。他的热忱和顽强使他成为百科全书派的领袖，同时著有《对自然的解释》以及《达朗贝和狄德罗的谈话》等。——译者

⑤ Sancho，桑乔，来源于拉丁文、西班牙语，含义是"圣徒"（saint）。——译者

⑥ Sierra Nevada，内华达山脉，是美国西南部花岗岩断块山，科迪勒拉山系西缘山地的组成部分。北起拉森峰，南至蒂哈查皮山口，长640千米，宽80—130千米，以大致南北走向绵亘于加利福尼亚州东部。山体形成于侏罗纪末至白垩纪初的内华达造山运动，一般海拔1800—3000米，山势自东向西倾斜。——译者

由云层形成的便感觉不到高耸入云，则把宗教贬低为零就是容易的了。费尔巴哈和马克思一样，远离这两种幻想（幻想式的反对—幻想）；代替这种做法，他们想要现实地考虑宗教的困难（在这个词的双重意义上）。而且，就像一个不懂艺术的人很少是一个反圣像崇拜者一样，在黑格尔之后立即出现在这个范围内的冷漠，说到底也根本不是无神论；它是同宗教领域和由此而被指称之物的绝对无关状态。它是在费尔巴哈之外的那样一种涉及宗教内容的毫无预感（Ahnungslosigkeit），这种毫无预感总归与当时机械唯物主义的目光短浅相符合，就好像它总是与某种目光短浅相符合一样。但恰好是这位无神论者费尔巴哈，在用他的宗教的人本化来反对宗教的平庸，并且通过愿望理论来装备自己。据此，至少深思并没有消失，而且无神论——代替一种单纯的诋毁现象——变[404]得富有内容了。是的，据此，第一次在熟悉黑格尔的宗教过程及其对象的情况下，一种并未局限于单纯道德性的宗教遗产**问题**被提了出来。通过宗教的人本学化，费尔巴哈还使得启蒙的德性差不多重新令人感兴趣了。他甚至在当时世俗方面（Diesseitigkeit）的那堆材料（Stoffbrei）中，赋予该主题①以颜色和一种取自黑格尔的等级。

虽然如此，即使这个得到如此强调的"人"，在费尔巴哈这里也始终只是得到观察，而并未处于解放状态。马克思指责费尔巴哈，说他的肉和腿很少，甚至更少超出直观，就像从前的内在灵魂一样。同样地，马克思还评论说：费尔巴哈所说的人始终是完全普遍的，是一个始终保持为抽象的、单纯的类本质（Gattungswesen）②。这个人（Humane），并没有在他的历史性地自我改变的、他的社会性的—具体的关系中得到把握，而是"作为内在的、无声的、仅仅把许多个人**自然地**结合起来的普遍性"③ 得到把握的。这不是唯物主义的，因为

---

① 原文是 Subjekt，该词具有主体、主词、主语等多重含义，但在此处，似乎应该指的前面提到的"宗教遗产问题"，所以译为"主题"。——译者

② Gattungswesen 也可以翻译为"类存在物"。——译者

③ 在《关于费尔巴哈的提纲》第六条中，马克思主要是批评费尔巴哈把人的**本质**理解为"类"，理解为"一种内在的、无声的、仅仅把许多人自然地结合起来的普遍性"，这跟布洛赫此处的叙述似乎并不完全对应。布洛赫的意思是：马克思把人理解为"类"，而马克思说的是费尔巴哈把人的本质理解为"类"，两者是有区别的。——译者

它使一个类概念具体化了，而并未在实践上，在个别的现象那里，去看看人当下意味着什么。但还有另外一种东西，当然是完全肯定地给予评价的，并且对青年马克思而言恰好是决定性的东西，把费尔巴哈的人的激情（Menschpathos）同迄今为止的唯物主义区分开来：人的激情之作为方法之物本身。也就是作为生存（Existenz）的人的激情，只要这种生存在人当中首先是一种人道的生存。这就是说：费尔巴哈并不——像凭借类本质（Gattungswesen）一样——始终过于抽象地落在对这个当下的人的社会性的—唯物主义的分析之后。而是这样的：人的激情准确地使适时而来的进步，摆脱了迄今为止单纯**机械的**唯物主义。没有这样一种进步，则**历史的**唯物主义——正如马克思对它所作的说明——也许就不可能形成，也就是说，就会着魔似的失去**自己的基础**。因为历史唯物主义的基础，并非有形的物质或被还原为完全普遍的、失去质性的材料的机械自然。这里的基础，毋宁是社会关系的总和；这些社会关系虽然预设了生理学的自然，但并不是与生理学的自然同步发生的。当马克思说"人的根本就是人本身"（《黑格尔法哲学批判》导言）时，这个根本—原理所强调的，恰好是费尔巴哈所刻画的、并且被引入唯物主义之中的这个人本学的出发点。于是，这就使得方法上的人本学化的进步，超出了迄今为止的机械唯物主义。人作为类本质（Gattungswesen，类存在物）是抽象的，但对这种抽象唯物主义的扬弃，并非也就是对人们、对他们的需要、对他们的作为特定的经济—历史之基础的各种关系的扬弃，情况恰好相反。每一个历史事件，都是根据经由费尔巴哈而迈进的、非机械的唯物主义而在经济上得到分析的，但它因此也就保持在人类史的范围之内。从人类史出发，它就并没有根据绝对的在人之下和在人之外的东西，例如依据一种绝对的原子的舞蹈而得到进一步分析。虽然发生的事件同样是由原子组成的，但是在绝对的原子的舞蹈中，每次出现的"这些原子的组合"之间的所有本质区别都消失了。以至于一个微笑，一辆机车的笛声，俄国的革命，马拉松竞赛中的战斗游戏，一场林荫道上的音乐会，一次性行为，一个交易手腕和一场降雪，在这个"基础"那儿统统是同一个东西：机械运动。这种可怕的唯物主义的"分析"

[405]

方式，一贯地阻碍着费尔巴哈的唯物主义的人本学化；机械唯物主义者最多只是不一贯地、在与他们的完全机械水准的矛盾中才突破了这种分析方式。诚然，他们赞扬利己主义，或者肯定地说，他们把快乐（Lust）当作历史的、道德的根源来加以赞扬，然而这个根源，这个基础，在他们那里归根到底是完全经不起分析的东西，也不可能经得起分析。生理学，有机化学，最后是机械力学，同他们一起造成了一种结局：使人的利益和关系的这种独特的驱动装置，仅仅具有一种非科学的独立性的假象。与之相反，历史唯物主义在"人与人以及人与自然的关系"中具有它自己的物质，一种带有最好的科学良知的物质。而且，在费尔巴哈的人本学化的历史的—唯物主义的效应中，黑格尔再度继续生效。弗里德里希·阿尔伯特·朗格（Friedrich Albert Lange）①在其《唯物主义史》（布兰斯泰特，1921 年，II，第 72 页）中如此评论道："在对人的这种片面的凸显中，有一个来自黑格尔哲学，并且使费尔巴哈脱离了本真的唯物主义者的特征。这恰好确又是精神的哲学，它在此在一种感性哲学的形式中同我们相遇。真正的唯物主义者总是倾向于把自己的眼光投向外部自然的伟大整体，并且把人视为永恒物质运动之海洋中的一片波浪。对这位唯物主义者来说，人的本性仅仅是普遍生理学的一种特殊情形，就像思维仅仅是有形生命过程之链条中的一种特殊情形一样。他最爱把整个生理学都编入物理学和化学的普遍现象之中，并且更容易在其中夸耀自己：使人更多地退回到其他存在物的系列。"由此，虽然"真正的唯物主义者"绝没有受到称颂，但也许机械的唯物主义者受到了称颂。而且有一个片段的区别是受到称颂的，这个区别把理解着人类活动，强调着社会化了的人类的辩证唯物主义同机械唯物主义区别开来。辩证唯物主义看

---

① 弗里德里希·阿尔伯特·朗格（Friedrich Albert Lange, 1828—1875），早期新康德主义的主要代表。其哲学思想的主要特征，是以生理学唯心主义来论证康德的认识论，开新康德主义从右面批判康德的先河。他把康德所说的认识形式的生理结构先验地赋予经验，把庸俗唯物主义等同于唯物主义，试图通过对庸俗唯物主义的批判来抹杀唯物主义本身。他由此否认康德的"自在之物"的客观存在，认为它只是一个"极限概念"。代表作有《唯物主义史》等。——译者

东西，就像一位雕刻家在大石块中看雕像一样，于是，它就在经济的—社会的诸条件的石块中，看到了每次获得的人的—社会的面孔，而且尤其是未来的面孔。与之相反，机械唯物主义——一位颠倒的雕塑家或一个反—雕塑家——在雕像中却只是看见石块，并且重新把所有人本学的东西，都降低到纯粹物理自然的水准。但是，费尔巴哈在同黑格尔告别时，同样继承了黑格尔的人本学的东西，并将之带到感性的生存，这就像马克思从费尔巴哈这里继承了人本学的东西一样。当然，这是在下述意义上继承的：费尔巴哈的人的—基础（Mensch-Basis）立即被马克思校正了，甚至当作单纯僵硬的基础被扬弃了，而且被置换为历史的过程了。因此，同费尔巴哈的无历史的—无社会的—抽象的人本主义的主要区别，被马克思在《关于费尔巴哈的十一条提纲》（1845年）中总结如下："但是，人的本质不是单个人所固有的抽象物，在其现实性上，它是一切社会关系的总和。"尽管如此，费尔巴哈对宗教所作的人本学批判，始终是克服单纯机械的、单纯立足于原子—基础的唯物主义最幸运的前提之一。尽管费尔巴哈绝不会历史地，甚至经济地—辩证地思考问题，也绝不会凭借附加的理想之物而超出某种静力学。费尔巴哈仅仅信奉一种"向后的唯物主义"，因而信奉一种羞羞答答的唯物主义，这种唯物主义，他——依据其无历史的—抽象的人的图景——能够使之转化为一种"向前的唯物主义"。然而，恰好是人的自然存在的要素——费尔巴哈据此扰乱了完全机械的水准测量（Nivellment），也使马克思更容易地获得了一种向前的唯物主义。马克思所凭借的，是一种在历史的继续构造中得到把握并能够趋向这种构造的世界材料（Weltstoff），简言之，凭借的是一种对人、历史、未来具有时间和具有特殊的空间的物质，这种物质，作为历史运动的主体和作为承载着未来的主体本身，甚至是最高水平的物质。

[407]

提示

"词语不是事实，正如被说出的或被想到的存在不是现实的存在一样。如果人们辩驳说，在黑格尔那里，关于存在的说法，不像在这里一样是立足于实践的观点，而仅仅立足于理论的观点，则可以反驳说：这里是完全立足于实践的观点来说话的地方。关于存在的问题，正好仅仅是一个实践的问题，一个与我们的存在相关的问题，一个涉及生死的问题。"（《未来哲学原理》，《著作集》，约德尔，II，第287页）

"新哲学是完满的哲学，绝对的哲学，是神学在人本学中的无矛盾的溶解；因为它不只是像旧哲学那样是神学在理性中的溶解，而且是神学在心情中的溶解，简言之，是在人的整个现实本质中的溶解。"（同上书，II，第315页）

[408] "迄今为止，思辨哲学从抽象到具体、从理想到实在的进程，是一个颠倒的进程。在这条道路上，人们决不能达到真实的、客观的实在性，而永远只能达到它自己的各种抽象的实在化，并因此而恰好决不能达到精神的真正自由；因为唯有对处在其客观现实性中的事物和本质的直观，才使人不受一切成见的束缚。从理想到实在的过渡，仅仅在实践哲学中才有其地位。"（《关于哲学改造的临时纲要》，《著作集》，II，第231页）

"对彼岸的信仰，就是对主体性之摆脱自然的限制的自由的信仰——因此是人对于自己本身的信仰。"（《基督教的本质》，《著作集》，VI，第222页）

19. 马克思与唯心主义辩证法

1836年，当马克思作为学生来到柏林时，黑格尔已去世五年了。但他的精神还主宰着所有人，就好像他站在他们身后，甚至他在强迫这些敌人上路似的。青年马克思在写给父亲的信中说，他把自己越来越牢固地与黑格尔绑在一起了，尽管这带有"荒诞的山崖旋律"。在黑格尔左派，尤其是费尔巴哈的影响下，马克思由精神转向了人。他进而由理念转向了需要，以及人的社会性的活动，由头脑的运动转向了现实的、发源于经济利益的运动。但是，如果说马克思就这样地让黑格尔用脚立地，那么黑格尔也表明：他至少对马脚是并不陌生的；这位伟大的唯心论者的一个无人留意的命题就说明了这一点，而且不只是青年马克思，即使是坚定的唯物主义者马克思也很可能赞同这个命题。因为1807年，黑格尔从班贝克——他作为编辑在这里艰难度日——写信给他的耶拿的朋友（Jenenser Freund）①，即马约尔·克内贝尔（Major Knebel）②："我通过经验而相信了《圣经》中的这句格言的真理性，并且把它当作我的北极星：如果你们首先致力于食物和衣服，则上帝之国就会自动地向你们关闭了。"（《著作集》，XVII，第629页及其下一页）众所周知，准确地讲，这句格言在《圣经》（《马太福音》6：33）中的原文是反过来说的；这是一个更进一步的，也已经在青年马克思这里得到证实的对于下述富有成果的洞见的贡献：有时并不必须完全推翻黑格尔的理念，以便表明红色的衬里。

而且恰好是这种推翻，一件黑格尔式的主要事务，最好是在他老师本人那里如期而至的和可以实施的。黑格尔这位辩证法家，通过理念而使得仅仅通过身体和人所发生的东西发生了，然而，他也在理念中仅仅反思在具体的特定存在关系中所发生的东西。这种彻底的、辩证的合规律性，正如后来在《反杜林论》的序言中所说，马克思和恩格斯将之"拯救出来并运用于自然和历史的唯物主义的历史观了"③。在马克思这里，变得具体的辩证法引导着他的整个分析，它作为新东西的破茧而出，作为对尚待扬弃之物的有所保留的扬弃，而证实了他

---

① Jenenser，指出生于耶拿（Jena）的居民，或者籍贯为耶拿的居民。但在耶拿生活，而不是出生于耶拿的人，一般叫作 Jenaer。——译者

② 马约尔·克内贝尔（Major Knebel），此人生平不详。——译者

③ 这里需要说明如下：第一，恩格斯在《反杜林论》第二版序言中说的是，"马克思和我，可以说是唯一把自觉的辩证法从德国唯心主义哲学拯救出来并运用于唯物主义的自然观和历史观的人"（《马克思恩格斯选集》第三卷，2012年版，第385页），据此可知，他们说的是辩证法（Dialektik），而布洛赫在此说的是"合规律性"（Gesetzmäßigkeit），可见，两个关于被拯救的东西的说法有一些出入；第二，恩格斯的原文说的是：他和马克思自觉地把辩证法拯救出来并运用于唯物主义的自然观和历史观，原文 in die materialistische Auffassung der Natur und Geschichte 被翻译为"唯物主义的自然观和历史观"，但布洛赫把这句话写成了 in die materialistische Geschichtsauffassung der Natur und Geschichte，显然，布洛赫在 Auffassung 前面误加了 Geschichte 一词，造成了他的表达不清晰和不通顺，因为他把唯物主义的自然观和历史观都归结为自然和历史的唯物主义的历史观了，即不恰当地用唯物主义历史观来包括唯物主义的自然观和历史观了；第三，hinüberretten 这个词被翻译为"拯救出来并运用于"，其实这个词也有"拯救出来并移植于"的意思。恩格斯的意思是，他和马克思把黑格尔的唯心主义辩证法拯救出来，并使之移植于唯物主义的自然观和历史观，使之与唯物主义的自然观和历史观相结合。总之，布洛赫的一些叙述并不准确，甚至存在错误。——译者

的整个希望。它使他能够同抽象的乌托邦主义者区别开来，在不幸中不只是看到不幸，而是同样地看到转折点。它使他相信，在无产阶级中不仅可以看出人的否定，而且正是由于这种被推到顶点的非人化，因而可以看出通向"否定之否定"的条件。在马克思这里所终止的东西，就是作为一种世界交谈，乃至于作为一个世界指导者与自己本身的单纯的来回言说的黑格尔的辩证法：这就是在黑格尔那里的虚假的精神主体，是被马克思完全扬弃了的东西。但是，在废除了唯心主义的假象之后，辩证法作为**实在的过程**变得越发明显了；它就是物质的运动规律。而且，在马克思这里更进一步终止的，是黑格尔式的旧书店，这就是说：是那种作为回忆而在双重意义上被精神化的精神，这种精神，在辩证的幽灵列车那里虽然遗憾地不是幽灵了，但最终也许让这辆列车，这个过程，或者像马克思所说，这个生产空间消除了时间。然而现在，这个现实的总体及其现实的贯通的基底同样越发地明

[410] 显了：作为辩证的物质，作为**过程性的、保持开放状态的物质**。这种物质，没有将奠基性的本质（Wesen）还原成过去了的存在（Gewesenheit），也没有将之还原成一种从一开始就已存在的，并且可以说是彻底完成了的实体。因此，这种辩证的物质，也绝不是机械唯物主义的不可改变的物质，它并没有形成带有"辩证的"这个修饰性形容词的木偶——该词几乎没有割破木偶的皮肤，更不用说使它改变了。辩证的物质既不像黑格尔的回忆—精神，也不像自德谟克利特（Demokrit）[①] 以来的机械物质那样，在过去的视野中拥有自己的总体，而是在未来的视野中拥有自己的总体。现在，在面向未来——过去本身与之相关——时，辩证唯物主义看到物质是能动的，这个面向未来的东西，不仅是全部现象的条件提供者（Bedingende），而且甚至还不是在完全的现象中现身的本质，不仅是依据可能性的让存在显现者（Seinlassende），而且甚至就是在可能性中的存在者（Seiende）。马克思指责黑格尔说："在黑格尔的历史哲学中，就像在其自然哲学

---

① 德谟克利特（希腊文：Δημόκριτος，约公元前460—前370年），出生在色雷斯海滨的阿布德拉的商业城市，古希腊伟大的唯物主义哲学家，原子唯物论学说的创始人之一，率先提出万物由不可分的最小物质微粒（原子）构成的理论。——译者

中一样，儿子生出了母亲，精神生出了自然，基督的宗教生出了异教，结果生出了开端"；但是，在机械唯物主义中，就连开端也生不出结果了。它的物质始终不是富有成果的，与之相反，辩证的物质自为地就具有黑格尔所指明的这个过程的整个生命。因此，辩证的一唯物主义的认识带着其全部着了魔的不安宁，带着其不安宁的执着，把黑格尔的逻各斯从王座上推翻，然而，它本身接受了这个逻各斯的历史的王国。这样，历史之自觉的生产，便形成了与一个完全现实的东西和作为这样一个东西而陈列出来的总体的相关性。这是从黑格尔到马克思的翻转，是幽灵列车向尘世过程，固定的回忆内容向辩证物质的永无穷尽的资源的纠正。这样，事情的这种逻辑也就说明了，在马克思主义当中，何以还会有如此之多的来自于当时的哲学语言（如"异化""外化""由量到质的突变"等）的东西，继续存在于议事日程上。由于辩证法，黑格尔的现象学和逻辑学在马克思主义当中最为生动地保留下来了；由此一来，对马克思主义而言，这种遗产并未枯竭；恰好是这些实在哲学的—体系的著作，包含着在越来越新的、内容日益多样化的丰富性中的辩证法。恩格斯撰写了一部带有黑格尔痕迹的《自然辩证法》，马克思从黑格尔的法哲学中采用了"市民社会—国家"这一根本区别，以及如此之多的有内容的东西，而不仅仅是更多"方法论的东西"。黑格尔美学主要是依据社会关系建立起来的，并且以同样有具体所指和意味着"理想"的方式，而被归入这些关系；在意识形态之物在文化中所达到的地方，马克思普遍地涉及黑格尔的艺术概念。当列宁把马克思的学说称作"哲学、政治经济学和社会主义的伟大代表的学说的直接的和间接的**继续**"（《马克思主义的三个来源和三个组成部分》，《列宁全集》，XVI，第349页）[①] 时，他

[411]

[①] 可参阅《列宁选集》第二卷，人民出版社2012年版，第309页，一段译文："不仅如此，哲学史和社会科学史都十分清楚地表明：马克思主义同'宗派主义'毫无相似之处，它绝不是**离开**世界文明发展大道而产生的一种故步自封、僵化不变的学说。恰恰相反，马克思的全部天才正是在于它回答了人类先进思想已经提出的种种问题。他的学说的产生正是哲学、政治经济学和社会主义极伟大的代表人物的学说的直接**继续**。"此段译文中后面的句子与布洛赫的说法略有出入。——译者

看到了所有这些关联。所以，黑格尔哲学的很广泛的部分——最少被遗忘的是宗教—哲学（黑格尔左派，费尔巴哈），都属于马克思主义，即这种众所周知的尚未完结的东西的中介史。与此同时，马克思主义是、并始终是一种创新，尽管是作为"延续"的一种创新——不仅面对黑格尔，而且面对到黑格尔为止的整个哲学；之所以是一种创新，是因为这里并不像迄今为止那样呈现出一种阶级社会的哲学，而是呈现出一种扬弃阶级社会的哲学。然而确切地说，这种创新并不是通过突然的**奇迹**形成的，相反：如果离开了德国古典哲学，离开了这个中介，这种创新是不可能出现的。

人，马克思说，是由此而区别于海狸的：他对自己的建筑加以规划。为了能够富有成效地开展活动，他当然必须首先在头脑中、在思想中考虑自己的事务。不过是这样的：他并不像在黑格尔那里经常发生的那样，从外面将某个概念或诸概念的一种程序化的运动移到事物当中。认识，并不是从自己的内心深处或作为它自己的观众而发生的，它仅仅作为现实过程的反映及其相对延续的特定存在方式（诸范畴）而发生。但就像黑格尔一样，马克思极少把事实当作事实来加以承认，在他看来，这些事实仅仅是过程的环节。而且这种包含过程的东西，使得每一种认识都有其时间，使得哲学——如黑格尔所说——实际上"是它的时代"（和在其中出现的紧接着的时代），是它的 [412] "在思想中得到理解的"时代。在这里，马克思完全接受黑格尔，典型地使之尖锐化，从单纯的观察中远远走出："仅仅迫使思想趋向现实是不够的，现实还必须迫使自己趋向思想。"① 在辩证的交互作用中，这个理解着的主体指向历史性的到期兑现，或者有待理解的客体之成熟。在这种情况下，主体将作为单纯思维着的观察载体同实在的历史主体完全区别开来。在黑格尔那里，两者同样完全重叠了，生产思想的主体也就是生产历史的主体，除非这个观察的主体、哲学的主体来得太晚。但是，尽管这位哲学家的这种事后的意识——黑格尔把

---

① 这是马克思在《黑格尔法哲学批判》导言中所说的话。可参阅中央编译局的译文："光是思想力求成为现实是不够的，现实本身应当力求趋向思想。"见《马克思恩格斯选集》第一卷，人民出版社 2012 年版，第 11 页。——译者

理解的主体归结到这种意识——确实在根本上（au fond）① 是生产历史的主体，但也仅仅是在事后（post festum），仅仅停留于桂冠上。思维和存在、头像和山雕（Adler）都同时发生在黑格尔的世界硬币上，哪怕头脑仅仅在引退状态中将据他所说的世界进程登记注册。相反，马克思在生产思维的这个主体中，要么仅仅看到处于现实生产过程之外的精神怪癖、虚假意识、观察之载体，要么把思想——只要该思想是一种与发生的现实相协调的思想——甚至评价为变革过程的因素：仅当、但无条件地仅当思想变成生产历史的东西。如果一种特别有力的、反作用于生产和基础的力量，作为阶级意识，作为革命的科学，而从属于历史生产的主体，以及用**意识**而造成的历史的主体的话。但是，在马克思这里，这个根本的主体绝不是精神，而是经济的、社会的人。而且，这不是如同在费尔巴哈那里的抽象的人，作为单纯类本质（Gattungswesen）的人，而是作为社会关系之总和②、历史地改变自身的人，一个最终尚未被发现的、尚未获得解放的存在物（Wesen）③。这样，在主体和客体之间便发生了辩证的关系，其中总有一方在纠正和改变另外一方，而第一性的方面，是在历史之经济的—社会的下层建筑（基础）——该下层建筑迄今都是如同主要建筑的那个东西——之中和之旁的，历史发生在利益的社会王国中，而不是发生在理念的天国中。马克思恰好将黑格尔的现象学解说到这种程度，就好像黑格尔——反对他自己的唯心论——表达了这类物质的辩证法似

[413]

---

① au fond，法文，意为"在根本上""在实质上"或"彻底地"。——译者

② 布洛赫在这里和在前面一样，似乎还是把马克思关于人的本质的观点，等同于关于人的观点了。马克思说的是人的本质在其现实性上是一切社会关系的总和，而不是说人是一切社会关系的总和，这两个说法的区别被布洛赫忽略了。说费尔巴哈的抽象的人是仅仅作为类本质的人，这是不确切的，因为费尔巴哈是把人的本质当作类本质来理解。也许，本句中的 Gattungswesen 作为"类存在物"来理解更加通顺。但是，布洛赫是把它与马克思关于人的现实本质的说法相对照的，这容易使人觉得这个 Gattungswesen 是"类本质"——译者

③ 这个 Wesen，存在物或存在者，其实还是指人。马克思在《1844 年经济学哲学手稿》中多次谈到人的存在（Sein）和本质（Wesen）。在他看来，理想的人的存在就等于人的本质，二者合二为一。但在存在异化劳动和私有财产的市民社会里，人的存在和人的本质还是分裂的，此时，人的存在沦为动物式的生存（Existenz），而不是普遍无限和自由自觉的生命活动，亦即还不是生活（Leben）。——译者

的。以此,现象学的伟大之处便在于,"黑格尔把人的自我产生理解为一个过程",但是接着,首先,"他抓住了**劳动**的本质,并且把对象性的人、因为现实而真实的人理解为他**自己的劳动**的结果"①。这样,来自绝对知识的自我产生,就变成了人的通过劳动的自我产生;来自于精神的自为生成(一种即使在黑格尔那里也很艰难的事业,人们不知道这是为什么),就变成了实在的历史。它仅仅作为物质的—辩证的历史而存在,作为一种被阶级斗争所席卷的历史,随着"人的解放"才处于尚未到来的终点。黑格尔曾用一句来自《埃涅阿斯纪》(Äneis) 的容易翻译的维吉尔的名言总结他的哲学史:付出极大的努力,直到精神认识了自己本身(Tantae molis erat, se ipsam cognoscere mentem)②。马克思总是把这种努力,理解为一种不仅仅是精神的努力,他并且同黑格尔一道,把德尔菲神庙上的古老箴言"认识你自己"设想为人类历史的主题,这样,他也就决定性地同这种做法保持了距离:同黑格尔左派一起把自我认识界定为单纯的"自我意识的哲学"。自我认识成了一种非观察的自我认识,它并且成了劳动着的人的自我认识,这个劳动着的人在其中不仅把自己理解为外化出去的商品,而且理解为创造价值的、将其被强加的商品性质加以革命扬弃的主体。这就是德尔菲的箴言在马克思这里的实践,是现实的、达到实践的外化之扬弃。这是一种把生产过程和关于由该过程所设定的人的关系的知识,尽可能远地推入虚假的命运,推入物化了的不可看透的命运的实践。

于是,辩证法就必须使自己满足于此:不再保存被移植到事物那里的程序。即使黑格尔也不喜欢脱离材料的方法论,因而按照意图,辩证法即使在黑格尔那里也不是这种程序,也不是——正如可以看到

---

① 可参阅中央编译局的译文:"因此,黑格尔的《**现象学**》及其最后成果——辩证法,作为推动原则和创造原则的否定性——的伟大之处首先在于,黑格尔把人的自我产生看作一个过程,把对象化看作非对象化,看作外化和这种外化的扬弃;可见,他抓住了劳动的本质,把对象性的人、现实的因而是真正的人理解为他自己的劳动的结果。"(《1844年经济学哲学手稿》,人民出版社 2002 年版,第 101 页。)——译者

② 拉丁文。——译者

的那样——外在处理的认识论。尽管如此，黑格尔还是将其辩证法作为纯粹唯心主义的辩证法来加以阐发，这种辩证法，哪怕它告知了再多的关于土地和人们的信息，也毕竟总是按照一个逻辑先天性的尺度来告知的。与此相反，对马克思来说，辩证法绝不是他用来改写历史的一种方法，而是一种如同历史本身那样的东西。封建社会内部的资产阶级，资产阶级社会内部的无产阶级，由一种大工业的、因而业已集体化的生产方式与私人资本的生产关系之间的不适应性而形成的危机：所有这些在每个社会的母腹中生产出来的矛盾，都不是在方法—理论上移植到事情那儿去的矛盾，也不是可以修修补补的单纯的表面现象，而是——如马克思所教导的——属于事物本身的特定存在方式，属于其本质的辩证法。一个社会被推到顶端的矛盾，是在**现实**中，而不是在一本关于现实的书中趋向解决的，依照这本书，得到满足的只是精神，而且在最广袤的大地上一切都维持原样。但一切都绝不会维持原样，相反，一切都会通过生产力而使革命的、辩证的认识达到更好的新阶段，这恰好是通过物质本身的实在—辩证法才成为可能的。也就是说，这是通过物质的性状而成为可能的，在此性状中，总归没有什么石头保持在另一块石头上；在此性状中，当然只有通过作为物质之最后形态的这个认识—行动的人，才有可能从能动的石头中建造出一座房子和一个家乡，因而建造出古代乌托邦主义者曾称之为"人类的统治"（regnum hominis）①、为了人的世界的东西。这样，对马克思来说，为了使世界，连同作为该世界的一部分和在此世界中的人运动起来，这个世界就必须是其所是：物质的过程。全部范畴，还有"范围"（法权、艺术、科学）都仅仅在这个历史性地自我变革的现实中起作用；此外，作为特定的存在方式，这种存在方式——远离某种保持不变的—封闭的体系建构——还从一个社会转变为另外一个社会。而且，这些"范围"（法权、艺术、科学）都不会还占有一个——在黑格尔那里存在的——特殊生命，乃至于闭关自守。即便按照自然的方面，马克思也主张一种统一的、历史的媒介（中介存在

---

① 拉丁文。——译者

物）："我们仅仅知道一门唯一的科学，即历史科学。历史可以从两方面来考察，可以把它划分为自然史和人类史。但这两个方面是不可分割的；只要有人存在，自然史和人类史就彼此相互制约。"（《德意志意识形态》）① 在此情况下，在所有这些把黑格尔—辩证法头足倒置的人这里，这个主要事实便一再得到重复：辩证法不应该保持为静观的。这个在完全历史的唯物主义的主—客体关系中的主体，就被规定为能动的东西，实在地生产着的东西。而且在马克思这里，这种反—静观的东西固然针对着黑格尔，但也同样不少地针对着古代类型的唯物主义。马克思早在其博士论文中就已发现，在德谟克利特这位最早的伟大唯物主义者那里丢失了"能动的原则"（das "energetische Prinzip"）；他因而合乎逻辑地向费尔巴哈提出责难；即便费尔巴哈的唯物主义，也只是一种观察着的、过分客体主义的唯物主义。以至于在这里，远远多于在黑格尔那里，现实"只是在客体或者直观的形式下得到理解；而没有当作人的感性的活动，当作实践去理解，没有从主体的方面去理解"②（《关于费尔巴哈的提纲》）。因此，事情总归发生了，在黑格尔那里发生了，"同唯物主义相反，这个能动的方面却被唯心主义发展了，——但是仅仅是抽象地发展了，因为唯心主义自然并不了解现实的、感性的活动本身"③。因此，马克思最终看到，在黑格尔那里，这个"主体的东西"或"紧张激烈的东西"，甚至还不

---

① 这段话是《德意志意识形态》第一卷第一章"费尔巴哈"前面部分的一个脚注，本处采用了中央编译局的译文，见《马克思恩格斯选集》第 1 卷，人民出版社 2012 年版，第 146 页。——译者

② 读者可参阅中央编译局的译文："从前的一切唯物主义（包括费尔巴哈的唯物主义）的主要缺点是：对对象、现实、感性，只是从**客体**的或者**直观**的形式去理解，而不是把它们当做感性的人的活动，当做实践理解，不是从主体方面去理解。"（《马克思恩格斯选集》第 1 卷，人民出版社 2012 年版，第 133 页）句中的 nicht 翻译为"不是"，会给人一种非此即彼的印象，好像从客体方面或者直观的方面去理解，跟从实践的方面或主体的方面去理解是相互冲突的，但这两个考察角度未必是冲突的，所以我们把这个 nicht 翻译为"没有"，这样会使人认识到马克思的新立场是对旧唯物主义的超越或扬弃，而未必是与旧唯物主义立场截然对立的。——译者

③ 可参阅中央编译局的译文："因此，和唯物主义相反，唯心主义却把**能动**的方面抽象地发展了，当然，唯心主义是不知道现实的、感性的活动本身的。"（《马克思恩格斯选集》第 1 卷，人民出版社 2012 年版，第 133 页）——译者

像反—黑格尔主义者克尔凯郭尔和谢林——从他们的"实定的唯心主义"出发——所感到的那样,如此完全地被放过了。马克思在劳动过程那里,强调了黑格尔辩证法中的现存的**主体**—客体关系,他并且把在黑格尔那里如此抽象,但依然并不缺少的这个主体,当作物质的力量来加以说明。他表明,人的生活是仅仅存在于有条件的社会关系的总和当中的,但他同样表明,带着其劳动的人是这些关系的生产者和改造者。而且在马克思这里,代替机械的、其中除了外在必然性一般地就没有意义的世界混沌(Weltgewühl)而活下来的,是来自于莱布尼茨,并为黑格尔所传承的发展的—历史的人本主义①。在这里,整个世界都是一个辩证地、持续不断地自我启蒙的开放系统。它的高潮是人道性,是自我对象性的、非异化的人道性,处于不再异化的诸对象之下。这是黑格尔在马克思这里的生命;另外一种类型的社会,作为在黑格尔之后精神上落地的社会,要求成为德国古典哲学的遗产。

提示

"哲学家们只是用不同的方式解释世界,但问题在于改变世界。"②(《关于费尔巴哈的提纲》,1845 年)

---

① 原文为 Humanismus,亦可翻译为"人道主义"。——译者
② 《关于费尔巴哈的提纲》,朱光潜先生曾主张翻译为《费尔巴哈论纲》,见朱先生发表于《社会科学战线》1980 年第 3 期上的文章"对《关于费尔巴哈的提纲》译文的商榷"。其中第十一条,中央编译局的译文是:"哲学家们只是用不同的方式**解释**世界,问题在于**改变**世界。"(《马克思恩格斯选集》第 1 卷,人民出版社 2012 年版,第 136 页)他建议将这一条翻译为:"哲学家们只是用不同的方式去解释世界,而关键却在于改革世界。"朱先生不仅用"而……却"来翻译原文中的 aber(这个 aber 在中央编译局的译文中没有翻译出来),而且把"问题"一词改为"关键"。他指出:原文 es kommt darauf an 译为"问题"似不够。**解释**世界也还是问题,但**改变**世界是最重要的事,建议把"问题"改为"关键"。朱先生似乎把解释世界也当作"问题",所以他认为,说"问题在于改变世界"还不能很好地把"改变世界"与"解释世界"区别开来。我们认为,中央编译局的译文可能给人这样的印象:马克思反对解释世界,而仅仅主张改变世界,这可能违背马克思的原意。而马克思其实并不反对解释世界,但他认为改变世界更加重要。朱先生用"关键"来取代"问题"的意见值得重视,但他的本意是"问题"一词尚不足以体现"改变世界"同"解释世界"的区别,而不是着意于指出马克思虽然强调"改变世界"的重要性,但并不完全否定"解释世界"这一点。我们在此基本上采用了中央编译局的译文,读者可以参考朱先生的解读对这一条义理作出自己的理解。——译者

"老年黑格尔派认为，只要把一切都归入黑格尔的逻辑范畴，他们就理解了一切。青年黑格尔派则硬说一切都包含宗教观念或者宣布一切都是神学上的东西，由此来批判一切。青年黑格尔派同意老年黑格尔派的这样一个信念，即认为宗教、概念、普遍的东西统治着现存世界。不过一派认为这种统治是篡夺而加以反对，另一派则认为这种统治是合法的而加以赞扬。"①

"把占统治地位的思想同进行统治的个人分割开来，主要是同生产方式的一定阶段所产生的各种关系分割开来，并由此得出结论说，历史上始终是思想占统治地位，这样一来，就很容易从这些不同的思想中抽象出'**思想**'、观念等等，并把它们当做历史上占统治地位的东西，从而把所有这些个别的思想和概念说成是历史上发展着的**概念**的'自我规定'。在这种情况下，从人的概念、想象中的人、人的本质、人中能引申出人们的一切关系，也就很自然了。思辨哲学就是这样做的。"②（《德意志意识形态》，1845/46年，《马克思恩格斯全集》，第5卷，第9、37页及其下一页）

"难道批判的批判以为，只要它把人对自然界的理论关系和实践关系，把自然科学和工业排除**在历史运动之外**，它就能达到，哪怕只是**初步**达到对历史现实的认识吗？难道批判的批判以为，它不把比如说某一历史时期的工业，即生活本身的直接的生产方式认识清楚，它就能真正地认清这个历史时期吗？确实，唯灵论的、**神学**的批判的批判仅仅知道（至少它在自己的想象中知道）历史上的政治、文学和神学方面的重大事件。正像批判的批判把思维和感觉、灵魂和肉体、自身和世界分开一样，它也把历史同自然科学和工业分开，认为历史的诞生地不是地上的粗糙的**物质**生产，而是天上的迷雾的云兴雾聚之处。"③（《神圣家族》，1844/45年，《马克思恩格斯全集》，第3卷，

---

① 参阅《马克思恩格斯选集》第1卷，人民出版社2012年版，第144—145页。——译者
② 参阅《马克思恩格斯选集》第1卷，人民出版社2012年版，第181页。——译者
③ 参阅《马克思恩格斯文集》第1卷，人民出版社2009年版，第350—351页。——译者

第327页)

"黑格尔的过错在于双重的不彻底性:首先,它宣布哲学是绝对精神的定在,同时却决不宣布**现实的哲学家的个人**就是**绝对精神**;其次,他只是**在表面上**让绝对精神作为绝对精神去创造历史。因为绝对精神只是**事后**[post festum]才通过哲学家**意识**到自身是具有创造力的世界精神,所以,它制造历史的行动也只是发生在哲学家的意识中、见解中、观念中,只是发生在思辨的想象中。"①

"因此,黑格尔的《现象学》及其最后成果——辩证法,作为推动原则和创造原则的否定性——的伟大之处首先在于,黑格尔把人的自我产生看作一个过程,把对象化看作非对象化,看作外化和这种外化的扬弃;可见,他抓住了劳动的本质,把对象性的人、现实的因而是真正的人理解为他自己的劳动的结果。"②(《经济学哲学手稿》,1844年,《马克思恩格斯全集》,第3卷,第156页)

"因此,我公开承认我是这位大思想家的学生,并且在关于价值理论的一章中,有些地方我甚至卖弄起黑格尔特有的表达方式。辩证法在黑格尔手中神秘化了,但这决没有妨碍他第一个全面地有意识地叙述了辩证法的一般运动形式。在他那里,辩证法是倒立着的。必须把它倒过来,以便发现神秘外壳中的合理内核。——辩证法,在其神秘形式上,成了德国的时髦的东西,因为它似乎使现存事物显得光彩。辩证法,在其合理形态上,引起资产阶级及其空论主义的代言人的恼怒和恐怖,因为辩证法在对现存事物的肯定的理解中同时包含对现存事物的否定的理解,即对现存事物的必然灭亡的理解;辩证法对每一种既成的形式都是从不断的运动中,因而也是从它的暂时方面去理解;辩证法不崇拜任何东西,按其本质来说,它是批判的和革命的。"③(《资本论》,第二版跋,1873年)

---

① 参阅《马克思恩格斯文集》第1卷,人民出版社2009年版,第292页。——译者
② 参阅马克思《1844年经济学哲学手稿》,人民出版社2002年版,第101页。——译者
③ 参阅马克思《资本论》第1卷,人民出版社2004年版,第22页。——译者

"正是那种用工人的双手建筑铁路的精神,在哲学家的头脑中建立哲学体系①。哲学不是在世界之外,就如同人脑虽然不在胃里,但也不在人体之外一样。当然,哲学在用双脚立地以前,先是用头脑立于世界的;而人类的其他许多领域在想到究竟是'头脑'也属于这个世界,还是这个世界是头脑的世界以前,早就用双脚扎根大地,并用双手采摘世界的果实了。"(《莱茵报》,1842 年 7 月 14 日)

"哲学把无产阶级当做自己的**物质**武器,同样,无产阶级也把哲学当做自己的**精神**武器;思想的闪电一旦彻底击中这块素朴的人民园地,**德国人**就会解放成为人。哲学不消灭无产阶级,就不能成为现实;无产阶级不把哲学变成现实,就不可能消灭自身。"②(《黑格尔法哲学批判》导言,1844 年)

20. 黑格尔、实践、新唯物主义

[419]　(1) 把行动者与思想者区别开来,这是很常见的。德国的市民(Bürger) 尤其强调了这种区分。首先是不自愿的,这是由于其阶级的软弱,接着是自愿的,这是由于这样一个优点:想要自我保持为独立于世的学者。尽管每当一首政治歌曲在这些学者听起来并不感到恶心的时候,他们并没有背弃他们的阶级。在这些学者当中,有足以被迫宣誓捍卫资本尤其是荣克式侵略性资本的人。然而最终,在并不如此被迫宣誓的学者那里,研究的习惯也可能使人恍然大悟。代替被迫

---

① 马克思的这段话出自《科隆日报》第 179 号的社论,正是在这个社论中,马克思提出了"任何真正的哲学都是自己时代的精神上的精华"这一名言。在布洛赫所引用的这段话前面,马克思还指出:"哲学就其性质来说,从未打算把禁欲主义的教士长袍换成报纸的轻便服装。然而,哲学家并不像蘑菇那样是从地里冒出来的,他们是自己的时代、自己的人民的产物,人民的最美好、最珍贵、最隐蔽的精髓都汇集在哲学思想里。"——译者

② 参阅《马克思恩格斯选集》第 1 卷,人民出版社 2012 年版,第 16 页。在《黑格尔法哲学批判》导言的原文中,这段话的前面两句与后面两句中间还有一些话,如"**彻底的**德国不**从根本**上进行革命,就不可能完成革命。**德国人的解放**就是**人的解放**。这个解放的**头脑**是**哲学**,它的**心脏**是**无产阶级**",等等。布洛赫把原本分隔开的两段话合并在一起了。另外,这段话中的"消灭",原文为 Aufhebung 或 aufheben,哲学上经常也被翻译为"扬弃"。——译者

宣誓这一点，象牙塔总归受到了欢迎，它相当多地保证了：它的居民合理地处于党派之上。在党派之下的粗制滥造，从更大的高度来看是平静的，且无论如何是真正渺小的。

把早先的思想家也当作特别宁静的来加以描绘，曾经受到，并依然受到欢迎。他们越是伟大，也就越是宁静：从老埃德曼（Erdmann）① 直至文德尔班（Windelband）② 和此外的其他人，这是一个哲学—历史的约定。在这里，来自滑稽小报的心不在焉的，亦即丧失了世界的教授，一直达到了最高的高度。从这个视角出发，他属于一个很精神的贵族，好像没有兴趣关注外部世界，没有兴趣作出决断。所以，缺乏善意的学院式眼光通常都投向培根（Bacon）③，这位哲学家所关心的，是伟大的莱布尼茨所说的"许多俗务"。所以，相反的是对于黑格尔的描述，他被描述为太过"崇高的斯图加特人"④，就像菲舍尔（Vischer）⑤ 一度讽刺的那样。而且毫无疑问：**黑格尔首先**是作为特别抽象的思想家的生命流传下来的。这表明：如果人们撇开有意明显的、毕竟是"金刚石般的"逻辑之网的话，则在著作之中的这类东西是并不切合实际的。黑格尔的思想的集中力与一种势均力敌的直观力并列，并且与来自直观力的最确切的高潮并列。这当然并未如此明确地——而且无疑把一种支持的印象给了这些无污点的精神之

---

① 约翰·爱德华·埃德曼（Johann Ed. Erdmann），曾于1839—1840年编辑出版《莱布尼茨全集》。——译者

② 威廉·文德尔班（Wilhelm Windelband，1848—1915），德国哲学家，新康德主义弗赖堡学派的创始人。他曾写有颇有影响的哲学史著作《哲学史教程》。该著用新康德主义观点系统地阐述了以往的哲学体系及其发展史，特别是哲学问题和哲学概念的形成和发展史，对于研究西方哲学史以及文德尔班本人的哲学思想都有参考价值。——译者

③ 弗朗西斯·培根（Francis Bacon，1561—1626），第一代圣阿尔本子爵（1st Viscount St Alban），英国文艺复兴时期散文家、哲学家。英国唯物主义哲学家，实验科学的创始人，是近代归纳法的创始人，又是给科学研究程序进行逻辑组织化的先驱。主要著作有《新工具》《论科学的增进》以及《学术的伟大复兴》等。——译者

④ 黑格尔本人出生于今天的德国西南部巴登—符腾堡首府斯图加特，死于柏林，他去世之际是柏林大学的校长。——译者

⑤ 弗里德里希·特奥多尔·菲舍尔（Friedrich Theodor Vischer，1807—1887），德国美学家。他曾从心理学角度分析移情现象，把移情作用称为"审美的象征作用"，这种象征作用即通过人化方式将生命灌注于无生命的事物中。——译者

友们——呈现出这种关系：**黑格尔与实践**。他的密纳发的猫头鹰，并不恰好是作为早起的物种、带着感官中的商业和交通而起作用的；相反，它毋宁是自己让自己变得高贵的。同自然年轮的衰弱相区别，黑格尔颂扬的是精神的年轮，因为精神作为完满的成熟便不再向外撕裂了。黑格尔好像越年老，就越是喜欢称赞亚里士多德的见解：理论是最幸福的东西，而且是好东西当中的最好者。与此相应，则是他关于柏拉图的众所周知的要求所说的："这有可能表现为最大的僭妄：君王就是哲学家，或者，国家的统治应落入哲学家之手。"（《著作集》，XIV，第 193 页）

但尽管如此，不论所有这一切听起来多么像是为了真理本身的缘故而探求真理，也必须强调说明：黑格尔并未赢得这种厌恶行动的智慧。在他这里，毋宁从一开始就涉及一种参与行动的意志。这个意志，在人格上已经蕴含于依然纯粹的思维兴趣中："谁思维仅为他人所是的东西，谁就拥有支配他们的威力。"在实在论的意义上，这个意志存在于并不如此完全具有思想性的附属物（Zutat）中，这个附属物也把这种作为被适当认识了东西的东西，而且恰好是这种东西，强加给麻木的世界："概念和洞见带有一种如此不信任自身的东西，以至于它们必须通过威力而得到辩护；唯有如此，人才接着使自己从属于它们"（引自"马基雅维利式的 [macchiavellistischen]"早期著作《德国宪制》[*Die Verfassung Deutschlands*]，1798 年）。实践的意志，还使自己在这类棘手的理论东西的优先性中有效，就像黑格尔着眼于拿破仑（Napoleon）① 所阐述的东西一样："我一天天地越来越确信，理论的劳作要比实践的东西在世界中实现更多的东西；如果表象的王国发生了革命，那么现实也就经受不住了。"（致尼特哈默尔的信，《著作集》，第 XI 卷，1808 年）所以，即使理论的劳作，在此也被设想为一种在世界中实现某种东西的劳作。是的，在世界之中，而不是

---

① 拿破仑·波拿巴（法文：Napoléon Bonaparte，意大利语：Napoleone Buonaparte，1769—1821），即拿破仑一世（Napoléon I），出生于科西嘉岛，19 世纪法国伟大的军事家、政治家，法兰西第一帝国的缔造者。历任法兰西第一共和国第一执政（1799—1804），法兰西第一帝国皇帝（1804—1815）。——译者

在世界之旁，尽管认识还是无激情的静默，尽管黑格尔不会不乐意地喜欢隐退其中（此外通常面对正统神学家们的攻击）。概念的这种纯粹的生命，表明了——这对黑格尔而言始终是问题的关键所在——一条实践的出路。这条出路，从1798年的《德国宪制》（一部恰好宣称其作者想要借此成为德国的"马基雅维利"［Machiavelli］① 的论著），直到1831年有关英国改革法案的论文，都曾有所显示。走出书斋，肯定不会就走向革命的实践，而往往会走向反面，而且，这位按照流传下来的说法，很乐意把讲台与一个普鲁士大臣职位相交换的哲学家，并没有恰好就把政治的智慧解读为风暴警铃（Sturmglocke）。但是，对黑格尔来说，宁静的理论事务，就像在具有最伟大格调的思想家（柏拉图，斯宾诺莎，莱布尼茨）那里极为常见的那样，并不是唯一的事务，并不是唯一自我生产和自我维护的事务；即便是他的密纳发，也是武装好了的。因而与此相反，黑格尔所发现的这个沉思默想—旧书店的本质，最终并没有确立起来。这不是否认他对于变易之中的既成状态和封闭状态，对其中似乎根本没有为能动的—开放的东西留下位置的圆圈式循环的强调。并不否认他的这样一个世界概念，在其中，"世界的终极目的就像它永恒地自我完成的那样完成了"（《著作集》，VI，第407页）。也不是否认这种哲学随着它自身的同义反复而终结——不存在一种**强化了的**真理的明显问题，也就是说，不存在这种哲学通过其现实化而最终扬弃的明显问题。但所有这些，都绝没有使黑格尔哲学中的一种隐蔽—实践（Krypto-Praxis）的诸特征变得模糊，哪怕受到了如此之多的阻碍，乃至于破坏。这位辩证法家的令人喜欢的譬喻始终不变的是炽热，是新的兴趣，是突破；甚至理念的以太为了不至于成为"苍白的树叶"，离开了激情和兴趣就不可行。

事实上，这种有别于接纳（Hinnahme）的思维着的生产，就已经

---

① 马基雅维利（Miaachvelli，1469—1527），意大利政治家和历史学家，政治学经典著作《君主论》的作者，主张从现实的人性出发研究政治问题。也有人认为，他主张为达目的而可以不择手段，由此，马基雅维利主义（machiavellianism）也成为权术和谋略的代名词。——译者

在自身中包含了一个意欲者（Wollendes）。这个制造之人（homo faber）①已经装进了黑格尔的思想，同时，同精神的和实践的解决结合在一起的，是一种吞食（Verzehren）。"实践活动消灭客体，并且是完全主观的"（诺尔，《黑格尔青年时期神学著作》，第376页）；在这里，主观的东西恰好被理解为能动的东西（Tätiges）②。首先，黑格尔根本不需要费希特的知识学凭借其如此之多的鲜明的实践理解所可能产生的影响。恰恰相反，哪怕是从先验生产的意志方面（从追求、需要、劳动中）引申出的结论，两人也是全然不同的。虽然费希特使整个理论理性归入，并从属于实践理性，即行动（Tun）。本原行动（Tathandlung）的自我，在理论上通过非我或对象限制自身，以便它以不受限制的，即支配性的方式，在实践上可以重新在非我或对象那里证明自身有效。这样，在理论上含有谜团的这种主体通过客体的限制，就在实践上得到了解释和演绎：世界、设定着的理智（Intelligenz），这整个装置仅仅来回往返地存在于此，以至于意志在外部客体中找到了"感性化了的义务质料"。如此一来，费希特的实践哲学，事实上就是其学说之光辉顶峰；他把自己的体系，视为用于德国自由教育的伟大手段，他甚至把知识学——在幻想式的纯粹道德性的唯心论中——说成是针对拿破仑的真正的对抗力量。但是，理所当然的是：这种如此拔高了的实践，从完全的优势中离开了，而不是走进了它的"质料"。在这里，实践主要地变成了个体的道德性，也就是说，变成了一种如此形式化的，甚至比在康德那里还更加形式化的实践。在费希特这里，世界作为一同起作用的实践的相关物而退出了；尤其是物理的世界，成了人的纯粹消极的活动场所，而且现存的社会世界，也仅仅适合于充当这样的地基，在它上面，"人类必须依照理性"

---

① 拉丁文。——译者
② Tätigkeit 一般被译为"能动性"，tätig 相应地译为"能动的"，如此，则 Tätiges 也可以译为"能动的东西"。朱光潜先生在前文提到的《关于费尔巴哈的提纲》的翻译问题一文中曾提到，既然 Tätigkeit 译为"活动"，则 tätig 就应该相应地译为"活动的"，按照这种理解，此处的 Tätiges 就可以译为"活动的东西"。本书在翻译过程中酌情分别采用不同的译法。——译者

而建立起他们与自由的关系。这种自由飘荡的、从世界中**摆脱开来的**实践，一般有可能轻松地在与世界告别（Welt-Valet）中结束；而且，晚期费希特在先验的本原行动的任务之下，甚至还宗教—神话式地完成了这件事。黑格尔对实践活动的远为朴实的、始终立足于大地的界定，则恰好远离所有这些东西；对理性而言，这一界定也是统一地，而不像在费希特那里以二元论的方式结合起来的。黑格尔正确地看出：在**凸显出来的**实践的闭关自守中，实践本身有被窒息的危险，这就是说，有可能过渡到这样一种抽象，在其中，同内容和现实割裂开来的意志和行动成了绝对的空转。此时，虽然黑格尔像为人所知的那样，归根到底在对每一种假定之物的拒绝中毫无疑问地超越了尺度。而且，如果他——在《费希特与谢林哲学体系的差别》中——针对这些假定之物写道："理性的本质在此见解中获得了一种歪曲的立场；因为它在此好像是一种并不完全自足的东西，而是一种有需要的东西"（《著作集》，I，第198页）：那么，世界的理性甚至很可能还是一种贫乏的东西，而且世界的有缺陷状态，肯定不像黑格尔在这个地方进一步说明的那样，仅仅与一种单纯的康德—费希特式的反思哲学的有缺陷状态同时发生。但是尽管如此，毋庸置疑的是：黑格尔的这个保持得如此低调的实践概念，本身就**理所当然地**要比费希特的实践概念更加重要，也就是说，它之所以重要，恰好是由于它**内在于世界**（Welt-Immanenz）。

因为通过后者，意欲（Wollen）首先根据具体的情况而变成可教的和确定的。飞越停止了，这飞越，就是在单纯善的、抑或乐意行动的意念中的纷飞——在纷飞时一个意念激起另一个意念，而与此同时却并无分文①付出。无论如何，黑格尔的极少详加阐述的实践指南，关系到需要当下加以解决的、具体的任务；这也适合于这些任务——作为面向过去的东西——把一种行动仅仅理解为适当的行动的场合。在黑格尔这里，中世纪的农民绝不是在感性化了的义务质料中劳动，而是在一个完全特殊的质料中劳动，手工业者则又在另外一种质料中

---

① 原文为Pfennig，芬尼，德国货币单位，曾经100芬尼=1马克。——译者

劳动，并且两者都是用一种在康德—费希特的意义上并不崇高的义务方式和来源进行劳动。在资本主义社会中，这种实践重新在技术以及道德上移动："而且，人喋喋不休地诉说在此立场上再也不能缺少的活动。"（《著作集》，IX，第413页）但在黑格尔这里，从根本上始终重要的是：他把这种表面上显得如此理论上的主体—客体关系，从总体上理解为可变的—实践的关系，也就是说，理解为**劳动—关系**。现象学的进展，其至唯一地仅仅作为主体通过客体、客体通过主体的这样一种相互改造而发生。此外说的是：这种在现象学中纯粹从理论上加以说明的辩证运动，毕竟是同样作为人与对象之间的劳动运动，作为被加工改造的对象对人的反作用而发生的。亦即是这样的：理论的东西本身在劳动改造的形式中发生，并且必须发生：知识的改变引起了特定存在的一种改变，而特定存在的改变，又引起了认知着的意识的一种改变。人们可以将马克思关于费尔巴哈的第三条提纲与之加以对比："有一种唯物主义学说，认为人是环境和教育的产物，因而认为改变了人是另一种环境和改变了的教育的产物，——这种学说忘记了：环境正是由人来改变的，而教育者本人一定是受教育的。"① 这种"主体因素"与黑格尔的主体—客体相互作用的关联，是不可能如同其辩证强调的那样更为明晰的。而且，如果相互作用的劳动关系，本质上也首先通过马克思在现象学中得以发现和变得明显，那么，黑格尔的整个哲学确实立于这样一跃：从唯心主义的生产过程推进到现实生产过程的概念。在现象学中，欲望的辩证法及其通过奴隶的艰辛劳动所达到的满足，都属于这个方面；同时，这首先属于这样一个洞见：人类的发展道路，要迈过奴隶的劳动。此外，属于这个方面的，还有逻辑学中对目的范畴的新理解，这就是说，把手段（工具）相对地提高到超过直接满足目的的价值。就像奴隶的中介性劳动提高了主人对成果的单纯直接的享受一样，对黑格尔来说——至少这涉及非绝对的目的——"手段是一种高于外在合目的性的有限目的的东西"（《著作集》，V，第226页）；简言之，这个在其手段、中介中活动的

---

① 参阅《马克思恩格斯选集》第1卷，人民出版社2012年版，第138页。——译者

目的,最后确切地说,就是如同劳动概念和工具概念那样的东西,这个概念叫作人类的历史。这样,几乎引人注目的是,黑格尔的实践东西的"理念",在经济的—技术的实在意义中与劳动相联结,而且不与纯粹道德性的本原行动相联结。是的,在《逻辑学》的末尾,甚至可以找到一种用复杂句子来表达的实践东西的"理念"对于无意志的认识的优先地位(Überordnung),虽然始终还是作为"理念",但是却作为相当介入实践的、擅长决断的理念。"主观概念作为共相处于理论理念之中,……与客观世界相对立,它从这个世界汲取确定的内容并达到完成。但是,主观概念在实践理念中作为现实的东西与现实的东西相对峙……这种实践理念高于观察的认识理念,因为它不仅具有共相之尊严,而且具有绝对现实的尊严。"(《著作集》,V,第320页及下一页)而且现在,才又重新出现翻转,亦即理论的东西重新取得优先地位,但是在此本质上从属于这一目的:对世界的认识(Welt-Erkenntnis)存在于此,疏离于实在性的道德主义抑或事务主义得不到传播。"实践的理念尚缺乏的东西,就是真正的意识本身的环节……这种缺乏也可以如此加以考察:实践的理念还缺乏理论理念的环节……所以,意志本身之所以妨碍自己目标的达到,仅仅是由于它使自己同认识割裂开来,而且在它看来,外部现实还没有获得真实的—存在者的形式;所以,善的理念唯在真的东西的理念中找到自己的补充。"(《著作集》,V,第323页及下一页)列宁把这段话当作一段唯物主义的话,并且更详细地将之当作一段接近于马克思主义的理论—实践—概念的话加以摘录并作出评论:"人的意志,他的实践本身,本身之所以会妨碍自己目标的达到,……是由于实践把自己与认识割裂开来,并且不承认外部现实是真实存在着的东西(作为客观的真理)。必须把认识和实践结合起来。"(引自《哲学笔记》,1949年,第138页)而且事实上,这种理论—实践关系如同马克思所理解的那样,甚至在自身中具有在实践的、然后又是理论的优先地位之间的这种更替,并且具有这样一种方式,就好像黑格尔想要对两者相互之间的缺乏加以补充那样。理论导向实践,实践则带着在它之中新出现的矛盾重新要求理论:这是两者之间恰好承接着黑格尔逻辑学而来

[425]

的一种关系—规定。对此,列宁也没有加以质疑;他强调指出:"所有这些都在'认识的理念'这一章中——在向'绝对理念'的过渡中——,这毋庸置疑地意味着:在黑格尔那里,在对认识过程的分析中,实践是一个环节,并且也就是向客观的(在黑格尔看来是'绝对的')真理的过渡。因此,当马克思把实践的标准引进认识论时,是直接和黑格尔接近的;见关于费尔巴哈的提纲。"(同上书,第133页)在这里,列宁特别意指马克思《关于费尔巴哈的提纲》的第二条:"人的思维是否具有客观的[gegenständliche]真理性,这不是一个理论的问题,而是一个**实践的**问题。"① 他并且意指著名的第十一条:"哲学家们只是用不同的方式**解释**世界,问题在于**改变**世界。"② 当然,这条论纲与那样一个黑格尔并无任何相同之处,他沉思默想式地投入单纯的知识之知识并陶醉于其中,他甚至仅仅在表面上使他的绝对精神构造历史。还有,即使这个蔑视绝对应当(Sollen)的人,这个未来空间的终结者,这个循环—静力学家:黑格尔的所有这些好古的面孔,也都不能与改变着的实践,与改变之实践相协调。就此而言,在黑格尔作为封闭的东西的体系中,这些指明的参与—环节,哪怕它们也如此难分难解地属于黑格尔的方法,也都是一种反常。然而,它们在这种哲学的并未封闭的辩证旅程中,乃至于在其具体的劳动概念中,则越来越少地作为例外而存在。而且如此一来,黑格尔的经常中介了的构造学说和改造学说,就与马克思的理论—实践的构想有了必然的联系;尽管黑格尔具有泛逻辑主义,尽管他的体系具有封闭性。

(2)补充第二点,这一点并不只是与思维和行动有关。这也是一个常见的问题:**思维**是否可以与**粗糙的材料**协调一致?尽管这个问题提得荒谬,甚至遭到扭曲,但目前毕竟在资产阶级中广泛流传。而且,它只是太过经常地由晚期资产阶级的精致感官(Feinsinn)作出否定性的评判:对这种精致感官而言,哲学的薄雾和大地残余不可以协调一致。这些变得越来越高贵的内在思想家们,把这种向唯物主义

---

① 《马克思恩格斯选集》第1卷,人民出版社2012年版,第134页。——译者
② 同上书,第136页。——译者

阵营的过渡称为（为了对实践的东西保持沉默）精神上的背叛。同时，物质的东西尽可能耸人听闻地用挑衅的、无拘无束的方式得到把握；物质是粗笨的，否则什么都不是。在这里，唯心主义的思维完全不再竭尽所能，它的成见，它的反马克思主义的无知，并不对它显现为精神上的背叛。相反，第三手的模仿者把唯物主义历史观称为"最深的19世纪"；纳粹带来了这一表达，遗老遗少跟着谈论它。这是真的：一些人长久以来，也就是在资产阶级的知识装出社会主义样子的时候，也跟着在说历史唯物主义的历史观。那时，存在着曼海姆（Mannheim）在马克思主义者和马克思主义这里的借用，一种有时不亚于剽窃的借用。但是，这种剽窃细致周全地放过了主要事情，它从唯物主义的认识中仅仅盗窃了几块补丁。其目的是掩盖自己的弱点，首先是为了掩盖自己的谎言，也就是为资本辩护。这也发生在那样一门学科里，在那里，离开了一些唯物主义，人们即便用伪科学的方式也并不完全应付得了。然而，唯物主义的概念不只是被歪曲，而且在政治上向其对立面让步和掺水了，它们也恰好被遮蔽了。以至于物质的东西，确实始终得不到感恩和考虑，不能与精神相匹敌。在精神首先假装完全奔向这些概念或者向深度推进，并且操心自在的灵魂价值的地方，物质的东西得到的感恩和思考是何等之少啊。

[427]

不同寻常的仅仅是：纯粹思维并不始终都想要保持在如此形式的状态之中。唯心主义的概念，并不是在所有情况下都醉心于精神。相反，晚期资产阶级的思维一旦走向**非理性的东西**，就会比任何一种其他思维都要领先一千步。物质的存在虽然绝不可以决定意识，乃至于包括意识。然而，如果存在变得昏暗，在其中可以秘谈血液和大地，乃至于全体，那么，一个摆脱了分析的精神，一个领会着的精神，就会心领神会地抽出更加简短的东西。接着，为了使它自己本身存在于此，预先确定的真理就立即减弱了，而且整体就击败了作为精神和高光度的其他东西。接着，就不存在精神方面的背叛了，相反，精神背叛了理性和科学，它失败地走进了黑暗。是的，晚期资产阶级的逻各斯甚至完全接受了物质，只要这物质从母体（mater）中派生出来；

纯粹的思想友好地考虑巴霍芬（Bachofen）① 的母根（Muttergrund）②。因为母根德墨忒尔（Demeter）③——在此作为腹部物质——看起来像是大地，就像爱的根据阿弗洛狄忒（Aphrodites）④ ——在此作为汁液物质——看起来像是血液的酒神女祭司之夜（Mänadennächten）⑤。而且，在法西斯分子博伊姆勒（Bäumler，此人在这方面当然是无辜的）⑥ 兴高采烈地出版了巴霍芬的著作之后，这仅仅是一种幸运的偶然：一种法西斯主义的唯物主义的可鄙之物（Spottgeburt），也还并未用盖亚（Gäa）⑦ 和莫洛赫神（Moloch）⑧ 加以塑造。只是，恰好是现实的物质，给在热带丛林前如此容易屈服的逻各斯造成了困难。这样，这位今天最值得尊敬的精神牧人：雅斯贝尔斯（Jaspers）⑨，一位

---

① 约翰·雅各布·巴霍芬（Johann Jakob Bachofen, 1815—1887），瑞士人类学家和法学家，其名著是《母权论：根据古代世界的宗教和法权本质对古代世界的妇女统治的研究》（1861年）。恩格斯曾指出，这部著作的发表，标志着家庭史研究的开端。巴霍芬是认定在原始社会早期的人们曾生活在无限制的乱交状态中的第一人。——译者

② 字面含义是"母亲根据"。——译者

③ 德墨忒尔（希腊文：Δήητραμ，英文：Demeter），是古希腊神话中的农业、谷物和丰收的女神，奥林匹斯十二主神之一。——译者

④ 阿弗洛狄忒（希腊语：□φροδίτη，英语：Aphrodite），是古希腊神话中爱情与美丽的女神，也是性欲女神，奥林匹斯十二主神之一。由于诞生于海洋，所以有时还被奉为航海的庇护神。——译者

⑤ Mänaden，是Mänade的复数形式，原指古希腊酒神狄俄尼索斯的女祭司，转义为"狂野女人"，nächten是Nachte的复数形式，意为"黑夜"。——译者

⑥ 阿尔弗雷德·博伊姆勒（AlfredBäumler, 1887—1968），德国哲学家、教育学家，在纳粹教育系统的塑造中扮演了领导角色。——译者

⑦ 盖亚（希腊文：Γαία，英文：Gaia [Gaea]），是古希腊神话中的大地之神，众神之母，所有神灵中德高望重的显赫之神，混沌中诞生的第一位创世神，也是能创造生命的原始自然力之一。《神谱》中曾这样描述她：冲突与混乱来自万神之母盖亚，也正是这位大母神生出了所有光明宇宙的天神。在她身上，我们既看到了创造，又看到了毁灭，既看到了秩序，又看到了混乱，总之，黑暗和混乱是她的本质。——译者

⑧ 莫洛赫神是古代腓尼基人所信奉的火神，以儿童为献祭品。——译者

⑨ 卡尔·雅斯贝尔斯（Karl·Jaspers, 1883—1969），德国哲学家、精神病学家。生存主义的主要代表。雅斯贝尔斯把哲学的任务规定为描述人的存在的意义，认为人的存在有四种形式，即"此在"、一般意识或意识本身、精神、生存。他强调只有生存才是人的真正存在的形式，而唯一能达到生存的途径是显示生存，即发现人的各种可能性。他承认个人的生存和自由受到限制，但又认为通过"超越存在"的追求可达到无限和完满，并指出要想达到超越存在，只有借助非理性的内心体验以及信仰。这就使他的生存主义直接通向了宗教信仰主义。——译者

柔和地面对所有非理性的东西并将之当作先验（Transzendenz）来加以肯定的反叛者，知道表达如下有关物质的见解："一种失去了灵魂的世界观取代了早先神秘世界的位置；一个丰富的、充盈的、富有内容的整体由一个贫乏的整体所取代……倘若一种教条化是不可避免的，那么，一个真正神秘的、充满奇迹和魔法的世界，或许就应该作为任何其他东西的构成要素而受到偏爱。"（《大学的理念》，1946年，第36页及下一页）因此，雅斯贝尔斯把物质仅仅作为机械的东西来了解；一种并非如此而且确实也并不神秘的唯物主义，始终是不为这类精神守护者所知的。资产阶级的教育垄断对帝国主义时代的所有诡辩法和自我贬低如此感兴趣，却对辩证唯物主义的精神统治完全不感到新奇。由于非理性东西的"唯物主义"没有到来，因而那种如此经受考验的纯粹精神与马克思和恩格斯的哲学的关系，就要比纯粹精神同某些古代冷僻哲学家的无关紧要的意见的关系，甚至比它同密斯拉—秘仪（Mithras-Liturgie）①的哀号声的关系更加不为人所知。而且对逻各斯而言，这种无知也增加了它面对唯物主义的困难，就像面对一种仅仅失去了灵魂，亦即如此恶意和完全无知的东西的困难。虽然现实的物质可以与现实的精神协调一致（此外，如果人们并不否认这个德谟克利特、伊壁鸠鲁和卢克莱修，这个霍布斯、爱尔维修和狄德罗具有这个现实精神的话），但是，这个现实的物质却消失在狡猾的、无知的唯心主义之中。外来语词典在三重含义上说明"唯物主义者"这个词：自私的人；认为万物都可以做机械解释的这一世界观的信徒；彩色商品经销商。同外来语词典一道，高贵的唯心主义者从现在起察觉不到新的、亦即现在已有百年之久的辩证唯物主义的整个世界。他们在其负有责任的无知的深渊中（黑格尔也把这种几乎反正都一样的东西，称为"道德性的纯粹的和令人恶心的高度"）并不知道：马克思和恩格斯，就好像他们并不是"自私的人"那样，除一种"机械的世界解释"以外，他们也向所有其他东西表示敬意。是的，

---

① 密斯拉（Mithras），魔法女神，是耐瑟瑞尔兴起以来第三位具有"神秘女士"和"众魔法之母"（也叫"万法之母"）称号的神祇。——译者

[429] 他们并不知道：如果外来语词典在关涉唯物主义时可以作为资产阶级智力的知识源泉得以保留的话，则"彩色商品经销商"——也就是当这个经销商完全说明了质以及由量向质的突变（Umschlag）时——最好还可以使他们明白红色的唯物主义。这当然是一种并未射进理念之中的质，这种质，也绝不像假象—本体论家 N. 哈特曼所做的那样，把物质当作所谓最低级的存在阶段或卑鄙无耻的东西置于自身之后。相反，它属于物质，属于对当今精神守护者抑或存在牧羊人而言必须仅仅作为彩色商品店来叫卖的一类东西。

在思维并不想要达到材料的地方，它就会寻找借口，就好像材料也绝没有达到思维似的。就好像这些伟大学说，是所有这类认为自己对于大地是过于善良的学说似的。这样，为了精神的埃伦高的（ellenhohen）① 短袜、千百万的鬈发，唯心主义哲学家的这些唯心主义再度唯心主义化了。于是，柏拉图就只是看见敞开的天空，而且如果人们应该相信 N. 哈特曼的话，那么，黑格尔的主题就仅仅是爱的上帝。由此一来，在哲学史中，所有唯物主义因素就都被过滤掉了（ausgekleist），就好像人们察觉到一种不洁之物似的，这些隐蔽的唯物主义因素再度被遮蔽了。如在亚里士多德和斯多葛学派那里，如在笛卡儿、斯宾诺莎和莱布尼茨那里，如在康德——作为天体自然史和上帝证明之否定者的作者——那里。但是，黑格尔成了这种超—观念化（Über-Idealisierung）的一个特例，而且在他这里出现了这个问题：**黑格尔与物质**。现在，并不使人吃惊的是：这位哲学家中最伟大的唯心论者和唯心论者②当中最伟大的哲学家——是唯心主义的；对此，当今唯心主义的这些并不如此伟大的哲学家们并没有说出任何特别的东西。这一断言，必须毫无忌妒心地得到承认，而且，甚至在黑格尔这里，还可以很好地发现一种另外的、作为更新的唯心主义的唯心主义：他就像一位哥特式的建筑师一样处理物质。他并不像歌德那样把自然视为古典艺术品的陈列室，而是把这种情况视为哥特式的主教座

---

① Elle，是德国旧长度单位（60—80cm）。——译者
② Idealist，最近，一些德国古典哲学的研究者倾向于把该词翻译为"观念论者"，他们同时倾向于把 Idealismus 叫作"观念论"。——译者

堂，带着打通围墙的窗户和高耸的柱墩。因此，在黑格尔这里，这类非机械的、非静态的唯心主义并没有受到怀疑，他根本就不需要夸张，相反，他有很好的机会，甚至重新让人了解这种哥特式风格的例子："石头呼喊着，且使自己跃升为精神"（《著作集》，VII¹，第24页）；"自然自在的、在理念中是属神的，但正如它之所是，它的存在并不适合于它的概念；相反，它是未曾化解的矛盾。它的独特性就是被设定了的存在，否定的存在，正如古代人把物质一般理解为非存在（Non-ens）一样"（《著作集》，VII¹，第24页）；"重量是物质内在性的一种方式，而不是它的僵死的外在性；此外，这种内在性还并没有它的位置，相反，物质现在还是一种失去了内在性的东西，是失去了概念的概念"（《著作集》，VII¹，第70页及下一页）。另外，在被划分的植物这里，在精巧构造的动物躯体这里，甚至在透过整个身体的灵魂这里，就已经是另外一种情形了："这样，当所有物质的东西通过自在地存在于自然之中并发生作用的精神加以扬弃，而且这种扬弃在灵魂实体中得以完成的时候，灵魂便作为**所有**物质东西的实体、作为**所有**非物质性呈现出来，以至于所有叫做物质的东西——无论它在表象面前装得多么具有独立性——，都作为一种与精神相反的非独立之物而得到认识"（《著作集》，VII²，第52页）。所以，这总体上甚至可以说就是黑格尔的精髓，他从纯粹的唯心主义出发，似乎在物质那里几乎看不到某种分离的东西，何况是一种实体性的东西："精神是物质的实存着的真理，以至于物质本身并没有真理。"（《著作集》，VII²，第47页）于是，这是着眼于物质时黑格尔不加掩饰的唯心主义的东西，而且这些唯心主义的东西——在单纯针对那些把黑格尔哲学中隐蔽的唯物主义特征加以删除的哲学史家的对策中——不应该受到嘲笑。但是，而且这是决定性的：在这里，除了在唯心主义者当中如此罕见地形成了的断言和没有隐瞒的理由，黑格尔的反唯物主义命题也还由于另外一个理由而被援引。它们恰好是**因为这种唯物主义的缘故**，亦即因为这种正确的、历史—辩证的唯物主义的缘故而被援引的。黑格尔并不了解这种唯物主义，他的讽刺挖苦并不指向这种唯物主义，而且他本人还为这种唯物主义作了准备。这种悖论持续存在，

[431] 而且必须受到关注：他尤其是通过对并未与人和解的物质的讽刺挖苦准备了这个悖论，通过对作为机械的被设定状态（实定性）的物质的讽刺挖苦确定了这个悖论。黑格尔这位辩证唯心主义者不仅仅是费尔巴哈和马克思的老师，他的悖论甚至也是从其哥特式的物质概念走向两人的最近的道路。也就是说，这不是作为黑格尔的所谓倒台，而恰好是作为对黑格尔的辩证的—客观的唯心主义本身超越古老的物质图景，甚至反对这种过时图景而呈现出的进步的承认。只有黑格尔才完全挣脱了静态的物质概念，他并且接着给马克思主义传授了一个绝妙的嘲讽，以反对老生常谈的机械唯物主义。反对19世纪下半叶的毕希纳（Büchner）①和摩莱肖特（Moleschott）②，反对这种——按照恩格斯的说法——"德国的所谓启蒙学说的最稀薄的清汤"③。而且，列宁在其对黑格尔所作的边注中，对黑格尔的历史—唯物主义的"开端"的说明是多么经常，多么愉快而直截了当！尽管列宁在肯定黑格尔的时候，还带有一种对于"僧侣主义""在发展方面的背叛"以及

---

① 按照布洛赫本书后面的人名索引，此处的毕希纳是指格奥尔格·毕希纳（Georg Büchner, 1813—1837）。他是德国著名剧作家，1831—1833年曾在施特拉斯堡攻读医学，参加当地民主运动，接触圣西门空想社会主义学说。1834年在达姆施塔特和吉森建立秘密革命组织"人权协会"，秘密发行政治小册子《黑森信使》，被认为是《共产党宣言》之前19世纪最革命的文献。但恩格斯在《自然辩证法》一书中所说的毕希纳（与福格特和摩莱肖特一同被视为"庸俗唯物主义"的主要代表）则是路德维希·毕希纳（Ludwig Büchner 1824—1899）。他是现代药理学的奠基人，乔治·毕希纳的弟弟，他的著作《力与物质，经验的自然科学研究》被哲学界看作是"唯物主义的圣经"。该书以哲学的头脑，总论整个科学，强调必须按照事物的本来面目认识事物，反对把人的想象力强加于事物之上。此外，他在宣传达尔文主义方面也做出了贡献。布洛赫在此有可能把路德维希·毕希纳与格奥尔格·毕希纳混淆了。——译者

② 雅克布·摩莱肖特（J. Moleschott, 1822—1893），荷兰生理学家，庸俗唯物主义的代表人物之一。他认为思维是一个脑伸延性的过程，大脑产生思想"正像肝脏制造胆汁一样"，思想就是脑髓的分泌物。——译者

③ 布洛赫此处引号中的原文是plattesten Abspülicht des deutschen Aufklärichts，这个说法，出现在《反杜林论》第一篇"哲学"的结论部分。在这里，恩格斯借用黑格尔的说法，把杜林的"现实"哲学概括为"德国的所谓启蒙学说的最稀薄的清汤"，恩格斯所借用的黑格尔的原文是：der seichteste Abklaricht des deutschen Aufklärichts，这与布洛赫的说法有些出入。读者可参阅《马克思恩格斯选集》第三卷2012年版，第523页："总而言之，现实哲学归根到底正是黑格尔所说的'德国的所谓启蒙学说的最稀薄的清汤'，它的稀薄和一眼就能看透的浅薄只是由于拌入了神谕式的片言只语，才变得稠厚和浑浊起来。"——译者

"逃避唯物主义"等的严厉而锐利的眼光。在由理念向自然过渡的地方,列宁甚至越发加重语气地强调:"唯物主义近在咫尺"①(引自《哲学笔记》,1949年,第159页);在黑格尔的有机自然概念中,他看到了"客观唯心主义转变为唯物主义的前夜"(同上书,第87页);他对黑格尔的这类"开端"作了如下总结:"这种客观的(而且更多地还是绝对的)唯心主义在蜿蜒曲折中**完全紧密地**贴近了唯物主义,甚至**部分地转向了唯物主义**"(同上书,第215页)。是的,列宁还并非完全不适当地给出了黑格尔对于仅仅得到机械理解的物质的讽刺挖苦,当他摆明这句著名的格言时:"聪明的唯心主义比愚蠢的唯物主义更接近聪明的唯物主义"(同上书,第212页)。因为在聪明的唯心主义当中,并非所有的东西都是理念,它如此自称,并宣称:这种——机械地固定了的——物质并没有真理。相反,在黑格尔的理念的外壳甚至面具中,不时隐藏着在发展史上正确的规定,这种规定首先接近真正的物质,即所有变化的主体,并首次指明了物质的辩证的变化—联系。

物质能否思维?这个问题很古老也很不确切。哪些物质能够思维?这始终须要追问,因为选择实在很大。水确实并不思维,但在大海中形成了单细胞生物,而这些生物确实不是水,而且不再如此远离脑细胞。这样,在回答"物质能否思维"的问题时,不仅首先需要考虑到有各种不同的物质条件,而且需要考虑到,还有物质的各种不同的特定存在方式,它们恰是物质是生是死,或者是否富有精神能力所依赖的。说到底,恩格斯拒绝了一般地谈论物质,或者仅仅在量上一般地谈论物质。对此,他在为《反杜林论》所写的附注中有清楚明白的规定(尽管只是对庸俗唯物主义者及其唯心主义的学究而言才令人吃惊):"注意。物质本身是一种纯粹的思想创造和抽象。当我们把各种有形地存在着的事物概括在物质这一概念下的时候,我们是把它们的质的差异撇开了。因此,物质本身和各种特定的、实存的物质不

[432]

---

① 意为在黑格尔这里,唯物主义已经触手可及了。列宁在这里还指出:恩格斯在《路德维希·费尔巴哈和德国古典哲学的终结》中说得对,黑格尔的体系是颠倒过来的唯物主义。——译者

同，它不是感性地存在着的东西。如果自然科学企图寻找统一的物质本身，企图把质的差异归结为同一的最小粒子的结合所造成的纯粹量的差异，那么这样做就等于不要看樱桃、梨、苹果，而要看水果本身，不要看猫、狗、羊等等，而要看哺乳动物本身，要看气体本身、金属本身、石头本身、化合物本身、运动本身。……如黑格尔已证明的（《全书》第 1 部第 199 页），这种见解，这种'片面的数学观点'，这种认为物质只在量上可以规定而在质上自古以来都相同的观点，'无非是'18 世纪法国唯物主义的观点。"①（《反杜林论》，《马克思恩格斯全集》，特别版本，1935 年，第 473 页）这样一来，辩证—唯物主义观点因而完全承认具有质的多样性的物质（否则如何可能有一种"从量到质的突变"？）。恰好因此，"物质能否思维？"这个提得糟糕的，亦即仅仅指向量的—机械物质的问题，既不能一般地得到否定，也不能一般地得到肯定。一张书桌的物质的特定存在方式，是不能思维的，思维也不是该存在方式的任务；而书桌旁的一个人格（Person），也就是一个人而非一个幽灵的物质的——而且是完全不同的物质的——特定存在方式，在这个人格并不类似于由木头做成的桌子时，则是能够思维的。尽管如此，这个人格与这张桌子依然生活于同样的世界，它就像这张桌子一样，仅仅从这个世界的种种联系中，才是可以理解和可以解释的，只是：它并不以同样的方式，恰好仅仅在量的—机械的意义上是可以解释的。因此，恩格斯修改黑格尔的命题，以说明"物质本身"并没有真理；当然，他只是根据更贴近的规定而赞同黑格尔的意见：由此并没有涉及所有的物质，而是涉及法国唯物主义的抽象物质，并且尤其是法国唯物主义在 19 世纪的机械终曲（Abgesang）的物质，即在毕希纳、福格特（Vogt）②、摩莱肖特这

---

① 参阅《马克思恩格斯全集》第一版第二十卷第598页。需要说明的是，这是恩格斯《自然辩证法》"札记和片段"（关于"机械的"自然观）中的一段话。引文中除了省略号部分省略了一些原文，布洛赫在引用中还省略了其他一些内容，为了让读者更全面地把握恩格斯这段话的重要思想，我们补充了被布洛赫省略的一些内容。译文略有改动。——译者

② 卡尔·福格特（Karl Vogt，1817—1895），德国自然科学家，庸俗唯物主义者，小资产阶级民主主义者。他是瑞士博物学家。——译者

里的物质。而且，在此关联中的主要事情是：恩格斯之所以能够赞同黑格尔，是因为对黑格尔而言，唯物主义——在其机械的—极端的头脑狭隘之外——是绝不陌生的。否则，恰好这条由黑格尔经过费尔巴哈到马克思—恩格斯的道路，也许就不会变得好像如此简短了；否则，辩证法就可能不会如此之快地揭开它的"理念"、它的"客观唯心主义"的隐蔽的唯物主义特征了。

在这里，提供黑格尔在其中也真正发现了物质的文本段落是多余的。这类段落表明，黑格尔毕竟不了解完全不真的东西，他只是片面地称呼这个东西。于是，问题就不在于与引文相反的引文，而在于其中一段与另一段都处于其中的上下文。而且，最终当然可以在这方面得出结论：黑格尔本人并没有仅仅从量的方面简化唯物主义。他并没有使唯物主义仅仅与全部质的这种量的—机械的抹平——作为一种发展史的谎言——同时发生。此外，他把唯物主义当作最抽象的此岸学说来加以承认。他完全看到了在世界的解释方面那个总是从自己本身释放出来的东西，他在泰勒斯（Thales）①那里就已经标明了：他不需要"这个从水中形成了万物"的创造者。黑格尔对原子论——他把它说成是来自于留基波（Leukipp）②——并不友好，但也对它表示赞赏，说它把自己"从根本上置于一种世界之创造和保存的观念的对立面"（《著作集》，XIII，第372页）。而且在伊壁鸠鲁——他从偶然方面对世界的一般解释在黑格尔看来有理由被视为无思想的——那里，被伊壁鸠鲁当作唯物主义——尽管有些混乱乃至于同原子论相矛盾——加以贯彻的这种作用，得到了日益鲜明的强调。他在此想到了卢克莱

---

① 泰勒斯（希腊语：Θαλης，英语：Thales，约公元前624—前546年），又译为泰利斯，古希腊时期的思想家、科学家、哲学家，希腊最早的哲学学派——米利都学派（也称爱奥尼亚学派）的创始人。希腊七贤之首，西方思想史上第一个被记载有名字留下来的思想家，被称为"科学和哲学之祖"。——译者

② 留基波（Leucippus），生卒年不详，鼎盛时期大约在公元前440年。他继承了与米利都学派相联系的科学的理性主义哲学，在很大程度上也受到了巴门尼德和芝诺的影响。一些哲学史家认为他是原子论的创始人。——译者

[434] 修，想到了启蒙长诗《物性论》(De natura rerum)："关于自然规律的认识的产生在现代世界中所具有的同一种作用，即使伊壁鸠鲁学派的哲学，在其范围内，也就是在它反对任意地虚构原因的时候也曾具有。"(《著作集》，XIV，第 497 页) 在这个地方，又一次不是单纯的原子获得了这种承认，而是此岸的、靠近世界的唯物主义获得了这种承认，这种"真理……维护给予精神的馈赠，维护对于精神而言并不陌生的东西"。在向近代的过渡时也是类似的："时代精神接受了这种转折；它离开了理智世界，而且现在还观看着它的当前的世界，它的此岸。随着这种根本转变，经院哲学便自我沉降和自我丧失，——它，其思想存在于现实的彼岸。"(《著作集》，XV，第 210 页) 越过中世纪，黑格尔又敏锐地在培根这里看到了卢克莱修式的东西，尽管他并不赞同培根的绝对反目的论倾向。黑格尔确实强调了培根在反对迷信的斗争中的功绩："这种迷信使某种被设想出的本质成为原因（一种本身想要以感性的方式存在并作为原因起作用的彼岸），或者使两种根本无关的感性事物相互作用。"(《著作集》，XV，第 293 页) 是的，如果黑格尔现在决定转向对机械唯物主义本身的阐述，也就是在法国的启蒙运动中，那么，当事情涉及启蒙的时候，他在这种对他而言如此陌生的量的疆域（Bornement）中，确实也还发现了另外的东西，人们可以说：他看到了一座高原，而非一个平原，而且在其中看不见山的方式也不一样。这就是说，黑格尔以令人惊异的方式把法国唯物主义设定为一种特殊类型的主体—客体关系：纯粹（量的）物质的僵死的客体，对应于纯粹意识的抽象自我。但两者都是抽象，如在现象学的阐述中就是如此："在这里，对此加以考察是重要的：纯粹物质是仅当我们抽掉了观看、感受、品味等等时所剩余的东西，……它是纯粹的抽象；并且由此一来，思维的纯粹本质或纯粹思维本身，便作 [435] 为在自身中没有区别、没有规定、没有谓词的绝对者（Absolute）而

存在。"①（《著作集》，II，第435页）而且在完全形式化的意义上，把计算的—量的唯物主义理解为一种可以把整个宇宙（toto coelo）② 加以切换的判断："思维就是物性（Dingheit），或者物性就是思维。"（《著作集》，II，第437页）总之，在这里的纯粹思想，这个同样没有谓词的绝对者，与在那里的纯粹物质，都是同一个东西，而且，两者恰好因此把生命，把造就着新事物的发展，把述谓上的变得丰富的内容仅仅认作是陌生之物："物质的这个抽象物正好是这样一种东西，在它那里虽然存在着形式，但只是作为一种无关紧要的和外在的规定。"（《著作集》，VI，第199页）但在黑格尔看来，不是抽象的意识，而首先是能动的、为过程所中介的意识，也刻不容缓地打开了同作为一个并非—僵死的东西的客体、同一个具体的形态的联系，"在此形态中，精神沉潜入它的物质之中"（《著作集》，V，第27页）。在这里，对纯粹思维、因而对法国唯物主义——借助于**斯宾诺莎**——中的纯粹实体性的解释，是很让人感兴趣的："于是作为物质，作为空洞的对象性，绝对的本质是通过这样一个概念得到规定的，这个概念打破了所有的内容和规定，并且仅仅把这个普遍物当作自己的对象……在这里，它真正说来只是在这个对象中，才把自己实现为斯宾诺莎主义的实体。"（《著作集》，XV，第509页）但是现在，这个尽管带着一个在黑格尔看来非同寻常和令人难以置信的结论，但毕竟如此自我实现的东西，与在斯宾诺莎的这个场合被如此指称的东西，是同一个东西："一般而言，对此须要说明的是：思维必须把自己置于斯宾诺莎主义的立场上；这是全部哲学探索（Philosopiheren）的本质

---

① 这段话引自《精神现象学》论述自身异化了的精神（教化）的部分，具体而言，黑格尔在论述启蒙的真理性时谈到了纯粹物质与纯粹精神。布洛赫在引用这段话时中间有省略，读者可参阅贺麟、王玖兴先生的中译本的一段完整的译文："在这地方应加注意的首要之点是，**纯粹的物质**只是我们**抽除了**观看、感受、品味等等活动之后剩余下来的那种东西，即是说，纯粹物质并不是所看见的、所感受的、所尝到的等等东西；被看见了的、被感受了的、被尝到了的东西，并不是**物质**，而是颜色、一块石头、一粒盐等等；物质毋宁是纯粹的抽象；而这样一来，思维的纯粹本质，就昭然若揭了，**思维的纯粹本质**，或者说，纯粹思维自身，乃是自身无区别、无规定、无宾词的绝对。"（《精神现象学》下卷，商务印书馆1997年版，第108页）

② 拉丁文。——译者

的开端。如果人们开始做哲学探索,那就必须首先是斯宾诺莎主义者。灵魂必须在这样一种实体的以太中沐浴自己,在这种实体中,人们信以为真的所有东西全都沉没于其中了。"(《著作集》,XV,第376页)诚然,这不是哲学探索的终结,但对黑格尔而言,这的确是最富有内容的开端;而且这个终结,即使它接受了世界的另外一面,也毕竟不会不忠实于这个开端。这样,黑格尔在对开端作出声明之后很快继续指出:"这个绝对的实体是真的东西,但它还不是**完全的**真东西,它还必须被设想为**在自身中是能动的、活生生的**,而且恰好因此而把自己规定为精神"(《著作集》,XV,第377页)。而且现在,

[436] 如果人们忽略后一种规定,那么,就会再一次出现辩证唯物主义与物质—思想家(Materie-Denker)黑格尔的一种连接,这种连接,正如反复强调的那样,在马克思关于费尔巴哈的第一条论纲中,恰恰抓住了能动的—活生生的东西:"从前的一切唯物主义……的主要缺点是:对对象、现实、感性,只是从客体的或者直观的形式去理解,而不是把它们当作感性的人的活动,当作实践去理解,不是从主体方面去理解。因此,和唯物主义相反,唯心主义却把能动的方面抽象地发展了,当然,唯心主义是不知道现实的、感性的活动本身的。"① 正如马克思极为清楚地表明的,黑格尔的唯心主义在它那方面总归已经了解能动性及其运动了:"在这种运动中,我们看见那呈现为诸种力的游戏的过程重现了,不过是在意识中"(《著作集》,II,第141页)。反正黑格尔到处都只了解被推动的物质:"正如没有物质就没有运动,没有运动也就没有物质。运动即是过程,是从时间到空间和反过来从空间到时间的过渡;与此相反,物质则是空间与时间的关系"(《著作集》,VII¹,第67页)。在同一些段落中,他甚至如此规定运动和离开运动便不会出现的那种东西:"但这种变易本身,同样是它的矛盾在自身内的重合,是双方直接同一的、定在着的统一,是物质。"(《著作集》,VII¹,第62页)而且,现在人们会想到,黑格尔的《逻辑学》在那个最高的、完全没有被物质触及的、在某种程度上甚至不

---

① 参见《马克思恩格斯选集》第1卷,人民出版社2012年版,第133页。

可以被物质触及的地方给**理念**下了怎样的定义:"理念与自己本身的同一,与过程是一回事;把现实从无目的的变化之假相中解放出来并使之神化为理念的思想,必须不要把这个现实的真理设想为僵死的静止,设想为一个单纯的图像,灰暗而没有冲动和运动,设想为一个神灵,一个数目,或一个抽象思想;概念在自身中达到自由,为了这种自由,理念在自身中具有最强烈的对立;理念的静止存在于安定和确定中,它以此而永恒地产生对立并永恒地克服对立,并且在对立中与自身融合。"(《著作集》,V,第242页)如果人们认识到,谈论理念的这个地方虽然没有描绘单纯的次序(Sequenz),但也许描绘了上文所确定的物质主题(物质定义)的一个高度充实的变体形式,则先前仅仅是断言的东西便得到了证实,即在黑格尔这里,并非所有自称理念的东西都是理念,与之相反,许多东西倒是隐秘的—唯物主义的,这些东西在理念的外壳下断言:以机械的方式确定下来的物质没有真理性。而且无论如何,黑格尔到处都对唯物主义表示尊敬,他总觉得将唯物主义与机械论的水准等同起来是不恰当的。黑格尔对直接的生理学类同或这种方式的简单因果关系持批判态度,他说:"没有,再也没有什么东西比在唯物论著作中制造的那样一些争辩更加令人不满了,这些争辩涉及某些关系和结合,而据说通过它们会产生像思维这样一种结果。然而,人们必须承认在唯物论中的那样一种振奋人心的努力,即超出那种将两类世界都当作同样具有实体性的和同样真的来对待的二元论,并扬弃对原初太一的撕裂。"(《著作集》,VII², 第54页)黑格尔的哲学,在它对种种固化了的对立的扬弃中,在它统一预期的总体东西中,凭借对唯物主义的这种赞扬,几乎不能说是完全无意识的,也刻画了它自身意图的某种特征。在打个折扣(cum grano salis)①的情况下,这就是:它的强调生命活力的斯宾诺莎主义(ihren Spinozismus der Lebendigkeit)。

[437]

这种特征,与一种所谓无质料的、在脱离身体的情况下活动的内

---

① 拉丁文。——译者

心（Innen），毫无共同之处。当然，它也与那种只从外部发起撞击、仅仅作为异己的东西限制着人的质料毫无共同之处。机械唯物主义只是由外向内地进行解释，而且它仅仅让环境对人起作用，却不让人对环境也起作用。然而，黑格尔的交互的主体—客体—关系，则打破了这种僵硬的界限，同时，还一道打破了那种只有外部而没有内部对立面，只有他者中的反思而没有自身中的反思的机械论幻象。他指出，双方都是交互的反思概念，也就是这样的：双方都只有相互地展开一种意义，而不是作为孤立的东西固定下来。在这方面，辩证唯物主义恰好接收了黑格尔的遗产，它不再将人与对象、内部世界与外部世界、意识与存在设定为僵硬分离的。而且，当它虽然不是毫无例外地，但可能占优势地从外向内进行说明，也就是使意识依赖于存在而不是相反的时候，如果它坚持唯物主义的话，那么，这是以这样一种方式在坚持的：以此，即使意识也呈现了一种社会存在的环节（Moment），一种或多或少起着反向限制作用的（rückbedingendes）和变更着的环节。据此，人的"能动的方面"同样属于物质，亦即属于物质的最为发达的特定存在方式，即历史的—社会的存在方式。这个"能动的方面"虽然在仅仅得到机械理解的物质中还没有地位，但其根据，恰好仅仅在于物质的绝对化了的局限性，甚至不到一半的现实性。如前所述，在历史唯物主义当中，外部世界也作为**独立**于意识的东西而持存，然而，它不再作为同意识**未和解**的东西，亦即作为独立于历史的—辩证的主客体关系的**劳动过程**的东西而持存。而且，黑格尔在唯心主义的外壳中展现了这个劳动过程——历史唯物主义的一个阿尔法和欧米伽；他第一次创造了哲学的高度，在此高度上，劳动现象可以在经济学上，却并不在经济主义上被触及：作为主体与客体、人与自然之间的主动的—辩证的相互作用。在这种情况下，物质扮演了这样一个实体，它共同包含在主体—客体的"劳动分工"之中，而这种分工，在主体与客体，并通过主体与客体之间的能动的—对象性的辩证法，而首先发展到它的未被封闭的种种可能性，更确切地说：发展到**诸多可能的现实**。否则，由于黑格尔好古的、对于既成状态的盲目崇拜，他本人同可能性范畴就不会有最适当的关系。但是，更多

[438]

地看到这一点是富有教益的：在黑格尔这里，他的诸发展规定恰好都追溯到可能性（dynamis）这个亚里士多德的基本—范畴，这是存在于事情本身的强制之中的。而且在亚里士多德那里，**这种可能性**除了与**物质**，又是与其他任何范畴都非近义的；他所说的物质，就是在—可能性中—存在（Dynamei on）。这样，在这条弯路上——就好像一条借光观看时毋宁是最短的道路，黑格尔的精神或理念（这个发展史的—客观的唯心主义的理念）与辩证的物质发生了关系。这条非—弯路是如此表述的："这里只需要表明：精神从其无限的可能性，但仅仅是可能性开始……这种可能性至少同样远地投射到这样一种应该成为现实的东西上，并且更接近于亚里士多德的可能性（dynamis）以及潜能（potentia），力量和威力。"（《著作集》，IX，第55页）当然，"在—可能性中—存在"，这在亚里士多德那里不是作为一块木头，而是作为一颗嫩芽的物质的实在定义。并且如此一来，即使在历史的—唯物主义的辩证法——在它没有忘记自己的黑格尔来源时——中，辩证的东西也就不是一块木头的活动（ornans）的修饰语（那样的话辩证法就没有意义了），而是一种创生的自然（natura naturans）的运动规律。这样，这种由唯心主义者发展起来的辩证方法，就首先回到了物质的家园，在发酸的生面团，或者更积极地说，在我们历史性的物质的生命洪流、行动风暴中归家了。这样一来，辩证法和唯物主义就不再是奇特的，甚至被迫的婚礼，其中，灵活的辩证法被交给了那个保持无机僵硬状态、因而归根到底在自身中毫无人性的伴侣。相反，辩证的唯物主义是一个得到有限理解的、在事情本身中奠基的、实际上共属一体的东西的结合。

[439]

但同时，这件被冷落的衣服——物质迄今为止一直穿着这件衣服出场——绝不应该、也不可以被忽视。上面曾提到，在一些人愚昧无知之际，精神与物质已经在方法论上被解释为互不相容的，——对此上面曾提到：从德谟克利特一直到狄德罗，智慧就像机智（Esprit）一样是完全与物质会聚在一起的。但显然，在这个终点处，为了复杂化以及为了最终的证实起见，还必须提到除黑格尔之外的许多伟大的哲学家，他们不会在某种意义上是唯物主义者。他们恰好是唯心主义者；如柏拉图，如普罗提诺，如几乎还有莱布尼茨，如有分寸的康德和几乎没有分寸的费希特。可是由此一来，物质也并未觉得围绕关于它的概念、关于它的终究更合适的人的映像的高度发展，或者像恩格斯在一个美妙的句子中所强调的，围绕恰好涉及物质概念的这种**新唯物主义**是最终上当的："这种唯物主义……不是古代唯物主义的单纯的恢复，而是把哲学和自然科学两千年来的发展的全部思想内容，以及这两千年来的历史本身的全部思想内容，都添加到古代唯物主义的持久性的基础上。"①（《反杜林论》，《马克思恩格斯全集》，特别版本，1935年，第142页）是的，甚至会出现这样一种——在此不加讨论的——现象，即大多数伟大的哲学家是唯心主义者，即便不是主观的，也毕竟是客观的唯心主义者：尽管这一点最终使新唯物主义受益匪浅。因为当唯物主义者习惯于把物质视为一种理所当然之事时。在唯心主义者看来，物质却成了一个麻烦；也就是说，如果唯心主义者不再是僧侣的话，则物质便成了问题。这一过程，在形式上完全是同唯物主义者与理念的关系互换的：因为在唯心主义者看来，这个理念是理所当然之事；而与此同时，对于唯物主义者而言，这个理念却适宜于充当一个麻烦，也就是一个问题。这甚至是一个在意识形态研究（文化生产、经济—社会的反映等问题）中一个全新的、现在才具体的研究领域对之敞开的问题。诚然，唯心主义者在着眼于物质时绝不会创造出一个研究领域，但毕竟：在唯心主义的思想史上，面对"物

---

① 布洛赫在此提到，恩格斯在《反杜林论》中曾说到"新唯物主义"（der neue Materialismus），其实，恩格斯在这里是把他和马克思所创立的新唯物主义叫作"现代唯物主义"（der moderne Materialismus），并认为这种现代唯物主义从本质上是"辩证的"。布洛赫所引用的这段话，读者可参阅中央编译局的译文："现代唯物主义，否定的否定，不单纯地恢复旧唯物主义，而是把2000年来哲学和自然科学发展的全部思想内容以及这2000年的历史本身的全部思想内容加到旧唯物主义的持久性的基础上。"（《马克思恩格斯选集》第3卷，人民出版社2012年版，第517页）恩格斯在这里是从否定之否定规律出发对唯物主义的发展史作出总结。他在此还明确提出："这已经根本不再是哲学，而只是世界观，这种世界观不应当在某种特殊的科学的科学中，而应当在各种现实的科学中得到证实和表现出来。"（同上）古代唯物主义通过唯心主义的否定，再发展到现代唯物主义对唯心主义的否定，这是一个否定之否定的发展过程。布洛赫在这里所论述的，与恩格斯的这段话相互对应。——译者

质变得灵敏"这一麻烦,他们对物质作出规定的尝试是何等丰富和何等引人深思啊。前已指明,亚里士多德曾用"在—可能性中—存在"来规定物质,这一尝试仅仅是其中最重要的一个;此外,接着这个规定而来的,有托马斯主义的规定(物质作为"个性形成过程的原则");有阿维洛伊(Averroës)① 的这个几乎已经是内在的—创造性的规定(物质作为创生的自然〔natura naturans〕);有弗朗茨·冯·巴德尔的幻想式的规定(物质作为针对地狱翻腾之混乱的防护盖)和如此之多的、离我们更近的规定。甚至黑格尔对机械物质的直接界定,也特别地属于此列:物质是"外在性的硬壳",而光芒和生命从其重量中挣脱出来;而这类东西确实——尽管充斥着无可救药的幻想——处于另外一个范围,不同于没有质的黑暗或来自墓碑的唯物主义的范围。在这个范围内,辩证法当然不只是活动(ornans)的一个单纯的修饰语,而是纯粹拟人化的东西(anthropomorph);这样,大体上就像当一块绝壁显现为火焰抑或公羊角的时候。对实在的辩证法[441]而言,首先是对这样一种物质(在其中,生命和人的目标设定不是外来之物,而是最独特的功能,进而是高水平的特定存在方式)的认识,才成为正当的。而且,黑格尔的隐蔽的唯物主义恰好给这种认识提供了一种特殊的可乘之机;由此超出了唯心论、泛神论、回溯既往的封闭性。不是物质,而是所谓的世界精神,作为唯一的真理拥有这种它并不拥有的认识,——除了这一认识:它能够间接地帮助人们意识到辩证的过程性物质(Prozeßmaterie)。这当然是丰富的,并允许归功于黑格尔的世界精神:它的辩证法就像其潜能(Dynamis)一样,最终把唯物主义从木块中挣脱出来。由此一来,这一点就成为可能了:人(主体因素)也可以被理解为对象性的—物质的实体(Wesen)。也就是在这样一个世界中,这个世界不仅为一种真实的和参与行动的意识留下了位置,而且留下了最高的位置,确切地说,就好像

---

① 阿维洛伊(Averroës,1126—1198),西班牙穆斯林医学家、哲学家,其阿拉伯名是伊本·路西德。自8世纪至14世纪,包括西班牙在内的整个伊比利亚半岛都受阿拉伯人控制。阿维洛伊作为哲学家曾经担任西班牙半岛上科尔多瓦伊斯兰公国,伊斯兰名古儿土拜的大法官。——译者

这种意识——为了成为一种真实的意识——是物质本身的眼睛和理论—实践的官能似的。在这里，物质在其家园中有许多小屋，其中若干间就其潜能而言甚至特别适合于居住，但说到底，它们尚未准备就绪。

21. 应当、存在、可以达到的内容

（1）一个人相信说出了他的所有东西（alles Seine），这种情形是会出现的。要么他的东西（das Seine）并非包罗万象，要么他拥有幸运、坚韧、相当漫长的时间，来完成这件事。然而，黑格尔并不只是以"他的东西"作为结束的，他在书中还把每件事情都视为最终完成了的。这一点，必须再次得到理解，以便这种做法连同其所有弊端都得以消除。正如黑格尔所教导的：生成着的思维不允许变成历史性的东西。就好像对所有东西来说，它的时代一旦终结，它的酬报就完结了似的。

[442]（2）在这里，这个要求之毫无顾忌的夸张，恰好总是一再让人吃惊。因为这真是一件稀奇古怪的事情，而且对这位谨慎的天才而言，通常也没有什么东西比这件事更不同寻常了。正如现在必须再次得到理解的那样，黑格尔把哲学史、一般的精神生活史看成是随着他自己的学说而告终的，这是没有先例的。这就像一位唯我论者的妄想那样在起作用，这位唯我论者严肃地—实践地、而不只是在词语上相信：在此世界上只有他存在，而且一旦他睡着或死去，万物都会随之而沉没。但是，黑格尔的确恰好抽掉了他的自我，他按照意图，尽可能客观地、像一个记下鲸鱼之漫游的研究者一样描述其范畴的进展。首先使人吃惊的是，在这位关注事件之发生（Geschehen）的思想家这里的宁静水平，哪怕这种发生也曾在过去中运动。无论如何，在过去曾不断地出现搬运，把人抬出去的那些人的脚，固定地站在门前，这是从舞台的持续退场。即使太好古的黑格尔，也不曾普遍地、完全不曾普遍地在这个世界中做成一个石化了的王子，至少——就像可以回想起来的那样——在其"合乎理性的东西都是现实的"这个命题中是如

此。针对那些并非理性的东西，该命题实际上包含了一种继续推进的应当。而且在黑格尔这里，还持续响彻着"抓住整体"的呼喊，也就是说，在辩证的意义上发出进攻的命令。这呼喊和命令是两个遥远的声调，两个遥远的旋律，但它们彼此混合，甚至准确地说，这个按一定方式处理的—公开的旋律，在黑格尔的储藏成熟（Nachreife）中证实自己是更强的（为了不至于说：最独特的）旋律。它位于"能动的方面"，而且就像发生的那样，辩证的本质对变化的东西并不感到陌生。但是，反常总是存在的，而且我们再次与此相连：对黑格尔而言，在体系的终点出现的是世界精神之结果，真理之全体也是作为发展的结果，而不仅仅作为观点出现的；这个全体能够作为自为（Fürsich）而告退了。的确，在这个"一和全"（Hen kai Pan）的球体中要保持神圣的轮回，而且神秘的旧书店还为智慧做成了最后的结尾。的确，对黑格尔来说，凭借其哲学，凭借这个未来的世界，知性要保持宁静。

（3）而且，这恰好发生在先前没有什么东西曾作为列车和迁移而存在之后。一列火车，只要它尚处于旅途，就**没有**一节是不陶醉于其中的。由此出发，则几乎没有一个哲学家曾如此有力地经验到事物中的**限制**，而同时又如此不懈地断定：这种限制必定已经被超越了，以便作为一个限制而加以显现。否则，就像由黑格尔逻辑学的提示可知的，这种限制就只是单纯的界限，或本身处于静止中的信号，表示某物是有限的。但如此一来，随着运动被置于界限背后，界限也就被否定了，甚至在作为限制的界限那里，恰好冒出了后来对这位好古的思想家而言变得如此麻烦的东西：**应当**。所以，卓越的前进，还是在黑格尔逻辑学为此给出的第一个定义中："在某物那里一般地具有的界限是限制，对此，某物必须同时在自己本身中超越这个限制，在它自己那里与这个限制发生关系，就像与一个非存在物发生关系一样。某物的这种定在，在安静和漠然中似乎超越了它的界限。但某物只是在它是界限的被扬弃了的存在，是针对界限的否定的自在存在的时候，才超越它的界限。这样，这个有限物便作为它的规定与它的界限的关系而得到规定；在这种关系中的那种（规定）就是应当，这种（界

[443]

限）就是限制。"(《著作集》,III,第141页）而且，这些限制还随着某物的主体—强度而精确地扩张自己:"对人而言，在一个位置上固定下来是一种限制，但对于植物来说却不是。"在植物那里，限制显得如此之少，而对人来说，那个终点已准备就绪，在那里，限制（对于本真的时间而言）在哲学上被绝对化了，而且这个应当，也必须被宣布为抽象的、没有任何更多内容的东西。接着，在最终—存在与应当之和解的和平恰好移入新的、需要重新理解的太阳之中的时候，这个应当（Sollen）的伟大的气候恶化便开始了。

这样，即使在人的总是被塑造的位置——虽然处于这些位置的东西是有限之物——上也将人固定下来的这种限制，就得到了肯定。因为现在，它成了一种反对可憎的应当本身的限制，也就是这样的：在这个限制的另一边，据说一般而言就不存在任何值得一提的东西。由此一来，黑格尔清除了更多一点（Plus ultra）[①]的诱惑；在这种限制背后，在攀升着的和延续着的被当作应当的东西（Gesollte）中，找不到利益，反而只能找到寂寞和无聊。现在，在这种未经塑形的（原生的）、指向被要求的未来的观点方面，当然也有某种东西，它虽然[444]把黑格尔的撤退（Abbruch）依然视为古怪之事，但不再如此地视为荒谬之事了。除一般的—人的动机之外，支持这种惊人的过程制动（Prozeßbremsung）的若干哲学动机是明摆着的，因而可以说，一位封闭着的思想家据此可以心怀一些**不满**地与身后时代（après nous）[②] 相对峙。更适当的是第二个动机：黑格尔的如此自豪的、如同听天由命的意识成为收获，成为一个肇始于笛卡儿的阶段的**结束**，资产阶级思想的最后的、全面的表达。第三，与该动机联系在一起的是这一反动动机，它的方法论的形式，恰好存在于**知识—**内容与**完成了的—**内容的等同之中。因此，在其空想者的眼中，未来世界虽然有可能发出更高的光华，但由于其非—客体化状态，它不能成为作为一门沉思学问

[①] 拉丁文。——译者
[②] après nous, 很可能是 "après nous, le déluge"（我们死后，任它洪水滔天）的前半句。这是套用路易十五说过的那句名言：après moi, le déluge!（我死后，任它洪水滔天!）布洛赫在此可能是借用 après nous 这个词来指思想家对死后如何不管不顾。——译者

的科学的对象：——唯有过去才是可以为沉思所知的。而且如此一来，对黑格尔的过程制动来说，就添加了第四个动机，一个显得如此实在的、似乎任何时候都在实在论的橡皮膏上迈行的动机：**具体化**的激情。对这种具体化的感觉，更加支持在历史的被生成之物上停留，支持对那种超越被生成的成形之物的应当（Sollen）的厌恶。它以决定性的方式，助长了对抽象的乌托邦的厌倦，然而，它当然也以半推半就的方式助长了对未来，对未来中的实在可能性的模式的漠视。这样，在现象学中，正如可以想到的那样，在"对其自身具有确定性的精神，道德性"（参阅93及下一页）① 这一章中，就已经有了一个被罕见地省略了的，并未得到清晰探讨的空场。而且，这个空场之所以把一个空洞塞进了通常的丰富性之中，仅仅是因为这种丰富性与具体的非既存物（Unvorhandenes）相关，也就是与一种德国乌托邦，与法国式自由的一个预期的—可能的——没有恐怖的——德国相关。黑格尔的具体化的德性，在此禁止他作出任何一种形象的描绘，甚至于夸夸其谈；当然，这正好是夸张，因而是这种德性的对半打折（Halbierung），这种德性使黑格尔仅仅在那样一个地方才给出夸夸其谈，也就是在除了抽象—乌托邦式的理论家之外，还有歌德（《出征法兰西》，《威廉·麦斯特的漫游年代》，《浮士德》结尾）也曾预先推断的那个地方夸夸其谈。而且最终，第五，在中心点上就提供了黑格尔的一种自在的伟大批判：对无限**过程**的批判，这是导致追求和应当声名狼藉的最后的可乘之机。黑格尔试图证明：这条所要批判的无限之路，不仅是一条非科学的道路，而且恰好是一条充满糟粕和污秽之气的荒凉和无聊之路，它不知道它从何处来，往何处去。诚然，倘若这个无限的过程，如同它特别通过康德而与应当联结起来的那样，类似于数之序列，是一条步入漫无边际、步入被黑格尔称为"坏的无限性"的道路的话。在更多一点（Plus ultra）中存在着一种贪得无厌的东西，一种永不终止的兴趣，此外还有一个疑难之物，这个疑难之物如歌德所言不会使任何情境得到满足，而且也没有什么情境会使它得

[445]

---

① 这是指本书德语原版的页码。——译者

到满足；尽管如此，这个疑难之物还是把自己冒充为特别突出的东西。的确，黑格尔说过，在其中起作用的，事实上只有"持续不断地被设定的矛盾"（《哲学科学百科全书纲要》，§60），因而只有无力的、永不满足于和解的矛盾在起作用："某物变为一个它物，而这个它物本身又是一个某物，于是，这个某物同样变为一个它物——如此等等，以至无限。这种无限性是坏的①无限性或否定的无限性，因为它无非是有限事物的否定，而有限事物又同样重复地形成，因而同样没有得到扬弃，——或者这种无限性仅仅表达了扬弃有限事物之应当。这个进入无限的过程停留于说出有限事物所包含的矛盾：有限事物既是某物又是一个它物，而且是这些相互引起的规定的持续不断的交互延伸。"（《哲学科学百科全书纲要》，§§93，94）简言之："应当（Sollen）是那样一种东西，它在更进一步的发展中，在那种不可能性之后，把自己作为进入无限的过程表现出来。"（《著作集》，III，第143页）此外，与这种坏的无限性相反，而不可以与之混淆的，是"真实的或肯定的无限性"，作为"与自身中介了的、被变得确定了的实在性"。这也就是这种无限性的圆圈符号，它通过黑格尔的体系而变得众所周知："这幅向无限迈进的图景就是直线，无限仅仅存在于这条直线的两个界限那里，并且始终只存在于它不存在的地方，而且，它之转向它的这个不存在，是在通向不确定的东西；作为真正的、向自身返回的无限性，其圆圈的图景则变成了达到自身的直线，

[446] 它是封闭的和完全在场的，而没有开端和终结。"（《著作集》，III，第163页）这种"真正的无限性"虽然作为圆圈否定了有一个终结，但它为此而变成了"达到自身的直线"，完全在场的—封闭的直线，在这样的直线那里，再也没有留下有待超越的东西、尚未完成的东西。在这里，圆圈的封闭性代表世界的**同一性**的总体封闭性，或与现实和解的总体封闭性；作为这样的封闭性，当然处于一个辽阔的范围，处于一个如此辽阔的范围，以至于迄今为止所存在的圆圈没有

---

① schlecht，梁志学先生翻译为"单调的"，也有"糟糕的"之意。这段比较长的引文，读者可参阅梁志学先生所译《逻辑学》（《哲学全书》第一部分），人民出版社2002年版，第182—183页。——译者

哪一个是它未曾达到的，或者未曾包容的。无论如何，这个应当（Sollen）并没有被黑格尔与这种同一性——作为一种遥远的，但并非绝对不可达到的同一性——联系起来，而仅仅与一个绝对的、完全达不到的理想的"坏的无限性"联系起来。具有这种形式的应当及其被当作应当的东西（Gesollte），显现在康德的道德学中；因此，黑格尔把他对所有远离某个理想的东西的厌恶，首先与康德的道德学联系起来。当然，事实上在康德那里，应当（Sollen）本身在它应当是不可达到的和永不在场的情况下，才具有其应当的一部分。"意志对于道德法则的完全适合性"，《实践理性批判》说，"是一种感官世界的理性存在者在其存在的任何时间点上都不可能达到的完满性。同时，由于它依然作为在实践上必要的东西被要求，因此，它只能在一个朝着那种完全适合性的走向无限的过程中被发现"（《著作集》，哈滕斯泰因编，V，第128页）。黑格尔有很大的权利来应付这个持续不断的应当，但也带来从根本上不再保留不可实现之物，因而没有未来的印象。这样，同无限的过程展开斗争的动机，除了同无限的理想距离相对立，就没有给出更多的东西了。于是，就不仅仅是每一条公设（Postulat）——如果它苛求现实性的话——是一种误判了真实要求的抽象了：幸福地同已生成的存在打交道，而且想要成为完全的希望，不是对于无限的饥渴（Hungerleiderei），而是已经变成了肉食。

（4）黑格尔经常所做的，是相当地双刃的，于是，此处也处于斗争之中。他对于无限之追求的责难，尤其是对于那种根本没有想要从应当（Sollen）出发的追求的责难，是富有力量的。真实的饥饿绝不是自在地无限的，它要求一份非常好的膳食，并且通过这膳食而得以缓解。与此相反，在其时而多愁善感，时而肆无忌惮的版本中的对无限的饥渴，是自在地**无目标的**。作为多愁善感的版本，就像黑格尔对它所环顾的那样，就像它在今日某些柔软的、对任何东西都不负有义务的宗教激昂中并不曾死绝一样，黑格尔把它与某种凝神——这种凝神仅仅如此这般地想到某物——的"热薰薰的香烟的缭绕"相提并论。作为肆无忌惮的版本，这种饥渴就是那种提出绝对要求——在这些要求中每个人都变成失败的——的新教教义。黑格尔对**康德式的应**

[447]

当和无限视界的责难,正好来自于对这类抽象的绝对状态的厌恶。这些责难不是不合理的,而且,如果它们并不消除一般的应当,消除剩余的有效的—未曾达到之物的话,那么,它们就要多于这个应当(Sollen)。黑格尔反对康德道德学的单纯的意念形式主义(Gesinnungsformalisumus),这种形式主义感到自己会被任何一种内容所玷污。他反对不可调和的、被固定为永恒的存在与应当之间的二元论,这种二元论适合于无限的过程;黑格尔带着对康德还有费希特的提示,将之称为"特定存在和自为存在的二元论"(《著作集》,III,第181页)。重要的是,代替这种二元论,这位具体哲学家创造了世界与其理想的调和,哪怕诸规定可以在通常无限空洞的道德蓝天中隆起。而且,最终重要的,是一种完全肯定的东西,就像黑格尔不仅从道德的崇高中,而且从更古老的**宇宙的崇高**中驱除了坏的无限的激情似的。就像他想要阻止人类失败的另外一种方式似的:通过**量的无法度量性**的方式,无论是永恒的方式,还是无限的界限—相加的方式,都叫作宇宙的无法度量性。黑格尔也对这后一种方式的崇高性及其理想做出反应,而且其反应是仿古式的,这就是说:带着对这种无界限之物的蔑视;这位具体者也把自己当作文化和精细的城邦—形式的地方爱国人士(Lokalpatriot)来加以维护。尤其是,年轻人可以通过巨大的、超过一切的宇宙观念,而贬低地看待他们的全部人类事务,把这些事务视为渺小的和微不足道的;这是一种宇宙的疾病,它在不比宇宙的欢呼更常见的地方,是同样常见的。与之相反,黑格尔则呼吁:不要通过诸如此类的东西,通过一种绝无终结的,并且确实每每只是有限的无限性的打扮得花里胡哨的空洞贫乏,而使自己给人以深刻的印象。他强调人类之船,面对所有这类事物的漫无边际,面对汪洋大海——它在所有的无限性那儿的确始终只包含水,因而只包含一种很无聊的有限之物,他还更喜欢房子。就像他有理由对进入无限的质的进展作出规定一样,黑格尔也有理由对进入无限的量的进展作出规定,在他这里,不可达到性并非他的主权,而是他的欠缺:"非真实的东西就是不可达到的东西;而且有必要洞见到:这样一类无限的东西就是非真实的东西。"(《著作集》,III,第163页)因此,真实

[448]

的而且恰好也是最后的真实的东西同可调和性和内容的统一，表明了黑格尔针对应当（Sollen）的斗争所具有的**积极的东西，只要这种东西与单纯永恒的接近相联系**。如果意图找不到目标，希望不能抛锚，则拥有道德的意图，拥有缺乏根基的、人道的希望，就没有什么意义。在这一点上，黑格尔不仅偏离了康德，而且偏离了莱辛，在一句众所周知的格言中，莱辛把对真理的追求估价得比真理本身更高，更确切地说：他祈求上帝为自己保留真理；因为真理仅仅是对唯一的上帝而存在的。这是新教教义的一个片段，是无限的劳动道德（Arbeitsmoral）的一个片段，而这个片段，是黑格尔在更真实的程度上从自身中加以搁置的。在这里，与浮士德的结合也停止了，只要他的追求是如此绝对地不可停止，以至于甚至在天国中也没有安宁。正如但丁（Dante）的天堂景象所呈现的那样，虽然趋向到达（Ankunft）的能力伴着成群的圣徒（Heiligenscharen），但每一群圣徒都在向自己的合适位置攀登：显然，对黑格尔来说，到达一个终点的这种能力（diese Kapazität）是更容易接受的。恰好因为他把这个过程理解为生产性的，并且把绝对者理解为结果，所以，就必定可以引出最后一笔（Schlußstrich）。这最后一笔对新教教义的坏的无限性的否定，比天主教教义对这个过程的否定还更有决定性。新教神秘主义的一种很尖锐化了的类型，甚至为此表达出了与到达相敌对的东西：基督徒之真实的天堂，就是这个——地狱。这不仅是因为痛苦是最基督教的部分，而且首先是因为，无限的渴望，同地狱中的解脱的无限距离，肯定是最有根据的。在这件事情上，剩下的当然只有更多的无力的渴望，而不是追求、意志和希望之火；所有这些，都倦怠于坏的无限性之中。黑格尔的意图不在于这种无限性，而在于可以达到的目标；凡不想要成为坦塔罗斯（Tantelus）① 的东西，在这一点上都会同意他的意见。 [449]

这是一个方面，但这个方面本身，只是把一半的生命占为己有。因为如果应当（Sollen）——作为表面上唯一的和永无终结的东西——完

---

① Tantelus，在希腊神话中是主神宙斯（Zeus）之子，因泄露天机被罚永世站在上有果树的水中，水深及下巴，口渴想喝水时水即减退，腹饥想吃果子时树叶即升高。坦塔罗斯的痛苦（Tantelusqualen），指对某物可望而不可即的痛苦。——译者

全被取消的话，则意志也就倦怠了。黑格尔付出了太高的代价，而且这代价是没有必要的，未来必须不被关上，以便未来停止成为一个无限的未来。而且，黑格尔之前如此有力地阐明的运动，肯定不是19世纪20年代在柏林大学的一个阶梯教室里达到其最后内容的。正如我们所看到的，作为关于这个运动的最终完成了的**学说**，作为圆圈之圆圈，已经再也没有什么创新向此处进入了，在这种学说中，不仅知性安静地面对着世界，而且矛盾也在世界面前停止了。凭借的是在众所周知的哲学海洋中的江河口，凭借的是独一无二的书籍——知识——和谐。即便是当时，在俄狄浦斯（Ödipus）解答斯芬克斯之谜①之际，据说斯芬克斯就跌进了深渊；然而，在这之后几乎马上，正如瘟疫经过忒拜（Theben）而来，并且无人了解其原因那样②，至少对俄狄浦斯本人而言，这个斯芬克斯又重新出现在那儿。这样，也就伴随这一荣光（Glorie）——全部可能的哲学探索在黑格尔哲学中的可达到状态——而行；这是纯粹唯心主义的荣光，而不是实实在在的荣光。这一到达（Ankunft），自在地就存在于眼前，这一"你真美呀，暂且停留"，这个能够达成的最高者、最罕见者、最困难者，这甚至是绝对的成功状态。同时，黑格尔的成功状态或这个第七天（septimus）③，针对**虚假的无限性**设定了**虚假的绝对性**，一种比天主教天堂的绝对性还更加生硬的绝对性；因为它拒绝诉讼，拒绝提出控告，而这正是天

---

① 古希腊一个神话故事：俄狄浦斯是忒拜的国王拉伊奥斯（Laius）和王后约卡斯塔（Jocasta）的儿子，拉伊奥斯因为自己的行为得罪了天神。天神震怒，在庇比斯的土地上降下一个名叫斯芬克斯的女怪。她背上长着翅膀，上半身是美女，下半身是狮身。她向庇比斯城的过路人提出一个谜语："在早晨用四只脚走路，中午两只脚走路，晚间三只脚走路。在一切生物中这是唯一的用不同数目的脚走路的生物。脚最多的时候，正是速度和力量最小的时候。"俄狄浦斯给出了正确的答案：是人。在生命的早晨，人是个孩子，用两条腿和两只手爬行；到了生命的中午，他变成壮年，只用两条腿走路；到了生命的傍晚，他年老体衰，必须借助拐杖走路，所以被称为三只脚。俄狄浦斯答对了，斯芬克斯羞愧坠崖而死。现在，"斯芬克斯之谜"常用来比喻复杂、神秘、难于理解的问题。——译者

② 相传俄狄浦斯弑父娶母之后，成为忒拜的国王，但他所统治的地区有旱灾和瘟疫接连发生：庄稼不能生长，女人不能怀孕。——译者

③ 拉丁文，意为"第七"，布洛赫可能用这个词来表示黑格尔的哲学是所有哲学探索的全部终结，就像星期天作为休息日不需要劳作了一样，在黑格尔哲学体系形成之后，哲学的探索也可以休息了。——译者

主教在其天堂完成的地方根本不可能拒绝的,因为天主教从一开始就没有承认它。黑格尔仅仅在现存的法权和伦理规范中认出一种有限的应当,但在这里,恰好在这里,这种应当作为他所承认的应当,也更多的是一种有限的东西,亦即位于在场的十字框架与理性玫瑰中间。因此,他虽然如已提到的那样,把一种唯心主义的荣光赋予这种已达到的状态,然而是这样的:恰好是这**种在唯心主义那里的最好的东西**,这种不仅仅是观察和书本之类的东西,它的黑格尔式的东西,说不上结束。这种在唯心主义那里最好的东西,黑格尔本人早就比任何一位唯心论者都作了更出色的表达:"某物带着一个内在的界限被设定为它自身的矛盾,通过这个矛盾,它被驱逐和推动着超出自身,这就是有限的东西……哲学的唯心主义不外乎存在于:这种有限的东西未作为一个真正的存在物而得到承认。"(《著作集》,III,第137、171页)在这里,不会在任何形态中,因而也不会在现存已达到状态的形态中,把整个真理的光荣(Ehre)赋予这个有限之物,作为还包含矛盾的和未完全的总体。这是自为存在(Fürsichsein)的辩证地接近控告的真理和现实性的光荣,亦即不是在圆圈中而是在同一性中的无限性的光荣。然而,当黑格尔在一个绝对的、已经绝对的哲学中使这种过程之物下降的时候,他也准确地在至少可以克服唯心主义,其辩证—唯物主义的遗产得以显现的地方,克服了唯心主义。这种遗产就是:世界的可以推动的非—静力学,或者:那样一些条件的生产,在这些条件中,那种须要实在地开始的东西——黑格尔将之当作一种业已达到的状态写进其单纯的理念中——能够变成开端。这种遗产就是那样一种状态,其中,渴望、意志、希望——并不消停,但很可能看到陆地。其中,现象和本质之间的距离缩小了,简言之,黑格尔称之为自我异化的东西在其中实际上被减轻了,而且不只是在一本书中被勾销,或者被加上括号。

[450]

(5)众所周知,这种状态在黑格尔曾设想的时代尚未存在。所以,黑格尔只能从其著作出发,并且针对在其著作中完全可行的打算说:"一个新时代在世界上诞生了。这似乎是:对世界精神而言,现在已成功地为自己摒弃所有异己的、对象性的存在物,并且最终把自己理解为绝对的精神,而且,凡是成为它的对象的东西,都从自身中生产出来,并把这个东西——相反地带着宁静——保持在自己的威力中。"(《著作集》,XV,第689页)这是在最大的贯通性中,在最高的主观确定性中对迄今为止的哲学家们的古老要求:在他们的这样一部著作中,完全解开世界的死结(Weltknoten)。倘若情况如此,则也许再也没有读者会由于阅读这类书而站起来,就像确实曾经发生的和必须发生的那样。无论是为了在继续行进的世界上寻找邮局,或者为了探视一个病人,或者为了前去上班,甚至或者为了做一场与黑格尔著作相关或不相关的关于哲学问题的讲演。读者或许不是继续如此这般地钻进事务关系中,而是在剪碎这些死结之后,立马就处于绝对者之中了。他或许处于那个被打开的东西,被解开的东西之中(在那里,所有的条件给予者都消失了),处于同那个东西连在一起的超强的特定存在秘密及其作为书本而持存的答案本身中。这一点,以及还有更多的东西,或许就是黑格尔在1818年即开始使之同绝对哲学这个研究者完全脱离开来的这种状态的**实在性**:"这个如此忙碌于现实,如此向外撕裂的世界精神,被阻止向内和向自己本身返回,以及在其独特的家园中自我消遣和自我享受。"

现实的人,还远远没有达到如此这般的自我消遣和自我享受。甚至还不可见地处在任何一种封闭的哲学著作背后,而是可见地处在报刊小说背后的东西:待续。这种很糟糕的、本身尚未像有幸使之完结的哲学家宽容地对其加以考察的那样完成的生活,还有待继续。迄今为止,当世界进程本身如此完全地仅仅只是**发生**并且没有什么完成了的东西得到**阐明**的时候,世界的这种客观的尚—未—决定性,它的这种前线特征(Frontcharakter)所得到的思考竟如此之少,这就越发使人惊讶了。显然,世界进程是处于其当时之顶端的公开的前线,而且在那里,表现出了一种虽经中介的,但还在酝酿着的创新。不仅对我们而言,而且自在自为地而言,世界之本质尚未最终得到阐明,物质本身还处在这一问题——作为一个**实在问题**而非单纯的认识问题——状态之中。于是如此一来,确切地说,绝对的固定化在此情况下(rebus sic stantibus)① 就只是工具，是用来截获真正的绝对固定化（同一化），截获事实上尚未得到的固定化的出路。这种固定化是仅仅存在于未来之中的，因而只有**创新的辩证法的方法**才可以通达，而这种辩证法，黑格尔是如此突然地加以中断，又是如此出色地为之铺平了道路。通过这一中断，黑格尔就在同他的过程学说的矛盾中，成为斯宾诺莎在同他的世界—静力学的协调一致中所是的东西：一种已经没有偶然发生的命运（Schicksal）的最坚定的热爱者。这种命运，是这样一种必然性，它已经如此之好地就像从本质自身中流出一样，它倾向于处在那样一种关系——在这种关系中他们肯定这种必然性——中的人们。两位哲学家都没有教导这样一种应当，它突破了对实体的完成了的阐释，在两位哲学家这里，实体已经完全内在地镶嵌到它的相应的理念中，镶嵌到它清楚地显露出的诸现象和样式之中。黑格尔为了这一代价而战胜了"坏的无限性"，这一代价是夸张的，但是当然：一种无限接近的夸张状态也恰好由此——对抗疗法的——被了结了。不只存在无定型的永恒追求之呼啸，因而存在没有希望的追求之呼啸；也还存在处于危险过程中的终极状态的要素。这个要素，也可以是作为终结的毁灭；因为危险（Gefahr）范畴从根本上属于这个过程。但是，当具体意识正确地提出历史的道路时，它也可能是胜利（Sieg），是黑格尔在其太过分地被设定为存在着的泛神论中称之为自为存在——没有外化和异化的存在——的胜利。这是彻底的希望根据，是这样一种根据，其中，作为归根结底（Überhaupt）的隐德来希（Entelecheia）②，根据与本质现实地重合了。那种最后的积极的东西由此被刻画出来了，这种东西把如此之少地存在的外化，从如此之多地存在的外化中移开。这类东西肯定不存在于某个在场的现在之中，但正如在"坏的无限性"中那样，它也不存在于压根儿就不在场的无限之中。这种可能的、在其中唯心主义完全不再是唯心主义的完成相

[452]

---

① 拉丁文。——译者
② 隐德来希是希腊语 entelecheia 的音译，意为"完成"。古希腊亚里士多德用语，指每一事物所要达到的目的，亦即潜能的实现。因此，他常以"隐德来希"作为"现实"的同义语。——译者

关物（Erfüllungskorrelat），也不存在于绝对概念的作品中，但很可能存在于理解着的行动的作品中，对此行动而言，概念绝非太晚，而是适时地出现了。于是，其效应是可以达到的——结果是既非无限、但也非使之完结的——向着现实在场（Präsenz）的接近，这一在场存在于未来之中，而且在黑格尔这里，就有可能意味着在场了。但在场本身存在于前史之中，在此前史中，整个世界还以显而易见的方式仅仅[453]作为乌托邦式而存在，尽管是作为有牢固基础的—乌托邦而事先存在的。因为（这个自为存在的）在场是主体与客体、应当与存在之间的如此完美的调和，以至于两者不再处于相互矛盾的关系之中。这是一个很灿烂的、投射出光芒的和解，被称为：最高的善（das höchste Gut）①；然而，它最好处于并非不可能的实在的可能性之中，也就是处于远方之中。当然，每一次出现的善和紧接着的更好的东西，都必须按照这个最好的东西交付给我们的希望内容，而越来越接近于被做到。因为一旦这个紧接着的好东西如同有可能是下一个好东西一样被跳过，一旦最好的东西在其中不是具体的公设，则这个最好的东西也就同样很少能够自我接近了。而且，这个公设由此而首先成为多余的：它的对象作为稀奇古怪的对象，作为如同最好的希望—公设一样的存在，而在半途上繁荣。为此，更好的片刻，亦即恰好是劳动过程的片刻，绝不放弃的梦想的片刻是向前的。

22. 人，体系中的潘神，开放性

（1）如果自身（Selbst）与事物聚拢在一起，则两者也就停止了。那么，正如黑格尔所言，自身（Selbst）的内在东西，就是"实际上的更高的形式"（《著作集》，II，第611页）。但另一方面，在对象转向自我意识的对象，亦即转向同样被扬弃的对象时，该对象的确始终高于单纯空洞的、并未外化的、因而也没有表现出来的内在东西。于是，黑格尔在全部自我认识那里都被世界所充满，他"渴望着"越过

---

① 这个词也经常被翻译为"至善"，尤其是在康德哲学的翻译中。——译者

世界而自我延伸，然而恰好由此，他便向外而行。所以，又出现了对所有主观应当（Sollen）的厌恶，从客体而来的占优势的出路，作为"思维与广延之统一"（《著作集》，II，第607页）的本质。这都是断裂之处，尽管这类持续不断地、很紧密地相互勾连的东西甚至受到挤压。

（2）精神的行动不可以局限于一个在自身中回响的东西，或者向外观望的东西。这种划分或许是浅薄的，它的诸环节也是如此少地纯粹地发生，以至于它们是完全抽象的。但是，很可能存在坚决的、被锻造的思维态度（Denkhaltungen），它们**主要地**作为伦理的抑或宇宙的而受到追捧。苏格拉底和克尔凯郭尔，有所保留的（cum grano salis）①，还有康德，都属于第一种思维态度，德谟克利特和斯宾诺莎则属于第二种。现在，在着眼于主体和客体之间持续而预先考虑好的振荡时，黑格尔的思维态度——并非好像它只是某种混合形式——有可能被称为一种伦理的—宇宙的立场。这里的**人**与**自由**，那里的**伟大潘神**②及其**外表的秩序**，都陷入了混合之中。同黑格尔的整个体系一样，现象学想要的是自我认识，而且不想要任何别的东西，但是，它们在任何一个点上都同样地把自我认识同世界认识、同那样一种外在的威力相交换，没有这种外在威力，则主体在不保持想象的场合，就只能是一个单纯空洞的自在（Ansich）。所以："这个主体的东西，并不是最后者、绝对者；真实的东西是那个并不单纯是主体东西的东西。"（《著作集》，XV，第584页）实体被理解为主体，然而主体同样被理解为实体，而且还是在绝对知识的神秘主义当中得到理解的，在那里，对象性的东西据说得到了克服。所以，是斯宾诺莎式的外表性（Auswendigkeit）对于康德式的主体性的荣誉和胜利；实体是基础："如果人们想要做哲学探索，那就必须首先是斯宾诺莎主义者；灵魂必须在这样一个实体的以太中沐浴自身。"（《著作集》，XV，第376

[454]

---

① 拉丁文，意为"有所保留的"，或"要打折扣的"。——译者
② 潘神（Pan），译作"潘恩"，又称为牧神。专门照顾牧人和猎人，以及农人和住在乡野的人，希腊神话中司羊群和牧羊人的神。最初是在阿耳卡狄亚的神庙里祀奉，后被认为是帮助孤独的航行者驱逐恐怖的神。人们把他同罗马神话中的浮努斯神相等同。——译者

页）而且，斯宾诺莎是如此强烈地推崇客体性，如此强烈地赞同外在于主体的—宇宙的视角，以至于他能够教导说："实体的存在并不属于人的本质，或者，实体并不构成人的形式。"（《伦理学》，II，定理10）然而，由于黑格尔的终极激情和目标激情又仅仅面向作为宇宙成果的自我认识，所以，黑格尔根本就没有想到把主体的内容，抛入一个未发展的实体的深渊中，这个深渊，在他看来完全像未发展主体的浅薄平庸那样是空洞的。所以，必须加入主体的原始精神："绝对的实体是真的东西，但它还不是全部的真东西；它还必须被想到在自身中是能动的、活生生的，而且恰好由此而把自己规定为精神。"（《著作集》，XV，第377页）于是人们看到：黑格尔想要超出这个仅仅自在存在的、在自身中回响的自身（Selbst）的浅薄性，以便尽可能多地赢得客体的—宇宙的范围。而且，他面向这个客体的—宇宙的范围，为的是带着主体的源泉和事务，将之展示为涌流而来的，并且展示为最终的自我认识的农田、斗争场所和舞台。为此，这个同样与之对立的方面，就被推进到斯宾诺莎主义当中了，这就是实践、多样性、历史、目的，——斯宾诺莎当作拟人化的东西，当作在与他的实体的关系中"不适当的理念"而加以拒绝的所有范畴。这些断裂之处是巨大的，它们恰好构成了相互紧密挤压的主体—客体辩证法的场地。因此，这就得出了对立之物和一种关系的独特方式，在这种关系中，辩证法要多于在其主管范围内的，而且掌握这种关系也是辩证法的事务。情况如此明显，以至于这种主体—客体张力，说到底是这种在其中关涉一切的主体—实体张力，构成了客体辩证法的最为独特的东西。

[455]

尽管如此，在黑格尔这里，这个保持在自身之内的"苏格拉底—本质"（Wesen，这使得德尔菲式的自我认识的箴言首先变成哲学式的）与向外投射的"斯宾诺莎—本质"，还绝没有被完全带入辩证的统一形式中。一方面，自身（Selbst）熔断了它的相关物，作为一种外在于它的东西。另一方面，这个自身（Selbst）的过程——作为一个在世界上发生的过程——不断重复地把外表性、被隆起性（Gewölbtheit），简言之，把宇宙—安宁置于自身之上。而且，黑格尔——尽管对自然不是友好的——所喜欢的，首先的确是在自然事物尤其是巨大的行星事物的外表的东西那里被建构起来的状态（Gebautheit）。在这里，潘神作为秩序之空间激情（Raumpathos），完全对抗着发生着的时间，对抗着这个——对体系学而言是如此陌生的——主体之潜伏者（Maulwurf）。如此一来，就好像主体接着又反对潘神，反对宇宙的外表性，这种外表性仅仅作为"主体所生产出的运动"（《著作集》，II，第610页）才被允许，而且同样经常地作为"外在性之表皮"而被冲破。于是，自我认识也就在这种伦理的—宇宙的哲学中具有了优先性，不过的确只是在征服的时候，在主体把进入和穿透宇宙的威力也同样放在优先地位的时候。在这件事上，歌德有诗句威胁道："精神上所感受着的至圣至神，／总会有不相干的杂质常来掺混。"而且在这件事上，其伦理宇宙的视角如此多方面地接受，并完成了歌德式的东西的黑格尔，也完全了解这种存在于外表性之双重意义中的危险。亦即存在于外表性的这种模棱两可中的危险：一则作为内容之外化、异化的外表性，再则作为内容之外露、显示、展开的外表性。黑格尔的确恰好——在其世界—哲学的末尾——把这种对外化的恐惧一直推进至完全的精神化，推进至被意识到的知识的完全安于自身（Insich）。这都是在伦理宇宙的主体—展开中，在自然—人本化当中的一些疑难；它们并不是无足轻重的，也并不局限于其黑格尔式的显现。在这里，苏格拉底主义和斯宾诺莎主义这两块金属的不同的广延系数，到处都在发挥作用，而这正好是：主体—奠基与展开了的宇宙—体系在方法上并非立即可以结合的惯用语。

[456]

（3）毋庸置疑，凭借这个仅仅在自身中挖掘，在自身中寻找自己的自身（Selbst），并没有被设想为是有秩序的。这个自身保持为私人的，而且在任何情况下都是如此，哪怕它向其他私人提出这样的要求：考虑到那个为它们所共同的东西。谁在舌头里面说话，他就被说成是在改善自己本身，而谁作出预言，他就在改善共同体；而且，纯粹生存性的自身声音—语言（Selbstton-Sprache），最终也总是接近于——哪怕它并没有达到如此之远——一种舌头语言。虽然包含着世界的铺展（Ausbreitung）并不接近于一种预言，在黑格尔这里甚至还完全相反，然而，这一铺展具有组织者和排序者，由此将每一事物都带至其体系化地预先规定了的位置。这种铺展，除了私人性之外，还可以与一种客观的世界进程交流，与一种组装得很宽、建造得很高的东西交流。无疑，这种被确证的、经常过分被确证的在一个过程空间之内的位置说明，黑格尔至少是作出了的；所有被认识的东西，都处于其各个伦理宇宙的阶段。但这绝不是说，好像这种地点说明一同为认识奠定了基础（而不是对认识加以追踪），或者好像人们在对黑格尔完全无知的时代所说的那样，认识甚至被取代了。作为对黑格尔而言经得起考验的东西，每一种现象的本质的东西都存在于：它作为整个次序中的第 n 个或第 n+1 个例子，而重复着辩证的基本次序。结果在黑格尔这里，辩证的体系化似乎是极其外在的；结果，几何学的方法，也就像在一位真正外在的、真正抽象的体系建构者即克里斯蒂安·沃尔夫[457]那里一样，似乎是让人极其疲乏和令人感到无聊的。代替这一点，人们看到了那样一种财富，借此，黑格尔这里的辩证的世界形态，恰好表明自己是富有内容地装备起来的。哪怕辩证体系群的个别环节之间的现存的"适应"，也绝不来自于千篇一律的形式主义，而是相反，正如已被认识到的那样（参阅上文，第 37、142 页及以下各页），来自于被意指的事情的被贯彻到底的总体性。它来自于最强的内容—意向，这种意向也曾引导过库萨（Cusanus）① 和莱布尼茨，由于这一点：无所不在（omnia ubique）②，还有这一点：万物反映全体（in omnibus partibus reluce totum）③。同样，按其意图，黑格尔对位置说明（Platzangabe）的激情——如果可以这样说的话——也与方法之外在的"应用"，与沃尔夫式的自外而来的（教条主义的）图式化毫无相同之处。这种被追求的内在辩证的发展，在很多情况下都不可能成功，黑格尔辩证法的这种贯彻到底的三段式（Trias）④ 本身，有可能是在这种辩证法那里最容易死去的东西：但是，就像充满了预感似的，黑

---

① 全名是 Nikolaus Cusanus，即库萨的尼古拉。读者可参阅前面的注释。——译者
② 拉丁文。——译者
③ 拉丁文。——译者
④ 这是指黑格尔否定之否定的三段式叙述模式。——译者

格尔反对体系化类型的外在性（"应用"，"重复"），当这种外在性在黑格尔看来似乎是在谢林学派中得到展开之际。"但仔细考察起来，我们就发现他们之所以达到这样的开展，并不是因为同一个理念自己取得了不同的形象，而是因为这同一个理念作了千篇一律的重复出现；只因为它外在地被应用于不同的材料，就获得了一种无聊的外表上的差别性。"①（《著作集》，II，第13页）代替这种"单调的形式主义"，正如它仅仅"把这样一种并不运动的形式引用到现存的东西上来"那样，黑格尔的体系意图恰好在这当中看到了理念的生命，理念的并非外在的必然性："把自己交付给对象之生命，或者这样说是一样的，想要观察和说出对象之内在的必然性。"（《著作集》，II，第42页及下一页）而且，凭借的是另外一种讥诮的翻转，一种已经看出图式化的位置说明的全部危险，并且想要为自己本身避免这些危险的翻转："这种方法，既然它给所有天上的和地上的东西，所有自然的和精神的形态都粘贴上普遍图式的一些规定并这样地对它们加以安排整理，那么这种方法所产生出来的就至多不过是一篇关于宇宙的有机组织的明白报道，即是说，不过是一张图表而已，而这张图表等于一具遍贴着小标签的骨架，或等于一家摆着大批贴有标签的密封罐子的香料店，图表就像骨架和香料店一样把事情表示得明明白白，同时，它也像骨架之没有血肉和香料店的罐子所盛的东西之没有生命那样，也把事情的活生生的本质抛弃掉或掩藏了起来。"②（《著作集》，II，第41页）因此，通过给什么东西编号的贴标签的认识形式，这样一种图式论，是黑格尔按其意图而完全陌生的。如果这种图式论在实施过程中偶尔依然出现（恰好在辩证的三段式的魔力中），那么，这位富有活力的天才毕竟有力地限制了这种不利的方式（在体系学方面教授过多［Oberlehrertum]）；黑格尔不是黑格尔主义者。

[458]

当然，这种位置说明的**被确认状态**（Gesichertheit），即在该体系之"宇宙"中的这种**唯心主义的良好有序状态**（Wohlgeordnetheit）是

---

① 参阅贺麟、王玖兴译《精神现象学》上卷，商务印书馆1997年版，第9页。
② 参阅贺麟、王玖兴译《精神现象学》上卷，商务印书馆1997年版，第34页。

否有效，这是成问题的。虽然每一个构造者都为此而操心：在作品的范围内，在适当的位置去言说他必须言说的东西。而且尤其是，构成真正哲学家的标志的是：一般不外乎在体系化的关联中去思考他的思想，甚至可以把这些思想仅仅当作对于这种关联的指南加以构想。但是，另外一种东西，一种同体系性的归类不同的东西，则是一开始就有的唯心主义的虚构（Cadrebildung）。正如它在黑格尔主义者那里露骨地流传开来那样（当时，人们把普洛克路斯忒斯之床①称为模仿的黑格尔学派的徽牌）。但毫无疑问，这种虚构——作为毫无漏洞的唯心主义——即便在这位大师本人这里也不是毫无踪迹的；尽管有干扰着的变化环节，尽管有与具体物质材料的非簿记式的关系。这里有一种得到确认的体系时间：前进的时间，尽管不是无条件的直线式的，或者千篇一律的毫无例外的存在着的进步。有一种得到确认的、经常直截了当地加以军事化解释的体系空间：它就像一再重复的那样，也是在这一角度下显现出来的，圆圈和来自圆圈的圆圈，——一种周转圆②式的，至少是一种同心式的圆球形（Rund）。体系时间，使得后来的显现者，体系上的后来被置放者，也成了更真实者，辩证的校正者；体系空间，作为同心式的空间，则是它自身的一个巨大的圆形露天剧场（Amphitheater）。图式论，恰如那个被他如此经常地加以嘲笑的"表格式的知性"一样（像在黑格尔所嘲讽的骨架卡片、调料小贩的售货摊，甚至普洛克路斯忒斯之床那里一样），同黑格尔的财富存在距离，但也许他自己的著作——违反所有辩证的约定——暗中策划了同质化的和谐。这种同质化的和谐，恰好作为一种宇宙的被确认状态和良好有序状态，作为一个完美而和谐的宇宙（mundi）。这一点——而且不是图式化——是配得上黑格尔级别的、从根本上配得上体系化级别的事情之难点。这是逻辑上的唯心主义本身的难点，并且

---

① 希腊神话中的强盗普洛克路斯忒斯开设一黑店，拦劫行人，将投宿旅客一律安置在一张床上，将身高者截其足，将身矮者强行拉长，以适应床铺的长度。这里喻指生搬硬套地强求适应一个模式。——译者

② 周转圆是一个小圆，它的圆心绕着一固定大圆圆周而滚转。在周转圆上的一点所描绘的曲线称为摆线。——译者

由此出发，才是第二级的、他最钟爱的孩子的难点，即经典的（或者也是哥特式的）被封闭的建筑的难点。而且这种不利，亦即在体系上被反思的一与全（Hen kai Pan）的不利，连同其唯心主义的、甚至神秘主义的拱形和封闭状态，必须离开体系化过程（Systematisation），离开一种**具体的哲学建筑术**的持续的实际优先权。

（4）我们说过，每一个构造者都操心这件事：要在其著作的适当位置对他的东西（das Seine）作出解释。当然，最常见的情况是：他并未真正成功地做到这一点，并且时而由于懒惰，时而由于无能，而显露出如此外行的混乱。而且还有一种奇特的艺术意愿（尽管经常严重不可分辨地与无能混淆在一起），它根本就不想要严格的形式。劳伦斯·斯特恩（Lawrence Sterne）、让·保尔（Jean Paul）首先是文学方面的例子，那儿有很想要的、完全自觉地加以推销的滑动与紊乱，一种在所有岔道都起决定性作用的柔软的分裂状态。如果斯特恩的人物作为一团情绪之云在徜徉，事件则作为单纯的插曲，甚至偶然的东西在自我运动和推移，那么，这个无形式的东西便受到了批判性的评判。但是，这个东西本身的确有一种被坚持到底的奇特类型的形式，具有阿拉贝斯克舞的形式（arabeskenhafte）。含有暴风雨的东西作为一种形式，本身不是含有暴风雨的（wetterhaft），它同严格被塑造的作品，同文本——它们真的是纺织品和被编织起来的东西——处在一种预先考虑好的对立中。也就是说，同那样一些文学作品处于对立之中，那些文学作品的人物都是雕像，就像在阿尔菲耶里（Alfieri）①的戏剧中那样，而其行动一般不是包含偶然的东西，就像在戏剧中总归是自明的，在《亲和力》（Wahlverwandtschaften）②等小说中是显而易见的，或者，举一个不那么高大上，但是伟大而成功的例子，在彭托皮丹（Pontoppidan）③的小说《幸福的汉斯》那里可以见到的那

---

① 维托里奥·阿尔菲耶里（Vittorio Alfieri，1749—1803），意大利剧作家和诗人，被称为"意大利悲剧之父"。——译者
② 《亲和力》是歌德的小说。——译者
③ 亨里克·彭托皮丹（Pontoppidan, Henrik，1857—1943），丹麦小说家，曾获1917年诺贝尔文学奖。——译者

样。现在,在我们的关联中重要的是:这整个对立,在优美的文学中如此鲜活地出现,而在带有一些坚定性的哲学式的文学中则几乎没有出现;这就是说:**在哲学上**除了体系化的可能性之外,根本就没有其他可能性。尽管有一些问题,正如上面所看到的那样,这些问题与作为不受干扰地在自身中摇摆的唯心主义形式的形式联结在一起,而且,尽管具有非体系化的外表,而这种外表还是如此之多的重要思想家所提供,甚至偶尔(由于这些问题)想要的。我们在上面还进一步说道:每个真正的哲学家能够构想的,不外乎在地形学上(topographisch)业已规定好的东西;需要补充的是:一个天生的思想家甚至已经把空间带进了他的世界,在这个世界中,他的各种思想站立、悬挂、行走、重叠、按照透视法被整理。一种像斯特恩曾经表达过的混乱,带着一种自吹自擂的绝望:"我把我的整个骨架撕裂成碎片"(I have torn my whole frame into pieces)①,这在哲学上根本就没有什么位置,哪怕在表面上不成体系的哲学中也没有位置;因为哲学总是抓住这个——框架(Rahmen)。无疑存在着格言家,亦即很聪明的,甚至真的思想闪光的人,然而,他们叫作拉罗什富科(Larochefoucauld)②、尚福尔(Chamfort)③、利希滕贝格(Lichtenberg)④,他们从不叫作尼采,这就是说,他们在被铸造的—哲学上并没有位列哲学史中。因为格言家从根本上并不知道他们想要什么,而且,假如人们将其大量闪光的、当场如此命中的警句加以概括,则由此并不可以作诗,也不可以塑造出与认识相符的结合起来的形象。在这一点上,哪怕尼采——

---

① 英文。——译者
② 拉罗什富科(François IV, Duc de La Rochefoucauld, 1613—1680),是法国一位著名的箴言集和自传作家。据说他的世界观是明睁和练达的,而且他既不谴责也不讴歌人类的行为。——译者
③ 尚福尔(Nicolas Chamfort, 1741—1794),法国作家,以撰写诙谐的格言警句著称。——译者
④ 格奥尔格·克里斯托夫·利希滕贝格(George Christoph Lichtenberg, 1742—1799)是18世纪下半叶德国的启蒙学者,杰出的思想家、讽刺作家、政论家。他深受康德、歌德、尼采、列夫·托尔斯泰、赫尔岑等几代哲学、文学大师的敬重和推崇。歌德把利希滕贝格的作品比作指明问题所在的神奇魔杖。托尔斯泰将他的《格言集》列入他那由"杰出作家的杰出思想"组成的《阅读范围》。——译者

在他选择格言的形式时——也呈现了一种继续行进的关联,这种关联至多是可疑的,即使太多地被磨成了平面,但毕竟带有主导的方向。对此,他的下述命题丝毫无助于上面提到过的这位尼采:"我不信任所有体系学家,并且避开他们。趋向体系的意志是诚实方面的缺乏";因为即使作为预期关联(在最终视线中必然关系到一个未实施的体系)的尼采,也显然要比适合于机智的尚福尔,更接近适合于关联着的体系知识。卢梭、乔尔丹诺·布鲁诺,以及在此诗人哲学家系列中,上溯至所有严肃事物都被其对话所赞美的柏拉图,他的这些对话倘若"不是联系着的、教条式的学术报告",那又会是什么呢?它们是一个"戏剧性地被推动的精神纽结":所有这些,都承载、并预示着一种关联,它除了被称为一种体系性关联的东西,根本就不允许任何别的东西。在这件事情上,处于体系学之下的,恰好不可以想到某个克里斯蒂安·沃尔夫的教书先生-编排,抑或下落不明的调料小贩售货摊,这货摊在黑格尔这位大师死后——尽管面对黑格尔的警告——安排了好几十位软弱无能的黑格尔分子,而只可以想到雄伟的和谐—秩序,其中,世界本质(Weltwesen)汇集了它的流溢出的宝藏。这首先就是体系本质(Systemwesen)的难点也能够被想到的水平,如已提到的那样,这个难点是最高的不可拒绝的难点,是**被确认状态和唯心主义的良好有序状态**的难点。此外还有封闭性的难点,作为在黑格尔这里特别呈现出来的、来自圆圈的圆圈和圆形露天剧场本身的难点。这不再是如同图式那样的体系漫画,而是体系在最有价值的结论中的显现。印象主义的尼采,自由诗形式的布鲁诺,都没有表明这些结论,这仅仅是因为:这些人在其《权力意志》、在其《原因、本原和太一》中,并没有想到那样一种推导出结论或向终点发展的东西。但即便他们的哲学,也具有处于行囊中的、经由(qua)统一的关联而来的体系;而且,每一种迄今为止的哲学——也许康德哲学例外(由于其值得关注的自发性原则的富有时间性)——作为体系化的哲学,都会根据宇宙的组成部分而遇到或遭受一与全(Hen kai Pan)的危险。即根据这样一种唯心主义,它非常适合于毫无缝隙的联系,亦即这样的:不论是**中断**,抑或首先是**对新东西的开放性**,都与体系很不

[461]

相符。而且，任何一种哲学探索的天赋的必然性，都确有必要在良好有序的联系中得以形成和维护？这是对插曲的厌恶，是体系化的建筑艺术的哲学上的真正狂热？而且黑格尔，这个封闭的大体系学家的这[462]个命题"真的东西仅仅作为体系而现实存在，或者实体本质上就是主体"（《著作集》，II，第19页），的确又是这样一个"或者"（Oder）的巨大悖论吗？而且，另外一个命题"真理不是一枚铸好了的、可以一劳永逸地被给予和如此这般地加以攫取的硬币"（《著作集》，II，第30页），这一过程之激情与封闭状态是互不相容的吗？最终，正如已看到的那样，黑格尔的作为主体的实体败于同语反复，而且黑格尔的过程——尽管有巨大的、被记录下来的趋向新东西的突破倾向——也败于既成状态和旧书店的规格。而且，没有体系学的哲学依然是纯粹的业余爱好，因而是不存在的；在形式上占优势的（formüberlegen），仅仅是行动，而不是认识，而且即使是行动，作为具体的行动，也预先设定了在严格形式中的认识。当然，这种严格的形式，即使没有唯心主义的封闭性，没有在宇宙广度中的唯一的扩展，也仍然必须是可能的。它必须在根本性的深度扩展中是可能的，这种深度扩展，从持续的主体及其并不只是完成了的—宇宙的对象出发，也就是说，从一个成就着—人类（human）的世界及其隐德来希的念想出发。这个隐德来希必然是万物（Alles）的隐德来希，而不是这个大全（All）的隐德来希；这样，它完全要确认一个体系的总体性的合法性，但恰好不是已经扩展了的总体性，而只是一个发生着的—乌托邦式的总体性。这或许首先就是体系学（有序的扩展，统一地关联着的），哪怕没有唯心主义（被确认性、唯心主义的良好有序状态、不可中断性，潘神的封闭性）。**发生着的—乌邦式的总体性**：这种总体性首先可以保证非形式主义的、非唯心主义的体系构造，保证具体的（in contre-to）哲学建筑术，而没有一种被设定为完成了的、已经成功了的—与全（Hein kei Pan）的静力学。

（5）因而问题就在于：使该范围内如此不同的建造者（Bauende），变成是可以辨认的。连同异己者（Fremde），连同封闭的体系化思维将此异己者带进正面图的异物（Fremdekörper）。带进作为著作却又恰好作为被思想物的著作之中，如果这种被思想物不是**建筑物**（Bauwerk），不是被划分的—有序化了的东西，它就什么都不是。所有的哲学思维都是体系化的，然而同样地，它迄今为止都是一种唯心主义的思维，哪怕还是在其唯心主义的——包含潘神的内容之中的封闭了的东西。因而据此，一种内容上并未封闭的思维，一种意识到这种还是开放的前线的思维，根本就不可能按照流传下来的意义成为体系化的。尽管它作为唯一真实的思维，确实更加不外乎在关联中发生，在它所反映和促进的现实世界的酝酿着的关联中发生。为了纯粹在技术上就已经从这种先天（Aporie）中走出，值得推荐的，而且并非没有有益刺激的是：再一次使人回想起**迄今体系化**的迄今部分地延伸至黑格尔的秩序中的诸形式。这就是整理（并列、编排、归类）、推导、发展的形式；而且唯有在后者中才有光芒，——在（趋向移开的）一小块土地（Scheffel）①之下。这**第一种形式**，即单纯**整理**（Anordnung）的形式，还是一种外在的、处理的形式，但预先形成了另外的两者。在这里，被追求的是划分，其环节相互排斥，以至于所有不合这一组的，皆属于另外一组。这类整理，在历史性的对象中主要是单纯的**并列**（Nebenordnung），因而是松散的，经常只是按照实用的线索运行。相反，一旦描述按照类和种，用更现代的语言来说，按照类型或基本形态及其变化而被逻辑化，则整理就向典型的安排意义上的**编排**（Einordung）演变。接着被追求的，是最可行的—完满的分类；这种分类，从林奈（Linné）②的植物体系，直至斯宾格勒（Spengler）③的变得"活生生的""形态学"。在公理式地推导的科学中，因而在数

[463]

---

① 舍非尔是一种旧的粮食容量单位，相当于23—223升，或者指旧的面积单位，相当于播种一舍非尔粮食的土地面积。——译者

② 卡尔·冯·林奈（瑞典文：Carl von Linné, 1707—1778），日耳曼族，瑞典生物学家，出生于瑞典斯莫兰。他是动植物双名命名法（binomial nomenclature）的创立者，并首先提出界、门、纲、目、属、种的物种分类法，至今被人们采用。——译者

③ 奥斯瓦尔德·斯宾格勒（Oswald Spengler, 1880—1936），德国唯心主义哲学家、史学家。他认为历史只是若干独立的文化形态循环交替的过程，任何一种文化形态，都像生物有机体一样要经过青年期、壮年期以至衰老灭亡。他把第一次世界大战中德国的失败和战后西欧资本主义的危机看作"西方文化的没落"，主张为了挽救这"悲剧"的命运，必须建立一种由军国主义和社会主义结合而成的"新文化"。——译者

学和依照数学样板而构成的演绎（从前的自然法权，道德几何学体系）中，整理，就变成了完全的**归类**（*Unterordnung*，带着对完全必然性的要求）。整理的后一种形式转变为独特的，亦即广泛扩展了的体系化形式；在这些形式中，对"封闭的科学性"的赞成和反对，才变得完全显而易见。因为现在应该被推出的，不再是诸个别科学，以及出自一个纯粹方法上的、在此意味着不设本体论要求的原则的科学，而是**第二种字面上的体系化的形式，广泛推导**的形式，不仅想要成为普遍的，而且鉴于其原则而要求成为统一的—本体论的。几何学似乎可以任意地设定自己的公理化前提，如此，在理论上就会有无限多的几何学，全都带有同样严格的结论；但这类开端上的游戏，在哲学的世界—推导中并未出现。几何学的公理被希尔伯特（Hilbert）①整理成了联结、顺序（中间关系）、合同、平行和连续五组；相反，在哲学的世界推导（只要它们不是譬如非逻辑地—逻辑地混合起来和如此二元论的）中，初始原则任何时候都是完全统一的。而且，该原则是在本体论上作出的，因而并不是通过某种方法论上的任意性加以设置和如此可以替换的；所以，在斯宾诺莎那里从一开始就是："我把自因理解为这样的东西，其本质在自身中就包含了存在。"② 这种普遍的推导，同样是来自最完满的、倾泻于世界之中的丰富性的一种推导；所以，其世界观是被认为最为现实的推导（Ableitung）的世界观：**流溢说**（*Emanation*）的世界观。因而是从最完满者和绝对的太一，向下流溢出不完满者和众多事物的世界观；普罗提诺和普罗克洛斯以这类下行的方式，推演出了诸范畴与世界形式。所以，斯宾诺莎，这位普遍推导—体系之典范，不只是想到了道德几何学（more geometrico）③，而且首先是在流溢说的意义上想到的；这样，他就同

[464]

---

① 戴维·希尔伯特（David Hilbert，又译大卫·希尔伯，1862—1943），德国著名数学家。他于1900年8月8日在巴黎第二届国际数学家大会上，提出了新世纪数学家应当努力解决的23个数学问题，被认为是20世纪数学的制高点，对这些问题的研究有力推动了20世纪数学的发展，产生了深远的影响。——译者

② 参见斯宾诺莎《伦理学》，贺麟译，商务印书馆1997年版，第3页。

③ 拉丁文。——译者

样靠近普罗提诺和由此发端的犹太教教义的流溢本质,并且比欧几里得(Euklid)之后的明证术(ars demonstrandi)① 更加接近。是的,即便是黑格尔,尽管他并不属于从一个初始原则进行推导的体系典范,也确实不可否认地把从反题到综合的辩证进程与流溢说混合起来。这种溢出演变为展开,向开端、原则更加接近的展开:各种正题被一一卸下。这不外乎一个向下的流溢式的运动,尽管在此也有一种直接展开一切的东西在自我展开:"世界是从太一的种籽中永恒绽开的一朵花。"(《著作集》,XV,第515页)黑格尔的综合,哪怕它是综合的完美的、并非不完美之光,也确实将胚胎,以及最终将内容之全部预先实存于正题中的财富,都归功于这种运动。当然是这样的:上升的运动或真实的东西,作为如同与直接开端的肯定关系一样的否定关系,在持续地干扰这种流溢式的东西。因此,便接着得出了**第三个同样在本质上是体系化的形式,全面发展**的形式。亚里士多德给出了它的古代样本,莱布尼茨和恰好是这位过程性地追问其主要事情的黑格尔,则给出了现代样本。这种形式化(Formung)同样普遍地、同样统一地在本体论上由一个原则所决定,然而,该原则并不是从一开始,而是从终结出发起支配作用。这样,黑格尔并不自上而下,而是自下而上地进行区分,是在结论而非前提中,带着更充实的真理进行区分的。这样,最终就可以理解这一并不足以听从的反—推导:"证明(Beweisen),在哲学里就等于表明(Aufzeigen):对象如何依靠它自身并经由它自身,而把自己造成它所是的东西。"②(《哲学科学百科全书纲要》,§83附释,收入《著作集》,VI,第161页)这样,就可以理解对于流溢说的这一明确的反对立场:"所以,这一进展并不是一种多余;或许当开端之物真的已经是绝对者的时候,它才是多余的;这种进展毋宁存在于:共相自己规定自己。"(《著作集》,V,第334页)合乎逻辑的是:如果推导的体系学从根本上紧接着形式的归类,那么,发展的体系学便从根本上紧接着形式的并列和整理,因

---

① 这是亚里士多德在《后分析篇》论述的证明的技术。——译者
② 参阅梁志学先生所译《逻辑学》(《哲学全书》第一部分),人民出版社2002年版,第163页。——译者

此也紧接着历史学和形态学的整理方式。由此出发，就有了较大的内容上的丰富性和较小的演绎的合逻辑性；由此出发，在黑格尔这里，就有了历史哲学中单纯的实用线索与理性的—辩证的线索的纠缠。这样，最终也就可以理解会毁坏每一个推导—体系，但不会毁坏一个发展—体系的命题："经验和历史所教导的，是这样一种东西：人民和政府绝不会从历史中学到什么，而且绝不会按照从历史中抽引出的学说展开行动。每个时代都有如此独特的情况，是一种如此个性化的状态，以至于在这种状态中，必须从这种状态本身出发作出决定，并且唯有如此才能作出决定。在蜂拥而至的世界事变中，一个普遍的原理是无济于事的，对相似关系的回忆也是无济于事的，因为诸如某种苍白回忆的东西，无力对付当代的活力和自由。"（《著作集》，IX，第9页）另一方面，宁可采纳形态学的发展形式，也不要一般的自然法则：在亚里士多德那里，过程是在质的类（隐德来希）中得到理解的；在黑格尔这里，过程也是在同样独立生活的、量上不可还原的世界形态中得到理解的。凭借其象征的、古典的、浪漫的基本形式和依此划分的艺术体系，黑格尔的美学尤其从根本上是形态学的。宗教哲学的陈述是同样的：在对埃及之谜、犹太人的崇高、希腊的美、罗马的合目的性的规定中，诸逻辑范畴同时作为语素形式（Morphe）而扼要地自我重述。但是——而且这对于哲学的发展—体系来说是决定性的，在同地方性类型（如部分地在歌德那里）的形态学的区别中——但是，所有这些形态本身都只是辩证的形态—关系，纠缠在一个普遍的过程之中。而且，这个过程是通过瞄准一个"一"（Unum）、"真"（Verum）、"善"（Bonum）的目标来决定的。这样，诸形态就作为等级层次或依据等级层次而站立于此；它们的位置说明，就是发展了的，亦即向目标真理逼近的现象—真理的等级。在亚里士多德那里，存在是从潜能到现实的运动；在黑格尔这里，活生生的状态（Lebendigkeit）则是从自在通过自外存在而达到自为存在的运动。与此相应，在黑格尔这里，就像在亚里士多德那里一样，首要范畴就是目的，该范畴通过作为终极—原则的目标而得到证实。与此并不构成冲突的是：手段，就是说，道路之实施，在亚里士多德那里，以及尤其是在黑格尔这里，能够具有一种胜过各自目的的光荣（例如，在与直接的饮食、居住的关系中的犁、房子）；然而，终极目的（summum bonum）①是最强的东西。在亚里士多德那里，这就是作为不动之推动者的神，这个神，通过其完满性而激起所有事物的爱—欲（Liebes-Appetitus）；而在黑格尔这里，这就是——以一种并非没有亲缘关系的激发奔涌的方式——自在和自为地存在着的理念的总体性。这样，这个发展—体系由于其历史的—质性的、过程的—目的的幅度与内容性，而呈现出体系化扩展的最高形式。而且，这种形式也确实恰好将历史性生命之汨汨流泉（Fortquellen）、将旅程中被设定为毫无缝隙的联系的中断、将对新东西的开放性置之不理。因为即使是发展—体系学，在唯心主义中的自行运动，就像在一本仅仅需要翻页、通篇沉思的书中一样；而且即使是这个发展—体系学，也有其作为业已完成和成就了的，亦即作为现实地设置起来的终极—原则。通过这种本体论的体现方式（Hypostase），最后，开放性就如新东西的具体实践一样被遮蔽了；——这样，这部铺陈开来、发展良好的著作的诅咒与祝福、异物与最高的健康，直到现在都同时存在于任何一种体系学中，甚至存在于火的体系学——当它遮蔽了火的时候——之中。

[467]

（6）人们有必要总结一下这个异己者，它最后挤压着自我扩大的概念。迄今为止，所有个别的、处在如此多样的体系性的建筑方式下的体系学，都在一个更高的样式中被统一起来了。上文作为其标志加以说明的主要有：由一个被设定为实在的原则而来的被确认状态，唯心主义的良好有序状态，封闭状态。这是多方面的体系学的标志，更确切地说，是在其全部形式中，在整理尤其是在推导，但也在——面向一个固定的目标而发生的——发展的形式中的标志。被确认状态这一标志，把体系学的建筑压缩成了房子，良好有序状态这一标志，把同现实不相符合的适当和谐的品格给予了这座房子。但最强的，**封闭状态**这一标志，则吸引住了迄今为止的体系学，不适当地把它们都弄成了对某种未完成的现实的陈述。这个标志，是由过去的激情而来

---

① 拉丁文，意为"最高的善"或"至善"。——译者

的，是作为一种在沉思的意义上仅仅可知的、正如首先由唯心主义的自给自足而来的标志，是作为一种不受干扰的精神关联的物质的中断、波涛汹涌的前线、开放的创新的标志。唯心主义（概念实在论）本身是没有缝隙的关联，是没有停止的思想过程，是一列没有停息的，甚至可以说是古典的火车的转动。尽管在黑格尔这里，这种还是唯心主义的辩证方法，是通过纯粹的飞跃、矛盾、否定而批判地——包含危机地推进的。但在他这里，它也是太过连续地推进的，是世界精神与自己本身的一种构造出来的、趋向—终点—构造出来的对话。简言之，是一种封闭于自身的精心打造的独白。而且可以补充的是，至少就客观唯心主义而言，这一独白是特别地为世界范围的体系学安排的，是得到了说明的一与全（Hen kai Pan）的后果。是的，这种封闭状态，同样不只是出于一个静力学的宇宙概念而接近自身的，而是间接地——这听起来极为古怪——出于在历史上一度处于一与全的背后，而且现在在包含星球的宇宙之中还余音缭绕的东西，因而出于**星体神话**（Astralmythos）本身的残余而接近自身的。这种一与全的后果，在这个封闭的体系学中并不是一目了然的；它使得总体性，这种即使并非一封闭的体系学也建构着的规定，变成了这个现存宇宙的一种规定。它首先假设了古老的"一"（Unum）、"真"（Verum）、"善"（Bonum）的目标的统一，从一种意向性的统一，完全变成了本体论的—实在的统一。凭借这种方式，体系的封闭状态越发获得了它的顶盖，它的顶罩，这就像托勒密的世界在天空中有其顶罩那样。黑格尔在其自然哲学中嘲讽了这个宇宙，但是，该宇宙会根据整个体系的宇宙本质中的这种混乱的封闭状态而进行报复。它明确地在《法哲学原理》的极有教益的序言中进行了报复，因为在这里，自然中的宇宙不再受到嘲讽，而是反过来假定：任何地方都不存在在宇宙—超宇宙意义上完成了的真理，以至于任何地方都存在真理—界限之问。嘲讽变成了追寻，并且准确地针对着作为未封闭的、未结束的东西的真理："精神的宇宙（!）毋宁应该经受偶然和任意，它应该离开上帝，以至于按照伦理世界的这种无神论，真实的东西处在这个伦理世界之外，而且同时——因为理性的确也应该在此世界里——**真实的东西仅**

[468]

仅是一个问题。"(《著作集》,VIII,第8页及下一页)精神的宇宙事实上之所是,还是按照其后面的驿站,甚至按照同一化而是,而且只是在宇宙的—封闭了的体系中才不是。只是在思想的圆圈运动中才不是,在那如同星形穹隆拱顶——这拱顶本身如此清晰地回溯至星体神话的世界循环——而旋转的圆圈—统一中才不是。因而伟大的潘神:最后对他而言,每一种并非唯物主义的—断断续续的体系学,每一种失去前线的、不熟悉创新的体系学,统统是阴谋诡计,而不管它是否知道这一点。在这里,最厚实的星体神话的回响,不知不觉地与最大的启蒙混合,而且更有甚者,也许与辩证—唯物主义的启蒙混合了。据说这意味着:与辩证唯物主义的那种本身是唯心主义的完成构造(Fertigkonstruktion)混合了,这种完成构造否定了来自确定无疑的,甚至僵化为图式的过程之总体性。这因而都是封闭了的体系学的不同标志;它们在此还作为**体系化中的异物**的标准而存在,它们只是为了这个终点才被记录下来。这个异物有利于**被确认状态**而阻碍**界限之问**的勇气,有利于唯心主义的**良好有序状态**而阻碍唯物主义的**中断**,有利于由一个被假定的本体论原则而来的**封闭状态**,而阻碍反映,最终阻碍历史性—过程性的**开放性**、**前线**和**创新**的实践。它阻碍了真的东西,而这个真东西在其所有重要方面,事实上都还是一个"问题";它阻碍了现实的东西本身,这个现实的东西被真的东西所反映,因而不仅对它的研究者而言是完全有血有肉的,而且还呈现出一个"问题",亦即作为客体规定性、作为实在的问题呈现出来。但在这件事上,不能经常地、足够强调地重复和要求的是:除了体系化的哲学,就再也没有别的哲学。这个异物的僵硬性,首先是唯心主义的—封闭的僵硬性,包含潘神的—在神话学上与世隔绝的僵硬性,能够并且必须从体系化的构造中被清除出去。但是,接着暴露出来的,是完全不同于吵吵嚷嚷的哲学探索的东西,这毋宁是完全会合在一起的方向。体系之合法秩序,恰好作为前进秩序而生,或者用更为空间的术语来表达,作为还绝没有被评判乃至被同一化为达到终点的人—自然—物质的建设—秩序而生。作为第一人,马克思把黑格尔的辩证法同非—唯心主义关联起来,就像使之同未来关联起来一样;这两个关联相互联系。两者在一种并非沉思的、更确切地说在并不保持沉思的行动方式中，在一种与实践相关的行动方式中经受住了考验。但即便是这样一种一再重复地向实践振荡的理论，也把建筑艺术记入自身之中：它[470]就是那个有待推进的、本质上首先作为**倾向而自我通告的总体**的被带至过程和过程之战略的建筑术。最后，除了如此奠基的联系，便再无其他的实在的—体系化的联系：体系是**乌托邦式的—具体的总体**。该方向之稳定不变构成了它的严谨，没有异化的世界构成了它的规定着的本原（Principium）= 终结（Ultimum），对这个世界的这种倾向和潜能的描述，则构成了它的建筑计划。这个如此可能的，甚至唯一可能的开放的体系，是有目的地由太一中的（in Einem）作为主体的实体、作为实体的主体的乌托邦式的总体性会合而来的。它首先是物质的总体，而且它是一个虽然持续不断地诉诸过程的东西，但恰好是一个依然乌托邦式的、具体的—乌托邦式的整体、大全、总体。

（7）诚然，如果自身（Selbst）与事物聚合在一起，则两者便停止了。但要达到这一步，还是一个漫长的过程，人是贫乏的，世界至少是粗糙的。如果世界是在思想上光滑地、方法上纯粹地被制造的，那么，就只会冒出一本优美的书，这经常是关于世界的一个谎言，或至多是一个轻率之作。而且，这一点尤其表现在今天，在这里，发生的事件无须再一次在书中被抚平，或者甚至需要带进完成了的形式，以至于粗糙的东西，甚至混乱之物，也有可能比那个太过优美的，甚至成熟地处理了的东西更加真实。这种更加真实的东西，仅仅作为那样一种方式的概貌，关于这种概貌，可以凭借如期而至的改造而这样说：飞快地完成是伴随语词的年龄。因为正好是资产阶级的—理性的世界的倒塌，在卑微的东西中，在被捣碎的东西中，甚至在单纯的附属物（Nebenbei）——这在黑格尔的时代几乎还没有可能受到关注——中，敞开了哲学上的重要东西。这种东西，当时在一幅依然未曾破裂的——大面积的资产阶级文化图景中，就像仅仅在干扰性的、陪衬的意义上被摒弃了。但这幅文化图景的倒塌，敞开了一种眼光，朝向在其中被摔出去了的某些东西，朝向最后还完全被资产阶级的良好有序状态的假象所掩盖的附带物。为了发现这种附带物，就有必要打扫角落，或专门研究一大堆碎片（Scherbenberge），而不是别的任何东西，在这大堆碎片中，也许有太多坏的—好的东西（Schlecht-Guten）。然而，一位短篇小说的微型学家，如普鲁斯特（Proust）①，或者——在另一种关系中——乔伊斯（Joyce）②，也能够——间接地使用——教导某位哲学家，什么东西完全不适合于普洛克路斯忒斯之床。其中一位能做到这一点，是通过对某种不同寻常的已逝之物的热情洋溢的追忆（Nachleben），伟大如回忆，并且作为这种回忆；另外一位则几乎相反，是通过分裂—拼接起来的"前逻辑的"体验现实（Erlebniswirklichkeit）之记载。由此，两人经常给出了主审机关，奇特的、意涵丰富的、独立于直接表演方式的可以遵循的机关。在这方面，资产阶级的崩溃，在不像普罗斯特乃至乔伊斯那样从属于它的人那里，绝没有取消大小和严格方面的哲学考量，正如可以自动理解的那样，然而，在被使用过的崩溃那里，一种新的发明工具（Organon inveniendi）③建构性地形成了：这种方式，也就像人们在现存之物中也许敏锐地采纳了一种附属物一样。这样，重要的认识便偶尔来自于不同寻常的细节（不可与经验主义混淆），来自于一种出自破裂了的表面现象的多元论（不可与相对主义和完全的无方向性相混淆）。在同样的时代，存在着并不同时的东西，这种东西不再可以带至一个——在此必然是图式化的——要点；在世界居所本身之中，存在着许多小房间，对这个多阶段的、多空间的概念而言，世界并未由此——像对理性主义乃至非理性主义那样——变成一个迷宫。在——不可由普遍概念推导出来的——"自然之分疏"的问题中，这类东西此前早已在康德那里表现出来了；所用的方式，当然在方法上还是使人平静的。而且，在黑格尔这里也表现出来了；不只是在一种另外类型的、被人辱

[471]

---

① 马塞尔·普鲁斯特（Marcel Proust，1871—1922），是20世纪法国最伟大的小说家之一，意识流文学的先驱与大师，也是20世纪世界文学史上最伟大的小说家之一，有代表作如《追忆逝水年华》（À la recherche du temps perdu）。——译者

② 詹姆斯·乔伊斯（James Joyce，1882—1941），爱尔兰作家、诗人，20世纪最伟大的作家之一，后现代文学的奠基者之一，其作品及"意识流"思想对世界文坛影响巨大。——译者

③ 拉丁文。——译者

骂的自然之分疏中，像已看到的那样，而且在一种"异质元素的混乱"中，这种混乱，是一种历史哲学不可能好像恰好又通过愤怒来摆脱的。这样，这是在数量中的**唯心主义的—泛神论的意义上**的整体，又是在整体中的数量，在黑格尔这里，这个整体也叠加了，并且为了其使用而带来了附属物（Nebenbei）的可能的，特别变得可能的主管机关。倘若这个过程已经被决定了，那么，在它之中便无须关注许多标志；但是，它只是为了唯心主义的良好有序状态而被决定的。如果居所已经建造，那么，便无须主管机关的目光接近建筑工丢弃了的墙角石；而且在小事物的保险箱中，也无须主管机关的目光接近其许多[472]卑微的小兄弟；但是，这居所仅仅是为宇宙的—本体论的表现形式（Hypostase）而建造完成的。黑格尔，这位最卓越的（par excellence）思想家，经常突破这种表现形式，而且他的辩证法，哪怕是作为唯心主义的—联系起来的辩证法，也凭借其飞跃，凭借其范畴之间罕见的锁着的小房间，而并不对得到说明的主管机关感到陌生。可是，在黑格尔这里，方法的单调性以及三段式—重复的已决定性，并没有为各种现实的中断（非同质性）留下位置。而且，这种方法并没有放过他，因为它恰好在书籍—封闭状态中，在唯心主义体系的最终的神话—封闭状态中自我运动。唯心主义是并始终是先天地悬挂在永恒的开端，抑或永恒的终点的没有缝隙的联系。反之，唯物主义则正如恩格斯所说，不只是从自身出发的对于世界的解释，而且——由于世界的实验—性状——是辩证的和有中介的中断、非图式化、新的构成的体系。这样，当辩证法不再在容易并列而居的思想飞翔中良好地组织起来，并漂浮于沉重的地球的时候，它便在马克思这里变得真实了。而且，当体系化的形式把历史性生命之多阶段的未封闭状态和由此而产生的真相（Sachverhalten）本身，理解为体系化的物质规定性时，它就变得具体了，——因而处于**成体系的开放性**之中。

当然，这听起来像是词语矛盾（contradictio in adjecto）①，但只是在除概念之外，还有其事情的良好秩序也被理解为必然静态的时候。

---

① 拉丁文。——译者

但仅仅在兵营中才有风纪,而在行军途中就没有了吗?哥伦布(Kolumbus)① 的航行,会因为它在无法航行的大海中向着绝不会登岸的陆地前行,就具有喧哗的抑或仅仅流浪歌手的形式吗?代替这一点的,是在世界进程的巨大尝试中组织起来的方向——尽管是作为多种多样地实验出来的方向,而且该方向本身,是从目标的并非完成了的,而是预期的统一点出发而组织起来的。在黑格尔本人这里,概念的流动性把开放的体系学搬了过来,尽管它把保持为封闭—静态的终点转交给了来自圆圈的圆圈。总之:代替被确认状态、良好有序状态,封闭状态,即封闭体系的这三种象征标准,开放的体系只具有唯一的一个标准:**远征**(Expedition)。令人惊讶的是:它在哲学上并没有得到透彻的思考,尽管它自古以来就属于哲学。尽管在哲学的爱洛斯(Eros)的范围内肯定不会出现词语矛盾,除非是这个——辩证的基本矛盾本身的词语矛盾。如果如此被设定的、即使在黑格尔之中也是工作着的这一扩展,并不是趋向伟大的潘神的扩展,那么,它就是趋向那个总体的同样严格的,甚至不可疏忽的扩展,这个总体可以被称为陈列着的本真之物或归根结底(Überhaupt)之物。而且,只要实体带着体系化的方向现实地与主体相关,与主体的过程性的、向非异化的对象进入的内容相关,该总体就还必须被如此称呼。在这个总体中,内部之物外在地存在,而且外部之物也在此总体中——并未消失,而是像内部之物一样可以变化,亦即同样的、敲击着空间的本质的外部之物。

[473]

23. 黑格尔与回忆;回忆之反向魔力

(1)每一个现在,在它消逝之前,就转入过往了。即使所谓的灵魂之流,本身也是在向前而不是向后流动的。当某物在双重意义上被

---

① 克里斯托弗·哥伦布(西班牙文:Cristóbal Colón;意大利文:Cristoforo Colombo,1450/1451—1506),著名探险家、殖民者、航海家。尽管他不是第一个到达美洲的欧洲探险家(第一个到达美洲的欧洲探险家是莱夫·埃里克松),但他的航海带来了欧洲与美洲的第一次持续接触,开辟了后来延续几个世纪的欧洲探险和殖民海外领地的大时代。这对于现代西方世界的历史发展,有着无可估量的影响。——译者

往后搁置时，回忆（Erinnern）才接着姗姗而来。这就是说，在完成某事的意义上，以及在积累一件不再如此匆匆易逝之事的意义上。无论如何，青年还没有把多少过往带至并留在身后，他通常主要面对的是即将到来的东西及其冲刺。同样地，社会的新鲜时代，也保持在其上升阶级的进步中。在这里，回忆的力量，甚至学着审视已完成之物的帷幕背后的兴趣，都完全有可能在服务于这种向前的目光时有所增长。但是另外，老去者虽然并不绝对不乐意离开，但也许下降者，甚至执着者是不乐意离开海湾和腹地的。已生成之物应当接着再次被做成过去，被安静地置于过去；它忍受着被观察，而不是变得年轻。这个思想，黑格尔说，为此反正总是来得太晚了；一旦它出现，生命的某种形态就变老了。在这种形态的生活之前或期间，这种思想根本就不会出现，除非是在单纯意见之柔软要素——每一种随便什么东西都可以想象去往该处——之中。黑格尔又把这种类型的东西——按照他的话语——置于安静之中，而这种东西，他确实是同样地一再想要将之放进流动之中的。虽然在生命中处于开端的是青年，但在历史中，应该是过去之事，亦即作为长久—以来（das Lange-Her）的东西站在那里；而且，这种过去之事随着它的长久—以来越是长久，也就越是确定。这样，在此就像按照一个完成了的过程一样进行回忆，并且好像跋涉者完全是从这个过程出发似的。

（2）但是，在同样的思维中又有多少东西与这一思维相矛盾，这就显明了各种断裂。这个据说黑格尔作为学生曾围绕着舞蹈的五朔节花柱（Maibaum）①，很新地竖立在令人崇敬的修道院旁。诸如"冲击""碰撞""外壳""外皮"等词语，诸如"界限"（同时来自于碰撞和逾越）等变换概念，在黑格尔这里是经常上手的；几乎每一个矛盾，都把自身作为"预兆"加以宣示。内在觉醒的矛盾，否定了"精神超越于其上的某种东西"，包括黑格尔用上手的东西所造成的和平；否则，何以会有一个黑格尔左派及其后果？从更多普遍的"生机

---

① 指截掉粗枝、剥去树皮、饰以彩带或花环的冷杉木或桦木柱，竖立在村庄的广场上，供青年男女在五朔节围绕着跳舞。——译者

盎然的脉搏"中,辩证法居然胆敢——更确切地说是居然粗俗化——做"大地之下(sousterre)的潜伏者",翻掘着外壳,确乎如此。这离心灵的"革命的代数学"不远,正如所熟知的,按照在现象本身当中的一种对现象的批判——这种批判不可能以回忆的方式(anamnetisch)① 从过来的东西中引进。诚然:"如果哲学在灰色中描绘其灰色,则一种生命的形态就变老了"——但黑格尔真的在灰色中描绘灰色,而且他事后(post festum)想要考察的所有形态真的都已远离了吗?在他最为钟爱的过去,古希腊的过去,黑格尔在入口和出口,都清楚地看到了两个很少变成灰色的少年形象:阿喀琉斯(Achilles)② 和亚历山大(Alexander)③;而且,这个"它——一度—曾是"(das Es-war-einmal),也较少作为魔法唤起的东西而得到回忆。而且对他来说,法国大革命还在1828年就显现为"一场辉煌的日出",一场完全过去了的日出,然而在事后的语言中,却始终还再现为(ricochettierte)庆典。就像一颗抛出的石块,并不隐遁,而是横着跃过水面,并不停息,因为不只黑格尔,而且事情本身,都了结不了自己,罢免不了自己,隐遁于已完成状态。有一种理性,它根据修复的任务,带着现成的现实性来达成其和平。主张这样一种理性的黑格尔,虽然没有在其法哲学中,但也许是在其哲学史中,说出了下面这个极少使人安静,极少静态的辩护士的命题:"一种好的回答,是第欧根尼(Diogenes)还给一位暴君的,这位暴君问他,人们必须从哪种矿石中冶炼出雕像;他回答说:'从冶炼出了哈尔摩迪厄斯(Harmodius)和阿

[475]

---

① 这个词在医学上指"病历的""既往症的"。——译者
② 阿喀琉斯(希腊语:Ἀχιλλεύς,英语:Achilles),又译阿基里斯、阿基琉斯、阿奇里斯。是荷马史诗《伊利亚特》中描绘特洛伊战争第十年参战的半神英雄。海洋女神忒提斯(Thetis)和英雄珀琉斯(Peleus)之子。出生后其母握其脚踵倒提着在冥河水中浸过,因此除未浸过的脚踵之外,浑身刀枪不入。——译者
③ 亚历山大大帝(Alexander the Great,公元前356—前323),即亚历山大三世,马其顿王国(亚历山大帝国)国王,生于古马其顿王国首都佩拉,世界古代史上著名的军事家和政治家。是欧洲历史上最伟大的四大军事统帅之首(亚历山大大帝、汉尼拔·巴卡、恺撒大帝、拿破仑)。曾师从古希腊著名学者亚里士多德,以其雄才大略,先后统一希腊全境,进而横扫中东地区,不费一兵一卒而占领埃及全境,荡平波斯帝国,大军开到印度河流域,世界四大文明古国占据其三,征服全境约500万平方千米。——译者

里斯托盖通（Aristogiton）的雕像的矿石中冶炼'。"（《著作集》，XIV，第168页）这两位暴君谋杀者，确实不只是从拉尔修（Laërtius）① 闲聊式的和热衷于记载趣闻轶事的编纂物中引证的（他们出现于其中），而且是从一种回忆中引证的，对这种回忆来说，似乎并不缺乏一种轻率，并不缺乏某种程度上的一种不公正的异端史的要素。但是，黑格尔左派的一些学士（Baccalaurei）对这种意见提出了责难，更确切地说，记下了他在这方面彻底倒退的征兆：在哲学史上，需要太久的时间才来到近代。这就是：古代哲学一直延伸至第三卷，相反，近代哲学才仅仅占有这第三卷的一半篇幅；这无疑并非偶然，而同样是一个迹象。这当然是一个迹象，但即使在这里，也不是一个倒退的迹象，而是讲座将近结束时缺少时间的迹象，以及超出于此，是钟爱古代——在此通常是作为青年——的迹象。而且，黑格尔不愿意离开柏拉图，不愿意离开斯宾诺莎，也不愿意离开在他看来其终点恰好更加丰富的整个流动体系（Flußsystem），这个体系对他来说是到处在其摇篮的源头处被歌唱的。于是，黑格尔的这种方式，不是并非不可理会地、而正好相反地说出了巴德尔的、谢林的向"远古东西"和由此而使之超负荷的开端——这个在他们那儿还在原始—形而上学之前汹涌的开端——的倒退，即向"那个自在地所是的东西做成的开端，那个尚未取得进展的直接的、抽象的、普遍的东西"的倒退吗？黑格尔不是安静而冷酷地说过"这个更具体、更丰富的东西，是较晚出现的东西；最先的东西则是在规定方面最为贫乏的东西"？而且，进一步带着对进展，对注入所有源头根据的江河口，简言之，对结果的强调而指出："同时表明，这个造成开端的东西，由于它是在其中尚未发展的东西，是丧失了内容的东西，因而在开端处尚不能得到真正的认识，并且表明，首先是科学，也就是说，在其整个发展之中，才是其完成了的、内容丰富的和首先是真正地确立起来的认识。"（《著作集》，III，第65页及下一页）于是，"根据"（Grund），首先通过由

[476]

---

① 此处的拉尔修与前文的第欧根尼是同一个人，即第欧根尼·拉尔修（Diogenēs Laertius，公元200—250），罗马帝国时代的古希腊哲学史家。以希腊文写作，编有古希腊哲学史料《名哲言行录》（Βίοι και γνώμαι των εν φιλοσοφία ενδοκιμησάντων）。——译者

它而向"奠基"(Begründung)的进展而形成;它本身自在地恰好显得向回忆关闭,而且在此至少是它的"原始之光"。于是,从那儿出发,甚至可以看到一种"作为向根据返回的前行",作为根据之"反射",更彻底地说,这就是作为复归的归根。

(3)尽管如此之远,如此之好,但这列开往遥远终点的列车,依然越发强劲。黑格尔在中途曾爱上施瓦本农民的说法:某物已经是如此久远之事,以至于它甚至根本不再是真的,然而同样地,旧事物的荣耀,此后也远远更多地反而投向了它。不只是作为这一单纯出身(Herkommen)的荣耀,而且作为其添加的回忆、思想的一种荣耀,在这类东西那里,它自己已经是如同"载于书中"的某种东西,也就是可以理解的东西,被理解的东西,表面上已经澄清了的东西。接着,它的思想家在寻找不再成为眼前之人的地位,它所思想到的东西,在寻找那流逝之物:加以掩藏,从棘手的时代出发加以掩藏,就像一件珍宝似的。作为青年讲师,黑格尔在一次郊游和投宿于一家盈利的客栈时,曾经比喻式地对自己的耶拿大学生们喊道:"必须吃完一切!"借此不仅意指宽阔的、百科全书式的胃口,而且也恰好意指凭借一种储藏起来的思想而将一切都置于自己身后(das Hinter-sich-bringen)。现在,此人把所有发生之事都交给它们的记忆,并且在向后回溯中——带着不再作为发生着的延续的历史,而是作为过去时态的被抖搂干净的历史的历史——找到了自己本身。这样,在《精神现象学》的末尾,甚至出现了作为这样一种回溯的整体,乃至于作为被供给的尼莫西妮(Mnemosyne)① 的整体的目标。据此,该目标因而不再作为被意识到的东西的知识而存在:"目标、绝对知识,或知道自己为精神的精神,必须通过对各个精神形态加以回忆的道路;即回忆它们自身是怎样的和怎样完成它们的王国的组织的。"②(《著作集》,II,第611页)虽然在这种回忆中,黑格尔不想与单纯复制某种表象的记忆方式有任何相同之处。相反地,他把一种小的分界线引

[477]

---

① 尼莫西妮(Mnemosyne)是一位希腊女神,十二泰坦之一,记忆之神。——译者
② 参阅黑格尔《精神现象学》下卷,贺麟、王玖兴译,商务印书馆1997年版,第275页。

进了回忆之中，并且它恰好如此——带着被扬弃了的外化——而成为"绝对知识"，否则什么都不是。或者如黑格尔在论述柏拉图的回忆（Anamnesis）① 时以哲学史的方式所说："在此意义上，回忆是一个笨拙的表达；也就是在这种意义上：人们复制一种在另外某个时间已经拥有的表象。但是，回忆也具有另外一种词源学所给出的意义，即这样一种意义：使自己内在化，深入自身；这就是该词的深度的思想意义……然而，在柏拉图那里，如同不可拒绝的一样，回忆这个表达经常具有经验性的、第一种意义。"（《著作集》，XIV，第 204 页）但是，与被否定了的复制类型的回忆的相同之处，确实是这种可归结的东西：在黑格尔这里，是对认识内容之考察（Betrachten）的回忆，在柏拉图那里，则是对认识内容之观看（Schauen）的回忆。黑格尔式的认识主体必须"放弃任何一句插入事情之纯正的、继续存在的进程中的赘语"（这个"继续存在的进程"是肯定的，然而是这样一种进程，它同样早地就在那儿有了自己的酬报），如此，这个主体便仅仅使万神庙—岗哨（Pantheon-Wache）相对于过去之事而保持优势。于是，即使黑格尔极有权利提防自己的回忆变为单纯复制的—心理学上的放松，但其回忆却极少作为一种走向自身（Insichgehen）而从对过去之事的柏拉图式的回忆的更深处走出。而且，黑格尔在此场合这样挑起对过去之事——作为一种在诸表象中发生的东西——的复制的反对，这恰好意味着：尽管如此，这位对"所有参加者都为之酩酊大

---

① 这个词有"既往病历"和"回忆"的意思，在此主要指对前世知识的回忆。在柏拉图的一些对话中，有"知识就是回忆（anamnesis）"的说法。如《美诺篇》用的是数学逻辑推理式的回忆，《斐多篇》通过具体事物来回忆"相"的知识，《会饮篇》则诉诸归纳性的认识，提出要从具体的杂多中综合出一个单一体，获得关于"相"的知识。在《美诺篇》中，苏格拉底说他也不知道什么是美德，于是美诺提出一个两难推理："一个人既不能试着去发现他知道的东西，也不能试着去发现他不知道的东西。他不会去寻找他知道的东西，因为他既然知道，就没有必要再去探索；他也不会去寻找他不知道的东西，因为在这种情况下，他甚至不知道自己该寻找什么。"为了克服这个哲学史上有名的"美诺悖论"，柏拉图采用灵魂不死说，并做了许多论证，从而指出知识就是灵魂回忆的结果。希腊文 anamnesis 这个词的前面部分 ana 有由下至上和上升的意思，mneme 则有觉察、意识、记忆等意思。柏拉图认为，灵魂本来就有某种知识，但后来忘记了，处于不被察觉的状态，要再将它回想起来，察觉它，也就等于重新发现它，这就是回忆。——译者

醉的真东西"进行阐释的辩证法家,更接近于作为总体复制的柏拉图式的回忆,就好像这是为自亚里士多德和莱布尼茨以来这个最辉煌的发展体系(System der Entwicklung)所喜爱似的。在与《美诺》(Menon) 81B—82A 相关时,黑格尔的《哲学史讲演录》以如下方式复述了回忆的柏拉图主义:"他认为,一般讲来,没有东西可以真正说是从学习得来,学习宁可说只是对于我们已知的、已具有的知识的一种回忆;——这种回忆是当我们的意识处于困惑状况时才被刺激起来的(以意识的困惑为原因)。"①(《著作集》,XIV,第 203 页)在《斐德罗》(Phaidros)篇中,柏拉图更进一步和更为出色地阐释了这种总体回顾的认识学说的神秘根据(抑或只是披着神秘的外衣)。依此,在其诞生之前的灵魂,作为提前观看到理念的诸神的舞伴(Reigengenossin),和对类似于物体现象的知觉(甚至如阴影般地分有这些理念),都在唤回对那些被遗忘于尘世生活的原型(Urbilder)的回忆。黑格尔将此神秘之物当作哲学的工具加以拒绝,但是,他很可能针对《美诺》中的回返运动作出了相当赞同的,甚至于自我相关的诠释:"这里就提出了在其运动中的真实共相的概念了;共相、类本身就是自己的生成。它是这样的东西,它的生成[发展]即是它自己的潜在性的实现;它所变成的东西,即是它原先就已经是的东西。它是它自己的运动的起点,但它在运动的过程中绝不走出自身之外。心灵是绝对的类;凡是不潜在于它自身的东西,即是对它不存在的东西;它的运动只是不断地返回于自身……他(柏拉图)把心灵的这种潜在性描述为在时间上的先在性,而认为真理必定已经在另一个时间内对我们存在过。"②(《著作集》,XIV,第 203、205 页)在这个地方,黑格尔的自我相关性是清楚的,在对"精神向自身返回"的直观中,带着类似的被动性。带着类似的回忆,抑或最终带着对那个在时间之前的独立理念王国——该王国现在在黑格尔这里叫作先于世界的完满的逻辑王国——的回—忆(Er-innerung)。于是,黑格尔甚至明示地(expressis

[478]

---

① 参阅黑格尔《哲学史讲演录》第二卷,贺麟、王太庆译,商务印书馆 2017 年版,第 192 页。

② 同上书,第 192—193、195 页。

verbis)① 在已经具有的逻辑学之后宣告："其他科学的兴趣仅仅是在自然和精神的各种形态中认识逻辑形式，而这些形态也不过是纯粹思维形式的特殊表现方式。"②（《哲学科学百科全书纲要》，§24，附释2）当然，同柏拉图的一个主要区别是：在黑格尔这里，在所有进入"创世之前"的回程中，连同在"根据""本质"的逻辑上的原始性的东西（Urhaften）那里，都不会出现这个自在存在的至上地位。柏拉图使生成以及现象成为假象，而且，殊相（特殊）至多只给出了那个自我在场的共相（普遍）的"例子"，现象之殊相仅仅是对共相的分有。与此相反，黑格尔则恰好强调生成和现象，因为离开了生成和现象，绝对者——除了对其单纯前世的回忆什么也不带——就可能是"失去生命的孤寂者"；他把共相仅仅视为殊相的一种共相，他已经断然拒绝了"例子"这个词，并用具体化、显示（Manifestation）等概念取而代之。这个在自然的自外存在中的自身（Selbst），又是多么地在人类精神的自为生成中："真理是具体的"。因此，在黑格尔这里，真理并不只是像在柏拉图那里一样是非生成的，是先于时间而不可变易的，而是：尽管只有趋向自在而自为存在的自在存在，在显示着并具体化，但真理毕竟是结果。本质来到这里，而不是仅仅具有作为阴影的现象及其空洞的空间，本质恰好仅仅在趋向现象的现象中，甚至是为了自己本身。于是，这就给黑格尔式的对事先的（ante rem）③自在的回忆，添加了一个无限丰富的世界进程（reificatio）④。此外，如已指出的，尽管在黑格尔这里，开端并不是最为丰富的，而据说是最为贫乏的东西，甚至柏拉图式的理念的"天堂"、"天堂"之所在（topos uranios）⑤，在黑格尔这里也老化为"逻辑概念"的太古时代的"冥府"，然而，即使在这里，也绝不缺乏一种关于回忆的柏拉

---

① 拉丁文。——译者
② 参阅黑格尔《逻辑学》（《哲学全书》第一部分），梁志学译，人民出版社2002年版，第72页。——译者
③ 拉丁文。——译者
④ reificatio，拉丁文，意为"具体化"。——译者
⑤ 拉丁文。——译者

图主义；它只是自我设定，在黑格尔之前很久，但同样也在它自己那里，作为**宇宙的**回忆而延续，通过**流溢说**的新柏拉图主义而延续。

因而借此，这个旅程的自我发展的东西，便完全被回溯至在它之前的东西了。也就是这样的：不只是认识，而且化成肉身的诸形态本身，都使人回想起这个开端。这些来自神性的"流溢"，以新柏拉图主义的方式流入世界；这种来自原始之光的涌流、下降，以及人乃至事物向它的返回运动，不仅与自上而来的被给予的回忆相联系，而且，同样真正自上而下地与黑格尔在其《逻辑学》末尾称之为"理念自我释放为自然"的东西相联系。流溢说的原则，在普罗提诺那里达到顶点，在那里，甚至可以找到在词语上被黑格尔逻辑学所接受的柏拉图式理念的趋向"神的思想"——作为"如同无所遮蔽的真理"——的功能化。但是，首先也可以找到从降落之物向原始之光的回转，而且普罗克洛斯，最后一位伟大的新柏拉图主义者，甚至第一个给出了黑格尔式的辩证法的**循环**—三段式，恰好是作为宇宙之回忆的回忆。Monē（停住），Prodos（出路），Epistrophē（复归），意味着在普洛克洛斯那里的流溢式的—产生出来的三段式；一种黑格尔本人在哲学史上曾经提及的关于正题—反题—合题的模型。因而最终也是在黑格尔这里指明了的差异：带着一种显现着的—包含过程的**结果**的标准，而不是在柏拉图那里的太古时代的完成——仅仅相对持久的。是的，在向下的流溢与向上的进化之间的区别，在柏拉图之后的少许年头，甚至可能是柏拉图学园本身内部的一件争议之事；这一结果极少挣脱三段式的重复。确实，就像亚里士多德并非不带攻击之乐地记述的那样（《形而上学》，第12卷，第14章），柏拉图之侄斯彪西波（Speusippos）① 就已经持有这种见解：善仅仅是终极产品，而非发展

[480]

---

① 斯彪西波（Speusippos，约前395—前339），柏拉图之侄，柏拉图学园的第二任主持者。在他主持柏拉图学园期间，基本上继承柏拉图的学说，但特别重视柏拉图学说中的毕达哥拉斯主义因素，并重视伦理学研究。斯彪西波从毕达哥拉斯学派的数的理论中发现，"一"是万物的本原，从"一"中导出数、大小和灵魂。他认为神是到处存在的，是统治万物的生命力。——译者

的初始高度。这就与后来的学园主持色诺克拉底（Xenokrates）① 存在区别，后者更真实地以柏拉图的方式坚持开端之完美，并且使由此而回忆或流溢的被推导之物，更加黯淡或者更加糟糕地向下运行，以便仅仅从低端之物的贫乏的虚弱中，而不是像在斯彪西波或黑格尔那里一样，从一个丰富结果之欧米伽（Omega）中流回开端。在这里，是着眼于原始之光还是结果，可以说有一种柏拉图式的家族争执；然而两者，直至黑格尔，都通过回忆之圆弧而相互结合。而这甚至在黑格尔的"圆圈之圆圈"中提升了，他把带着最终的蛇形弧圈的辩证进展，描写为"圆圈之圆圈"。也就是说，带着一种扼要重述的蛇形弧圈，尽管是在更高的阶段，带着一再重复的永恒的弧圈，并且不是重新创造的弧圈，不是柯罗诺斯（Chronos）② 的弧圈，这位柯罗诺斯吞食了自己的孩子，因为他们不满足于还决未成为过去的、他借此能够安静下来的基本形态。于是，黑格尔的**结果**的过程，也继续逗留在回忆的圆圈中，一如在一种魔力当中。在此，一切都充满了新奇，然而，在任何一个终点处，首先是在一般的终点处，在黑格尔巨大的突破哲学（Durchbruchsphilosophie）中的最新奇的东西——尽管它是突破哲学——都应该像最古老的东西一样，一再重复地成为过去，由此[481]具有占主导地位的、初步整理过的完成了的开端。这一点，也阻碍了这个发展体系保持为一个向发展开放的东西，它屈从于初始者，哪怕这个初始者是这个发展体系跟随其后才上路的尚未发展的东西，尚未倾泻出来的东西。**向整体的回复，用复归的绳索收回了向新东西的释放。**

（4）而且，来自新东西、来自一再重复的这所有一切，确实还经常混在一起。在黑格尔这里，没有什么东西带着一成不变的意义单纯地并列着，在这儿是一跃，在那儿则是纷繁重复之迷宫。显而易见的

---

① 色诺克拉底（希腊文作 Ξενοκράτης，公元前 396 或 395—前 314 或 313），古希腊哲学家，柏拉图弟子，自公元前 339 年或 338 年起领导柏拉图创建的学园，致力于阐释柏拉图学说，并使之系统化。——译者

② 柯罗诺斯（古希腊文：Χρόνος，英文：Chronos / Khronos），古希腊神话中的原始神，三大主流教派之一的俄耳甫斯教崇拜的最高神，本质无法言说，降临显化为第一因，也是根源 Chronos（时间），创造了混沌和秩序，与其妻命运女神阿南刻（Ananke）一样，是超越一切的存在。——译者

是，很经常地会出现这样的情况，即面向未来的进步要少于拒绝进步。在黑格尔这里，时间也不仅仅是"被直观到的变易"，而且同样是在对一个自在自为地完结之物的直观中的一个线索，这同样是显而易见的，在某种程度上可以说，处于黑格尔之手的和平中。依此，变易（Werden），就不过是学习者面前黑板上的一条完成了的定理的教育学发展。是的，所有的时间样式：现在甚至过去和不管多久才会降临的未来，都因此而"仅仅在主观的表象中，在回忆中，在恐惧或希望之中"（《哲学科学百科全书纲要》，§259）。然而，凭借对立面的充满的、相互的、反思的力量（黑格尔甚至对康德展开了批评，因为康德想要把时间和空间仅仅归于直观的"主观形式"），时间在客观上同样是"不安静之物、在自身中的否定物、相继存在、形成和消失的形式，以至于这个时间之物在它不存在时存在，并且在它存在时不存在"（《著作集》，VII^2，第 322 页）；如此一来，最后的确是太阳底下无新事了，也就是说，在本身寂静的、永恒重复于原始词语和本原（Archē）的精神太阳底下无新事。辩证法在反抗，乃至于在捣乱，就像世界上一向什么都没有一样，然而它的来自圆圈运动的圆圈，又把世界形态的所有增添物，重新置于那个古老的、太古的自在（Anscih）展示出来的中心，这个自在，虽然具有最贫乏的规定，但在内涵方面，可能是最有决定性的东西，在先的—最有决定性的东西。这样，恰好是这个增添物与永恒宁静的迷人回忆的这些对立意义（Gegensinne）在渗透自身。在经常是叛逆的、辩护士式的大杂烩中渗透自身，并且当然是未曾和解的，也不可和解的，带着世界精神的裂开了的喉舌，在这儿是引诱，在那儿则使之平息。"离开激情一切伟大的事业都不会成功"，然而，立马就转到后面了——而且在其中，应该存在所回忆的实体的绝对平静，这个如此前历史的以及外在于历史的实体的绝对平静："如果人们要认识实体，那就必须透过表面而深入观察……在表面上，各种激情在彼此争斗；但这并非实体的现实性。"① （《著作集》，XIV，第 275 页）显然，这种渗透并不属于黑格

---

① 参阅黑格尔《哲学史讲演录》第二卷，贺麟、王太庆译，商务印书馆 2017 年版，第 261 页。——译者

尔辩证法中的诸对立的**通常的统一**—模式。这种渗透，只要它使挤压、搏斗和永远在自我循环中的宁静之间的一个明显的裂缝呈现为相互交融的，就只会搅浑根据—矛盾本身了。这种渗透，由于不安定之物的永恒宁静，由于**既不能够也不需要它的某种新东西**的宁静，因而在一个过程归根到底不再可能被看到时，就离开了辩证法。于是，它不仅仅在永恒完成了的状态中，在达到已成—本质状态（Ge-Wesenheit）时拥有自己的酬报（"结果"），而且它还仅仅把自己的运动和运动形态，设定为处于总归是原始存在物之中的这类东西。据此，过程便最终从现象（"完成了的假象""在其实存中的本质"）而重新沉陷为单纯的假象（"本质的非本质之物"）。这样，来自过程和永恒宁静之回忆的混合，最后——由于纯粹的已—完成状态、已成—本质状态——甚至还重新产生出一种**反—现象**、**反—过程**本身的柏拉图主义，这是与黑格尔本来意义的约定相悖的。

此外，还可以肯定的是：一种前进，与始终仅仅前进，在此或许是同样令人可疑的。这个甚至可以回转的过程，不仅使人可以了解来龙去脉（das Bisher des Herkomens），而且还可以使人了解那些被回忆的肩膀，它们恰好承担着不断升高的东西。进言之：一条永远只是坠入未来之物的河流，确切地说也可能升至相对坚定的形态。而且，最后甚至变换成了：如果一个时代不只是想要和必须是一个静态的、前时间的—无时间的原始状态的话，则对该时代而言，即使回转着的回忆，都有一种在可能意义上的记忆和线索，这种记忆和线索，恰好在[483]**其活生生的**流出之物、成型之物本身当中，出现在仅仅飞驰而去的川流背后。在黑格尔这里，这种记忆确实也是开始启动一切的"根据"，并且不是从返回于其深处的眼光来要求它。而是作为那样一种"回想"（Entsinnen）的眼光，那种回想是人们以自己的方式可以称为先验回想的东西，如果它在黑格尔这里，不是像遵循那种原始的根据—回想—意愿（Grund-Entsinnen-Wollen）——该意愿甚至还曾使他对雅各布·波墨，并且严格地对波墨很有感觉——那样如此严格地遵循康德的先天性的话。"就像返回到根据似的向前迈进"，因此，如果这个回返之物是一个同样的**当前之物**，如果它因而在其确当的回忆中并未免除这个"根据"的从不间断地延续着的**现实性**,那么,它看起来也就不同于单纯的回复(regredierend)了。也就是说,它不停地和毫不松懈地注视着;正因为如此,黑格尔的《逻辑学》恰好能够以一种不带重新回忆的、绝对不带沉思的和消逝的腔调说:"构成开端的这个东西的进展,只可以作为一种更进一步的规定来加以考察,**以至于这个开端始终是所有后续的基础,并且不会由此而消失**。这样,哲学的开端就是在所有后续发展中的当前的东西和自我保持着的基础,**是将其进一步的诸规定完全包括在内的保持者**。"(《著作集》,III,第65页)一个命题就是这样一个东西,它极少从该进程的震动着的现实——地基(Aktual-Boden)中抽身退出,这就好像它已经想要说:**本原**(Archē)**本身是丝毫也不遥远的**,它任何时候都依然是"现在"和"这里"。但现在,恰好再一次在这一点上,却同样再一次显露出了完全不同的他物,即那个未曾改变的、雕塑般的回忆(Anamnesis)遮盖着的和令人着迷的一大堆东西。这个他物作为恰好被涉及的那个起源—思想,同贴近—思考和核心—思考的宝贵的贫乏有着极大的区别,因为它还不涉及、触及在这种生存着的东西中的任何实体性的东西。简言之,真正的开端,毋宁接近于没有把开端保持在自身当中的这个"尚未"(das Nicht),就像接近于它还根本就不存在的内容,并且为了它的缺乏而恰好与探寻——诸事件的作用和诸形态的实验——的过程相关。然而同样地,黑格尔的开端并不仅仅叫作"具有最贫乏的规定的东西",而是业已完成了的自在(Ansich)本身,尽管被称为冥府或阴影的王国,带着绝非未发展的诸范畴的一个完整序列;而且由于这些范畴,甚至于还被称为"上帝在创造世界之前的思想",所以现在,的确再一次接近盘旋上升的诸神车队的图景了,这是柏拉图的《斐德罗斯》为了其回忆而将其当作神圣实体(ante rem, exitra mundum)①的生命来阐释的东西。如此一来,黑格尔逻辑学的诸范畴,也的确可以在宗教哲学、接着在哲学史中再现,至少按照纲要是如此的。其形式主义业已如此丰满地显示出**内容**,但是在此,开端之

[484]

---

① 拉丁文,意为"在事物之先的另外一个世界"。——译者

记忆却又极少包含那个根源的未解之物，这个未解之物，黑格尔在最终阐述的地方实际上（actualiter）在每一环节中，反而在显现着的东西之下使之继续"成为根据"。一旦一个欧米伽（Omega）的痕迹，打入了这个阿尔法（Alpha）的还真的尚未发展和尚未显示的东西之中，那么，虽然这样的闪电也将是回返着的，但这仅仅是在向最切近之物——这个东西在着手进行一切——的一种增长着的运动转折（Bewegungsumkehr）的意义上。这是一个进入动因的**问题**，进入还完全未曾带出之物的**问题**的回程，并且不是进入一个世界精神的完成了的既定本质（Ge-Wesen）的回程，这个既定本质从永恒到永恒地自我循环着，哪怕还在其诸现象的圆形露天剧场中。

（5）一位大师，即使在迷乱之际，也还是富有教益的。如果多数庸常之士说得对，那么，就须要说出更重要的东西。但如果这个迷乱得到彻底的倾听和理解，那么，它就不得不被用作警告。哪怕这种警告也可以来自于更合适的高度，如同堪称典范之光一样好。回顾的每一个优势都在提醒：它可以富有教益地追溯到丝毫不曾消逝的东西，这种东西，本身作为当场尚未完结之物，不会凭借一种尚待言说的站立物（Stehendes）而抢先行动。首先，即使一个"指向现在的具体行动"，就像这位具有最高时代关切的黑格尔所发动的那样，也很可能伴着密纳发的猫头鹰——作为一种据说是单纯考察着的东西。虽然这种考察的停止，很好地迎合了其时代的复辟式的终止意愿；就此而言，这就完成了一种当时恰好很现实的委托，作为梅特涅—政体①的委托。但是通常，恰好确实被称为当代的世界进程之前线，进程的最前方，连同行动中的历史，在体系中却再也找不到位置。过于巨大的回忆之考察，设定了这个**现在**，准确地说是这样一个东西，它以富有

---

① 克莱门斯·文策尔·冯·梅特涅（Klemens Wenzel von Metternich, 1773—1859），19世纪著名奥地利外交家。生于德国科布伦茨，从1809年开始任奥地利帝国的外交大臣，1821年起兼任奥地利帝国首相。任内成为"神圣同盟"和"四国同盟"的核心人物，反对一切民族主义、自由主义和革命运动，在欧洲形成以"正统主义"和"大国均势"为核心的梅特涅体系。在欧洲历史上，维也纳会议之后至1848年这一阶段常常被称为"复辟时代"。而集梅特涅政治纲领之大成的"梅特涅体系"的核心就是复辟。——译者

教益的方式，作为一种激励（Erhebung）而存在，而这激励在同整个球形考察仪的对比中不可能大于一粒尘埃。而且，就像同现在的关系一样，这个作为回忆的虚无（Nichts）同**未来**的关系，甚至尤其是同在黑格尔的世界概念本身中被遮蔽的预先推定的关系，也就越发不具体了。完美性，然后是总体与一般本质，乃至于现实性，作为"本质与实存或内在与外在的统一"：甚至所有这些高升着的大量概念本身，理所当然地（per se ipsum）① 并没有在一个现成在手的世界球体（Weltkugel）的像泛神论一样的先天论的神正论中安顿下来。这样，它们就比所有其他概念更多地避开了对一种给定存在的回忆，或者在更深层次上，避开了对范畴论上的前—给定存在的回忆；世界，就如前世界（Vorwelt）一样，并没有由完美性提供任何东西，乃至于任何可供回忆的东西。在这里，毋宁保留了最近的"理念方面的不适合性"的残余，即在"真理"本身方面的不适合性的残余，这种残余，黑格尔仅仅通过依据其"概念"对"诸现象"的持续不断的构造，而使得它们的"理念"变成了一个遭到否定的东西。这样一来，就有了这个命题："这个在其实在性中出场并且被设定为同实在性相统一的概念，就是理念"，乃至于它本身在世界中就是"概念与实在性的完全一致"（《著作集》，V，第238页）。然而，恰好是这些在价值上处于最高等级的"理念"，至少已经有了它们的这类被覆盖了的摩涅莫辛涅（Mnemosyne）②，这类被设定在统一中的化身。它们在经验性上至多处于孕育状态，至多奠基于客观—实在的可能性的尚—未—存在中，简言之，尚处于一种**向前的回想和挂念**中。这样，完美性，甚至总体，在其并不仅仅总是富有协调而聚集起来的意义上，就是一个乌托邦，而且完整的太一便是"一般本质"。但这一点，最后是回忆**之魔力，在一般本身之中**：在黑格尔这里，乃至于从泰勒斯到黑格尔，**本质性**恰好仅仅被设想为**已成—本质性**（Ge-Wesenheit）。这多半带有沉思的尺度：不只是可知性，而且即使一个对象的尊严，也带着

---

① 拉丁文。——译者
② 希腊神话中的记忆女神。——译者

历史的铜绿在升起。通过时间上的后置,通过与现在和这里拉开距离,对象更容易变成可沉思的:因此,这种对于当代的占优势的已成—本质性—知识的真正回忆的短视性便由此而来,与当代保持具体关系的困难也由此而来。据此,也只有作为安息的过去,而不是作为尚—未—存在的时间样态的未来,才应该与永恒相伴。如此一来,辩证的过程之光——其风格和理性在黑格尔这里恰好是"对界限的超越"——便发现,回忆的木桶是如此厚重地在自己身上,以至于如今,未来真的不得不保持为单纯"主观的表象",而且不应该包含任何值得一提的东西,这种东西,在《精神现象学》中并未已经把它的"形态之长廊"、在《逻辑学》中并未把世界之前(ante mundum)的逻各斯一劳永逸地丢在身后。同样,"绝对知识","作为精神而自知着的精神",最终乃至于不得不说,丝毫也不多于对那样一种东西的永远可以重复的知识,这种东西在它得到审判的时候,便永恒地在世界精神中得到审判。这总是伴随着那样一种回忆,它依照其一劳永逸地回想起来的、进入世界之前的真理—考古学,甚至还更改了世界进程本身寄给全体之静力学的收件地址。这恰好构成在黑格尔的体系——作为未敞开的、一向被封闭的体系——中的基本矛盾,而且是一个无人可解的矛盾,如果世界进程确实已经—赢获的话;但这是不可演证的(quod autem non est demonstrandum)①。

而且还有一个很重要的东西需要在此谈及,以便过程之终止与另外一种东西不被混淆。如上所说:如果没有一种来自河流的相对回返着的稳定,则任何形态都不会出现。而且,这种稳定伴随着一种一般地流向大海的可能,就像伴随着旅程一样:黑格尔的进入完成了的本质的终结,有别于他的**良好的**对于以自身为目的的不断延续的进展的厌倦。也就是对于"坏的无限性"(在时间中而非空间中)的厌倦,即使空间,也把在现实**完成着的东西**中的一种到达(Ankunft),显示为在向更远的(ultra)增长方面的高度背叛。这样,一个完美性的公式,就是黑格尔式的这一个:实体同样是主体,如果其内容被描述为

---

① 拉丁文。——译者

现成—存在着的、生成了的—成功了的和在手边的，而不是被描述为乌托邦，那就只是修修补补的和静态的。但是，如果诸如此类的目标规定恰好需要过程，乃至于为了使目标事务不再仅仅保持为乌托邦，而越发将过程作为已定向的、最终可定向的过程来加以激活，它们就绝不会使"历史停止"，"过程中断"。因此，这样一种目标—主音，就不像从一开始（ab initio）① 就以静态的方式制造着的回忆那样，是一个过程之光上的盖子，而是属于过程之光本身，作为在此过程之中预先照亮着的以及连在一起的尾音。毋庸置疑，对于主观的意图、客观的趋势而言，通过到达这个概念，便意味着这个意图和趋势的一个终点，但这个终点却恰好作为它们的完成，而不是它们的罢免。过程是所有途中之物的生命，黑格尔说，辩证法是"内容本身的内在灵魂"（《著作集》，III，第 7 页），然而这种不安宁，在此并不是为了它自己本身而有权生存的，似乎是一个永远仅仅趋向目标的追求、应当、预设的"为艺术而艺术"（L'art pour l'art）②。确切地说，这个永不安息的**内容**毋宁为此奠定了基础：即使这个过程也没有塞进其永不安宁的坏的无限性——**在废除了回忆之魔力之后**。是的，在完美性的"尚—未—存在"首先构造了存在中的不满足和不安宁的时候，在如此一来使迄今任何一处阿卡狄亚（Arkadien）③ 都作为至多只是局部性的东西而继续指向乌托邦的时候，确切地说，对于过程而言，一种——如此完全缺乏的——在完美性方面的"真正本质"（Ontos），便意味着它的真正回复，而且恰好是打入该过程之核心并如此给出安宁的回复。并非作为过程之解除，如同在所有向已经完成了的本质的还原那样，而是作为过程之汇入，不是作为乌托邦之终结，而是——带着毕竟预先—显现着的界限—理想——作为如同乌托邦的存在。担心这个总归只是埋在末世论的乌托邦中的最终本质会葬送了过程，这是毫不

---

① 拉丁文。——译者
② 为艺术而艺术，这是法国哲学家维克多·柯桑（Victor Cousin）在 1936 年提出的一个主张艺术脱离现实的口号。——译者
③ 古希腊地名，风景优美，居民多以牧羊为生，民风淳朴。在艺术中往往指美好乐园，世外桃源。——译者

足道的；如此蜂拥而至和几乎逼迫而来的，并不是在如同乌托邦的存在之下被想到的这个东西。相反，更大的担心倒是：如果所有如同乌托邦的存在都总是只能摆上历史的层面，且这个层面在过程之无限的前景中进行，则是否每个当下都会落空，甚至于连时间的一个倒出来的终点、即一个总归预先推知可以体验到的终点的安慰也没有？这就是对过程之坏的无限性的担心，而且这种担心，在取消了回忆—宗教以及同事先的（ante rem）确定之物的反向联结之后，是远比任何一种涉及被停止过程的过分行动—恐惧都更加严肃的。甚至一种可以达到的，但却如此遥远以至于对每个活着的个体而言在实践上都无限遥远的终极目标，也可能只是迫使人们仅仅带着期待，并且全无回忆地生活。可是因为在单纯的、绝对持续不断的、因而最终毫无意义的期待中生活是不可能的，因此，即使是拯救、而不只是含有过程之物的形态逻辑也在于：其展开恰好在旅程中就已经使人看到一个相对稳定物的诸形态，因而似乎是由可以获得意义的欧米伽而来的诉诸"肉身化的"范例的尝试。当然，即使是这个欧米伽，也与过程的中断毫不相同，并且并不取消反正首先要通向它的这个过程；相反，这些形态，作为旅程中的诸形态，甚至恰好仅仅是走势图，至多是未完成的答案。但是准确地说，这并没有远古的或历史—安顿类型的回忆；因为即使是过程之作品—形态，按其本质也不是向返回的靠近，而是向"尚—不"、向乌托邦的这个还绝未完成之物的靠近。即使是这些相继的、在其依照未达到之范例而进行的易变而同一的试验中的形态之整合，也并不属于诸多重复的一个单纯可能经验的迷宫，而是属于一种可能**到达**的单纯先行之光（Vor-Scheine）的、虽然总归是先行之光的尚在实验中的相互问候。但经常是：可达到的状态之静止，极少是回忆之已完成状态，以至于哪怕是黑格尔的隐蔽的乌托邦——"实体同样是主体"，也无论是在编年史中，还是在他的穿越世界的原始编年史中，都不是已经编排好的。这种类型的怀想，毋宁只是可记下的，因为它根本不需要重复地回忆，以便不遗忘它的尚未到来的真理和现实性。

24. 被中介的自身—同一性之归结为深度

（1）这个自身（Selbst）的作用，超出了变成为它的那个东西。[489] 在这里，有必要再度同黑格尔告别。同这位非凡的、没有他就没有哲学探索（Phlisosophieren）的大师告别。与此同时，还曾生活过其他更容易得到机械理解的启蒙者，随之而来的，便是再也没有了哲学探索。但黑格尔的王国却是如此巨大，如此巨大却也并未掩盖若干较小的启蒙者。而且，这些较小的启蒙者越是从根本上没有抱负，其影响就越少有特殊的扩展，这与黑格尔几乎相反。恰好是这个自身（Selbst），自在地比这个幅度所能够回答的，要更长久地、亦即更深入地向哲学探索发问。

（2）如此一来，便留下了一个剩余，它使人还要在更大的幅度中去加以思考。它并非这样一种内在之物，即从外部来看仅仅是空洞印痕的内在之物。对此，黑格尔有理由加以嘲讽：臆想的、相信仅仅处在同自己本身的关系中的单个人，是不会比那个同时是普遍者和外向者的人更为丰富的，后者还仅仅是由人际之间的关系构成的。如果说单纯的外向者是浅薄的，那么，单纯的内敛者就只是空洞的，而且，至少无主体的技能、世界进程并不是其自身的代理者。这样，黑格尔就把单纯的内在之物仅仅视为像一座坟墓一样深的东西；他从最好的世界意义出发，把它解释为就像一种孤立的外向状态那样完全抽象的东西，同时仅仅解释为顽冥不化的。当单纯内在的人的存在（Menschsein）依据其感觉而非任何其他东西时，当它如此一来拒绝了人际传达时，按照黑格尔的佯谬的—中肯的表述，它事实上正好是非人的（inhuman），准确地说，它就不过如此，而且不是人的生存的宝库。这样，在这种类型的内在性中，也就肯定不存在还要使人在更大范围内加以思考的剩余了。但正如这里如此经常地强调的那样，这个剩余也同样少地存在于事后（post festum）回—忆中，同样少地存在于来自回忆和内在（Innen）的这种罕见的融合中。这种融合，是黑格尔的现象学所汇入的，并且在知识之知识中消解了一切对立。是的，在

这一点上，毋宁出现了对这个剩余的一种报复，作为它的一种方法上
[490] 的—具体的意识。因为虽然黑格尔一贯地拒绝所有无客体的主体，并
且把所有的内在都互相关联——辩证地与一个外在联系起来，正如反过
来也把所有外在与一个内在联系起来，但他在这样做时，却太过好古
地在主体因素——只要该因素挑战性地出现——方面压缩了它的空
间。现在，这一点在终结处自我报复了，对挑战以及整个应然—领域
的剪裁，在一种绝对的走向自身（Insichgehen）的最终完结中自我报
复了。在这里，这种黑格尔式的精神的走向自身，现在又的确重新、
并且首先更加作为一种东西，亦即作为在回—忆中的这个完成之物的
单纯的回忆，而陷入被生成之物了。在经历如此丰富的世界进程之后
而反转入主体，这肯定是不错的，而且如上所述，黑格尔在《精神现
象学》末尾处的评论中（参阅 104 页）曾出色地、带着本身是深度的
根据，将它称为一种进入深度的回转。但现在，由于对这一要求的先
行忽略，所以很典型地缺少在被回忆的回忆中的任何现实性，而且与
应然—领域一道，缺少任何一个新的、有限地适合于回忆的客体。就
像如此经常地在此强调的一样，没有任何一个对象代替这个非—异化
了的对象，而在这个沉思了的—沉思着的精神的被回忆的对象之外显
现。显现的是一种"消失了的定在"，并且唯独"这个被扬弃了的定
在——这个在先的（！）、但是从知识中重新诞生的东西——才是一种
新的定在，一个新的世界和精神形态"（《著作集》，II，第 611 页）。
然而，其中恰好没有现实性，没有公设，也没有现实的新事物；从对
假定主体的事先过分忽略，接着导致了对一个新的、可能适合于我们
的客体的过分忽略。世界至此有其酬报，而酬报至此有其世界，——
这就是通过人，并且为了人而进一步生成着的世界，即在这个进一步
展开的公设中才明显深化的世界。

而且现在，康德表明了要从要求出发。康德是这样一个人，他与
自己通常形成了的形象并不完全吻合，不论是其正面形象，还是其反
面形象。真正的康德并不是什么新康德主义者，而是以自己的方式作
为萌芽时期法国大革命的党派人士。他肯定也是普鲁士臣民的一位意
识形态家，是不可知论的诡辩者，但就正面的公民形象而言，康德首

先是一位启蒙运动的意识形态家。如果说歌德和黑格尔因为他们未放弃同启蒙运动的关联而获得赞美，那么，康德至少当场就意味着这一启蒙运动。而且首先：他让任何一种苏格拉底式的东西都服务于启蒙运动，这种苏格拉底式的东西，其真正的研究是人，并且是人的自由和人的在—自由中的—可能存在的拷问着的奠基。为了在新康德主义者之外还将现代不受欢迎的社团也排除出去，马上即可发现例如生存主义的奠基：在各自社会关系的一种奠基之外，不存在什么"奠基"。而且，也不存在对康德式的形式主义或与康德的名字连在一起的不可知论的一般还有效的回忆。这种形式主义，除了一个依照形式的善良意志所想要的善的东西外，一般地并不知道自己想要什么，它是完全变味了的。同样变味的，还有由此而来的对一个不可达到的、结果根本不负有义务的抽象—理想的无限接近；这种严肃的空洞，就是对于漫无边际的本体论化的神话学的否定性的迂腐，而且根本不是为了变得更好。"开放性"绝没有凭借这个价格而被算作太过昂贵的，因为它根本不可能太过昂贵，它借助于这类方法是形式上—近似的，却根本不可以得到。结果，这样的康德就处在讨论之外了。同样如此的是——在一种并非没有间断的关联中——这位着眼于所谓自在之物的永恒的不可知论的康德。在这里，黑格尔不仅针对内容空洞，而且针对有关认识的，以及实践的距离之绝对化，作出了自己的判断。像李凯尔特这样的新康德主义者，曾以滥用的方式，把这类空洞的、坏的无限性描绘为开放性，甚至描绘为带着具有不懈的形式价值的开放性体系，他们只是还没有听闻黑格尔的判断。但是，新康德主义不是康德，现实的康德既没有与形式主义，也没有与不可知论一同终结。正如上面在叙述黑格尔式的康德批判（参阅第 372 页）时所表明的那样：这位通常如此普遍的哲学家[①]，对于康德的深度总是闭着眼睛。但正如现在所阐明的那样，他这样做，不只是由于意志—自律的自由主义者的后续作用，和由于包含蒙昧主义的情感—不可知论。并且不只是由于康德将实践理性的终极事务始终置于其中的这种坏的无限

[①] 这是指黑格尔。——译者

[492]性。之所以避开，还因为睿智的黑格尔，要比他那个时代睿智的俄狄浦斯更快更好地理解了令他不快的消息。在康德那里，一种特有的经验性的被遮蔽状态被归入实践理性的优先性，这是令黑格尔不快的。

(3) 在康德那里，世界的最佳状态并未在现存世界中到来。最佳状态是这样一种状态，在其中，人的意志不再受任何异己的东西驱动。只要异己物或外在的持存之物属于这个范围，亦即属于肯定相对的、从一个到另一个不断传递的世界，则恰好在这个地方，在康德式的形式中，就会出现**深度**（Tiefe）这个独特范畴。深度是表面的对立面，这样，它便是绝对本质之物的核心的和中心的位置规定。作为这样一种东西，有别于表面之物的感性确定性，就必然有一种尚未如此可见、如此限定、在内容上可界定的东西为它所独有；主观的以及给定情况下的客观的，是在深度中的一个强大的非—现象的片段。所以，它作为哲学范畴是不同于其最通俗的、尚在表面范围内存在的形式的：不同于直观空间的第三个维度。因为直观空间的深度，如果它不跨入巨大的远方，是恰好依赖于可把握之物的。它包含了原初的物体，而且首先在更宽的背景中，带着清晰的骤变，包含了与未显现之物一道、意味着未曾显现之物的物体。这个在显现着的东西那里未曾枯竭的东西，在直观空间中仅仅是远处的背景，仿佛它被水平地放置着，把可见之物的深渊置于地平线上。只有在这种传递的、向不是完全可以测度的东西传递的意义上，直观空间的深度才接近于哲学的深度。是的，这种深度，按照其起源之自在，是如此最为可见地在康德无中介的无世界性中根本就没有任何水平的东西；它毋宁就是一个通往深渊以及通往高度的垂直之物。一旦带着世界广度的深度是无中介的，它就完完全全地在垂直线上运动，而且始终保持在垂直线上；不论是作为向自我深渊的下落，还是作为向一片超脱蓝天之深渊的提升[493]（这种提升在此同样是下落）。前者，康德意指中心：在我心中的道德法则，后者，则意指顶点：在我头上的灿烂星空；如此一来，两者便都与我们的生存联结起来了。顶点和中心，相遇在它们两者的深渊中：灿烂星空，使我们摆脱自己的无意义；道德法则，使我们进入自己的重要性。但哲学的深度当然也从直观空间的深度中接受了一个**水**

平线，这就是背景的水平线；这是如此之当然，以至于哲学深度不是与空间的水平线，而是与时间的水平线相结合。确切地说，时间似乎流入了水平广度消失于其中的那个终点；它历史性地趋向了那个在迄今为止的现象中未曾枯竭之物的深渊。这一点，在康德那里亦然，尽管他把时间从自在之物中排除出来，尽管他的道德神秘主义具有形式上的无世界性。因为在他那里，尽管自身（Selbst）—自律的深度始终是如此形式的，但在此毕竟有一个过程之线被引向了它，当然，这是一个无限的过程，它用道路的坏的无限性，否定了内容的测度不了的深渊。旅程与归根结底（Überhaupt）之间、历史与彻底的深度—内容之间的彻底飞跃，在康德那里并不像在黑格尔这里一样，被掩盖在毫无缝隙的世界时间中介（Weltzeitvermittlung）中，但它由于旅程之坏的无限性，由于向归根结底的永远只是趋近的运动而消失了。这样，世界过程再一次从深度中被排除出来，也就是说，以悖谬的方式通过太多的世界过程、通过时间之无限的绽出而被排除出深度。反之，当黑格尔完全在世界过程中和完全在该过程的历史性展开中使"深度之启示"得到中介时，他就扬弃了这种坏的无限性；但由此一来，恰好又再一次忽略了飞跃，而这个飞跃在任何时候都为哲学的深度所特有，乃至于为绝对的、在与历史性地被中介了的广度的关系中的深度所特有。这一飞跃，在宗教的神话学中曾被设想为垂直的闪电，因此在与中介过程的关系中（"拯救经济学"）曾被设想为"奇迹"。即使作为时间而得到完成，并且接近于天国（《马可福音》1：15），深度的启示也出现在它的这个绝对的、因而突破一切的严肃事件中，最终是从深度自己的深渊中、而不是从一条世界时间—水平线的无飞跃的结果中出现的。虽然康德从未把一种完成了的可能性给予世界时间；相反，世界时间作为无限之趋近是原则上不可以完成的。同样，他凭借其本真的自身—内容的持续未显现状态的形式主义，而把一种内容算作是太大的代价，甚至是一种根本不被要求的和恰好有损于深度的内容，如果着眼于被生成之物及其表面，因而从一个最终本身外在于它的视点出发，深度仅仅是不可测度性（Unauslotbarkeit）的话。相反，从自身出发，按照其本质状态之本质，深度意味着被扬

[494]

弃了的不可测度性，亦即在其显示了的内容或达到了的**同一性**中自身—意志的到达。但是，当康德把对于这种同一性的意图不是交给迄今为止显现着的意志内容和价值内容的时候，他当然活生生地获得了深度——作为本真之物和归根结底——的一个本质性的品格：开放性。他开放地在乌托邦的意义上，在深度之尚未关闭的现象内容的意义上守护开放性。而且，他带着如此清晰地被瞄准的意图之方向（自由的伦理存在者之共同体），以至于开放性恰好不可能找到自己的讽刺画：亦即在广度本身中的漫无边际的阐释—癖好，朝向所有方面的漫无边际的—讽喻的—类型化的深度—癖好。在这里，黑格尔向康德学习了，他从康德那里学到了深度的明确性，这种明确性是不可能通过途中事物的含义的丰富性而诱导出来的。康德把自己保持在同归根结底（Überhaupt）的毫不松懈的关系中，因而保持在那样一种片面性中，它使得目的清晰，并且使得目的同现实的深度——作为被想要的归根结底——类似。

如前所述，围绕的是这一代价：这个归根结底被意指的东西，是无中介地保持为世界性的。在康德那里，通过取消所有经验性的条件，形成了崇高的空洞，它当然也始终为康德所固守。康德在经验与公设之间保持了一种空洞而虚假的二元论，在二者之间也的确未曾达成妥协。没有什么认识达到了实践理性的诸客体，但这些客体也没有被一个生成了的宇宙的诸范畴所阻断。在康德那里，虽然生成了的宇宙从本质上仅仅是牛顿式的自然科学的机械宇宙，以至于康德的二元论特别适合于同必然性的方式——作为纯粹机械的方式——不能共存。但由于命运在纯粹机械东西方面的这类限制，也就缺少那个爱神法蒂（fati），他允许——正如黑格尔左派指责他们的大师那样——把具有活的身体的人类钉上历史的十字架。补充一点：所谓实践理性的理念（上帝、自由、不朽），同时为其环绕在经验之上的精灵作出了补偿。因为这些理念之中最重要的理念始终是：自由，哪怕在经验性上是无家可归的或者是单纯的"先验幻想"，这样，也就抽掉了其他的理念尤其是上帝理念——它的确也是先验理念——的超宇宙的、为神话所假定的实在性。康德的实践理性并没有从上帝的意志中采纳其法则，这不是在遵循上帝意图的时候完成的，而是想要从它自己的深度出发去创造人的—内在（human-immanent）。虽然黑格尔同样不承认超宇宙的实在性，但对他而言，历史在本质上是"上帝本身的作品"，而且他的绝对之物也是完全作为实在性而完美的。在这里，一块完全是存在上的拱顶石被置于诸目的之上，而正如康德所说，唯有依照这些目的，"理性才能为意志制定出所有意志追求的最高目标"。这个未曾达到的目标，在康德那里是一个单纯的公设，而且要指出该目标业已达到，这也是一种幻觉。相反，黑格尔在这方面看来远更像是神话学家，亦即封闭的—体系学家，因而在他这里，没有—达到才是一种幻觉："我们在有限之物中不可能体验或看到这一点：目的真的达到了。这样，无限目的之完成，就只是要扬弃一种幻觉，似乎它尚未完成。善、绝对之善在世界中永恒地实现自身，结果是：它已经自在和自为地实现了，并且无需首先期待着我们。"（《哲学科学百科全书纲要》，§213附释，《著作集》，VI，第384页）康德关于其无条件者的理念不可能写出此类命题；把现象与经验联结起来的诸范畴，在理念那里找不到现象，这种现象，除了这些理念有一个"实在的客体"这一点可以思维以外，还允许作出更多的说明。但是，这些理念并没有"客观的实在性"，它们"不是道德法则的条件，而仅仅是一个由这个法则所规定的意志的必要客体的诸条件"（《著作集》，哈滕斯泰因编，V，第4页）。这个客体，康德曾称之为一个超感性的客体，在此意味着这样一个客体，其范畴尤其是其理念不是可以用感性直观来充实，以至于使经验成为可能的。人们能够确定有这样一个超感性之物，但它缺乏"客观的实在性"；所以在它那里，在神话—本体论上恰好没有任何东西体现出来。康德嘲笑这类思想家，"他们如此热切地把自己的形而上学的酒杯指向那些遥远的世界对象"；相反，对康德而言，完全切近地、紧凑地、并非粗疏地通过道德的理性法则本身，其自在之物才变得可以显露。对"这个超感性之物"的最终认识是值得尊重的，但甚至这一点，也是接着才随之而来的，是在道德性之后并且出自道德性本身才随之而来的："首先是在道德法则之后，在人之中的超感性之物，其可能性没有理性能够认识的自由，

[496]

才揭开了面纱,这样,理性才有了认识超感性之物的正当的要求。"(《著作集》,哈滕斯泰因编,VIII,第572页)自由与无节制的本质认识的这种最终关联,康德,经适当修改后(mutatis mutandis)①,和黑格尔是共同的,然而是这样的:在黑格尔这里,这一要求已经完成("绝对的"宗教,"绝对的"哲学)。黑格尔建造好了,并因此才能站在巅峰之上,与康德相比,他具有全部自为的重要的东西:中介,辩证法,过程,完满的内容性,目标—具体化之诸等级;但是,应然(Sollen)却不再存在了。黑格尔是近代资产阶级最伟大的哲学家,是它的遗产和加速器,他引导着费尔巴哈直至马克思,他的辩证法头足倒置地继续活在马克思主义之中。与此同时,康德则仅仅被导向——新康德主义,并且被导向对马克思主义学说的一些全然腐败的修正或"改良"。然而,康德并没有将世界封闭,他仅仅在其机械学中了解一个圆圈,但从未在——如此深奥地加以说明的——诸机械范畴的时间图型中,尤其未曾在为人的意志制定的自我目的中了解一个圆圈。在这里,世界虽然不是这些目的的仪器设备,而且——由于无限延伸的应当——也不是其好像日益趋近的完成地点;但是,在这种无疑是错误的、强行导致抽象化的无世界性之中,也恰好呈现出了一种开放性。在其中,呈现出了对本真之物和归根结底(Überhaupt)的一种公设—怀想,一种必然要预先把握的东西。此类东西,在康德那里很独特地被置于体系之上,而这个体系,在康德那里唯有作为理论上的—机械的经验之全体,才是一个封闭的体系。与之相反,此后接着而来的,则仅仅是对于一个尚未生成的、一个无限敞开的未来的希望,这原则上不属于既存状态的圆圈。这位"在理想之中的导师",如康德所言,既没有在经验(Empirie)的封闭的形式中,也没有在被设定为客观实在性的先验(Transzendenz)中看待这个我们的东西(das Unsere),他在一个首先自我形成的第三者中看待:在一个"处于道德法则下的未来人类—共同体"——作为"处于伦理法则下的上帝民族"——中看待这个我们的东西。这就是黑格尔的自为存在,从伦理

---

① 拉丁文。——译者

宇宙的角度和从绝对知识的角度出发，它与一种包含意志的主体性的角度和一种尚未区别的东西相关。虽然在康德那里，这始终只是一种归结（Zuordnung），即把真实自身（Selbst）的一种**无中介的**（形式的）同一性归结为深度。所以，康德不可能使任何实在的东西开始于这种开放性，历史几乎不可能发生，一种内容上的创新的起源，也不可能开始于这种开放性，有目的的归根结底（Überhaupt）之无宇宙性和超宇宙性（Überkosmoslosigkeit），使得实在的东西本身变成形式的。自由，这一最中心的无条件者的理念，这个如康德所说，仅仅"必须被设想为对于所有经验性的东西、因而对于一般自然的独立性"的理念，这个纯粹先验的自由，在它想要独立于所有的和任何一种经验性的东西的时候，却恰好毫无希望地始终依赖于糟糕的经验性的东西。于是，除了"不可见的教会"这个永恒智性的理想，就再也没有留下什么东西了。黑格尔终结了这种负有太多义务，因而实际上什么也负担不了的理想之物；但是，**中介了的**深度之物或人的外表的现象学将继续前行。这个归根结底（Überhaupt）的极限内容挣脱了历史，但它仅仅是在它预设了历史的时候才挣脱历史的。为了如此一来既不保留一个所谓已经完成的理想，也不保留一个形式上的—无限的理想，它就不得不预设作为过去的历史，尤其是作为未来的历史。但是，如果说从经验性上尚未完成的公设出发的提醒，保留了这一严肃的对于未来的希望，那么，黑格尔的世界和世界历史的丰富内容，也很好地显示了这样一个地方，在那里，唯有诸公设才可能有其现实的—具体的巡行，也就是说，没有抽象的—二元论的、不可达到的—绝对的巡行。[498]

（4）如果这条道路开始了，那么，这一旅程就必须完成了。这旅程只能在社会性的—包含世界的诸条件中，并凭借这些条件而达成。康德没有参与这一旅程，他因此不可能终结，甚至从不可能开始，这影响了他的伟大。使他伟大的只有那种毫不懈怠，他借此而在完成了的经验（Empirie）中不见终点。当然，对未曾完结的归根结底（Überhaupt）的这种确信在起作用，以至于康德始终在重复地提醒——不是针对黑格尔抑或取代他，肯定不是，但很可能是在通过黑格尔而变得可标明的和由黑格尔所强调的具有过程性的事情中：在把**中介了的自身—同一性归结为本真之物、归根结底的深度**这一归结当中。这深度是我们的过程性的自身（Selbst），连同其从世界中赢得的空间，连同其未异化的对象。这类东西，无疑既是一个极限概念，如同一个简直是末世论的公设的极限概念，但它同样以具体的—乌托邦的方式，就是在世界过程中等待宣判的事情本身。

决断尚未作出，事情本身尚未出来。否则，世界中就可能不会有糟糕的多种东西，亦即属于乱七八糟的虚无的东西。否则，就可能不会有时间上的**消逝**，空间上的彼此外在和**凝固**了，这两者都属于死亡。但是否则，也可能不会有过程，而且它不再日益远离；否则，这个世界作品——带着所有危险的规定——就可能不是处于辩证的、尚未终结的享受中了。但是否则，对于普遍的，也就是处于总体性中的把握这个尝试而言，那个——一如既往地成问题的—预先把握着的——目标定向就可能是不可能的了，而多样性恰好是依照这个目标[499]定向才有目的地显示自身的。尽管具有不同时性，尽管在世界广宇中有若干小房：**在总体性的不是太简略被把握的，不是太封闭的—内容上的定向中**，这些多样性既非相互矛盾地，也非以某种特殊方式糟糕地—多元论地乱七八糟地奔赴这一定向。相反，在与破晓而出的归根结底（Überhaupt）的过程关系中，这些多样性把自己显示为消极地或积极地得到整理的，每每按照与深度的较宽的或较远的、较漠然的或较激烈的、阻碍的或生产的关系而得到整理——"真理是它自己和虚假的试金石"（verum est index sui et falsi）①，这也对乌托邦式的—开放的体系有效。这样，途中的这种"排异性"（Alteritas）就不是废物间，而是主管机关（Instanzen）的一大堆实验；这样一来，**每一个、但哪怕每一个细节**——在理论上——都给出了必须创造出来的、中介了的同一性的一个显露着的主管机关。开始于短暂的示意，直至那个酝酿着—破晓着的自在—和自为存在的具有客观性的形态—寓意和形态—象征（中心—谓词）。这仅仅是由于一位哲学家的受到限制的个

---

① 拉丁文。——译者

体性，由于这一个体性的生命延续的短暂，以至于在这儿是这种细节，在那儿则是那种细节，被当作在趋向同一性的过程中的主管机关和密码而得到强调。因为对一种恰好与物质的倾向——就像与这种倾向的未封闭状态一样——保持一致的理论而言，并不存在无法达到的"自然的分疏"。在此意义上，这种理论就像为了被康德所反思的估算，乃至于还为了黑格尔的走得如此之远的具体的内容—发展而存在一样。作为一种最后—确定的东西（fix-definitiven）①，可表达性的先行界限存在于完全不同的地方，它存在于**持续的潜伏**中，存在于倾向本身之目标内容的自己实际上还被掩盖的性状中。这个目标内容，是如同倾向本身的推动力之类的东西，于是也就如同因此归根到底是倾向和过程的那类东西；而且恰好是这种东西，作为目标内容之特别的、尚未从自身中走出的邻近，使得目标内容如此昏暗。这种还是最为内在的内在，而非对目标内容而言构成澄明之主管机关的分疏，并且尤其并非某种先验性，使得目标内容变得困难。因此，目标内容（自为存在，绝对中介了的同一性）之所是，当然还不存在于可表达性的界限之后，因为它还根本不是现成存在的。除了处在通往目标内容的倾向中，还处在这个位于潜伏中的"尚—未"（Noch-Nicht）的无疑是难以界定和难以刻画的实在性程度中。然而，这个实在性程度是存在的，它的确把抽象的乌托邦与具体的乌托邦区别开来，把实在的可能之物在具体乌托邦范围内即将来临的、已经显而易见地自我呈现的现实化，与遥远的、也许位于终极处（Ultimum）的东西区别开来。这个切近的"尚—未"，首先仅仅是通过对那种东西——这种东西在为主体而形成的东西中并不可靠地就是这个主体——的否定，才是可以表达的：它不是异化，不是外化，不是物化，简言之，不是人与自己本身的非—同一性。有足够的自为存在的意图、倾向、主管机关和密码，然而，事情本身明显地既不意味着实体或理念，也不意味着在机械意义上的物质，或者在迄今构成了的东西中的人性（Humanum）。提及这些东西，为的是完全不提假设类型的神话学的标记，

[500]

---

① 拉丁文。——译者

不提本体论狂热的类似的空中幻景。可是，对非—异化的完全明显可能的说明，对于过程中的劳动是完全足够的。这种说明，足以达到对作为实在的而被给出的假象的直观，它足以构成知识，以便不通过幻象转移主体的彻底的胃口以及前景。在这种彻底的企图和被否定的异化中的乌托邦式的万物的出场，始终为历史敞开其概念的—和劳动的范围。这种出场，甚至还使得可显现的完成之物和全部封闭状态的模型（坚固的、永恒的法则），在不是作为还不是最不明显的东西得到认识的地方，作为不明显的东西，也就是自然，这个—宇宙本身而得到认识。这是世界的现实的开放性，因而是每一种只是微弱地在其光线中思考世界的体系学的开放性。这个过程性地出现的总体性的内容性状，恰好由于这个还在持续的、实验性的—生产性的过程，而始终保持在潜伏之中；通向归根结底（Überhaupt）的自由，实际上首先是在实在的可能性的状态中。但是，这种潜伏又并没有在前进中阻碍自由的秩序，它也没有阻碍**开放的自由体系**。在其最后的何为（Wozu）—规定中，自由本身是趋向生成的开放性和归根结底（Überhaupt）的进入；依照黑格尔的真实界定，它是那样一种如同深度之启示的东西，乃至于如同作为自身（Selbst）本身的深度，这个自身"不再像带有某种异己物那样带有对象性的东西"。因此，即使在这里，在这种完全开放的关系中，并且在同那种把深度之敞开与敞开之深度合二为一的开放性的关系中，——即使在这里，也无助于绕过对这个普遍大全（Omnia ubique）①的伟大的体系冲动。这肯定不再是在库萨的尼古拉、莱布尼茨和黑格尔这些封闭的体系学家所一致认同的那种意义上，就好像一个**完成了的总体**在世界的所有部分中稍加变换地—统一地回光返照似的。这是不可救药的，当这种表现形式在不同于他的其他人那里与他相遇的时候，黑格尔本人必定会嘲笑这一表现形式。这样，在莱布尼茨那里，当这种表现形式在所有事物的前定和谐的形式中出现的时候；"上帝"，黑格尔在这方面针对其固定的普遍物（fixe Unitas）本身说，"因而似乎是汇聚了所有矛盾的排水沟"（《著作

[501]

---

① 拉丁文。——译者

集》，XV，第472页）。这也许是未来的排水沟，既非如此这般也非在造出来的东西的某种其他方式中，总体之大全把多样性传给了实在的结果。但如此一来，总体之大全很可能就呈现了活生生的乌托邦，这就是说：随时随地都是指向未曾到来之归根结底（Überhaupt）的即刻的意图，就像该意图通过过程而前进并联结着它的世界一样。这都是过程性的—辩证的世界秩序的极限概念，而且同时是其系统的—决定性的立足点。一个封闭的过程，除了在这本书的连续不断的页码中，也许就不是过程了。一个没有目标方向的未封闭的过程，也许从来就不是在这本书中的一个过程，因为它是单纯的蹒跚。但确切地说，一个即刻的、带着在过程中对于自在—和自为存在的实在意图，亦即对于其正破晓着的生产者—内容（主体—内容）的必须创造出来的精确说明的未封闭过程，就是那样一种在现实性中走在自己前面的东西。与此相对，认识就并不意味着去封闭反正是封闭了的东西，而是在光芒之中的圆满劳动（Vollendungsarbeit）。在这方面，恰好黑格尔所做出的贡献，要多于对密纳发①的单纯的猫头鹰（众所周知不是夜晚女神）的喜爱，而且，从公设之良知出发同黑格尔的告别，变成了从致力于自身（Selbst）的直接同一性的知识出发，同他的一种新的再见。这首先是在过程的黎明将至中的一种再见，并因此当然是决定性地在过程之前线上的一种再见。[502]

（5）在这个终点处，有一个本身属于自身（Selbst）和对自身而言并未形成的东西的洞见出场。每个事物都产生了超出自身的作用，因为它处在运动中，它是它的运动的一个环节。因此，前面已经说过：每个东西，哪怕是每一个细节都对真理做出了贡献，并且从属于真理之路。从理论上说，每个细节都呈现了必须创造出来的、中介了的同一性的一个显露着的主管机关和密码。当然，它**在实践上**也许是蠢事，每个人，哪怕是主管机关都想要探究；这也许是着魔的疯子。想要用一个贝壳来穷究大海的儿童，也许还会深思熟虑地对待一个想

---

① Minerva，古罗马神话中的智慧女神，传说是她把纺织、缝纫、制陶、园艺等技艺传给了人类，希腊名为雅典娜（Athena），三大处女神之一。——译者

要背诵抑或只是拷问一切细节的成人。在童话——女妖让他在仅仅一个晚上就要纺出一整座山的羊毛——中的儿童，也许比试图把握整个多样性的思想家和一篇癫狂论文"论万物和其他一些事物"（de omnibus rebus et quibusdam aliis）① 还要更早地完成远景。尽管如此，并没有什么细节可以先天地就被称作非本质的，在此意义上，就具体的哲学活动而言，对主管机关的敬重是不可避免的。这种具体的哲学活动，从来都是一种带着开放性眼睛的活动，没有先天的图形，因而随时准备在给定的情况下，在每个细节中去寻找一种意蕴，而对这种意蕴的追踪是具体地学会的。这样，理所当然的是：在这种博学的良知中，为了该良知是哲学的良知，并且恰好不变成太过疯狂的愚蠢，就要进入一些重要的限制和思索。**第一**，一位思想家个体化的如此存在（Sosein）和其寿命的短暂，总归会限制其视野范围。每一个人，每一种职业，每一个时间，都有其特殊的标记世界（Merkwelt）；一种德性，亦即特别负有责任的，特别具有时间意识的选择材料的德性，必须从这种困境出发而得以造成。**第二**，一种最高有力的提醒，恰好是从无力的主管机关审阅（Instanzenlesen）出发的，亦即是从无边的、构成一个猎获物而非诸意涵的一个主人的主管机关审阅出发的。例如，一个如同卡夫卡（Kafka）② 的世界的世界，就癫狂而可怕地呈现出了这种供应了的存在（Ausgeliefertsein）。这种带着预感指向完全不同的、紧张的—充满信任的，但依然到处存在的暗示的预兆，在浪漫主义派别，尤其是在诺瓦利斯那里，自我显现为无边的主管机关审阅。这类东西，在前面已经作为阐释—癖好、毫无方向的深度—癖好、并且作为非哲学的拣选物而加以刻画。如果这种癖好的精致官能是可怕的，那么，他首先可以在被追踪物那里、并且全然强化地在追踪妄想中认识到：在这里，每个事件都承载着过重的意涵，主体到处

---

① 拉丁文。这个论文的标题带有讽刺性，相传是讽刺托马斯·阿奎那在写了"论万物"之后，又试图写"论其他一些事物"。——译者

② 弗兰兹·卡夫卡（Franz Kafka, 1883—1924），生活于奥匈帝国统治下的捷克，著名德语小说家，与法国作家马塞尔·普鲁斯特、爱尔兰作家詹姆斯·乔伊斯并称为西方现代主义文学的先驱和大师，其主要小说作品有《审判》《城堡》《变形记》等。——译者

都嗅到了危险。如果这种精致官能是中立的，因而虽然是令人吃惊的，但并非如此不让人不安，并且像在被追踪者那里一样与独特的主体相关，那么，主体就会首先在富有意涵的自然那里发现自己，而这些自然并不知道它们想要什么。当它们本身不具有单一感官的关联内容时，它们也就看到自己客观地被全然的多义性、被意涵方向的坏的无限性所包围。在这方面，即便还是个别的意涵—细节也能够在不可忽略的丰富性中展示多义性；这就是那种不像在同样多义的寓意中复述客体之实验性的密码，而是仅仅复述客体之观察者的不果断（Unentschiedenheit）的多义性。但是，不论对于原初的被追踪之物，还是对于原初的多义之物而言，共同之点则是不知所措；它们的产品就是来自纯粹死胡同的过于丰富。指向所有方面的深度—阐释的社会的—意识形态的功能，就是去美化"不坚决"（Unentschlossenheit）这样一种被形成的功能；哲学的效应则是未极化的过分丰富之转化为——虚无。在这里，一切都变得充满了中立的意涵、意义，以至于没有任何一种意涵是中立的，没有任何一种意涵与真正的深度相关。这因而就是从单纯的深度—癖好（lucus a non lucendo）[①] 发出的警告；它的动因就是不果断。与之相反，**真正的**主管机关—方法论的动因，则恰好是清楚地构成了目的的片面性；这种片面性为自己节省了对于那些细节的专注，在这些细节中，意蕴确实是燃烧的，而且不只是——在尚未明晰的穿堂风那里——在闪烁。但是**第三**，只要细节—存在物在所有选择中想要成为百科全书式的，则甚至在深思熟虑的和有目的的细节—存在物中，就有了一种**哲学式的**思考。百科全书（在此有别于体系学）是完备性；但对于这种完备性的追求，处于恰好不能变得宽宏大量、恰好可能变得心胸狭窄的危险中。这种方式的思考已经在上文中遇到了，在由黑格尔的《逻辑学》向《哲学科学百科全书纲要》[504]的过渡那里（参阅第181页），我们已经强调：亚里士多德类型的典型人物，黑格尔，在与同样强大的柏拉图、康德的区别中，甚至还可

[①] 拉丁文，直译是"小树林，因为那里不亮"，指一种不是用相似的东西，而是用相反的东西进行比较的方法。——译者

以把阐明了的广度归结为深度。但是，追求完备性自在地本身容易被认为是小家子气，或者很可能如此，尤其是当这种追求与下面这一原理相对照的时候："执政官（法官）不问琐事"（Minima non curat praetor）①。因此，哪怕是黑格尔的一个有些狂妄的敌手，即卡洛琳（Karoline）②，也感到总归要努力去表明：伟大精灵如柏拉图、莱布尼茨、康德、谢林，都从根本上把自己局限于对占主导立场的拟定。他们没有用完备性的血汗来掩盖自己，而是决定让自己去说明主要之点；因此，在他们这里，只能偶尔发现对详尽无遗的材料的专门阐释。当然，另一方面，也恰好存在文艺复兴时期的具有普遍教养的世界公民（Weltmann）；在他这里，完备性肯定并不是小家子气的。决定性的大人物亚里士多德、托马斯、黑格尔，更加维护最强的百科全书式的阐释；他们是百科全书之王，而不是其短工。黑格尔始终是他的几乎深不可测的材料的主人；他首先针对过于细节化（即使在历史、而不仅仅是自然的特殊性中）而经常表现出一位裁判官的厌恶。尽管如此，他还是通过他的以逻各斯概念为中介的材料，坚决要求尽可能毫无漏洞地充实，并由此形成百科全书。但尽管如此，他即使在这第三点——作为被弄上了斑点的完备性之激情——上，也试图挑战这一警告：面对缺乏主管机关的细节或不凭借主管机关来拷问的细节的单纯泛滥，而维护百科全书。或者，使百科全书——只要它在体系中出现——恰好在一大堆最小的以及最大的光线—主管机关之旁或之中，由记录下的空白大陆组成。这一点所借助的是这一信任：在不可克服的大量主管机关之中，那个被发现的对归根结底（Überhaupt）的每一个外观都最为根本的机关，总是最为重要的。被填满的百科全书本身还是不可完成的，尽管它描述了极限—理想，独立于无限记录下来的无限主管机关—多元论的着魔般的愚蠢。它最后甚至还出于一个根据而是非哲学的，这个根据，对于这些页面的读者来说是众所周知

---

① 拉丁文，系古罗马法中"执政官（法官）不问琐事"的法谚，与中国古代著名法学加韩非子的"圣人不亲细民，明主不躬小事"（《韩非子·外储说右下》）相似。——译者

② 卡洛琳（Karoline Pichler, 1869—1843），是澳大利亚的一位历史小说家。——译者

的：出于**世界中的前沿和创新**。所以，哪怕被填满的百科全书也可能是一种非真理，如果它躺在一座完全离奇的图书馆中的话；因为达到真理的这样一种枚举的前提，本身恰好直截了当地是非真理，即世界的封闭性。被填满的百科全书，在这种如同它在黑格尔这里所意图的方式中，预设了作为成功存在的完成了的存在。这样，它不仅想要写下整个世界，它的与圆圈相匹配的世界，在誊清稿中甚至可以说，是泛逻辑的—书法的；它甚至必定会把太一和归根结底（Überhaupt）的实在性，当作彻底完成了的东西来宣告。接着，这些阐释着的甚至完成了阐释的世界构成物，精神王国的一个高脚杯——绝对者由此就已经泛起了泡沫，便处在完成了的普遍物的完成了的道路上，以及围绕这个普遍物而旋转。黑格尔的这个弱点，一个来自于巨大的但是实在的—假设了的完美性—预知的弱点，虽然并未在绝对的百科全书、在这个唯一类型的无所不包的存在物面前发出警告，但是，它在危险的、为作为一种封闭状态的百科全书所特有的安静与拥有面前发出了警告。于是，就必须发现包罗万象性的另外一种形式，而且这一点恰好为着这一目的：将还是过程性的—潜藏的，甚至仅仅首先显现在暗示中的细节—主管机关，带进哲学的范围。这种非—百科全书式的思维类型（带着对主导立场的说明），通过它的非刚性的包含先锋的东西，通过极限问题之文化，甚至通过在给定情况下看出如同星座般的目标力量而闪现出来，这就好像是：在它们之间的中间空间没有变得明亮。百科全书式的思维类型，则是通过哪儿都不可能经受考验的关联材料而闪现出来的。但是，在这两种类型之上，还有一个第三者，它属于就像广泛地设定了目的的、同样非刚性的开放体系的前进秩序。它把一个非—百科全书式的主管机关的包含先锋的东西，与百科全书式的—丰富关联的有秩序的大量主管机关结合起来。由此形成的，就不是拥有（Besitz）之百科全书，但很可能是**辩证法及其处于过程中的、与一个过程目标整合起来的关联—内容**的一部百科全书。这样一来，这部如此可以预期的百科全书，就不外乎是在这整个开放体系过程中的描述—阐释问题。此外，这种敞开了的描述与非—百科全书式的描述一样，共同拥有指示的威力和主导的立场，中心观点由

[506]

这个主导立场出发而展示自己，但它并不了解保持为抽象的，甚至仅仅应用于"例子"的"诸原则"。另一方面，这种未封闭的体系化恰好与已填满的百科全书式的体系化一样，拥有趋向广泛材料的意志，这是所有具体性和复调之总体性的先行条件，但是，它同样按照该意志的特别清楚的封闭性方面，按照该意志的可以忽略的，但毕竟完全不现实的圆圈形式，而扬弃了这种类型的百科全书。

（6）因此，取代这意志而有待追问的东西，是公开地体验着的、准备好的、未封闭的，同时是方向清晰的。它是头足倒置的辩证法，而并不像在黑格尔那里一样，是停止了的东西和局限于范畴化的完成之物。开放的百科全书，开放的体系，是唯物主义的辩证法，因而不仅是一种与所有事件的内容丰富的—物质的根源相关，而不是与其逻辑根源相关的辩证法，而且是一种恰好由于这种对于多样性、中断、未封闭性的非—泛逻辑的实在化而自我理解的辩证法。多样性，即使在开放的体系中也是被选择的，但不是按照所谓处在逻辑下的"自然之分疏"或"自然之无能"的迫切处境——把一种唯心主义哲学的固定范畴具体化——被选择的。而是：这种选择——对于一种哲学的形态而言按定义（per definitionem）① 是无法避免的——对于传达信息的认识来说，绝非任意地通过总是可以认识的强力或实在关系的虚弱来说明的，在这种选择中，"多元论"或"差异"（Alteritas）的实在密码——只要它们出现在视野中——就面对着到处有意涵的过程之倾向—内容、潜在—内容。例如，"劳动阶级的胜利所需要的诸条件的生产"，就是这样一种在多种多样的、头绪纷繁的过程环节中的实在关系。它将不是无边的，以至于列举和描述有多少乌云每日都在蓝色的苍穹上飘动，但是，它也将不是狭隘的，以至于遗漏了厨房围绕丢失了的肉而出现的争吵，抑或遗漏了不如意之事，就像各种国会纵火案经常成功那样。重要的东西，在最微不足道的消息中找到，这仅仅取决于认识其辩证的主管机关的价值（Instanzenwert）。重要的东西，可能躲藏在附带物上面，因而恰好躲藏在那样一种材料当中，它被图

---

① 拉丁文。——译者

式的筛选过滤掉了，而这种筛选，在约定的一般概念中根本就不会发生。这个没有加盖图章的世界，就像那个盖了章的世界，乃至于像那个处在调料小贩售货摊和接受骷髅单的世界一样，在意涵方面是同样丰富的，而且，它在尚未做成的意涵方面是更加丰富的。所以，并不让人吃惊的是：像黑格尔这样的材料哲学家们，最常见地在他们暂时中断连续统（Kontinuum）和既成状态的唯心主义的地方展示意蕴。要么是通过工时表之外的一种侧视，要么是通过援引一个在过去中并没有过去的环节，一个在宇宙中没有安顿好的元素。这种侧视，突然使细枝末节变成透明的，这就变成小画像的柔光，而且黑格尔完全来到了这个序列之外，他通过分类把唯一的横向巷道带到一起，通过主管机关丰富的小东西、细微之物而把非常遥远的东西带到一起。这样，在这个地方——代表着某些其他人——就涉及了印度："它的美可以同一位妇女的那些柔弱的美相媲美，她的脸颊从内部透出一抹典雅的红色，就好像带着一丝精神的气息，而且她的面容就像嘴角的姿态一样，始终是温柔的和聚精会神的。这种独特的、在女性那儿显示出分娩后的某一天的美，或者梦游中的美，这种肖勒（Jan van Schoreel）①将之赋予其著名油画'死去的玛利亚'（她的精神已经升入极乐空间，而且其遗容似乎还再一次栩栩如生地在做着告别之吻）的美的表达，就是我们在印度这里观察到的特殊的类型。"（《著作集》，IX，第145页）这类东西，是完全公开的多元论，也就是一种带有特殊的、遥远的中间空间的多元论；这些中间空间的结合，虽然在表面上只是一种类比的多元论，但在这种类比中，显而易见地同时有一种朝向一个本质之物的方向在起作用，而这个方向渗透了各种各样的分类（分娩，梦游，虔诚的油画，梦幻的大地），连同该体系的每个主管的总范围（人类学，美学，地理学）。这是满载而归的侧视；当历史中的诸环节、宇宙中的元素从唯心主义的连续统中突破出来的时候，还会展现出更清晰的主管机关审阅。接着，已经进入这种——真正违背约定而被敲开了的——多元论的，还有同本质之物的这个归

[508]

---

① 扬·凡·肖勒（Jan van Schoreel，1495—1562），荷兰画家。——译者

根结底（Überhaupt）的诸关系，也就是这样的：它们几乎鄙弃太过没有缝隙的中介了。这样，在黑格尔这里，它们就在对法国革命（作为一种灿烂的、一天再也不会减弱的日出）的孤立的—典型的强调中，这样，它们就在光线（作为在自然中的自身［Selbst］之原型）的孤立的—讽喻式的强调中。当然，在这个封闭体系的连续统中，这类东西始终会被再度剥夺权利，带着一种普遍大全（Omnia ubique），其万物就已经是大全（All），而且不会使万物作为归根结底（Überhaupt）而敞开。尽管如此，与在非哲学的百科全书意义上的主管机关贫乏的汇集相比，其区别是清晰的：这个**五花八门的东西，未封闭的东西**，但是清晰地瞄准一个**意图—统一**的东西，构成了这一区别。现实性意味着**唯名论**，而不是**概念实在论**，不过是这样一种唯名论，它的全部环节和细节都是通过**客观的实在意图的统一**——如果通过**乌托邦式的目标统一**而奠基的话——而集合起来的。不存在前提（逻辑的可推导性）的统一，不存在第一因（因果链条的原始钩子）的统一，不存在基本材料（精神的抑或一种彻底同质的物质的抽象物）的统一，也不存在宇宙（作为一种毋宁是有目的的多元论，因而是一种复合物的东西）的统一。而是：这个唯一的东西就是意图—统一，而且其内容

[509] 作为过程内容，是尚未具体化的东西，这个东西一直还仅仅存在于指向它的方向之中。它恰好适合于这个自为存在，还不在任何地方出场，却必须在世界的所有运动和形态中处处体现出来。它可以被刻画为实际上揭开了的根据，实际上被解决了的矛盾，实际上显示出来的、对于持续不断的**实在问题**的回答：世界。

（7）从单纯被形成了的东西出发，这个目标当然是事后的（postum），因而是无力的。但从被把握的变易出发来理解，则它是被诞生的，因而就是力量内涵本身，整个能动的—物质的辩证法都以它的产生为转移。当黑格尔写下这个句子的时候，他知道这一点："对于知识而言，目标同样必须作为前进的系列而存在；它存在于它不再需要超出自己本身的地方。"（《著作集》，II，第65页）然而，这位百科全书式的—封闭的体系学家把这种洞见交给了回忆，交给了那样一种回忆，它作为它的守护者而最后有了遗忘。知识作为回忆，就是如同

遗忘那样的东西，因为过去之物通过一种知识，一种作为可靠的沉思和被意识到的存在而毫无例外地、必然地与被封闭之物相关的知识，被扩大为完备的完成状态。与之相反，对于在过去中被带至未来，而并未带至终点的东西的知识，同样必然地是一种对于尚未实现和急需行动的太一的**思考**。关于这个太一，黑格尔作出了透彻的教导，这种声音在其著作的如此之多的地方皆可听到，但它是与单纯的被形成状态的声音混在一起的；它接着就像是在这个守护神的两副面孔之间的一场对话。这个思考，仅仅指向急需行动的太一，而不是指向一个循环的"圆圈记录"（Orbis scriptus）①；它在诸主管机关的复调音乐中倾听潜在的"固定格调"（Cantus firmus）②。由于世界不仅仅处在糟糕状态，而且处于过程之中，这个被追求的自为存在的适合性——这种适合性在哲学的思考中、在客观性的实在意图中意味着同样种类的东西——恰好绝不能作为本身坚实可靠的和封闭了的东西出现。不存在处在这样一种完成之下的被想到的东西，无论是神话式地在天空中，还是哲学式地——带着世俗化了的上帝—位格——在绝对理念中。过程之死结，过程之矛盾及其适合性的距离，都将不会如此可错而直接地、如此崇高而观念地被劈开。这个在最本真的（而且在此自己本身还不为人所知的）意图中被意指的东西，这个任何一种意图都终止于其上的终点，既不能作为消极封闭了的东西（绝望之规定），也根本不能作为积极封闭了的东西（确信之规定）而出现。但也许它还活在实在的可能性（希望之规定）之中：这个归根结底（Überhaupt）之总体还在绕行且尚未实现。在显现着的东西中所有可以倾听主管机关的东西，都指向运动—意志内容的这个统一的归根结底（Überhaupt）。而且它的深度——这深度在显现着的东西中还是未穷尽的，在显示出来的东西中是中介了的，但不是本身完全显示了东西——就是同一性。这种同一性，是这个达到了自身及其适合的诸对象的人道（Humanum）的同一性，因此就是在解放了的主体中的客体

[510]

---

① 拉丁文。——译者
② 拉丁文。——译者

的终结，是在未异化的客体中的主体的终结。而且这种同一性的深度，被想要之物的这个归根结底（Überhaupt），就是作为未来的内容丰富的自由的同一性，然而同样是作为这种自由的对象性的广阔的王国的同一性。

25. 辩证法与希望

（1）人们把如其所是的人，称为一种来得过早的诞生。他作为某种动物而无助地和未完成地来到世界，需要漫长的过程才达到成熟，而且在此过程中也会自动地受到威胁。摇摇晃晃，并且犯了一个年幼的动物在其祖传而来的环境中根本不会出现的错误。如经常坐在暗中，不知道进出，在他的身体那里仅仅罕见地或不清晰地拥有可靠的路标，而这路标会将马引到水边，甚至把归燕从最后的夏天引回老家。一旦进入从前没有见过的处境，就像动物几乎没有经验过的那样，则必须熟悉从前绝不如此，他因此已经不再了解的处境。但在这方面，对这个成长起来的动物来说，也很快就没有了立足之地。对它来说，其族类的完成了的盔甲早就挂到其他地方了，面容——在幼年动物[511]这里还经常在提醒着一副人类儿童的面容——僵化了。千百年来的形式胜利了，帷幕飞快地、并且决定性地落到了生成能力（Werdenkönnen）上面。动物必然会重复其身体和生命的通过试验而确定的工厂模式，所以，它们是如此这般地存在着，但也如此这般地被束缚了。人类则只能很大概地参与这个被束缚之物，他们干着这件事情，像是通常的廉价品；他们以不同的方式干过这件事情，以富有成果的、有力地被塑造起来的方式，在迄今为止的农民的位置。但是，这个廉价品本身是历史性的，而且昨天在一般水平中适应了的东西，今天却不再适应了，因为整齐划一的东西起码具有流行样式。我们人类作为物种，而不只是作为儿童未完成地诞生出来，这是伟大的。但是，在那样一种生成中去加以理解，这也是艰难的，这种生成因为一再重复地落入骗子的圈套，因而如此缓慢地发生。自从至少是百年以来，社会主义社会在实践上是可能的：而且像许多东西一样，这种并未生成一切的被形成之物，还从来没有被理解为它的 Abc。人实际上是走弯路的动物，然而也是以固执的和负有责任的愚蠢的方式，而不仅仅是以诡计多端的方式。通常，这整个外在的生活都是如此容易并和平地展开，就像现在它在最好的情况下在朋友当中所发生的那样。

（2）所有存在者还都是围绕着这个使人饥渴的"不"（Nicht）而建立的。它还不是完全蒸发和填饱肚子的摆出来的菜肴，或者，人们施行的善举重新变成了折磨。而且整个迄今为止的历史，都还是人类的史前史，这就是说，还不是自觉地产生出来的。它在不同的形式中，甚至在不同而剧烈的形式中，展现了人的自我异化。它一般还在黑格尔的意义上，即在一种自外存在（Außersichsein）的意义上展现了"自然"（Natur）。在这种自外存在中，被人们生产出来的但没有被当作生产出来的东西得到理解的那些权力，得到显露并被物化了。因此，这些权力显现为不可控制的命运，而且在迄今为止的历史中也还是这个命运。所谓诸事件的铁的逻辑，发生在行动着的个人及其意识的背后，因而完全没有逻辑之光。完全作为外在的、盲目的必然性，并且因此作为偶然性，完全还没有与人类主体和解，就像在独立于人的自然中的一次塌方或一场火灾一样。人们曾经把所有人类的作为——按照一种完全满足的乃至于完成的东西来衡量——称为片段作品（Stückwerk），而且可能的完成，本质上并不存在于历史之内，而是终结了历史；这就是宗教的理解。但是，迄今为止的历史之表明这个片段作品，是在一个即使在尘世上也不必要的范围内，在最大多数人的贫困中，在那样一些生产关系中，它们的暂时性就像有限性一样表现在：它们始终重复地变成了一种桎梏。据此，不仅人类主体，而且从这些主体中形成的或者从其中激发出的生产力，都陷入了同这个特定存在的现存的客体性的始终是新的紧张关系中。在由人类创造的这个世界中，辩证法本身是主体—客体关系，而不会是任何别的什么东西；是努力获得的主体性，这种主体性不断重复地超出，并努力突破为它而形成的客体化和客体性。最后，始终是这个贫困的主体——当该主体感到自己及其劳动不适当地客体化的时候，是历史地出现的各种矛盾的**推动者**（Treiber）。是强大的发动机，它由于每次达到的特定

[512]

存在形式同生产力的不适合性而开始发动，并且矛盾地、革命性地激活处于**事情本身**之中的矛盾，即根源于同主体—内容之**总体**的不适合性的矛盾。因为如前所述（参阅 144 页）：如果未得到满足的需要是辩证的—物质的运动之**推动力**和**发动机**，那么，未现成存在的所有事物的总体性——根据同样还未出场的内容——就是**聚在一起的运动的目标**。此外，月亮下的一切（omnia sub luna caduca）①都是无效的（月亮之上亦然）：然而，这种无效性，这种限制和有限性，同样预设了某个主体的未断绝的欲求，就像在世界上的一种尚未僵化的实在的可能性一样，以便从根本上能够仅仅显现为限制，甚至显现为可以克服的限制。而且，也还没有达到这样一个地点，在那里，社会不再能够继续，历史则被证明是一种徒劳。尤其是，除了对于方向的预知，还没有这样一个地点是清晰可见的，在那里，一切本真之物与归根结底（Überhaupt）也只是暂时地可以安顿。这或许是如同显现着的本质的真理那样的东西；这种真理，不是不真实的真理或仅仅是所谓的事实真理，作为被形成了的存在的一种静态的真理；但它也不是泛逻辑地给出的真理，这种泛逻辑的真理以此而造成了它与世界的和平，并在其中发现：它把这个被形成了的存在，描述为被完成了的存在。辩证的真理，不管黑格尔，而且特别也恰好由于黑格尔，而丝毫不是这类护教学。在本真之物和归根结底（Überhaupt）的这种在此所意指的意义上的真理，与某种天空之光，某种所谓已经寓于家中的东西，更没有任何共同之处；这类神话学的表现形式，同样只是在一个想象中的位置，把成功状态作为已经形成了的东西、现成存在的东西而给出的。哲学提出的真理问题，一次也不会被神话学所理解，更别提得到回答了。黑格尔有很大的权利说到这个特殊意义的真理："哲学必须谨防想要成为建成了的东西"（《著作集》，II，第 9 页）；因为，对哲学而言，比起对尘世的—静态的经验论的不信任，对一种可以说是超尘世的—静态的东西的迷信，更多的是挡在未形成之物面前的障碍。然而，如果历史**希望**取代这种不同面向的偶像崇拜者或者对一个现成

[513]

---

① 拉丁文，意为"月亮下的一切"。——译者

绝对之物的朝拜而寻求其真理，则一种完全不同的意义就出现了：作为其最有力的自我认识或对于被遮蔽的面目的认识；作为尚未存在的、在趋向其存在的过程中特别受到威胁的本真之物和归根结底（Überhaupt）的真理，因而作为还是乌托邦式的**目标**之总体。**这种真理**绝不会与谨防想要成为建成了的东西这个要求对立：对于在这个第二种意义上的真理而言，这个努力澄明着的东西，努力完成着的东西，就是它的规定。如已经表明的那样（参阅第198页），黑格尔不仅变更了真理的古老的、不可改变的规定，即它是认识与其对象的符合一致，而且，他还立即把这一点转变为客体—同一化的东西：真理是对象与它自己本身的符合一致，如此一来，实在性就与其概念、现实性就与理性相适合了。然而，在后面这一种规定中，尽管它滞留于每次都会被塑造的特定存在形态或隐德来希（Entelchie）中，完成中的意义之真理的那种包含意志的、因而值得述说的性质也已经起作用了。实践的**善的理念**的作用在于："不真实的，也就差不多意味着糟糕的、不适合的。在此意义上，一个糟糕的国家就是一个不真实的国家，而且一般而言，这个糟糕的和不真实的东西存在于这样一种矛盾中，它在这种规定和概念同一个对象的实存之间发生。"而且此外，还带着对那个归根结底（Überhaupt）及其真理的最为熟悉的热情，而对这种热情来说，辩证法就是它的工具："所有有限事物都有一种自在的非真实性，它们具有一个概念和一种实存，但这种实存却与其概念并不适合。因此，它们必定会崩溃，由此一来，它们的概念与其实存的不适合性才得以显示。"（《哲学科学百科全书纲要》，§24附释2，《著作集》，VI，第52页）这并不需要巨大的努力，以成为那种同样是战斗乐观主义的悲观主义：在第二种意义上，在积极的"概念"—履行的意义上，真理还特别多地需要历史，以便哪怕仅仅带着对于实存的最初的轻微斜视也可能作为被显示出的东西得到显现。确实，理性的东西迄今总是重复地形成，就好像相对命中了的本质作为尚未同根据现实地和解了的东西，太过狭隘地、不合理地一再重复地向非本质过渡似的。向一种必须被驾驭的非本质过渡，是的，这个本质，为了人的自我实现和全部的根据，日益强烈地要求它的否定之否

[514]

定。在上文中，完满总体性的真理—现实性，曾被称为万物的隐德来希！在这方面的主管机关有很多，已达到的状态——在持续的过程那里——还没有。

（3）因此，所有存在者都是围绕这个当然没有在自身中坚持到底的"尚未"（Nicht）而建立的。因为我们的事情本身尚未成功，因此，它就在这种为它所形成的东西中一再重复地徘徊。人们不是奴隶，但也不是主人；不是农奴，但也不是封建主；不是无产者，但也肯定不是资本家。他们是什么，在迄今为止阶级社会的劳动分工中并没有明确地形成。哪怕正当生活的变换着的主导类型，哪怕伟大的文化作品，也多半与每个阶级社会的意识形态混在一起。而且像在人们[515]之中一样，在整个包围我们的世界里，我们也处在同世界的交换中，总体性的事情尚未出现；否则，哪怕不是在自然中也不会有过程，而且也没有这个过程的辩证法了。不满足与希望，是同这个总体性——作为一种没有被自己异化的存在的总体性——的事情的永远向前推动的关系。在这种不满足中，在这种不安定的—向前推动的不满足中，总体之目标内容消极地作为它自己的缺乏，作为它的"没有"（Nichthaben），体现在希望中，在这个不安定的—照亮的希望中；它也积极地作为它独有的魅力，作为它的拥有的可能性，而体现在希望中。而且，为了能够成为一个具体的东西，与这个积极的矛盾着的东西相吻合的，在客体方面恰好是一种在事情本身当中的自我发展的矛盾，但总是重复地作为这样一种矛盾，它本身由现象中的本质这个"尚—未—拥有"所产生，因而由现实中的这种依然持续的非真实性、非成功性、非现实性所产生。在客体方面，当然是——一般而言是辩证法的不舒适性所构成的东西（参阅第 147 页）——比现象和本质之总体充实之间的单纯善意的距离更多地在此之中的。否则，它就不是伴着开垦世界的这种努力，而且不是与之相反的材料——在有助的倾向旁——的这类抵抗了。在客体辩证法的这种否定物（疾病、危机、向野蛮的危险堕落）当中，也无疑是一种同"不化"（Vernichtung）的交涉（Umgang），因而不仅与作为积极推动者的"尚未"（Nicht）打交道，而且与作为仅仅窒息着的否定的"虚无"（Nichts）打交道，这种仅仅窒息着的否定，还绝没有在自身中自在地、机械地具有它的否定之否定。因而是这样一种交涉，它自在地——没有主体的—主动的矛盾的侵犯——比某种万物（Alles）更早地导致发展出了一种徒劳。是的，一种主体的—主动的针对"不化"的对应措施有可能是必要的，以便它能够被运用于这种否定价值（Vernichtenswert）本身的不化，并由此首先被运用于生命之辩证的发掘。这样，绝不存在客体辩证法的某种自动机械装置，它趋向于善，带着"由夜晚到光明"这个舒适的格言。而首先是一种参与和——在灾难时期——主体因素的一种对应措施，使得客体辩证法中的否定性完全变成可能的成功之物的女仆。然而，自在的否定性——如在伯罗奔尼撒战争①中，在三十年战争②中，在一般所有糟糕的毁灭中——恰好在历史上并未产生丰硕的成果，这意味着，否定之否定绝不可以仅仅由自身的客体性发展出来。

[516]

这恰好在呼吁——人类史前史的结束越是显得接近——及时发生的行动。不是作为政变、抽象的自发性和更多此类东西，而是作为到期之物的解放。由于即使在客观辩证法中也不只是与虚无打交道，而且还从本质上与万物的实在问题打交道，因此，只要人们登上船只并且停止倾向的漂浮，这个到期之物就存在于归家的路上。但最后，这一归家恰好是万物的未挫败状态，作为不适之物的解放，作为在世界和它的各种抵抗中的虚无的克服。这又是在乌托邦中的乌托邦，然而，它正如在希望（预先推知的通向自为存在的自由）中一样，在不满足（被拒绝的奴役）中发挥作用。然而黑格尔，这位曾想要站得离

---

① 伯罗奔尼撒战争是以雅典为首的提洛同盟与以斯巴达为首的伯罗奔尼撒联盟之间的一场战争。第二次伯罗奔尼撒战争从前431年一直持续到前404年，其间双方曾几度停战，最终斯巴达获胜。这场战争结束了雅典的古典时代，也终结了希腊的民主时代。战争给繁荣的古希腊带来了空前的破坏，导致战后希腊奴隶制城邦的危机，整个希腊开始由盛转衰。——译者

② 三十年战争（1618—1648），是由神圣罗马帝国的内战演变而成的一次大规模的欧洲国家混战，也是历史上第一次全欧洲大战。这场战争是欧洲各国争夺利益、树立霸权的矛盾以及宗教纠纷激化的产物。战争以哈布斯堡王朝战败并签订《威斯特伐利亚和约》而告结束。——译者

任何一种不满足，甚至任何一种被遮蔽的希望都如此之远的人，却以其唯心主义的方式，把希望的真理同时描述为**自由**的真理。这种自由的真理指称的是自为的东西，在其中，"主体在与其相对而立的东西中不存在任何异己之物，没有界限和限制，而是在其中发现自己本身"（《著作集》，X，第126页）。在那儿，黑格尔的辩证法说："存在，达到了真理的含义"，这就是说：绝对者不再带有异化了的客体性，但也不再带有单纯的主体性或理想之物：希望—内容就在那儿。然而，唯物主义的辩证法必须到来，以便认识和推动这个处于现实过程中、而不是黑格尔——他自在地就已经把空间和时间中的形成存在物仅仅分开放置——的唯心主义过程中的内容。这就是唯心主义辩证法的界限：这是单纯的考察的界限，就好像它通过自己本身（per se ipsum）① 而与过去之物及其视野相关，与一个在形成了的诸现象中就已经显然形成了的本质相关。只有在一种不再在头脑中发生，并将其纯粹唯心主义的运动迁移到一种客观的静态物之上的辩证法中，目标内容的不满足—希望—总体，才具有功能。只有在这样一种辩证法——作为未被考察的、对被考察的历史封闭了的事件的一种辩证法——中，知识本身才是不断变化的。不只是与可知的过去相关，而且与现实的生成，与发生着的未封闭之物、与可知的—可以推动的未来内容相关。S还不是P，无产者还没有被扬弃，自然还不是故乡，本质之物还不是被述谓出的现实性：这个处在过程之中，甚至以延伸的方式处在其建筑视野之达到或首次赢获中的"尚未"（Nondum）②，同时导致了对真实的人的努力及其战斗乐观主义的意义信仰。正好因此，这个"尚未"（Nicht）③——它通过所有的停顿和物化而被推至对它自己的秘密内容、目标内容的述谓化和显示化——的辩证的动因，按其全部内容就不多于，但肯定也不会少于希望。而且，作为经过审查的希望，作为已知的希望（docta spes）④，它是批判的—前把

[517]

---

① 拉丁文。——译者
② 拉丁文。——译者
③ 这个Nicht既有"不"的意思，也可以被理解为"未"或"没有"。——译者
④ 拉丁文。——译者

握的、辩证的—唯物主义的知识,这种知识,与客体的过程达到了和解并且结合了起来。这样一来,"S还不是P"这个辩证的原理,在着眼于不适合的被规定之物(阻碍着的被形成之物)时便意味着:"此外,我还是认为,迦太基必须被摧毁(Ceterum censeo Carthaginem esse delendam)"①。着眼于摆在眼前的适合的可规定性(内容上的创新),它意味着:"一切隐秘即将显现(Quidquid latet apparebit)②。"

(4)人们并不是完成了的,因而哪怕他们的过去也未曾完成。在另外的符号之下,在其问题的冲动中,在其解答的实验中,他们的过去与我们继续劳动;我们所有人都坐在同一条船上。这些死者起死回生:有一些人,为了来到终点,他们的行动太过勇敢(如托马斯·闵采尔)③;又有一些人,为了与他们时代的场合相逢,他们的作品太过广泛(如埃斯库罗斯、但丁、莎士比亚、巴赫、歌德)。在过去之中发现未来,这是历史的哲学,因而也是哲学史的哲学。所以,同黑格尔的告别不是一种告别,这很少像同他的第一次相遇——当它熊熊燃烧并且作为第一次而起作用——那样。就作品的威力和储放后的成熟而言,黑格尔创造了一个永久的再见,一个幸福的—富有成果的再见,一个充满崇敬的—感激的再见。过渡的时期,就像眼下一样,首先使人对这位辩证法的天才、这位伟大的导师产生感觉。这恰好不是因为密纳发的猫头鹰在黄昏时起飞,在考察的废墟下、在根本错误的圆圈之圆圈中起飞,而是因为一种黎明的思想在升起,即那个公开的白昼时间的思想在升起,这个时间对于密纳发、对于光芒女神而言,至少是陌生的。这个过渡的时期:今天就是具有很强的过渡性的时期,在酝酿着的和受威胁的向着更像人的特定存在形式前进的意义

[518]

---

① 拉丁文。翻译为德语是:Im Übrigen bin ich der Meinung, daß Karthago zerstört werden muß。这是第二次布匿战争期间罗马政治家加图(cato)在每次演讲结束时都要重复的一句名言,直到罗马元老院最终接受了他的这个意见。在他强悍意志的鼓舞下,罗马人终于战胜了他们最强大的敌人,在世界文明中留存下来。——译者
② 拉丁文。——译者
③ 托马斯·闵采尔(Thomas Münzer, 1489—1525),神学博士,精通古典文学和人文主义文学。他是德意志平民宗教改革家,农民战争领袖,年仅35岁就壮烈就义。他也是空想社会主义的先驱者之一。——译者

上。在这里,正好出现了这位辩证法大师的一种进化的语言,在其中,猫头鹰甚至变成了它在密纳发那儿现实地所是的东西:戒备之讽喻。1816 年,黑格尔在给他的朋友尼特哈默尔的信中写道:"我坚信,这个时代的世界精神给出了要求进攻的命令语言;这类命令被听从;这个存在物就像一个披上铠甲的、坚不可摧的前沿方阵一样,不可抗拒地、并且紧紧伴着如此不显著的运动,如同太阳运行似地向前缓缓推进;针对和为了这个存在物的无数轻部队在周围迂回包抄,绝大多数人根本就不知道,这到底涉及什么,而且通过头脑只是得到碰撞,就像通过一只看不见的手一样。对此,所有夸夸其谈的吹牛和骗人的空中打击都毫无用处;这大概可以达到这个庞然大物的鞋带并在那里涂上一些鞋油或污泥,但不可能解开这个鞋带,更不可能脱掉带着弹力助推鞋垫的诸神之鞋抑或七里靴——如果这庞然大物穿上了这个靴子的话。最可靠的一局(亦即内在的和外在的)也许是:把这一进攻(Avanceriesen)固定地保存在眼睛里。"来自 18 世纪的操练规则——这个比喻的运动来源于此——消失了,然而有关这一进攻的形象还在发挥作用,"已做必要的修正"(mutatis mutandis)[①],今天尚未完全不可理解。理性的东西能够变成现实的,现实的东西能够变成理性的;这取决于真实**行动**的现象学或显现史。这是真实之物的行动或者它的始终还在持续的史前史的结束,是世界依照其被把握的辩证的—物质的趋势的改变,是人的理论—实践与一种在自己本身之中符合一致的现实性的符合一致。消极的可直观性在此绝无位置,相反,那种对它而言在理论上不存在限制的知识,必须同样在实践上,在从这些限制的社会主义的解放中,在冲破必然性的奴役和统治的过程中经受检验。在这里,马克思主义在性质上首先区别于那种走在前面的哲学,因而也就是它最为靠近的黑格尔式的哲学。因为随着一种趋向新东西的飞跃,就像迄今为止的历史还绝未经验到的那样,通过马克思——在继承和扬弃黑格尔的情况下——而开始了哲学向改变世界的哲学的转变。**如果哲学不是辩证的—唯物主义的,它就不再是哲学**

---

① 拉丁文。——译者

了，但同样地，就像现在和在全部未来中必须坚持的那样：**如果辩证唯物主义不是哲学的，那它就不是辩证唯物主义了**，这意味着迈进伟大的、开放的视野。这种迈进，是针对异化而展开的理论的—实践的劳动，因而是为了外化之外化、为了家园之物的开显而展开的理论的—实践的劳动，正是在这种家园之物中，人与世界的核心或本质性的东西，才最终有可能开始自我显示。也就是在这个时间，在这个地球上，在我们最终可以生产出的自由—内容的王国中。即使没有对事情的意识，迄今为止的史前史也会趋向自由王国，但是，自觉地被生产出来的历史，则在自由王国的那种经常被想到的、通过中介而预先知道的总体—内容那里，拥有自己的确定的课题。计划的部分完成，已经使直到今天的这个现实的何往（Wohin）与何为（Wozu）的实在论的—象征的塑形，变得可以认识。这是做起来艰难的简单之物，这是其道路必须争得、其卓越之处要求有牺牲的自为存在。手段——它们指向这个目标——的掌握越是紧迫，目标本身便越是澄明：作为主体之生成为客体，客体之中介为主体。这个人化了的特定存在的目标，按其愿望空间始终处于近旁，按其实存状态则始终乌托邦式地处于远方。现在，通向现实性的现实的运动，最终开始被意识到，它针对的是所有人和事物的外化，为的是自我存在来到自身（Zusichkommen）。当社会主义从自在地就具有异化劳动特征的全部生存条件中解放出来的时候，它也将把整个社会从异化中解放出来，并由此将为一个完整的地球——作为人性化的王国——创造基础。这是太古的幸福—意图：把内在物变为外在物，把外在物变为内在物，——一种意图，它不像黑格尔那样对现存的世界加以美化并使之终结，但很可能与这个尚未现成存在的属性，与现实性的承载着未来的属性相结合。

人名索引

（说明：条目后的页码是指本书德文原版的页码，对应于本书正文中的边码）

Äschylos 埃斯库罗斯 20，517
Albertus Magnus 大阿尔伯特 370
Alexander, d. Gr. 亚历山大大帝 239，474
Alfieri, Vittorio 维托里奥·阿尔菲耶里 459
Alkendi 阿尔基缔 144
Anaxagoras 阿那克萨戈拉 173，242，356
Angelus Silesius 西里西亚的安杰勒斯 42
Anselm von Canterbury 坎特伯雷的安瑟姆 116
Apelles 阿佩利斯 303
Archimedes 阿基米德 156
Ariost 阿里奥斯托 293
Aristides 亚里斯泰迪斯 268
Aristogeiton 阿里斯托盖通 336，475
Aristophanes 阿里斯托芬 293
Aristoteles 亚里士多德 54，110，113，128，168，179 及其后几页，208 及其后一页，212 及其后一页，217，225，275，282，352 及其后一页，355，362，367 及其后几页，391 及其后一页，429，438 及其后几页，465 及其后一页，477，480，504
Augustinus 奥古斯丁 153，157，231，258，291
Averroës 阿威洛伊 440
Baader, Franz von 弗朗茨·冯·巴德尔 48，102，328，440，475
Bach, Johann Sebastian 约翰·塞巴斯蒂安·巴赫 106，161，276，517
Bachofen, Johann Jakob 约翰·雅各布·巴霍芬 427
Bacon, Francis 弗朗西斯·培根 119，419，434
Barth, Karl 卡尔·巴特 316，330，337
Bauer, Bruno 布鲁诺·鲍威尔 103，401
Bäumler, Alfred 阿尔弗雷德·博伊姆勒 427
Bayle, Pierre 皮埃尔·贝尔 133，182，228
Beethoven 贝多芬 231，282，288，291，336

Bergson, Henri 亨利·柏格森 51, 193

Berkeley, George 乔治·贝克莱 33, 114 及其后一页, 370

Bernstein, Eduard 爱德华·伯恩斯坦 380

Böhme, Jakob 雅各布·波墨 130 及其后一页, 148, 180, 396, 483

Bosch, Hieronymus 希罗尼穆斯·博施 278

Braniß, Christian 克里斯蒂安·布拉尼斯 23

Brecht, Bertolt 贝托尔特·布莱希特 307

Bruno, Giordano 乔尔丹诺·布鲁诺 403, 461

Buddha 佛陀 117

Büchner, Georg 格奥尔格·毕希纳 431, 433

Burke, Edmund 埃德蒙·伯克 250, 253

Caesar, Julius 尤利乌斯·恺撒 230, 234, 350

Calvin, Johann 约翰·加尔文 321

Cart, Jean-Jacques 让-雅克·卡尔 44

Cassirer, Ernst 恩斯特·卡西勒 191

Cervantes, Miguel de 米格尔·德·塞万提斯 293

Chamfort 尚福尔 460

Chesterton, G. K. 吉尔伯特·基思·切斯特顿 26 及其后几页, 146, 344

Cicero 西塞罗 313

Clausewitz, Carl von 卡尔·冯·克劳塞维茨 380

Cohen, Hermann 赫尔曼·科亨 191

Cousin, Victor 维克托·柯桑 399

Croce, Benedetto 贝奈戴托·克罗齐 382

Damaskios 达马斯基奥斯 231

Daniel (Prophet) 但以理 233

Dante 但丁 180, 306, 448, 517

Danton 丹东 236

Darwin, Charles 查尔斯·达尔文 207

Demokrit 德谟克利特 208, 211, 214 及其后一页, 221, 410, 415, 428, 439, 454

Descartes, René 勒内·笛卡儿 60 及其后几页, 157, 191, 429, 444

Desmoulins, Camille 卡米尔·德穆兰 236

Diderot, Denis 德尼·狄德罗 234, 403, 428, 439

Dilthey, Wihelm 威廉·狄尔泰 50 及其后一页

Diogenes Laërtius 第欧根尼·拉尔修 129, 475

Dostojewskij, Fedor 费奥多尔·陀思妥耶夫斯基 348

Du Bois-Reymond, Emil 埃米尔·杜布瓦-雷蒙 135

Duns Scotus 邓斯·司各特 205

Dürer, Albrecht 阿尔布雷希特·丢勒 300

Eckhart, Meister 埃克哈特大师 47, 52, 84, 106, 318, 322

Einstein, Albert 阿尔伯特·爱因斯坦 207, 214, 355

Engels, Friedrich 弗里德里希·恩格斯 115，150，162，166，199，210 及其后一页，381，386，390 及其后一页，409，411，428，431 及其后几页，439，472

Epikur 伊壁鸠鲁 211，402 及其后一页，428，433 及其后一页

Erdmann, Johann Eduard 约翰·爱德华·埃德曼 419

Euklid 欧几里得 354 及其后一页，464

Euripides 欧里庇得斯 309

Feuerbach, Ludwig 路德维希·费尔巴哈 54，317，323 及其后一页，328，370，379 及其后几页，387，389 及其后一页，400 及其后几页，411 及其后一页，415 及其后一页，423，425，431，433，436，496

Fichte, Johann Gottlieb 约翰·戈特利布·费希特 12，36，61，89，95，122，146，158，179，184，189，380，385，421 及其后几页，439，447

Forster, George 格奥尔格·福斯特 212，324 及其后一页

Fourier, Charles 夏尔·傅立叶 12

Friedrich Wilhelm IV. von Preußen 威廉四世 381

Fries, Jakob Friedrich 雅各布·弗里德里希·弗里斯 372

Galilei, Galileo 加利莱奥·伽利略 60，62，65 及其后几页，207 及其后一页，215，217

Gall, Franz Joseph 弗朗茨·约瑟夫·加尔 87

Gibbon, Edward 爱德华·吉本 61

Giotto di Bondone 乔托·迪·邦多纳 285

Gluck, Christoph Willibald 克里斯托弗·威利巴尔德·格鲁克 291

Goethe 歌德 21，23，31，41，59，74 及其后一页，77，92，105，161，172 及其后一页，179，194，209 及其后一页，212，215，282，291，296，300，310，429，444 及其后一页，455，459，466，490，517

Greco, el 埃尔·格列珂 20

Green, Th. Hill 托马斯·希尔·格林 382

Grünewald, Matthias 马蒂亚斯·格吕内瓦尔德 303

Hadlich, Heinrich 海因里希·哈德利希 70

Haering, Theodor 特奥多尔·黑林 51，70

Haller, Karl Ludwig von 卡尔·路德维希·冯·哈勒尔 250 及其后一页

Hamann, Johann Georg 约翰·格奥尔格·哈曼 20 及其后一页，43，151

Hardenberg, Karl August von 卡尔·奥古斯特·冯·哈登堡 252

Harmodius 哈尔摩迪厄斯 336，475

Hartenstein, Gustav 古斯塔夫·哈尔滕斯泰因 446，496

Hartmann, Nicolai 尼古拉·哈特曼 385，419

Hartmann, Eduard von 爱德华·冯·哈

特曼 397 及其后一页，400
Haydn, Joseph 约瑟夫·海顿 391
Haym, Rudolf 鲁道夫·海姆 385
Heidegger, Martin 马丁·海德格尔 387
Helvetius 爱尔维修 418
Heraklit 赫拉克利特 127，及其后几页，146 184 及其后一页，353，356
Herbart, Johann Friedrich 约翰·弗里德里希·赫尔巴特 32，284，371
Herder, Johann Gottfried 约翰·格特弗里德·赫尔德 237，286
Herzen, Alexander 亚历山大·赫尔岑 131
Hesiod 赫西俄德 344
Hillel, Rabbi 拉比·希列 36
Hobbes, Thomas 托马斯·霍布斯 60，62，64，234，418
Holderlin, Friedrich 弗里德里希·荷尔德林 20，185，239 及其后一页，296，319，326
Hoffmeister, Karl 卡尔·霍夫迈斯特 51，248，325
Homer 荷马 22，39，299，304
Hotho, Heinrich Gustav 海因里希·古斯塔夫·霍托 18，56
Hugo Von St. Viktor 圣维克托的胡戈 83，260
Humboldt, Alexander Von 亚历山大·冯·洪堡 212
Hume, David 大卫·休谟 63，109，115，187，190，196
Jacobi, Friedrich Heinrich 弗里德里希·海因里希·雅可比 95，189，372
Jahn, Friedrich Ludwig 弗里德里希·路德维希·雅恩 249
Jamblichos 恩披里可 237
James, William 威廉·詹姆斯 193
Jaspers, Karl 卡尔·雅斯贝尔斯 428
Jean Paul 让·保罗 292，459
Jensen, Johannes V. 约翰内斯·威廉·杨森 26
Joachim von Fiore 菲雷奥的约阿希姆 348
Joyce, James 詹姆斯·乔伊斯 470 及其后一页
Kafka, Franz 弗兰兹·卡夫卡 502
Kant, Immanuel 伊曼努尔·康德 12，18 及其后一页，23，33，36，46，60 及其后几页，68，89，92，95，121，150，158，169，182，187 及其后几页，197 及其后一页，217，232，234，256，258，263，274 及其后几页，278，286，352 及其后一页，363，371 及其后一页，381，384 及其后一页，422 及其后一页，429，439，445 及其后几页，454，461，471，481，483，490 及其后几页，504
Keller, Gottfried 戈特弗里德·凯勒 29，180，296
Kepler, Johannes 约翰内斯·开普勒 49，179，209，217，187
Kierkegaard, Sören 索伦·克尔凯郭尔 38，387，389 及其后一页，392 及其后几页，402，415，454

Kleist, Heinrich von 海因里希·冯·克莱斯特 19

Klopstock, Friedrich Gottlieb 弗里德里希·戈特利布·克洛卜施托克 314

Knebel, Major 马约尔·克内贝尔 408

Kopernikus, Nikolaus 尼古拉·哥白尼 31, 354

Kroner, Richard 里夏德·克洛纳 51, 385

Laertius 拉尔修 475

Lange, Friedrich Albert 弗里德里希·阿尔伯特·朗格 405

Laplace, Pierre-Simon 皮埃尔－西蒙·拉普拉斯 206, 214, 361

Larochefoucauld, François 弗朗索瓦·拉罗什富科 460

Lasson, Adolf 阿道夫·拉松 51, 53 及其后一页, 70

Lavater, Johann Kaspar 约翰·卡斯帕尔·拉瓦特尔 87

Leibniz, Gottfried Wilhelm 哥特弗里德·威廉·莱布尼茨 37, 62, 110, 116, 132 及其后几页, 144, 158, 179, 181 及其后几页, 205, 209, 213, 228, 355, 362, 416, 419, 421, 429, 439, 457, 465, 477, 501, 504

Lenin, Wiladimir Iljitsch 弗拉基米尔·伊里奇·列宁 109, 162, 382 及其后一页, 411, 425, 431

Leonardo da Vinci 列奥纳多·达·芬奇 209

Lessing, Gotthold Ephraim 戈特霍尔德·埃夫莱姆·莱辛 64, 321, 348, 448

Leukippos 留基波 221, 433

Lichtenberg, Georg Christoph 格奥尔格·克里斯托夫·利希滕贝格 460

Linné, Carl 卡尔·林奈 463

Livius 李维 233

Locke, John 约翰·洛克 20, 114, 157 及其后一页, 215

Lotti, Antonio 安东尼奥·洛蒂 291

Lotze, Hermann 赫尔曼·洛采 190, 379

Lukács, Georg 51 及其后一页, 69, 95

Lukian 琉善 293

Lukrez 卢克莱修 211, 403, 428, 433 及其后一页

Luther, Martin 马丁·路德 19, 22, 91, 234, 316, 321

Mach, Ernst 恩斯特·马赫 134

Malebranche, Nicole 尼古拉·马勒伯朗士 41, 191 及其后几页

Mandeville, Bernard 贝尔纳德·曼德维尔 234 及其后一页

Mannheim, Karl 卡尔·曼海姆 427

Mariotte, Edme 埃德姆·马里奥特 132

Maritain, Jacques 雅克·马里顿 316

Marmontel, Jean-François 让－弗朗索瓦·马蒙泰尔 312

Marx, Karl 卡尔·马克思 51, 54, 69, 78, 101 及其后一页, 108, 110, 114 及其后一页, 117, 123, 133, 148 及其后一页, 162, 174, 202, 228, 236 及其后一页, 247,

254，269 及其后一页，272，293，360，379 及其后几页，383，386 及其后几页，403 及其后一页，406 及其后几页，423 及其后几页，428，431，433，436，469，472，496，519

Mehring, Franz 弗朗茨·梅林 247

Meiner, Felix 菲利克斯·迈纳 206

Mercier, Louis-Sebastien 路易-塞巴斯蒂安·梅西耶 133

Michelangelo 米开朗基罗 291

Michelet, Karl Ludwig 卡尔·路德维希·米希勒 53，249

Milton, John 约翰·弥尔顿 314

Moleschott, Jacob 雅克布·摩莱肖特 431，433

Mommsen, Theodor 泰奥多尔·蒙森 181

Montesquieu, Charles de 夏尔·德·孟德斯鸠 252

Montmort, Pierre Rémond de 皮埃尔·雷蒙·德·蒙莫罗 209

Moses 摩西 322，344

Mozart, Wolfgang Amadeus 沃尔夫冈·阿马多伊斯·莫扎特 291

Napoleon I. 拿破仑一世 93，166，234，236，247，346，350，420，422

Natorp, Paul 保罗·纳托尔普 385

Newton, Isaac 艾萨克·牛顿 49，62，65 及其后一页，207，210，214，217，354 及其后一页，495

Niebuhr, Barthold Georg 巴托尔德·格奥尔格·尼布尔 240

Niethammer, Friedrich Immanuel 弗里德里希·伊曼努尔·尼特哈默尔 53，420，518

Nietzsche, Friedrich 弗里德里希·尼采 18，35，380，460 及其后一页

Nikolaus Cusanus 尼古拉·库萨 37，83 及其后一页，130，144，152，457，501

Nohl, Hermann 赫尔曼·诺尔 45 及其后一页，49，51，421

Novalis 诺瓦利斯 213，278，503

Oken, Lorenz 洛伦茨·奥肯 213

Origenes 奥利金 316

Owen, Robert 罗伯特·欧文 12

Palestrina 帕莱斯特里纳 291

Paracelsus, Theophrastus 泰奥弗拉斯图斯·帕拉塞尔苏斯 212

Parmenides 巴门尼德 184，353，356

Paulus 保罗 332，348

Pergolese, Giovanni Battista 乔瓦尼·巴蒂斯塔·佩尔戈莱西 291

Perikles 伯利克里 255，268

Peter von Amiens 亚眠的彼得 241

Phidias 菲迪亚斯 180，275，325

Pfitzner, Hans 汉斯·普菲茨纳 286

Pindar 品达 20

Platon 柏拉图 13，116，126 及其后几页，130，136，159，161，168，171，182，185，191，230，277，290，297，351，355，357，362，367 及其后几页，388，391 及其后一页，420 及其后一页，429，439，

461，475，477 及其后几页，482，484，504

Plotin 普罗提诺 161，277，290，357，369，439，464，479

Polybios 波利比乌斯 233

Polygnotos 波利格诺托斯 285

Pontoppidan, Hendrik 亨里克·彭托皮丹 460

Proklos 普罗克洛斯 130，357，464，480

Proust, Marcel 马塞尔·普鲁斯特 470 及其后一页

Pyrrhon 皮浪 122

Pythagoras 毕达哥拉斯 356

Racine, Jean Baptiste 让·巴蒂斯特·拉辛 310

Raffael 拉斐尔 39，278，299，303

Ranke, Leopold 利奥波德·兰克 380

Ricardo, David 大卫·李嘉图

Rickert, Heinrich 海因里希·李凯尔特 385，491

Rilke, Rainer Maria 赖内·马利亚·里尔克 51

Robespierre, Maximilian 马克西米利安·罗伯斯庇尔 74，236

Rosenkranz, Karl 卡尔·罗森克朗茨 19，94，278，391

Rossini, Gioachino 焦阿基诺·罗西尼 283

Rousseau, Jean-Jacques 让-雅克·卢梭 67，168，248，255，264，461

Ruge, Arnold 阿诺尔德·卢格 272

Saint-Just 圣茹斯特 236

Saint-Simon 圣西蒙 12

Salomon 所罗门 161

Sartre, Jean-Paul 让-保罗·萨特 387

Savigny, Friedrich Karl von 弗里德里希·卡尔·冯·萨维尼 251，260

Scheler, Max 马克斯·舍勒 191，385

Schelling, FriedrichWilhelm Joseph 弗里德里希·威廉·约瑟夫·冯·谢林 36，44 及其后一页，55，67，143，146，158，181 及其后一页，187，193，204 及其后一页，210，212 及其后一页，227，259，278，283，287，333 及其后几页，373，380 及其后一页，387，389 及其后几页，395 及其后几页，401 及其后一页，415，422，457，504

Schelling, Karoline 卡洛琳·谢林 504

Schiller, Friedrich von 弗里德里希·冯·席勒 101，185，274，286，289，291，307，310 及其后一页，319

Schlegel, Friedrich 弗里德里希·施莱格尔 181，235，292，372

Schleiermacher, Friedrich Ernst Daniel 弗里德里希·恩斯特·达尼埃尔·施莱尔马赫 314 及其后一页

Schmitt, Carl 卡尔·施密特 236

Schopenhauer, Arthur 亚瑟·叔本华 18，20，36，117，169，180，193，202，210，235 及其后一页，275，283，286，289，362，380 及其后一页，398

Schoreel, Jan van 扬·凡·肖勒 507

Scotus Erigena 司各特·爱留根纳 317

Shakespeare, William 威廉·莎士比亚 39, 64, 275, 285, 293, 299, 303, 310, 517

Shaw, Bernard 萧伯纳 26 及其后一页

Sietze, Karl Frdr. Ferd. 卡尔·弗里德里希·费迪南德·西茨 19

Simmel, Georg 格奥尔格·齐美尔 384

Smith, Adam 亚当·斯密 74, 89, 235, 254, 265

Sokrates 苏格拉底 34, 40, 46, 126 及其后一页, 136, 179, 313, 353, 355, 367, 454 及其后几页

Solger, Karl Wilhelm Ferdinand 卡尔·威廉·费迪南德·佐尔格 235, 278, 292 及其后一页

Sophokles 索福克勒斯 39, 73, 282, 299, 303, 308 及其后一页

Spengler, Oswald 奥斯瓦尔德·斯宾格勒 463

Speusippos 斯彪西波 480

Spinoza, Baruch 巴鲁赫·斯宾诺莎 34, 37, 67, 77, 168, 215, 339, 353, 362, 380, 388, 421, 429, 435, 437, 452, 454 及其后几页, 464, 475

Spitta, Friedrich 弗里德里希·斯皮塔 276

Stahl, Friedrich Julius 弗里德里希·尤利乌斯·斯塔尔 250

Stalin 斯大林 55, 162

Steffens, Henrich 亨利希·斯蒂芬斯 213

Stein, Heinrich Frh. von 海因里希·弗里德里希·冯·斯泰因 252

Sterne, Lawrence 劳伦斯·施特恩 292, 459 及其后一页

Stewart, James[①] 詹姆斯·斯图尔特 44

Stirling, Hutchinson 哈钦森·斯特林 382, 384

Strauß, David Friedrich 大卫·弗里德里希·施特劳斯 379, 401

Sulla 苏拉 234, 350

Tauler, Johannes 约翰内斯·陶勒 47

Thales von Milet 米利都的泰勒斯 363, 433, 485

Tholuck, August 奥古斯特·托鲁克 332

Thomas von Aquin 托马斯·阿奎那 110, 116, 168, 171, 182, 197, 208, 316, 355, 370, 440, 504

Thomasius 托马修斯 22

Thukydides 修昔底德 233

Varro 瓦罗 181

Vergil 维吉尔 303, 413

Vico, Giambattista 詹巴蒂斯塔·维科 64 及其后几页, 237

Vinzenz von Beauvais 文森特·德·博韦 181

Vischer, FriedrichTheodor 弗里德里

---

① 原书该条为苏格兰哲学家 Dugald Stewart（1753—1828），似有误，兹据历史实情更正，参见44页（边码）脚注中的说明。——译者

希·特奥多尔·菲舍尔 419
Vitruv 维特鲁威 179
Vogt, Karl 卡尔·福格特 433
Voltaire 伏尔泰 27, 54, 61, 322
Voss, Johann Heinrich 约翰·海因里希·福斯 22
Wagner, Richard 里夏德·瓦格纳 380
Watt, James 詹姆斯·瓦特 35
Weber, Alfred 阿尔弗雷德·韦伯 384
Weiße, Christian Hermann 克里斯蒂安·赫尔曼·魏斯 287
Wilde, Oscar 奥斯卡·王尔德 26
Winckelmann, Johann Joachim 约翰·约阿希姆·温克尔曼 275, 281, 283
Windeband, Wilhelm 威廉·文德尔班 419
Wölfflin, Heinrich 海因里希·韦尔夫林 276
Wolff, Christian 克里斯蒂安·沃尔夫 22 及其后一页, 182, 456 及其后一页, 461
Xenokrates 色诺克拉底 480
Zeller, Eduard 爱德华·策勒 231
Zellmann 策尔曼 94, 242
Zoroaster 琐罗亚斯德 180

译 后 记

恩斯特·布洛赫（1885.7.8—1977.8.4）是20世纪德国学识渊博、思想敏锐、才华横溢的著名哲学家。作为第二次世界大战后德国最有独创性的马克思主义哲学家，他对马克思主义哲学的直接理论来源——德国古典哲学——具有精深的研究。而在德国古典哲学中，他又对黑格尔哲学情有独钟，耗费了很多的精力。1949年，他以西班牙文撰写的《黑格尔的思想》一书在墨西哥和布宜诺斯艾利斯出版，引起巨大争议。1951年，他从主客体关系入手系统阐释黑格尔哲学的专著《主体—客体——对黑格尔的阐释》在东柏林首次问世，并于1962年再版。我们现在提供给中国读者的这个中文译本，就是根据1962年版翻译的。

这个中文译本是我和陕西师范大学庄振华教授合作翻译的。具体分工是：我主译了本书的初版前言，再版后记，"入口"（1—6章）和"扬弃"（18—25章），将近20万字；庄振华主译了"哲学"部分（7—17章），加上书末的人名索引，超过了30万字。

可以说，这个中译本是我们通力合作的成果。我们的工作方式是：先按照分工各自完成所承担的部分的翻译，然后相互校读对方的译稿，在译稿上提出修改意见和建议，最后再各自作出认真修改。我在翻译序言和"入口"部分时，曾参考庄振华提供的初译文。庄振华对我翻译的"扬弃"部分，曾先后两次就一些疑难之处提出问题，并就一些术语的翻译提出修改建议。他所翻译的"哲学部分"，我也认真仔细地全部校读了一遍，并提出了自己的修改意见和建议。在此过程中，我们统一了全书的体例格式，也相互了解了对方对若干名词术语的理解和翻译，尽管有不少词语的翻译未能完全统一，但全书的译文总体上保持了风格的统一。凡是我们认为有疑问的术语，都附上了外语原文。

我们在翻译过程中有一个共同的体会：布洛赫的这部著作很不容易翻译。从内容上说，本书旁征博引，在阐释黑格尔哲学方方面面的内容时，还涉及黑格尔思想在西方哲学史上的来龙去脉，尤其是在"扬弃"部分，着重论述了克尔凯郭尔、谢林和费尔巴哈等人对黑格尔哲学的批判，以及马克思主义哲学对黑格尔哲学的"扬弃"，其中也表达了布洛赫本人的"希望哲学"思想。显然，如此丰富的内容很容易使人感觉翻译吃力。从表达形式来看，本书有一种散文式的味道，作者的叙述固然也注重说理，但同时似乎在追求一种文学的风格。书中夹杂了大量神话和文学典故，也有相当的篇幅直接涉及文学作品。非常让人头痛的是，布洛赫在叙述中经常穿插使用一些拉丁文表述，间或出现一些法文、英语词汇。另外，全书的段落都很长，往往在一段话中包含了很多层次的意思，需要仔细辨析和梳理。显然，段落过长会严重影响读者对布洛赫思想的理解，也会影响本书行文的流畅性。总之，我们尽了自己最大的努力来翻译这部著作，但由于上述各种困难，加上我们水平的局限，本译本难免存在不足和缺陷，希望得到广大读者的批评指正。

布洛赫在叙述的过程中，还大量援引了黑格尔著作的原话。尤其是书中"提示"部分，主要是对黑格尔著作的援引。由于黑格尔的著作大多已有中文译本，所以，我们在翻译过程中也多有参考和借用。读者可以从书中发现，凡是参考和借用的段落，我们尽可能注明中译文的版本。

面对翻译过程中遇到的一些问题，我曾在一些微信群里求教群友，并得到了不少群友的热情帮助。例如，中国社会科学院哲学研究所王歌女士、兰州大学哲学系研究生郭霄同学都对我提出的一些语法难题给予回答，甚至展开了深入讨论。这里不能一一列举热心群友的名字，但我要对所有给予帮助的群友表示感谢。

最后，我要对中国社会科学出版社的责任编辑表示感谢。我有机会翻译布洛赫的这部著作，是缘于徐沐熙编辑的邀请和信任。作为本书的责任编辑，她极为用心地通读和审校了全书译稿，并提出了大量宝贵的修改意见和建议，纠正了不少表达方面的错误。本书能够顺利问世，与她高效而负责的编辑工作密不可分。

舒远招

2019年4月30日于长沙